DESCUBRIMIENTOS Y EXPLORACIONES EN LAS COSTAS DE CALIFORNIA
1532-1650

ÁLVARO DEL PORTILLO

DESCUBRIMIENTOS Y EXPLORACIONES EN LAS COSTAS DE CALIFORNIA 1532-1650

EDICIONES RIALP, S. A.
MADRID

© 1982 by SCRIPTOR, S. A. (Madrid).
EDICIONES RIALP, S. A.—Preciados, 34 MADRID.

Grabado de cubierta: Portada de las *Sergas de Esplandián,* de donde fue tomado el nombre de California.

ISBN: 84-321-2189-4
Depósito legal: M. 18.540-1982

Printed in Spain   Impreso en España

GREFOL, S. A., Pol. II - La Fuensanta - Móstoles (Madrid)

ÍNDICE

III. EL NOMBRE DE CALIFORNIA

IV. EXPEDICIONES DEL SIGLO XVI

V. LOS VIAJES DE SEBASTIÁN VIZCAÍNO

PRÓLOGO A LA SEGUNDA EDICIÓN

Cualquier autor de estudios históricos conoce las dificulta-
des que se presentan para reeditar por sí mismo un libro escrito
hace 34 años. La bibliografía publicada durante este tiempo ha
sido abundante, y se han enriquecido considerablemente las que
fueron mis aportaciones más originales. Si quería que viese de
nuevo la luz tenía, pues, que escoger entre dos sistemas: o hacer
un libro nuevo, de carácter crítico, ponderando en su justo valor
los trabajos que han tratado directa o indirectamente cualquiera
de los temas que desarrollé en su día; o reeditar simplemente lo
escrito entonces, ampliando, eso sí, las notas y aun introduciendo
en el texto las variantes indispensables. Es decir, del modo más
restrictivo posible. Este último ha sido el camino que he escogi-
do. Me pareció que era el adecuado, el que mejor servía a los rue-
gos de muchos amigos que querían tener en sus manos una obra
agotada hace al menos un cuarto de siglo.

Existe además otra razón personal. No hay historiador que no
se encariñe con las figuras que describe; o aún mejor, con aque-
llas personas del pasado con las que de algún modo se establece
una peculiar relación de amistad. Cortés, Cabrillo, Vizcaíno, Car-
dona, Porter, y tantos otros compañeros suyos, no son para mí
personajes fríos, envueltos en la asepsia documental; los veo, por
el contrario, como algo vivo. Sus virtudes y sus defectos, fáciles
por otra parte de observar, acaban por ser familiares; con las pri-
meras se corre el peligro de magnificarlas sin querer, por lo cual,
es imprescindible serenar lo escrito; con los vicios, que se com-
prenden, hay que resistir la tentación de justificarlos. Pero debo

decir sin exageración alguna que en estos hombres los valores positivos de que hacen gala superan con mucho los aspectos negativos. En todos ellos, aunque en diferente grado, deslumbra el derroche de valor, en ocasiones temerario, al que apenas si dan importancia; la envidiable tenacidad con que vuelven de nuevo a comenzar otra expedición descubridora tras el evidente fracaso de la anterior; el hondo sentido del honor llevado a límites que, si entonces eran corrientes, hoy pueden parecer a algunos exagerados e incluso molestos; la profunda ilusión, continuamente renovada, de servir a la patria con una dedicación constante; la escasa atención con que miran la muerte, porque ven siempre su vida proyectada en la trascendencia.

Por ello, porque es importante en todo relato histórico la prueba testifical, he decidido también reeditar como apéndices los documentos que entonces juzgué más interesantes. Después de 1947 han sido publicados por varios autores, lo cual me hubiera permitido prescindir de ese trabajo, pero he pensado que la lectura por sí misma de tales cartas y relaciones persuade de la veracidad de lo que afirmo en el texto. Y es conveniente que nadie vea exageración en mis palabras tras haber confesado mi afecto por los misioneros, soldados y marinos que exploraron las costas de California entre 1532 y 1650.

Roma, 28 de marzo de 1982

INTRODUCCIÓN

En la historia de los descubrimientos geográficos hay un capítulo lleno de interés, en el cual debe estudiarse, con visión de conjunto, la serie ciertamente larga de esfuerzos —algunos heroicos— destinados a encontrar el famoso paso del noroeste.

La comunicación entre el Atlántico y el Pacífico se manifestó desde el primer momento como un hecho geográfico del mayor interés comercial y marinero; más adelante se puso de relieve su importancia en la estrategia de las luchas navales, cuando la rivalidad de los nacientes imperialismos empezó a convertir los océanos en campos de batalla. En 1513, Vasco Núñez de Balboa descubrió la Mar del Sur. Quedaba definitivamente deshecho el error de Colón: la Tierra Firme no era el Catay, sino un continente inesperado. Y entonces se plantea la necesidad de llegar hasta el extremo buscado de la India oriental. A conseguirlo se dirigieron pronto los navegantes de España, quienes sin tardanza consiguieron encontrar en las Molucas a los portugueses, que hacían la ruta contraria. Pero el estrecho de Magallanes tuvo —sobre su enorme utilidad— muchos inconvenientes, de los cuales el más patente era la lejanía. Y desde algunos años antes se buscaba ya otro paso de uno a otro océano por entre las tierras del sur y el norte del Anáhuac, paso cuya existencia se reveló pronto como una esperanza fallida. Pero cuanto más se comprobaba la continuidad de la tierra continental indiana en las latitudes del mar Caribe, más los hombres se aferraban a la idea de que el paso anhelado entre los dos mares tenía que aparecer. Y lo buscaron cada vez más al norte. A fines del siglo XVI empezaron a concretarse en adelantos reales las pruebas de que se estaba en camino de encontrarlo.

Ese hallazgo fue uno de los grandes anhelos de Cortés, cuando, ya pacificado el viejo Imperio azteca, tuvo ocasión de darse cuenta de las inmensas posibilidades de su conquista, y fue poco a poco forjando una concepción en la que no faltan, ni mucho menos, los atisbos geniales. De ahí su tenacidad en el envío de expediciones que, obstaculizadas de mil modos y poco esperanzadoras siempre en sus resultados, él continúa aprestando e impulsando como si estuviera seguro de su fecundidad final. Entonces es cuando salen las expediciones bien conocidas por la costa atlántica del golfo de México y aún la oriental de los actuales Estados Unidos, dirección en la cual se obtienen algunos resultados positivos, pronto inutilizados al fallar las acciones que hubiesen sido decisivas. Y así, el fracaso de los conquistadores de la Florida y la muerte de Hernando de Soto en el Misisipi, al malograr la unidad política del golfo mexicano, interrumpieron definitivamente la expansión española hacia las tierras donde navegantes extranjeros, concretamente anglosajones, siguiendo las huellas de Álvarez Cabral y los Cabotos, habían asegurado para su patria el trozo de tierra americana donde asentar un pie y comenzar la lenta y firme penetración continental a la que estaba reservado tan rico porvenir.

Pero al mismo tiempo que las expediciones por el Atlántico, Hernán Cortés desarrollaba una política de expediciones descubridoras por la Mar del Sur, cuyos jalones más importantes hemos de ver, y que aparece luego continuada por el Virrey de México, don Antonio de Mendoza. Esa ruta no será nunca definitivamente abandonada por los marinos de España, y todavía a finales del siglo XVIII se les encontrará en ella con la misma tenacidad y el mismo esfuerzo, y también —esto no debe ser olvidado— con una preparación científica y técnica a la altura de la que ostentan sus competidores. Esto es, sin duda, así, aunque la negación de tal hecho haya sido firme prejuicio e ingenua norma de conducta en muchos historiadores compatriotas de aquellos marinos que fueron sus rivales. Como digo, a finales del siglo XVIII los marinos de España discutirán en Nutka (1789) la soberanía de unas costas disputadas por los ingleses, españoles y rusos, y visitadas además por los franceses y holandeses. Y, ciertamente, Nutka no es sino el extremo final de la ruta de las Californias.

A la vez que señala la definitiva solución de este enigma

secular del paso del noroeste, pues si bien la comunicación entre los dos mares no había de encontrarse del todo hasta mediados del XIX, al plantearse las negociaciones de Nutka estaba definitivamente probada la inexistencia del paso fácilmente practicable que se había venido buscando sin éxito durante tanto tiempo[1].

Ahora bien, entre aquella intuición genial de Cortés y este desenlace del enigma geográfico pasan tres siglos: el XVI, el XVII y el XVIII. Entre las expediciones enviadas por el Virrey Mendoza y las que conducen, por orden de Bucarelli, Flórez o Revillagigedo, los capitanes Pérez, Ezeta o Bodega y Quadra, hay otras bastante menos conocidas. Son precisamente las que completan el conocimiento de las costas descubiertas ya en rápida pasada, de las cuales los barcos mandados por Juan Rodríguez Cabrillo habían visitado, incluso, las de la Alta California.

Esas expediciones son numerosas y algunas están minuciosamente preparadas. Después de la interrupción que coincide con el virreinato de don Luis de Velasco, el padre, comienzan a sonar con diferente interés y categoría los nombres de Sebastián Vizcaíno, de Juan Iturbe, de Francisco Ortega, de don Luis Cestero, de don Pedro Porter Cassanate, de Bernardo Bernal de Piñadero, del capitán Lucenilla, de Atondo y de tantos otros que forman la larga teoría de los navegantes de las costas californianas durante esta época, la intermedia. Y coincidiendo cronológicamente con ellos, la acción por tierra de los misioneros: primero los franciscanos y luego, de un modo relevante, los jesuitas; aquí se amontonan los nombres del P. Salvatierra, de Piccolo, del P. Kino, del P. Garcés, que influyen decisivamente en la penetración pacífica por aquellas tierras extremas, pero cuya acción cae decididamente fuera de este estudio, *concebido desde el punto de vista de la mar y hecho mirando exclusivamente a las navegaciones y a la manera como ante ellas iba apareciendo la costa.*

Entre todas esas expediciones de fines del XVI y de la primera mitad del XVII, en las páginas siguientes se dedica especial atención a las de Sebastián Vizcaíno y a las del Almirante don Pedro Porter Cassanate. Son en sí muy significativas. Y además

---

1. El descubrimiento por el danés Vitus Bering, al servicio de Rusia, del auténtico y legendario estrecho de Anián, en 1728, se miró por algunos más bien como camino del Polo que como el famoso paso del noroeste entre el Pacífico y el Atlántico.

el propio Chapman señaló el interés que tendría un estudio de las mismas hecho sobre base documental, que él no había podido utilizar en la medida suficiente y que tampoco había sido aducida antes de 1947. A ellas se ha añadido, por la razón que se verá en lugar oportuno, lo referente a las pesquerías de perlas, simbolizadas en Nicolás de Cardona.

Después del momento inicial del descubrimiento propiamente dicho, las expediciones de Cabrillo y, en especial, de Vizcaíno son las que más adelantan en la exploración costera de California, tanto para la búsqueda del paso del noroeste como para escoger el lugar adecuado que pudiera servir de punto de apoyo al Galeón de Manila, que, por aquel entonces, constituía uno de los ramos de mayor importancia del comercio de la Nueva España. Hasta ese extremo había llegado la postración económica del gran Imperio concebido por Cortés.

En el siglo XVII se abandona ya la idea de proseguir las exploraciones por la Alta California. Los Virreyes, como veremos, se sienten incapaces de apoyar de modo directo la ruta del Galeón, y piensan que la mejor protección es precisamente no protegerla y olvidarse de la existencia o no del paso de Anián, pues su descubrimiento, imposible de mantener en secreto, invitaría a los enemigos a utilizarlo y asentarse en las costas del Pacífico norte. Esta visión estrecha es la que va a combatir Porter Cassanate, aunque sin éxito. Se accede, en cambio, a la penetración en la Baja California, tanto por sus supuestas riquezas, como por la evangelización de sus aborígenes. A fines del siglo XVII y los 60 años primeros del siguiente, la labor será esencialmente misionera. Las pequeñas guarniciones militares que se establecen tendrán como meta prioritaria proteger las «reducciones» de los jesuitas, y sólo de modo secundario la acción de los buscadores de perlas.

Hay que llegar a la segunda mitad del XVIII para que, sin abandonar las misiones de la península, se entre en una etapa nueva, que coincide, además, con el resurgir económico de México. En esta época vuelve el interés por la Alta California. Los viajes de exploración enlazan, si así puede decirse, con los que se interrumpieron en 1603. Los barcos de España llegarán hasta Alaska. Entonces surgirán en sus términos geográficos exactos la cuestión del estrecho de Juan de Fuca y la del establecimiento de Nutka, que cae por completo en los momentos resolutivos de la rivalidad anglo-rusa-española.

Pero también en este tiempo la penetración en la Alta Cali-

fornia se hará muy lentamente. Más por obra de misioneros que
por la acción de colonos. Su enorme riqueza en metales preciosos permanecerá casi desconocida. El gobierno de España considera prioritario garantizar la hispanización del golfo de México. Cuando esas riquezas se valoren servirán ya de sustento
al poderío naciente de los Estados Unidos. El tratado de Guadalupe-Hidalgo así lo rubrica (1848).

Pero a nosotros no nos interesa esta etapa. También en la anterior existía ya una rivalidad anglo-española de muy distinto
signo. El nombre de Drake y el de Tomás Cavendish resolverían
cualquier duda. Por eso, al estudiar los motivos que impulsaban
a navegantes y Virreyes en sus ininterrumpidos esfuerzos de navegación, no hay que olvidar el de la rivalidad con unos piratas
que empezaban a disputarnos la posesión de aquellas tierras,
oponiendo a nuestros supuestos teóricos la argumentación basada en la teoría del mar libre y luchando decididamente en la
práctica contra nuestra política de exclusiva comercial.

Como ha dicho Pereyra, la exploración del Atlántico boreal
por los ingleses para buscar el paso del noroeste, y la presencia
de piratas de la misma nación en la Mar del Sur son los dos hechos que dieron importancia a las costas norteamericanas del
Océano Pacífico. En cuanto a lo primero, Martín Frobisher y sus
continuadores Arthur Pet, Charles Jackman y, sobre todo, John
Davis jalonan entre 1576 y 1587 los sucesivos avances de las
proas inglesas. En cuanto a lo segundo, acaba de ser aludido el
famosísimo Drake.

Y esta importancia, nacida de causas extrínsecas, venía a su-
perponerse al interés tradicional de la Nueva España por unas
costas a las que Hernán Cortés había mirado con especialísima
preocupación. Por añadidura, de los relatos que van a ser utilizados aquí, algunos de los cuales se incluirán en los apéndices,
se desprende claramente un nuevo motivo de tal interés. El legítimo afán de riquezas que puede encontrarse en el fondo de toda
empresa humana peligrosa e insegura, y se encuentra también,
por supuesto —con más o con menos o con ninguna exageración— en la expansión española en las Indias, adopta una mo-
dalidad particular en estos afanes que tienen a la Baja California por meta. Es la fama de las perlas. Se difunden noticias sobre su número y sus bellezas y, al organizar las expediciones, se
pone especial cuidado en que vayan los buzos encargados de en-
contrarlas y recogerlas. Su brillo velado y marino exalta las
imaginaciones.

A la vez, los misioneros se encargan de recordar constantemente la obligación de atender a las almas de unos pueblos numerosos, que describen en sus relatos como especialmente afables, y aptos por eso, a primera vista, para recibir la predicación del Evangelio de Cristo. De ello se encontrará aquí también alguna muestra. Sobre este punto es indudable que se ha exagerado el afán misional de conquistadores, gobernantes y Reyes en las empresas españolas de América. No precisamente en su intensidad, sino al presentarlo como afán exclusivo. Pero también es indudable —y hay que afirmarlo más cuanto más se quiera escamotear esta verdad— que esa preocupación existió de un modo operante y vivo en toda la obra colonizadora, aunque sería ilusorio pedir que fueran los hombres de lucha quienes la mantuvieran de modo especial y quienes se atuvieran a ella rigurosamente en todas las coyunturas.

Por todos los motivos dichos, las expediciones se realizan. Y los esfuerzos de expansión encuentran un doble cauce por mar y por tierra. Sobre la iniciativa particular actúa a veces —aunque débilmente— la ayuda de los Virreyes. Especialmente en la penetración por tierra, el empuje hacia el norte del país fronterizo con la vieja Audiencia de Guadalajara estuvo siempre basado en la acción de rancheros, sacerdotes, religiosos, cazadores, etcétera, que, tras haber agotado sus fuerzas en la empresa, eran protegidos a veces por el Virrey de la Nueva España y, en definitiva, por los Reyes, lo mismo Austrias que Borbones. En la serie tantas veces aludida de las navegaciones, la intervención del Virrey tenía que ser más directa. Pero el verdadero impulso viene, con gran frecuencia, de los propios navegantes, que se ofrecen una y otra vez para que sean utilizados sus servicios y la experiencia obtenida en expediciones antes fracasadas. Sólo en la última etapa, en la segunda mitad del siglo XVIII, cuando se planteó con toda su apasionante gravedad la cuestión de la propia existencia del Imperio, reaccionó el gobierno central, y éste es precisamente el gran viraje que tuvo lugar en la política española bajo el reinado de Carlos III. Sin que esto quiera decir que durante el siglo XVII no sea igualmente el Rey quien, por medio de su Consejo, expida licencias y haga los nombramientos. Únicamente dije que hasta ese momento todo está hecho con el sello desvaído de un formulismo legal, con un sonido como de eco de un asunto lejano, distante de las preocupaciones realmente vividas por la Corte.

En este estudio poco ha costado palpar la realidad expuesta.

Son infinitos los detalles que lo demuestran. En las expediciones que con más interés se estudian, las de aquel gran marino que se llamó don Pedro Porter Cassanate, abundan los ejemplos. A pesar de su personalidad, con peso propio en los destinos políticos de aquel entonces, el Almirante apenas encuentra apoyo oficial. Después de la expedición del año 1648, por ejemplo, dictaminaba el Virrey conde de Alba de Liste sobre los descubrimientos del marino aragonés, y salvando, como no podía menos, el respeto a su persona, no se le ocurre otra cosa, sobre aquellas nuevas y ricas tierras, sino decir que «si se aventura a descubrir (el famoso paso del norte, según pensaba Porter) como es posible que se halle, es de considerar los muchos inconvenientes que se seguirían de dar al Mundo un paso de que se puedan aprovechar todos, cuando Vuestra Majestad ni estos reinos no tienen necesidad de él: esto es lo que puedo informar».

Es, por otra parte, el mismo argumento que va a emplear el Virrey marqués de Montesclaros en 1607, cuarenta y cuatro años antes, cuando responde a la orden del Monarca de realizar un establecimiento en la bahía de Monterrey: «El mayor seguro y fuerza de los reinos y costas que V. Md. tiene en la Mar del Sur carga sobre la dificultad de venir a ellos los enemigos y poca acogida que una vez dentro, tienen en los puertos; para deshacer algo esta incomodidad han buscado nuevos caminos siempre en demanda de topar estrecho y pasaje por encima del cabo Mendocino o por la abra de las Californias, paresciéndoles y con razón que el día que se hallasen han conseguido con poco trabajo lo que mejor les podría estar». Y termina: «Suplico a V. Md. lo mande a tornar a ver pues hay tiempo antes de ponerlo en ejecución, que mi parecer es éste, *y así lo dejo dicho al virrey Don Luis de Velasco*».

Hay que insistir en que el parecer de Alba de Liste no se refería a los servicios y dotes personales de Porter, a quien, en el mismo documento y a continuación, se alaba por su celo: «que de tantos años a esta parte ha empleado en servicio de Vuestra Majestad, en cuya consideración siempre le tendrá por digno de las honras que Vuestra Majestad fuese servido hacerle, y de que ocupe los puestos que más bien correspondan a sus méritos». No en vano se le «honró con dos hábitos de Santiago, que traía al pecho, y a su voluntad otro».

Tampoco el de Montesclaros era contrario a Vizcaíno. Mas es lástima que de todo ello surgiera el abandono —siquiera sea transitorio— de la política de Cortés. La carencia, por otra par-

te, de éxitos fuertes, que hubieran sido por sí solos estímulo suficiente, va a meter casi en una vía muerta, durante dos siglos,
la ruta de las Californias. Con ello se contribuyó en gran medida
a gestar el recorte de las posibilidades de Nueva España, colo-
cándola ante la imposibilidad práctica de llenar su misión histórica. Ciertamente que no es la dicha la única razón. Intervi-
nieron también otros factores, tales como el ya aludido fracaso
de la penetración en las Floridas y el inmenso valle del Misisipi, y como la pérdida del comercio oriental, que redujo lo que
hubiera sido riquísimo tráfico mercantil a los viajes singulares
del Galeón de Acapulco.

De ahí que sea un grave error suponer, como se suele indicar, que el Imperio español tuvo dos polos, México y Perú, cuando la cruda realidad es que el primero, desarticulado en su natural desarrollo, no tenía por sí mismo la importancia necesaria
para avanzar por los límites de la Audiencia de Guadalajara;
aunque tampoco fuera, por sus riquezas naturales y magnífico
clima, la provincia de segundo orden que —como otras regiones más de la América hispana— por su escaso rendimiento
a la Corona, absorbiera las fuerzas y las energías del gobierno
central. Rodríguez Casado ha sistematizado estas ideas con claridad y justeza.

Y así se explica, como acabamos de ver, que, al ser la Nueva
España sólo un apéndice, importante, sí, pero apéndice, de la
labor de España en sus Indias, la proyección hacia el norte del
antiguo territorio azteca, en busca de California y de las Floridas, fuera un problema de siglos. Cuando en la segunda mitad
del XVIII se quiso emprender una política inteligente en este sentido, era ya imposible detener el avance de las antiguas Trece
Colonias anglosajonas.

Las consideraciones generales que anteceden no son una crítica de nuestro pasado americano, sino sencillamente el reconocimiento objetivo de una verdad que explica muchas cosas. Del
mismo modo que la construcción de un orden político y religioso, sin par en ningún otro sistema colonial, hace entender también muy diversos problemas de bien distinta significación. Por
aquellas consideraciones se comprende el fracaso de la unidad
de las Españas; por estas otras queda patente el motivo de que
la independencia de América no trajera consigo la ruptura de su
unidad espiritual. Así fue el Imperio español, con sus grandes
concepciones y sus flacas realidades, y así debemos presentarlo
los españoles, porque, como escribe Pereyra, «convertir leyen-

das negras en leyendas blancas es tan ilegítimo para la crítica como lo contrario».

Atendiendo al panorama general, que todo lo dicho dibuja, se entenderá mejor —así lo creemos— la significación de las expediciones a California, de las cuales se ocupan las páginas siguientes[2]. Las impulsadas por Hernán Cortés y Mendoza van diseñadas en cuanto es necesario para un entendimiento completo del problema y para una estimación más afinada de las navegaciones subsiguientes.

Todas ellas se estudian con el afán de contemplarlas en su propio ambiente ideológico y espiritual. Por eso no se ha dudado en seleccionar de las relaciones de viajes de los distintos exploradores españoles de las costas californianas aquellas incidencias, comentarios y apreciaciones que podían ser útiles para expresar con fuerza el ambiente en que se efectuaron sus empresas. O bien para aclarar cuestiones debatidas y no puramente teóricas —como la del nombre de California— que matizan las gestas de los españoles en la América septentrional.

Se quiere servir así la inquietud tan actual de buscar en todas las investigaciones históricas —y, en general, en todas las investigaciones científicas— el camino de una síntesis honesta, que permita ver los hechos del pasado desde una perspectiva elevada. Así es como adquieren, paradójicamente, su auténtica profundidad.

---

2. En total acuerdo con el criterio seguido en 1947, hemos reducido el aparato crítico a sólo aquellos estudios posteriores que nos han parecido más útiles para la puesta al día de nuestro trabajo, y ello de tal manera que nunca perdiera el carácter que tuvo en la primera edición. Aunque se hayan ampliado, por ejemplo, las notas a pie de página, no se ha hecho con el propósito de reunir una bibliografía exhaustiva sobre los temas tratados, sino aquella que hemos juzgado suficiente para justificar las modificaciones introducidas en el texto o los motivos por los que nos reafirmamos en el mismo punto de vista que entonces. Y al margen, por supuesto, de que los autores citados coincidan o no con nuestra forma de argumentación histórica.

CAPÍTULO I

La geografía de los descubridores

1. Desorientación general.—2. Situación de California.—3. Extensión.—4. ¿Isla o península?—5. Aumenta la desorientación.—6. Luz.—7. Descripción geográfica de California.—A. California meridional o Baja California: a. Descripción de la costa oriental.—b. Descripción de la costa de la Mar del Sur desde el cabo de San Lucas.—B. California septentrional o Alta.—C. Clima.

CAPÍTULO I

La geografía de los descubridores

1. *Desorientación general*

«Creo que (una "pintura" hecha por él) será necesaria y de importancia para por ello enmendar y cotejar los mapas universales del mundo que hoy se hacen, porque en muchas cosas que en ellos están pintadas acerca de las cosas de este reino son muy diferentes de lo que hay en ello de verdades, de lo cual no hay que poner espanto, porque la tierra y costa de la mar de este reino no se ha visto ni descubierto tan exactamente y tan de propósito como en esta ocasión que se fue sólo a esto».

Así comentaba Fray Antonio de la Ascensión[1] lo que sería para «poner espanto», si no fuera porque todos los principios son duros, los primeros pasos inciertos y fabulosa la desorientación que en torno a la geografía de California existía en los comienzos del siglo XVII.

Apenas se encontrará parte alguna en el globo —afirmaba, casi dos siglos después, Fray Íñigo Abad La Sierra, en la introducción a su obra referente a la historia de California— «sobre cuya extensión, posición, confines y demás circunstancias hayan concurrido tanta variedad de opiniones como se han publicado

---

1. Fue este religioso, carmelita descalzo, el principal historiador del segundo viaje del general Sebastián Vizcaíno a California. Formó parte Fray Antonio de la expedición no sólo en calidad de misionero, sino también como cosmógrafo. Demarcó las costas californianas y trazó los itinerarios del viaje. *Vide*, B. N. ms. 3042, fol. 21 y caps. correspondientes del presente estudio. Más adelante distinguimos el relato contenido en este ms. con el nombre de *Relación descriptiva;* cfr. cap. V.

de la California y tierras situadas a su nord-oueste, hasta el estrecho de Anián»[2]. El fenómeno, es, pues, persistente.

Muchas y poderosas razones motivaban tan gran desconcierto. En aquella época era California una especie de *finis terrae* lejanísimo; aislada del resto del mundo, oponía dificultades casi insuperables a los expedicionarios que se dirigían a sus costas. Su mejor puerto, el de San Francisco, permaneció por siglos desconocido[3], oculto por mar y tierra; grandes montañas y bosques, nieblas demasiado frecuentes, le mantenían en verdadero arcano[4].

Para no dejarse dominar ni siquiera por lo que a tantos se antojaba invencible, y con el fin de contribuir eficazmente al conocimiento de aquellas lejanas tierras y al progreso de la geografía en esas regiones encontradas, rescatadas, organizaron los españoles frecuentes expediciones. Más adelante[5] hemos de ver cuán numerosas fueron las empresas iniciadas y llevadas a término en medio de grandes dificultades, en pro del conocimiento detallado de las costas occidentales de América del Norte.

No queremos, sin embargo, dejar de citar, bien que no sea sino como de pasada, algún testimonio en favor de nuestro aser-

---

2. Abad La Sierra, Fray Íñigo: *Descripción histórica, geográfica de la California, sus costas e islas hasta el estrecho de Anián, formada sobre los viajes de mar y tierra más exactos de españoles, ingleses y rusos.* B. P., ms. 1480, año 1783. Acaba de publicarse por Silvia Lyn Hilton, C.S.I.C., Madrid, 1981. Nosotros seguimos citando por el original.

3. Cfr. Chapman: *A History of California. The Spanish period.* Nueva York, 1930, pp. 1 y ss., donde hace diversas consideraciones sobre el misterio del puerto de San Francisco.

4. He aquí la descripción que Abad La Sierra, Fray Íñigo (*ob. cit.,* fol. 49), hace del puerto de San Francisco y cómo nos enumera las dificultades de su acceso por tierra: «Treinta leguas del presidio de Monterrey está el de San Francisco, sobre el puerto de su nombre, situado en los 37 gr. y 50 min. de latitud entre la ensenada de los Farallones y Punta de los Reyes; la mar se interna 15 leguas por un brazo que corre al Sureste hacia la Punta de los Reyes; sube otro brazo en el cual desagua un Río de un cuarto de legua de ancho; éste se forma de otros tres ríos caudalosos que bajan de las sierras altas que corren al Sudeste, siendo navegables casi hasta cerca de ellas; a la espalda de estas Sierras encontró el Capitán Comandante de Monterrey, don Pedro Tages, muchos Tulares y grandes Lagunas, de donde infirió, según el curso de los ríos, salían de ellas, y que sólo se podían salvar y pasar por tierra a San Francisco, subiendo a los llanos de Buena Vista que demoran frente a la Misión de San Luis, habitados de los Indios Nochis, sin cuyo rodeo no es posible llegar por tierra a la Punta de los Reyes del Puerto de San Francisco».

5. En otro lugar trataremos expresamente este tema y probaremos que en no pocas ocasiones el fin casi exclusivo de las expediciones españolas fue el estudio: «la conquista» de la geografía californiana. Y en todo caso, aunque los móviles fueran bien distintos, nunca se excluía este fin científico de las exploraciones, sino que se le solía citar explícitamente.

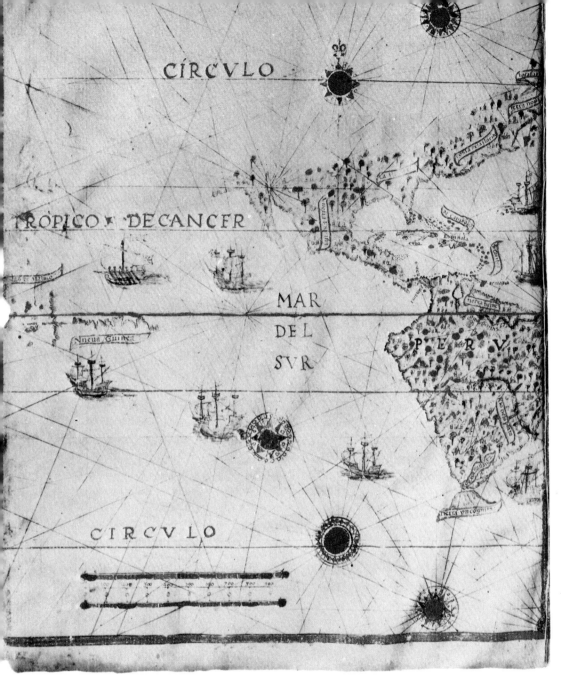

Fragmento del Mapamundi de Pedro de Medina, 1545. (Madrid. Biblioteca Nacional). Reproducido de «Mapas Españoles de América. Siglos XV-XVII». Madrid, 1951, Editorial Hauser y Menet, 351 págs., 78 láminas. Lámina XXIX. Publicación a cargo de: el Duque de Alba, A. Altolaguirre y Duvale, B. Merino Álvarez, V. Castañeda Alcover, A. González Palencia, F. Sánchez Cantón, J. Guillén Tato. En lo sucesivo, este libro se cita como «Mapas Españoles de América».

to. Recuérdese, por ejemplo, la misión que confió el Virrey don Antonio de Mendoza a Juan Rodríguez de Cabrillo, al pedirle en el año 1546 que recorriese las costas de la Mar del Sur «para saber si California era isla o península»[6].

Y ya que en este trabajo hemos de dedicar especial mención al casi desconocido don Pedro Porter Cassanate, el buen español que obtuvo de sus Reyes el privilegio de descubrir y poblar California, veamos cómo habla el Almirante. En un impreso sin fecha, escrito hacia el año 1642[7], se copia una carta dirigida por Porter al Rey, en la que se hace historia de sus propósitos y trabajos para el descubrimiento definitivo de California. Y recuerda cómo «el año de mil seiscientos y treinta y seis, por servir a Vuestra Majestad, ofreció al Virrey Marqués de Cadereyta hacer viaje a la California, para saber si era isla o tierra firme...». Anhela llevar su idea a feliz término aun a costa de su hacienda[8]. El testimonio es bien claro, y la decisión, terminante.

Los viajes se multiplican, las impresiones y referencias de los exploradores se suceden sin interrupción. La claridad, empero, no se consigue. Mucho más tarde, en 1775, el gran navegante Francisco Bodega recibía el encargo de explorar el norte de California, y refiere cómo el Virrey les ordenó, a él y al teniente de navío don Ignacio Ortega, que «dispusiéramos acordes —dice— el método con que habíamos de seguir nuestra derrota, la cual debía terminar sobre los 70 grados de altura. Este punto, que aspirábamos, merecía tanta más reflexión cuanto mayor era el empeño a que nos dirigíamos, mayormente cuando desde los 58 grados de latitud hacia el Norte no teníamos conocimiento a quien poder dar un pequeño crédito, pues los Ydografos varían

---

6. Clavijero: *Storia della California. Opera postuma del Nob. sig. Abate D. Francesco Saberio Clavijero*, Venecia, MDCCLXXXIX, I. Se ha publicado una excelente traducción inglesa de esta edición italiana de 1789, con el título *The history of (Lower) California*, por Lake, Sara, E., y Gray, A. A., Palo Alto (California), Stanford University Press, 1938.
En cuanto a ediciones españolas, la primera y más conocida es la traducción de García de San Vicente, Nicolás, impresa en México, por Navarro, 1852. Su título exacto: *Historia de la Antigua o Baja California. Obra póstuma del P. Francisco Javier Clavijero*. Una segunda edición se imprimió en California en 1931, y una tercera del Museo Nacional, según informe de García Granados, Rafael: *Clavijero: Dato bibliográfico*, Universidad Nacional Autónoma de México, 1932, pp. 10-11, y 5.

7. B. N., ms. 8.553, fol. 118.

8. En la misma carta, a continuación, aclara Porter que «para ello, a su costa, fabricaría navíos, conduciría gente, llevaría pertrechos, bastimentos y todo lo necesario».

tanta diferencia, como que unos hacen que la costa desde los 62 grados tome su dirección hacia el Sudeste, otros hacia el Oeste y otros hacia el Noroeste, y si se investigan sus principios, se halla que los más se fundan en unas mismas razones».

«Esta variedad tan considerable apenas daba lugar a formar idea de la derrota, porque si se hacía con reflexión a alguna de ellas, y acaso resultaba que la costa no era la verdadera, tal vez se empeñaba una navegación infructuosa»[9].

Tal fue la desorientación, que aún perduraba en las postrimerías del siglo XVIII, para suplicio de navegantes y prueba de su valor y su pericia. California era el reino escondido en brumas que se alejaba y esfumaba más y más en el orden del conocimiento a medida que nuevos exploradores se dirigían a sus tierras[10].

Naturalmente, no hay que atribuir tan continua variación de la geografía californiana a las naturales vicisitudes y cambios en el terreno geográfico o geológico. La inestabilidad de las ideas admitidas sobre California basábase en el cúmulo de descripciones arbitrarias que la pintaban, o bien bajo un aspecto delicioso y feliz por la benignidad de su cielo, fertilidad de la tierra, opulencia de sus ciudades y con todas las ventajas que pudieran contribuir a la dicha de sus moradores[11], o bien dando al cuadro pinceladas sombrías o trágicas[12]: tan pronto la hacen po-

---

9. *Relación de los dos viajes que hizo D. Juan Francisco de la Bodega desde el puerto de San Blas por la costa septentrional de California*, B. P., ms. 2.861, fol. 114 v.

10. Por esto, sin duda, escribió irónico y burlón, en su monasterio de San Martín de Madrid, el acerado Fray Íñigo (*ob. cit.*, fol. 1 y 1 v.) las líneas siguientes: «La Geografía, que es entre todas las ciencias la más dependiente de la inestabilidad de las cosas humanas, por la inconstancia natural de sus objetos, expuestos siempre al embate de los elementos, al azote de las guerras, al cuchillo de las pestes, terremotos e inundaciones que transforman y mudan sin cesar las partes de nuestro planeta, reduciendo hoy a horrorosos montes de Ruinas las Ciudades de la Calabria que florecían ayer opulentas, sumergiendo la Isla famosa en los Mares de el Oriente al mismo tiempo que descubre otra nueva en los del Norte, sustituyendo con esta alternativa las tierras a las aguas, como cantó Ovidio (Metamorfos. L. 15):

"Vidi ego, quos fuerat quondam
Solidisima Tellus, esse Fretum
vidi factas in aequore Terras"».

11. Recuérdense los célebres viajes de Álvar Núñez Cabeza de Vaca o de Fray Marcos de Niza.

12. Cfr. p. ej., el tomo I, en diversos pasajes, de la *Noticia de California*, de Venegas-Burriel. La primera edición de esta obra clásica se hizo en Madrid, en

bre y desierta [13], como extraordinariamente poblada, a causa de sus peregrinas riquezas [14]; ora grande [15], ora de estrechos límites [16]; múdanse los nombres [17], o la situación [18]; la hacen isla o península, abren un caudal o un mar que establezca la comunicación con el lago de Hudson [19], o en fin, «aparece una ciudad tan populosa como Manca, un Reino como el de Axa, Gran Quivira y Teguayo, con sus Casas de siete altos, sus Naves con Proas de Plata, guarnecidas con Altracanes de Oro, cargadas de ricas telas de China, y porque la vida del hombre es breve para gozar de tanta riqueza, se hace correr un Río Jordán en el Florida o la Fuente de Viminé en las Islas de su nombre, para remozar con el baño de sus aguas» [20].

2. Situación de California

Otro tema por demás controvertido: la situación de California. El pensamiento general, largo tiempo dominante, era el de que aquellas nuevas tierras estaban muy cerca de China y del Japón. Consecuencia lógica de los pareceres colombinos. Torquemada, en su *Monarchia Indiana* [21], recoge la descripción que

1757; es la edición que —salvo indicación en contrario— se cita en este libro. En 1944 la ha vuelto a imprimir en México, en la Editorial Layac, Álvarez y Álvarez de la Cadena, Luis, con el propio título exacto de *Noticia de la California y de su Conquista Temporal y Espiritual hasta el tiempo presente. Sacada de la Historia manuscrita, formada en México año de 1739 por el Padre Miguel Venegas, de la Compañía de Jesús; y de otras Noticias y Relaciones antiguas y modernas. Añadida de algunos mapas particulares y uno general de la América Septentrional, Asia Oriental y Mar del Sur intermedio, formados sobre las Memorias más recientes y exactas que se publican juntamente.*
13. *Ibid.,* III, cap. I, p. 30.
14. Herrera: *Décadas de Ind.* Oviedo: *Historia de las Indias,* p. 2.
15. Cfr. el famoso mapa de Texeira.
16. Venegas: *ob. cit.,* I, pp. 163 y ss.
17. El estudio del nombre de California será objeto al que dedicaremos especial atención en el cap. III.
18. Cfr. el mapa de Texeira, los viajes de Drake, etc. En este mismo capítulo citaremos las caprichosas localizaciones que se daban para la península de California.
19. Como en los viajes de Fuca y en el apócrifo del Almirante Fontes.
20. Abad, Fray Íñigo, ms. cit., fols. 2 y 2 v.
21. Torquemada, Fray Juan de: *Primera parte de los veinte i un Libros Rituales i Monarchia Indiana, con el orígen y guerras, de los Indios Occidentales de sus Poblaciones, Descubrimiento, Conquista, Conversión y otras cosas maravillosas de la mesma tierra, distribuydos en tres tomos,* compuesto por..., Ministro Provincial de la Orden de Nuestro Seráfico Padre San Francisco en la Provin-

Fragmento del «Typus orbis terrarum» del «Atlas» de Joan Martínez (Messina, 1587). Tomado de «Mapas Españoles de América». Lámina XXXVI.

hace Gómara de las costas de América[22]. «De Mira Flores, hay otras doscientas y veinte Leguas, hasta la Punta de Ballenas, que otros llaman California, yendo a Puerto Escondido, Belén, Puerto de Fuegos, y la Bahía de Canoas, y la Isla de Perlas. Punta de Ballenas está debajo el Trópico, y ochenta Leguas del Cabo de Corrientes; por las cuales entra este Mar de Cortés, que parece al Adriático, y es algo Bermejo; y por ser cosa tan señalada, paramos aquí».

La tenemos ya, pues, situada *grosso modo*. Es un país que está al occidente de Nueva España. Pero más allá de la Nueva Es-

_____

cia del Santo Evangelio de México, en la Nueva España (2.ª ed.), Madrid, Nicolás Rodríguez Franco, 1723, pp. 19 y 20.

Con anterioridad hubo una primera edición, hecha en Sevilla en 1715, que no contiene lo referente al viaje de Vizcaíno. Sus ejemplares son raros, hasta el punto de que Rodríguez Franco cuando quiso reimprimirla, no encontró más que tres, y lo hizo con arreglo al original.

22.   Cfr. I, pp. 8 y 9.

paña se encuentra China. ¿Hay mucha distancia entre China y California? No eran de esta opinión los exploradores. Fray Antonio de la Ascensión[23] piensa que, si se conquista pronto California, no sólo se logrará «la conversión de aquellos indios a nuestra santa fe, que son muchos, dóciles y amigables», sino que se presentaría también «buena ocasión, por la cercanía», de tratar con los naturales de China y Japón[24]. Pero es más: Torquemada refiere la expedición del general Vizcaíno a California, y considera que el general, con todos los suyos, es digno de premio por parte del Rey, puesto que si hubieran proseguido un poco más al norte su viaje, llegarían al estrecho de Anián y desde él podrían haber llegado a España, «lo que fuera dar una vuelta al mundo», ya que California —concretamente el cabo Mendocino— está en los antecos —a los que él llama antípodas— de Castilla la Vieja. Y aun determina con mayor precisión: no sólo de Castilla la Vieja, sino especialísimamente de Salamanca, Valladolid y Burgos[25].

Los mismos conceptos se expresan en la relación citada de Fray Antonio: los moradores del cabo Mendocino están tan opuestos y distantes del reino de Castilla la Vieja, «que es media noche en la insigne Ciudad y Universidad de Salamanca y en la misma hora es medio día en el Cabo Mendocino, y al contrario; de suerte que son los unos antecos de los otros, que son opuestos entre sí, en un mismo clima, con meridianos diferentes y opuestos diametralmente»[26]. De aquí deduce el autor del manuscrito que «han de gozar de unos mismos temples y tiempos gozando de un mismo invierno, de un estío y de un otoño», aunque concede que podrán ser distintos los climas de España y California «por la diferencia de influencia que suelen in-

---

23. B. N., ms. 3.042, fol. 11.
24. En otro lugar de su misma relación aclara Fray Antonio lo que entiende por «cercanía»: «cuando llegan las naos de China a este paraje, ha que navegan cuatro meses y vienen con necesidad de repararse, y en este puerto lo pueden muy bien hacer con harta comodidad...».
25. He aquí el pasaje de Torquemada (*ob. cit.*, I, p. 725): «...y que por allí, si podían, saldrían a la Mar de el Norte, y por ella navegarían hasta España, pasando por Tierra-Nova y por los Bacalaos, llegar a dar razón de todo a Su Majestad, *que fuera dar una vuelta a el Mundo*; porque los que llegaron a el Cabo Mendocino, vinieron a estar en paraje, que los de Castilla la Vieja, eran sus opuestos, en especial los de Salamanca, Valladolid y Burgos, porque el Paraje de el Mendocino, son sus Antipodas de estas ciudades; por lo cual merecen todos muy señaladas mercedes, y que su Magestad se lo gratifique, cuando ocasión le ofreciese...».
26. B. N. ms. 3.042, folio 4.

fluir las estrellas verticales, que sobre ellos influyen sus calidades; para los que saben la esfera y la entienden y la cosmografía, no tendrá esto duda alguna; mas para los que no lo saben, para dar mejor a entender, hice de todo esto una pintura geográfica que tengo conmigo y un traslado de ella envío a su Majestad, y a su Real Consejo de las Indias, para que se entienda la grandeza y postura de este grande Reino».

3. *Extensión*

No hay, en general, lugar a duda, si prescindimos de la multitud de acepciones que pueden atribuirse al nombre de California: bahía, cabo, isla, península, conjunto de islas pequeñas...[27]. La idea más extendida es la tan fuertemente expresada en la narración del viaje de Vizcaíno: «Este reino de la California es muy grande y tiene mucha tierra y casi toda poblada de gente infinita»[28].

Torquemada quizá tuviese una idea no cabal de la extensión de California, pues al principio de su *Monarchia Indiana* la califica, muy imprecisamente, nada menos que como el «Poniente de la Isla del Mundo americano»[29].

4. *¿Isla o península?*

Antes iniciamos este tema. Algo así como una gran obsesión y un incentivo de continuas empresas constituyó durante siglos la búsqueda del estrecho del Norte. No se concebía que tan sólo por el estrecho de Magallanes se pudiera llegar a las costas del lejano Oriente: «tenía que haber un camino más corto». En otra parte vamos a tratar de esta pesadilla de los navegantes y políticos de los siglos XVI al XVIII, y aun en los albores del XIX[30]. Ahora, pues, nos fijaremos en un aspecto limitado de la cues-

---

27.   Cfr. cap. III.
28.   Relación breve de Ascensión, Fray Antonio de la, ms. cit., 4. Sobre este tema se podrían multiplicar las citas.
29.   T. I, cap. VI, p. 16: «Porque más se satisfagan los que alcanzaren a leer esta Historia, y vean la grandeza encubierta en estas Partes...», consideró conveniente Torquemada tomar de Gómara la cita de «las Leguas que bojea, rodeándola por la California, que es el Poniente» de América.
30.   *Vide* cap. III.

tión: en las repercusiones que esa duda tenía sobre la imaginación de los descubridores de California, y en las originales ideas que les hacía concebir sobre la geografía californiana.

Los primitivos exploradores la representaban habitualmente como península[31]; imaginaban que el famoso mar de Cortés, Bermejo o Mediterráneo, no era sino lo que es: un golfo más o menos grande. Poco a poco —insidiosamente, como todo lo malo— se va abriendo camino la idea contraria: California es una gran isla[32]. En la misma relación del segundo famoso viaje de Vizcaíno[33], se describe así esta «tierra separada»:

«Tiene toda la forma y hechura de un estuche ancho por la cabeza y angosto por la punta —es la que comúnmente llamamos de la California— y desde allí va ensanchando hasta el cabo de Mendocino, que diremos ser la cabeza y ancho de él. Tendrá por esta parte la tierra de ancho hasta la otra mar (a donde viene a corresponder el mar mediterráneo de la California, y se junta con la mar que rodea y cerca el cabo Mendocino) cien leguas poco más o menos, por esta parte. Tiene este reino, a la parte del Norte, el Reino de Anián; y por la de levante, la tierra que se continúa con el Reino de Quivira; y por entre estos dos

---

31. Cfr. *Descripción de las costas de California septentrional y meridional*, B. P. ms. 1.400, fol. 4 v. *Vide* también en el mapa de Castillo, lo referente a los viajes de Hernando de Alarcón y Vázquez Coronado y la relación de Pedro de Castañeda de Nájera. (Sobre esto, cfr. Torres Campos: *España en California*, p. 9, y Orozco y Berra: *Apuntes para la historia de la Geografía en México*, México, 1881).

32. Es éste un tema capaz de llenar por sí sólo un grueso volumen. Los datos que se señalan en el presente capítulo proceden principalmente de la documentación correspondiente a la época que aquí se estudia.

Un planteamiento general del mismo puede encontrarse en Bayle, Constantino, S. J.: *Historia de los Descubrimientos y Colonización de los Padres de la Compañía de Jesús en la Baja California*, Madrid (Huelves y C.ª) 1933. Es un trabajo concienzudo y bien desarrollado sobre la labor del P. Kino, especialmente teniendo en cuenta el año en que se publicó.

En 1964, R. V. Tooley editó en Londres *California as an Island, a Geographical Misconception, Illustrated by 100 examples from 1625 to 1770*, cien mapas en los cuales se representa a California como isla. En realidad, hasta la expedición del P. Linck, comenzada en 1766, no quedó en la geografía constancia auténtica de su peninsularidad. Sobre Linck, véanse los trabajos de Burrus, Ernest, S. J.: *Wenceslaus Linck's Diary of his Expedition to Northern Baja California*, Los Ángeles, 1966; y *Wenceslaus Linck's Report and Letters, 1762-1778*, Los Ángeles, 1967. Sobre el P. Kino, véanse del mismo autor, entre otros estudios, el titulado *Kino and the Cartography of Nortwestern New Spain*, Tucson, 1965.

33. Ms. cit., fol. 4.

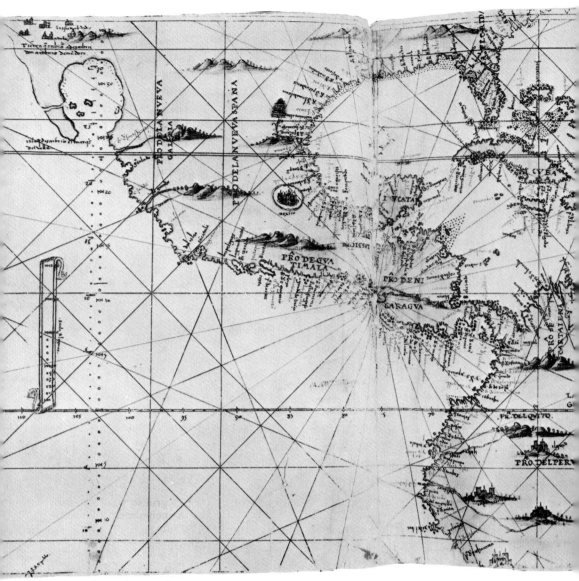

«*Carta de ambas costas de centro América*», mostrando el extremo meridional de California como isla. Del «Islario General de todas las islas del Mundo», de Alonso de Santa Cruz, 1545. (Madrid. Biblioteca Nacional). Sin embargo, muy poco tiempo antes, el gran Francisco de Ulloa, enviado por Cortés, recorrió en 1539 ambas costas del golfo y la del Pacífico de la península hasta el cabo del Engaño, y el piloto Domingo del Castillo lo dibujó con gran precisión. El cabo del Engaño es hoy la punta de San Antonio, cerca de la isla de Cedros.

reinos pasa el estrecho de Anián que pasa a la mar del Norte, habiendo hecho juntar el mar Océano que rodea al cabo Mendocino y el Mediterráneo de la California, que ambos a dos se vienen a juntar a la entrada de este estrecho que digo, de Anián».

Poco después insiste: «Como este reino de la California es tierra separada y distinta de las tierras de Nuevo México y de la del Reino de Quivira...». La vacilación (¿isla?, ¿península?) comienza con la llegada a la altura del cabo Mendocino: poco más al norte veían los exploradores «dar vuelta» a la costa, para tomar rumbo nordeste[34]. Y llegaron a la solución del problema que los torturaba: el estrecho. Ya habían encontrado el camino menos largo, más expedito, entre España y nuestras posesiones de la lejana Asia.

La idea es halagadora y hace en seguida numerosos prosélitos. Ya Preciado, el cronista de la expedición de Ulloa[35], hablaba de California isla: «...*venne il interprete Chichimeco de l'isola California...*». «*Il capitano commando che l'indiano nostro chichimeco gli parlasse na mai l'intereso, in modo che tenemono al fermo che no intendesse il linguaggio de l'isola California*». Sin embargo, no es firme el argumento para probar que ya desde el principio se tomaba por isla la península, pues es dudoso que Preciado aplicara el nombre a la actual California; puede creerse que se refería más bien a alguna isla del mar de Cortés[36].

La edición Hakluyt, comentando el relato de Fray Marcos de Niza, nos presenta a California como un conjunto de 34 islas o como una gran isla acompañada por 30 menores[37].

Y Cardona, que años después que Vizcaíno exploró las costas californianas, hace un mapa «para verificar en forma cómo el Reino de la California es Isla separada de la Tierra de la Florida». Y en su memorial impreso del año 1634 dice que California «es isla aunque algunos han querido afirmar ser tierra firme, mas la más cierta opinión es la dicha, como lo refiere el padre Fray Antonio de la Ascensión, carmelita descalzo, cosmógrafo que fue a la jornada que se hizo en tiempo del Conde de Monte

---

34. Torquemada, II, p. 725.
35. Cfr. la conocida traducción de Ramusio.
36. Cfr. *El bautizo de la California*, de don Carlos Pereyra, en la revista «Estudios Geográficos», núm. 7, Madrid, mayo 1942.
37. «*A great island and 30 small islands which seem to be the new islands of California, rich in pearls*».

Rey, por la parte de fuera de la dicha California, porque por la de dentro, no se sabe que otro la haya bojeado sino el dicho Capitán Nicolás de Cardona...».

De la misma manera, la propuesta del mismo año para encargarse de una nueva expedición, se refiere a que «siendo como es la California isla muy grande», necesitaba garantías para encargarse de su población[38].

Aun dentro de los límites de esta investigación, al llegar al final de ella hemos de ver que don Pedro Porter Cassanate, en su Memorial de 1640, argumenta ante el Rey precisamente la conveniencia de resolver de una vez la incógnita de la insularidad de California.

5. *Aumenta la desorientación*

No obstante los testimonios aducidos por algunos navegantes aislados, la creencia general seguía siendo entre los españoles la de que California constituía verdadera «tierra firme».

Ortelio, en 1570, y con él numerosos geógrafos, sitúan las costas de California en su verdadera conformación[39]. Witffliet, en 1598, publica su opinión de que la América septentrional «casi tocaba a la Asia» por su extremidad occidental[40]. Laet en 1633, el P. Ricciolo en 1661, Mercator, Bencio, Benito Escoto, Genovés en 1719..., todos coinciden en afirmar que los primitivos exploradores españoles veían la geografía de California, al menos en lo que se refiere a su costa occidental, tal como es[41].

---

38. B. N. ms. 2.468, fol. 160. Es chocante ver, un folio después, ese mapa fabricado para hacer la demostración «en forma», porque California aparece en él no ya separada, sino bien unida al continente. El memorial impreso y la propuesta arriba aludidos, en *A.G.I.*, Guadalajara, 133. Cfr. *infra*, en el apéndice.

39. *Vide*, por ejemplo, la relación holandesa titulada *Americae Tabula Nova, multis locis, tam ex terrestri peregrinatione, quam recentiore navigatione ab exploratissimis naucleris, et multo quam antea exactior edita*. B. P., ms. 1.480.

40. «Hace ciento ochenta años —dice, obviamente por error— que los mejores geógrafos de aquel tiempo ponían un Estrecho entre la Asia y la América, que llaman Estrecho de Anián, cuya entrada está entre los 180° y 182° de longitud y corre desde los 56 hasta los 62 de latitud. A su entrada ponen el Cabo de Fortuna, *hasta el cual hay costa muy larga que viene desde el Cabo de San Lucas*». (*Ibid.*, fol. 4 v).

41. Benito Escoto publicó en dicha fecha un discurso en el que afirma con todo lujo de pormenores que las cartas antiguas representaban las tierras de América Septentrional como contiguas a las del nordeste asiático. (*Vide* Bua-

Sin embargo, el conocimiento que desde esta época se tuvo de la costa americana hasta California «por espacio de 1.700 leguas españolas», y debido al relato del viaje de Drake, de 1579, se cambió el concepto que los españoles se habían formado justamente sobre ambos. Señaló Drake el estrecho de Anián a los 42 grados de latitud, después de haber navegado 1.400 leguas alemanas desde un supuesto punto de partida, señalado en la costa de California, a los 29 grados[42]. Un error tan craso como el suponer 1.400 leguas de navegación para andar esa distancia fue el fundamento con que desde entonces se ha escrito sobre California; la hicieron isla, con mucha variedad en su extensión y posición; se fingieron viajes y relaciones llenos de patrañas, como las del mar del Oeste; hablóse de pasos del noroeste y del poniente, con otras falsedades que inventó la política de Drake y los suyos, y que luego adoptaron los holandeses[43], franceses y algunos españoles. Tal estado de cosas se sostuvo con empeño durante muchos años, no obstante que era fácil ver lo contrario, pues en todo tiempo se publicaron mapas y relaciones que, como ya hemos dicho, describían de modo continuo las costas de California hasta el estrecho de Anián.

Y aún hay quien atribuye a los españoles este cúmulo de opiniones erróneas y contradictorias, por no haber publicado —dicen— una descripción exacta y ajustada de las observaciones de sus viajes a estas partes de América.

El viaje de Drake aumentó de tal modo la confusión, que inmediatamente empezaron a mudarse las latitudes de los puertos y cabos, subiendo y bajando por la costa al arbitrio de cada uno. El estrecho de Anián corrió desde los 180 grados de longitud hasta los 200[44] y 229[45], y desde los 51 hasta los 61 de latitud[46]. Los cabos Mendocino, Blanco y otros sufrieron la misma fortu-

---

che: *Consideraciones Geográficas*, III, fols. 64 a 71). La edición francesa se titula *Considérations géographiques et physiques sur les nouvelles découverts au Nord de la Grande mer, appelées vulgairement la Mer du Sud, avec des Cartes qui sont rélatives*. Par Ph. Buache, premier Géographe de Sa Magesté et de l'Académie royale des Sciences, París, 1753. Hay una traducción española manuscrita en la R.A.H., Madrid, Muñoz, XXVIII, fols. 27-37 v.

42. Cfr., p. ej., la «Descripción de California» en el *Viaje alrededor del Mundo, empezado en 1708 y acabado en 1711*, de Woodes Rogers, ed. francesa de Amsterdam, 1716-17.

43. Buache: *ob. cit.*, III, fols. 64 y ss.

44. Mapa de Texeira del año 1649.

45. Ídem de Dudley, año 1647.

46. Cfr. las referencias de Abad La Sierra: *ob. cit.*, I, fol. 5.

na: se suponían mares circundantes de California, el canal, el archipiélago de San Lázaro, haciendo desaparecer el estrecho de Anián y reduciendo así California a una isla.

Pero, para que nada faltase a este cuadro tan confuso, mudaron también los nombres que antes tenían los cabos, puertos y ríos; llamaron igual a sitios diferentes; multiplicaron de tal modo las denominaciones de cada uno, que aun cuando estuviesen bien reconocidos los accidentes geográficos, la variedad de los nombres bastaba para confundirlos. Al puerto de la Magdalena llamaron del Marqués[47], a la bahía de California, que dio nombre a toda la península, dieron el de puerto del Marqués del Valle, puerto de Cortés, puerto de Pichilingues, bahía de la Paz[48]. Al puerto de Loreto, los de San Dionisio y de Concho[49].

El golfo conocido generalmente con el nombre de California ha recibido sucesivamente los de mar Bermejo, Rojo o mar del Oriente[50]; a la punta meridional de este golfo la llamaron punta de Ballenas, de California y cabo de San Lucas[51]. Y, por fin, al estrecho de Anián, estrecho del Norte, paso de Bering y estrecho de Anadín.

De aquí proviene hallarse en los diferentes mapas y relaciones multitud de puertos, cabos y ríos que no aparecen en los países que se delimitan, sin que sea posible encontrarlos, o porque jamás existieron y dio motivo a su demarcación tan sólo la diversidad de nombres que se pusieron a los mismos accidentes, o bien porque los pilotos, mal provistos de instrumentos y ansiosos de ver nuevas tierras, no se detenían a ajustar las latitudes ni a señalar los lugares con precisión —como se ve en muchas de sus relaciones— o porque cada uno se juzgaba autorizado a poner nombres a su arbitrio, sin dependencia de los anteriores[52], pese a las normas dadas por la Corona.

---

47. Venegas: *ob. cit.*, I, pp. 81 y 156.
48. *Vide* este tema en el capítulo III y la carta de Gálvez de 17 de marzo de 1779 (B. P., ms. 2.387).
49. Venegas: I, p. 16.
50. Torquemada: I, p. 701. Venegas: I, 240.
51. Venegas: I, p. 22; Woodes Rogers: *Descripción de California*, p. 13.
52. Según donoso comentario de Abad La Sierra, resultaba: «de tantos absurdos, la confusión y trastorno que ha padecido esta costa, y a que está expuesta la Geografía, no sólo por las revoluciones violentas del Globo, con los continuos ataques de los Elementos, sino por la poca precisión, voluntariedad o ignorancia con que los viajeros han publicado sus descripciones, dando en ellas tantas figuras y posiciones diferentes a este País, cuantas atribuye Plinio a los Fenómenos más violentos de la naturaleza "nascuntur ex allio modo te-

Así pues, los innumerables viajes dirigidos hacia California, en vez de ilustrarnos con conocimientos nuevos, fueron sumergiendo más y más los que se tenían en una densa niebla geográfica[53]. Los ingleses y rusos, con sus expediciones, esparcieron cada vez mayor confusión y alucinaron a otros viajeros —incluso a los españoles— con la misma luz con que aparentaban guiarlos.

El famoso periplo de Cook está lleno de contradicciones y falsedades, y el mapa confeccionado por él es poco conforme con la descripción y con su propio diario; bien que éste ya confiesa en su prefacio que «no fía de la verdad de los hechos porque no ha estado siempre en el secreto de los Jefes».

Consecuencias de esta disposición del autor son las numerosas falsedades de que está plagada la relación y las discordancias de ésta con el mapa. Dice, por ejemplo, que desde el canal del Rey Jorge, que señala a los 45 grados, la parte que ha recorrido no era conocida de los españoles ni de otros europeos, aunque poco después confiesa que los rusos, viniendo de Kans-Kat-Ka, suelen arribar a diversos parajes por él descritos como desconocidos. Por otra parte, ya sabemos en qué época tan antigua lo habían descubierto los españoles. Y el mismo Cook nos lo confiesa, pues en su mapa consigna los puertos de los Remedios y de Bucarelli, nombres y descubrimientos españoles.

Desde el canal de Sandwich hace referencia a muchas islas grandes y pequeñas, sin expresar sus nombres ni la latitud en que se hallan, hasta llegar cerca del cabo de la Providencia, en donde los rusos tenían a la sazón su primer establecimiento, llamado del Sur. Costeando el cabo por esta parte, dice Cook que se hallaron en los 55 grados y 26 minutos de latitud, y 210 grados con 58 minutos de longitud. La observación de este día y la del siguiente, en el que señala 54 grados, 47 minutos de latitud, con 197 grados y 52 minutos, se diferencia en 13 grados y 16 minutos. Un absurdo tan grande fue, al parecer, necesario para ocultar el establecimiento ruso, que estaba enfrente; pero cotejando el diario en el pasaje correspondiente a este día con la conversación de Cook y el comandante del establecimiento, cuando pasó a visitarlo en la isla de la Providencia, resulta evi-

rrae et repente in alliquo mari emergunt, veluti paria secum faciente natura quoque auxerit hiatus allio locoreddente"» (*ob. cit.*, fols. 6 y 6 v).

53. Cfr. el cap. I de Bayle: *Historia de los Descubrimientos... en la Baja California*, ya citada.

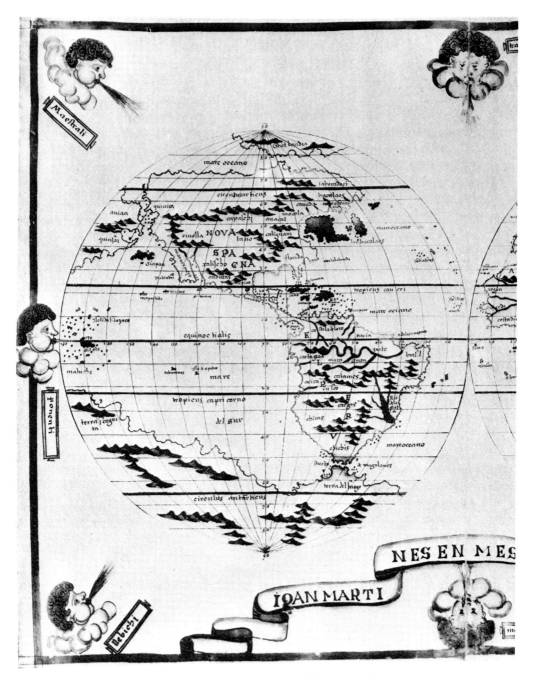

El hemisferio occidental en el Planisferio del «Atlas» de Joan Martínez, de Messina, de 1587. (Biblioteca del Duque de Alba).

dente la argucia. Los errores son tan fuertes que parece ahora increíble que relaciones como ésta produjeran estragos tan profundos en los conocimientos de la época[54].

6. *Luz*

Los expedicionarios, y concretamente los misioneros españoles, reaccionaron desde las postrimerías del XVII contra tal cúmulo de falsedades. A raíz de uno de los viajes del P. Kino, escribiría el capitán Juan Mateo Monge:

«Motivado de las varias opiniones que corrían, así por libros impresos y manuscritos como vulgarmente, se profería en pro y en contra en si la tierra de California era isla circunvalada del mar del sur por el poniente y por el oriente el brazo de mar que intitulan con el epígrafe de Bermejo, o si acaso era la dicha tierra de California península y continente como esta América Septentrional, imaginando un istmo al norte, cuestión que ha sido tan ventilada desde el año de 1524 hasta ahora, que fue el incentivo que nos estimuló a hacer varios descubrimientos por estas partes para la averiguación de ello, y aunque íntegramente no se pudo conseguir con verosimilitud que el caso pide por las circunstancias que arriba expreso para informar con certidumbre al Rey Nuestro Señor y enmendar la cosmografía por estas artes, movióse a esta ardua empresa el Padre Manuel González, Jesuita...»

Sin duda, el buen capitán Mateo Monge no se quedó demasiado convencido por las argumentaciones de los misioneros, según expresa en su inefable castellano. El P. Kino vio, en cambio, «patentemente la continencia y junta de la tierra de California con esta costa de la septentrional América», y —agrega el cronista, capitán Monge— «en esto no pone duda alguna, pues ocularmente se certificó de todo, y que por ningún modo ni motivo es la tierra de California isla...»[55].

---

54. Las relaciones de los viajes de Cook han sido copiosamente editadas y traducidas. En castellano, la edición más corriente es la publicada por Espasa-Calpe en su colección «Viajes clásicos» con el título de *Relación del primer viaje alrededor del globo*.
55. B. N., ms. 3.165, fol. 2 del *Epítome o resulta del descubrimiento que hicieron el padre Rector y Consultor Manuel González y el padre Eusebio Francisco Kino*.

La abundante bibliografía actual del P. Burrus sobre este período está conforme con Carreño, cuando afirma que fue el P. Salvatierra el autor de este descubrimiento: California, mejor dicho, la Baja California, era península y no isla[56]. La verdadera noción geográfica se abría paso definitivamente, después de tanto error y tanta confusión. Al tratar, por ejemplo, de los viajes de Porter, hemos de ver en su documentación muchas referencias a que esta definitiva solución del enigma de la Baja California no había sido aún aceptada por todas las opiniones, ni mucho menos. Continuó la incertidumbre durante todo el siglo XVII. En cambio, a partir de las fechas citadas, la persistencia en el error careció de disculpa, sin que por esto pueda extrañarnos que se resistiera a desaparecer la concepción vigente durante muchas décadas.

Lentamente se iba abriendo paso la verdad. Los descubrimientos geográficos se obtenían dejando muchas vidas en el empeño y se olvidan con facilidad pasmosa. La luz sin obstáculos ni brumas no se consiguió sino muchos años después, hacia 1770. Entre la expedición de Kino en 1701 y 1702 y la de Linck, empezada en 1763, transcurren más de 60 años, tiempo indispensable para liberar a la geografía de un error muy grave en el que tantos autores y cartógrafos habían incurrido.

7. *Descripción geográfica de California*

Para esta descripción, consideraremos la California dividida en sus dos zonas, meridional o Baja y septentrional o Alta. La primera comprende la península desde el cabo de San Lucas hasta más arriba de la boca del río Colorado, en donde acaban las sierras de San Juan Gualberto, que salen de la península y se encuentran con las que bajan al norte de dicho río y corren al poniente hasta San Diego, dejando entre unas y otras una cañada compuesta de diferentes valles. Bajo el nombre de California septentrional designaremos las tierras situadas al noroeste de los límites citados. *Solamente hay que advertir que no se trata de un estudio geográfico actual, sino de una exposición de los da-*

---

56.   Carreño, A. M.: *Los PP. Salvatierra y Kino y la Península de California,* México, 1944. Se basa en el relato del franciscano Francisco García Figueroa, y en varias cartas del propio P. Salvatierra, conservados en el Archivo General de la Nación.

*tos proporcionados por los viajeros de los siglos XVII y XVIII so-
bre las Californias*[57]. Lo que vamos a ver es cómo ambas fueron
apareciendo ante los ojos de sus descubridores, primero, y de
sus exploradores, después.

A. California meridional o Baja California

a. *Descripción de la costa oriental*

La costa oriental la circundan el golfo de California, y la Mar
del Sur por el poniente y mediodía. Al sur está el cabo de San
Lucas, «de donde toma principio y renombre todo ese reino»[58],
situado en los 22 grados, 40 minutos de latitud[59]. En la zona del
cabo, la anchura es sólo de 10 leguas; pero luego se extiende a
20, 30, 40 y hasta 80 leguas que hay desde el río Colorado hasta
San Diego ya en la costa de la Mar del Sur. Entre los cabos de
San Lucas y el de Porfía está el puerto de San Bernabé, «buen
puerto y capaz de muchos navíos, aunque no es seguro para todos los vientos», cuya entrada demarcan cuatro elevadas rocas;
las dos más occidentales tienen la figura de pilones de azúcar, y
la más interna forma un arco que sirve de puente al río de
San José, que desagua en el puerto, cuyo fondo es desde 10 hasta 25 brazas.

Doblado el cabo de Porfía, se encuentra la ensenada de las
Palmas; a ésta sigue la de los Muertos, luego la de Cerralvo, y a
su frente la isla de su nombre: la costa sigue al nordeste por las
playas de Santa Cruz y el Rosario, y luego dobla al sur, formando una gran lengua de tierra. Enfrente está la isla del Espíritu
Santo y la dilatada bahía de la Paz, y en ella los puertos de los

---

57. Por eso, quede advertido, con carácter general, que se encontrarán con
frecuencia inexactitudes en la medición de las latitudes, etc., y aun contradicciones patentes entre los datos observados por unas y otras expediciones. Deliberadamente se renuncia a la tarea de advertirlo en cada caso, y aun de corregir en nota los aludidos errores, ya que con ello no había de conseguirse sino
sobrecargar la atención del lector. Sólo se hace así en casos muy destacados o
cuando es necesario para facilitar precisamente el entendimiento del texto.

58. B. N., ms. 3.042, parte 5.

59. «La tierra de este cabo de San Lucas es muy fértil, sana y de lindo temple y de mejor cielo; tiene buenas llanadas y no es muy montuosa, harto acomodada toda ella para labores». (ms. 3.042, 7).

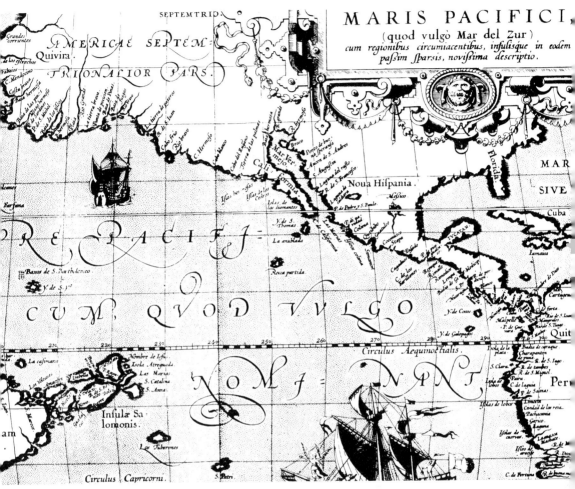

Fragmento del mapa de Ortelius, 1589. Reproducción parcial tomada del «Atlas of the Historical Geography of the United States, de Ch. O. Paullin». Publicado conjuntamente por la Carnegie Institution y la American Geographical Society. Washington, 1932, 162 páginas y 166 láminas.

Pichilingues, cercados de isletas; el de Cortés y otros menores. Desde el puerto de La Paz vuelve a seguir la costa al norte hasta la bahía de los Dolores, y en esta distancia están las islas de San José, Ánimas, San Diego, Santa Cruz, Montalván y la Catalana, y junto a ésta, algunas isletas que rodean el puerto de San Carlos; siguen la playa de Nalibat, el puerto Escondido y la ensenada de Loreto, a los 25 grados y 46 minutos de latitud. Sobre esta ensenada están las islas de Monserrate, San Marcial, la del Carmen, y entre ésta y la playa de Ligui, la de los Danzantes; más adelante, la de San Cosme y San Damián y la de los Coronados[60].

Entre dichas islas y la de la Mestiza está la ensenada de San Bruno, y en su inmediación, las isletas de San Juanico; poco después sale la punta llamada del Púlpito, que forma la bahía de Comondú, en cuya inmediación está la isla de San Ildefonso. Desde aquí corre el mar del norte, volviendo luego al sur, formando así una larga punta de tierra que cerca la bahía de la Concepción por el sur. Dos leguas al norte de la bahía de la Concepción entra en la mar el río Muytege, desde cuya ribera se avanza a la mar el cabo de San Marcos; tiene adelante la isla de la Tortuga; al mediodía, las Tortuguillas, y al norte las de los Galápagos.

Desde el cabo de San Marcos declina la costa, al norte, hasta el de las Vírgenes, en cuyas altas montañas se ven algunos volcanes. Luego dobla la costa al poniente, y en ella los puertos de Santa Ana, a tres leguas, y el de San Carlos, en los 25 grados, no habiendo ningún otro puerto hasta los 29 y medio, en que está el cabo de San Gabriel[61].

Continúa la costa con la bahía de San Juan y San Pablo, entre la cual y la isla del Ángel de la Guarda corre el golfo de Ballenas, en cuyo estrecho está la bahía de San Luis Gonzaga y ensenada de la Visitación; desde ésta va la costa derecha, al norte, hasta las ensenadas de San Fermín y de San Buenaventura, desde la cual vuelve, al nordeste, hasta la desembocadura del río Colorado. Toda la playa es baja y pantanosa, y sobre ella se elevan las sierras de los Reyes y de San Juan Gualberto; el río tiene en su boca, que se extiende una legua, tres isletas, que dificultan la entrada a los barcos de vela; pero pueden subir a remo, aunque sean muy grandes, hasta más arriba de su unión con el río Gila, «pues aun en tiempo de seca lleva siempre en esta parte sobre seis pies de agua, sin que en todo su curso de ciento sesenta leguas haya cataratas, bajos ni otro obstáculo a la navegación»[62].

---

60. B. P., ms. 1.480, fol. 9.
61. Desde este cabo empieza un grupo de islas llamadas de Salsipuedes «porque dejan diferentes canales, cuyas corrientes arrojan a los Navegantes sobre los Escollos, sin otro arbitrio que procurar ganar la Bahía de San Rafael o la de los Ángeles que están en la Costa». Ese nombre del archipiélago será debido a Porter, como veremos.
62. B. P., ms. 1.480.

Cerca de la unión de estos ríos, que es a los 33 grados y medio, en el sitio llamado de San Dionisio, hay dos cerros, que dejan una abertura de 125 brazas y dan paso a los dos ríos unidos[63]. Desde allí se ven las alamedas, que cubren las riberas de entrambos por muchas leguas, y «tres jornadas más arriba se divide el río Colorado, y un brazo —según informaron los indios al capitán Ansa— tira al norte y más adelante se incorpora con otro río mayor que el Colorado y van al poniente»[64].

Siguiendo al norte, ya en California septentrional, entre los 37 y 38 grados, se hallan los indios que entonces llamaron cuacazos, y antes de los 38 y medio de latitud y 260 de longitud queda la laguna de Miera, que se extiende hasta los 39 y medio, recibiendo diferentes ríos, que bajan de la Sierra Madre. A los 40 grados y medio de latitud y 258 grados y 30 minutos de longitud empieza la laguna de Tipangos, que corre al norte hasta los 43 grados de latitud y 263 con 50 minutos de longitud. Al poniente, en los 42 grados de latitud y 261 grados con 50 minutos de longitud, tiene una boca, por la cual desagua a los 41 grados y 43 minutos de latitud. Subiendo más al norte, desde los 58 hasta los 67 grados de latitud, está «la grande agua o lago Muchinipi o de Asimpoels»[65].

La Sierra Madre corre de sur a norte, dejando cerrado este país por el oriente, y todas las aguas que entran en las expresadas lagunas se ven bajar de ella.

Algunos de los primeros exploradores de California supusieron que había un mar del Oeste[66] al poniente de estas tierras; pero la mayoría de los descubridores nos dicen se trata sólo de «tierras anegadas con las aguas del invierno, que siendo abundantes, sacan los Ríos y Lagunas de sus límites, y se extienden por las llanuras algunas leguas, lo que se ve en los contornos de San Francisco, Monterrey, Trinidad y otras partes, sin que tenga comunicación con la mar»[67], y que incluso se sabe positiva-

---

63. Este paraje fue llamado puerto de la Concepción.
64. B. P., ms. 1.480, fols. 10 y 10 v.
65. En estas tierras viven «los indios Mofembleks hacia el Oriente; los Tahuglanks, al norte del Lago de este nombre; los aliados de los Sioux, entre los 45° y 50° de lat. y 255° de long.; los Asimboels, hacia el Lago de su nombre que se comunica con los de Forts y Conibas» (B. P., ms. 1.480, fol. 11).
66. *Vide* este mismo capítulo, donde tratamos del tema de la creencia que sobre la conformación insular o peninsular de California tenían los descubridores.
67. Viajes de Pérez, Bodega, Ezeta, Maurelle y Cook por mar.

mente «que las tierras que suponen el mar del Oeste están pobladas de una nación muy numerosa de Indios y que más adelante hay otras más poderosas que hacen continua guerra a aquéllos»[68].

b. Descripción de la costa de la Mar del Sur desde el cabo de San Lucas

La costa exterior de la California, o de la Mar del Sur, corre del noroeste al sudeste hasta los 40 grados, después dobla al oriente, norte y noroeste, formando algunas entradas y salidas de poca consideración. Pasado el cabo de San Lucas, corre la costa al norte; luego, al oeste, hasta el cabo de Nuestra Señora de las Nieves o del Carmelo, situado a los 23 grados y 20 minutos de latitud. Sigue el puerto de Santa Marina, en los 24 grados y 40 minutos de latitud; después está, a los 25, el de la Magdalena, que llamaron de Santiago, del Marqués y bahía Fungañosa de Santa Marina, con dos entradas que representan dos puertos distintos[69]: «es muy capaz, abrigada de todos vientos por las montañas que la circunvalan»[70]. Un brazo de mar que se interna «hacia la parte del S. dobla después sobre la misma bahía e inunda sus inmediaciones salando mucha parte del río de San Luis Gonzaga, que baja de la Misión de su nombre, circunstancia que dificulta hacer aguada, y es preciso abrir pozos; pero tiene mucha leña»[71].

Cerca del cabo de esta bahía está la isla de Santa Rosa y el islote de Caquey[72]. Desde aquí hasta el puerto de Año Nuevo, salen a la mar los ríos de San Javier, Comondú, Santo Tomás y de la Concepción.

Desde este puerto hasta el de Morro Hermoso, situado en los 27 grados y 50 minutos, se encuentran los farallones de los Alisos y la isla de la Asunción.

En la costa, que es de altas serranías, se ve la bahía de San Cristóbal a los 27 grados y 8 minutos, de mucha extensión y

---

68. Miera, Garcés y Palou, etc., por tierra.
69. B. N., ms. 3.047, fol. 9: «por la una no pueden entrar navíos grandes, sino pequeños; por la otra sí, porque es muy sondable».
70. Torquemada: I, p. 701. Herrera: Déc. 6.ª, p. 202. Venegas: *Noticia de California*, II, p. 310.
71. B. P., ms. 1.480.
72. Torquemada: V, cap. 49. Venegas: III, p. 50.

bien abrigada, y en ella se forman algunos puertos y esteros. A poca distancia de ésta y a la vista de la bahía de la Asunción, queda la bahía de las Ballenas, llamada así por las muchas que en ella se encuentran, al igual que lobos marinos y variedad de peces y aves[73]. La bahía es capaz de buen fondo, resguardada de las sierras que el capitán Vizcaíno llamó de los Siete Infantes. Después de la isla de la Asunción está la de San Roque, a 20 leguas del Morro Hermoso[74].

A los 26 grados 10 minutos de latitud y 256 grados con 10 minutos de longitud está la isla de Cerros o de Cedros[75], de 30 leguas de extensión, entre la cual y la costa queda la isla de la Natividad de Nuestra Señora, frente a la Sierra Pintada; y en su falda, el puerto de San Bartolomé, «el cual es de tres leguas, pero sin agua, la tierra estéril; en la playa hay una especie de betún, que algunos creyeron era ámbar»[76].

Cerca de la costa, que se presenta montuosa hasta el cabo del Engaño, situado a los 31 grados de latitud, a ocho leguas está la isla de Ceniza; y antes de este cabo, los puertos de San Hipólito y de San Cosme y San Damián, en tierra fértil, deliciosa y bien poblada[77]. Síguense las mesas de San Cipriano, y a su no-

---

73. Dice Fray Antonio de la Ascensión (B. N., ms. 3.042, parte 6) que en California hay «muchas diferencias de peces chicos y grandes, que es de ver los cardumes o barbadas que andan en ellos; de algunos pondré aquí sus nombres, por ser peces conocidos en otros mares que yo cogí, tuve en mis manos y comí de ellos para que se entienda la abundancia, bondad y fertilidad de aquel mar; hay, como he dicho, infinitas ballenas muy grandes y grande abundancia de sardinas grandes y pequeñas, lindas y gordas, que es, según dicen, el común sustento de las ballenas, y podrá ser que por esta causa haya aquí tantas; hay chernas, pargos, meros, corbinas, cacones, otollos, esturiones, esmiragalas, licas, salmones, atunes, rayas, chuchos, caballos roncadores, bonitos dorados, lenguados barbetos, puercos, lagartijas, sirgueros, y ostiones comunes, y de los que crían las perlas y otros muchos no vistos ni conocidos».

74. Torquemada: V, cap. 50. Venegas: III, p. 67. Herrera: dec. 6ª, p. 212.

75. En los manuscritos del XVI y primera mitad del XVII se solía designar la isla con el nombre Cerros. Luego, con el de Cedros. Así la denomina ya Porter en alguna ocasión. El P. Barco, en *Historia Natural y Crónica de la Antigua California*, edición de Miguel León-Portilla, México, 1973, p. 5, nos da el nombre indígena: *Huamalgua*.

76. Torquemada, *ob. cit.*, cap. 50; Venegas, *ob. cit.*, III, pp. 65 y ss.

77. Dice Porter (B. N., ms. 8.553): «Que la tierra vista de la California es de buen temple, sana, fértil, con aguas dispuestas para labores y sementeras; tiene ganados, frutos, tabacos, yerbas saludables, muchas arboledas, frutas y flores de España, hasta higueras y rosas. Para los navíos, puertos buenos, ensenadas y bahías; y queriendo fabricarlos, hay pinos, cedros, encinas, de qué hacer brea, alquitrán, sebo, jarcia y algodón para las velas».

roeste, la bahía de San Francisco, a los 31 grados y medio. La tierra aquí es abundante en venados, cabras, cíbolas y en toda caza, muy agradable a la vista y «bien poblada de gente dócil». Luego siguen la bahía de San Simón y Judas y la de Todos los Santos.

B.   California septentrional o Alta

Comienza la región septentrional de California en el puerto de San Diego, «que es muy bueno y capaz y tiene muchas y buenas comodidades[78]; tiene un monte de tres leguas de largo y a la parte opuesta otro; ambos lo circunvalan y defienden. Es muy capaz y acomodado»; sus indios, afables, se pintan de varios colores y adornan de plumas su cabeza; usan muchas pieles de gatos monteses y otros animales; la tierra es fértil, las playas están cuajadas de pedrerías, y los montes de encinas, jaras, romeros y otras plantas aromáticas; en el puerto abunda el pescado y los ostiones[79]; en los «esteros, gran multitud de gansos, patos, codornices, liebres y conejos, y todo el país es delicioso, agradable y llano»[80]. Desde la altura de este puerto corre una cadena de islas a lo largo de la costa, a distancia de ocho a doce leguas, formando entre ellas y la tierra firme el canal de Santa Bárbara, que remata cerca de la punta de la Concepción, a los 34 grados y 25 minutos de latitud y 251 grados y 15 minutos de longitud. Más allá está el puerto de Monterrey, situado a los 36 grados y 44 minutos de latitud y 249 grados con 28 de longitud, que es muy capaz, de buen fondo y «bien abrigado y abastecido de agua, leña y de buenas maderas, así para árboles de navíos como para su fábrica, como son pinos, encinas y robles grandes, crecidos y frondosos y muchos álamos negros en las playas de un río que allí cerca entra en la mar, que se llamó del Carmelo; en el temple, en las aves y cazas y variedad de animales y en los

---

78.   Cuando llegó Vizcaíno a este puerto (B. N., ms. 3.042, parte 10), se detuvo bastante tiempo en él, «por ser el puerto apacible y haber allí muchos indios afables y de trato muy amigable».

79.   En el puerto de San Diego encontró Vizcaíno (B. N., ms. 3.042, parte 10) «muchas diferencias de pescados de muy buen gusto y sabor, como son peces reyes, caballas, langostas, centollas, guitarras, tortugas y sardinas, y otros muchos géneros».

80.   Venegas: I, p. 78.

Fragmento de la «Descripción de esta parte de la América septentrional..., según el plano geográfico que sacó don Carlos Sigüenza y Góngora...». Alrededor de 1691. Forma parte de la obra del P. Pablo Beaumont, escrita en 1778, «Aparato para la crónica de Mechoacán» (Madrid. Real Academia de la Historia).

árboles es propiamente en todo como nuestra España de vieja»[81].

La tierra de este paraje es muy fértil, con buenas dehesas y montes y mucha caza[82].

Después de Monterrey sigue el de San Francisco, situado a 37 grados y 40 minutos de latitud, con 249 grados y 15 minutos de longitud, muy extenso y cómodo, que se interna «por tres partes, formando grandes bahías y esteros, que con los ríos que le bajan de la Sierra Nevada y de los lagos que están al este de la Sierra de Santa Lucía, deja el país inundado por algunas leguas», especialmente en los tiempos de nieves y lluvias. El aire, muy delgado y frío; la tierra, fértil y deliciosa, con grandes praderías y bosques, de los que está cubierta. Se levantan en ella frecuentes neblinas.

Refiere el P. Mariano Payeras que entre los indios circula una tradición, según la cual en lugar de la bahía de San Francisco existía en la Antigüedad una selva sin más agua que la de un pequeño río[83]. En prueba de esta hipótesis, cita el hecho de que los exploradores de California no encontraron esta bahía, a pesar de su gran importancia[84], hasta que en 1769 fue descubierta por Portolá.

Algunos escritores dicen que la bahía fue causada por un terremoto acaecido entre 1569 y 1769, teoría que se tomó muy en consideración después del terremoto de 1906.

Pero el mismo Chapman no parece considerar muy en serio la noticia del cataclismo: «...*what an extraordinary cataclysm it must have been*». ¡Y qué beneficioso desgarramiento para los navegantes!...[85].

Después de San Francisco se encuentra el puerto que llamamos de Francisco Drake; desde aquí se sube al cabo Mendocino, situado en los 40 grados. Las corrientes son violentas; la tierra,

---

81. B. N., ms. 3.042, parte 2.
82. Nos dice Fray Antonio de la Ascensión (ms. 3.042, parte 3) que entre otros animales «hay osos muy grandes y fieras, y otros animales que llaman antas de quien se hacen las cueras de anta y otros del grandor de novillos de hechura y forma de venados con aspas gruesas y crecidas».
83. *In proof of this tradition they say that there are still found trunks and roots of oaks in the port and in the strait*». (Chapman, *ob. cit.*, p. 2, nota 1).
84. «...*in particular, the english navigator, Francis Drake, had made a stop of about a mont a few miles north of where the bay now is, most assuredly, located, and appears not to have learned of its existence, even though he made a journey inland*». (Chapman, *ob. cit.*, p. 1).
85. Chapman, *ob. cit.*, p. 2.

escarpada y poco fértil; la mar pierde el color muchas leguas antes de llegar a tierra, «a la que preceden varias señales, como las aguas malas, Porras, Balsas de Yerbas y Raíces, Pájaros, Centenares, Loros, Negros, y otras que son seguras en esta costa»[86].

Frente por frente del cabo Mendocino está la isla de los Dolores, separada media legua de la costa, y desde dicho cabo vuelve la costa hacia el este, hasta el puerto de la Trinidad[87], situado en los 41 grados y 2 minutos de latitud con 248 grados y 10 minutos de longitud, formado entre las puntas Cañada y Gorda[88].

Pasado el puerto de la Trinidad, está el cabo de San Sebastián, en 42 grados y 10 minutos, y el de Diligencias, situado a los 42 grados y 50 minutos de latitud, 264 grados con 50 minutos de longitud; desde aquí la costa dobla al norte y se convierte en quebrada y fragosa.

A los 45 grados y medio se encuentran tres islotes, llamados las Tres Marías; poco más arriba están el cabo Falcón y el cabo Frondoso. A los 46 grados de latitud se halla la entrada de Ezeta, o bahía de la Asunción, a la que afluye un río de bastante caudal. El país, en esta región, se inunda mucha parte del año y la tierra se ve vestida de gran arboleda; en los 47 grados y 30 minutos de latitud con 247 grados y 30 minutos de longitud están el puerto y río de los Mártires, de nueve y media brazas de fondo[89].

Juan de Fuca señaló una entrada o canal, que llamaron mar del Oeste, a los 47 grados y 48 minutos, suponiendo que se internaba tanto que se comunicaba con otro mar; «pero los capitanes Pérez, Bodega, Ezeta, que recorrieron esta parte con mucho cuidado en 1773 y 75, no lo han visto, ni señales que lo indiquen. El

---

86. *Relación del viage del Capitán Vizcayno.* Torquemada: cap. 55. Cfr. Venegas: III, p. 114.
87. «Aquí ponían los antiguos el país de Quivira y terminaban la costa de California haciéndola isla» (Abad: fols. 15 y 15 v).
88. A la parte del poniente se eleva 50 toesas la punta del Morro, que «es un Baluarte natural muy escarpado e inaccesible, si no se entra por el istmo que lo une a la tierra, siendo muy fácil cortarlo con un foso, con lo cual queda seguro de toda invasión, con tierra suficiente para coger frutos y pastos de Ganados para una Guarnición de 60 hombres». (B. P., ms. 1.480 fols. 50 v. y 51).
89. Los capitanes Ezeta y Bodega atracaron en esta costa y vieron dos montañas cubiertas de nieve. A su juicio, se asemeja una a «la cuchilla de Roldán, en la costa de Valencia, y la otra, que está en los 50°, se parece al Pico de Tenerife».

capitán Cook, que estuvo también en esta Costa a los 49 y 33, como se ha dicho, tampoco lo vio»[90].

Toda esta costa es limpia y sondable, y la mayor parte remata en playas. Hacia los 51 grados, el famoso viajero Monchac Apee recorrió el interior del país por muchos centenares de kilómetros sin haber visto mar o canal alguno. Se encontró, por el contrario, con una nación muy numerosa que habita en estas costas y se hallaba oprimida por otra más poderosa, que procedía del interior. Lo mismo confirman don Bernardo Miera, los padres franciscanos Fray Antonio Domínguez, Fray Silvestre Vélez de Escalante y el capitán Ansa, que penetraron en las naciones que habitan entre el gran Teguayo y la Mar del Sur, sin adquirir noticia ni ver señal del supuesto mar[91].

A los 55 grados de latitud está la boca de Pérez, y a los 55 grados de longitud, el puerto y entrada de Bucarelli[92], que se interna por un brazo de mar tierra adentro. En esta costa hay un grupo de islas, que corren desde la boca de Pérez hasta más arriba del puerto de Bucarelli; el capitán ruso Tschirikoff y La Coyère pensaron en 1714 que éste era el archipiélago de San Lázaro, del fingido viaje del Almirante Fonte, publicado por Mr. Buache en el mapa que presentó a la Real Academia de Ciencias de París, en 1762; «pero el supuesto Archipiélago, que se figura a la entrada del mar del Oeste, se reduce a algunas Islas inmediatas a la costa, como otras muchas que se ven en toda ella sin relación alguna con el supuesto mar»[93].

El puerto del Príncipe se halla a los 56 grados 15 minutos de latitud y 233 grados con 50 minutos de longitud, y un poco más al norte está el puerto de Guadalupe, que se extiende «tres cuartos de legua de ancho y otro tanto a lo largo». Al noroeste del puerto de Guadalupe, a 57 grados y 20 minutos, está el puerto de los Remedios, cercado por el cabo de San Roque, que lo defiende de los vientos del 1.º, 2.º y 4.º cuadrante.

Siguiendo la costa al oeste, se halla el cabo de San Elías, situado a los 60 grados; a su frente, la isla del Carmen, y poco más arriba, el canal de Sandwich. La entrada de este canal es de

---

90. B. P., ms. 1.480, fol. 16 v.
91. *Ibídem.*
92. En la ensenada que Bodega llamó de Bucarelli «experimentó un aire templado, el Cielo sereno, las noches claras y todo el país fértil y delicioso, mediante el calor y luz que comunican siete volcanes que hay en aquellas inmediaciones». (Bodega: *Diario del Viaje de 1775,* B. P., ms. 2.861).
93. B. P., ms. 1.480, fol. 17 v.

cuatro millas de ancho y se interna algunas leguas; a él salen muchos ríos, que dejan hermosas ensenadas; siguen por la costa otras varias islas hasta las de Maurelle, a las que Cook dio el nombre de Sumagint, situadas a los 60 grados de latitud y 218 grados de longitud frente a la boca del canal de Hinchimbroch[94].

Saliendo de este canal, corre la tierra al sur 1/4 al sudeste, encontrándose varias islas. Y enfrente de ellas, a los 58 grados y 30 minutos, siguiendo el mismo rumbo, se hallan los montes de San Pedro y San Pablo, formando un cabo[95]. Continuando la costa se llega al cabo de la Providencia, a cuyo frente sigue una dilatada cadena de islas. La tierra sigue el sudeste, y en los 60 grados de latitud está la bahía de Bristol, desde donde dobla la costa al sudoeste. Desde aquí sigue la costa hacia el norte. Cerca de la costa se encuentra el islote de Froneaux, «en que se crían apio y garbanzos silvestres; el fondo es muy desigual; a 6 leguas de la tierra sólo da la sonda de cuatro a seis brazas y siempre entre bajos, y muchas corrientes, con un canal angosto cerca de tierra»[96].

Hacia los 65 grados de latitud está el canal de Norton, desde el cual dobla la tierra al noroeste hasta el cabo más occidental de América, a cuyo frente se ve el extremo oriental de Asia. A la altura de 65 grados de latitud sólo se separa Asia de América por el estrecho de Anián, «que es de seis leguas de ancho; los rusos le dan 40 millas, pero Cook y Goore, que lo pasaron dos veces, con tiempo claro, sólo dan seis leguas desde un Continente al otro»[97].

C. Clima

Los exploradores y navegantes españoles advirtieron ya, de un modo muy suficiente, que en tan dilatada extensión de tierras, cortadas por muchos ríos, lagos, mares y montañas, eran naturales la variedad de climas, y las muy distintas producciones agrícolas. Todo lo cual influía en el carácter del hombre, en sus

94. Este canal fue reconocido por Cook en el año 1778.
95. Éste fue el término del viaje del capitán Bodega, en 1775.
96. B. P., ms. 1.480, fol. 19.
97. B. P., ms. 1.480, fol. 20.

enfermedades y aun en sus usos y costumbres, «sin que las diferentes leyes que arreglan el calor, frío, sequedad, humedad y demás cualidades que forman las de un país, puedan inferirse de su distancia al Ecuador, pues sentimos los rigores de la zona tórrida, en los que por esta regla debían ser templados; la mayor inmediación del mar, la elevación del terreno, la proximidad de las Montañas; los Lagos, Ríos y Volcanes, la abundancia o escasez de las lluvias, y otras circunstancias arreglan el clima de un pueblo, modificando o alterando el calor y el aire, agentes universales de todas las producciones y enfermedades, más o menos varios, según sus diversas combinaciones» [98].

El Canadá y parte de la Nueva Escocia, que se hallan en el mismo paralelo de latitud, se encuentran corrientemente cubiertos de nieve y sin poder producir grandes frutos; y asimismo, «el negro de la Costa de África siente los ardores de un clima abrasado, al mismo tiempo que el peruano bajo el mismo paralelo respira un aire dulce y templado» [99].

Pero aun sin salir de la misma California los expedicionarios hallaban muchas de estas diferencias.

El cabo de San Lucas, situado a los 22 grados y 49 minutos de latitud, entrado ya en la zona tórrida, goza de un clima templado [100]. El puerto de Loreto, que está en la zona templada, siente siempre los calores de la tórrida, aunque no es comparable con los que se padecen en la Agra, no obstante hallarse en la misma latitud y paralelo que el puerto de Loreto [101]; en el puerto de Bucarelli, situado a los 45 grados y 40 minutos de latitud, se goza de un aire benigno, cuando en otros de la misma costa, a 10 grados menos de altura, se siente un frío intenso [102].

Pero, en general, afirmaban que el temple de la península de California era cálido y seco, y la tierra quebrada y escasa de aguas, aunque en toda ella se encontraran terrenos fértiles.

Los huracanes y lluvias —nos dicen— han robado las tierras de las montañas, que, por lo general, son áridas y estériles; en cambio, en los valles, donde las tierras de las alturas se han reunido, hay terrenos pingües y a propósito para el cultivo de todas las plantas.

---

98. B. P., ms. 1.480.
99. Clavijero: IV, p. 89.
100. Woodes Rogers: *Descripción de California*, p. 10.
101. Clavijero: IV, p. 89.
102. Bodega: *Diario del Viaje de 1775*, B. P., ms. 2.861.

El territorio de Santa Rosa de las Lajas es muy llano y abundante de pastos y aguas hasta antes de llegar a San Sebastián del Pergamino.

Los capitanes Bodega y Ezeta admiraron en muchas partes la corpulencia y calidad de los árboles, especialmente en la región de San Francisco, y «midieron muchos que pasaban de dos varas de grueso y sesenta de largo, muy derechos y a propósito para arboladura, tablazón y demás piezas de construcción; en otras hallaron los bosques tan cerrados de arboleda que no sólo no se podía penetrar, sino que por su multitud se impedían unos a otros crecer» [103].

Si se extiende la vista sobre el plano y se observan los «brazos de mar que se internan por diferentes rumbos por espacio de nueve leguas» y los varios ríos que reciben, manifiestan, según los caudales con que corren, «venir de muy lejos y ofrecen la conducción de los bosques de sus vertientes, sin costo del Real Erario» [104].

Y si, por otra parte, «se tiene presente cuánto fomenta un país cualquier astillero o fábrica y la utilidad que resultaría al Estado de que éste se establezca atendidas todas estas circunstancias, quizá sería útil formar uno o más astilleros en estas costas, antes que la necesidad de defenderlas precise a nuestras escuadras a doblar el cabo de Hornos; que aun cuando lleguen a su destino, necesitarían entrar en dique para su reparo» [105].

---

103. Viaje de Ezeta y Bodega, ms. cit.
104. B. P., ms. 1.480, fols. 49 y 50.
105. B. P., ms.1.480, fol. 50.

CAPÍTULO II

Los indígenas, ante los ojos de los descubridores

CAPÍTULO II

Los indígenas, ante los ojos de los descubridores

1. *Generalidades*

Es difícil labor la de ofrecer una visión de conjunto del complejo mosaico de los pueblos indígenas californianos. Las diferencias que existen entre ellos saltan a la vista de cualquiera que intente esta tarea. Son tan claras que impiden lograr, al menos de una manera sencilla, un panorama amplio y a la vez ajustado, sobre todo cuando se pretende destacar la muestra de caracteres y mentalidades.

Casi se podría decir que la principal semejanza se encuentra en lo negativo: en el nivel bajísimo de vida, en la falta casi absoluta de civilización, en lo rudimentario de su sistema político, en el exagerado afán de guerras, en la casi nula afición al trabajo. Rasgos comunes, pues, que son el sello de los pueblos de cultura incipiente de todos los climas y tiempos; los que marcan la coincidencia en el atraso.

El modo de vivir de un pueblo suele ser distinto al del pueblo vecino. ¿Razones de la variedad? Muchas se han dado. Pero no parece descabellado pensar que las diferencias provengan de un género de vida realizado en común dentro de un ámbito espacial muy limitado. Tenía cada tribu, cada «ranchería», cada pequeño grupo de gente, como asignada su franja de terreno. La dificultad de comunicación —por un lado, el mar; por otro, los picos de las altas montañas— y el belicoso espíritu que a todos animaba —poco más al norte, un pueblo celoso de su libertad, y al sur, otro no menos buen defensor de su tierra— unido a la poca laboriosidad que, en general, a todos distinguía, daba como resultante una serie de gentes que aborrecían la comunicación con las tribus vecinas. Se «encerraban» en sí mismos y, con el correr de los tiempos, llegaban a diferenciarse de los pueblos circundantes, con los que tenían tan pocos puntos de contacto. Sólo este aislamiento explica de modo satisfactorio las discrepancias de costumbres y la diversidad de lenguas[1].

Hay muchas controversias respecto a los orígenes de los indígenas de California y afinidades raciales posibles que pueden presentar. Existen algunos hechos estudiados recientemente que, sin contradecir en lo fundamental la tesis de Kroeber[2],

---

1. Homer Aschmann (en *The Central Desert of Baja California: Demography and Ecology*, Berkeley, 1959, pp. 52 y 55) atribuye la cierta uniformidad de las lenguas habladas por los habitantes del gran desierto central, entre los paralelos 26 y 30, a la aridez del suelo. La consiguiente falta de alimentos les obligaba a ser nómadas y estar en frecuente contacto. Por esa misma razón, las luchas entre las rancherías eran más raras que en otros sitios: el contacto pacífico se convertía así en una necesidad para subsistir. No sucedía lo mismo con los ocupantes del norte de la península, también de raza cochimí como los del desierto, y de similar raíz lingüística, pues unos y otros procedían del tronco yuma, pueblo situado al norte de la actual frontera entre México y Estados Unidos, es decir, desde las orillas de la desembocadura del Colorado hasta San Diego.

En cambio, al sur, en los territorios de Loreto, Dolores del Sur y San Luis Gonzaga, nos encontramos con una lengua cuya filiación «es un enigma». Eran los guaicuros. Y en la zona del cabo de San Lucas, los «pericúes», hablaban otro idioma de origen absolutamente indeterminado. (Cfr. Massey, William C.: *Tribes and Languages of Baja California*, Nuevo México, 1949, p. 303).

2. Este tema ha sido estudiado por Kroeber, Alfred L. Entre sus muchos trabajos destacamos en esta nota: *Indians of California*, en el *Handbook of American Indians North of Mexico* (Washington, 1907), y *Types of Indian Culture in California*, Berkeley, 1904. Más modernamente, en 1926, Gifford, E. W.: *Californian Indian Physical Types*, en «Natural History», n.º 26, reeditado por Heizer y Whipple, 1971: *The Californian Indians: a Sourcebook*, pp. 97-104; y Baumhoff: *Ecological Determinants of Aboriginal California Populations*, Univ. de California, 1963.

Los trabajos indigenistas de Kroeber han sido recogidos en *Handbook of Indians of California*, «Bureau of American Etnology», Bulletin 78, 1925, al que en adelante designaremos *Handbook*.

Respecto a la singularidad de los «pericúes», Massey, William C., que lleva desde 1974 publicando trabajos arqueológicos sobre la Baja California, ha escrito recientemente *Culture History in the Cape Region of Baja California*, en Berkeley. Estudia, por ejemplo, los hallazgos de tumbas en esta zona, con resultados sorprendentes. Los cráneos encontrados corresponden a hombres *muy dolicocéfalos*. Se trata de un tipo humano que pertenece a una temprana emigración de la que se conocen otras pequeñas manchas en algunas —muy pocas— zonas de América del Sur.

¿Pertenecían los pericúes a esta raza? Es difícil de determinar. Desaparecieron pronto por las enfermedades contagiadas de los españoles y la gran rebelión de 1734 a 1738, debida en parte al afán de los misioneros de implantar la monogamia, y al deseo de acabar con la influencia de los guamanes. Eran, sólo unos 5.000 a la llegada de los descubridores. Y en esta época utilizaban la cremación como rito funerario. El paso de la inhumación a la cremación se

cuando afirma las claras relaciones raciales entre los californianos y otros pueblos del México actual, llevan a pensar en ciertas singularidades en especial de algunos habitantes de la península. Lo que no obsta para que el número de tipos de indios sin afinidad marcada entre sí parezca haber sido importante.

Es interesante también consignar algunos datos sobre el número de habitantes de California en la época de la conquista. Hay quien afirma que los indígenas eran a la sazón unos 700.000[3]. Kroeber no cree que pasasen de 133.000 en la Alta California. Los modernos estudios demográficos afirman que serían de 315.000 a 350.000 los de la Alta y de 40.000 a 50.000 los de la Baja[4]. Por eso, no puede darse crédito a la cifra que se des-

---

pudo producir por influencias extrañas, por ejemplo, de las llamadas culturas de la Ventana y de Las Palmas.

Quizá ayuden en algo a la problemática «pericú» estas dos descripciones tan divergentes sobre dos pueblos colindantes que nos dan Baegert y Porter Cassanate. Baegert escribe sobre los guaicuros (monquis de Loreto) que vivían en la frontera de los pericúes: «Los californios, *muy parecidos a los mexicanos...* en cuanto a su aspecto... tienen *la piel color castaño oscuro* o *color clavo de especia*, pero en algunos individuos tira a negro y en otros a color de casca o cobrizo... El *cabello es negro*, como *de azabache* y enteramente *lacio...* De los adultos, algunos son altos y fornidos, otros de estatura baja». «*Todos son imberbes*».

Porter habla así de los pericúes, el 4 de febrero de 1624, cuando la fragata arribó por segunda vez al cabo de San Lucas: vieron un gran número de indios que «capitaneaba... *un cacique con venerable barba...* Los hombres son corpulentos, fuertes y bien agestados *con ventaja* a los de Nueva España. El *cabello es algo rubio;* precian de peinar largas madejas...». «Traen *el cuello muy largo*». Baegert: *Noticias de la península americana de California,* trad. por P. R. Hendrichs, México, 1942, pp. 69 y 70; Porter: B. N., ms. 6.438, reproducido en el Apéndice. La última frase, también sobre los indios del cabo de San Lucas, en B. N., ms. 2.375, fol. 200.

El color de tez de los pericúes chocó también a otros exploradores y misioneros. Ignacio María Nápoli escribe: «...no he visto gente más alta desta, de cuerpo bien proporcionado, gordos y muy blancos y bermejos, y particularmente los muchachos parecen ingleses o flamengos por la blancura y colorados». (*Relación del Padre... acerca de la California,* en *Memorias del Primer Congreso de Historia Regional,* 2 vols. Mexicali, 1958, pp. 292-293).

3.   Chapman, Charles E.: *A History of California,* Nueva York, 1930, p. 12.

4.   En la primera de las obras citadas, Kroeber da esta cifra y considera muy dudoso que fuera superior el número de indígenas al indicado. Pero Cook, Sherburne F., que recopila en el primer capítulo de su obra póstuma los trabajos realizados por él durante 30 años sobre la población aborigen de la Alta California, titulado «*The aboriginal population of California*» (pp. 1-44), y está publicado en *The population of the California Indians, 1769-1970,* Berkeley, 1976, da la cifra de 310.000 almas, con un margen de error del 10 por 100 (p. 43). En estudios anteriores, considera que los aborígenes de la Baja California alcanzaban unos 40.000, con el mismo margen de error. Esta última estimación está de acuerdo con la de Homer Ashmann que, en *ob. cit.,* asigna 21.000 (p. 178) a los cochimíes del Desierto Central. Es perfectamente admisible que los cochimíes

prende de los relatos de diversos misioneros. Sumando los números indicados en distintas relaciones, ascienden a 700.000 los moradores indígenas entre San Diego y San Francisco.

Es indudable, sin embargo, que a los expedicionarios se les antojaba extraordinaria la densidad de población de aquellos parajes[5]. Son muy corrientes las expresiones ponderativas de este extremo: «continuos asistieron en este puerto más de tres mil indios», decía Porter[6], calculando los que miraban las maniobras de un puñado de españoles durante varios días seguidos. En la relación del viaje de Vizcaíno hecha por Fray Antonio de la Ascensión se deduce también el pasmo que le causa el exceso de población en vista del ofrecimiento que en el puerto de San Diego les hizo el reyezuelo indígena, que, al observar que en los navíos expedicionarios había sólo hombres, «ofreció por señas de que a cada uno le daría diez mujeres, si todos querían ir a su tierra»[7]. Bien que no necesitaba de tal argumento, pues llega a la misma conclusión al ver que «por toda la costa, de día y de noche, hacían muchas hogueras, que es señal usada entre ellos para llamar que vayan a su tierra»[8].

Hemos recordado este punto para dar así mayor realce al esfuerzo de los conquistadores y, sobre todo, de los colonizadores. Según refiere el mismo Chapman[9], durante todo el período español nunca hubo en California mucho más de 3.000 blancos. En los primeros 20 años nunca llegó a 1.000. Y en la época primitiva de la colonización, habría de 100 a 200 hombres en un distrito geográfico de 800 kilómetros de costa, a pesar de la patente, aunque no ruidosa, hostilidad de los indios.

---

del norte, los del sur y sobre todo los guaicuros y pericúes sumaran todos juntos, al menos, otro tanto.

5. Recuérdense las narraciones de Torquemada en su *Monarchia Indiana*, donde habla, y no una vez sola, de «indios infinitos», «ciudades populosísimas», y emplea en otras ocasiones términos análogos, en señal de la admiración de los expedicionarios al ver tal cantidad de indígenas. Y no se olviden —entre tantas otras— las de Fray Marcos de Niza.

6. B. N., ms. 6.438.

7. B. N., ms. 3.042, parte 2 y parte 4: «Este Reino de California es muy grande y tiene mucha tierra y casi toda ella poblada de gente infinita...».

8. *Ibid.*, loc. cit.

9. *A History of California, ob. cit.*, p. 12.

2. Condiciones físicas

Ante todo, una advertencia de método. Hemos creído conveniente, para seguir algún orden en este bosquejo del indígena californiano, irle contemplando tal como se presentaba a los descubridores[10]. Y así, nos fijamos en primer lugar en lo que de inmediato entra por los sentidos externos: en sus características físicas y en una superficial impresión idiomática. Después, en las virtudes o defectos humanos de los indígenas; como muchas veces recibían a los españoles en son de guerra, diremos algunas palabras sobre su valor combativo. Luego consideraremos sus dotes de nobleza, lealtad, laboriosidad, etc. Y, por último, tras habernos fijado en sus costumbres, organización familiar y régimen político, terminaremos con algunas reflexiones sobre las creencias y prácticas religiosas de los naturales de California.

Según Kroeber, el indígena típico es el habitante de la gran región central. Eran, desde luego, robustos, altos y bien conformados de facciones. El color de la tez, «trigueño claro». *Como no pretendemos entrar en consideraciones etnológicas*[11], *sino solamente describir la impresión que a los expedicionarios causaban los indios de California*, nos limitaremos a consignar, en apoyo de lo dicho, algunas frases de Porter —ya que a Porter estudiamos de modo especial— y de algún otro descubridor. En la relación que en 1644 se hizo sobre su primera expedición preparatoria[12], se refiere que algunos indios quisieron unirse a su expedición, marchando en la fragata española; los describe, por ser «pericúes», con el pelo rubio, de tez clara, y termina

---

10. Aunque las expediciones que se estudian con particular atención en los capítulos finales de este libro no van más allá de la primera mitad del siglo XVII, no dudamos en utilizar aquí relaciones del siglo XVIII, por ser generalmente las más ricas en observaciones.

11. El problema etnológico de la Baja California presenta caracteres muy típicos. Poblada la península desde el norte, las tribus que en momentos sucesivos penetraron en ella se fueron encontrando sin posibilidades de seguir hacia el sur. Como dice Kirchhoff, Paul, en su prólogo a la edición del libro del P. Baegert, Juan Jacobo (*ob. cit.*, p. XVI) de esto «resultó toda una serie graduada —hablando *grosso modo*— del sur al norte, con los inmigrantes e influencias culturales, tanto más antiguos y primitivos cuanto más nos quedamos en la parte sur de la península; y con inmigrantes e influencias tanto más recientes cuanto más nos acercamos a la entrada de nuestro «callejón sin salida». Sería difícil encontrar en todo el continente una región de igual extensión que nos ofreciera condiciones igualmente favorables para un estudio de los efectos de aislamiento vs. contacto con otros pueblos e influencias externas».

12. B. N., ms. 2.375, fol. 200.

Tipo de «casa» en la sierra de la Alta California, según Powers, Stephen, *Tribes of California,* Berkeley, 1976, con introducción y notas de Heizer, R. F.

afirmando que «traen el cuello muy largo; son corpulentos y fuertes»[13].

Bodega, hablando de los naturales del puerto que lleva su nombre, que descubrió cuando procuraba entrar en el de San Francisco, escribe:

«La estatura es corpulenta y robusta; el color, trigueño; el vestuario, como el de todo Indio alzado, y se diferencia sólo en la composición del pelo, que se lo elevan por la parte de la frente a modo del peinado que usan las Señoras»[14]. Y a continuación

---

13. En otros manuscritos insiste Porter en la idea de la fortaleza: «Los indios reconocidos de la costa, son muy robustos y fuertes» (B. N., ms. 8.553). Y realmente debían de ser tan robustos, que, refiriéndose a los pericúes, compara a los californianos con los indios de México y comenta: «Los hombres son corpulentos, fuertes y bien agestados, con ventajas a los de Nueva España». (B. N., ms. 6.438).

Después de la gran rebelión a que nos hemos referido en la nota 2 anterior, de unos 5.000 que deberían ser en la época de Porter, acabaron en unos 300 hacia mediados del siglo XVIII. La rebelión, que tuvo lugar entre 1734 y 1738, fue relatada por Taraval, Sigismundo *(Historia de las misiones jesuitas en la California Baja desde su establecimiento hasta 1773)* publicada en versión inglesa (Los Ángeles, 1931) por Wilbur, Marguerite Eyer, y reeditada en Nueva York en 1967: *The Indian Uprising in Lower California 1734-1737 as Described by father Sigismundo Taraval.*

14. Bodega, B. P., ms. 2.861, fol. 111.

detalla, sobre los indígenas encontrados varios grados más al norte:

«El color de estas gentes es trigueño claro, y muchos de ellos un blanco regular; su cara, de muy buenas perfecciones; son de más que de regular estatura, fornidos, arrogantes de espíritu y generalmente inclinados a la guerra» [15].

3. *Indumentaria*

La ropa con que se visten los hombres, según Bodega [16], se reduce a una o más pieles de lobo, venado, oso y otros animales, que los cubre desde los hombros hasta la rodilla. «También se presentaron algunos con fresadas de lana bien tejidas de vara y media de largo, y una de ancho con su fleco alrededor de media cuarta; otros traían botas de piel dorada abiertas por delante, las que cierran pasándoles un cordón».

Llevan en la cabeza sombreros bien tejidos de menuda cáscara de árbol, cuya figura es la misma que la de un embudo. En las muñecas usan brazaletes de cobre, hierro o barba de ballena; en el cuello, varios hilos de sus abalorios, hechos de hueso, y collares de cobre sumamente finos. El pelo solían los hombres dejarlo muy largo y peinarlo con «escarmenadores, que tienen alguna relación con los nuestros» [17], manteniéndolo suelto hasta la mitad, desde donde se hacían una perfecta coleta hasta su extremo, con cintas de lana. De todos modos, cuando el frío no era excesivo, no usaban, por lo regular, cosa alguna. «Traían algunos coronadas las cabezas de hierbas olorosas y plumas» [18], y cualquier dádiva de los españoles la estimaban con muchas demostraciones, «dándoles como el superior asiento en sus copetes, que, libres de la multitud de la pluma, tracen punta en la frente» [19]. Por el puerto de Monterrey —refiere Fray Antonio de

---

15. *Ibid.*, fol. 135. Sobre las características físicas de los indios, pueden verse: Gifford, E. W.: *Californian Indian Types, ob cit.* pp. 50-60; y Heizer, R. F., y Treanor, G., *Observations on Physical Strength of Some Western Indians and «Olds American» Whites*, en «Archaeological Research Facility», Cont. 22 (1974), pp. 47-57.

16. B. P., ms. 2.861, fol. 135. Se refiere, desde luego, a indígenas de la Alta California.

17. *Ibid.*, fol. 135 v.

18. *Ibid.*, fol. 98 v.

19. Porter, B. N., ms. 6.438.

la Ascensión— los indios se visten con las pieles de perros marinos «del grandor de un becerro de año». Sus pieles son «saludables, curiosas, vistosas y provechosas», según testimonio del mismo Fray Antonio[20].

Las mujeres, «en quienes el modo de vestir demuestra la honestidad con que se manejan», son las más de semblante agradable, de color «bastantemente claro, y sus mejillas muy rosadas». Traen el pelo largo hecho una trenza, y visten una especie de túnica de piel que ciñen por la cintura, y les coge desde el cuello hasta los pies, con mangas hasta la muñeca; sobre ésta, cuando es excesivo el frío, se ponen uno o dos cueros de nutria[21].

Las del puerto de Trinidad cubrían la cabeza con una especie de copa, que llamaban «corás», tejido de pita y yerba o con menudas plumas de aves. El pelo lo partían en dos trenzas, a la usanza griega[22], y traían al cuello varias sartas de cuentas diminutas, hechas de fruta, hueso y conchas[23]; usaban desde la cintura hasta la pantorrilla «una red primorosamente trabajada, de color azafrán, y se tapan, como los hombres, por las espaldas»[24].

---

20. B. N., ms. 3.042, parte 2.
21. Bodega: B. P., ms. 2.861, fol. 135 v.
22. *Ibid.*, B. P., ms. 2.861, fol. 99.
23. Maurelle: B. P., ms. 2.837, fol. 135 v.
24. El vestuario de los indios de la Baja California era diferente. Desde el cabo de San Lucas y hasta los 33 grados de latitud, todos los varones iban desnudos, pero usaban adornos distintos. Los pericúes adornaban el pelo, largo, con perlas y unas plumas pequeñas. Los de loreto ceñían la cintura con una faja y la frente con una redecilla. A veces añadían un collar hecho con unas frutillas redondas, a modo de rosario. De la misma materia solían hacer a veces brazaletes y pulseras. Los cochimíes del norte se cortaban el pelo y se adornaban con unas coronas formadas de nácar.
«En las mujeres, por lo general era grande el cuidado de la decencia», hasta el punto que «aun a las niñas recién nacidas proveían de este resguardo», de lo que se ocupaban las madres cuando estaban encintas, en espera de que el nonato fuese mujer. Las más decentes en el vestido eran las pericúas. Con unas hojas como de palma, machacadas y reducidas a hebras, hacían faldellines «más suaves» que si fueran de cáñamo. De tres piezas constaba el traje: dos, que juntas «formaban una saya»; una de ellas, la mayor, puesta «por detrás cubre también los dos lados... y llega desde la cintura hasta la media pierna». «La otra pieza se pone por delante, cubriendo el hueco que dejó la mayor». La tercera «sirve de capotillo o mantelina con que cubren... desde los hombros hasta la cintura o poco más».
Las mujeres de los cochimíes del norte sólo usaban faldellines desde la cintura hasta la media pierna o más arriba, según las tribus. Desde los 30 grados usaban como material pieles de nutrias, conejos, etc. (Barco, Miguel del: *ob. cit.*, pp. 183 y ss.).

Mujer, de Nutka y Arquero, de Monterrey; según los dibujos de Cardero y de Suria de la expedición de Malaspina (1791-92), Museo Naval de Madrid.

Como en todas partes en las épocas primitivas, hombres y mujeres «se embellecían» con tatuajes, pintándose grotescamente el cuerpo; «los indios andan embijados en blanco y negro y de un azul oscuro londres, y este color es de unas piedras azules muy pesadas que ellos muelen muy bien, y el polvo lo deslíen con agua, de que se hace una tinta; y con ésta se embijan y hacen rayas en la cara y éstas relucían como si fueran cinta de plata. Parecen estas piedras ser metal rico de plata»[25].

A Porter le parecían los cuerpos de los indios de diversos colores, matizados como una «humana taracea»[26]. Otras veces pintaban su rostro, espalda y pecho de negro, con los brazos picados con diferentes dibujos de animales y peces[27].

Y también, en bastantes pueblos de la Alta California y en algunas tribus de la Baja, hombres y mujeres se agujereaban el rostro lastimosamente para colgarse dijes, tornillos y abalorios. En las orejas se colgaban alambres retorcidos, cuentas de azabache y «unas calabacitas que hacen con cierta goma, que parecen topacios». Bodega describe así los adornos con que deshacían su rostro las mujeres:

«No obstante las perfecciones que a varias adornó la Naturaleza, se desperfeccionaban con el común uso, digno ciertamente de enmienda, si fuera fácil apartarlas de la idea que para ello se habrán propuesto; redúcese a que agujereándose desde pequeñas el labio inferior, van aumentando este agujero hasta dar lugar a que en él se coloque una tablita en figura de roldana de un dedo de grueso, cóncava por ambas superficies, y la de menor diámetro de una pulgada, de modo que, prolongando así el labio, les origina una imperfección que las hace abominables; pero también observamos que sólo las casadas entran en esta ridícula moda, y las niñas traen solamente un alfiler de cobre atravesado por el sitio en que deben embutir dicha roldana, y una conchita que pasan por la ternilla de la nariz»[28].

---

25. B. N., ms. 3.042.
26. B. N., ms. 6.438.
27. Sherwin, J.: en *Face and Body Painting Practices Among California Indians*, «University of California Archaeological Survey», n.º 68, pp. 81-140, hace una información bastante exacta aunque algo general sobre las distintas formas de pintarse el rostro y el cuerpo.
28. Bodega: B. P., ms. 2.861, fols. 135 v., 136.

4. *Idiomas*

La diversidad lingüística era muy grande[29]. A lo largo de ambas Californias existían 24 idiomas diferentes, aparte de innumerables dialectos. Ya hemos consignado las que, a nuestro juicio, llegaron a ser causas de tan enormes diferencias, al menos en lo concerniente a los dialectos; los californianos eran esencialmente sedentarios, salvo el nomadismo de los cochimíes del desierto central de la península. La comunicación con las tribus que vivían a muy pocos kilómetros era prácticamente nula[30]. Si a esto se añade que California siempre, a pesar de su aparente alejamiento de toda civilización, tanto oriental como occidental, estuvo extraordinariamente abierta a las expediciones de gentes diversas, bien extrañas a sus pueblos[31], se atisba también la razón de la multiplicidad de familias idiomáticas.

Se comprende así que unas veces los españoles pensaran encontrarse entre vascongados o que imaginaran estar oyendo a marinos japoneses[32]. Lo cierto es que no era sencillo, ni mucho menos, a los conquistadores descifrar lo que los indígenas decían en su idioma. Y cuando, con paciencia y tiempo, llegaban a entender a los naturales del cabo de San Lucas, por ejemplo, subían un poco más al norte —no era preciso que llegaran, ni mu-

---

29. Según el «Bureau of American Etnology», de la Smithsonian Institution, los grupos lingüísticos de la Alta California son, de norte a sur: athapasca, weitspeka, quorate, shasta, cutuamia, wishoska, chimarika, copeha, yana, yukia, pujana, kulapa, washoa, mokelumna, costanoa, eselenia, salina, mariposa, chumasha, shoshonea y yuma. En la Baja California, según los modelos de oraciones traducidas por los misioneros, sólo tres: la lengua cochimí (emparentada con la de los yumas), la guaicura y la pericú. Además, sobre los nombres de las tribus de California Alta, su significado, territorios y grupos lingüísticos, *vide* Heizer, R. F., *Languages, Territories and Names of Californian Indian Tribes*, Berkeley, 1966, que rectifica en parte a Kroeber, *Handbook, ob. cit.*, páginas 973-975.

30. Inclusive cuando se trataba de unirse frente a un enemigo común (*vide Powers, P. S.: ob. cit.*, p. 352, y su confirmación por Heizer, R. F., en nota 131). La razón es la del texto: su larga historia de independencia en un territorio propio, que les incomunicaba incluso con sus vecinos. Tuvieron, sin embargo, rutas comerciales (*vide* Davis, J. T.: *Trade Routes and Economic Exchange Among the Indians of California*, Ballena Press, .1974). El plano de esos caminos suele coincidir con las actuales carreteras.

31. Lo mismo ocurrió siempre con las influencias extranjeras, desde las chinas en épocas bien remotas, hasta las españolas y portuguesas, prolongadas por las inglesas, holandesas y rusas.

32. No es difícil encontrar ambos conceptos entre los historiadores de nuestras expediciones, ni fueron expresados pocas veces, sino con frecuencia y asombro: oír vascuence a los indios del fin de la tierra.

cho menos, a la altura de San Francisco— y ya era imposible comprender una sola palabra[33]. Léase entre líneas el desaliento del gran Maurelle cuando escribía después de esfuerzos baldíos: «las voces de su uso no fue posible comprenderlas, y de señales era preciso usarlas todo el día, y a veces quedábamos de una y otra parte con igual ignorancia; no obstante, ellos pronuncian fácilmente nuestras palabras»[34]. Es notable la unanimidad con que los navegantes españoles conceden que los indígenas tenían más facilidad para pronunciar el español que aquéllos el dialecto californiano[35].

Bodega refiere también gráficamente la misma dificultad:

«La expresión que todos usan para demostrar paz y amistad es ponerse con los brazos en cruz y gritar: *Cohacán;* pero la difícil pronunciación de sus voces ha sido gran inconveniente para no haber podido tomar por escrito infinitos nombres que explicaban en contestación de nuestras preguntas; pues las forman de la garganta, con un movimiento de la lengua contra el paladar, de tal modo que para su exposición sería forzoso una gran cantidad de diptongos, como se deja ver en el poco uso que las mujeres pueden hacer de los labios, los cuales apenas llegan a juntar»[36].

5. *Condiciones guerreras*

No destacaban por su valentía los indígenas de California. Tampoco puede decirse que fueran cobardes. Claramente lo

---

33. En efecto, la zona lingüística de los pericúes del cabo de San Lucas era muy limitada. Se extendía hasta una línea más o menos regular que iba desde el sur de Todos los Santos, en el Pacífico, al sur de San Bartolo, en el golfo. A ellos pertenecían las islas de Cerralvo, Espíritu Santo y San José. Los guaicuros, desde esa frontera hasta Loreto inclusive —los monquis— por el golfo, y luego, en forma de herradura, hasta el mismo paralelo de Loreto, por el Pacífico. La herradura dejaba casi aislados a los cochimíes de San Javier y Comondú. Aunque sin afinidades lingüísticas, el guaicuro y el pericú eran idiomas «más dulces», según varios misioneros; es decir, fonéticamente más ricos que el cochimí y los hablados desde los yumas hasta los athapascas. Los sonidos más guturales de estos últimos permitían a las mujeres agujerearse el labio inferior y colgar de él cosas de algún peso, conforme advierte Bodega.

34. B. P., ms. 2.837, fol. 126 v.

35. *Vide,* p. ej., Porter: B. N., ms. 6.348.

36. Bodega: B. P., ms. 2.861, fol. 137: «Sin embargo —agrega— conocimos cuentan hasta diez, desde donde vuelven a comenzar, y al número 20 hubo uno que le dio nombre». Así, por ejemplo, los yurok, entre los cabos Mendocino y Blanco, a los que debe referirse Bodega (*vide* Powers, P. S.: *ob. cit.,* p. 45).

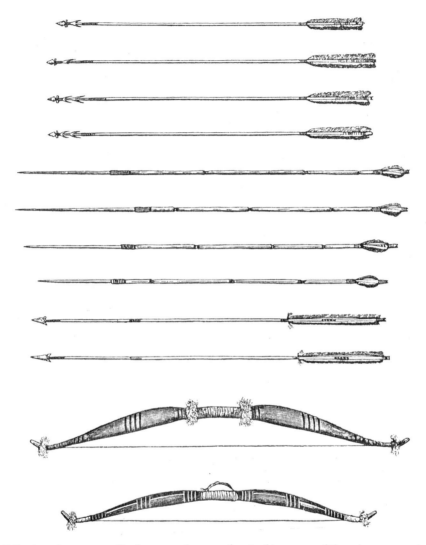

Dibujos de arcos y flechas usados por los indígenas californianos, según Powers, *ob. cit.*

mostraron en infinidad de ocasiones batallando con los extranjeros —quienes fuesen— que llegaban a sus costas. Concretamente, lo hicieron ver en sus escaramuzas con los españoles. Era corriente que, al aparecer los expedicionarios, los
indios, por señas, pidiesen a los soldados que abandonaran sus
arcabuces, y entonces ellos se presentaban sin arcos ni flechas.
La señal de paz «más cierta y segura» que entre sí usan es la de

sentarse en el suelo, dejando las armas a un lado, a la vez que gritan al adversario que se siente también; «uteis» era, en el puerto de San Bernabé, la voz de «siéntate»[37]. Mas, aunque abandonasen las armas, no se quitaban de encima el recelo y sobreaviso en que permanecían durante todo el trato. Y a la menor señal de aparente hostilidad, ruido de arcabuz, movimiento brusco de algún español, se levantaban precipitadamente. Unas veces huían. Otras adoptaban un gesto guerrero y combativo, empuñaban los arcos y flechas y dardos, y daban grandes «muestras de ser bélicos y valientes»[38]. Véase en la siguiente relación de Bodega la facilidad para luchar de los californianos[39]:

«Luego que fondeé (en el Puerto por él descubierto y bautizado con el nombre de Los Remedios) preparé mi gente, y a las 12 del día desembarqué en tierra con diez hombres bien armados para tomar posesión, hacer aguada, leña y cortar madera para hacer un mastelero; me parapeté donde me pareció más a propósito, fortificado con dos pedreros y algunos fusiles para en caso de retirada.

»Tomé la posesión en una loma, usando de cuanto prevenían las Instrucciones; concluida esta función, fui con parte de la gente a reconocer la boca del río y proporcionar hacer el agua con alguna comodidad, sin que en todo este tiempo saliesen los indios de su palizada. Luego que me enteré del río, puerto y playa, me retiré a bordo, desde donde vimos que los indios arrancaron la Cruz del paraje donde la pusimos y la fijaron al frente de su Casa, en la mejor disposición que se podía desear, haciéndonos varias señales, expresando que la mantendrían allí.

»Al día siguiente desembarqué con el mismo número de individuos en una punta que sale más fuera, para el corte de leña y madera, destinándome con 6 al río para la provisión que de él había de surtirse, y estando llenando los Barriles, reparando sin duda los indios que no se les hacía caso, salieron de su abrigo y morada en número de veinte sin armas, y con una especie de gallardete de hoja blanca en un palo largo, y acercándose a la orilla opuesta de la que yo ocupaba, hablaron infinito, que nada se dejó comprender; cesaron guardando silencio por algún espacio de tiempo, tal vez con la esperanza de ser respondidos; pero habiéndoles dado a entender queríamos la mayor amistad y armo-

---

37. B. N., ms. 3.042, p. 7.
38. *Ibid.* El lanzadardos era un arma peculiar de los pericúes.
39. Bodega: B. P., ms. 2.861, fols. 106 y 107.

nía, y así proveernos de nuestras faltas en sus territorios, mandó el que los gobernaba que uno de los suyos trajese agua y pescado; obedeció inmediatamente y condujo lo primero en una Cora o copa de yerbas, y lo demás en otra especie de canasto, cuyos presentes admití con la precaución recíproca de que sólo uno de ellos llegase a medio del río, y otro de los nuestros recibiese o entregase abalorios, pañuelos, espejos, que les franqueé.

»Se mantuvieron afables hasta que, advirtiendo que me llevaba los barriles, pretendieron el pago del agua; por no disgustarlos volví a regalarles otras frioleras que me quedaban; pero no satisfaciéndose con esto, y tal vez persuadidos que podrían causar algún respeto, fueron precipitadamente a su Casa y volvieron ya provistos de lanzas estremadamente grandes con puntas de pedernal; se nos presentaron haciendo escaramuzas con ademán de acometer y vadear el río. A estos movimientos, ya mi gente pronta (y con advertencia de no disparar hasta mi última resolución) me adelanté, dándoles a entender que, de acercarse más, los abrasaría sin excepción de alguno, en cuyo supuesto, que despojasen sus armas, que igualmente lo haría yo de las mías, pues sólo solicitaba el mejor trato y correspondencia; a este razonamiento se conformaron, de suerte que, retirándose a su albergue, tuve lugar sin zozobra de hacerme de cuanto necesitaba» [40].

---

40.   A lo largo de California variaban las armas utilizadas por los aborígenes. Todos tenían flechas y arcos. Muchos, venablos de palo con puntas aguzadas al fuego para el cuerpo a cuerpo. En las puntas de las flechas ponían, en general, trozos de pedernal afilado. Los pericúes usaban el «atlate», un lanzadardos. Powers, P. S. *(ob. cit.)* reproduce en dibujo varios tipos de armas.
El P. Barco alude al tipo de armas observado por Linck y describe algunas distintas; por ejemplo, una, «a modo de garrucha de pozo de un palmo de diámetro con su canalita en medio, y con su cabo de palmo y medio... de una sola pieza». Otra tenía forma de «picadera de cantero»: en un extremo, el pico, y por el otro, una «hachuela de corte», y hacia la mitad, «el cabo» para manejarla. También de una pieza *(ob. cit.,* p. 193).
En las continuas guerras que sostenían era frecuente que las anunciaran con anterioridad haciendo ostensiblemente acopio de flechas y pedernales, quizá con el deseo de atemorizar a los enemigos. La batalla se sostenía también con alaridos y el choque cuerpo a cuerpo era confuso y desordenado. Únicamente existía cierto orden en el relevo de los que luchaban en primera línea (*vide* James, J. R., y Graziani, S.: *California Indian Warfare,* Cont. 23, 1975, de la University of California Archaeological Research Facility).

6. *Condiciones naturales: nobleza, lealtad, etc.*

Era frecuente que al ver los indios en lontananza las velas de alguna fragata española se llenasen de alegría —a pesar de su recelo, no menos frecuente— hasta el punto de que inmediatamente comenzaban a llamar con fuegos y señales a los navegantes. El día 4 de febrero de 1645 llegó, por segunda vez, al cabo de San Lucas, después de «remolinado huracán», el galeón de Porter[41]. Años después describe el Almirante a un amigo suyo los pormenores de sus trabajos: «Al punto que los indios descubrieron la vela, llevados del alborozo, hicieron fuegos, en demostración del interior de su afecto, llamando a los nuestros, a quienes salieron a recibir a la playa, dando en los que se les alcanzaba, argumentos del gusto en que rebosaban»[42].

No era caso aislado el que nos refiere Porter. Cuando, por ejemplo, llegaron al puerto de Santiago, el año 1602, los navíos de Vizcaíno, «por toda ella (la costa) había muchos indios, que nos llamaban con humazos y señas»[43].

Señal grande de nobleza y hospitalidad, ciertamente. Era ésta la impresión general que los indígenas causaban. Así, Cardona, después de su navegación[44], podía escribir que «..son los indios de la Paz afables y nobilísimos de condición»[45]. Se comprende, pues, que si a los extranjeros y advenedizos así trataban, usasen entre los de la misma ranchería de mayor fraternidad. Porter decía que los indios del sur, «dóciles y apacibles, partían hermanablemente lo que se les daba»[46] y acudían volun-

---

41. Cfr. *infra*, cap. VII.
42. B. N., ms. 6.438. Su amigo era el doctor Juan Francisco Andrés de Uztarroz, que se había comprometido a ser su cronista. (Arco, Ricardo del: *El Almirante Pedro Porter Cassanate*, «Revista de Indias», 30, 1947, p. 826).
43. B. N., ms. 3.042. En el mismo manuscrito, parte 12, comenta Fray Antonio de la Ascensión: «la navegación que traíamos a la vuelta era tierra a tierra y tan cerca, que con gran claridad y distinción se veía todo lo que en ella había. Los indios como nos veían pasar de largo, nos hacían humos y otras señas, llamándonos, y dieron muestras en todas las partes que saltamos a tierra de sus buenos naturales y de sus habilidades, que nos pareció a todos que con facilidad y muy poco trabajo se les podría enseñar nuestra Santa Fe Católica y que la recibirían bien y con amor».
44. *Vide* cap. VI.
45. B. N., ms. 2.468, fol. 152.
46. B. N., ms. 6.438. El carácter de los pericúes no era tan dócil como aquí lo describe Porter. Fueron los más difíciles de reducir para los misioneros jesuitas. Incluso los ya cristianos se escapaban en el barco de las misiones con la pretensión de entrevistarse con el Virrey de Nueva España (1761-1762) para exponerle sus quejas y el deseo de que se les distribuyeran las tierras y vinieran sacerdotes seculares. (Barco: *ob. cit.*, pp. 324 y ss.).

tarios «a traerles pescado, leña, sal y agua», y les regalaban «presentando algunas cosas de la tierra», como tabaco, sal, pieles de conejos, venados, leones y tigres[47].

También a Bodega, en el puerto que bautizó con su nombre, salieron los indios a recibirle y ofrecerle dádivas, «que había de una parte y otra parte; eran innumerables y atravesaban en canoas de una costa a otra; por último, se arrimaron cerca de donde yo me hallaba fondeando, y gritaron más de dos horas sin cesar, al cabo de cuyo tiempo llegaron a mi bordo dos canoas y con el mayor desinterés regalaron plumajes, collares de hueso, un canasto de semilla de cazabe con sabor a avellana, lo que les recompensé con abalorios, pañuelos y espejos»[48].

Naturalmente, los indígenas se fueron «muy gustosos» con los regalos del capitán español. Y no sólo era corriente, como decimos, que no recibiesen mal a los descubridores, y que aun les llamasen con señales y «humazos», y hasta salieran en canoas a recibirles y ofrecerles regalos, sino que deseaban marchar adentro en las fragatas españolas. Cosa que no solían permitir los capitanes expedicionarios, para evitar posibles alborotos o futuros malos recibimientos[49]. Y en casos así, los indios acompañaban largo trecho a los españoles y pedían, por fin, «llorando muchos de sentimiento y todos con sus señales de dolor», licencia para regresar a su tierra.

A veces llevaban su extraña cortesía a extremos de delicadeza que parecerá imposible encontrarlos en gentes tan primitivas. Véase lo que refiere Maurelle:

«Toda su inclinación ponen en el fierro, apreciando mucho los cuchillos, arcos viejos de pipas y cualquiera trocito despreciable: recibían muy bien el abalorio y despreciaban la ropa y comida; no obstante, políticamente tomaban pan, carne o otro comestible y fingían que lo probaban; pero verdaderamente lo

---

47. Fray Antonio de la Ascensión añade que, al atracar poco después en la playa de San Bernabé, les salieron «muchos indios con sus canoas y se mostraron afables y domésticos» (ms. 3.042, parte 9).

48. Bodega: B. P., ms. 2.861, fol. 111.

49. Por ejemplo, Porter escribe: «Halláronse siempre muy amigos y una amistad sin sospecha de traición, antes dóciles a la conversión; deseando la amistad y comunicación nuestra, pretendiendo muchos de ellos venirse en la fragata; aunque el capitán juzgó no era acertado el consentimiento, porque los de tierra hechándoles de menos, no se alborotasen, y después, en otros viajes, recelosos de nuestros intentos, se retirasen a dentro. Al irse la fragata hasta perder la tierra de vista, se fueron muchos indios embarcados, llorando muchos de sentimiento y todos con sus señales de dolor, pidiendo licencia para volverse». (B. N., ms. 6.438).

tiraban, aunque poco antes de nuestra partida guardaban el bizcocho, pareciéndonos que ya lo usaban»[50].

Sin embargo, no todo era mollar para los españoles. No podemos dejar de consignar, como fin de este apartado, unas relaciones que entendemos son interesantes, pues muestran un
extremo bien opuesto a la nobleza de los indios, que hemos querido ilustrar con mayor acopio de datos. Faceta dolorosa, que
mantenía a los españoles en vigilia continua. Transcribimos un
pasaje de la relación de Bodega[51]:

«En los 47 y 26 minutos descubrí una pequeña ensenada que
desde fuera figuraba puerto; pero habiendo internado a su reconocimiento, me hallé cercado de bajos, sin poder por esta razón
salir hasta el día siguiente, habiéndole hecho señal a la Fragata
se mantuviese fuera.

»Todo el 13 de julio me estuve dentro, y el 14 esperé la marea creciente para salir. A este tiempo concurrieron varias canoas de indios, tan tratables al parecer, que con la mayor docilidad feriaron sus pieles con los de mi tripulación. Yo regalé abalorios, espejos y pañuelos, los que procuraron recompensarme
con abundancia de varios peces y carne de ballena. Después de
este recíproco trato, mandé seis hombres a tierra bien armados
con el contramaestre a cortar leña, madera para un tamborete,
que se había rendido, y hacer el reemplazo de aguada de que carecíamos; pero al desembarcar para sus faenas cargaron sobre
ellos más de 300 indios, de suerte que los sorprendieron y asesi-
naron a mi parecer, pues en el espacio de dos horas no vi más
que en el medio del tumulto un fogonazo sin trueno, de que infe-
rí faltaría el tiro. También noté salieron dos de los míos nadando para bordo; pero la frialdad del agua conjeturo que, si estaban heridos, les impediría llegar a la demasiada efusión de
sangre; de suerte que me queda duda si morirían ahogados o a
manos de los traidores.

»Si me fue doloroso semejante estrago, lo dejo a la consideración del mundo, y creo que me hubiera entregado al peligro a
vista del caso que tenía presente, si me hubiera sido posible pasar a socorrerlos; pero sin embarcación en mi buque para ello,
sin el auxilio de ninguna de las fragatas por hallarse tan distante que apenas nos veíamos, y, en fin, sin encontrarme con número de gente, no me quedó en aquel instante más recurso que

50. Maurelle: B. P., ms. 2.837, fol. 157.
51. Bodega: B. P., ms. 2.861, fols. 101 v. y 102.

imaginar el modo de volver a castigar el atentado; para cuyo efecto disponía el hacerme a la vela.

»Observando los bárbaros mis movimientos, tal vez comprendiendo los pocos individuos que me quedaban, y alentados así mismo de la pequeñez de la goleta, se embarcaron en sus canoas en número de diez con 28 ó 30 indios en cada una, y dirigiéndose a bordo cercaron mi buque con el objeto de impedir mi levada. Viéndome en esta situación con la marinería empleada en la maniobra, procuré se hiciese tal fuego entre mi piloto, un criado mío y yo, que habiendo muerto seis indios, estropeado alguno y sajado sus embarcaciones, conseguí ponerme a la vela y libertarme de la evidente contingencia en que me hallaba».

En suma, los indios se comportaron al principio con toda paz y afabilidad; pero después se olvidan de las delicadezas que en ocasiones saben emplear y obligan a los españoles a estar en tensión constante[52]. A veces, agravada por los mismos marineros que imaginan pueden llegar a ser reyecillos o semidioses de los indígenas y se escapan de a bordo para convivir con ellos. Caso frecuentísimo[53], pues, y típico —tanto de parte de los españoles como de los indígenas— el que cuenta por extenso la relación de Bodega[54]; en ella se encuentran detalles bien significati-

---

52. Velázquez, M. del C.: *Establecimiento y pérdida del Septentrión de Nueva España*, México, 1974, habla también de la doble cara de la moneda indígena. En el interior, amigos de los españoles mientras recibían regalos; enemigos en cuanto no tenían nada que darles. De todos modos, el talante de los californianos era mucho más apacible que el de los de Nuevo México, Texas o Florida. *Vide* pp. 43 y ss.; 74 y ss.; 90 y ss., etc. En p. 95 escribe: «Los indios habían aprendido a sacar ventaja de los contactos ocasionales con los europeos. Se mantenían a la expectativa, aceptando las baratijas, la harina de trigo, herramientas y ropa que los extranjeros les daban para atraerlos. Pero una vez que veían que los blancos no tenían ya nada que dar, empezaban a amenazarlos y a flecharlos para echarlos de sus tierras».

53. Pereyra, en *Las huellas de los Conquistadores* (Madrid, 1942) cita una buena colección de casos de estas deserciones de los españoles en todos los mares y en las más diversas latitudes.

54. Bodega: B. P., ms. 2.861, fols. 126 al 134: «Para este restablecimiento (el de varios marineros enfermos) como para todas nuestras faenas precisas en tierra, condujo mucho a la docilidad con que se habían manejado los Indios desde nuestra residencia, sin haber dejado de concurrir diariamente varias Canoas cargadas de pescado, pieles de Lobo y Oso, esteras y otros muebles de ningún valor que feriaban con la Marinería por Abalorios, pedazos de fierro, de que hacen particular aprecio.

»Este recíproco trato y la satisfacción con que les permitíamos subir a las Fragatas les hizo olvidar el método y los términos que mantenían la paz y sosiego de las gentes, pues, acordándose de su inclinación al robo, dieron en llevarse sin recelo alguno cuanto alcanzaban a ver y consideraban posible su extracción.

vos, y por eso puede considerarse como una estampa ejemplar, como un buen resumen de las relaciones iniciales de los indígenas de California con los navegantes que se acercaban a sus

_____

»Aun no contentos con apoderarse de la prenda, cuando no eran vistos, tuvieron el atrevimiento de robar y desnudar a un Marinero de la Fragata Comandante que se hallaba en tierra trabajando, apartado de sus compañeros.

»Como deseábamos tratarlos con cariño para conservarlos en una perfecta amistad, nos desentendimos, y con este piadoso disimulo aumentaban su osadía, de suerte que apenas se atracaba sin incurrir en este delito.

»Era tanto el deseo que tenían de hacerse de fierro, bayeta y paño, que obligó a varios a deponer el amor de sus hijos, entregándolos por el valor de algunas varas de paño y un cuchillo, como se verificó en la Fragata Comandante, que, habiéndole tratado de poner valor a un muchacho, sin creer que fueren capaces de deshacerse de él, aunque no convinieron con el que se les señalaba, en breve presentaron a una Niña de siete a ocho años bastante fea (que acaso por esta razón no le darían toda la estimación de hija) y llevados los Padres Capellanes de la piedad cristiana, suplicaron al Comandante permitiese tomarla, pues su dichosa suerte le ofrecía tan favorable ocasión, lo que igualmente practicaron con otra más tierna y de mejor presencia que estaba en términos de morir.

»A este exemplo hicieron los Contra-maestres de mi buque las mismas tentativas, y consiguieron dos Niños, que el mayor tendría la edad de 5 a 6 años, y el menor de cuatro, cuyo cambio le permití, así porque los ofrecían voluntariamente como porque se dirigía su fin a cristianizarlos y librarlos del infeliz estado en que su desgraciada suerte les había constituido.

»Del mismo modo, habiendo llegado a mi Fragata una Canoa en solicitud de feriar un Niño de nueve a diez años cuya vivacidad se hacía agradable a toda la tripulación, pareciéndome que después de la piadosa obra de recibirle, sería de utilidad en lo sucesivo para el conocimiento del método que guardan, situaciones en que residen y otras muchas particularidades que convengan, resolví tomarlo bajo mi protección, para instruirlo en cuanto su aplicación manifestase adelantamiento.

»El día 3 de Junio llegaron al Puerto hasta veinte y siete Canoas, y una de ellas como de 28 codos de largo, de suerte que, por todos, llegó el número de Indios, incluso grandes y pequeños, a 300; esta cantidad, que hasta hoy nunca se había visto junta, nos puso en notable cuidado, no por el que nos podían dar sus armas compuestas de flechas y dardos, sino por el recelo de que hubiesen cometido algún atentado con las Lanchas, las que aguardábamos ya con impaciencia por contemplarlas con sólo un día de víveres.

»Sin embargo de esta inquietud con que nos hallábamos, los admitimos a bordo con el mismo cariño que antes, sin mostrarles el menor recelo de su amistad; bien que teníamos todas las armas y gente pronta para cualquier invasión que pensasen ejecutar, pero no dieron motivo este día a la menor queja, pues no obstante el haber venido todos bien armados, no hicieron otra cosa que cambiar sus pieles, algunos collares de cobre y retirarse al anochecer con señales de amistad.

»En los días 6 y 7 concurrieron varias Canoas que, con pretexto de su Comercio, no dejaron de hurtar por más vigilancia que se tenía, unas veces las argollas del costado, otras algún Cuchillo, y hasta la Aldaba que servía para asegurar la Escala Real.

»El día 8 vinieron con muchas demostraciones de amistad, les procuré agasajar por atraerlos, sin embargo que los conocía, regalándolos con Paños, mantas y bayetas; pero no por eso dejaron al irse de llevarse, sin saber cómo, dos

costas. Es, además, un documento en el que aparecen varias «rancherías unidas en una empresa común y dirigidas por un

escoplos del Carpintero, lo que me obligó, cansado ya de tolerarlos, a tomar la providencia de mandarlos seguir con los botes de ambos Buques, y como ellos saltaron a tierra desamparando sus Canoas, se condujeron éstas a bordo hasta recobrar lo robado, y se informó de todo a otros que en otra Canoa fuesen a traer los escoplos; uno de ellos aceptó la propuesta, y se fue por donde estaban sus compañeros, y prontamente volvió con ellos, presentándose también con el mayor desembarazo los agresores, que sin embargo de su desvergüenza, les disimulé el delito, y entregué la Canoa.

»Este mismo día fué forzado hacer desatrancar una Canoa, y los indios de ella manifestaron por medio de sus señales que nosotros éramos los que debíamos dejar el Puerto, del que ellos eran dueños, y de este modo aumentaban nuestro cuidado, no porque sus fuerzas fuesen capaces de ofendernos, sino por el dolor que nos causaba la ausencia de las Lanchas, y por la lástima que teníamos de ejecutar en ellos cualquier estrago, a que su ignorancia nos obligase, de cuyas resultas pasasen a sorprendernos las Lanchas en su Comisión, y tal vez ignorantes de los accidentes que nos acaecían, los tratasen con la benignidad que habíamos recomendado, y favorecidos de esta ocasión y de su mucho número, se atreviesen a sorprenderlos.

»El día 9 se vieron concurrir a una pequeña ensenada que hace la boca del Puerto más de 40 Canoas, donde iban formando sus tiendas de Campaña; de la misma suerte estuvieron llegando crecida cantidad en el discurso de la noche, y después que amaneció hubo la prolijidad de contarlas, que aún continuaban, y a las 12 del día pasaban de 46, que con el número anterior se computaban en el mismo sitio más de mil personas, cuya conjetura nos hizo creer con certeza la explicación del indio que Yo había tomado en consecuencia de haber tratado con sus Parientes, pues aseguraba que se habían unido varias Rancherías, y que tenían cien Canoas, las que contaba de diez en diez, y que su fin se dirigía a coger la gente dormida, y matar a todos, de suerte que nos obligó a aumentar nuestras prevenciones, franqueándonos con las Fragatas hasta descubrir sus Rancherías para estar más dispuestos a contenerlas.

»El día 11 conocimos claramente su insufrible orgullo, pues por robarnos los clavos, derribaron a nuestra vista la Santa Cruz, que hasta entonces habían respetado, conociendo la estimación que de ella hacíamos, y tal vez pareciéndoles que sería el motivo de nuestro mayor sentimiento, lo que obligó a dispararles un Cañonazo de la Fragata Comandante, y remitir los botes para traerla a bordo con el fin de volverla a poner en su respectivo sitio.

»A las cuatro de la tarde de este día pasamos el Comandante, su segundo y Yo a reconocer la Ensenada en que estaba acampada la indiada; los que luego nos vieron, se presentaron en la playa con ramos en señal de paz; pero como nuestro fin sólo se dirigía a imponernos del estado de sus fuerzas, luego que lo conseguimos, nos retiramos, haciéndoles las mismas demostraciones de paz y fuimos a colocar la Santa Cruz, la fijamos en el mismo sitio que antes estaba y nos retiramos a bordo sin haberse acercado a nosotros indio alguno.

»El día 13 de junio bajaron a tierra ocho Soldados, un Sargento y un Oficial de mar, todos bien armados, a custodiar algunos Marineros de ambos buques que fueron a lavar sus ropas, los que se repartieron en los arroyos inmediatos, manteniéndose el cuerpo de guardia en el lugar más defendido, y próximo a la Lancha hasta las cuatro de la tarde, que queriendo retirarse a bordo, hallaron menos dos individuos de mi Fragata, que por más que los buscaron por aquellos parajes, no aparecieron, y habiendo visto que cuando ellos desembarcaron se hallaba en el propio sitio una Canoa con algunos indios, volvieron a bordo a dar parte, con cuyo motivo se remitieron las dos Lanchas no sólo a solicitarlos,

«venerable viejo». Existía, también, un jefe de paz en la reta-
guardia, conforme al relato de los dos marineros «prófugos».

---

sino también a hacer prenda de algunos, que mirábamos por aquella playa; pero luego que vieron volver ambas embarcaciones desampararon su Canoa, retirándose al Monte, y como otra que se hallaba inmediata a las fragatas pasase
con presteza (al parecer) en su socorro, pudieron coger de ella un indio robus-
to, bien fornido y de regulares perfecciones, al que se le dio a entender se le
apresaba en recompensa de los nuestros, que sin duda ellos habían robado; y
esto mismo explicaba él a sus compañeros que se hallaban ocultos en el Monte;
finalmente lo condujeron a bordo de mi fragata con las Canoas cargadas de
pescado a donde llegó brevemente otra con un venerable anciano, que siempre
habíamos observado mandaba a muchos de ellos, y después de larga conversación que desde su Canoa tuvo con el indio que tenía Yo a bordo, explicó éste
que los dos Marineros estaban en la Ranchería, donde pasarían la noche, y él a
bordo, hasta que saliera el Sol, y se efectuara el cambio, con lo cual quedé satisfecho, y el que antes estaba sumamente afligido dio muestras de la mayor
alegría.

»El trato que en la noche procuré darle fue tan a medida de su deseo, que
conocimos todos lo gustoso que se hallaba y la satisfacción que tenía, de suerte
que nada le quedó que apetecer, ni menos a mí que ofrecerle. Lo senté a cenar
en mi propia mesa, y le hice poner su Cama dentro de la Cámara, todo a fin de
que informase a los demás de nuestro proceder.

»Al día siguiente se levantó a las cuatro de la mañana, y después de haber
hablado largo tiempo con los de una Canoa que andaba por la inmediación, volvió a acostarse.

»A las ocho de la mañana empezaron a llegar varias Canoas, y aunque el indio se deshacía en solicitud de los dos hombres, no procuraban más que entre-
tenerlo, asegurándole que aún dormían; pero comprendiendo por la dilación el
poco aprecio que le hacían, les mostraba un semblante enojado, y conocimos
que sus voces eran reprensiones, poco satisfecho de los suyos, mayormente
cuando fueron a darle el desayuno, que no fué posible conseguir que lo tomase;
entonces empecé Yo a decirles que trajesen los nuestros y los devolvería el suyo; pero ellos, levantando una burlesca risa, respondían que dormían en sus
Casas, y aunque el anciano que había ofrecido traerlos se hallaba presente, no
daba muestras de cumplir su palabra, de suerte, que este desprecio y violencia,
que ejecutaban daba suficiente motivo para atacarles, si la piedad no se extendiera a mayor tolerancia.

»A las nueve y media de la mañana después de infinitas Canoas que rodea-
ban ambos buques llegó una que jamás quiso acercarse a tiro de fusil, en donde con una estera traían cubierto uno de los Marineros, a quien, descubriéndo-
lo, lo mostraron, y llamándole a bordo respondió que no le dejaban, y aun tomó
un canalete para bogar; pero ellos, en breve, se lo arrancaron de las manos, y a
nuestra vista con notable algazara le volvieron a la Ranchería, clamando el infeliz porque le llevaban. Lance, a la verdad, insoportable; hasta este término
llegó la osadía, y el desprecio que hacían de nosotros, y hasta el mismo pudo
llegar el sufrimiento.

»Viendo, pues, que no hacían aprecio alguno del indio que tenía a bordo, resolví apresar algunas Canoas, para que el mayor número les obligase a efectuar el cambio, y en la Fragata Comandante solicitaron subiese un indio por
medio de algunas dádivas que se le ofrecían; pero en recompensa pidieron otro
individuo mientras el suyo se mantenía a bordo; pero con la prevención al que
nombraron que estuviese pronto para que, luego que el indio subiese, se trans-
bordase a la Lancha al menor descuido, lo cual no sólo se verificó sino que se
abrazaron a él, intentaron llevárselo.

7. *Laboriosidad: agricultura, ganadería.*

Los californianos, como todos los pueblos de su área cultural, eran muy poco laboriosos. Sólo comían[55] lo que fuera posi-

---

»En mi Fragata solicitaba Yo al mismo tiempo apresar aquel venerable viejo, con quien concebía hallarme ventajoso para obligarles a partido; pero como esto sucediese en el mismo instante en que se habían apoderado del de la Fragata Comandanta y allí se viesen precisados a coger la Canoa, para cuyo efecto les fue indispensable disparar algunos tiros de pedreros, no pude conseguir mi intento, y como me avisasen que subían los indios a la Comandanta, ejecuté lo mismo, con lo que se aterrorizaron de tal suerte, que al tiempo de abatirse en sus Canoas zozobraron varias. Viéndoles en semejante conflicto, enviamos las embarcaciones menores de ambos buques a recoger los que estaban nadando, cuyo número llegó a diez y nueve, haciéndose todo con tal presteza, que no se vió hubiese fallecido más de uno de alguno de los tiros, si bien creímos que pudiera haber tal cual ahogado o herido.

»Recogida esta miserable gente se les dió bayeta, manta y abalorios, para que reconociesen que sólo la fuerza de la razón nos obligaba a tomar las armas, y aun en estos casos andábamos con deseo de su amistad.

»Con este gran número y bien armadas las cuatro embarcaciones menores, pasó el segundo Capitán de mi buque con los indios que habíamos apresado a la ensenada donde se hallaban los demás con orden de efectuar el cambio, donde luego que llegó se cubrió la playa de gente armada con petos, golas y morriones, unas grandes y hermosas cueras que los cubría de arriba abajo con gruesas lanzas en las manos disparando muchas flechas, aunque inútiles.

»Puestas las Lanchas de modo que no les era fácil salir de la ensenada en sus embarcaciones, hicieron los nuestros señal de paz, y por medio del indio que yo tenía en la Fragata se celebró el cange, entregándoles todos los indios por los dos Marineros.

»Recobrados de este modo, se retiraron las lanchas para bordo, despidiéndose de todos los que se habían libertado del agua con notable amistad, y mucho más del que había pasado la noche en mi buque, quien desde tierra dió muestras del agradecimiento en que se hallaba, dando la mano a todos con particular gusto, y después volvió solo por sus Canoas a la inmediación de las Fragatas, las que hice volver con el pescado y cuanto en ellas había, y se retiró muy satisfecho.

»Luego que llegaron a bordo los Marineros que tanto nos habían dado que hacer, les hize tomar la confesión a los dos del modo con que fueron a parar a manos de los indios; y aunque al principio aseguraron haber sido violentados por ellos, luego que se les trató de castigar sobre un Cañón, manifestaron que la separación del lugar en que estaban sus compañeros había sido voluntaria, con ánimo deliberado de pasarse entre los indios, y presentándoseles una Canoa inmediata, los llamaron para que los llevase a su Ranchería, lo que con prontitud y alboroto ejecutaron, y que cuando conocieron el yerro cometido, no hallaban remedio para volverse; que la noche la habían pasado con notable desasosiego, porque los indios los tuvieron toda ella rodeados con grandes gritos y alboroto; finalmente, mandé les diesen cien azotes a cada uno, y ponerlos en prisión correspondiente a su delito».

55. Pese a todo, andaban leguas para alimentarse tan mal. Baegert, alemán de la región renana, escribe sobre sus guaicuros: «nunca encuentra uno entre ellos verdaderamente gordo, lo que se explica fácilmente con sus correrías diarias: simplemente no tienen tiempo de engordar» (*ob. cit.*, p. 70). Willoughby, en *Division of Labour Among the California Indians*, University of

ble conseguir con el mínimo trabajo[56]. Así eran de diligentes de modo habitual. Por eso cuando se les presentaba una ocasión inopinada de alimentarse, la recibían con algazara increíble. Hemos tenido ocasión de comprobar exactamente una de las aserciones de Chapman respecto a este punto[57]. Refiere Porter que «varó una ballena en la costa, y en cinco días la despedazaron con sus hachas de piedra»[58] los indios pericúes.

El régimen alimenticio de los californianos, en especial de los que desconocían los mínimos rudimentos de cultivo, variaba, como es lógico, en relación con la tierra, el clima y la estación del año. En la Baja California, por ejemplo, tostaban toda clase de semillas, incluso algo parecido a «cañamones»; lo hacían introduciéndolas en una especie de batea[59] junto con brasas vivas y sacudiendo fuertemente. En el desierto central, y

California Archaeological Survey, Report 60, 1763, establece la siguiente división de trabajo entre hombres y mujeres. Los hombres construían los alojamientos, las canoas, las redes, los arcos, las flechas y los anzuelos. Cazaban y las presas solían llevarlas a la casa. Pescaban el salmón —se refiere, claro está, a gran parte de los pueblos de la Alta California, donde el salmón servía de alimento sagrado— y generalmente, además de llevarlo, lo partían para secarlo. Cortaban y llevaban maderos y leña verde para el fuego del «Temescal» (lugar de reunión de los hombres que se usaba para funciones diferentes, como veremos. Le hemos dado el nombre que utilizaban algunas tribus de la Baja California).

También en la Baja California «los hombres hacen unas jícaras o bateas, de yerbas muy tupidas de desigual tamaño», según Piccolo, 1702, p. 65 de la edic. estudio y notas de Burrus, Ernest, Madrid, 1962, titulado *Informe del Estado de la Nueva Cristiandad de California*.

Las mujeres cortaban y llevaban la leña para preparar los alimentos y calentar la choza. Cavaban para extraer raíces comestibles y cogían productos vegetales y semillas. Tejían los cestos, tanto de los niños como los que servían para tener agua o comer. A veces traían el salmón pescado por el marido y lo ponían a secar. A su cargo corría también la limpieza y la confección de la ropa.

Por supuesto, los hombres, cuando no podían, por el mal tiempo, por ejemplo, cazar o pescar, permanecían totalmente ociosos.

56.   Quizá influía en este hecho y en el de que sólo buscaran lo necesario para mantenerse al día el cuidado con que miraban la conservación de plantas y animales. Reducidos a un área limitada, su supervivencia dependía de recoger y cazar lo indispensable para no destruir las fuentes de alimentos. Heizer, R. F., trata este problema en *Primitive Man as an Ecological Factor* («Kroeber Anthropological Society Papers», 13, 1956, pp. 1-31).

57.   Chapman: *ob. cit.*, p. 14: «...and when a dead whale drifted ashore it provided occasion for rejoicing, because of the meat it supplied».

58.   B. N., ms. 6.438.

59.   Kirchhoff, en el prólogo de Baegert, *ob. cit.*, p. XVIII, habla de sartén en vez de batea. Es el término que usa el jesuita renano, aunque lo hace por analogía. La batea, o era de corteza cortada en forma de duelas como las de los barriles y atadas con varillas flexibles (pericúes) o de simples varillas como de mimbre, pero tan compactas que, llenas de agua, no dejaban salir ni una gota.

Indios de Monterrey, según los dibujos de José Cardero de la expedición de Malaspina (1791-1792).

aun entre tribus de guaicuros, como los uchitíes, al sur de la Paz[60], se alimentaban, en épocas de escasez, con mezcales y aun gusanos, lagartijas y saltamontes amasados y tostados. En cambio, en el tiempo adecuado comían frutas —la pitahaya, por ejemplo— yucas, fríjoles, medeses, etc. Los pericúes, además de pescado, comían raíces, semillas y algo de maíz[61].

No sólo usaban de estos alimentos, sin embargo. Los de tierra adentro tomaban algo de pescado de río, el salmón, por ejemplo, en la Alta California. Los de la costa cobraban atunes, que, según Piccolo, «se les suele venir a las manos en las orillas»[62], pargo, pámpanos, tortugas, ballenas, mariscos —ostras, ostiones, langostas, etc.— y «sardina, pajerrey y morcillones»; pero a sus casas tan sólo acostumbraban a llevar lo preciso para su alimento diario[63]. Ordinariamente lo comían luego de soasarlo entre brasas.

La caza de que se proveen se compone de «Venados, Cíbolos, Lobos marinos y Nutrias, sin que les hubiésemos visto indicios de otras, ni menos nosotros encontramos por las orillas del mar otras Aves que Grajos, Aves de rapiña, pájaros chiquitos, Patos de mar, Gaviotas y otros Pájaros negros con los pies, pechos y picos encarnados, semejantes en la cabeza y vuelo a los Loros»[64].

---

60. Abad La Sierra: *ob. cit.*, fol. 38 v.

61. Además de Chapman, *ob. cit.*, p. 14, y de los documentos citados por Medel Valpuesta, M. A., en la comunicación presentada al XXVI Congreso Internacional de Americanistas, vol. 2, pp. 167-175, *Los indios de la Baja California en el siglo XVIII*, Sevilla, 1966, recomendamos el cap. IV del libro de Aschmann: *ob. cit.*, para la Baja California; y para la Alta, el de Baumhoff: *ob. cit.*, páginas 155-236. Entre los estudios inéditos, cfr. ms. cit. de Woodes Rogers: B. P., fol. 32 v., referente al alimento vegetal de los indios del cabo de San Lucas.

Los «medeses» eran semillas del árbol «medesá» que se encontraban dentro de vainas. Tenían la forma y el tamaño de un fríjol pequeño (Barco: *ob. cit.*, p. 67). Los llamados «cañamones» eran semillas de «teddá», una hierba que producía un grano del tamaño del anís (Barco: *ob. cit.*, p. 106).

La pitahaya era una fruta de árbol «del tamaño de las limas, pero sin punta y redonda», de carne «jugosa, blanda, delicada y muy sabrosa... digna de la mesa de los mayores monarcas». La cosecha duraba de junio a agosto. La pitahaya agria tenía forma de naranja grande, color encarnado y sabor más agrio. Se daba en septiembre y octubre (Barco: *ob. cit.*, pp. 77 y ss.).

El mezcal, variedad de la pita, llegaba a constituir, entre los cochimíes de la sierra, un alimento fundamental en algunas épocas. Escribe el P. Barco: «¡Así el autor de la naturaleza reparte sus dones! A estos —los de la costa— los proveyó con el mar de suficiente alimento; y a los pobres serranos, para que pudieran vivir, los dio mezcales» (*ob. cit.*, p. 124).

62. Piccolo: *ob. cit.*, p. 47.

63. Maurelle: B. P., ms. 2.837, fol. 157 v.

64. *Ibídem.*

Pero en los tiempos de escasez y en las zonas áridas, la caza que con frecuencia les servía de alimento era muy pobre: coyotes, cuervos, lagartos, ratas, ratones, ranas[65], culebras y, en el mejor de los casos, liebres y conejos[66]. Pese a todo, eran buenos cazadores, dados los medios de que disponían[67]. Sobre todo a la hora de rastrear pistas y engañar a sus presas. Su afición a la carne no les llevaba al canibalismo. No se conocen casos, sino al margen de los gustos carnívoros. Si en lucha conseguían matar a un enemigo valeroso, para digerir «su intrepidez» no dudaban en entregarse a un festín a base de la carne del héroe muerto. Indudablemente, más de un descubridor correría esta terrible suerte[68].

65.   «...and not merely the hind legs», comenta Chapman en seguida.

66.   La dieta alimenticia de pescado y carne de los indígenas, e incluso los modos de pescar y cazar y los instrumentos que usaban, variaban tanto, que es imposible dar ni siquiera una idea somera sobre ello. Los tipos de redes, por ejemplo, diferían mucho en la dilatada costa que va desde el cabo Mendocino hasta el de San Lucas. En la península, muy rica en especies de pescado en la zona del cabo de San Lucas, usaban redes de tamaño reducido, que simplemente ponían en los remansos de las mareas, y en alta mar sólo utilizaban anzuelos y horquillas; y digo en alta mar algo exageradamente porque, en ocasiones, no temían aventurarse en sus frágiles canoas hasta cinco millas de la costa.

La bibliografía ecologista es muy abundante, tanto para las técnicas como para los recursos alimenticios. Muchos de los libros citados tratan del tema. Aschmann: ob. cit., pp. 58-105 para el Desierto Central; y para el resto de la península, el estudio de Medel, y especialmente el de Massey, William C.: The Survival of the Dart-thrower on the Peninsula of Baja California, Alburquerque, 1961. Para la Alta California, el de Powers: ob. cit.; el Handbook, de Kroeber; el de Swezey, S.: The Energetics of Subsistence-Assurrance Ritual in Native California, Contrib. 23 (1975) de la «Archaeological Research Facility», pp. 1-46 (al que nos referiremos en el punto Religión); el de Kroeber y Barret: Fishing among the Indians of Northwestern California, 1960, «Anthropological Records»; el de Baumhoff, Ecological..., ob. cit., etc.

67.   Sobre su habilidad baste decir que algunas tribus usaban de un palo curvo, para, lanzándolo como un bumerang, cazar liebres y conejos.

68.   No se crea, a pesar de cuanto llevamos dicho, que los californianos eran incapaces para el trabajo. Quizá lo que con mayor perfección practicasen fuese la confección de sus embarcaciones, que lograban construir con habilidad: «Las regulares Canoas de que se sirven son de pino, y no tienen más capacidad que la que basta para contener una familia, sin embargo que las hay sumamente grandes; la construcción de éstas consiste en tres piezas; una que es como la basa, hace oficio de quilla, forma parte de sus dos costados y está labrada por dentro; sobre ésta están situadas dos piezas superiores, cada una a su lado unidas entre sí y con la basa como si estuvieran cosidas las costuras con hilo. Las más son estrechas y tienen en cada extremidad una larga punta, que se eleva notablemente. Son muy ligeras; cuando saltan en tierra las sacan a la playa donde no las alcance la marea, y ponen gran cuidado en su conservación; no obstante, no tuvieron embarazo en cambiarse una, que ha sido muy útil». (Bodega, ms. cit.). Sobre este tema, vide: Heizer, R. F., y Massey, W. C.: Aboriginal Navigation of the Coast of Upper and Baja California, «Bureau of American Etnology Bulletin», 151 (Washington, 1953) pp. 285-312.

8. *Otras costumbres*

Se deduce fácilmente de la falta de laboriosidad de los indios, que acabamos de describir, que las costumbres han de ser también poco movidas. Era corriente que se contentaran con sentarse o echarse a la sombra o al sol, según los sitios y épocas, y dejaran correr el tiempo en tan tranquilo «compás de espera», ocupados en continuas charlas[69].

Porter afirmaba que «estos indios no son ladrones: cautelosos, no usan de la mentira y borrachera, toman el tabaco con frecuencia en humo, tiénenle en mucha abundancia y el mismo nombre que nosotros le dieron»[70].

Fumaban, pues, para entretener no sus ratos, sino su tiempo de ocio. Usaban unas pipas de madera «semejantes a una pequeña trompeta»[71]. Tenían sembrado el tabaco en pequeñas «huertecitas»[72]. Y así, mientras las mujeres hacían las faenas domésticas o las —muy escasas, por cierto— del campo, o la recolección de las simientes, los hombres fumaban, «descansaban» y discutían en el «temescal»[73]. Era éste, en muchos lugares, una cueva u horno subterráneo, con una hoguera luciendo casi constantemente, que venía a ser casino y acaso templo, en el que sólo se admitía a los hombres.

Cuando había alguien enfermo, con frecuencia decidía el curandero, hechicero o guamán[74] que fuese llevado al temescal. Se

---

69. En el verano, los naturales de Santa Bárbara no se solían contentar, como los demás, con la sombra de algún árbol más o menos frondoso. Y se confeccionaban toldos y sombrillas de pieles. Ya hemos visto en una notá anterior (55) el trabajo que realizaban hombres y mujeres, por supuesto, poco agotador, especialmente el de los hombres.

70. B. N., ms. 6.438.

71. Como excepción, algunos de los indios del sur, que desconocían la cerámica, tenían pipas de barro. Sales, al hablar del ajuar, dice: «un poco de tabaco silvestre con su pipa de barro» (*Noticias de la provincia de California*, *1794*, por Fray Luis de Sales, Madrid, 1960, p. 37).

72. Maurelle: B. P., ms. 2.937, fol. 157. Se refiere, lógicamente, a la Alta California.

73. Chapman: *ob. cit.*, p. 17. Sobre la ociosidad de los hombres, Sales, en *ob. cit.*, p. 33, escribe: «Sus deseos por lo común se ordenan a procurar el alimento del día, no se afanan por tenerlo seguro el día de mañana: el cuidado de la comida —de origen vegetal— es peculiar de la mujer, pues el hombre se debe contemplar como un *ocioso vagabundo*».

74. Piccolo les llama también sacerdotes, en 1702; es el primer *misionero* que habla de las «idolatrías» de los indios (*ob. cit.*, p. 52). Se refiere a los monquis (guaicuros) de Loreto y a los laymones (cochimíes) de San Francisco Biaundo y N.ª S.ª de los Dolores Yodivigé.

encendía un más enérgico fuego —la cueva tenía verdaderos cierres herméticos para impedir que se renovara el aire— y se ponía a morir al enfermo, de tanto calor y tan terrible atmósfera. De pronto se sacaba al infeliz paciente para, de modo brusco, zambullirle en agua fría[75].

Y a pesar de tan acusada indolencia, la costumbre más arraigada entre los californianos —y más extendida— era la de luchar. Estallaba la guerra por causas menudas. Porque la tribu vecina tenía comida abundante, o un buen bosque de robles, o una buena ribera para pescar; porque los guamanes en las reuniones del «temescal» acusaban de curanderos, hechiceros o magos a los de otra tribu, o por cualquier cosa más o menos estrambótica. A veces se fijaba el lugar del combate por medio de un heraldo. Los del sur, más fieros, no se contentaban con vencer al contrario: cuando podían, al enemigo muerto se le desollaba la cabeza, y ya tenían un buen trofeo guerrero. En otras ocasiones, los trofeos eran la cabeza, los pies, las manos del contrario derrotado[76].

Su afán bélico les impulsaba a usar de vistosos atuendos. Dejemos a Bodega que nos los describa: «Los indios, a quienes el genio marcial hizo, sin duda, discurrir sobre las armas defensivas, se presentan en las funciones de guerra con un peto y espaldar formado de tablitas angostas y tramadas por muchos hilos, que las tejen, dejándolas flexibles para ceñirse al cuerpo, quedándoles libres los movimientos de los brazos; en el cuello traen un ancho y grueso trozo de madera, en figura de gola, que les cubre hasta la inmediación de los ojos, y sobre la cabeza un morrión, que regularmente hacen figurando algún animal feroz; de la cintura para abajo traen un delantal de madera, y sobre la espalda, una hermosa cuera que les cubre hasta los tobillos.

»Las armas ofensivas que regularmente usan son las flechas, lanzas de 6 a 8 varas de largo con lengüetas de fierro, cuchillos

---

Daremos a estos sacerdotes-hechiceros el nombre de guamanes, pues es el más frecuente en las relaciones de la época. Los norteamericanos han aceptado el de shamanes.

75.   Es curiosa la semejanza de esta cueva con la que aún se usa en algunos sitios de Finlandia y el norte de Rusia. La madera empleada para hacer el fuego en el temescal tenía en California carácter sagrado, y ninguna mujer podía hacerlo. Debía ser cortada todavía verde, y de una forma especial. (*Vide* Kroeber: *Handbook, ob. cit.*, pp. 41-81).

76.   Ya nos hemos referido en otro lugar a la forma de guerrear usada por los indígenas. Nos remitimos al mismo estudio de James y Graziani: *California Indian Warfare*, de 1974, *ob. cit.* en nota 40.

Mode de pelear de los Yndios de Californias.

Forma de guerrear, según los dibujos de la expedición de Malaspina. M. N.

de lo mismo, de más longitud que nuestras bayonetas, hachuelas de pedernal y de otra piedra verde tan dura, que, partiendo cualquier madero, no se conoce diente alguno en su filo»[77].

Las flechas y el arco eran usados diestramente, y arrojaban con no menos habilidad unos «dardillos», según Porter, que los vio entre los pericúes del cabo de San Lucas[78]. Claro que lo raro es que no gozasen de habilidad suma para manejar sus armas. Maurelle vio, cerca del cabo Mendocino, «un niño que apenas tendría un año de edad tirando flechas con un arco proporciona-

77. Bodega: B. P., ms. 2.861, fol. 136 v. Se refiere a indios de la Alta California. En la Baja, arcos, flechas y venablos. Las flechas y venablos, con puntas aguzadas al fuego o con pedernales incrustados. Los pericúes, además, los «dardillos» de que habla Porter. Y sólo para la caza, el bumerang sin retorno.

78. B. N., ms. 6.438. He aquí el pasaje de Porter: «Usan estos indios de flechas y arcos y unos dardillos que arrojan diestramente. Temen en extremo los perros, a cuyos aullidos se estremecen en tanto grado, que algunas veces cargaban muchos indios sobre la fragata y el capitán se valía para librarse del ahogo de su muchedumbre de un perrillo gozque, con que huían a toda prisa arrojándose a la mar, y en el navío no entraban menos que viéndole atado. No alcanzan que el arma de fuego necesite para dispararse de que se cargue».

do a sus fuerzas y estatura, el cual daba en una mano a una distancia de dos o tres varas, si se la presentaban por blanco»[79].

9. *Organización familiar*

Existía una organización peculiar en cada tribu o conjunto de algunas tribus, con leyes rigidísimas. Los indios del sur, según Chapman[80], no eran polígamos; los del norte, en cambio, sí lo eran. Fue ésta una idea bastante extendida hace años, aunque con poco fundamento[81]. Quizá en el sur hubiese alguna ranchería india en la que existiese tan sólo monogamia, pero, en general, estaba en uso la poligamia. Maurelle, en las proximidades del cabo Mendocino, queriendo informarse de la religión de los indios, dice que hicieron «casualmente la investigación de cuántas mujeres tenía cada uno, y averiguamos que verdaderamente usaban pluralidad de ellas»[82], de lo que infiere ingenuamente, «con bastante fundamento, que tenían absoluto ateísmo».

Los del norte compraban mujeres como cualquier mercancía; pero hasta que no se pagaba todo el valor estipulado —a los padres de ellas, que eran los vendedores— no podían considerarlas como a la mujer propia[83]. Aparte de la separación de vida

---

79. Maurelle: B. P., ms. 2.837, fol. 156.
80. *Ob. cit.*, p. 18.
81. En la Baja California, la poligamia fue siempre la situación normal. Los pericúes fueron recalcitrantes en esta materia. Era el modo de subsistir como pueblo, dado el gran número de hombres que morían en la guerra. Una excepción la constituía la zona de Viñatacot o Viñadoc, hoy El Rosario. Los indios de aquel lugar eran monógamos, pero porque creían que si tenían varias mujeres fallecerían pronto. En otros pueblos cochimíes —también en Viñatacot— la poligamia se encubría con las «soasadoras», ayudantes del servicio doméstico (Sales: *ob. cit.*, p. 37). Por eso escribimos en 1947: «Es ésta una idea bastante extendida, aunque creemos que con poco fundamento», y agregábamos en una nota: «Al principio de este capítulo, cuando hablábamos de la densidad de población indígena en la época del descubrimiento, recordamos la escena del reyecillo de San Diego ofreciendo a los españoles diez mujeres para cada uno, de lo que dedujeron entonces que había "bastante población". Pero con el mismo derecho se puede llegar a la conclusión de que no les repugnaba la poligamia».
82. Maurelle: B. P., ms. 2.837, fol. 156 v.
83. Como moneda usaban la pelambrera roja de los «picamaderos», cuerdas o cualquier objeto que consideraran de valor por su rareza. *Vide* Heizer, R. F., *Counterfeiters and Shell Currency Manipulators Among the California Indians*, en «Journal of California Anthropology», 1975, pp. 108-110; y en el cap. II del *Handbook* de Kroeber, *ob. cit.*

que en la familia producía el «temescal», las costumbres eran más bien caseras. Todos los indios se recogían en sus «hogares» al ponerse el sol[84].

Observa Maurelle que en las proximidades del cabo Mendocino concurrieron a las playas, donde habitaba una tribu, varias rancherías amigas: más de 300 indios, divididos en varios cuerpos, «con sus respectivas mujeres y niños»; y conocimos «que algunos trozos de ellos no se les permitía entrar en el sitio de sus casas»[85], que eran consideradas como algo sagrado. La familia, pues, existía, y con lazos relativamente fuertes.

Las casas eran de tipo familiar. De ordinario, en la alta California, las conocidísimas chozas cónicas. Solían ser «de poca consideración y ninguna subsistencia, de modo que el día que se les antoja mudarse (lo que hacen con mucha frecuencia) cargan con la casa, que se compone de cuatro palos en forma de tijera y varias cortezas de árbol con que las cubren. Y se van tranquilos a otra parte con la casa a cuestas»[86].

Según Bodega, en el puerto de la Trinidad vivían en unas barracas cuadradas, bien construidas, de gruesa tablazón, «cuyos techos casi rasaban con la tierra: sus puertas, circulares, por donde sólo podía entrar uno; el suelo, perfectamente plano y muy limpio; en el centro tienen un hoyo cuadrado de una vara de profundidad para conservar el fuego, alrededor del que se calientan por el frío que experimentan»[87].

Ésta era la excepción, pues solían ser las viviendas bastante peores. El «aposento» de los californianos del sur, a la llegada de los españoles, era todavía más miserable. Resumiendo a los misioneros-cronistas, se puede decir que una «ranchería» la formaba un grupo social compuesto por varias familias vinculadas por parentesco. Acampaban, por lo general, cerca de un aguaje, a la intemperie, y dormían sobre el santo suelo. Cuando el sol les molestaba se guarecían bajo árboles, o arbustos, y cuando hacía frío se refugiaban en cuevas cercanas si las había. Algunas familias construían enramadas para protegerse del viento.

---

84. *Ibídem.*
85. *Ibídem*, fol. 156.
86. Bodega: B. P., ms. 2.861, fol. 138 v., hace notar que, no obstante, «en la expedición de las lanchas se encontró una ranchería situada en la cima de un empinado cerro tan escarpado por sus orillas, que para subir tenían escalas de madera y sus casas no mal formadas con gruesos maderos bien labrados, todas con corredores en los cuatro frentes y el suelo perfectamente plano».
87. *Ibídem.*

Otras excavaban hoyos de medio metro de profundidad con el mismo objeto. Existían también, y era lo más frecuente, pequeños «receptáculos» circulares —habitaciones— de metro y medio de diámetro rodeados por un murete de piedra suelta, cuya altura sería también de 50 centímetros.

Pero dejemos hablar a Sales sobre lo «valioso» del ajuar familiar, en una época donde, por influencia de los misioneros, los indios de la Baja California habían adquirido la costumbre de construir cabañas rudimentarias: «Las alhajas de sus casas se reducen a una pequeña red de hilo —de yerba— para guardar semillas, un poco de tabaco silvestre con su pipa de barro, unos pedazos de pedernales para las flechas, unos huesos para labrarlos, algunas plumas de pájaros para su adorno, un plato de juncos —entrelazados— para recoger semillas, los palos para sacar fuego... un arco y saetas, un palo de tres palmos para matar conejos [88], y si es pescador, algunos cordeles y anzuelos: éste es todo el ajuar a que se reducen los bienes de los indios; bien entendido, de aquellos que se reputan por muy ricos; porque hay otros que nada tienen. Cuando quieren mudar de sitio todo lo lleva la mujer encima, sólo el hombre debe llevar el arco y las saetas» [89].

Véase la verdad de las decantadas riquezas de las populosísimas ciudades californianas. En el norte, los techos casi a ras de la tierra. La puertas, circulares, por donde no podía entrar sino una persona. En el sur, el aire libre, el duro suelo o la protección de hoyos o muretes de medio metro.

10. *Régimen político*

No eran, pues, las rancherías de indios poblaciones en la acepción moderna de la palabra. La organización de tipo político o social correspondía a un estrato muy primitivo. No cabe duda, sin embargo, de que cada tribu vivía en un territorio per-

---

88. El palo era algo curvo. Se trata del famoso bumerang sin retorno.

89. *Ob. cit.,* p. 37. Tenían también tazas o escudillas de junco. Las llamaban los cochimíes «addá». Su forma era de sombrero. Por eso a los sombreros de los descubridores los denominaron del mismo modo. También así se explica la afición de algunos a robarlos. Aunque Sales habla del ajuar de los indios de la Baja California, no era mucho mayor el de los de la Alta, como no fuesen pieles curtidas para defenderse del frío, y «cueras» con las que se protegían en la guerra.

fectamente delimitado, al que consideraban patrimonio propio, y cuyo origen, relacionado incluso con el recuerdo sagrado de los antepasados difuntos[90], se perdía en la noche de los tiempos. Quedaban así vinculadas las diferentes personas de la tribu, no sólo por los lazos de lenguas y costumbres comunes, sino hasta topográficamente, y permanecían con auténtico sabor histórico las características populares, especialmente en cantos y danzas ancestrales. En las aldeas reinaba, de ordinario, una singular anarquía interna, sobre todo cuando no andaban empeñados en guerras con los pueblos vecinos.

De justicia apenas se perciben algunos rudimentos. Se sabe que los crímenes de asesinato eran castigados, lo mismo que los de adulterio. Los hombres habían de pagar cierta cantidad mayor o menor según las causas[91]. Las mujeres eran condenadas habitualmente a pagar su delito con la muerte. Sobre el castigo de otras faltas se carece, en realidad, de elementos de juicio. En este aspecto desconocemos, por ejemplo, las funciones de las asambleas del «temescal», aunque, por relatos de los misioneros, sí se sabe de algunas penas que allí se imponían.

Al jefe de la ranchería —a quien los españoles llamaban, con cierta inconsciente gradación, capitán, cacique, capitanejo o caciquejo— se le daba mayor o menor preponderancia según las tribus; su casa era, en ocasiones, como un recinto sagrado, donde no podían entrar los demás, aunque no se hallara en ella «cosa más particular que en las restantes»[92]. Lo que solía suceder cuando, además, ejercía funciones de guamán, caso poco frecuente.

Otras veces, el jefe era el más anciano del pueblo[93] —o uno de los más ancianos— que, según Porter, ejercía en algunos lugares verdadero despotismo: «Capitaneaba gran número de in-

---

90. El crimen más grave que se podía cometer contra una familia era mencionar el nombre de un pariente difunto. A ningún extraño se le permitía conocer el lugar del enterramiento. Baegert observa que algunos indios preferían morir sin ninguna asistencia a ser recogidos en el hospital de la misión, para ser después enterrados en el cementerio, lugar sagrado «conocido».

91. Existía, en efecto, la propiedad privada y la moneda. En cuanto a la moneda, cfr. nota 83.

92. Maurelle: B. P., ms. 2.837, fol. 156 v.

93. «El régimen consiste en observar las órdenes de un capitán que manda una ranchería, habiéndose notado en todas ser el más anciano el que dispone alternativamente salgan algunos a buscar el preciso mantenimiento para todos, cuya práctica observan las mujeres en la conducción de leña». (Maurelle: B. P., ms. 2.837, fol. 99 v).

dios un cacique con venerable barba, causando su autoridad respeto, aseguraba la obediencia de sus bárbaras leyes»[94].

Era frecuente que sólo se nombraran jefes en tiempos de guerra. En ese momento su poder era omnímodo. Pero, aunque perdieran gran parte de sus atribuciones cuando sobrevenía la paz, algunas, sin duda, mantenían. Los descubridores y misioneros así lo atestiguan. En las zonas media y sur de la Alta California, los jefes de paz y de guerra solían ser personas distintas[95]. En ciertos lugares del norte de California era el más rico el que mandaba. Poder y riqueza iban unidos. Y en estos casos es hasta posible que la jefatura fuese vitalicia, y aun hereditaria[96]. Como excepción, hubo lugares en California en que la jefatura podía ser asumida por mujeres[97].

Es también difícil determinar en el terreno civil el papel de los guamanes. Ciertamente sus principales oficios eran el de hechicero o ministro de prácticas religiosas, y el de curandero. Pero en algún caso, como el que relataremos en el punto siguiente, puede abrigarse la duda de que también ejerciera el mando de la tribu. De todos modos, su influencia era notoria en todos los terrenos. Entre pueblos tan primitivos es muy difícil establecer distinciones entre los aspectos civiles y religiosos o pseudo-religiosos. La enemistad de los guamanes hacia los misioneros dificultó extraordinariamente la evangelización. Así lo escriben to-

---

94. B. N., ms. 6.438. Cierto que la cita de Porter se refiere a los «pericúes» del cabo de San Lucas, la tribu más original de toda California, incluso por su aspecto físico.

95. El jefe de paz no participaba en las batallas. Permanecía algo alejado del lugar del encuentro por si llegaba la ocasión de tratar con el adversario. Cfr. James y Graziani: *ob. cit.*, pp. 60 y ss.

96. Sobre el tema jefatura y riqueza escribe Heizer, comentando a Powers, *ob. cit.*, p. 441: «Los jefes como tales no fueron una institución en la California del Noroeste. Los hombres ricos eran los que suplían a tal tipo de oficiales civiles». Bodega corrobora en parte lo anterior y en parte lo matiza con algunas naturales exageraciones. «De su gobierno pensamos cuando más, viendo el modo de someterse a algunos viejos, sería oligárquico. Mas habiendo asegurado los marineros desertores que en la ensenada donde estaban acampados había uno majestuoso que, de edad de treinta a cuarenta años, cuyo particular traje, esquivez y trato con los demás, y respeto con que generalmente le veían daba a entender superioridad a los demás, creemos que cuando no logre el título de rey, estará el gobierno distribuido en varios jefes y capitanes». (Bodega: B. P., ms. cit., fols. 138 v. y 139).

97. En las pp. 341 y 342 de su obra, el P. Barco se extraña de que en *Velicatá* una mujer «parecía que era señora de aquella gente... por la autoridad que entre ellos —los indios de la ranchería— tenía». Pero lo mismo observa el P. Nápoli cuando comenta jocosamente un hecho semejante entre los «coras» (*ob. cit.*, I, p. 293).

dos ellos. Pero también fueron causa de muchos de los sucesos sangrientos que jalonan la penetración pacífica de soldados y colonos en tierras de California durante el XVIII.

11. *Religión*

El problema de cómo han evolucionado las creencias religiosas en los pueblos primitivos, en general, ha variado fundamentalmente de planteamiento con el transcurso del tiempo. A una primera tesis aceptando el monoteísmo como forma esencialmente primaria, sucedieron teorías que modificaban o rechazaban tal aserto. A finales del siglo pasado dominaba casi totalmente la concepción animista de Segismundo Freud. Hoy puede decirse que tales opiniones se encuentran totalmente en descrédito, debido a la amplia labor científica realizada por el P. Schmidt y su escuela histórico-cultural.

Schmidt, siguiendo las huellas de Graebner y perfeccionando sus métodos, consiguió que sus teorías fueran aceptadas en todas partes, aunque ahora se consideren superadas. Pero sus llamados círculos culturales son todavía válidos, a nuestro entender, para la mayor parte del mundo[98]. En Norteamérica aún no se han aplicado con la debida rigurosidad[99].

Pero si en el aspecto cultural caben algunos reparos por ahora a la aplicación de este método en el Nuevo Mundo, en el aspecto religioso sucede todo lo contrario. Los más recientes hallazgos y el estudio detenido de los antiguos dan la razón al P. Schmidt. Conforme a su última exposición, publicada en 1923, las culturas primitivas se dividen en tres grandes grupos: a) civilizaciones más primitivas; b) civilizaciones evolucionadas, y c) culturas más evolucionadas.

Sin analizar con excesivo detenimiento lo referente a la religión de los californianos —lo que se saldría del marco geográfico-histórico propuesto— si queremos compararla con las conclusiones del P. Schmidt, tenemos una base cierta: no existe el ateísmo, en contra de lo afirmado por muchos autores que han aceptado con demasiada precipitación los datos proporcio-

---

98.   Su obra fundamental, en que la tendencia histórico-cultural se aplica a toda la Etnología, hasta sus últimas consecuencias, es Schmidt, W., y Koppers, W.: *Völker und Kulturen*, I. Teil: *Gessellschaft und Wirtschaft der Völker*, tomo III de *Der Mensch aller Zeiten*, Regensburg, 1924.

99.   Pericot, Luis: *América Indígena*, I, Barcelona, 1936, pp. 162 y 170.

nados por bastantes relaciones de viajeros, tales como Bodega y Maurelle, en lo que se refiere, ya concretamente, a los primitivos californianos. Bodega, por ejemplo, llega a hablar de que su ley «es un perfecto ateísmo, pues jamás se pudo averiguar tuviesen ídolo alguno, ni menos días, ni horas, para los sacrificios; sólo puede persuadirse guardan alguna ceremonia extraña» [100]. Esto es, sus razones son la falta de un culto regular y de un ceremonial visible; pero el que él no lo observase, sólo quiere decir, por ejemplo, que los aborígenes se retraían de manifestarse así ante los descubridores. Existían creencias, cultos, supersticiones, lugares sagrados, ceremonias específicas, cantos y danzas, etc., como veremos.

Más chocante resulta la opinión paralela de Maurelle, por la impropiedad de las premisas que emplea para llegar a la conclusión de que los californianos desconocían la existencia de un Ser Supremo. He aquí sus palabras: «como jamás hubiésemos visto en ellos ídolos, ni menos sacrificio alguno, procurábamos hacerles algunas preguntas que condujesen a este fin» [101], y entre ellas figura —ya hemos referido el caso— la que les llevó al conocimiento de que eran polígamos, otro de los pilares sobre los que descansa la opinión inferida, «con bastante fundamento», de que eran ateos absolutos.

Frente a estas opiniones de los viajeros, están sus propias palabras restrictivas, de las cuales acabamos de referirnos a unas del propio Bodega. Él es también quien en otra parte de su relación nos dice que «aun con toda la comunicación, no hemos podido inferir ni el modo de su gobierno, ni los Ritos de su religión; al parecer, sus acciones algunas veces demuestran inclina-

---

100. Bodega: B. P., ms. 2.861, fol. 100. Esto, sin embargo, está en contradicción con lo que observó el Almirante Atondo. Cfr. Bayle: *Historia de los Descubrimientos... en la Baja California*, p. 177. El P. Bayle se refiere a una noticia de la expedición de Atondo. Es una muy breve referencia recogida del propio Atondo años después del hecho. Pero la declaración testifical original tiene tan grande interés que nos referiremos a ella más adelante con cierto detenimiento.

101. Maurelle: B. P., ms. 2.837, fol. 156.

A continuación refiere que «aunque a un indio muerto creemos le hicieron el llanto, y le quemaron dentro de la Casa del Capitán, no por esto podemos inferir de ellos alguna idolatría, a causa de que puede ser el llanto efecto del sentimiento, y quemarlo la piedad de no hacerlo pasto de las fieras, o acaso la comodidad de evitar la hediondez que ocasionaría aquel cuerpo».

Como se ve, es toda ella una argumentación entre ingenua y especiosa. Indudablemente, ambos viajeros iban con la convicción prejuzgada de que habían de topar con gentes ateas, y lo deducen así de cualesquiera observaciones, fuere como fuere.

ción al Sol, y otras no denotan la menor idolatría»[102]. Es decir, que sus observaciones anteriores se reconocen como hechas a base de un desconocimiento harto cabal de las concepciones espirituales del pueblo que tenía delante, y aun así advierte rasgos de un culto solar.

Pero lo curioso de la afirmación de Bodega está en que los indios que él conocía rendían culto, más que al Sol, a la Luna. El mito de la Luna y el Coyote, el Dios bueno y el espíritu malo, estaba muy extendido por la Alta California. También, según Piccolo, los indígenas guaicuros y cochimíes que él trató en la Baja California tributaban culto a la Luna[103].

Chapman, por su parte[104], asegura que los californianos tenían la noción de un Ser Supremo realmente existente y de una vida futura.

Y Venegas[105], después de hacerse eco de que «todas las relaciones convienen que entre los Californios no se ha hallado hasta ahora idolatría», rectifica, o mejor puntualiza, el alcance de esta afirmación, oponiendo a la carencia de culto externo la existencia de una religión interna, de un reconocimiento íntimo y general en todas las tribus de la existencia de Dios. «Pero al mismo tiempo que en las obras exteriores mostraban tan corto o tan ningún conocimiento de Dios, se halla en las relaciones haber habido entre ellos tal serie de dogmas especulativos, que hace parar el ánimo de quien lee». Y seguidamente, con palabras textuales de las relaciones escritas por los mismos misioneros, las cuales dice tener ante la vista y copia, se refiere a las creencias de los «Edúes del Sur o Pericúes», de los de «la Nación de Loreto, compuesta de algunos Laymones, Monquis, Vehitíes y Guaycuros, que habitan la medianía de la California» y, finalmente, a la religiosidad de «la nación de los Cochimíes», que, «así como es la más numerosa y dilatada, así también es la menos brutal en sus costumbres, la más despierta y menos disparatada en sus dogmas». El análisis detenido de las creencias de todos esos grupos étnicos, en los cuales encuentra un como *substratum* de cristianismo degenerado y corrompido, le lleva incluso a especular sobre la posibilidad de remotos contactos

---

102. Bodega: B. P., ms. 2.861, fol. 138 v.
103. *Ob. cit.*, p. 47.
104. Chapman: *A History of California*, p. 19: «*Yet certain of the Californians had a hazy notion of a Supreme Being and of a future life in which those who had performed the appropriate religious services would get every material want satisfied*».
105. Venegas: *Noticias*, I, México, 1943, pp. 88 y ss.

entre los californianos y algún navegante[106] que por cualquier motivo se hubiese visto obligado a desembarcar en sus costas.

. Otro antecedente esencial, antes de sentar conclusiones más definitivas, lo recoge también Chapman cuando refiere que la muerte era concebida como principio de una lucha a brazo partido con los demonios que se oponían a la ascensión del difunto a la vida posterior. Esto presupone el reconocimiento de la existencia de buenos y malos espíritus[107]. También aceptaban, en algún caso, la transmigración de las almas[108].

Pero su religión era algo muy diferente de lo que nosotros entendemos por tal nombre. Esas creencias no parece que llevaran consigo la imposición de normas éticas de conducta, ni tampoco se conocen hechos que indiquen que estaban dirigidas a tributar a la Divinidad un culto recto. Establecemos estas salvedades porque —según el propio Chapman, corroborado por Powers y Heizer— el verdadero héroe era quien mejor sabía engañar a los dioses. Incluso resultaba preferible tener antes propicios a los espíritus malos que a los buenos. Esto, desde el punto de vista moral, es bastante más grave que la carencia, muy dudosa, de una reglamentación del culto externo[109].

De todos modos, los estudios sobre la religión de los californianos se han hecho teniendo en cuenta principalmente lo que ha podido observarse en un tiempo en que carecen de libertad, encerrados en «reservas» artificiales, tras el tremendo impacto del choque con los blancos después de 1848[110]. Por eso, es muy

---

106. Al P. Barco que, como se sabe, rectifica, en ocasiones, a Venegas-Burriel, no le parece probable este argumento por muchas razones. Su opinión, quizá acertada, la expresa así: «Yo me inclino a creer que estos tales cuales dogmas de los californios tienen origen mucho más antiguo, y que entraron en aquella tierra con los primeros pobladores de ella» (*ob. cit.*, p. 217).

107. Es lo mismo que asegura Venegas, loc. cit., respecto a los pericúes y cochimíes.

108. Parece, según Merriam, C. H., que la idea de la transmigración estaba muy extendida en las culturas de los aborígenes. (*Transmigration in California*, «Journal of American Folklore», 22, pp. 433-434). Los cochimíes, por ejemplo, no mataban ni comían tejones «porque dicen que es como gente». (Barco: *ob. cit.*, p. 206).

109. Acaso la duda que sobre la realidad de la creencia de un Ser Supremo que manifiesta Powers y admite Heizer nazca de una consideración interna semejante a la que aquí exponemos. (Cfr. nota 114).

110. Estremece la lectura del libro de Heizer: *The Destruction of California Indians*, Salt Lake City, 1974. El propio Cook, Sherburne F., *ob. cit.*, p. 199, habla del «descenso catastrófico» de la población indígena después de «la invasión de los americanos». En 1848 eran entre 200.000 y 250.000; en 1860, entre 25.000 y 30.000; en 1900, unos 20.000.

importante considerar los pocos datos que poseemos en esta materia procedentes de los indígenas de la Baja California. En la península queda hoy un grupo muy reducido de indios y todos cochimíes y cristianos. El contagio de las enfermedades de los españoles motivó su desaparición. Sin embargo, un texto de la expedición del Almirante Atondo, de fines del XVII, expresa mejor que ningún otro el carácter de su espíritu religioso. Además, debe tenerse en cuenta que la península, por su aislamiento, ha de conservar con mayor pureza el origen y el sentido de su fe en Dios, y lo que de verdad pensaban y sentían.

Antes, sin embargo, de referirnos a ese documento, es conveniente subrayar un hecho histórico indiscutible: la contradicción que existe entre los mismos misioneros, cronistas de la conquista espiritual, en el tema de la idolatría. Unos, como Baegert, niegan rotundamente su existencia. Otros, como Piccolo y Consag, hablan claramente de ella. Piccolo, en 1702, afirma: «...como estas naciones son de natural muy vivo y antes han vivido en idolatría —se refiere a los ya cristianos y a los catecúmenos— y en grande obediencia a sus sacerdotes a quienes sustentan y visten, para sus supersticiosas ceremonias, de sus cabellos que cortan para este fin...». Y luego se reafirma más en su opinión al poner de relieve una realidad que le asombra: «en predicándoles algunos misterios contrarios a sus antiguos errores, acabado el sermón, se llegan a el Padre, le reconvienen de lo que dijo, y le arguyen y discurren en favor de su error con bastante apariencia».

Consag, en 1751, no sólo se refiere a los ídolos; los describe: «Forjan sus ídolos estos infelices bárbaros de cualesquiera yerbas y las afianzan con palitos. En su cara, diré mejor en el lugar de la que debía tener, se ve una toquilla o birrete, que ellos hacen de plumas negras, entretejidas en los nudos de una redecilla a modo de peluca y es entre sus obras la más curiosa... Les sirve de Corona un plumaje... Sobre el pecho les cuelgan varias sartas de conchitas, caracolitos, frutas silvestres y de plumas de varios colores... Cuelgan como capote o manto... unas madejitas de cabellos... En unas rancherías cada casado tiene su adorno de su ídolo; en otras... el principal capitanejo siempre lo tiene». Hoy, además, podemos agregar que entre los cochimíes al norte del desierto central se encontraron ídolos de un material más resistente que el trenzado de yerbas: estaban esculpidos en madera.

¿Cómo, pues, Baegert, que estuvo 17 años en la misión de San Luis Gonzaga, nos dice «que no conocían ni ídolos, ni templos, ni cultos, ni ritos, ni nada que se le pareciese...»? Creo que es difícil hallar una respuesta que satisfaga plenamente. Baegert conocía la relación de Piccolo, pues la cita. ¿A qué se debe esta discrepancia? ¿Sólo a que los indios de su misión, sin duda los más pobres y atrasados de todos ellos, habían permanecido al margen de la idolatría? Sería una explicación demasiado simple. O bien Baegert nunca los vio, porque ya Consag nos advierte que los conservaban enrollados en una esterilla, o considera que aquello no tenía más nombre que el de superstición, de la que sí habla cuando se refiere, algo jocosamente, a ciertas prácticas de jóvenes que descendían de las montañas para que los hombres tuvieran oportunidad de darse un banquete a costa del trabajo de las mujeres.

Acaso sea una razón convincente pensar que ocultaban sus prácticas religiosas, o por el respeto que les infundían los españoles, o por el temor de perder sus viejas creencias que les llevaba hasta discutir sobre el sentido de la fe cristiana con los predicadores «con bastante apariencia»[111]. Parece como si el carácter esotérico de sus misterios tuviera su raíz en la timidez de unos hombres tan primitivos ante gentes de una cultura muy superior. O en su orgullo.

Por eso, quizá, tampoco existe un número importante de relatos de los marinos exploradores, pese al manifiesto interés de la Corona por obtener datos sobre las concepciones religiosas de los californianos. Buen ejemplo de ello lo tenemos en la expedición de Vizcaíno. En el viaje de 1602, el 29 de noviembre, cierto que en la Alta California, cuando el general se hallaba en la isla de Santa Catalina, se dirigió a tierra firme a la altura de la bahía de San Pedro; y deseoso de «ver la contracosta, halló en el camino un llano muy limpio a donde los indios se juntan a adorar un ídolo que allí se halló a manera de demonio con los cuernos y sin cabeza y un perro a los pies —¿sería un coyote?— y muchos niños pintados a la redonda; decían los indios al general

---

111. Las referencias a Consag, en el diario que fue publicado en «*Apostólicos Afanes...*», Barcelona, 1754. La segunda edición de México, en 1887, y la tercera, también en México, Ed. Layac, 1944, caps. 9, 10 y 11.

La entrada que realizó por el paralelo 28 corresponde también a otra de las zonas pobres de California, aunque las misiones están mejor comunicadas entre sí que la de San Luis Gonzaga; las correspondientes a Piccolo, en *ob. cit.*, p. 52; las de Baegert, en *ob. cit.*, p. 125. Sobre los ídolos de madera, cfr. Aschmann: *ob. cit.*, p. 116. Alguno tenía un tridente en una mano y una serpiente en la otra.

que no llegase allí, más él llegó y lo vio todo, e hizo una cruz y puso el nombre de Jesús encima de la cabeza del demonio y dijo a los indios que aquello era bueno y del cielo y que aquel ídolo era el demonio. De lo que los indios se quedaron maravillados y con facilidad lo quitaron...».

Podemos decir que Vizcaíno «tropezó» con el ídolo. Los aborígenes se oponían a que entrase en el «lugar sagrado». ¿Tan pronto olvidaron los indios su culto que al pasar por los mismos sitios y fundarse en parajes cercanos la misión de San Luis, en septiembre de 1772, Fray Francisco Palóu, el gran misionero que acompaña a Fray Junípero Serra, asegura que «en ninguna de las misiones que pueblan el tramo de doscientas leguas desde esta misión —la de San Francisco— hasta la de San Diego no se ha hallado en ellas idolatría alguna, sino una mera infidelidad negativa»? Nos encontramos con el mismo problema que en la Baja California: la disparidad entre opiniones y hechos [112].

Pero disponemos, como dijimos, de un documento de mayor importancia y en este caso referente a la península. Es un testimonio jurado que proviene de la expedición del Almirante Isidro de Atondo [113]. Hay que tener en cuenta que su principal protagonista, un indio pagano a quien los soldados llamaban cariñosamente Leopoldo, era muy amigo de los españoles, y quizá por eso no le importa manifestar ni lo que piensa, ni lo que cree.

El día 6 de noviembre de 1684, hacia las 12 de la mañana, los soldados que estaban de guardia en el destacamento del Real de San Isidro observaron que Leopoldo, «capitán de la nación didú... subió a lo alto de un cerro vestido de una red de hilo y toda poblada de madejitas de cabellos... y en la cabeza una como

---

112. La narración de Vizcaíno, en la *Relación o diario del viaje que hizo el general Sebastián Vizcaíno*, que acompaña al *Derrotero...*, A.G.I. México, 372. El comentario de Palóu, en la *Vida de Fray Junípero Serra*, cap. XLV, p. 148, y la fundación de la misión de San Luis, en el cap. XXXII. Citamos por la edición de México, 1970, con breve estudio preliminar de León Portilla, M.

Sobre los «lugares sagrados» de los californianos, cuya situación, forma, etc., varía según el entorno de cada tribu, hay sólo noticias diversas.

113. Es interesante su mismo comienzo. Atondo, en funciones jurídicas, empieza diciendo que al llegar a sus oídos que unos soldados de guardia en el Real de San Isidro vieron «cómo los indios gentiles de este valle, los de la sierra y otros de diferentes naciones», reunidos en la ranchería más cercana «habían hecho algunas supersticiones con una figura o ídolo y *reconociendo lo que importaba al servicio de Dios N. S. y de S. M. C.* (que Dios guarde) el saber si estos indios eran idólatras o qué genero de supersticiones y abusos tenían...», los mandó llamar. La declaración es del 16 de noviembre de 1684 y los hechos comenzaron diez días antes.

toca o capilla hecha de plumas que le cae sobre los hombros y en la mano derecha una pala blanca...». Ya en lo alto de una roca que estaba en el cerro, «dio grandes alaridos y hizo muchos ademanes...» y luego bajó con gran rapidez. Muchos salieron a recibirle. Al cabo de una hora subieron otros indios, «vestidos del mismo género» que Leopoldo, que, sin parar, bajaron a la ranchería, pasando por debajo de la roca de la peña.

Al día siguiente salió de la ranchería una gran procesión, a cuyo frente iba Leopoldo y detrás una de sus mujeres, y «luego seguían un indio y una india y de esta suerte iban entreverados hombres y mujeres haciendo reverencia a un bulto del tamaño de un niño recién nacido con la cara embijada de negro y su melena larga y tres plumeros blancos en la cabeza». El bulto lo llevaba el indio que iba al final, «el cual se iba agachando con él», hasta que lo puso debajo de una «ramada», en un lugar donde habían clavado un palo de pitahaya, en cuya punta se encontraban unas ruedas formadas por varas flexibles de «copala», sostenidas por un tejido también de «copala». Encima de aquella ramada habían colocado «dos banderas de palo pintadas de colorado, azul y blanco». Al pie del ídolo las parejas pusieron semillas de medeses.

El extraño baile cesó por un cierto tiempo, mas luego prosiguió durante dos días y dos noches seguidas. Las parejas se entreveraban, y al llegar frente al bulto «se bajaban haciéndole una humillación». El último día, «al cuarto del alba», dieron un gran alarido que puso en conmoción a la pequeña tropa española. Después continuaron con sus bailes y cantos. A la puesta del sol repartieron los medeses amontonados a los pies del ídolo.

Ya atardecido, llegó Leopoldo al real con la pretensión de bañarse en el abrevadero de las mulas. «Habiéndosele concedido, vieron todos los soldados que trajeron otros gentiles a uno tan maltratado que parecía que le habían dado tormento». Lo bañaron y «lo pusieron delante a dicho Capitán, el cual lo empezó a mirar muy atentamente, y luego bajó la cabeza y comenzó a llorar».

Al otro día vino «el capitán Leopoldo y otro de los principales» al cuerpo de guardia pidiendo comer. El cabo les preguntó «qué figura era aquella que tanto habían celebrado». Ellos respondieron «que era El que les daba el mantenimiento y El que cuando llueve baja del cielo a regalarlos y traerles las pita-hayas y el medese, y que ya se había vuelto al cielo». El cabo y los soldados le replicaron «que aquél no era bueno, que no les daba nada, que la Santa Cruz era mejor, que nos daba la comida». Leopoldo dijo, «pues dile a esa Cruz que está ahí que te dé de comer». Ellos contestaron que no era necesario, pues tenían lo que era menester. Lo que necesitaban, víveres y vestidos, lo traían los barcos [114].

Las danzas de la propiciación eran conocidas entre los aborígenes de la Alta California, pero no entre los de la Baja. Además, es la más antigua de que se tiene noticia, pues las referencias de la Alta se han obtenido en las «reservas» artificiales creadas por los norteamericanos después del tratado de Guadalupe-Hidalgo. Por otra parte, en estas danzas rituales se mezcla, al parecer, la figura y adoración de un ídolo con la llegada del Indio-Kareya, tal como, por ejemplo, lo llamaban los karokes del norte de California, y que aquí, entre los cochimíes, sería el Indio-Señor de Arriba, el cual se purifica ayunando durante cierto tiempo en la montaña o en el bosque. Cuando baja, rendido y al cabo de sus fuerzas, nadie le puede mirar. Es el modo en que el «Señor de Arriba» se pone en contacto con los hombres.

Pero dentro de su simplicidad, la conversación entre los soldados y Leopoldo y su compañero tiene la profunda fuerza de lo auténtico. El que les da el sustento y hace llover, para que crezcan las frutas y las simientes, había bajado del cielo, estado con ellos y luego se había vuelto otra vez arriba [115].

Bastaría con esta relación, en la que se vislumbra un mundo espiritual, lleno de sombras, es cierto, mas suficiente, para pensar que en el fondo de aquellas cosmogonías a que antes hemos aludido, y que refiere Venegas-Burriel tan ampliamente, había algo profundo, un sentido de Dios providente y bueno, un Ser Supremo que hace sentir su presencia. No podemos, por eso, estar de acuerdo con algunos autores que han despreciado esa noción de Dios, viéndola como separada de la realidad vital de los indígenas [116].

---

114. La escena transcurre en la llamada provincia de San Andrés, en territorio cochimí, cerca de San Bruno, en la costa del golfo, a unos 26 grados y medio de latitud. A. G. I. Patronato, 31, r. 7 (Autos sobre los parajes que ha descubierto en las Islas Californianas el Almirante Don Isidro de Atondo...).

115. Las formas míticas de la propiciación, el Indio-Kareya o Indio-Dios, etcétera, son más solemnes en la California del Norte, pero carecen de la fuerza sencilla con que las celebraban los cochimíes. (Cfr. *World Renewal: A Cult System of Native Northern California*, de Kroeber, A. L., y Gifford, E. W., en «Anthropological Records», 21, 1949).

116. A esta relación es a la que nos hemos referido en la nota 100. En

Además, la relación describe ritos, cantos y bailes de carácter religioso, e incluso vestiduras ceremoniales. Así lo indica el empleo de esa capa de red de hilo sobre la que se entretejían los cabellos humanos. Su uso se extendió, con distintas formas, sólo en la Península, desde los kiliwas, en el norte, hasta los guaicuros, en el sur. La confección de la capa ceremonial parece ser una prueba más de cómo el aislamiento peninsular hace que allí perduren antiguas formas de la vieja religión[117], olvidadas, ya, en otros lugares.

¿Tuvo el «temescal», junto a otros usos, el de lugar sagrado? Existen algunas pruebas de que así fue. La busca de maderas verdes de forma especial en ciertos sitios tenía, sin duda, carácter de rito. Allí, también, se «curaban» los hombres de imaginarias enfermedades atribuibles a posesiones diabólicas. Chapman afirma que en él se quemaba incienso, lo cual puede enten-

---

cuanto a la postura reticente de algunos autores —recordamos a Heizer, por ejemplo, en la nota 7 y sobre todo al referirse en la nota 184 a la anterior— está sin duda, de acuerdo con Powers: *ob. cit.*, pp. 413 y ss., cuando afirma que los aborígenes, aunque hablaban del «Hombre de Arriba», del «de Arriba», etc., no tenían una noción de Dios. Y, sin embargo, no tiene inconveniente en admitir que los aborígenes sí creían que «en principio el mundo era perfecto y la vida de los hombres eterna. Pero luego vino la institución de la muerte» (nota 128).

117. El cabello provenía de los difuntos, de los enfermos curados por el guamán y de aquellos que habían sido castigados a cortárselo por la comisión de algún delito. ¿Eran los guamanes los únicos que poseían tales capas? Si fuera así, hay que suponer que el capitán Leopoldo, tratado con verdadero aprecio por los españoles, era también guamán. Nos parece difícil creerlo.

Es cierto, en cambio, que los guamanes los usaban en las ceremonias fúnebres (cfr. Sales: *ob. cit.*, pp. 50 y ss.). De las capas hablan prácticamente todos los misioneros-cronistas: Baegert, Piccolo, Venegas, Consag, etc.

Peverill Meigs, en *The Kiliwa Indians of Lower California*, Berkeley, 1939, es el que informa de la existencia de estas capas en aquella tribu cochimí que habitaba en torno al paralelo 31 en la parte del golfo. En cambio, los pericúes no las usaban.

Existían otros instrumentos ceremoniales. Por ejemplo, las *largas pipas de caña* de los guamanes-curadores, que servían para lanzar humo de tabaco de modo ritual sobre los enfermos, acompañado de palabras y gestos.

Y, sobre todo, unas *tablillas* de dos centímetros y medio de grueso, 70 de alto y 30 de ancho, aproximadamente, llenas de signos. Consag dice que se utilizaban a modo de altar, pero frente a los ídolos. Todos los guamanes y, en algunas rancherías, todos los casados, poseían una de ellas. En algunos sitios se las veneraba más que a los ídolos. El trabajo para fabricarlas era muy grande, ya que sólo utilizaban huesos como instrumentos.

Se ha llegado a asegurar por algún misionero que los signos y dibujos cumplían una función nemotécnica. Por eso, dice, se denominaba a las *tablillas* con la palabra *Tyehicha*, «lo que habla» (Hostell, en la relación 763 de las recopiladas por Stöklein en *Das Neuen Welt-Botts*, Augsburgo y Craz, 1726-1763).

derse, sin forzar la interpretación, como otro acto religioso, ya que aquellos indios daban al incienso un significado que encierra algo del concepto de adoración; así, por ejemplo, nos dice Fray Antonio de la Ascensión que, al llegar al puerto de Santiago pudo ver cómo los indígenas le ofrecían incienso en señal de paz, sumisión y reconocimiento de superioridad[118].

En casi toda California Alta y Baja se practicaba la cremación de cadáveres[119]. En algunos lugares, con las cenizas del muerto, mezcladas con grasa, fabricaban un amasijo macabro, que les servía para untarse la cara, en señal, al menos, de duelo, dejándolo así hasta que el viento o la lluvia, arrastrándolo o disolviéndolo, se encargaban de hacerlo desaparecer. La caída de las hojas, en otros sitios, se miraba como un fenómeno «numinoso». Son bien conocidas la preparación y comida ritual del salmón por ciertas tribus, y la repugnancia en otras a ingerir carne de determinados animales, como el oso en el norte[120] o el puma en el sur[121].

Resumamos. Conocimiento de un Ser Supremo, creador y providente, al menos entre los cochimíes de la Baja California. Idea de un Dios en todas las demás tribus, quizá más vaga en el norte. Vestiduras sagradas en el sur. Ceremonias secretas. Cantos y danzas rituales. Lugares sagrados. Fiestas religiosas específicas. En algunos sitios, transmigración de las almas. Noción de haber sido creados en inmortalidad; la muerte, consecuencia de los malos espíritus. Creencia en todas partes de la existencia también de espíritus buenos. Cierto animismo totémico más o menos desarrollado en la Alta California. Realidad de un culto idolátrico, acaso en la Península, como simple imagen o representación. Buscando el encuadramiento de estas características de la espiritualidad de los primitivos californianos den-

---

118. Sobre el carácter sagrado de la busca de madera para el «temescal», cfr. *Handbook*, de Kroeber, *ob. cit.*, pp. 41, 81. Fue observado por Gibs, George, en 1854, y por Powers: *ob. cit.*, p. 25, en 1877. De las «curaciones» hablan con frecuencia los misioneros-cronistas. Hubo, a veces, mujeres-curadoras, cuyo oficio era diagnosticar la enfermedad, pero no curarla. Cfr. Kroeber, *Handbook, ob. cit.*, pp. 63-68.
Sobre el incienso, cfr. *Relación descriptiva* de la expedición de Vizcaíno, B. N., ms. 3042, párr. 9.
119. Bodega: B. P., ms. 2.861, fols. 138 y 139.
120. Sobre el salmón y las comidas rituales, *vide* Swezey, S.: *The Energetics...*, *ob. cit.*, pp. 1-46. También trataron el tema, en 1949, Kroeber, A. L., y Gifford, E. W., en *World Renewal: A Cult System of Native Northern California*, «Anthropological Records», 21, I, 1949.
121. Barco, *ob. cit.*, p. 217.

tro de la clasificación del P. Schmidt [122], habría que señalar que varios de dichos rasgos convienen a los pueblos de las llamadas «civilizaciones primitivas» o *Urkulturen*, mientras que otros aconsejaría incluirlos en el grupo de «civilizaciones evolucionadas» o *Fortgestchrittene kulturen*. Para ello tendríamos una última razón en el testimonio ya citado de Bodega [123], cuando habla de haber encontrado alguna vez una estrecha conexión entre capitalismo rudimentario y ejercicio del poder.

---

122. Un resumen a la mano de las ideas del P. Schmidt y de la Escuela histórico-cultural de Viena se encuentra en Pericot, Luis: *La cultura primitiva en los pueblos retrasados*, I, cap. 1, de la *Historia Universal* de Gallach, Barcelona, 1931. Cfr. también Pinard de la Boullaye, H., *El estudio comparado de las religiones*, I, Burgos, 1940, pp. 406 y ss. y 536-37.

Tiene mucho interés, por algunas similitudes, consultar el gran estudio de un discípulo de Schmidt, Gusinde, Martín: *Fueguinos*, Sevilla, 1951, trad. de *Urmenschen im Feurland*.

123. Bodega, B. P., ms. 2.861, fols. 138 v. y 139. Cfr. nota 96.

CAPÍTULO III

El nombre de California

Introducción.—I. *Su origen histórico:* 1. Toponimia española y extranjera.—2. ¿Qué designaba California? Otros nombres.—3. Primeras noticias del nombre de California.—4. Etimologías diversas.—5. Las «Sergas de Esplandián» y la «Canción de Rolando».—II. *¿Espíritu profético o espíritu socarrón?:* 1. Sueños de maravilla.—2. Españoles, extranjeros y libros de caballería.—3. Los adversarios de Cortés.—4. Sarcasmo.

CAPÍTULO III

El nombre de California

Introducción

«*A charming name*». Así exclama Nellie van de Grift al pensar en el nombre de su país: California[1]. El pensamiento de que «nombre tan encantador» haya podido ser aplicado en son de mofa subleva su sensibilidad femenina.

Sea lo que fuere de esta cuestión, de esta «humillante teoría» —que procuraremos estudiar en este capítulo— lo cierto es que el nombre de California ha tenido la fortuna de llevar su fama más lejos que ninguna otra región de América del Norte. «*A name which has a lure that has carried its fame perhaps farther than that of any other state in the Union*»[2].

Dos cuestiones nos planteamos en este capítulo. La primera expone el problema del origen de este nombre. La segunda —ya, al consignar la protesta de Nellie van de Grift, hemos anticipado que existe una controversia respecto a la intención de los que bautizaron a California— es ésta: ¿Fue puesto el nombre en prenda de las riquezas de ensueño que esperaban encontrar los conquistadores? ¿O bien lo imaginaron algunos desengañados o deseosos de burlarse? En una palabra, ¿espíritu profético, como

---

1. Léase el artículo de esta escritora *The name of our beloved California: was it given in devision?*, en «Grizzly Bear Magazine», abril de 1916, Los Ángeles.
2. Chapman: *A History of California*, p. 55. Comentando la frase citada, dice en nota: «*During two years' travel in Europe the writer found that California was generally known, but that few of the other American states could be called by name*».

piensa Van de Grift, o espíritu socarrón, según pretende Ruth Putnam?[3].

I. SU ORIGEN HISTÓRICO

1. *Toponimia española y extranjera*

En todos los países descubiertos por españoles, la toponimia castellana, las designaciones de ríos y ciudades, montes y cabos, islas y reinos, golfos y penínsulas, ha sido siempre bien sencilla. De ordinario, las fechas de los descubrimientos o de la fundación de un establecimiento nuevo eran las que marcaban el nombre. Y así encontramos innumerables cabos, ciudades, islas, llamadas Veracruz, o Corpus Christi o Santo Domingo... También el santoral proporcionaba nombres con que designar los lugares según la devoción del descubridor o de alguno de sus acompañantes. La nomenclatura geográfica de la madre patria constituyó también otra fuente importante: Nueva España, Nueva Granada, Castilla de Oro..., para los nuevos reinos; Salamanca, Medellín, Trujillo, Guadalajara, para las ciudades.

Muchas veces eran los nombres de los reyes o virreyes quienes daban la pauta: Carolinas, Filipinas, Isabela, Fernandina..., o Cadereita, Mendocino, Monterrey. Muy frecuentes son los nombres indígenas que en no pocas ocasiones, cuando los conocían los españoles, se respetaban hasta el punto de que en América y fuera de ella gran parte de la toponimia es indígena[4].

Chapman, refiriéndose concretamente a California, aventura la suposición de que los españoles podían haber entendido mal alguna palabra india y que la aplicaron a la nueva región. En seguida agrega que esto no es sino una mera conjetura[5], y rechaza

---

3.   Putnam, Ruth, y Priestley, Herbert Ingram: *California: the name*, Berkeley, 1917, «Publications in History», de la Universidad de California, IV, 4, pp. 289-365.

4.   «Desde la Colombia británica, descubierta por un español, hasta Manila, y desde Manila hasta la Patagonia, la toponimia está saturada de indigenismo, como en la costa atlántica», escribe Pereyra en *El bautizo de California*, «Estudios Geográficos», mayo 1942, p. 386.

5.   *Ob. cit.*, p. 56: «*A more likely suggestion was that the Spaniards might have misunderstood some Indian word and applied it as a name, but this was a mere guess*».

SEGUNDA PARTE
DE LOS VEINTE I VN LIBROS RITUALES I MONARCHIA
Indiana, con el origen y guerras, de los Indios Ocidentales, de
sus Poblaçones, Descubrimiento, Conquista, Conuersion y
otras cosas marauillosas de la mesma tierra, distribuydos
en tres tomos.

COMPVESTO POR F. JUAN DE TORQUEMADA
Ministro Prouincial dela Orden de Nuestro Serafico Padre
San Francisco en la Prouincia del Santo Euangelio de
Mexico en la Nueba España.

DICO EGO OPERA MEA REGI
Sæculorum immortali et inuisibili.
CON PRIVILEGIO
En Madrid en la Oficina y a costa de Nicolas Rodriguez Franco.
Año de 1723.

el supuesto «como contrario al espíritu de los españoles», que nunca utilizan este procedimiento para dar nombres nuevos. Bien opuesta a la realidad esta afirmación de Chapman. Don Carlos Pereyra habla de modo bien diferente: «A veces el nombre indígena no existía, y fue creación de palabras de los naturales, mal entendidas y mal pronunciadas por los españoles, como Catoche, o fue voz alterada, como Perú, Cuernavaca, Tacubaya y otras tan caprichosas como éstas»[6]. En la misma idea insisten, respecto a Cuernavaca, el propio Pereyra, quien en otra ocasión le atribuye la etimología de Cuern-ahuac (rodeado de agua, según el idioma azteca) y don Pedro Peralta Barnuevo[7] respecto a «la nombradía del Perú»[8].

Ni la historia, ni mucho menos las obras literarias, dieron un solo nombre a los conquistadores españoles como susceptible de ser aplicado a los países recién descubiertos o conquistados. Tampoco la geografía ajena a la patria. «Sólo por excepción hay un Cartago —provincia así llamada a disparate— o una estrafalaria Venezuela», comenta Pereyra[9].

Bien diverso era el concepto toponímico extranjero. También fuera de España supieron, en recuerdo de la patria lejana, seguir los pasos de los españoles y usar denominaciones como Nueva Albión, precisamente para California[10], a la que, dos si-

---

6. *Ob. cit.,* p. 386.
7. *Historia de España vindicada,* lib. I, cap. V, Lima, 1730.
8. Precisamente esta conservación de los nombres indígenas es una prueba más del respeto mostrado por los descubridores españoles hacia la cultura del indio, en todos aquellos casos en que ese respeto no fuera fuente de peligros, ni contrario a los superiores principios morales de la civilización que ellos transportaban a las nuevas tierras.

Es cierto, sin embargo, que esta costumbre de usar nombres indígenas para la designación de pasajes, ríos, localidades y países iba unida muy frecuentemente, como hemos dicho, a cierta corruptela a la hora de interpretarlos por los españoles. Uno de los buenos conocedores del lenguaje cochimí, el P. Barco, la comenta con cierta pena «científica»: «A este paraje llaman los indios de aquel país Güiri-Catá o Huiricatá. Mas los soldados, sin detenerse en aprender este nombre, le llamaron Villa-Catá, o porque les pareció que así habían pronunciado los indios, o porque quisieron usar de este nombre más fácil para ellos; siguiendo el uso frecuente de los españoles en la América de corromper los nombres que aquella gente tenía impuestos a los lugares y otras cosas» (*ob. cit.,* p. 340).

9. Respecto a la ínsula Barataria del Misisipi, hay que hacer constar que Cervantes era lector del descubridor de la misma.

10. En este caso, ¿sería realmente la nostalgia de Inglaterra la que movería a Drake, o más bien el deseo de desplazar a España de las que para Drake eran las islas de las Californias? Es evidente que por ambas causas, Drake se sintió conmovido, según Morrison (*The European Discovery of Améri-*

glos después, hubo quien propuso que se llamara Nueva Rusia[11]. Otras veces el nombre del rey o la reina, como Maryland. Mas fue lo ordinario utilizar criterios estrambóticos: unas veces era Transilvania, Massachussets o Connecticut; otras se convertirían a la moda de Jefferson los nombres indígenas en clásicos: Illinoia, Pelisipia, o simplemente se buscaba algún nombre con desinencia más o menos clásica: Metsopotamia, Polipotamia, Silvania...[12].

California es, en frase de Pereyra, «el mirlo blanco», de la geografía de los conquistadores. «California, realidad comprobada, era en la toponimia un misterio». Las Trapanandas, Cíbolas o Quiviras no son sino productos de la imaginación: nunca han existido, a pesar de cuanto sobre ellas y sus peregrinas excelencias se ha escrito.

A poco que se piense, se observa que al «*charming name*» de California no le conviene ninguno de los criterios utilizados por los españoles. Dentro de la geografía patria no se encuentra nombre semejante; los Reyes o Virreyes, el santoral, los conquistadores no nos dicen nada, y tampoco las voces indígenas bien comprendidas, como México, o mal, como Cuernavaca. «Pero lo que pucdo decir es que en ninguna de las diferentes lenguas de los naturales han hallado los misioneros que se dé semejante nombre a la tierra, ni tampoco algún puerto, bahía o paraje de ella»[13].

2.   ¿Qué designaba California? Otros nombres

Hemos observado que California apareció tal como hoy la vemos desde la iniciación del descubrimiento, para después sumergirse en un mar de brumas, del que sólo poco a poco, en mucho tiempo, logró salir[14]. Ya hemos contemplado cómo, en la

---

ca, Nueva York, 1974, p. 667) por la actitud complaciente de los jefes indios, que él tomó «por una ceremonia feudal en la que aquellas humildes criaturas se colocaban ellas mismas bajo la protección de la Reina Isabel».

Mas el propio Drake designó el país Nueva Albión: «por dos causas; la primera, por la blancura de los riscos que descendían hacia el mar; y la otra, que aquello parecía tener alguna afinidad, aun en el mismo nombre, con nuestro propio país, al que se llamó así en algún tiempo».

11.   Abad La Sierra: B. P., ms. 1.480, fol. 3 v.
12.   Cfr. el artículo citado de Pereyra.
13.   Venegas: *Noticia de California*, I, México, 1843, p. 24.
14.   *Vide* Capítulo I.

mente de los conquistadores, unas veces era isla; otras veces, conjunto de islas, y otras, en fin, tierra firme. Ahora se trata de estudiar un nuevo aspecto de la cuestión. Prescindamos de «cómo fuese» para los conquistadores el conjunto californiano, y procuremos ver a qué accidente geográfico quisieron bautizar con el actual nombre de la península.

Según Abad La Sierra[15], el nombre era sólo de la bahía de la Paz o puerto de Cortés[16], aunque después se extendiera a toda la península y aun a todos los países descubiertos en la América noroccidental, mientras algunos la limitaban a la península desde el cabo de San Lucas hasta el río Colorado, trazando una línea desde este río hasta el cabo Blanco de San Sebastián, que fue el término ordinario de las expediciones marítimas[17].

Vemos, pues, que en un principio California designaba «solamente» una bahía. Sin embargo, Fray Antonio de la Ascensión[18], y con él muchos otros, creen que California era un cabo. Torquemada, que tomó tantas cosas para su *Monarchia Indiana* de las relaciones que Fray Antonio hiciera de la segunda expedición de Vizcaíno, se presenta partidario de la misma opinión; Gómara, lo mismo[19]: el verdadero nombre de lo que «otros llaman California» es punta Ballenas.

Bahía, cabo y también isla. En la relación de la expedición de Ulloa, por todos conceptos memorable, aparece el nombre de California, aunque sin explicaciones que aclaren dudas. Preciado, por su parte, consigna la palabra como si a nadie sorprendiese. Y la escribe aplicándola a una isla que, por el contexto y

---

15. B. P., ms. 1.480, fol. 7 v.
16. Díaz del Castillo, Bernal: *Historia de la Nueva España*, cap. 200; Venegas, I, 3, que afirma que Juan Blaev y otros geógrafos comprenden bajo el nombre de California todas las tierras que corren al occidente *(sic)* de Nueva Galicia y Nueva España, y las que median entre éstas y los últimos términos de la América septentrional hasta el estrecho de Anián. En efecto, Blaev, Joannes, en su *América, quae est Geographiae blavianae, pars quinta, liber unus, volumen undecimum* (Amsteloedami, 1662) p. 70, dice: «*California communiter dicitur, quidquid terrarum Novae-Hispaniae, atque Novae-Galleciae ad Occidentem objicitur, quae sane latissime patent, et ad extremos Americae Meridionalis terminus et frectum quod vulgo anian* vocant, pertinent. Bastaesunt Regiones, et juxta littora tautum, minimaque sui parte leviter coquitae».
17. Venegas: I, fol. 7.
18. B. N., ms. 3.042, parte 5.
19. Torquemada toma de Gómara el «bojeo» ya citado de América, donde, al describir las costas, dice: «De Mira Flores hay otras doscientas y veinte leguas hasta la Punta de Ballenas, que otros llaman California». (Cap. VI, pp. 19 y 20, de la *Monarchia Indiana*).

porque Preciado sabía como nadie que el mar Bermejo era, en realidad, un golfo, no podía ser la isla California de Drake y de los navegantes posteriores. Se debía referir a alguna isla pequeña del golfo de Cortés.

De una cosa no cabe dudar. En el principio, California no era la California actual, sino algo de escasa importancia. Se trataba de cierto accidente geográfico de menor cuantía. Conviene acordarse de este hecho, que nos ayudará para resolver una de las cuestiones debatidas.

¿Qué otros nombres se pusieron a California? Clavijero dice que «el famoso corsario Drake llamó a la California Nueva Albión en honor de su patria. El P. Scherer, jesuita alemán, y M. de Fer, geófrafo francés, la llaman isla Carolina, cuyo nombre comenzó a usarse en tiempo de Carlos II rey de España, cuando aquella península se creía isla; pero éste y otros nombres se olvidaron pronto y prevaleció el que le puso Cortés»[20]. Ya veremos que Cortés no sólo no puso este nombre, sino que ni siquiera lo usó.

Y no sólo Nueva o Nova Albión; los rusos, a consecuencia de los viajes de Bering y de Tschirikow a las costas septentrionales, que también eran conocidas con el nombre de California, «...han impreso y dado al público su ánimo de tomar posesión de aquellas costas descubiertas por ellos, diciendo que tienen derecho a hacerlo, que no hay quien pueda estorbárselo, y que les deben dar el nombre de Nueva Rusia, a imitación de Nueva España, Nueva Inglaterra»[21].

O bien, según Fray Íñigo Abad[22], «Balchaya Zembla» (Nueva Rusia).

3. *Primeras noticias del nombre de California*

¿Quién la bautizó? Cuestión difícil de resolver. Apenas podemos hacer otra cosa que eliminar algunos nombres. Llegaremos a afirmar que Cortés, por ejemplo, no fue el autor de la denominación, ni quien la aplicó a la península.

Hagamos un poco de historia. En los años 1539 y 1540 tuvo

---

20. Ed. Navarro, México, 1852, I, p. 1, nota.
21. B. N., ms. 3.101, fols. 323 v. y 324.
22. B. P., ms. 1.480, fol. 3 v.

lugar la famosa expedición de Francisco de Ulloa[23]. La narran Pedro de Palencia y Francisco de Preciado. El primero no nombra a California. El original de Preciado desapareció, y el rastro más antiguo que hoy se encuentra de su relación está escrito en italiano: es la traducción de Giovanni Ramusio, hecha entre los años de 1550 y 1556. Preciado sí nombra a California; ya antes mencionamos su testimonio. Habla de ella como isla: «... nos encontramos a 54 leguas de California». El mismo día y en idéntico sitio escribe Pedro de Palencia que se encontraban «a 54 leguas de Santa Cruz». Luego la California de uno es Santa Cruz en el otro. En este caso, California es la bahía de Santa Cruz. Se puede objetar a este razonamiento que lo mismo que la edición Hakluyt se tomó ciertas conocidas libertades al traducir a Ramusio, bastantes años después de que éste escribiera, pudo Ramusio tomárselas con el desconocido original de Preciado. Y que donde Preciado escribiera Santa Cruz, Ramusio tradujese California. En todo caso, puede ser ésta la más antigua mención del nombre que haya llegado a nuestro poder. Y entonces la denominación sería anterior al año 1539, pues si procediera de la expedición de Francisco de Ulloa, tanto Preciado como Pedro de Palencia la hubieran empleado.

El 9 de mayo de 1540 sale Hernando de Alarcón con Domingo del Castillo navegando por el golfo de Cortés hacia la desembocadura del Colorado. Con un batel se interna por el cañón unas 85 leguas. Al regresar, levanta el piloto Castillo el mapa del viaje y lo completa «con los datos de las expediciones de Cortés». Se ve en él de modo claro el mar Bermejo y la península de California; pero que aún no es llamada de California. Queda sin nombre: Domingo del Castillo aún no sabe nada de la denominación. Parece este hecho, pues, descartar la suposición de que el nombre sea anterior a la expedición de Ulloa del año precedente. Inclina la balanza hacia el lado de la versión libérrima de Ramusio[24].

Miss Putnam cree que hasta la vuelta a México de Alarcón no se empezó a utilizar el nombre[25].

El mapa de 1541, sobre las actividades de Cortés en el Pací-

---

23. *Vide* cap. IV.
24. Evidentemente, Alarcón no pudo ver por ninguna parte la isla o bahía famosa —la primitiva California— no ya sólo porque aún quizá no se aplicara el nombre, sino porque subió y bajó por el golfo bordeando su costa oriental.
25. *California: the name*, Berkeley, California, 1917: en «Publications in History», IV, 4, pp. 289-365.

fico, consigna la palabra California; pero se cree que fue añadida en el siglo XVIII por el Arzobispo de México, Lorenzana[26].

Es en 1542 cuando aparece definitivamente el nombre, sin que quede lugar a duda alguna. En su relación, Cabrillo menciona el nombre de pasada, como cuando se habla de algo bien admitido en el lenguaje popular.

Posteriormente, Herrera, Gómara y Bernal Díaz del Castillo narran las expediciones de Cortés del año 1535. Su testimonio ya no prueba nada, pues el nombre estaba plenamente aceptado en el lenguaje corriente.

De cuanto llevamos dicho parece desprenderse que la denominación es, desde luego, anterior a 1542; pero no se sabe cuándo. Es muy posible que no lo sea más que uno o dos años. Veamos ahora si se puede atribuir a Cortés el hecho del bautizo de California.

Bernal Díaz del Castillo refiere que «Ortuño Ximénez dio vela y fue a una isla que la puso por nombre Santa Cruz», y más tarde explica cómo Cortés, «... por no ver... delante de sus ojos tantos males, fue a descubrir otras tierras, y entonces toparon con la California, que es una bahía». Esto es incierto: Chapman[27] opina que fue Ortuño Ximénez quien la bautizó con el nombre de California. Pero después del desastre de 1533-34 no pudo, a su regreso, hacer ninguna relación del viaje[28]. Más tarde llegó Cortés personalmente y bautiza la bahía —la isla de Bernal Díaz— con el nombre de Santa Cruz, rechazando la denominación que el asesino de Becerra impusiera. Por este motivo —por la repulsa de Cortés a todo lo de Ximénez— los compañeros del gran conquistador no emplean sino el nombre de Santa Cruz. Así se explicaría que a Palencia, íntimo de Cortés y cronista oficial de su viaje, no se le ocurriera hablar de California; en tanto que Preciado, que no tenía ese carácter de cronista y que además abandonó el navío antes de finalizarse el viaje, tuviera la libertad suficiente para emplear el famoso nombre. Nosotros creemos más verosímil la tesis que antes expusimos respecto a las crónicas del viaje de Ulloa.

Muy diferente es el parecer de Clavijero: «... se cree que el

---

26.   Trabajó este ilustre prelado con verdadero entusiasmo en la edición de las cartas de Cortés, y se piensa que retocó algo el mapa indicado, para mejor inteligencia del mismo.
27.   *Ob. cit.*, p. 66.
28.   *Ibídem*, p. 65.

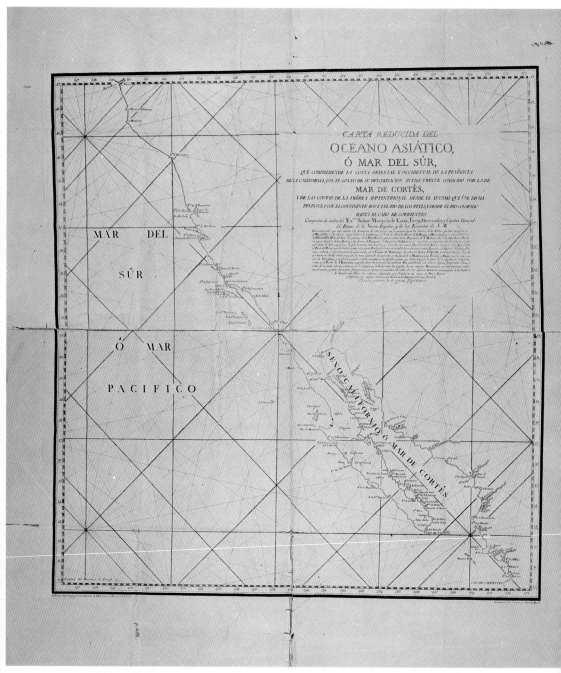

Carta de la costa norte de la Mar del Sur de 1770 con la península de California, de la época del Virrey marqués de Croix. (A. G. I., México, 255).

conquistador Cortés, que se preciaba de latino, llamaría al puerto donde abordó *Callida fornax,* a causa del mucho calor que allí sintió, y que o él mismo u otro de los que le acompañaban formaría con aquellas voces el nombre de California; si esta conjetura no es cierta, es, a lo menos, verosímil»[29]. A nosotros nos parece enteramente inverosímil después de cuanto llevamos dicho. Ni Cortés ni los que con él o por su orden fueran a California estaban en disposición de adoptar figuras literarias ni de presumir de latinos. ¿Por qué además sólo cultivaron en esta ocasión la lengua del Lacio? Sería comprensible que cuando Cortés se estableció en Cuernavaca, para tener un lugar de reposo tan bien elegido que lleva fama de ser de los parajes más maravillosos del mundo, hubiera inventado algún nombre especial. Y no lo hizo: respetó los vocablos indígenas. Con mucho más motivo se abstendría de inventos, mientras llevaba a cabo la dificilísima empresa californiana, en la que él y sus compañeros empeñaban honor, fortuna y vida.

La verdad de lo que a Cortés se refiere es la siguiente: los principales documentos que se conservan son su carta del 3 de mayo de 1536, referente a su desembarco en la bahía de Santa Cruz, y el acta de ese mismo día. En virtud de ellos, se deduce que ni Cortés ni los suyos aplicaron otro nombre que el de Santa Cruz[30].

Además, cuando Cortés se dirigió a la famosa isla descubierta por Ortuño Ximénez, dejó en la costa de la Nueva España tres barcos que le habían de seguir. Sólo uno pudo llegar a Santa Cruz: el menor. Después de bastante tiempo, según Gó-

---

· 29. *Ob. cit.,* lib. I, p. 1.

30. La edición *Cartas y documentos de Cortés,* con una introducción de Hernández Sánchez-Barba, Mario, Porrúa, México, 1962, reproduce la carta de Cortés a Pedro de Oñate —13 de mayo de 1535— donde dice: «llegué a este puerto y bahía de Santa Cruz, día de Santa Cruz de mayo por cuyo respecto se le puso este nombre.

»Reconocí *la tierra,* primero de mayo, día de los dos apóstoles y porque en la parte que reconoscimos eran las más altas tierras *desta tierra* se le puso de nombre Sierras de Sant Phelipe.

»En este mismo día descubrimos una isla que está cerca *desta tierra* que se llamó isla de Santiago (¿Cerralvo?) y luego vimos otras dos que la una se nombra isla de San Miguel y la otra de Sant Xhristóbal». (*Epistolario, ob. cit.,* p. 527).

Lo mismo ocurre en el Memorial al Rey, escrito en Madrid a 25 de junio de 1540: «...y llegué a *la tierra* de Santa Cruz y estuve en ella... y estando en *dicha tierra* de Santa Cruz tuve entera noticia *de esta dicha tierra...* truje algunos indios de los naturales de la *dicha tierra de Santa Cruz...*». (*Memoriales, ob. cit.,* p. 407).

mara, Cortés cruzó el mar Bermejo y pudo, tras grandes esfuerzos, volver con auxilios para los abandonados colonos de Santa Cruz; auxilios frustrados durante algún tiempo, pues el noroeste, muy fuerte, no le permitió entrar en la bahía: «Corrió aquella costa el sueste, llevando casi siempre el costado de la nao en tierra y sondando. Halló un placel de arena, donde dio fondo. Salió por agua, y como no la halló, hizo pozos por aquel arenal, en que cogió ocho pipas de agua. Cesó entre tanto el norueste y navegó con buen tiempo hasta las islas de Perlas, que así la llamó Fortún Ximénez, que está junto a la de Santiago. Calmóle el viento, pero luego tornó a refrescar, y así entró en el puerto de Santa Cruz, aunque con mucho peligro, por ser estrecha la canal y menguar mucho la mar»[31]. Y Cortés no tocó California en ningún otro punto. Bernal Díaz del Castillo fantasea: «Por no ver Cortés delante de sus ojos tantos males, fue a descubrir otras tierras, y entonces toparon con la California». Y Clavijero no tiene escrúpulos en exponer el mismo tema, aunque un poco más florido: «Contristado éste (Cortés) con tantas desgracias, volvió a salir a reconocer otros países de la península, dejando en aquel citado puerto (de Santa Cruz) la mayor parte de la gente, a las órdenes del capitán Francisco de Ulloa. Entonces fue cuando descubrió, junto al cabo de San Lucas, un puerto que llamó California, cuyo nombre se hizo después extensivo a toda la península»[32].

Según López de Gómara, pues, Cortés no podía entrar en Santa Cruz con los víveres que necesitaba la hambrienta colonia, y él carecía de agua. «No era el momento de imaginar nombres raros. Bernal Díaz del Castillo cuenta vaguedades. Clavijero habla de un camino que carecía de objeto, a menos que Cortés tratase de dar la vuelta a la punta austral, de lo que no hay datos»[33].

4. Etimologías diversas

Pereyra, al comentar un pasaje de Venegas, habla de cómo éste, en 1739, al escribir su Noticia de la California, consigna

---

31. Cfr., para toda esta relación, Pereyra: *El bautizo de la California,* pp. 395-396.
32. Puede consultarse la obra de Davidson, George: *The origin and the meaning of the name California,* publicada en *Transactions and proceedings,* VI, I, 2, 1-50. San Francisco, 1910.
33. Pereyra: *ob. cit.,* p. 396.

dudas «que eran las de todos los contemporáneos, y las que habían ido repitiéndose durante doscientos años». Es decir, casi desde la época del mismo descubrimiento de California. No tiene, pues, nada de extraño que, en tan largo correr del tiempo, la imaginación humana haya dado de sí multiplicidad increíble de originales interpretaciones del nombre californiano.

Quizá la primera que vio la luz fue la famosa composición *Callida fornax*. El mismo Venegas la rechaza: «Por otro lado, no puede adoptarse la ethymología que algunos señalan, suponiendo que es nombre puesto por los españoles, de los cuales afirman que sintiendo extraño calor en las primeras entradas, apellidaran a la tierra California, formando una voz de estas dos latinas: Callida fornax; como si dixeran: Horno caliente». Y, agrega, escéptico: «Temo que muchos no creerán de nuestros conquistadores tanta humanidad, y aunque Bernal Díaz del Castillo no niega a Cortés la gracia singular entre sus compañeros de ser latino, y aun poeta y Bachiller en Leyes, no vemos que usase él, ni tampoco sus capitanes, esta manera de dar nombre a sus conquistas».

A pesar de la repulsa de Venegas, las dos palabras latinas van rodando año tras año por infinidad de obras. Clavijero, años más tarde, recogía la especie y la calificaba, como ya hemos visto, de «verosímil», achacando al mismo Cortés la invención de tal compuesto.

Las variaciones se repiten y modifican indefinidamente. Unas veces el nombre se compone de la voz española *cala* —ensenada— y de la latina *fornix*, es decir, bóveda; afirman que lo impusieron porque en el cabo de San Lucas hay una pequeña cala marina, «en cuyo lado occidental sobresale una roca agujereada de modo que en la parte superior de aquel gran agujero se ve formada una bóveda tan perfecta, que parece hecha por el arte» [34]. Ya esta composición es mixta: latín y español. Otros creen que la auténtica versión es la de *cala* (castellano) y *fornax* (latín).

Hay quienes opinan, dando por bueno que California proviene de la composición de dos palabras, pero pareciéndoles poco oportuno que los rudos conquistadores usasen el latín, que el origen es *cal* y *forno*: horno de cal. La primera, palabra castella-

---

34.   Esta es «la opinión del docto ex jesuita D. José Campoi», comenta Clavijero.

Buque de guerra anclado (siglo XVI). B. N. Madrid

na; la segunda, catalana. Chapman recoge la versión y la rechaza por motivos demasiado complicados [35].

Otros dan por bueno el catalán, mas no la composición, y entienden que la etimología hay que ponerla en *californo*: horno caliente. Y así, dando rienda suelta a la imaginación, van surgiendo *Kalifat*, del árabe (si la región es grande, los españoles la convertirían en *Kalifaton*, y de aquí *Califón*, que, latinizada, da *California*); *Colofón* (porque los descubridores verían gran cantidad de pinos resinosos; de colofón, colifonia y *california*).

Otros ponen en conexión *cal* y *forno* con el «temescal» de los indios, y tienen el problema resuelto: «temescal», galerías subterráneas para sanar sudando, horno, horno muy caliente, californo...

---

35. *Ob. cit.,* p. 56.

Hay, por fin, «quienes se enredan en suposiciones más extravagantes», en frase de don Carlos Pereyra: *Kala Phornea, Kala Choranea, Kalosphornia.* Y de las lenguas indígenas obtuvieron significados sin cuento: «mujer hermosa, luz de luna, tierra fértil, país nuevo, amor culpable, montaña, tierra natal...». Y aún más: un sabio indio de Copala dio a Mr. Guilbert su *Tchall-Falñial,* que significaba *la tierra arenosa del otro lado del mar*[36].

5. Las «Sergas de Esplandián» y la «Canción de Rolando»

No era preciso imaginar composiciones ni tomar palabras del árabe o de los idiomas indígenas. En 1862 —en abril exactamente— se hizo pública la solución[37].

Ya en el año 1849, el conocido historiador de la literatura española George Ticknor recoge la palabra California, que aparece en las *Sergas de Esplandián;* pero no enlaza el estudio de la palabra con el problema toponímico californiano. Trece años después —1862—, otro literato norteamericano, Edward Everett Hale, lee el tomo de la Biblioteca de Autores Españoles, de Rivadeneyra, correspondiente a los Libros de Caballerías, que había sido publicado cinco años antes —1857— bajo la dirección de don Pascual de Gayangos: son las hazañas de Amadís y las Sergas de su hijo Esplandián. En seguida cae en la cuenta de que aquella isla de ensueño de las Sergas, California, pudo haber cedido su nombre a la región descubierta por Fortún Ximénez. Publica sus cavilaciones, y a los ojos de todos se deshace la oscuridad, el misterio; las etimologías dejan paso a lo que ya se admite como solución del enigma[38].

Haremos una síntesis de la cuestión. Las novelas de caballerías, con sus gestas —sergas— increíbles y las peregrinas batallas y las riquezas de ensueño, influían de modo extraordinario en el pensamiento de una buena parte de los europeos, que se deleitaban con su lectura en la época de transición del medievo a los tiempos modernos. Y muchas veces empujaban a los pobres lectores a querer imitar lo irreal, lo fantástico, en la vida

---

36. Pereyra, *ob. cit.,* p. 397.
37. La interpretación es hoy admitida por todos. No era así antes. Chapman, *ob. cit.,* p. 55: «*Yet the origin and application of the name were for a long time something of a mystery, and neither one nor the other is fully clear yet*».
38. Bancroft recogió las observaciones de Hale, Edward Everett y las difundió inmediatamente en el primer tomo de los *North American States.*

Esplandian.

Las sergas del virtuoso cauallero espládian hijo de amadis de gaula.

Portada de las *Sergas de Esplandián*, de cuyo libro procede el nombre de *California*, y, abajo, página del mismo en donde aparece. (Sevilla, julio 1510).

Hystoria de

na Calafia en fauor delos turcos al puerto de constantinopla llego.

uiero agora q̃ sepays vna cosa la mas estraña que nunca por escritura:ni en memoria de gente ningun caso hallar se pudo por dõde el dia siguiente fue la ciudad en pũto de ser perdida:τ como de alli dõde le vino el peligro; le vino la salud . Sabed q̃ ala diestra mano delas yndias ouo vna ysla llamada California mucho llegada ala parte del parayso terrenal:laqual fue poblada d̃ mugeres negras sin q̃ algũ varõ entre ellas ouiesse:q̃ casi como las amazonas era su estilo de biuir:estas erã de valiētes cuerpos y esforçados y ardiētes coraçones:τ de grandes fuerças. Laynsola en si la mas fuerte de riscos τ

enla ysla entrasse:luego por ellos era muerto τ comido:τ a vn que sartos estuuiessen no dexauan poresso delos tomar:τ alçar los arriba bolando por el ayre:τ quando se enojauan de los traer dexauan los caer donde luego erã muertos . Pues al tiempo que aq̃llos grãdes hombres delos paganos partieron con aquellas tan grandes flotas como la hystoria vos hacontado:reynaua en aquella ysla california vna reyna muy grãde de cuerpo muy hermosa para entre ellas en floreciente edad/ desseosa en su pensamiento de acabar grãdes cosas/ valiente en esfuerço τ ardid del su brauo coraçon mas que otra ninguna delas que antes della aquel señorio mandaron. E oydo dezir como toda la mayor parte del mũdo se mouia en aquel viaje cõtra los christianos

cotidiana. Téngase en cuenta que el *Quijote* se escribió «*cum fundamento in re*». En el «donoso y grande escrutinio que el cura y el barbero hicieron en la librería de nuestro ingenioso hidalgo», escribe Cervantes[39], pide el ama al cura que rocíe el aposento donde están los libros, dándole una escudilla de agua bendita y un hisopo: «no esté aquí algún encantador de los muchos que tienen estos libros y nos encanten».

Pues bien, de este género que la buena ama nos presenta —por experiencia bien cercana— con caracteres tan sombríos, con tanta fuerza de encantamiento, con tanta capacidad para «sorber el seso» como al pobre hidalgo manchego, el Amadís fue modelo. Ha sido, quizá, el libro más popular de todo tiempo y traducido a toda lengua europea importante. Era conocido como leyenda popular en Castilla desde fines del XIV; así lo atestiguan el Canciller Ayala en una estrofa del *Rimado de Palacio*, y Ferrus, uno de los poetas primitivos del *Cancionero de Baena*. Y a lo largo de todo el XV es muy fácil y frecuente encontrar citas poéticas de Amadís y de Oriana[40].

Se desconoce cuál fue la lengua vernácula del autor del Amadís: gallego, portugués, castellano... Hay quien lo atribuye a Vasco de Lobeira, portugués, que murió en 1403. En este caso, la obra se terminaría de escribir a fines del XIV o muy a principios del XV. Es opinión bastante extendida que la primera edición de la versión castellana actual es la de Zaragoza del año 1508. Y aunque en Sevilla se publicó en 1510[41], se tiene por edición príncipe la de Roma de 1519. Presenta Amadís al lector castellano «el honrado e virtuoso caballero Garci Ordóñez de Montalbo, regidor de la noble villa de Medina del Campo», quien de sí mismo afirma que tan sólo «corrigióle de los antiguos originales que estaban corruptos e compuestos de antiguo estilo». Terminó su trabajo con exceso, pues no se limitó a los cuadro volúmenes del Amadís, sino que añadió un quinto libro, original: *Las Sergas de Esplandián*.

La difusión de la obra de Garci Ordóñez fue extraordinaria. La invención de la imprenta contribuyó no poco a su expansión.

---

39. Cap. VI.
40. Sobre este tema escribe amplia y profundísimamente el maestro Menéndez y Pelayo en los *Orígenes de la Novela*, t. I, pp. CXXVI-CCXLVII.
41. El *Amadís de Gaula* se publica en Sevilla en 1510, y las *Sergas*, en edición separada, en julio del mismo año. Y en 1511, una nueva edición del Amadís, sin las *Sergas*. (Domínguez Guzmán, Aurora: *El libro sevillano durante la primera mitad del siglo XVI*, pp. 71-72).

En el siglo XVI se hicieron más de 20 ediciones, la mejor de las cuales era la de Venecia de 1533[42]. Aparte de las indicadas de Zaragoza y Sevilla, salen a la luz nuevas ediciones antes del descubrimiento de California: 1519, 1521, 1525 y 1526.

Cervantes nos da su opinión sobre Amadís y Esplandián. En la escena famosa del escrutinio, el barbero entrega al cura, en primer lugar, el Amadís. Y el cura comenta que «como a dogmatizador de una secta tan mala» le debían, sin «excusa alguna, condenar al fuego».

«No, señor —dice el barbero— que también he oído decir que es el mejor de todos los libros que de este género se han compuesto; y así, como a único en su arte, se debe perdonar».

Después acerca el barbero las *Sergas de Esplandián*, «hijo legítimo de Amadís de Gaula»:

«Pues, en verdad —responde el cura— que no le ha valer al hijo la bondad del padre. Tomad, señora ama; abrid esa ventana y echadle al corral, y dé principio al montón de la hoguera que se ha de hacer».

He aquí el argumento de las *Sergas*. Constantinopla está sitiada. Todas las fuerzas del paganismo luchan contra el Emperador y sus aliados cristianos, que están en la ciudad. En medio del combate, los paganos reciben un inesperado socorro de *Calafia, reina de la isla de California*. Dejemos la pluma a Ordóñez de Montalvo: «*Sabed que a la diestra mano de las Indias, hubo una isla llamada California, muy llegada a la parte del Paraíso Terrenal, la cual fue poblada de mujeres negras, sin que algún hombre entre ellas hubiese, que casi como las Amazonas era su manera de vivir.* Éstas eran de valientes cuerpos y esforzados y ardientes corazones y de grandes fuerzas; *la ínsula en sí la más fuerte de rocas y bravas peñas que en el mundo se hallaba; las sus armas eran todas de oro, y también las guarniciones de las bestias fieras, en que, después de las haber amansado, cabalgaban; que en toda la isla no había otro metal alguno.* Moraban en cuevas muy bien labradas; tenían navíos muchos en que salían a otros puntos a hacer sus cabalgadas... *En esta isla California llamada, había muchos grifos...*».

Como se ve, el refuerzo de infinitos y fieros grifos amaestrados era para los paganos enorme, y para los pobres sitiados en la ciudad, terrible. De pronto, ven los cristianos a tan extra-

---

42.   Menéndez y Pelayo: *loc. cit.*

*Fragmento del «Bosquejo de Nueva España occidental y costa del Pací-
fico (1587)».* Archivo General de Indias, Sevilla.

ño ejército cabalgar sobre los tejados de sus casas y, despavo-
ridos, entran en ellas para esconderse. Se aprovechan los infieles, que toman la ciudad. Pero los grifos se estaban ya dejando
caer con la orden de Calafia de exterminar a los moradores de
Constantinopla. Al fin, mueren todos los paganos, y los cristianos reaccionan. Y «la muy esforzada reina Calafia, señora de
una isla donde en grande abundancia el oro y las piedras preciosas se crían», Calafia, la que había salido «de la mar, armada ella y sus mujeres de aquellas armas de oro, sembradas todas de piedras muy preciosas, que en la su ínsula California como las piedras del campo se hallaban, según la su gran abundancia», cautiva, se enamora de Esplandián. Terminan las Sergas en boda, aunque no de Calafia y Esplandián.

   Podríamos aún preguntar de dónde tomó Montalvo su California. Y daríamos lugar a nueva infinidad de soluciones. La
más verosímil, a nuestro juicio, es la siguiente: el «virtuoso co-

rregidor de Medina del Campo», que era además buen aficionado a las letras heroicas, conocería, sin duda, lo que era como el abecé de los autores de libros de caballerías: la *Canción de Rolando*. Véase el siguiente pasaje de la *Canción:*

> *«Hor est mi nies ki tant soleit cunquere*
> *Encuntre mei revelerunt li Saisne*
> *Et Hungre et Bugre et tante gent averse,*
> *Romain, Puillain et tuit cil de Palerne*
> *E cil d'Affrique e cil de Californe».*

Si vertiésemos este francés del siglo XI al castellano de hoy, leeríamos:

> «Muerto está mi sobrino, que conquistó tantas tierras
> y ahora los sajones se rebelaron contra mí,
> y los húngaros y los búlgaros y tantos otros,
> los romanos, los «Puillain» y los de Palermo
> y los de África y los de "Californe"».

Cuatro siglos antes, pues, del descubrimiento de California, ya andaba rodando su nombre, enlazado siempre a gestas heroicas.

II.   ¿ESPÍRITU PROFÉTICO O ESPÍRITU SOCARRÓN?

1.   *Sueños de maravilla*

No se puede negar que las imaginaciones andaban revueltas, excitadas. El descubrimiento de América —oro, perlas, riquezas..., a veces—, los libros de caballerías que atormentaban a Europa, y la misma época crítica de transición influían de modo poderoso en la mente del hombre de fines del XV y del XVI.

En el año 1493 [43] habla Colón, en la relación de su primer viaje, de *una isla donde sólo habitaban mujeres,* que eran ocasional-

---

43. Antes, pues, probablemente, de ser escritas las *Sergas.*

mente visitadas por los habitantes de los parajes cercanos. Eran guerreras y usaban arcos y flechas.

Cuando, cinco años después, muy posiblemente también antes de que Montalvo redactase su obra, navegaba Colón a lo largo de la costa de Venezuela, creía a pies juntillas y escribió que estaba muy cerca del Paraíso terrenal.

En la llamada cuarta carta de Cortés al Rey —por dejar ya a Colón— le refiere la expedición de uno de sus hombres, y explica cómo le contó éste lo que se decía entre los jefes de la provincia de *Ceguatán:* que allí hay «*una isla habitada solamente por mujeres»*, situada a unos diez días de la provincia. Que muchos fueron a ella, la vieron y dicen «que es *muy rica en perlas y oro»*[44].

Citaremos, por fin, un testimonio de Nuño de Guzmán, el conquistador y gobernador de Nueva Galicia. En carta dirigida al Rey, dice haber ido personalmente a visitar una famosa isla, a la que, desde Aztatlán, se tarda diez días en llegar. Habitan en ella sólo amazonas, más blancas que las mujeres de las cercanías. Son consideradas por el pueblo como diosas. Usan también —como las de Colón— flechas y arco. Tienen grandes pueblos. Y los vecinos van en días fijos a visitarlas.

Basten estos botones de muestra[45].

2. *Españoles, extranjeros y libros de caballerías*

«El estudio crítico del descubrimiento de América ha bajado de las nubes de la leyenda, y la claridad analítica permite apreciar el valor proporcional de los factores del acontecimiento»[46]. Así afirma don Carlos Pereyra. Y esto, afortunadamente, se puede aplicar a todas las facetas de la historia de la conquista.

No son pocos los que opinan que el nombre de California fue aplicado por los españoles antes de que tuvieran ningún conoci-

---

44. La carta está fechada el día 15 de octubre de 1534. A continuación, repite los mismos conceptos de Colón: que los hombres van en días determinados; que se llevan a los hijos y dejan a las hijas, etc. Las citas, por la edición ya mencionada, p. 213.

45. Para mayor información sobre estos extremos, es muy útil el libro de Gandía, Enrique de: *Historia crítica de los mitos de la conquista americana*, Buenos Aires, 1921. Cfr. también Bayle, S. J.: *El dorado fantasma*, Madrid, 1943.

46. Pereyra: *La obra de España en América*, Madrid, 1930, pp. 17-18.

Fragmento de las «costas americanas del Pacífico...» del «Atlas de Juan de Oliva» 1591, de «Mapas Españoles de América».

miento claro del país, en virtud tan sólo de la ilusión que los impulsaba. Y así, representa sus creencias y sus esperanzas, más que sus desengaños[47].

No hay para tal afirmación ningún fundamento. Los que creen que era el deseo de encontrar esa California de leyenda tan desatinada como para plasmar en una realidad objetiva —aunque desconocida— lo que salió de la pluma de Ordóñez de Montalvo no tienen en cuenta la psicología española. Ni el hecho cierto de que estaba prohibido el envío a Indias de las novelas

47.   *Vide* Chapman, *ob. cit.*, p. 67, y del mismo autor, *New Light on the origine of the name California*, en «Grizzly Bear Magazine», marzo 1916, Los Ángeles. Más modernamente, con el mismo fundamento, tal parece ser la tesis de Richman, Irving Berdine: *California under Spain and México, 1535-1847*, Nueva York, 1965, pp. 362 y ss., aunque con menos énfasis y mayor conocimiento de los textos.

de caballerías, «por creerlas destinadas a gente ociosa y mal entretenida». Si bien la prohibición se burló[48], nunca sería tan en gran escala como para que se pudiera llegar a formar entre los soldados, en la masa popular, ese ambiente que algunos pretenden existía. Quizá los más preparados podrían leer los ejemplares que llegaron. Y recuérdese que Pizarro no sabía leer; que Cortés era demasiado culto para dejarse conducir por esos libros. Y que, en todo caso, «casi todos o todos los conquistadores condenaban tales libros o se reían de ellos, anticipándose a Juan de Valdés, y a Cervantes»[49].

Si leían los españoles los libros de caballerías, no lo hacían de modo tal que no pensaran sino en ello. Ni perdían la razón. En caso contrario, en las cinco partes del mundo se encontrarían islas o cabos, montañas o ciudades o naciones que no se llamarían Filipinas, o Buena Esperanza o Mendoza o Madre de Dios; serían Palmerines o Rogeles, Primaleones o Lisuartes, Floriseles y Orianas y Amadises, o quizá Urganda la desconocida. Investigamos en los mapas, en su busca, y no encontramos nombre alguno que nos sirva para confirmar la hipótesis.

Nellie van de Grift[50], según recogimos al principio del capítulo, dice que ni un solo argumento se da en apoyo de la «humillante teoría», y por eso afirma rotundamente que *«and there is little doubt our noble State received its charming name, not in mockery, but rather in hopeful anticipation almost in a spirit of prophecy of the riches and wonders to be found there».*

Veamos cómo reaccionaban los españoles de entonces ante los libros de caballerías. Las proezas realizadas no más que por la fantasía les servían para referirlas en plan de broma —como punto de comparación de lo real con lo ridículo o como motivo de escarnio— o bien para ponderar lo increíble de alguna situación o empresa, nunca para expresar metas a las que aspirasen, ni reinos anhelados. Y mucho menos plasmaron nunca deseos colectivos. Ningún ejemplo se nos podrá citar en refutación de nuestra tesis.

«...a Pedro de Ircio, que andaba despacio, sin darse tormento para buscar peligros, de los que se ponía a buena distancia,

---

48. Cfr. Lohmann Villena, Guillermo: *El libro español en Indias*, en «Arbor», 6, Madrid, 1944.
49. Pereyra: *El bautizo de la California, ob. cit.*, p. 399.
50. Van de Grift, Nellie, *ob. cit.*, como argumento general.

y que contaba a todas horas las hazañas del Conde de Ureña y de su hijo, D. Pedro Girón, le llamaban *Agrajes sin obras*[51].

Bernal Díaz del Castillo, López de Gómara, etc., emplean frases en el sentido que afirmamos, poniéndolas en boca de los conquistadores, como para establecer la línea entre la mentira y el hecho positivo: «cosa que paresce fábula o encantamiento, como los de "Amadís de Gaula", pero es certísima»[52], o bien: «nos quedamos admirados y decíamos que parecía a las casas de encantamiento que cuentan en el libro de Amadís, por las grandes torres y cúes y edificios que tenían dentro en el agua, y todas de cal y canto. Y aun algunos de nuestros soldados decían que si aquello que veían que si era entre sueños. Y no es de maravillar que yo aquí lo escriba desta manera, porque hay que ponderar mucho en ello, que no sé cómo lo cuente, ver cosas nunca oídas y vistas, ni aun soñadas»[53].

Luego no sólo no soñaban. Aun cuando empleaba frases como las referidas porque había «mucho que ponderar» y no se sabía bien expresarlo de otro modo, Díaz del Castillo se excusa de utilizar a Amadís traducido por su paisano de Medina del Campo, como punto de comparación.

No nos extraña, a pesar de todo, la interpretación que dan a la imposición del nombre de California. Se quiere juzgar una psicología con otra totalmente diversa.

Es cierto que Colón, Cortés, y aun su enemigo de Nueva Galicia narraron ingenuidades. Un siglo había de pasar para que Biscelius, en el año 1647, describiera las costas occidentales de Norteamérica y hablara de terroríficos grifos: *and this is not a fable but the truth*, recoge Chapman[54].

Pero no se puede partir de casos particulares, por muy autorizados que sean, y llegar a inferir conclusiones generales, consecuencias absolutas.

A un español le resulta duro creer que el ambiente de todos aquellos expedicionarios estuviera tan cargado de esa sensiblera fantasmagoría y ridícula ilusión que había de llevarlos a admitir la existencia real de las más o menos ingeniosas inven-

---

51. Pereyra: *El bautizo de la California, ob. cit.*, p. 400. Chapman recoge también el hecho.
52. López de Gómara, al referir el paso por el camino de las Hibueras.
53. Díaz del Castillo, Bernal: Ven los españoles, camino de Iztapalapa, los lagos de México. Citas apud Pereyra: *loc. cit.*
54. Chapman: *ob. cit.*, p. 61.

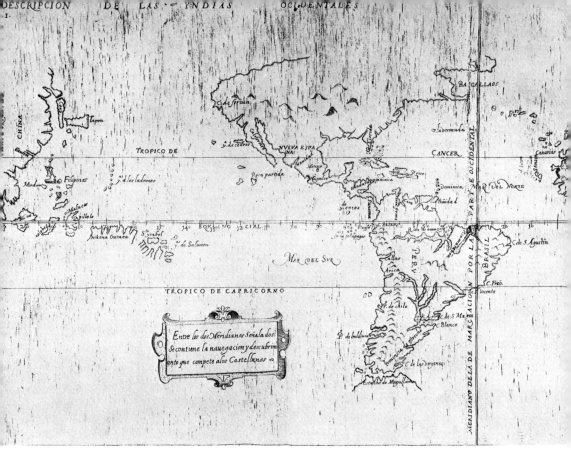

Meridianos de demarcación de Juan López de Velasco. Parte española entre los meridianos de demarcación de acuerdo con el tratado de Tordesillas. En la edición de 1601 de las «Décadas» de Herrera.

ciones de romanceros y juglares. Y, por otra parte, un historiador está seguro de que tal ambiente no existió —al menos con esas características— en torno a California. Basta con ojear las relaciones que los apéndices de este libro reproducen. En ellas habrá a veces ignorancia, a veces incluso imaginación. Delirios, nunca.

Los grandes pueblos tienen características diferentes, que son las que les confieren su personalidad en la Historia. Debido a ello, por ejemplo, los romances bretones o los poemas épicos de los trovadores franceses no tuvieron fácil cabida en las mentes españolas, por ser exagerados en exceso, increíbles. Las gestas bretonas se deben a un espíritu sentimental, algo vacilante y exaltado a la vez. Por eso, lo mismo se puede admitir el sueño estupendo, heroico, que la triste derrota escondida. A todo se da cabida y carta de naturaleza.

Los literatos castellanos, por el contrario, ven el tema y lo expresan con claridad y concretamente; saben amoldarse a la estricta realidad, a la que dan forma literaria serenamente. Más de una vez se puede leer en nuestras grandes novelas el famoso «... y los sueños, sueños son».

En España, tanto el mester popular de juglaría como el erudito de clerecía saben ajustarse a lo real, y aquellas proezas —peregrina maravilla— de la literatura de la Europa atlántica no pueden ser leídas en nuestros romances. Parece como si afectase incluso el mismo clima —nieblas en el norte, sol en la península— en el modo de ser de sus moradores. Tal diferencia se encuentra, al menos, en ambas literaturas medievales.

En España, las gestas corresponderían a lo que de ellas se escribía, y viceversa; y aun hoy se mantiene esta perfecta y unívoca correspondencia. Bernardo del Carpio, el Gran Capitán, el Cid, no han dado lugar a ninguna exótica leyenda, a ningún libro de caballería, como Roldán, Carlomagno, los héroes del Santo Grial, el Rey Arturo y sus Caballeros de la Tabla Redonda...

No nos extraña, pues, que desconocedores del modo de ser hispánico no logren comprender con exactitud el ambiente de nuestros conquistadores, y que les carguen con el sambenito de haber bautizado, antes de descubrirla, a una tierra que no era aún sino fruto de sus quiméricas ilusiones.

3. Los adversarios de Cortés

Cortés no era el Rey. Pero gozaba de un poder prácticamente absoluto, omnímodo. Sin previa consulta, podía organizar —y, de hecho, así lo hacía— cuantas expediciones y conquistas imaginaba como útiles a España. Muchas veces las organizaba a contrapelo: con la enemiga de los envidiosos. Administraba justicia, era el supremo jefe militar y legislador.

¿Concibe alguien que no concitara Cortés contra sí odios, recelos y envidias infinitas? Es tan público el tema, que no consideramos preciso ilustrarlo con datos. Recuérdense tan sólo sus luchas con Fonseca en España y en América con el Virrey Mendoza, o sus querellas con el conquistador de Nueva Galicia, o sus rivalidades con la Audiencia.

Cuando pensó en dirigir una expedición hacia el litoral del noroeste americano, recibió una repulsa enérgica de la Audiencia, en 1527. Para arreglar el asunto y salirse con la suya, es

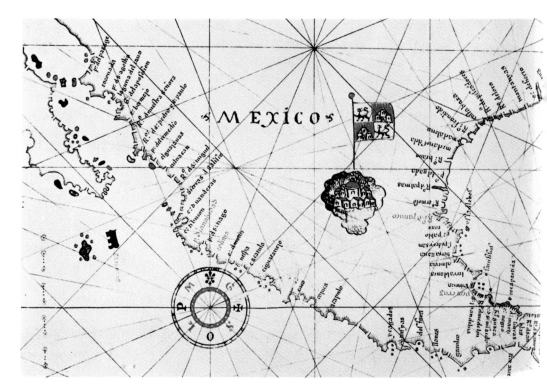

Fragmento de la carta de Centro América del «Atlas de Juan de Oliva» (1591).

menester que haga girar el rumbo 180 grados y se encamine hacia España. Se le confirman sus poderes. Vuelve triunfador a México, y se hacen las expediciones a California. En Nueva España los odios no menguan, ni con mucho: se acrecientan al paso que en la Corte le ratifican su autoridad.

Fracasan las primeras expediciones. Cortés insiste con nuevos bríos. Va en persona al mando de las embarcaciones. Y Guzmán o Alarcón le miran con recelo cada vez mayor.

4. Sarcasmo

Ya vimos que en su cuarta carta al Rey había recogido Cortés las fantasías de Colón respecto a la isla que estaba cerca del Paraíso terrenal, habitada tan sólo por mujeres. En otra carta habla de montañas de oro y ciudades riquísimas. Ortún Ximénez había referido sus hallazgos de placeres de perlas.

Nosotros creemos que a Cortés le mueve de modo principalísimo su gran visión política, que le empuja hacia el norte, en defensa de la Nueva España por él conquistada. Sin embargo, es indudable que Cortés, el envidiado, habló de una isla de riqueza fantástica [55].

El nombre de California estaba aceptado en el año 1542, luego fue impuesto antes. Alarcón regresó de su viaje, hecho por orden del Virrey Mendoza, el enemigo del Conquistador, en 1540. Subió y bajó por el golfo sin ver en ningún momento California. Bien pudo ser, como piensa miss Putnam, que para halagar a su señor inventara la denominación en desprestigio de Cortés: una isla que no se encuentra por ninguna parte. ¿No será que es imposible de encontrar, pues es tan de ensueño como la de las *Sergas de Esplandián?* Únase esta posible disposición de ánimo de Alarcón o de cualquier enemigo de Cortés con las malhadadas cartas de éste describiendo la isla de las poderosas amazonas, y se tiene el problema resuelto con todos los visos de verosimilitud.

Bancroft entiende que, como para defenderse atacando, aplicaron el nombre los colonizadores frustrados de 1536, cuando hubieron de regresar a Nueva España con las orejas gachas. Ante las seguras burlas de los que les vieron volver, adoptaron tomar a chacota el descubrimiento «de la isla California».

En cualquier caso, creemos que desorbitan de modo enojoso los que defienden la tesis contraria, el afán de riquezas de los españoles —justo y real, por otra parte— llevándolo hasta el punto de crear un estado de ilusión y ceguera colectiva. «*A little farther north*»..., en busca de riquezas..., borrachera de honores y de fortuna..., es el grito que, más o menos solapadamente, ponen en los labios y en el corazón de los españoles.

Es curiosa la ingenuidad con que por algún autor se declara

---

55. Esto no es extraño. Después de algunas otras graves desilusiones, todavía en 1634 iba a decir Cardona en su *Petición* (cfr. en apéndices) que «las muchas riquezas del dicho Reyno (de las Californias), según las más verdaderas noticias, son mayores que las que han rendido todas las Indias juntas». Y con el paso del tiempo tampoco se olvida la isla de las mujeres de Cortés. Gonzalo de Francia, contramaestre de la nao capitana de Vizcaíno, después de comenzar su parecer, el 27 de mayo de 1629, diciendo «llegamos a tierra de Californias», continúa: «Y diez leguas de esta Bahía hallamos un puerto grande, que le pusieron el Puerto de la Paz —es decir, el puerto de Santa Cruz— porque allí nos salieron los indios en paz, y una isla, a la entrada de la boca, que le pusieron isla de mujeres —¿se refiere a la de Santiago de Cortés hoy de Cerralvo?— las cuales estaban sin gente que no paran a ellas sino en tiempo de verano». (A. G. I., Patronato 30; y Guadalajara, 133).

que es imposible que los conquistadores impusieran el nombre de California por burla, para dejar en ridículo, por hacer chacota. Desconocen realmente el sentido del humor español; quizá si se tratara del famoso humorismo de otras naciones, del que se habla más, aún lo concederían. Ante tal afirmación, no cabe sino confirmarse en que el autor que así piensa no ha debido estar nunca en España, donde tanta propensión hay a buscar apodos, que tan pronto y hondamente cuajan.

Terminaremos con esta consideración. Parece indudable que Colón y otros como él, con sus fantasías, debieron de influir en el autor de las *Sergas*. Entonces escribió Montalvo su obra para agraviarlos, ridiculizándolos. El que leyera las *Sergas* habría, por fuerza, de acordarse de las declaraciones de Colón, Guzmán y Cortés; luego «el virtuoso corregidor de Medina del Campo» aceptó, por lo menos, que se originasen las chacotas que habían de producirse con la lectura de su libro. ¿Qué tiene, pues, de extraño que lo que se hizo para mofa cumpliera su fin y sirviese para lo que fue escrito?

CAPÍTULO IV

Expediciones del siglo XVI

CAPÍTULO IV

Expediciones del siglo XVI

I. LOS VIAJES ORGANIZADOS POR CORTÉS

1. *Preparativos y primera expedición*

El 25 de septiembre de 1513, Vasco Núñez de Balboa[1] saludaba por vez primera, desde las cumbres que dividen las dos vertientes del istmo, el Océano Pacífico, al que bautizó Mar del Sur. El día de San Miguel llegaban los españoles también por vez primera a sus orillas, y desde entonces España pensó en hallar un paso de comunicación con el Atlántico[2]. A conseguirlo dirigió Hernán Cortés sus expediciones, que, en lugar de lo apetecido, dieron por resultado el descubrimiento de la Baja California[3].

---

1. A la sazón, «un joven sin antecedentes ni recursos —dice Pereyra— que con la fuerza de su talento y de su energía se sobrepuso a los demás y asumió el mando». *La obra de España en América*, Madrid, 1930, p. 31.

2. La defensa de la prioridad y constancia de los esfuerzos españoles en este sentido ha sido tratada en el interesante trabajo de Manjarrés, Ramón de: *La comunicación del Atlántico con el Pacífico. Ensayo sobre la parte de España en las investigaciones y proyectos*, «Boletín del Instituto de Estudios Americanistas», 2 y 3, Sevilla, 1913.

3. Al citar textos de las cartas de Cortés seguiremos, como hasta ahora, la edición de Porrúa, México, 1963. A las cartas se agregan ordenanzas de gobierno, instrucciones para empresas expansivas, memoriales, epistolario, documentos de sucesión y reales cédulas. Está avalado, además, por la introducción de Hernández Sánchez-Barba, Mario. Le daremos el título *Cartas y documentos*. Naturalmente que la más moderna de Porrúa, México, 1971, *Cartas de Relación*, con nota preliminar de Alcalá, Manuel, ofrece también las máximas garantías. Igual ocurre con las muchas ediciones que sucedieron al tomo XXII

En 1522, un año después de haber terminado en la capital de México con la resistencia indígena, llega a la costa del Pacífico, en Michoacán, e inmediatamente comienzan en el puerto de Zacatula[4], y después en Tehuantepec[5], los preparativos para la expedición que el insigne conquistador de México pensaba dirigir a la Mar del Sur, en busca de las desconocidas costas norteñas[6]. Ya estaba todo preparado para emprenderla, cuando un

---

de la «Colección de Autores Españoles», *Historiadores primitivos de Indias:* por ejemplo, las publicadas por Espasa-Calpe.

4. La persona de confianza enviada para pacificar Zacatula fue Juan Rodríguez Villafuerte, a quien se encarga, además, establecer y supervisar un pequeño astillero. Zacatula está en la desembocadura del río de las Barbas, al noroeste de la actual demarcación de Guerrero. En la carta-relación de 15 de mayo de 1522 es fácil observar la trascendencia que concede al hecho: «Como Dios encaminaba bien esta negociación e iba cumpliendo el deseo que yo tengo de servir a vuestra majestad en esto de la Mar del Sur —acaba de referir la llegada de Alvarado al Pacífico por la zona de Tautepec— por ser cosa de tanta importancia, he proveído con mucha diligencia que en la una de tres partes por donde yo he descubierto la mar —ahora se refiere a Zacatula— se hagan dos carabelas medianas y dos bergantines; las carabelas para descubrir, y los bergantines para seguir la costa..., y se dará toda la prisa que sea posible para los acabar y echar al agua; lo cual hecho, crea vuestra majestad que *será la mayor cosa y en que más servicio redundará a vuestra majestad, después que las Indias se han descubierto». (Cartas y documentos,* p. 199).

Y esa trascendencia de que habla en 1522 la subraya con mayor énfasis, si cabe, en la del 15 de octubre de 1524: «Tengo en tanto estos navíos —se refiere a otros cuatro que está construyendo, porque los primeros se perdieron en el incendio de que después hablamos en el texto— que no lo podría significar; porque tengo por muy cierto que con ellos, siendo Dios Nuestro Señor servido, tengo de ser causa que vuestra cesárea majestad sea en estas partes Señor de más reinos y señoríos que los que hasta hoy en nuestra nación se tiene noticia... *pues creo que con hacer yo esto no le quedará a vuestra excelsitud más que hacer para ser monarca del mundo»* (p. 229).

Por eso escribimos en 1947, en una nota: había dispuesto Cortés que se fabricaran cuatro navíos. Las dificultades con las que había de lucharse para la construcción en las orillas del Pacífico eran fabulosas. Cualquier capítulo de la tarea —acarreo de materiales, escasez de alimentos, su transporte, etc.— parece suficiente para que, ante el fracaso de Zacatula, el conquistador hubiera aplazado la empresa.

5. Elige Tehuantepec porque allí se podían transportar con carretas y bestias las provisiones para los barcos, muchas de las cuales se traían de España. (Carta al Emperador de 20 de abril de 1532, *Cartas y documentos, ob. cit.,* p. 498). Este testimonio corrobora lo que ya pensó Bancroft en *History of México,* II, p. 420, que constituye el vol. IX de sus *The works...,* San Francisco 1882-1887. Holmes, Mauricio G., *From New Spain by Sea to the Californias, 1559-1668,* Glendale, California, 1963, parece desconocer este documento cuando escribe, en nota y p. 58, que no tiene ningún motivo categórico de por qué Cortés empezó la construcción de barcos en Tehuantepec.

6. No era tan sólo, como hemos visto, el deseado paso del Norte el que impulsaba a Cortés. Veía el gran conquistador en el norte de la Nueva España la prolongación natural del Imperio español en Indias. Cfr. sobre esto Rodríguez

Tehuantepec, en los dibujos de Cardona (1615).

incendio destruyó por completo la escuadra y los almacenes[7]. Cortés, cuya constancia y valor estaban suficientemente probados, no se desanimó ante esta desgracia, y tornó a comenzar los preparativos para llevar a cabo la expedición.

En carta fechada en Valladolid, a 6 de junio de 1523[8], ordenaba el Emperador a Cortés que buscara el estrecho por ambas costas de América[9]. Poco tiempo después, en 1526, el Monarca,

Casado, *El problema del éxito o del fracaso de la acción española en América,* en *Historia de España* de «Arbor», 1953, pp. 403-416.

7. El incendio tuvo que ocurrir entre las fechas de las dos cartas de relación —15 de mayo del 22 y 15 de octubre del 24—; pero como en esta última carta se indica que ya estaba provisto de lo necesario, considerando las dificultades del transporte de los bastimentos —algunos de los cuales había que encargarlos a España—, podemos deducir que tendría lugar o en la segunda mitad de 1522 o a lo largo de 1523.

8. *Historia de la conquista de México,* 2.ª parte de la *Crónica general de las Indias,* por López de Gómara, Francisco, «Colección de Autores Españoles», XXII, Madrid, 1852. La historia de Gómara ha sido reeditada varias veces desde su 1.ª edición en 1552 (5 ediciones en dos años) hasta que fue prohibida en 1553. Se reeditó de nuevo en el siglo XVIII. La Colección de Autores Españoles, XXII, Madrid, 1852, la volvió a reeditar. Desde entonces ha vuelto a ver la luz varias veces. Su último editor ha sido Joaquín Ramírez Cabañas (1943). Nosotros citaremos por la de 1852.

9. *Décadas,* de Herrera. *Déc.* III, lib. V, cap. II.

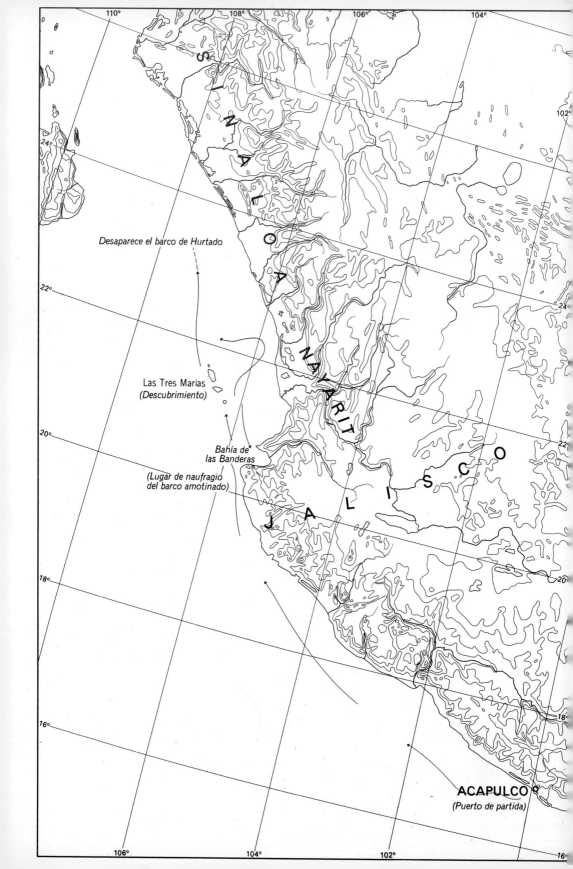

Desaparece el barco de Hurtado

Las Tres Marías
(Descubrimiento)

Bahía de
las Banderas

(Lugar de naufragio
del barco amotinado)

ACAPULCO
(Puerto de partida)

en nueva carta, le mandaba que de los navíos que tenía en Zacatula enviase algunos en dirección a las Molucas, con un triple fin: «para que averiguasen el paradero de la *Trinidad*, perteneciente a la armada de Magallanes; para que viesen lo que pasaba con la de Loaysa, y para que asimismo le dijese cuál era el paradero de otra, salida con Sebastián Caboto» [10]. Cortés apresta entonces, al mando de Álvaro de Saavedra, pariente suyo, tres barcos, que habían de partir de Cibatán a fines de octubre de 1527, y de los cuales sólo uno llegó, en marzo siguiente, a la isla de Tidore [11]. La experiencia contraria, el regreso a México desde las Molucas, fue todavía imposible, y en el empeño murió Saavedra, perdiéndose más tarde hasta la nave que le quedara en la primera travesía.

En resumen, en esta empresa, Cortés había perdido nuevamente sus naves [12]; pero, firme en sus propósitos, no desmayó ante la desgracia. Entonces, la Audiencia de México se opone a los viajes proyectados por él, y esto le obliga, en el año 1528, a volver a España. El 27 de octubre de 1529, por ausencia del Emperador, Cortés celebraba capitulación con la Emperatriz para ir a descubrir y poblar las islas de la Mar del Sur, en las cuales Isabel le concede, a cambio de este servicio, el gobierno vitalicio y la «dozaba parte de lo que descubriere» [13].

A su vuelta a América, victorioso en la Corte española y ya totalmente desembarazado de la conquista de México, empezó de nuevo a dar cumplimiento al encargo de Carlos V.

Cortés reparó, para proseguir sus tentativas, algunos navíos; compró otros, y con ellos ordenó una nueva expedición que, a las órdenes de Diego Hurtado de Mendoza, salió de Acapulco el 30 de junio de 1532 [14]. Fueron descubiertas las islas Magdalena y

---

10.   La real cédula está fechada en Granada, el 20 de junio de 1526. *Cartas y documentos, ob. cit.*, pp. 593-594. *Vide* también Pereyra: *Historia de América.* Ed. Calleja, I, p. 279. Cortés acababa entonces de terminar en sus astilleros la construcción de los barcos. Nuevo contratiempo, aunque para Cortés no lo era obedecer al Emperador, pues se retrasa indefinidamente la expedición hacia el norte.

11.   Las instrucciones al Capitán General Álvaro de Saavedra Cerón; al veedor, Álvaro de Saavedra y al contador de la armada, Antonio Guiral, en *Cartas y documentos, ob. cit.*, pp. 372-384.

12.   Riva Palacio: *México a través de los siglos*, II.

13.   *Historia de la conquista de México*, de López de Gómara, ob. cit., p. 426.

14.   La instrucción a Hurtado de Mendoza dice: «Item: luego que lleguéis a la tierra que ansí descubriéredes, y si llegáredes a hora que podáis calaros en tierra hacerloéis, y llegado allá, teniendo mucho aviso que no podáis ser ofen-

◄ *Derrotero de viaje de Diego de Hurtado, en 1532.*

Valdevanderas y las Marías, según Cardona, en 1615.

de las Tres Marías, relativamente próximas a la punta de California y otras regiones del litoral. A la sazón, Nuño de Guzmán, el enemigo de Cortés, acababa de conquistar Nueva Galicia. Hurtado de Mendoza sufre una avería de importancia en uno de los navíos y pretende acercarse a la costa para repararla. Pero, ante la proximidad de Guzmán, ha de internarse de nuevo mar adentro, rumbo hacia donde estaba la para ellos aún desconocida California. Estalla un motín a bordo, y en uno de los dos barcos vuelven los amotinados, naufragan en la bahía de las Banderas (Jalisco), donde los indios matan a casi todos. Los demás son procesados. Guzmán se apodera del buque naufragado. Entre

---

dido de la gente della... saltaréis vos con el escribano... y en ella tomaréis la posesión en la manera corriente». Pero, agrega en otro «ítem», si «...viéredes que está poblada de gentes e viéredes algunas por la playa o campos della o algunas poblaciones, estaréis muy sobre aviso de ver su verdadera potencia naval, no os llegaréis a la tierra por ninguna manera...». Mas si no fuese así, «llegaroséis a tierra en puerto y parte que vuestros navíos puedan estar seguros, y allí estaréis algunos días hasta tanto que podáis saber de la tierra y costumbres y manera de gente...». Tenía, pues, el viaje un evidente carácter de exploración. *(Cartas y documentos, ob. cit., pp. 386 y 387).*

Expedición de Diego de Becerra con Hernando Grijalba y Fortún Ximénez, en 1533. ▶

MICHOACAN

ACAPULCO

Fortún Jiménez
desembarca sus heridos

Fortún Jiménez con
el buque "Concepción"
penetra en el Golfo de
California

Bahía de la Paz
(El buque de Fortún Jiménez
toca en ella)

(La Paz)

Islas de Revilla Gigedo
(Descubiertas por Hernando Grijalba)

tanto, Hurtado prosigue el viaje y no se supo más de él. Algunos indios dijeron que había sido muerto, con los suyos, en Sinaloa [15].

El fracaso de esta expedición había sido completo: no encontraron ni el estrecho ni ninguna compensación material o de otro orden que hubiese sido la contrapartida de tanta fatiga.

2. *Segunda expedición y descubrimiento de California*

La primera vez que se tuvieron noticias del golfo y península fue merced al vizcaíno Fortún Ximénez, «piloto de tétrica fama» [16].

Con dos buques (el *Concepción* y el *San Lázaro*) y a las órdenes de Diego de Becerra, que iba en el *Concepción*, y Hernando de Grijalba, que mandaba el *San Lázaro*, con el piloto portugués Martín de Acosta, salía la nueva expedición el 20 de octubre de 1533 [17]. La primera noche de navegación el temporal separó las dos naves que formaban la flota. Ya nunca más volvieron a verse [18]. Grijalba se encamina hacia el sur, llega hasta los 12 grados, vuelve en sentido contrario hasta más al norte de los 21 grados y descubre las islas de Santo Tomás y las de Revillagigedo, unas 250 millas marinas al sur de la Baja California. El otro buque siguió su viaje con dirección al norte, donde tampoco le esperaban ni la tranquilidad ni el éxito. Bernal Díaz del Castillo refiere la trágica empresa. Se dice que Becerra era hombre arbitrario y terriblemente intratable, por lo cual estaba malquisto con casi toda la tripulación. De ello supo aprovecharse el piloto Fortún Ximénez, que, de acuerdo con los marineros desconten-

---

15.   Herrera, *ob. cit.*, vol. III, década V, libro I, p. 19.
16.   Así lo apellida Pereyra. Siempre fue muy mal considerado y con razón, por los conquistadores. Cortés, en señal de desvío y desprecio, hizo caso omiso de las denominaciones que Fortún había dado. Hecho que sólo podía realizarse en casos de excepción, como éste.
17.   Partieron de Tehuantepec, donde habían sido construidos los barcos. *Vide* la nota 5. Sobre este viaje y los inconvenientes con que tiene que luchar escribe Cortés al Rey el 25 de enero de 1533. *Cartas y documentos, ob. cit.*, p. 506.
18.   En realidad, es muy posible que no fueran los elementos —como se suele repetir— los que motivaran la diversidad de rumbo de los dos navíos. El ejemplo de Cortés, que invadió México contraviniendo las órdenes del gobernador de Cuba, su superior jerárquico, fue muy frecuentemente imitado. Quizá Hernando de Grijalba ansiase también buscar glorias propias en nuevos países.

«Nueva Tierra de la Santa Cruz», descubierta por Cortés el 3 de mayo de 1535, de los Autos del proceso promovido por Nuño de Guzmán ▸ (A.G.I. México, 6).

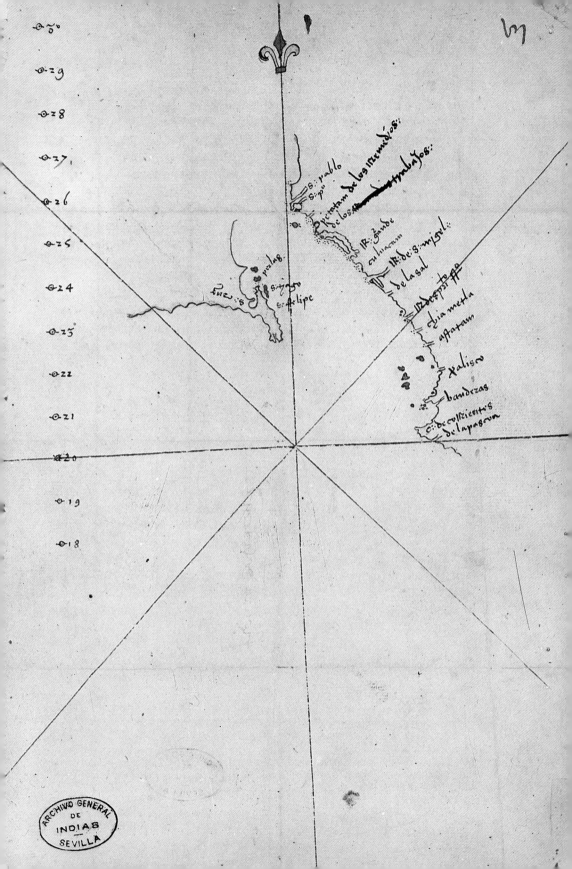

30
29
28
37
26
25
24
23
22
21
20
19
18

S: pablo
S:ago
peratam de los vizcaindios:
de los
trabajos:

R: grande
culuacam

R: de S: migel:
de la sal

pesclag:
S: iago
S: Felipe

fucz :s

R: de goss: ffo
dia mesta
apparam

Xalisco

banderas

C: de ollicentes
de la pasqua

tos y con los soldados[19], organiza la confabulación y hace que asesinen a Becerra mientras dormía. Hay alguna escaramuza. Intervienen los dos franciscanos que iban en la tripulación, y Fortún atraca en Michoacán para dejar a los frailes y heridos. Emprende de nuevo el viaje, llega a California, penetra en el golfo, que él creyó bahía, llamado después de Cortés, y toca en el puerto que luego fue de Santa Cruz y hoy es de La Paz. En California muere Fortún Ximénez a manos de los indios, con todos los que estaban con él en tierra: más de 20; los restantes escaparon a Nueva Galicia, llevando consigo algunas perlas. Cuando llegaban a las costas de Jalisco, Nuño de Guzmán se apoderó del *Concepción*[20].

Frutos de esta expedición son, pues, la primera noticia, aunque bien vaga, de la actual California y el reconocimiento por parte de Grijalba de la costa hasta los 12 grados, además del descubrimiento de las islas ya citadas: de Santo Tomás y de Revillagigedo.

3.   *Tercera y cuarta expediciones: la personal de Cortés y la de Tapia*

Cortés, superior a todas las desgracias, y aunque exhausto de caudales por haberlos disipado en las expediciones anteriores, resuelve ir en persona para seguir el descubrimiento. Pide antes a la Audiencia que ordene a Guzmán devolver el barco que robó en Jalisco. La Audiencia responde con una prohibición para Cortés de hacer nuevas expediciones. Cortés protesta recordando sus derechos. La Audiencia no se doblega: no da su consentimiento, y Cortés decide entonces ir él mismo al frente de la expedición. En cuanto lo hace público, hay infinidad de peticiones de admisión en los barcos del conquistador: así era la reputación de Cortés. Habilita entonces tres navíos —*Santa Águeda, San Lázaro y Santo Tomás*, que acaba de construir en

---

19.   Le ayudaron sobre todo su hermano Pero y otros vizcaínos. El asesinato de Becerra, en Díaz del Castillo, Bernal, *ob. cit.*, II, pp. 479-480.
20.   «Los que se salvaron —dice Abad La Sierra— volvieron a Chiametla con la noticia del descubrimiento de la California, de la abundancia de Perlas con que se adornaban sus naturales y otras noticias agradables, que, aunque conseguidas a expensas de tantos caudales y desgracias, fueron bien recibidas». (B. P., ms. 1.480, fol. 22).

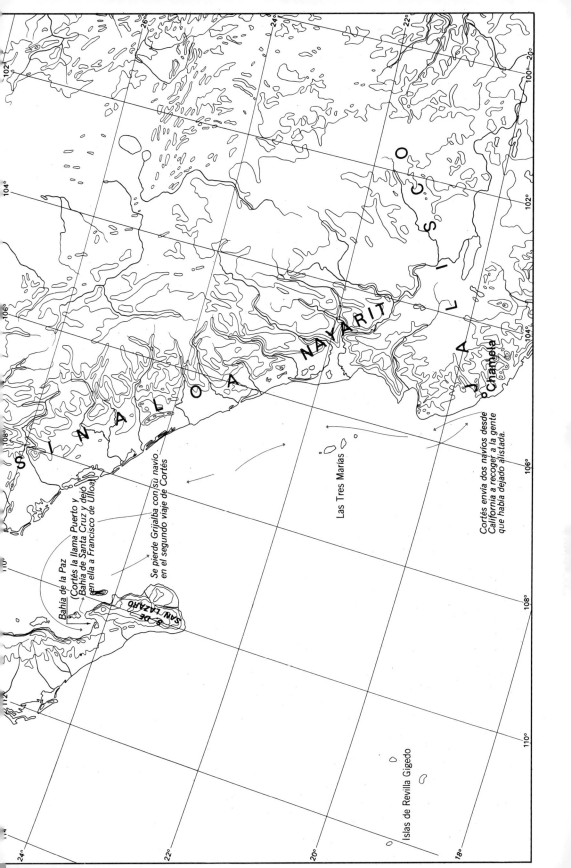

OCÉANO

PACÍFICO

NAYARIT

SINALOA

° Chametla

Bahía de la Paz
(Cortés la llama Puerto y
Bahía de Santa Cruz y dejó
en ella a Francisco de Ulloa)

B. DE
SAN LÁZARO

Se pierde Grijalba con su navío
en el segundo viaje de Cortés

Las Tres Marías

Cortés envía dos navíos desde
California a recoger a la gente
que había dejado alistada.

Islas de Revilla Gigedo

Tehuantepec— y prepara la expedición[21]. Embarca en seguida algunas familias y todo lo necesario para hacer un establecimiento, y pasa en persona a California. La fecha en que Cortés emprendió su viaje no está fijada con exactitud. Según la carta que, en 7 de julio de 1535, escribió Nuño de Guzmán al Consejo de Indias, tuvo lugar el 18 de abril; según otros historiadores, el 15 del mismo mes[22]. Partió desde el río del Espíritu Santo, hoy de Cañas. Lo cierto es que el 1 de mayo[23] llegaba Cortés a la vista de la sierra que llamó de San Felipe[24], y el 3[25], día de la Santa Cruz de mayo, penetraba en la bahía de La Paz. Cree que se trata de una isla, y la da por nombre —denominación, en realidad, para toda la península— «Puerto y Bahía de Santa Cruz»[26]. Determinó fundar allí en seguida una colonia[27]. Surgen las dificultades habituales en estas empresas: escasez de materiales, hambre, enfermedades. Se queda con un navío y envía los

---

21. Holmes, en *ob. cit.*, p. 59, comenta los esfuerzos de Cortés durante diez años, afirmando que habían sido un fracaso. Y agrega: sólo «había encontrado el apéndice vermiforme de una región mayor en riqueza potencial que México y Perú juntos...». Aparte de que nunca calificaríamos a la Baja California de «apéndice vermiforme», pues existen ya en ese «apéndice» dos provincias mexicanas, es muy posible, además, que quizá allí, pese a su actual pobreza, se encuentre una gran reserva de «oro negro».
Es cierto, en cambio, que si Cortés, sin tan continuas trabas, hubiese podido llegar a la Alta California y entender en su oro, hubiera cumplido lo que prometió al César Carlos V. Pero ésos son futuribles históricos de ningún valor.
Lo verdaderamente digno de admirar es el tesón de Cortés, su genio de adivino, que recuerda de algún modo la tenacidad insólita del Colón anterior al descubrimiento.
Por otra parte, parece quizá una exageración atribuir a la Alta California tanto valor. Es cierto que sin la oportunidad de su oro no se hubiera podido construir tan rápidamente la grandeza de los Estados Unidos. Pero la Historia no se acaba con nuestras vidas.
22. *Vide* Díaz del Castillo, Bernal: *Historia verdadera de la conquista de Nueva España*, cap. 200. Aquí usamos la edición realizada por Espasa-Calpe, en Madrid, tres tomos, 1928. El Instituto «Gonzalo Fernández de Oviedo», del C.S.I.C., ha publicado el tomo I de una nueva edición crítica, que iba a dirigir en su totalidad don Carlos Pereyra.
23. Por eso creemos que la verdadera fecha de partida fue la del 15 de abril, ya que el mismo Cortés cuenta que tardó 16 días en la navegación, a causa de las calmas y vientos contrarios.
24. Venegas dice, erróneamente, que esto ocurrió el año 1526. (*Vide* t. I, *ob. cit.*, p. 153).
25. *Crónica General de las Indias,* de López de Gomara, Francisco, ya citada.
26. Desde entonces, según Venegas *(ibídem)* el golfo de California se llamó Mar de Cortés.
27. El escribano Miguel de Castro levantó el acta, según la cual Cortés tomó posesión de la nueva tierra a mediodía, «e se anduvo paseando por la dicha

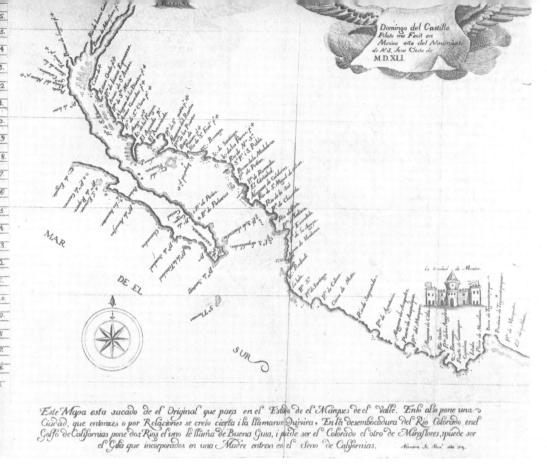

Mapa de Cortés, editado, con algunas correcciones, por el Arzobispo Lorenzana.

dos restantes por dos veces a recoger a la gente que había quedado alistada, pero en tierra[28]. Separados al regreso los navíos por una tempestad, uno de ellos se pierde en las costas de Jalisco y el otro pudo volver a Santa Cruz.

En el segundo intento, van los mismos Cortés y Grijalba por suministros. A la vuelta, encuentran formidables corrientes, problema perpetuo del litoral californiano; Grijalba es incapaz de timonear y se pierde. Cortés, por su parte, se ve obligado a

---

tierra de una parte a otra, e con su espada dió en ciertos árboles que allí estaban, e mandó a la gente que allí estaba que le tuviesen por Gobernador de Su Majestad, con todas las demás a ellas cercanas, e que en proseguimiento de dicho descubrimiento descubriese e fallase, con protestación de proseguir la conquista e población de ellas; todo lo cual pasó pacíficamente, sin contradicción de persona alguna que ende estuviese ni paresciese...». Se hallaron presentes Domingo del Castillo y Francisco de Ulloa.

28. La había dejado en Chiametla, a cargo de Andrés de Tapia.

coger personalmente el timón. Su piloto había muerto a consecuencia de una caída. A su llegada a Santa Cruz, encuentra Cortés que 23 hombres habían perecido de inanición. Todos los demás están extenuados. Y muchos otros murieron a su llegada, por comer con exceso[29]. Ya sólo le quedaba un barco; la tierra no proporcionaba lo suficiente para poder subsistir, y así tuvo Cortés que regresar a Nueva España[30]. Dejó alguna gente, al mando de Francisco de Ulloa, y él partió en dirección a Acapulco, con objeto de preparar una armada, para seguir el descubrimiento de aquellos países.

Como la ausencia del conquistador de México se prolongaba demasiado, el Virrey, don Antonio de Mendoza, a instancias de la mujer de Cortés, doña Juana de Zúñiga —se había esparcido la noticia de la muerte del conquistador— envió dos navíos en su auxilio, que, aunque no lograron encontrarle, sirvieron para que volviese a México la gente que había quedado en California. Mientras tanto, el ilustre caudillo extremeño llegaba también a Nueva España a principios de 1537. Ulloa, oprimido por el hambre e imposibilitado de verificar la población que le había sido encomendada, la abandonó.

Cortés no ceja, y en mayo de 1537 despachó a Tapia de nuevo hacia Santa Cruz, con tres navíos[31]. En la cuarta expedición a California, Tapia recorrió el golfo hasta los 23 grados, llamando a este paraje rincón de San Andrés. Dobló el cabo de San Lucas y subió hasta los 29 grados. Reconoció algunos cabos, puertos e islas, y volvió por fin a México, después de un año de navegación[32].

4. *Francisco de Ulloa: última expedición enviada por Cortés. Francisco de Alarcón: expedición por mar dispuesta por el Virrey*

En 1535, Mendoza, el primer Virrey de la Nueva España, había llegado a la ciudad de México[33]. Los descalabros anteriores

---

29. Gómara: *ob. cit.*, cap. 188.
30. Riva Palacio: *México a través de los siglos, ob. cit.*, II.
31. Abad La Sierra: B. P., ms. 1.480, fol. 22. ¿Por qué Holmes no cita el viaje de Tapia? Hubieran sido muy interesantes sus comentarios navales.
32. Gómara, *ob. cit.*, cap. 189.
33. Cfr. Pérez Bustamante, Ciriaco: *Don Antonio de Mendoza, primer Vi-*

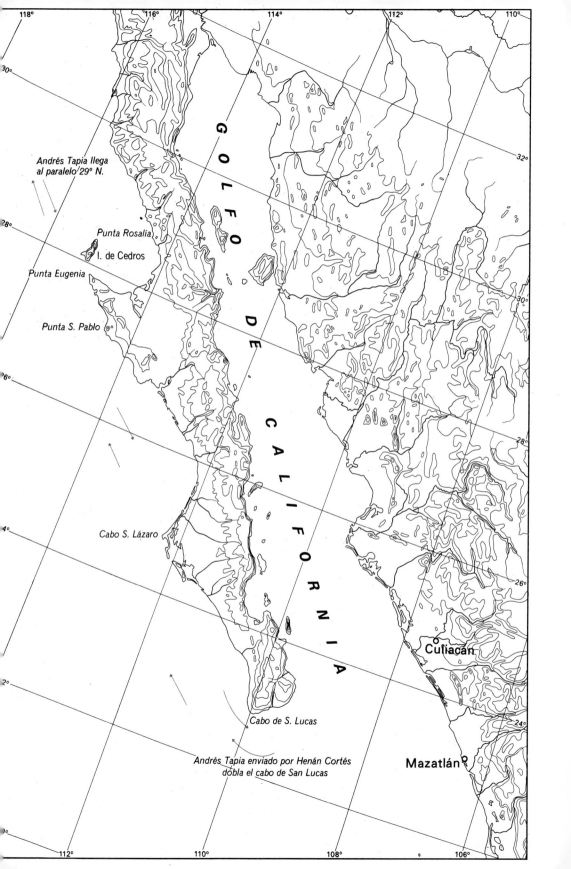

Andrés Tapia llega
al paralelo 29° N.

Punta Rosalía
I. de Cedros

Punta Eugenia

Punta S. Pablo

Cabo S. Lázaro

Cabo de S. Lucas

Andrés Tapia enviado por Henán Cortés
dobla el cabo de San Lucas

Culiacán

Mazatlán

G O L F O   D E   C A L I F O R N I A

de Cortés y la venida del Virrey hacen disminuir su poder y, a la vez, Nuño de Guzmán, el enemigo del gran conquistador, es removido de su puesto en Nueva Galicia[34]. En 1536 vuelve Álvar

---

rrey de la Nueva España (1535-1550) Santiago de Compostela, 1928, cuyo estudio mantiene todavía actualidad, como el de Aiton, A. S. (*Antonio de Mendoza, first viceroy of New Spain*, Durham, 1927). Conviene también consultar, Rubio Mañé, J. Ignacio: *Introducción al estudio de los Virreyes de Nueva España, 1535-1746*, I, México 1955.

34. Para comprender en sus justos términos la paulatina pérdida de poder por parte de Cortés, hay que considerar que también se encontraban en juego los intereses políticos de la Corona; es decir, se trataba de un problema de soberanía que Carlos V estaba en la obligación de tener en cuenta. El asunto venía de lejos. El 15 de octubre de 1522 el Rey nombra a Cortés gobernador y Capitán General de la Nueva España «*hasta que Nos mandemos proveer otra cosa, e sin perjuicio de cualquier derecho* quel Adelantado Diego Velázquez o vos, el dicho Hernán Cortés, tengáis o pretendáis tener por el descubrimiento e conquista de la dicha tierra». (*Cartas y documentos, ob. cit.*, p. 581). La Real Cédula se comenta por sí misma. Deja zanjado el contencioso Cortés-Velázquez, mas la Corona recobra, al resolver el pleito, su plena soberanía, y concede al conquistador los dos preciados títulos hasta que el Monarca quiera. Al propio tiempo, y pese a la amplísima autoridad que le concede para la gobernación de la Nueva España, designa a cuatro funcionarios reales: Rodrigo de Albornoz, contador; Alonso de Estrada, tesorero; Alonso de Aguirre, factor; y Peremil de Chirino, veedor. Los cuatro reciben instrucciones específicas sobre sus oficios, que limitan, según Cortés, sus propias atribuciones.

El choque entre Cortés y los funcionarios reales se agrava cuando el conquistador se ausenta durante dos años para acabar con la rebelión de Olid en Honduras. La terrible expedición de las Hibueras, a través de selvas y pantanos, la aprovechan sus adversarios para esparcir la noticia de la muerte de Cortés.

El desorden llegó a su colmo cuando el propio Alvarado, enviado por su jefe a la conquista de Guatemala, al enterarse de la especie, intentó llegar a México y hacerse cargo del poder. La fuerte postura de los funcionarios le obligó a volver a Guatemala sin entrar en la capital. En Guatemala se entera, a fines de 1525, de que Cortés vive, y se dirige a Honduras para apoyarle. Pero ya el gobernador había vuelto a México (abril de 1526). Su entrada triunfal pacificó el país. Pero del golpe sufrido jamás se recuperó del todo.

Alvarado, que así lo entiende, marcha a España a principios de 1527. Allí, con el favor del secretario del Soberano, Francisco de los Cobos, con quien emparenta concertando varios matrimonios, consigue el nombramiento de gobernador y Capitán general de Guatemala, amén del hábito de Santiago. Junto a ello, se le autoriza a construir barcos en la Mar del Sur al objeto de explorar el camino de las islas de la especiería y comerciar en el Pacífico (26 de mayo de 1528).

Un año y medio antes, 29 de noviembre de 1526, el Emperador constituyó la Audiencia de Nueva España. Es decir, un cuerpo orgánico cuya fuerza política es mucho mayor que la de los antiguos funcionarios reales. La Real Audiencia, presidida por Nuño de Guzmán, se opone incluso a que Cortés continúe sus viajes de exploración, mientras su presidente se interna y pacifica Nueva Galicia. El gobernador se ve obligado a ir a España para exponer sus quejas. Llega a Palos y visita el Monasterio de la Rábida. Allí descansan los restos de su amigo más fiel, el gran Gonzalo de Sandoval.

Núñez Cabeza de Vaca de su fantástico viaje[35] con los tres compañeros, «únicas reliquias de los 300 que en 1527 había desembarcado Pánfilo de Narváez en la Florida»[36].

La relación de las aventuras acaecidas durante tantos años de terrible peregrinación, las grandes riquezas que habían visto y los milagros que decían había hecho Dios por su mano embelesó a todo México[37]

La travesía de Cabeza de Vaca movió al Virrey Mendoza de tal manera, que dispuso otra expedición, de acuerdo con el famoso franciscano Fray Marcos de Niza, «hombre tan extraordinario como Cabeza de Vaca», según Pereyra[38]. Parte Fray Marcos, guiado por el negro Estebanico, en busca de las Siete Ciuda-

---

En Madrid le conceden el título de marqués del Valle de Oaxaca, como señorío —no encomienda— de un territorio de 22 pueblos y 23.000 indios, que puede convertir en mayorazgo (Reales Cédulas de 6 de julio de 1529; y precisamente por ser señorío lo constituye en mayorazgo para sí y sus descendientes: *Cartas y documentos, ob. cit.*, pp. 596-600, y pp. 541 y ss.). Se le mantiene el título de Capitán general de Nueva España, y se le autoriza, por capitulación especial, la exploración, asentamiento y el oficio de gobernador vitalicio de las islas y tierras por descubrir en la Mar del Sur. Por supuesto, el riesgo, los gastos y la responsabilidad de estas empresas serían exclusivamente suyos. Realmente podía sentirse satisfecho. Su enfrentamiento con Nuño Beltrán de Guzmán y la primera Audiencia hubiera tenido quizá peores consecuencias de no mediar las enérgicas censuras contra Guzmán y los oidores por parte del Arzobispo Zumárraga.

La vuelta a México de Cortés en 1529 fue tan triunfal como las veces anteriores. Pero prácticamente ahora con honores y riquezas y poco poder.

35. Así nos da la noticia de él Pereyra, en *La obra de España en América* (*ob. cit.*, p. 37): «En 1529, Pánfilo de Narváez llegaba a la bahía de Apalache, y después de una excursión por el interior, volvió a la costa, en donde encontró que sus cuatro naves habían desaparecido. Los expedicionarios anduvieron a pie durante un mes, por lo menos, y construyeron cinco barcos para seguir por la costa. En esta expedición desesperada encontraron la corriente del Misisipi, que se precipitaba en el mar sin mezclar sus aguas con éste. Dos de los barcos se perdieron y Narváez con ellos. Los otros dos llegaron a tierra, en donde los que no perecieron a manos de los indios murieron de hambre y fatiga. Sólo cuatro escaparon: el tesorero de la expedición, Alvar Núñez Cabeza de Vaca, Andrés Dorantes, Alonso del Castillo, Maldonado y un negro llamado Estebanico de Axamor. Fueron esclavos, comerciaron, se hicieron brujos, fascinaron a los indios, y en una serie de aventuras novelescas recorrieron cerca de 2.500 kilómetros entre tribus bravas. Llegaron a Culiacán, en el golfo de California, por el mes de mayo de 1536, siete años después de su desastre en el golfo de Méjico».

36. Abad La Sierra: ms. cit., fols. 23 y 23 v.

37. Ellos *habían oído hablar* de Quivira, una ciudad mayor que la capital mexicana, y de un gran reino, el de las Siete Ciudades de Cíbola.

38. *Ob. cit.*, p. 31. Cuando Cortés se enfrenta a Mendoza, con motivo, como veremos, de los viajes de Alarcón y Coronado, y ya en Madrid, escribe al Rey su parecer sobre Fray Marcos de Niza. No puede ser más duro. Niega que Fray

des de Cíbola y de Quivira. Durante cinco meses peregrina, a su vez, entre las tribus de Cíbola, y regresa por fin a Culiacán, habiendo muerto su compañero de viaje el año 1538, «con una relación más larga y lisonjera que la de Álvar Núñez y la del lego de su orden; dijo había llegado a tierras muy buenas, en donde adquirió noticias de siete Ciudades pobladas de Naciones cultas en tierras muy fértiles de animales, frutos y riquísimas de metales, y piedras preciosas, que cerca de allí estaba la gran ciudad de Quivira, cuyas casas eran de siete altos, y grande la fama de sus riquezas, etc.»[39].

A estas noticias se agregan las no menos fabulosas de Nuño de Guzmán y de Pedro Castañeda de Nájera, y, como consecuencia, organiza en seguida Mendoza dos expediciones a Cíbola: una por mar, al mando de Francisco de Alarcón[40], y otra por tierra, que iba a dirigir el mismo Cortés. La Audiencia se interpone entonces, y los razonamientos de los oidores hacen que el Virrey confíe el mando a Francisco Vázquez Coronado. Cortés recuerda de nuevo sus derechos ante la Audiencia, reivindicándolos con una enérgica protesta.

Y por su cuenta, el 8 de julio de 1539, manda otra nueva expedición a California[41]. Salen de Acapulco el *Santa Águeda*, el *Santo Tomás* y el *Trinidad:* no se desalentaba fácilmente Cortés, ni por la fuerza de los escribanos de México, ni por el desastre que había sufrido como colonizador, el desengaño como explorador y la merma de aureola como caudillo. Desplazaban las

---

Marcos haya visto nada de lo que dice. Su única información procede del propio Cortés: «es lo mismo que los dichos indios a mí me contaron», y que él tuvo la debilidad de confiarle. Lo que no se comprende es la causa de esa confianza, pues actuando así —«fingiendo y refiriendo lo que no sabe ni vió»— «no hizo cosa nueva, porque otras muchas veces lo ha hecho y lo tiene por costumbre como es notorio en las provincias de Perú y Guatemala». En Perú, en efecto, había estado con Pizarro y en Guatemala con Alvarado. (La carta fechada el 25 de junio de 1540. Cfr. *Cartas y documentos, ob. cit.*, pp. 407-408).

39. Abad La Sierra: *loc. cit.*, fol. 24.

40. La relación de su viaje, así como la del siguiente, de Francisco de Ulloa, y cartas de Vázquez Coronado, el Virrey Mendoza y Fray Marcos de Niza, etc., pueden verse en el t. III de la conocidísima y clásica, aunque anticuada, colección de Ramusio, Giovanni Baptista, ed. Venetia, 1565.

41. La misión de Ulloa consistía en descubrir las tierras descritas por los informadores indios a Cortés, que, según el gran conquistador, había hecho suyas Fray Marcos de Niza (cfr. nota 38). Sólo así se explica la furiosa reacción de Mendoza. Envió destacamentos a todos los puertos donde podía recalar Ulloa. Cumpliendo órdenes o extralimitándose, el jefe de uno de ellos, el de Santiago de Buena Esperanza, Colima, torturó en vano a un mensajero que Ulloa desembarcó allí para que refiriera a Cortés lo sucedido hasta entonces.

embarcaciones 120, 35 y 20 toneladas. El mando lo lleva el gran Francisco de Ulloa. Casi inmediatamente naufragó el navío menor: *Santo Tomás*. Los otros dos prosiguen su viaje y comprueban, bordeando el golfo, que la Santa Cruz no era isla, sino península. Vuelven hacia la punta meridional y se dirigen por el mar exterior hacia el norte. Entran en la bahía Magdalena y en la isla de Cedros, a 28 grados, donde pasan tres meses. Siguen su camino, y a los 30 grados descubren el cabo del Engaño.

Ordena entonces Ulloa que el barco grande regrese para dar la noticia —de extraordinaria importancia geográfica— y él se queda con el de 35 toneladas: el *Trinidad*. Y no se vuelve a saber más de Francisco de Ulloa[42].

El *Santa Agueda* fondeó en el puerto de Acapulco a fines de

---

42.   La expedición de Ulloa fue extraordinaria. Primero atravesó de Guayabal a La Paz. Desde La Paz vuelve a cruzar el golfo y llega a la desembocadura de los ríos San Pedro y San Pablo. A partir de allí, barajando por el lado oriental del Mar de Cortés, alcanza su extremo norte. Desde ese lugar vuelve por la costa de la península hasta La Paz, el 18 de octubre. Baja al cabo de San Lucas, y por el lado occidental llega a la isla de Cedros, y luego al cabo del Engaño. (33° y 50').

¿Continuó con el *Trinidad* y alcanzó San Diego? ¿Volvió a Nueva España y vivía años después? En cuanto al primer punto, mantenido por Markey, J. J., en 1952 (*The Southern California Rancher*, «Oceanside», febrero, pp. 7 y ss.) carece para afirmarlo de pruebas serias. El segundo lo defiende Wagner con reiteración (*Spanish Voyages to the Northwest Coast of America*, San Francisco, 1929, pp. 14 y ss. y *Francisco de Ulloa Returned*, «Californian Historical Society Quarterly», septiembre 1940, pp. 241-243). Su argumentación descansa en el hecho de que Juan Castellón, primer capitán del *Trinidad*, a quien sustituyó Ulloa en el mando en el cabo del Engaño a causa de las amplias atribuciones que le había dado Cortés, se querelló contra este último ante la Audiencia de México, el 17 de febrero de 1541, exigiendo la suma de 17.000 pesos por daños y perjuicios. Como Cortés estaba en España, citaba por testigo al propio Ulloa. En mayo del 41, el licenciado Altamirano afirmaba que también Ulloa estaba en España. La Audiencia proveyó un auto para verificar en la metrópoli el testimonio de Ulloa. En mayo de 1542, Íñigo López de Mondragón presentó varios testimonios en Valladolid; uno de los testigos afirmó que él era el propio Francisco de Ulloa, «mayor de veinticinco años» (!). Los argumentos no son muy convincentes.

Holmes (*ob. cit.*, pp. 88-89) acepta la opinión de Wagner y la reafirma con un nuevo hecho. Junto al susodicho Francisco de Ulloa, se presentó otro testigo llamado Alonso de Ulloa; y en una biografía de don Alonso de Ulloa se dice que es hijo de un oficial que estuvo en la rota de Argel con Carlos V, es decir, en la misma batalla en que intervino Cortés acompañado por tantos amigos.

De todos modos, la duda permanece. Acaso todo el problema tenga su origen en la divergencia entre Bernal Díaz y Herrera. Bernal Díaz asegura que Ulloa volvió a Jalisco y allí le asesinó un soldado (*ob. cit.*, vol. II, p. 485). Herrera, en cambio, refiere lo que hemos escrito en el texto. Parece lo más probable, leyendo normalmente el relato de Preciado.

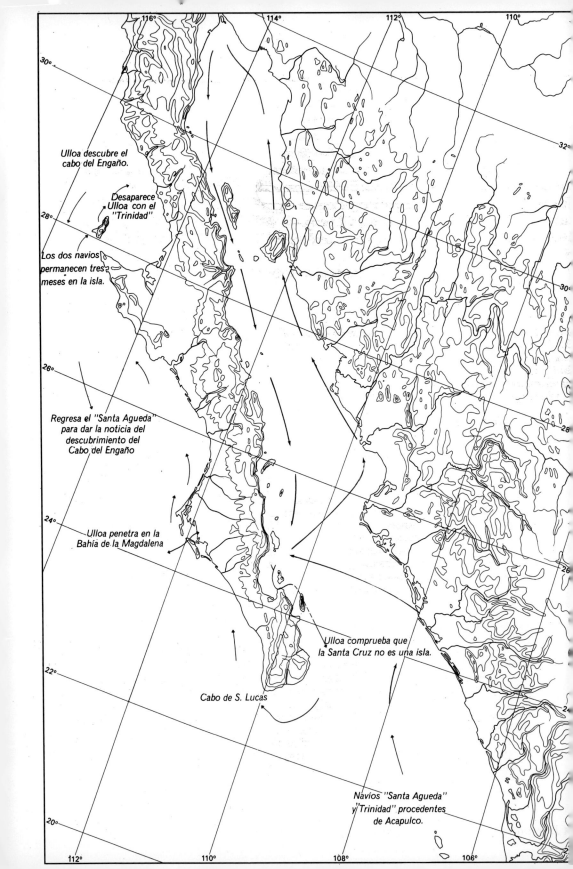

Ulloa descubre el cabo del Engaño.

Desaparece Ulloa con el "Trinidad"

Los dos navíos permanecen tres meses en la isla.

Regresa el "Santa Agueda" para dar la noticia del descubrimiento del Cabo del Engaño

Ulloa penetra en la Bahía de la Magdalena

Ulloa comprueba que la Santa Cruz no es una isla.

Cabo de S. Lucas

Navíos "Santa Agueda" y "Trinidad" procedentes de Acapulco.

marzo de 1540. Cortés había gastado con tan dolorosas pruebas mucha autoridad y prestigio. En este año de 1540 vuelve a España para reafirmarlo, y se pierde ya definitivamente para California y para México. No vuelve más a los países que conquistó. Siete años después, muere.

Costaron estas empresas a Cortés más de 200.000 castellanos de oro[43], que la Hacienda Real prometió devolver, pero no lo hizo nunca, ni a Cortés ni a sus herederos. Gracias, sin embargo, a los trabajos del insigne e infatigable conquistador de México, se había descubierto la costa de California, quedando abierto el camino para futuras expediciones. Mucho más de lo que la Hacienda adeudaba a Cortés le debe California.

Entre tanto, las expediciones enviadas a Cíbola por el Virrey seguían su camino. Alarcón había salido con su armada para esperar, a la altura de 32 grados, al ejército de Vázquez Coronado; pero la espera fue infructuosa, pues Coronado anduvo buscando las maravillas de Cíbola[44]. Se internó Alarcón por algunos ríos; aunque hubo de contentarse con tomar posesión de las orillas norteñas de Nuevo México, en el golfo de California. Fijó varias cruces; enterró algunas botijas con papeles que acreditaban el día, mes y año de tal formalidad —tantas veces inútilmente repetida— y sin otra ventaja regresó a México en noviembre de 1540, después de tan duro viaje[45].

---

43. Gómara, *ob. cit.,* cap. 189.

44. Holmes se extraña (*ob. cit.,* p. 94) de que hiciéramos esta afirmación en 1947. Pero aunque intenta justificar la conducta de Coronado, afirmando, primero, el absurdo planteamiento de Mendoza, que hacía casi imposible el encuentro de Alarcón con Coronado y, luego, que Coronado tuvo presente el tema, ya que envió a Melchor Díaz, al frente de un destacamento de 40 hombres, lo cierto es que el grueso de sus tropas nunca lo intentó. ¿Se trataba de cumplir un trámite?
Vázquez Coronado tenía 30 años cuando se hizo cargo de la expedición por tierra. Sus ilusiones, que coincidían con las de Mendoza, eran Cíbola y Quivira. Por eso, avanzó por Sonora hacia el norte hasta Guaymas; atravesó luego los montes del sudoeste de Arizona y allí halló a los indios zuñis en vez de las siete ciudades. Gran desilusión. De todos modos, tomó posesión de aquellos pueblos sin resistencia. Desde ese punto envió dos expediciones: una hacia el este, hacia el territorio de los moquis, en el nordeste de Arizona; otra hacia el oeste, que descubrió el Gran Cañón del Colorado. Atravesó luego las llanuras de Arkansas para encontrar la legendaria Quivira. Nueva desilusión. En la primavera de 1542 regresó entristecido a Nueva España. Mendoza le recibió fríamente. Perdió su gobernación de Nueva Galicia, y murió en 1550.

45. Tampoco Mendoza agradeció a Alarcón sus desvelos, especialmente cuando llegó a su conocimiento que su capitán había enviado al Emperador una relación del viaje más circunstanciada que a él mismo. (Pérez Bustamante, *ob. cit.,* p. 65).

◄ *Derrotero de viaje de Francisco de Ulloa, 1539.*

Sin embargo, con motivo de estas desgraciadas expediciones, se iban adquiriendo ideas exactas y de valor inapreciable para la geografía, que posteriormente se habían de empañar.

II. Descubrimiento de la Alta California

1. *Juan Rodríguez de Cabrillo-Bartolomé Ferrelo*

Constaba al Virrey don Antonio de Mendoza el poco fruto logrado hasta entonces en las expediciones con tantos esfuerzos realizadas. Pero, «lejos de desengañarse con los vanos esfuerzos de la suya, creyó las noticias favorables de los nuevos Países y no las melancólicas»[46], y decidió organizar una nueva jornada.

Púsose el Virrey al habla con don Pedro de Alvarado, el gobernador de Guatemala[47], que había llegado al puerto de Chirivito, en la provincia de Michoacán, con 12 navíos. Era ésta la mayor escuadra que jamás se había visto en aquel mar. Terminados los tratos de Mendoza y el Adelantado de Guatemala, pa-

---

46. B. P., ms. 1.430, fol. 25.
47. El extraño pacto entre Alvarado y el Virrey Mendoza, que no podía por menos que contrariar a Cortés, hay que achacarlo, sin duda, al carácter de «Tonatiuh». Es cierto que Alvarado debía todo lo que era a Cortés, salvo el «nombramiento» de gobernador y Capitán general de Guatemala y sus derechos a descubrir por la Mar del Sur, «sin perjuicio» de los concedidos a su antiguo jefe. Es también evidente que Mendoza necesitaba el apoyo de un brazo fuerte para sus empresas de descubrimiento y conquista. La decisión de Mendoza es clara: creyó encontrarlo en Alvarado. No se equivocó tampoco al juzgar la ambición del antiguo capitán de Cortés. Él jugaba ya al margen del gran conquistador; mejor dicho, jugaba a ser un gran conquistador. No era, pues, previsible que conservara el menor respeto a los derechos de Cortés capitulados con la Corona. Era, en cambio, lógico que, apoyándose en la autoridad del Virrey, se aventurase a descubrir y conquistar tierras en perjuicio de las facultades legítimas del marqués del Valle.
La actitud de Mendoza hay que juzgarla a tenor de las instrucciones recibidas y, por qué no, al deseo de emular hazañas. Su primera y principal misión era integrar a la Nueva España en la Administración española. Cortés podía ser un peligro, ciertamente más potencial que real, pero un peligro al fin y al cabo. ¿Se le podría reducir a sus estados? ¿Y el que fuese un obstáculo no descansaba en su enorme prestigio como conquistador? ¿No sería posible que él también lo consiguiera, adornando el ilustre apellido de los Mendoza, con galas de memorables conquistas, siendo además un hijo segundón del marqués de Mondéjar? Por eso, el doble fracaso, según su punto de vista, de Coronado y Alarcón, le llevó a malquistarse con ellos.

só éste al puerto de la Natividad. Se disponía ya a partir hacia la península, cuando recibió cartas urgentes, en demanda de socorro, del gobernador de Jalisco[48]. Los indios le habían cercado y sus fuerzas apenas si podían resistir. Alvarado corrió en su auxilio, pero murió en la empresa[49] al atacar al cerro de Toc.

El Virrey siguió, sin embargo, fiel a sus proyectos, y para castigar a los indios de Jalisco mandó en persona una expedición por tierra. Hacia las islas de Poniente envió a Ruy López de Villalobos. Y en dirección a California organizó la expedición de Cabrillo.

La escuadra que preparaba Alvarado se había deshecho entre tanto, y el Virrey tomó dos navíos de ella —el *San Salvador*, construido a expensas de Cabrillo, y el *Victoria*— para realizar el nuevo intento de descubrimiento en los mares californianos, cuyo mando confió a Juan Rodríguez Cabrillo, portugués de nacimiento y hábil marino. Como piloto iba Bartolomé Ferrelo, Ferrel o Ferrer, natural del Levante español, que fue jefe accidental de los expedicionarios después de la muerte del capitán[50].

La personalidad de Juan Rodríguez Cabrillo, primer portugués que navega por las costas americanas de la Mar del Sur, con puesto destacado en una acción de gran resonancia, ha sido objeto de alguna bibliografía particular[51]. La portuguesa acusa,

---

48. Ejercía el cargo Cristóbal de Oñate, teniente de gobernador, puesto que Vázquez Coronado, su jefe, estaba al frente de la expedición de Cíbola.

49. Cfr. Barón Castro, Rodolfo: *Pedro de Alvarado*, Madrid, 1944.

50. Clavijero: *Historia de la California*. Venecia, 1789, t. I.
El Diario de navegación de J. R. Cabrillo, en M. N., Navarrete, XIX, 1. Véase una probanza de méritos y servicios de Cabrillo en el expediente que se titula «Guatemala. Año 1563. Juan Rodríguez Cabrillo vecino de la ciudad de Santiago de Guatemala con el Fiscal de S. M. sobre los Indios de los Pueblos de Coban y Acotenango», fols. 42 y ss. (A. G. I., Justicia, 290).

51. Cfr.: La publicación, por Evans Richard Stewart, de la *Translation from the Spanish of the Account by the Pilot Ferrel of the voyage of Cabrillo along the west Coast of North America in 1542*, con introducción y notas de Henshaw, H. W. Se publicó en *Report Upon United States Geographical Survey west of One Hundreth Meridian*, VII, Washington, 1879. El estudio de Bolton, Herbert Eugene, titulado *The Cabrillo-Ferrelo Expedition, 1542-1543*, incluido en *Spanish Exploration in the Southwest, 1542-1706*, Nueva York, 1916. El trabajo de Da Costa, Euclides Goulard: *Portugal descobridor. Apuntamientos respeitantes a descoberta da California*, Lisboa, 1928. El pequeño libro de Waterman, Ivan R., titulado *John Rodrigues Cabrillo, Discoverer of California*, destinado a los alumnos y a las bibliotecas de las escuelas, y publicado por el California State Department of Education en 1935. También interesan un par de capítulos del folleto *California and the Portuguese*, debido a Soares, Celestino, y publicado por el Secretariado da Propaganda Nacional, Lisboa, 1939. El tra-

en líneas generales, una excesiva preocupación por resaltar la contribución lusitana, lo que ha servido para extremar la fama de Cabrillo y de su expedición a California. Sin disminuir la gran estima que merece, su empresa debe entenderse como continuadora de la ruta genialmente trazada por Cortés y seguida por el Virrey Mendoza, bajo cuya autoridad precisamente él navega.

Se ignora la fecha en que Cabrillo entró al servicio del Rey de Castilla, y lo primero que de él se sabe con seguridad[52] es que llegó a Cuba, acompañando a Pedro de Alvarado, hacia el año 1518. Luego fue uno de los capitanes de las tropas enviadas a las órdenes de Pánfilo de Narváez por el gobernador de Cuba contra Cortés; éstas arribaron a la costa del golfo de México, cerca de la ciudad de Veracruz, el día 23 de abril de 1520, fecha que marca la entrada de Cabrillo en el continente americano[53].

La expedición a California que dirigió sale del puerto de Navidad el 27 de junio de 1542 y, después de tocar en la bahía de Santa Cruz, él y los suyos arribaron a los 27 grados a un punto que llamaron bahía de la Magdalena, descubriendo más tarde el cabo del Engaño (30 grados), el cabo Cruz (32 grados) y el de Galera (a 34 grados 30 minutos), enfrente del cual halló dos grandes islas separadas a diez leguas de la costa, cuyos habitantes le dieron noticias de que más adelante existía un país poblado por

---

bajo de Azevedo, Alves de: *Cabrilho e sua viagem*, «Sociedade de Geografía», Lisboa, 1944, vols. 7-8.

Además, los siguientes trabajos: Davidson, George, *An Examination of some of the Early Voyages of Discovery and Exploration on the Northwest Coast of America, from 1539 to 1603*, Washington, 1886. Wagner, Henry Raup: *Juan Rodríguez Cabrillo, Discoverer of the Coast of California*, San Francisco, 1941. Holmes, Maurice G.: *From New Spain by Sea to the Californias, 1519-1668*, Glendale, 1963. Wagner, Henry Raup: *Spanish voyages to the Northwest Coast of America in the Sixteenth Century*, San Francisco, 1929.

52. Soares, *California and the Portuguese*, pp. 30 y ss.

53. Cabrillo intervino como técnico en la construcción de los bergantines para sitiar Tenochtitlán (Bernal Díaz: *ob. cit.*, vol. I, pp. 536-537). Después de la caída de México, acompañó al teniente gobernador de la villa de Segura, Francisco de Orozco, para sojuzgar Oaxaca (Cortés refiere el hecho de la penetración en Oaxaca el 15 de mayo de 1522: *Cartas y documentos, ob. cit.*, p. 193).

Más adelante, estuvo con Alvarado en la pacificación de Tutepec, Mijes, etc. Cuando vuelve a México, Cortés le ofreció su ayuda, pero él eligió continuar con «Tonatiuh». En 1529, Alvarado le hace donación de los tributos de Coban, acaso como compensación por haberse apoderado de un barco construido por él y de su entera propiedad.

Dos años después, Alvarado le encarga la construcción en Acajutla de la gran escuadra de que hemos hablado. Antes de morir, le había nombrado Capitán general de ella. Mendoza, convencido de su valía, renueva el nombramiento.

Derrotero de viaje de Juan Rodríguez Cabrillo y Bartolomé Ferrelo, 1542-1543. ▶

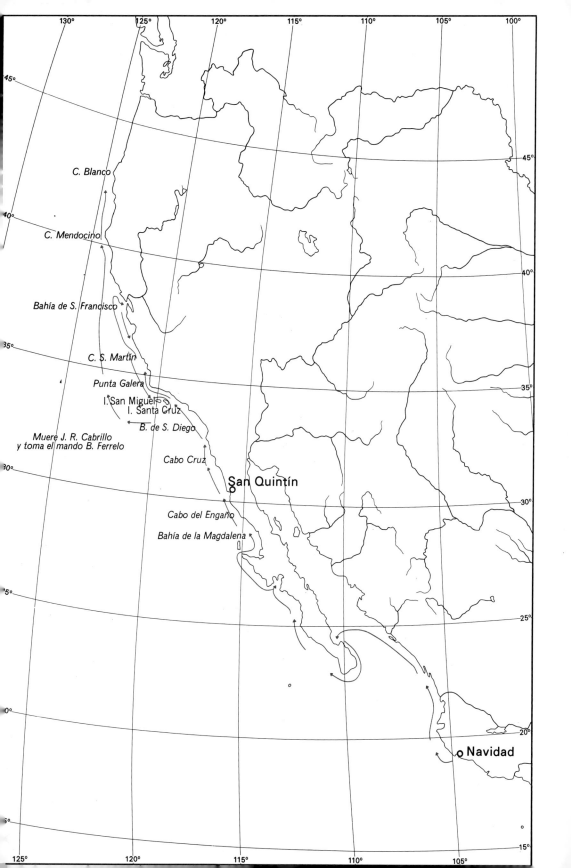

gente vestida. Siguió hacia el norte y descubrió otras sierras a una latitud de 37 grados, y a las que llamó de San Martín. Bautizó también con este nombre el cabo situado en la misma latitud.

Juan Rodríguez Cabrillo llegó el 3 de enero de 1543 hasta los 38 grados 41 minutos. Era el primer europeo que había ascendido a la Alta California[54], llegando a la isla que él llamó de la Posesión.

Tampoco él había de contemplar el fin de sus esfuerzos, durante los cuales murió, no sin antes suplicar a Ferrelo que no abandonara el descubrimiento; buena prueba de su rectitud de intención, ya que él no podía esperar más riquezas ni honores como frutos de la expedición.

Ferrelo cumplió el testamento de Cabrillo lo mejor que pu-

---

54. De este hecho indiscutible han tomado pie algunos de los autores citados para presentar a Cabrillo como exclusivo descubridor de California, con olvido injusto de los precedentes anteriores, numerosos y constantes, que determinan una verdadera ruta de exploración con meta aún no alcanzada, pero perfectamente distinta y con éxitos muy importantes en la práctica, como el conocimiento de toda la Baja California.

Esto no puede significar, por supuesto, una valoración deficiente de la intervención portuguesa en los asuntos californianos durante este siglo, la cual es muy considerable y ha sido reconocida así por autorizadas opiniones.

Ricard, Robert, por ejemplo, en *Estebanico de Azamor et la legende des Sept Cités*, «Journal des Américanistes», París, XXI (1929), p. 414, comenta el libro de Gandía, Enrique de, *Historia crítica de los mitos de la conquista americana*, Buenos Aires, 1929, pp. 59 y ss., y dice: «M. de Gandía écrit à propos de l'expédition de Fr. Marcos de Niza: ...estudiando la expedición del mismo Fray Marcos, vemos que las primeras noticias de las Siete Ciudades nacieron en la fantasía del negro Estebanico» (p. 62). Y Ricard relaciona entonces la dominación portuguesa en Azamor como posible origen de los conocimientos de Estebanico sobre la leyenda principalmente portuguesa de las Siete Ciudades.

También Ricard, en *La diffusion de la légende des Sept Cités en Amérique*, «Journal des Américanistes», XXXIII (1936), pp. 404-5, vuelve sobre este asunto y lo amplía diciendo: «...*Il apparaît cependant que le cas d'Estebanico n'est pas isolé, et que la tradition des Sept Cités a pu se transmettre, directement ou indirectement, d'une autre manière. Tout d'abord, il est maintenant démontré que des influences portugaisses se sont exercées au Méxique, sourtout dans le nord du pays, durant tout le cours du XVIe siècle*» (cfr. «Bulletin Hispanique», XXXVII, 1935, p. 83, y XXXVIII, p. 53, y la nota *Influences portugaises au Méxique durant le période coloniale*, «Revista da Facultade de Letras» de la Universidad de Lisboa).

Por otra parte, esta influencia portuguesa en México, especialmente durante el siglo XVI, tuvo otras manifestaciones muy interesantes, por ejemplo, en el arte, no sólo con la muy típica de las barrocas decoraciones manuelinas, sino incluso con la reproducción de motivos arquitectónicos, como el arco de lóbulos convexos. Sobre todo esto, cfr. Pérez Embid, Florentino: *El mudejarismo en la arquitectura portuguesa de la época manuelina*, editado por el Laboratorio de Arte de la Universidad de Sevilla, Sevilla, 1944, nota 77.

do. Asumió el mando de los dos navíos y prosiguió hacia el norte[55].

Se aproximaba ya a los 40 grados cuando encontró un gran cabo, al que, en honor del Virrey, que le enviaba, llamó Mendocino; y una gran ensenada, que apellidó de los Pinos. En enero de 1543 llegó al cabo de Fortuna (a 40 grados). Arrastrado después por los vientos y sufriendo horribles fríos, ascendió el día 10 de marzo de ese año hasta cerca de los 44 grados. Éste fue el límite de la expedición[56].

De importancia suma, sin duda. Un tercio de siglo más tarde, Drake se ufanaría de haber descubierto lo que Cabrillo y Ferrelo visitaron mucho antes, a costa de esfuerzos sobrehumanos.

---

55. Mathes, Michael, en *Sebastián Vizcaíno y la expansión española en el Océano Pacífico: 1580-1630*, México, 1973, escribe: «Un malhadado accidente ocasionó a Rodríguez Cabrillo una fractura en el brazo, lo que no impidió que continuara su viaje hasta cerca de los 44 grados, latitud norte; a causa del frío, él y sus hombres se vieron obligados a regresar hacia el sur. Los expedicionarios se detuvieron nuevamente en las islas que forman el canal de Santa Bárbara, sólo que, para entonces, una infección en el brazo fracturado del capitán causó su muerte. El viaje fue continuado bajo el mando del piloto Bartolomé Ferrer, quien, con la tripulación enferma y descorazonada, arribó a Navidad a mediados de abril de 1543» (pp. 15-16).
Desconocemos los datos en que se apoya para realizar tal aserto.
56. Cebreiro Blanco, Luis (*Colección de diarios y relaciones para la Historia de los viajes y descubrimientos*, Madrid, 1943, vol. I, pp. 27-42) relata el viaje de Cabrillo, según el memorial de Juan Páez. Coincide con el nuestro. Tras su partida de Navidad reconoce la costa oeste de la península y llega a la isla de Cedros, el 5 de agosto. A partir de ahí, descubre puertos, pueblos, cabos e islas, entre ellos los actuales San Pedro y San Diego, y las islas San Miguel y Santa Rosa. A la isla San Miguel la bautizó Posesión. Llega al cabo Galera. Desde ahí, mediado noviembre, los temporales del sur y sudoeste empujaron a los navíos, separados por las tormentas, a las proximidades de Punta Arena. Sin avistarse el uno al otro, Cabrillo regresa a Posesión para invernar. Allí se volvieron a encontrar. Entonces fue cuando murió Cabrillo, el 3 de enero de 1543, de resultas de la herida mal curada. En su lecho de muerte encomendó a Ferrelo, nombrado por él jefe de la expedición, «que no dejase de descubrir cuanto les fuese posible por toda aquella costa». A la isla, tras su muerte, la bautizaron «Juan Rodríguez».
El nuevo capitán, tras varios intentos frustrados por el mal tiempo, abandonó la isla el 18 de febrero. Días después un gran temporal del sudoeste volvió a separar ambos navíos y los arrastró más al norte del cabo Mendocino, cerca de Cabo Blanco. El tiempo abonanzó en momento oportuno. Desarbolados, se daban ya por perdidos. Fue entonces cuando Ferrelo barajó la costa al sur, regresando a Posesión o Juan Rodríguez.
Ya de vuelta, Ferrelo volvió a reconocer bahías y ensenadas en busca del otro navío. Lo encontró el 26 de marzo en la isla de Cedros con grandes averías. Ambos barcos, en lastimoso estado y sin apenas víveres, entraron en Navidad el 14 de abril de 1543, tras 292 días de navegación.

2. *California y el camino del lejano Oriente*

La expedición Cabrillo-Ferrelo había conseguido ampliar el conocimiento de las costas californianas, incorporando a la geografía lo que después se llamaría la Alta California. De todos modos, pese al logro alcanzado, el protagonista principal de los viajes por el Pacífico, tras el Virreinato de Mendoza, seguía siendo la ruta del lejano Oriente, a la que también Cortés con anterioridad había prestado una gran atención. Los viajes de Ruy López de Villalobos (1542) y de Miguel López de Legazpi y Fray Andrés de Urdaneta (1564) nos lo confirman sin lugar a dudas.

Pero esta estima por los caminos de la Mar del Sur aumentó en gran manera al encontrarse la vía del retorno. Cuando Urdaneta y Esteban Rodríguez, en 1565, arribaron a la Nueva España desde Manila, se abría de verdad el Pacífico para las naves hispanas. Mas Urdaneta, a fin de lograrlo, tuvo que llegar a las costas californianas a la altura del grado 27. Desde ese momento, California va a tener, con frecuencia, un papel secundario en la historia de la navegación, pero al menos hay que contar con ella. En muchas ocasiones queda ligada a la comunicación con Filipinas y al Galeón de Manila. Si a veces adquiere mayor preponderancia, más se debe a la acción extranjera que obliga a la Corona a preocuparse por ella.

Los viajes regulares de la Nao de Acapulco comienzan ya en 1566. Durante 13 años, España mantuvo sin ninguna oposición el mando sobre la Mar del Sur. Las mismas dificultades de la navegación favorecían, sin duda, los designios del Imperio español.

Pero en 1578 y en 1587, tanto Drake como Cavendish trastornaron el panorama político. Drake, que había partido de Plymouth en el otoño de 1577, tras tocar en las islas de Cabo Verde

---

Cebreiro añade que, pese a los errores que cometían en la evaluación de la latitud, puede afirmarse que estuvieron muy próximos a cabo Blanco y por supuesto mucho más al norte de San Francisco. Ésa era, también, nuestra opinión en 1947. No creemos, pues, necesario rectificarla.

Quién sea el Juan Páez autor del relato ha sido un problema debatido. Holmes, que lo estudia con profundidad (*ob. cit.*, cap. V, pp. 115-127) afirma con abundancia de datos —no todos convincentes— que se trata de un amigo de Cabrillo que llegó con él a Nueva España con las tropas de Pánfilo de Narváez, y se pasó a Cortés. Luego, como Cabrillo, acompañó a Alvarado, de quien recibió mercedes en Guatemala. No estuvo, desde luego, en la expedición. Pero dada su amistad con Cabrillo, se interesó por el tema, interrogó a testigos y realizó el relato. Es muy posible.

y en el estuario del Río de la Plata, logró entrar en el Pacífico por el estrecho de Magallanes. El 16 de septiembre del año siguiente se hallaba ya en la Mar del Sur. Al frente de una flota formada por el *Pelican (Golden Mind)*, el *Elizabeth*, el *Marigold*, una balandra y un barco bodega, atacó Valparaíso. Después, el 13 de febrero de 1579, avistó El Callao, y tras asaltar varios navíos, capturó el galeón *Cacafuego*, cargado de plata, ya en las proximidades de la costa panameña. Desde allí puso rumbo a California, en busca del estrecho de Anián. No lo encontró, aunque sus relaciones, como vimos en el capítulo I, confundieron más aún la geografía californiana. Llegó simplemente al norte del cabo Mendocino. Desde «su Nueva Albión» inició el regreso a Europa a través del Pacífico, el Índico y el cabo de Buena Esperanza. El 26 de septiembre de 1580 anclaba en Plymouth.

Hemos esbozado este viaje por la repercusión que tuvo en la Corte española. Desde entonces, en Madrid, se tuvo la impresión de la amenaza que se cernía sobre los caminos del Pacífico. Era necesario iniciar una política de protección. El ideal consistía en poblar algunos puntos de la costa de California, buscar asentamientos en las quiméricas islas Rica de Oro y Rica de Plata, explorar las costas de China y Japón y descubrir el estrecho de Anián. Así, abriendo tan espléndido abanico, salvaguardaríamos las Filipinas y, dominando el Pacífico, la ruta del Galeón[57].

Tal fue el motivo de las expediciones de Gali y Unamuno. Don Pedro Moya de Contreras, Arzobispo-Virrey de la Nueva España, escribía a Madrid en 1585 exponiendo la necesidad de establecerse en un puerto de la Alta California para resguardo de los galeones de Manila, y encontrar el estrecho de Anián. Varios meses después, el 8 de mayo, insistía en sus ideas; había encontrado incluso la persona idónea, el cartógrafo y navegante Francisco Gali. A la vuelta de Manila, en su camino hacia Acapulco, podía reconocer las islas japonesas y las costas de California[58].

Gali era, sin duda, un marino experto. Antes, incluso, de pensarse en él había dado pruebas de ser un buen conocedor de la navegación por el Pacífico. En 1583, en marzo, partió de Acapul-

---

57. Cfr. informe de Fray Andrés Aguirre sobre las exploraciones del Pacífico, 1585 (M. N., Navarrete, XVIII). *Vide* también Morrison, Samuel E.: *The European Discovery of America. The Southern Voyages. 1492-1616*, Nueva York, 1974, pp. 634-690.

58. El Arzobispo-Virrey de Nueva España don Pedro Moya al Rey, 22 de enero y 8 de mayo de 1585 (M. N., Navarrete, XIX).

co hacia Manila, y al año siguiente, en junio, llegó a Macao, y desde allí, el 29 de julio, volvió hacia Nueva España pilotando el *San Juan Bautista*. En su viaje de retorno alcanzó California a los 37 grados de latitud, describió algunos de sus accidentes geográficos y en enero de 1585 desembarcó en Acapulco. Ya en México, se ganó la estima del Virrey. Conocedor de sus planes, regresó a Manila en el navío *San Juan*. Allí aguardó en vano la autorización virreinal para iniciar el viaje de retorno. Mientras esperaba, le llegó la muerte, a principios de 1586[59].

Pedro de Unamuno fue el elegido por el nuevo Virrey, Marqués de Villamanrique, tras el fallecimiento de Gali. Zarpó de Macao el 12 de julio, al mando del *Nuestra Señora de la Esperanza*. Navegó en distintas direcciones en busca de Rica de Oro y Rica de Plata. El 31 de agosto se persuadió de la inutilidad de sus esfuerzos, y puso rumbo a California, a la que avistó a los 37 grados de latitud aproximadamente. El 18 de octubre entró en una gran bahía a la que llamó de San Lucas (Santa Cruz o Morro Bay). Tomó posesión de ella y trató de congraciarse con los aborígenes. Al no conseguirlo, la junta de mandos adoptó el acuerdo de continuar hacia el sur. En un principio intentó costear, pero el mal tiempo, tras siete días de trabajo infructuoso, le obligó a dirigirse sin más demora a Acapulco, donde arribó el 22 de noviembre de 1587. Diez días antes, por el cabo Corrientes, se encontró con una lancha, enviada por la Audiencia de Guadalajara, cuya misión era buscar al Galeón de Manila para advertirle de la presencia de un pirata inglés en la zona.

En realidad, lo importante del viaje fue el hecho comprobado de la inexistencia de las islas Ricas de Oro y de Plata. Algo ciertamente había explorado, habló de perlas y poco más[60].

Pero las noticias de la lancha eran ciertas. Aquel mismo año, en enero, Thomas Cavendish había doblado el estrecho de Magallanes. Mandaba una flota de tres barcos. Con ella atacó puertos

---

59. Wagner: *Spanish Voyages...*, *ob. cit.*, pp. 132-138.

60. *Relación del viaje de Pedro de Unamuno*, 1587 (A. G. I., Patronato, 25; M. N., Navarrete, XVIII, ms. 199; R. A. H., Muñoz, XXXVIII). Es de justicia recordar aquí que la gran facilidad que hoy se tiene para compulsar los mismos documentos en distintos archivos se debe a la importante obra dirigida por Mathes, Michael, conocida por *Californiana: Californiana I. Documentos para la historia de la demarcación comercial de California, 1583-1632*, 2 vols., Madrid, Chimalistac, Porrúa, 1965; *Californiana II. Documentos para la historia de la exploración comercial de California*, 1611-1679, 2 vols., Madrid, Chimalistac, Porrúa, 1970-1971.

y ciudades desguarnecidas. Mas su objetivo era el Galeón de Manila. El 24 de octubre, junto al cabo de San Lucas, se encontraba a la espera de su presa. El 14 de noviembre apareció en el horizonte el velamen del *Santa Ana*.

El Galeón había partido de Manila el 2 de julio al mando de Tomás de Alzola. Iba también, como piloto, Sebastián Rodríguez Cermeño. Cerca del cabo de San Lucas observó la presencia de dos naves, a unas ocho leguas de distancia. Alzola pensó que era Unamuno y continuó su viaje. Cuando se percató del error, a sólo dos leguas, no tenía más opción que el combate. Tras seis horas de lucha el *Santa Ana* tuvo que rendirse. Cavendish, después de apoderarse del botín, prendió fuego al galeón, que, sin arder totalmente, varó en una playa.

Después de su victoria, con algunos españoles prisioneros —a los demás los desembarcó en las cercanías del cabo— emprendió el viaje de regreso. Llegó a las Filipinas, pero, preocupado por las riquezas conseguidas, abandonó pronto —a comienzos de febrero de 1588— aquellas zonas de dominio español. El 19 de septiembre entraba en Plymouth[61].

En España, el impacto del viaje de Cavendish, ocho años después del de Drake, fue extraordinario. Sus consecuencias fueron, sin embargo, en un primer momento, diferentes a las provocadas por la expedición de este último. La situación en Europa era también muy distinta. Es la época del fracaso de la Armada Invencible. Las órdenes fueron: suspender los viajes de demarcación y exploración de la Alta California; reducir, pues, la acción al dominio de la península por el interior del golfo, utilizando el señuelo de las perlas; los galeones de Manila debían seguir el camino de vuelta más corto para llegar a Acapulco en el menor tiempo posible.

En el contexto de este momento se encuadra, sin duda, el primer viaje de Sebastián Vizcaíno, el de 1596, que estudiaremos en el próximo capítulo. Pero lo que podría producir la impresión de un cambio radical de rumbo no lo fue en realidad. Tres años

---

61.   Declaración de Tomás de Alzola, 24 de enero de 1588 (M. N., Navarrete XXVI); y Mathes, W. Michael: *The capture of the Santa Ana, Cabo San Lucas, November, 1587*, Los Ángeles, 1969.

El paso de Cavendish por los mares de Filipinas preocupó hondamente al gobernador. Las islas carecían de defensa; añadía que estaba convencido de que la captura del Galeón se debía a la falta de suficiente armamento. La comunicación al Virrey de Nueva España, el 16 de mayo de 1588; y al Rey, el 26 de junio. (A. G. I., Filipinas, 18; y M. N., Navarrete, XVIII).

antes, en 1593, la Corona, tras aquella pausa de cinco años, vuelve otra vez a la visión de largo alcance. El asegurar las costas occidentales del Pacífico norte en manos españolas era la garantía del Virreinato de Nueva España, y no sólo la protección de la ruta del Galeón de Manila. Con estrecho de Anián o sin él, la política agresora de Inglaterra, y en el futuro posiblemente de Holanda, podían llevarles a posesionarse de algunos puertos de la Alta California y desde aquel instante Nueva España y Panamá se encontrarían en difícil posición. Cierto que no por eso convenía abandonar la conquista del golfo y de la Baja California[62].

Pero hemos dicho que el Monarca tampoco se olvidaba de Filipinas. En la Real Cédula citada ordenaba la exploración de las costas occidentales del Pacífico norte, a fin de encontrar también un puerto fácilmente defendible que sirviera de punto de apoyo al retorno del Oriente. El encargo correspondió realizarlo al Virrey don Luis de Velasco, hijo, en su primer mandato.

Velasco incurrió, sin embargo, en el error de sus predecesores. California y Galeón de Manila eran, para él, una misma cosa. El gasto de la empresa sería menor si se encargaba de llevarla a cabo el propio navío en el viaje de retorno. El barco sería el *San Pedro*, y el navegante, un experto de la ruta de Filipinas. Sebastián Rodríguez Cermeño, portugués de origen y antiguo piloto del *Santa Ana,* fue el elegido. Era, en efecto, un hombre leal y competente. Su lealtad se había puesto a prueba cuando se negó a acompañar a Cavendish y él fue el que reparó la embarcación varada y medio destruida por el fuego, conduciéndola después desde el cabo de San Lucas, por el golfo, hasta tierras de Nueva España.

El *San Pedro* salió de Acapulco para Manila el 21 de marzo de 1594. Llegó en junio. Allí se comprobó que no estaba en condiciones para la aventura del regreso. Un particular le ofreció el *San Agustín.* Cermeño se hizo a la vela el 5 de julio de 1595. Llevaba una carga de 130 toneladas y una lancha filipina atada en

---

62. Es absolutamente cierto, como hemos visto en la Introducción, que fueron los Virreyes de México los que se opusieron, a partir de Montesclaros, a esta política que hemos llamado de largo alcance. Ellos veían los primeros síntomas de la crisis económica de Nueva España en el XVII, y consideraban que el descubrimiento del paso de Anián iba a ser más útil a los extranjeros que a los hispanos. Pensaban, además, que el asentamiento en la Alta California, como no podría realizarse de modo suficiente, se convertiría en una base potencial de los ingleses. Nueva España, reducida a lo que era en aquel entonces, carecía de fuerza para expansionarse debidamente.

cubierta. Componían la tripulación unos 80 hombres. Alcanzó California a los 42 grados, cerca de la actual Trinidad Bay. Costeó hacia el sur y pasaron por el cabo Mendocino y Point Reyes hasta San Francisco —la Drake's Bay de hoy— donde entró en contacto con los aborígenes.

El 30 de noviembre, una gran tormenta destrozó el buque. Consiguió Cermeño, sin embargo, salvar la lancha filipina, y después de bautizarla con el nombre de *San Buenaventura*, los supervivientes consiguieron salir de la bahía el 8 de diciembre, sin mercancías, por supuesto, y también sin provisiones. Pasaron luego por San Pedro (Monterrey), la bahía de Pescadores (Santa Mónica o San Diego)[63] y las islas de San Nicolás, Santa Bárbara y San Agustín (San Martín o Cenizas). Siempre en dirección sur, dejan la isla de Cedros, cruzan la boca del golfo y el 7 de enero de 1596 arriban a Nayarit. Allí desembarca Cermeño para llegar a la capital por tierra. La *San Buenaventura* entra en Acapulco 24 días después[64].

La pérdida del *San Agustín*, y el consiguiente fracaso de la expedición, le fue comunicado al Monarca por un nuevo Virrey, don Gaspar de Zúñiga y Acevedo, Marqués de Monterrey[65].

Junto a la noticia, y al aviso de la protocolaria información que se iba a abrir sobre los hechos, Monterrey insinúa que es necesario separar los viajes exploratorios de California del comercio con Manila. La nueva expedición debía partir de Nueva España. Por aquel tiempo, además, se reaviva el interés por el estrecho de Anián, pues se daba por cierta la relación de Fuca. Lo más urgente, por tanto, era asegurarse el dominio de California y resolver su problema geográfico. En noviembre, Monterrey escribía de nuevo a Madrid. En este segundo informe recogía también el fracaso de la expedición de Vizcaíno al golfo, es decir, la de 1596. Convenía, pues, que el viaje proyectado recorriese tanto la costa interior como la occidental[66].

La respuesta de la Corona está dentro de la línea política de

---

63. Santa Mónica, según Mathes, en *Sebastián Vizcaíno, ob. cit.*, p. 51, y San Diego, según Chapman, en *A History of California, ob. cit.*, p. 120.

64. *Relación del viaje de Sebastián Rodríguez Cermeño*, México, 24 de abril de 1596 (A. G. I., México, 26 y M. N., ms. 1509). El Virrey Velasco al Monarca, México, 6 de abril de 1594 (A. G. I., México, 22).

65. El Virrey de Nueva España al Rey, México, 19 de abril de 1596 (A. G. I., México, 23).

66. El Virrey de Nueva España al Rey, México, 26 de noviembre de 1597 (A. G. I., México, 23).

que hemos hablado. Acepta la propuesta, pero pone especial énfasis en el reconocimiento de la costa exterior. Lo importante era la elaboración de cartas geográficas y no malgastar el tiempo en la busca de placeres de perlas[67]. Es decir, había que precaverse de caer en las equivocaciones que habían dado lugar a los viajes de Gali, Unamuno y Cermeño, con galeones cargados de mercancías. Ahora, la exploración debían llevarla a cabo barcos de poco calado, al objeto de costear en profundidad. Entramos así en el momento del segundo viaje de Vizcaíno, el de 1602, que, junto con el primero, analizaremos, por su evidente importancia, con mayor detalle que estas últimas expediciones menores, en el siguiente capítulo[68].

---

67. Real Cédula para la continuación de los descubrimientos en California, 27 de septiembre de 1599 (A. G. I., México, 1064).
68. El Virrey de Nueva España al Rey, México, 31 de marzo de 1602 (A. G. I., Guadalajara, 133).

CAPÍTULO V

Los viajes de Sebastián Vizcaíno

I. *Los motivos de la expansión. Significado histórico de los viajes de Vizcaíno.*—II. *La primera expedición de Vizcaíno.*—La preparación de Vizcaíno como capitán. Desarrollo de la navegación (1596).—III. *Expedición de 1602.*—1. Su carácter.—2. Estudio crítico de la documentación.—3. Preparación y apresto de la expedición.—4. Tripulaciones.—5. Desarrollo de la navegación.—IV. *Actividades posteriores de Sebastián Vizcaíno.*—La alcaldía mayor de Tehuantepec. La encomienda de Ávalos. La embajada al Japón.

CAPÍTULO V

Los viajes de Sebastián Vizcaíno

I. LOS MOTIVOS DE LA EXPANSIÓN. SIGNIFICADO
HISTÓRICO DE LOS VIAJES DE VIZCAÍNO

Cuanto se refiere a la historia de California ha sido investigado con afán en las últimas décadas por los norteamericanos, que se precian de conocerla con exactitud. Desde mediados del siglo XIX, la producción bibliográfica de Estados Unidos viene a confirmar claramente lo que decimos.

En España y México, en cambio, si se ha estudiado bastante la labor pacificadora y civilizadora de las misiones por historiadores de las órdenes religiosas que la protagonizaron, e incluso, muy recientemente, la entrada en Sonora, Nuevo México y Texas, se han trabajado poco, por el contrario, los viajes marítimos, a pesar de ser muy abundante la documentación. Y, sin embargo —como escribe en estos últimos años M. del C. Velázquez— uno de los episodios de la historia nacional mexicana que «despiertan gran curiosidad, motivan polémicas y parecen quedar sin suficientes explicaciones... es la pérdida, a mediados del siglo pasado, de gran parte del territorio nacional». El esclarecimiento de este hecho, a primera vista, parece obvio. Quedaron incompletos los descubrimientos marítimos de California porque no se poblaron los grandes puertos explorados; y el dominio y la penetración por las tierras continentales del golfo de México carecieron de ímpetu colonizador por la dificultad de la conversión de los pueblos indígenas, dado su nomadismo, y por la continua tensión con aventureros franceses e ingleses que, amparados por sus gobiernos, favorecieron la actitud independiente y levantisca de los caciques e indios bravos. De esta forma, el asentamiento español en las Floridas, en la Luisiana, y en las llamadas Provincias Internas, tuvo siempre carácter defensivo y, por consiguiente, precario[1].

¿Pudo California tener otro destino distinto? Como todos los futuribles históricos, no interesa por sí mismo. Pero sirve la pregunta para valorar el éxito o el fracaso del gran fenómeno de «transculturación» que España realizó en América.

Desde este punto de vista, los viajes de Vizcaíno alcanzan un relieve especial, sobre todo el de 1602. La exploración costera de la Alta California abre unas posibilidades de integración territorial, que no fueron aprovechadas. Es el segundo momento clave, tras el período Cortés-Mendoza. Quizá el hecho de la escasa bibliografía hispano-mexicana sobre estos temas se deba a que el estudio de los fracasos por los que de algún modo se sienten vinculados a ellos es siempre más duro de realizar que el de los éxitos. Acaso por eso mismo haya abundado tanto la norteamericana. Los actuales californianos estiman en grado sumo esa historia, porque, sin hacerles perder su vinculación con los Estados Unidos, les confiere, además, una raíz distinta, lo cual les presta especial singularidad dentro del conjunto nacional.

Sean cuales fueren las causas, tenemos que afirmar que los historiadores de habla castellana conocieron muy someramente los puntos principales del asunto central de este capítulo, por lo menos hasta que en 1947 nos impusimos esa tarea. Los estudios sobre los viajes de Vizcaíno se basaban, en efecto, siempre o casi siempre en el testimonio de Torquemada, ampliamente recogido por el libro de Venegas-Burriel. Pero se desconocían muchos detalles de interés y se sabía con poca exactitud hasta dónde llegó. Torres Campos, por ejemplo, declara que tienen verdadero interés las expediciones «del hábil y experimentado piloto Vizcaíno, que conoció la costa de la Baja California y de la Alta llegó hasta los 42º y visitó San Diego, Monterrey y *quizá* San Francisco»[2]. Menos seguridad todavía se tenía respecto a

---

1. Es interesante completar lo hasta aquí expuesto con la lectura del libro citado: *Establecimiento y pérdida del septentrión de Nueva España*, México, 1974, y con el de Navarro, Luis: *Don José de Gálvez y la Comandancia General de las Provincias Internas*, E.E.H.A., Sevilla, 1964.

2. Torres Campos, Rafael: *España en California y en el Noroeste de América*, conferencia leída en el Ateneo de Madrid, el 17 de mayo de 1892. Madrid, 1892.

los compañeros que llevó Vizcaíno, a pesar de que Torquemada los señala con precisión. El piloto Jerónimo Martín Palacios, que fue quien trazó los dibujos de las costas y escribió el derrotero desde el puerto de Acapulco al cabo Mendocino, había pasado completamente inadvertido, y si alguna vez los autores citaban a Martín Palacios era con excesiva ligereza: «Iba asimismo en las naves Gerónimo Martín —dice Ispizua[3]— con el cargo de cosmógrafo y encargado de trazar los rumbos y levantar un mapa». Así lo hizo, en efecto, aunque no fueran conocidos ni derrotero, ni mapas, ni planos, y aunque respecto al primero se haya dicho que de él no existían mapas en el Archivo de Indias, cosa evidentemente errónea. El año en que se efectuó la segunda expedición de Vizcaíno no ofrece tampoco dudas, aunque esa fecha la hayan equivocado algunos; por ejemplo, Ispizua.

Por último —y es lo más importante— al carecer antes de 1947 de un estudio completo de los viajes de Vizcaíno, no se puede destacar en medida suficiente su primordial interés dentro del conjunto de los realizados por las costas californianas, ni tampoco marcar las diferencias entre los propósitos que movieron sus navegaciones respecto de las anteriores, diferencias que marcan un hito importante en el conocimiento progresivo de la realidad geográfica de California; pero, sobre todo, señalan al mismo tiempo una etapa en la política expansiva de los gobernantes de Nueva España[4].

De acuerdo con lo afirmado en el capítulo anterior, las causas que aconsejaban intentar de nuevo las expediciones a California, tantas veces fracasadas, eran complejas. «Los ingleses, por aquellos años, habían empezado, por descuido nuestro, a ser dueños del mar. Por otro lado, corría entonces muy viva la fama del estrecho de Anián, por donde se decía haber comunicación del Mar del Sur con el Mar del Norte de Terra-Nova; y si los ingleses lograban hacer practicable la navegación por este lado,

---

3. Ispizua: *Historia de los vascos en América*, II, p. 211.
4. Desde la primera edición de este libro, en 1947, hasta hoy, la figura de Vizcaíno ha sido estudiada en diversas ocasiones, llegándose prácticamente a las mismas conclusiones. Poco, pues, habrá que agregar a lo afirmado entonces. Cfr. entre otros: Mathes, W. Michael: *Sebastián Vizcaíno y la expansión española en el Océano Pacífico: 1580-1630*, México, 1973; y *Sebastián Vizcaíno y los principios de la explotación comercial de California*, separata en el *Homenaje a don José de la Peña y de la Cámara*, Madrid, 1969, pp. 221-247.
Cuando hablamos de los gobernantes de Nueva España, tanto nos referimos a la Corona como a los Virreyes, en este momento concreto.

no tenían seguridad nuestros dominios en que entraba toda la India portuguesa, unida entonces con Portugal a la Corona de Castilla, estando sin defensa todas las costas, desde Acapulco a Culiacán, y sin población española todas las restantes, desde Culiacán hacia el Norte»[5]. Son los mismos motivos que encuentra Pereyra[6] como determinantes de la gran actualidad que las costas de California cobraron a fines del XVI: «Dos acontecimientos dieron importancia a las costas norteamericanas del Océano Pacífico: uno era la exploración del Atlántico boreal por los ingleses, para buscar el paso del Noroeste, y otro la presencia de piratas de la misma nación en la Mar del Sur».

Pero no son esos motivos los únicos. «Añadíase a esto —continúa la *Noticia*— la fama no adormecida de las perlas de aquellos mares; y sobre todo pesaba mucho en el corazón de aquel religioso Monarca el cuidado de la propagación de la Fe y la compasión de tantos millares de almas sepultadas por falta de predicadores en las sombras de la infidelidad, encomendadas a su cuidado por la Silla Apostólica».

Por añadidura —y ésta es la innovación fundamental en la línea de los propósitos perseguidos, a la que antes se ha hecho una referencia— una causa más venía a juntarse a las que hasta entonces habían impulsado semejante afán descubridor. La ruta del Poniente estaba amenazada de una manera particular en el trayecto inmediato a las costas californianas. La Nao de la China, Navío de Acapulco o Galeón de Manila[7], que iba a ser durante muchos años cordón umbilical de las Filipinas y la Nueva España, empezaba ya a regularizar su funcionamiento, y —obligado por las condiciones climatológicas— seguía una ruta que en el tornaviaje partía de Manila, buscaba las cercanías de la costa japonesa, atravesaba luego el Océano y venía a alcanzar tierra americana desde la altura aproximada del cabo Mendocino hasta el grado 27; a partir de allí se costeaba hasta alcanzar Acapulco.

---

5. *Noticia de la California, ob. cit.*, I, p. 139.
6. Pereyra: *ob. cit.*, p. 71.
7. Cfr. Lytle Schurz, William: *The Manila Galleon*, Nueva York, 1939; especialmente el segundo capítulo de la segunda parte, dedicado al estudio de la ruta. Lorente Rodrigáñez, Luis: *El galeón de Manila*, «Revista de Indias», 15, Madrid, 1944. Chaunu, Pierre: *Les Philippines et le Pacifique des Ibériques*, París, 1960; y *Le galion de Manille, grandeur et décadence d'une route de la soie*, «Annales E. S. C.», año 6 (1951), pp. 447-462. Cruz, Francisco Santiago: *La nao de China*, México, 1962. Boxer, C. R.: *The Manila Galleon*, «History Today», 8, 1958, pp. 538-547.

Hacia estos años finales del siglo XVI hemos visto que habían empezado los ataques de los piratas a la navegación comercial española en el Pacífico, asumida por el Galeón. No sólo estaba en peligro la seguridad estratégica de las costas de Nueva España, sino su comunicación con el para nosotros —los occidentales— lejano Oriente. Y si el abandono de las Molucas, conforme al tratado de Zaragoza de 1529, puso en vía muerta nuestras posibilidades orientales, ahora, en cambio, desde el engarce de Portugal en la Corona (1580) y la amenaza a la ruta del Galeón que unía a México con las Filipinas, ponía en trance de absoluto desgajamiento uno de los fundamentales caminos del comercio novo-hispano. Los piratas habrían encontrado o no el paso del N. O., habrían penetrado en la Mar del Sur por el paso famoso y discutido, o bien —como en efecto ocurrió— por el estrecho de Magallanes. Pero lo que resultaba indudable a los ojos de los gobernantes de España es que tales piratas encontraban apostaderos en las costas de California, allí esperaban la buena oportunidad para sus ataques, y allí tenían los puntos de escala indispensables para su permanencia en la zona cercana al último trayecto de la ruta del Galeón. Ocupar la costa de California era imprescindible para asegurar el tráfico mercantil con Manila. Además de la inquietud geográfica, de la expansión misional, de la seguridad estratégica de las costas mexicanas propiamente dichas y de la fama de las perlas, había una razón nueva.

La significación de tal hecho es innegable. La gesta de Urdaneta daba sus verdaderos frutos, y la vida de la Nueva España no podía ser considerada ya como la de un foco terminal, sino como la de un importantísimo engranaje de una nueva concepción que —para forjarse— contaba con las verdaderas proporciones del mundo[8].

A esta nueva concepción responde claramente el segundo de los viajes de Sebastián Vizcaíno. Lo dice así terminantemente la carta real antes citada, que, para mayor constancia de lo que se pretende, se dirige a la vez al nuevo Virrey de Nueva España, don Juan de Mendoza y Luna, marqués de Montesclaros, y a don Pedro de Acuña, gobernador y Capitán general de las islas Fili-

---

8.   La importancia del hallazgo por Urdaneta del viaje de retorno la resaltan suficientemente la obra clásica de Cuevas: *Monje y marino*, México, 1943, y el estudio de Díaz-Trechuelo, María Lourdes: *La conexión entre el Atlántico y el Pacífico hasta Fray Andrés de Urdaneta*, «Anuario de Estudios Americanos», XXV, Sevilla, 1968, pp. 469-494.

pinas: «...Don Luis de Velasco... viendo la larga navegación que desde el puerto de Acapulco hay a esas Islas, el trabajo y el riesgo grande con que se navegaba aquel viaje, respecto de no haber Puerto donde reparar las Naos, y abastecerse de agua, leña, árboles y otras cosas forzosas, y necesarias: determinó de hacer Descubrimiento, y demarcación de los Puertos de las Costas desde Nueva España a esas islas; y ordenó que se fuese a hacer esta diligencia en un navío llamado *San Agustín*, el cual, por haberse perdido, no tuvo entonces efecto el dicho Descubrimiento; y que después el Conde de Monte-Rey, que le sucedió en aquel gobierno... me escribió sobre ello, y era de parecer que se hiciese en embarcaciones pequeñas, saliendo del Puerto de Acapulco, y que se podía incluir en ello el reconocer las Costas y Puertos de la Ensenada de las Californias y de la pesquería: a lo cual, por carta mía de 27 de septiembre de 1599 le mandé responder... que así lo pusiese luego en execución, *sin que se embarazase en lo de las Californias, si no fuese de paso*»[9].

En la respuesta real se afirmaba el plan trazado en esas frases y añadía algunas precisiones sobre la expedición proyectada. Sería ésta, conforme indicamos, la segunda de Sebastián Vizcaíno.

Es, pues, necesario tener en cuenta esta distinción entre ambos viajes. Mientras la expedición de 1596 tiene como meta determinada —luego hemos de verlo más detenidamente— *la tierra* de las Californias, «que era la tierra que —Vizcaíno— llevaba en comisión para descubrirla», al llegar 1602, las instrucciones dadas al mismo capitán le prohiben la exploración del interior, porque «el negocio e intento principal» es demarcar los puertos que puedan existir entre el cabo de San Lucas y el Mendocino. Por eso, los dibujos de Enrico Martínez no harán sino seguir la línea de la costa, y no se detienen a trazar el fondo de algunas bahías o entrantes de la misma. He ahí el nuevo propósito de la segunda expedición de Vizcaíno.

En ella, por tanto, es donde se inicia prácticamente —como

---

9. La cursiva es nuestra. Cfr. en *Noticia de la California, ob. cit.,* I, pp. 145 y ss., el texto de la carta al gobernador de Filipinas. El de la dirigida al Virrey de Nueva España, en B. N., ms. 18.393, fols. 55-60 v., que presenta algunas variantes —más exactas— de transcripción. Cfr. Real Cédula en favor de Sebastián Vizcaíno, 19 agosto 1606 (A. G. I., México, 1.064, y Guadalajara, 133). Real Cédula, ya citada, para la continuación de los descubrimientos en California, 27 de septiembre 1599 (A. G. I., México, 1.064; A. G. N., Ramo de Reales Cédulas Duplicadas, 1 bis).

Derrotero de viaje de Vizcaíno, por la costa oriental de la península de ▸
California, 1596-1597.

hemos de ver— el plan de descubrimiento de las costas norte-americanas del Pacífico, con vistas a la seguridad de la ruta co-mercial, aunque este plan se viniera esbozando desde años antes. De la misma manera, tampoco ahora ha de conseguirse en su totalidad.

Así, los viajes de Vizcaíno, y singularmente el segundo de ellos, cobran importancia especialísima en la serie de expediciones que llevan a las proas españolas desde Acapulco a Nutka.

II. La primera expedición de Vizcaíno

La preparación de Vizcaíno como capitán. Desarrollo de la navegación (1596)

El virreinato de don Luis de Velasco[10] significa un compás de espera en el proceso de los viajes a las costas norteamericanas del Pacífico, durante el cual sólo se envía en dicha dirección al navío *San Agustín*, perdido seguidamente sin lograr adelanto alguno[11]. Ya lo hemos dicho en el capítulo anterior.

Terminado este paréntesis, el nuevo Virrey, don Gaspar de Zúñiga, conde de Monterrey, recibió en 1596 la orden de Felipe II para que se continuasen los intentos de descubrimiento y penetración en California. En ella venía nombrado para este plan el capitán Sebastián Vizcaíno, «hombre animoso pero sesudo, buen soldado de tierra, práctico en las cosas de la mar, y a propósito por la suavidad de su genio para el gobierno de una empresa en la que suelen ser frecuentes los disgustos del equipaje, que presto atribuye sus males al capitán»[12].

Sebastián Vizcaíno nació en 1548, probablemente en Extremadura, aunque también se le considera vasco y cántabro por otros autores. Militar experto, en 1580 estuvo en la jornada de Portugal y tres años más tarde pasó a Nueva España. En 1586 lo

---

10. Nos referimos ahora al primer gobierno de don Luis de Velasco, hijo, que tomó posesión el 17 de enero de 1590 y entregó el mando el 5 de noviembre de 1595. Su segunda etapa transcurre entre el 15 de julio de 1607 y el 17 de junio de 1611.

Su padre fue el sucesor de Mendoza, y gobierna desde el 25 de noviembre de 1550 hasta su muerte, acaecida el 31 de julio de 1564.

11. Carta de Felipe III al marqués de Montesclaros, Virrey de Nueva España. San Lorenzo el Real, 19 agosto 1606. B. N., ms. 18.393; A. G. I., México, 1.064 y Guadalajara, 133.

12. *Noticia de la California, ob. cit.*, I, p. 140.

encontramos en Manila convertido en mercader. En 1589 regresa [13] y se instala en la capital mexicana, ejerciendo el mismo oficio. Allí se casa y se sabe que tuvo por lo menos tres hijos.

El que fuese un hombre tan paradójico, pues era a la vez sedentario y aventurero, experto navegante y muy aficionado a los negocios, explica que inicialmente el Virrey previniera a la Corte con cierto menosprecio hacia la persona de Vizcaíno, y más tarde rectificase su primer informe [14]. Por eso no puede extrañar el nombramiento que en él recayó para empeño del que tanto debía esperarse en aquellos momentos, y tampoco la anterior opinión desfavorable.

Antes hemos visto los motivos que impulsaron esta primera expedición de Sebastián Vizcaíno: expansión misional, control de las pesquerías de perlas, seguridad estratégica de las costas de Nueva España [15]. En cuanto a su meta precisa, la señala

---

13. Mathes, en *Sebastián Vizcaíno...*, *ob. cit.*, pp. 34 y ss., opina, tras examinar una amplia documentación sobre Vizcaíno, que si él hubiera estado presente en un momento tan importante como la depredación del *Santa Ana* por Cavendish, alguna referencia quedaría de ello. Vizcaíno jamás lo menciona. Nosotros, de acuerdo con esta opinión, que nos parece acertada, hemos suprimido lo que afirmamos en 1947, siguiendo a Chapman: *ob. cit.*, p. 124.
Mathes, Michael: *Sebastián Vizcaíno y San Diego Bay*, «The Journal of San Diego History», XVIII, 2, 1972, pp. 1-7, afirma sin lugar a duda que Vizcaíno nació en Extremadura, p. 4. De todos modos, no da argumentos para sostener esta opinión. Por eso nosotros, en el texto, mantenemos que probablemente nació allí, pero que aún no se puede afirmar indefectiblemente.
14. Chapman: *ob. cit.*, pp. 125 y 128.
15. Sebastián Vizcaíno está muy ligado con el comienzo de la explotación comercial de California. Desde su descubrimiento fue estimada como una rica zona perlera. Así lo habían demostrado las expediciones de Cortés, Hernando de Alarcón y Pedro de Unamuno. En este sentido comercial se intentó la explotación de California por el Arzobispo-Virrey don Pedro Moya.
En 1585 se legalizaron las actividades perleras al darse una licencia en favor de Hernando de Santotis, Antonio de Castillo y Pedro Lobato del Canto. Podían pescar perlas —con derechos exclusivos— desde el puerto de Navidad hasta California. Por diversos contratiempos, la empresa fracasó, y el 29 de julio de 1592, una compañía, al frente de la cual estaba Vizcaíno, presentaba un escrito al Virrey don Luis de Velasco, hijo, en el que pedía se declarase sin efecto la licencia de Santotis y exponía la posibilidad de constituir una nueva empresa que trataría de perlas, de pesca y de la explotación de yacimientos de sal, oro y plata en la misma zona que Santotis. El Virrey Velasco expidió una provisión, según la cual, a partir del 1 de marzo de 1594, Vizcaíno y sus socios podrían practicar todo tipo de pesca y minería entre Navidad y California por un cuatrienio.
En ese mismo año de 1594, empiezan a preparar el viaje a California. Pero la disputa entre los socios de Vizcaíno puso en peligro la expedición, y poco a poco la compañía cayó en una completa bancarrota.
Para salir de esta situación, Vizcaíno y algunos de sus socios pidieron ayu-

Torquemada[16] con palabras muy claras: «y fue el general Vizcaíno, solícito de sus sucesos, en demanda de las Californias, que era la Tierra que llevaba de Comisión para descubrirla».

En tres navíos bien provistos —*San Francisco, San José* y *Tres Reyes*— salió el 15 de junio de Acapulco el general Vizcaíno, con gente reclutada en México, y llevando en la tripulación varios religiosos franciscanos: Francisco de Balda, como comisario, más Diego Perdomo, Bernardino de Zamudio y Nicolás Saravia, sacerdotes, y el lego Cristóbal López.

Desde Acapulco hicieron rumbo al puerto de Salagua, donde permanecieron varios días tomando provisiones y esperando «cuatro capitanías de gente que venían por tierra para embarcarse». De allí partieron el 23 de julio, con buen tiempo, y navegaron más de 150 leguas hasta llegar a las islas de Mazatlán, veinte días después, donde medio centenar de soldados, temerosos del éxito de la empresa, abandonaron la expedición, juntamente con Fray Francisco de Balda, que estaba enfermo.

Pasada la «boca de California» o entrada del golfo de este nombre, el 3 de septiembre, hicieron varios intentos de desembarco, el segundo de ellos en un puerto, en el cual tomaron posesión de la tierra con las acostumbradas fórmulas de ritual y en presencia de los naturales, que durante los días siguientes les

----

da al Virrey Velasco. El 14 de octubre de 1595, el nuevo Virrey, don Gaspar de Zúñiga y Acevedo, conde de Monterrey, lo aprobó y en nombre del Rey dio permiso y ayuda para la expedición a California. Sobre esta base, Sebastián Vizcaíno fundó otra nueva sociedad.

A pesar de todo, los pleitos y diferencias no tardaron en aparecer. Pero en esta ocasión, durante el tiempo que duraron estos conflictos, se fueron continuando los preparativos para la expedición. En junio de 1596, el *San Francisco*, el *San José* y el *Tres Reyes* estaban preparados para partir. Cfr. asiento de don Luis de Velasco en favor de Sebastián Vizcaíno, 16 de noviembre de 1593 (A. G. I., Patronato, 20; M. N. Navarrete, XIX). Autos hechos por Sebastián Vizcaíno y su compañía sobre la pesquería de perlas, 1593-1596 (A. G. I., Patronato, 30). Real Cédula en favor de Hernando de Santotis, 15 de junio de 1586 (A. G. N., Ramo de Reales Cédulas Duplicados, 228). Carta del conde de Monterrey al Rey, México, 29 de febrero de 1596 (A. G. I., México, 23). Nuevas proposiciones que hicieron al Virrey de Nueva España en agosto de 1595 Vizcaíno y su compañía para la expedición a las Californias (A. G. I., Patronato, 20; M. N. Navarrete, XIX). Carta de Monterrey al Rey, México, 17 de abril de 1596 (A. G. I., México, 23). Cfr. Mathes: *Sebastián Vizcaíno..., ob. cit.*, pp. 31 y ss.

16. Torquemada: *Monarchia Indiana*, lib. V, caps. 41 y 42, pp. 682 y ss., da una enumeración detallada de todas las incidencias de este viaje. A ella y a la *Noticia de la California*, I, p. 140, nos remitimos para los datos de los primeros pasos de la expedición, ya que la relación del propio Vizcaíno es poco expresiva.

proporcionaron caza, fruta y perlas. La escena y sus detalles, pintorescos y emotivos, los cuenta así al Rey el propio Sebastián Vizcaíno [17]:

«Tomé tierra de la otra banda en altura de 24 grados en una bahía muy grande que de la parte de la mar va cercando islas muy grandes en bahía capaz para mucha cantidad de navíos y puerto limpio.

»En este paraje me salieron mucha cantidad de indios a recibir de paz, y en ella estuvieron el tiempo que en el dicho paraje estuve; y lo que en él me sucedió fue que queriendo decir los religiosos misa, hecho un altar en tierra, saqué del navío la imagen de Nuestra Señora para ponerla en el dicho altar, llevándola en procesión desde la playa al paraje donde estaba el dicho altar. En este tiempo llegó un indio principal, con más de ochocientos indios con arcos y flechas, y los salimos a recibir, y ellos se me vinieron de paz y llegando ante la imagen de Nuestra Señora, hincándome de rodillas, besando sus pies y al fraile que la tenía las manos; visto esto, el dicho indio echó de sí el arco y flechas que traía, y se humilló delante de la dicha imagen besándole sus pies y mirando al cielo y al sol decía por señas que si aquella imagen había venido de él; y dándosele a entender por señas, dio grandes voces a los demás indios sus compañeros, los cuales acudieron a hacer lo que el dicho principal había hecho, de que todos los españoles que allí íbamos sentimos el contento que era razón, y llevando la dicha imagen en procesión a poner en el altar, siempre fue el dicho indio principal danzando a su usanza delante de ella.

»En este paraje tomé posesión de la tierra ante los dichos indios, quieta y pacíficamente, y los dichos indios dándoselo a entender por señas lo tuvieron por bien», dice Vizcaíno con no poca ingenuidad.

Y añade: «Puse por nombre a la provincia la Nueva Andalucía, al puerto San Felipe, y a las dos islas, a la una la isla de San Francisco y a la otra San Sebastián».

---

17.   *Relación que Sebastián Vizcaíno, a cuyo cargo fue la jornada de las Californias, dio a S. M., con expresión de lo que vio en la dicha jornada desde el puerto de Acapulco hasta 29 grados dentro de la ensenada de las Californias, a la parte de noroeste, de donde se volvió, 1597.* Tiene firma autógrafa. A. G. I., Guadalajara, 133; y Patronato, 20. Cfr. *infra* en los apéndices.

Pasaron adelante, y en otro lugar «más al noroeste como quince leguas, que hace una gran ensenada con muchos bajíos», la calma del viento y las corrientes del mar hicieron encallar la nao grande de seiscientas toneladas. Salvado el peligro, «entré en esta dicha ensenada, la cual puse por nombre la de la Paz, porque en ella me salieron a recibir muchos indios, dándonos lo que tenían, como era pescado, muchas frutas de la tierra, caza de conejos, liebres, venados». Allí comenzaron el trato pacífico con los naturales de la región, y empezaron a evangelizarlos, echando así los cimientos de la futura ciudad de La Paz. Allí quedaría la nao capitana, desarbolada, como hemos visto, al encallar, y también la gente más cansada, al mando del capitán Rodrigo de Figueroa.

«Y deseoso de descubrir toda la ensenada, me determiné con el navío pequeño y lancha» a entrar por la boca adentro, para lo cual salió «de este puerto, que está en veinticinco grados escasos, a 3 de octubre». La navegación estaba llena de dificultades, según Vizcaíno: tormentas, muchas islas y bajos, escasez de bastimentos, ataques de los indios. A pesar de ellas, llegó primero a la altura del grado 27, donde él en su relación fija el incidente de la pérdida de la chapula, que ya Torquemada relata, pero añadiendo detalles que no serán quizá sino una ampliación imaginada y retórica de los hechos, mucho más escuetamente contados por Vizcaíno con estas palabras:

«Siendo de día me salieron de tierra cinco piraguas de indios, haciendo señas que fuese a su tierra, prometiendo cosas de comer y agua que llevaba falta, y así arribé al paraje que los indios señalaban, y salté en tierra con cuarenta y cinco hombres, y en ella me recibieron con mucha suma de indios, dándome pescado, fruta, y mostrando gran contento en habernos visto.

»Y en este paraje uno de mis soldados desconsideradamente dio a uno de los indios sin yo verlo con el cabo del arcabuz en los pechos, de que se enojaron los dichos indios, y nos tiraron algunas flechas aunque no de mucha consideración. Y visto el atrevimiento de los indios, mandé disparar cuatro arcabuzes por alto para asombrarlos y no ofenderlos. Al ruido de la pólvora cayeron todos en el suelo y pasado el humo de ella se levantaron, y visto que no se les había hecho daño, con más ímpetu volvieron a flechar, de que mandé abajar a los míos la mano, y a la primera rociada cayeron no sé cuántos, de que los demás comenzaron a huir por una serranía arriba.

»Y visto que en este paraje no había que hacer, me embarqué para pasar adelante, y siendo la chalupa que llevaba pequeña, no nos pudimos embarcar todos, dejando al Sargento mayor en tierra con la mitad, a quien envié luego la chalupa, y entre los dichos soldados tuvieron diferencias sobre quién lo había hecho mejor, de que no se embarcaron cuando se les mandó... Y visto la determinación que tenía de castigar algunos desobedientes, se embarcaron, y viniendo para el navío, ya desviados de tierra, llegaron por una playa gran golpe de indios tirando flechas por alto, de que una de ellas dio en la nariz a uno de los marineros que venían bogando, y como se sintió herido lo dejó de hacer, y el otro haciendo su oficio tomó la chalupa por avante, y a este alboroto los soldados que venían en ella comenzaron a menearse, de que se hicieron a la banda, y con el peso se zozobró la dicha chalupa y los cogió debajo, y como estaban armados se fueron a pique, y de veinticinco se escaparon seis a nado por ser las armas que llevaban de cuero y con tablas que fueron socorridos».

Obligaba esto a volver a La Paz. Las malas noticias acabaron con el ánimo de los que allí esperaban. Todos estos descalabros y la falta de víveres, aumentada por un incendio que destruyó los almacenes, obligaron a los restos de la descabalada flotilla a abandonar aquellos lugares. El general accedió a los deseos de quienes querían regresar, enviándolos «para que en el navío *San Francisco* y lancha se volviesen a esta Nueva España». Pero él, con los más animosos, persistió en su empeño de descubrir, y con 40 hombres inició una nueva intentona, a bordo del navío *San José*.

Abandonaron finalmente la ensenada de La Paz, «a 28 de octubre del dicho año de 97 (*sic;* debería poner «96»), yo para descubrir la dicha ensenada, y los demás para la Nueva España». Sus esfuerzos se prolongarían aún durante dos meses largos; llegaron hasta los 29 grados, pero todo era inútil: «por requerimiento de todos arribé al puerto de las islas de Mazatlán... trayéndonos Dios de misericordia».

Lo que se había descubierto[18] era una costa con buenos abri-

---

18. Torquemada: *Monarchia Indiana*, I, p. 686.

gos naturales, una tierra inhóspita, mezquina en frutos, rica en bosques, de los cuales podían obtenerse con facilidad arboladuras para los buques, algunas gentes altas y peligrosas como flecheros, y a cambio de estas realidades, unas noticias vagas de tierras interiores ricas en maíz y muy pobladas.

Sebastián Vizcaíno seguía, sin embargo, dispuesto a luchar. En la misma relación enviada al Rey, le encarece la importancia de la ruta de Californias, empleando para ello las conocidas razones: la propagación de la doctrina verdadera, la extensión de la tierra, las perlas y el eco de otras muchas riquezas: «plata, muchas mantas de algodón, maíz y bastimentos, y gallinas de la tierra y de Castilla». Era el testimonio de los indios que Vizcaíno cree algo ingenuamente, con una seriedad que obliga a sonreír un poco cuando se leen cosas como ésta: que sus informadores «tomando arena en sus manos la echaban por alto, dando a entender que como arena había gente adelante. Y esto me dijeron los dichos indios no en un paraje sólo, sino en muchos...».

La relación añade aún una serie de peticiones al Rey sobre el apresto de la expedición futura[19].

---

19. El 17 de noviembre de 1596, Sebastián Vizcaíno llegaba a Nueva España. El día 8 de diciembre y desde Salagua, envió un informe al Virrey Zúñiga relatando lo sucedido en la jornada de California desde el 12 de mayo de 1596, que salió de México, hasta el 7 de diciembre, que llegó a Salagua (A. G. I., Patronato, 20).

Siempre mantuvo el Virrey dudas sobre el éxito de esta expedición. Conviene ahora que observemos cómo el Virrey escribió a la Corona en este sentido, una vez que Vizcaíno había ya salido de Acapulco. En España se expidió una Real Cédula respondiendo al Virrey y ordenando que, para evitar problemas, deberían suspenderse los privilegios dados a Vizcaíno. El viaje acabó antes de que la Real Cédula llegase a México. Zúñiga tuvo que dar cuenta al Rey, convencido de que la expedición había significado un serio esfuerzo de Vizcaíno, aunque no hubiera cumplido todos sus objetivos y no hubiese dado los frutos que de ella se esperaban. El mismo Sebastián Vizcaíno escribió al Rey, el 27 de febrero de 1597, disculpándose por el resultado adverso de la jornada de California y atribuyendo los contratiempos a los elementos atmosféricos que habían impedido la exploración y la pesca de perlas.

En esta expedición, el fracaso fue el protagonista, pero Vizcaíno había obrado con diligencia y perseverancia. Por ello consiguió recuperar la confianza del Virrey y de la Corona, y el 9 de noviembre de 1597 se atrevía a pedir al Rey que le concediese un nuevo permiso para hacer un viaje, una vez más, por el mes de marzo de 1598. Fundaba su propuesta en las típicas razones: a) necesidad de convertir a los indios; b) explotación de los placeres perleros, los depósitos naturales de sal, y c) la gran variedad y abundancia de peces. Remitida esta petición a la Corona, el 6 de junio de 1598, fue aceptada.

Pero las cosas no le salían habitualmente bien a Vizcaíno. En este caso, apareció la competencia. En noviembre de 1597, un tal Gabriel Maldonado presen-

Derrotero de viaje de Sebastián Vizcaíno por la costa occidental de California, hasta San Diego, 1602-1603.

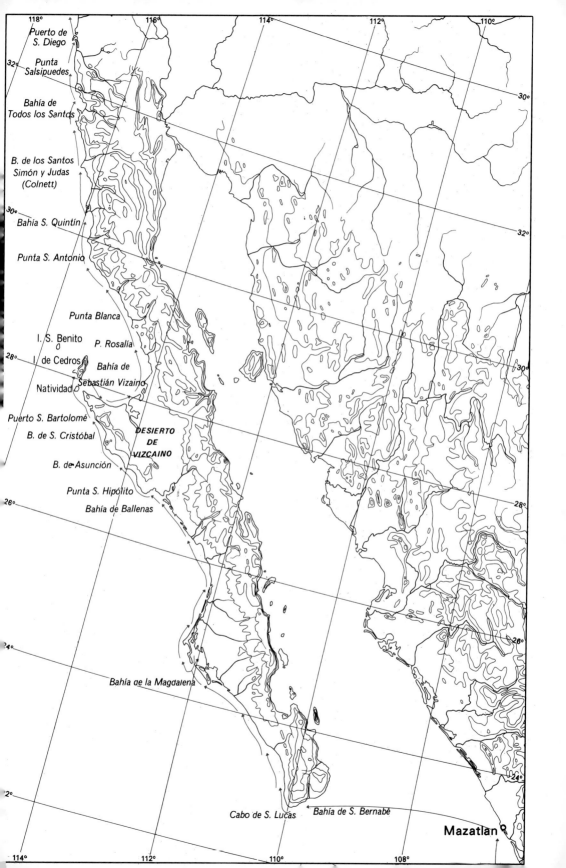

Puerto de
S. Diego
Punta
Salsipuedes
32°
Bahía de
Todos los Santos

B. de los Santos
Simón y Judas
(Colnett)

30°
Bahía S. Quintín

Punta S. Antonio

Punta Blanca
I. S. Benito
I. de Cedros
Natividad

P. Rosalía
Bahía de
Sebastián Vizaíno

Puerto S. Bartolomé
B. de S. Cristóbal

B. de Asunción

Punta S. Hipólito
Bahía de Ballenas

DESIERTO
DE
VIZCAINO

Bahía de la Magdalena

Cabo de S. Lucas   Bahía de S. Bernabé

Mazatlan

118°   116°   114°   112°   110°

30°

32°

30°

28°

26°

28°

26°

24°

24°

114°   112°   110°   108°

32°

30°

28°

26°

24°

22°

2°

III.   EXPEDICIÓN DE 1602

1. *Su carácter*

Un nuevo fracaso en este último intento de incorporar las regiones mal conocidas de la California al ámbito geopolítico de Nueva España no tenía por qué cortar la cadena de semejantes esfuerzos, mantenida siempre hasta entonces —como hemos visto— y durante muchos años todavía, más por la sorprendente perseverancia de los descubridores que por el aliento recibido en la consecución de efectivas ventajas o progresos.

---

taba una solicitud al Rey para emprender la explotación del golfo de California. El Virrey, al conocer este documento, escribió a Felipe II indicando que la persona más adecuada era Vizcaíno, que tenía ya conocimiento de las costas y era un jefe de probada capacidad. Por otro lado, el Virrey puntualizaba que Vizcaíno había invertido bastante dinero de su fortuna personal en la expedición y debería dejar que la continuase; su fracaso en la primera expedición no fue por incompetencia, por falta de capacidad, sino por factores externos a él. Además Maldonado sólo estaba interesado en las perlas, mientras que Vizcaíno lo estaba también en la conquista y pacificación de California. Pensaba el Virrey que el permiso debería de concedérsele al general, aunque costase dinero, y no a Maldonado.

De acuerdo con el Virrey, el Consejo de Indias, el 30 de agosto de 1598, dirigía un memorial al Rey apoyando la solicitud de Vizcaíno. En él se indicaba que deberían evitarse los choques con los naturales. Muy probablemente la Real Cédula correspondiente a este informe del Consejo de Indias no se expidió, ya que en esos días moría Felipe II, y los asuntos de California quedaron momentáneamente parados.

Pasó un año, y en 1599 el interés de la explotación comercial de California decayó y fue reemplazado por los primeros proyectos para asegurar el dominio del Pacífico y su secuela, la protección de los galeones de Manila.

Como ya hemos escrito, pero no está de más el repetirlo, el fabuloso paso de Anián había sido una amenaza, durante años, para la seguridad española en la Mar del Sur y la Corona veía claramente que tenía que controlar el paso antes que Inglaterra u otra nación lo hiciera. Al no tener éxito la expedición de Cermeño (1594-96) se convirtió en urgente realizar un viaje que aclarara la cuestión y resolviera el problema de la seguridad en aquellos parajes.

El Virrey Zúñiga era partidario de que, como Vizcaíno había fracasado en la expedición del golfo y Cermeño en la del litoral de la Mar del Sur, lo lógico sería organizar otra que recorriese dicho litoral y dicho golfo.

El 27 de septiembre de 1599, Felipe III decidió que se iniciase una expedición para *demarcar las costas* de California, sin entrar en el golfo y sin perder tiempo en la pesca de perlas. Se trataba de evitar los errores anteriores, que habían conducido al fracaso de los intentos de Gali, Unamuno y Cermeño, que exploraron las costas del litoral exterior con galeones llenos de mercancías. *Vide:* Relación de Sebastián Vizcaíno, Salagua, 8 de diciembre de 1596 (A. G. I., Patronato, 20); Asiento y capitulación celebrada por S. M. con el capitán Sebastián Vizcaíno, México, 11 de noviembre de 1597 (A. G. I., Patronato, 20); Relación hecha por Sebastián Vizcaíno, México, 16 de abril de 1598 (A. G. I., Patronato, 20; A. G. I., Guadalajara, 133); parecer de Gonzalo de Fran-

Por añadidura, las consultas elevadas por los gobernantes virreinales a la autoridad real, algo cicateras, daban, sin embargo, sus frutos muy poco después del primer regreso de Vizcaíno, a consecuencia de la visión de la Corona, incrementada en aquel tiempo por los avatares de la política internacional. Y esos frutos se traducían en instrucciones concretas sobre la labor a realizar:

«... por carta mía de 27 de septiembre de 1599 le mandé responder que me había parecido cosa muy conveniente la Demarcación y Descubrimiento de aquella Costa, y Puertos, y que así lo pusiese luego en ejecución, sin que se embarazase en los de las Californias, si no fuese de paso; y en cumplimiento de esto, nombró para este efecto a Sebastián Vizcaíno, como hombre práctico en la mar y cursado y experimentado en la de aquella Navegación, y de quien tenía entera satisfacción; y habiéndole dado para ello dos Navíos, una Lancha y un Barco luengo con la gente del mar, y guerra, pertrechada, y abastecida de lo necesario para un año, y un Cosmógrafo confidente y de ciencia en Tablas Geográficas, para que muy extensa y claramente pusiese y apuntase en mapa o carta lo que descubriesen; y con Órdenes y Instrucciones de lo que había de hacer, se partió desde el Puerto de Acapulco a los 5 de Mayo del año de 602».

Así lo resume el Rey en su carta al Virrey de Nueva España [20].

---

cia, México, 27 de mayo de 1629 y parecer del capitán Lope de Argüelles Quiñones, México, 29 de junio de 1629 (A. G. I., Patronato, 20; A. G. I., Guadalajara, 133; M. N., Navarrete, XIX); Real Cédula dirigida al Virrey de Nueva España, Toledo 22 de junio de 1596 (A. G. I., México, 1064); Carta del Virrey conde de Monterrey al Rey, México, 17 de febrero de 1597 (A. G. I., Patronato, 20); Carta de Sebastián Vizcaíno al Rey, México, 27 de febrero de 1597 (A. G. I., México, 116); Carta del Virrey conde de Monterrey al Rey, México, 28 de julio de 1597 (A. G. I., México, 23); Petición de Sebastián Vizcaíno, México, 9 de noviembre de 1597 (A. G. I., Indiferente General, 745); Memorial de don Gabriel Maldonado sobre su expedición a California, 1598 (A. G. I., México, 23; A. G. I., Guadalajara, 137); Carta del Virrey Conde de Monterrey al Rey, México, 26 de noviembre de 1597 (A. G. I., México, 23). Memorial del Consejo de Indias, Madrid, 30 de agosto de 1598 (A. G. I., Indiferente General, 745); Real Cédula dirigida al Virrey de Nueva España, 27 de septiembre de 1599 (A. G. I., México, 1.064).

20.   Cédula de Felipe III al Virrey marqués de Montesclaros. San Lorenzo, 19 de agosto de 1606 (B. N., ms. 18.393, fols. 55-60 v.; A. G. I., México, 1.064; y Guadalajara, 133).

Precisamente ese carácter de la expedición, preparada con mayor minuciosidad y con afanes que sin exageración podemos llamar científicos, es lo que ha permitido que su huella sea mucho mayor en los fondos documentales de los archivos españoles. De ahí que para historiar este viaje contemos con un material de primera mano infinitamente más rico que el existente para los anteriores, y también que no sea necesario recurrir primordialmente a relatos posteriores de terceras personas.

2. *Estudio crítico de la documentación*

Las fuentes documentales de primera categoría, la casi totalidad de las cuales tuvo este libro en 1947 la fortuna de aprovechar por vez primera, son las siguientes:

Instrucción dada a Sebastián Vizcaíno[21].

Actas de las juntas de pilotos y cosmógrafos, reunidas durante el viaje[22].

Derrotero seguido por la expedición desde Acapulco al cabo Mendocino, debido a Jerónimo Martín Palacios[23], y con diseños de las costas, hechos por Enrico Martínez.

Derrotero del regreso, desde el cabo Mendocino a Acapulco, hecho por Francisco de Bolaños y Fray Antonio de la Ascensión[24].

---

21. Se utiliza la copia existente en A. G. I., Guadalajara, 133, que luego se reproduce en los apéndices. Al comienzo de ella, dice que «corresponde al capítulo 17 de la carta de materiales de guerra fechada en México, a 31 de mayo de 1602». Las instrucciones iban firmadas por el Virrey conde Monterrey, en México, a 18 de marzo de 1602.

22. Las actas están levantadas por el escribano de la expedición, Diego de Santiago (20 de mayo de 1602 al 1 de febrero de 1603). De ellas se han utilizado dos textos. El uno en A. G. I., México, 372, fols. 1-20 v., y el otro, en la copia hecha por encargo de don Martín Fernández de Navarrete, y actualmente conservada en M. N., colección que lleva su nombre, XIX, 7, fols. 74-98. Cfr. *infra* en los apéndices. *Vide* M. N., ms. 94 y 92; R. A. H., Muñoz, XXIII.

23. A. G. I., México, 372, fols. 47-58 v. Hay una copia de él en R. A. H., Muñoz, XXXVIII, fols. 139 y ss.; en ella consta que es «copia de otra auténtica del tiempo, que se conservaba en el Archivo Real de Simancas, sala de Indias, entre los papeles de Ciriza»; es decir, la que está actualmente en A. G. I.

Una parte sumamente interesante de este derrotero son los aludidos diseños. Éstos, dibujados por el propio Enrico Martínez, según consta en la nota del folio inicial, están en el ejemplar de A. G. I., México, 53, fols. 59-91. Este original del A. G. I. está copiado, con dibujos inclusive, en M. N., Navarrete, XIX, 128-42. *Vide* M. N., ms. 191 y 332; R. A. H., Muñoz, XXIII.

24. En el primer párrafo del texto se dice que este derrotero está hecho

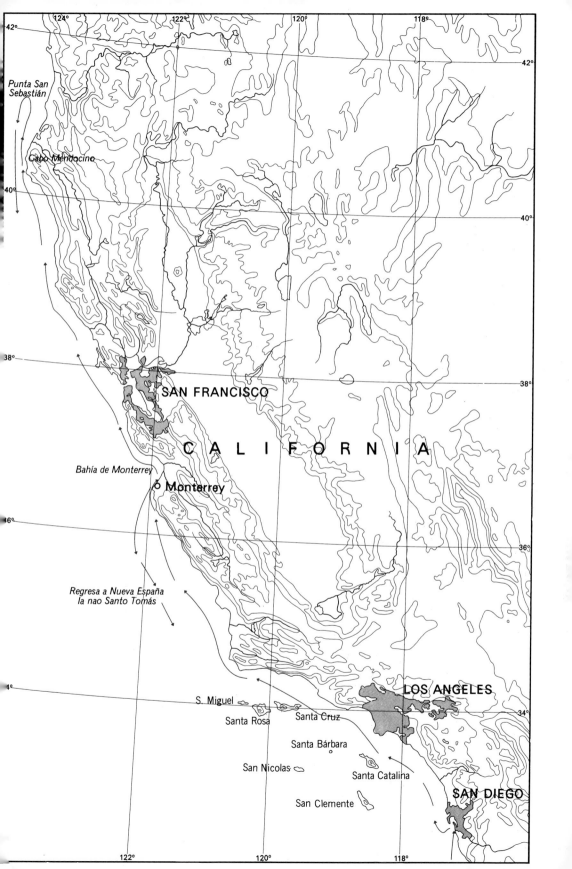

Punta San
Sebastián

Cabo Mendocino

SAN FRANCISCO

C A L I F O R N I A

Bahía de Monterrey

ô Monterrey

Regresa a Nueva España
la nao Santo Tomás

LOS ANGELES

S. Miguel

Santa Rosa   Santa Cruz

Santa Bárbara

San Nicolas

Santa Catalina

San Clemente

SAN DIEGO

Relación oficial del viaje[25].

Relación y cartas enviadas por Sebastián Vizcaíno al Rey, y documentación varia de carácter complementario[26].

Relación amplia de lo sucedido durante el viaje, escrita por Fray Antonio de la Ascensión, y usada por Torquemada[27].

---

por «Fray Antonio de la Ascensión, religioso descalzo de Nuestra Señora del Carmen, que fue por segundo cosmógrafo del dicho descubrimiento». Sin embargo, al final se declara que «este derrotero se hizo el año de mil seiscientos y tres y seiscientos y dos; hízole el piloto Francisco de Bolaños y le reformó y añadió muchas cosas que faltaban el padre Fray Antonio de la Ascensión...».

Se conserva en la B. N. de Madrid, ms. 3.203. Había otra copia en la B. P., *Miscelánea* de Ayala, IX, hoy extraviado (cfr. Domínguez Bordona: *Manuscritos de América*, p. 61). *Vide* M. N., Navarrete, I; R. A. H., Muñoz, XXIII.

25. Del 5 de mayo de 1602 al 21 de marzo de 1603. Fue publicada por Cebreiro Blanco, Luis, en el tomo IV de la *Colección de Diarios y Relaciones para la Historia de los Viajes y Descubrimientos*, editada por el Instituto Histórico de la Marina, Madrid, 1944. El texto publicado procede del M. N., Navarrete, XVIII, fols. 102 y ss.

De esta copia, Navarrete hace constar que fue obtenida de un traslado de esta relación sacada según él se expresa, de su original «por Diego de Santiago, Escribano Mayor del mismo descubrimiento, en México, a 5 de diciembre de 1603», y que dicho traslado se conserva «en un libro de folio que contiene 114 hojas desde la página 21 hasta la 40, el cual existe en el Archivo General de Indias de Sevilla, entre los papeles traídos de el de Simancas, legajo 4.º rotulado Papeles que se recogieron en casa del Secretario Juan de Ciriza». Según su costumbre, el ilustre Navarrete añade en su copia, antes de firmarla: «Confrontóse en 28 de abril de 1794».

El legajo así reseñado por el marino historiador es en la actualidad el número 372 de México, en A. G. I. y, en efecto, contiene esta relación entre los folios 21 y 40 v.

La traducción inglesa se publicó por Bolton, Herbert Eugene: *Spanish Explorations in the Southwest, 1542-1706*, Nueva York, 1916, junto con la relación de Fray Antonio de la Ascensión, de 1620, y otros diarios de viajes. *Vide* M. N., Navarrete, XIX y ms. 191 y 332; y R. A. H., Muñoz, XXIII.

26. En A. G. I., Guadalajara, 133, se encuentran otras cartas de Vizcaíno al Rey, insistiendo en las riquezas de California y afabilidad de sus pobladores, así como ofreciéndose él para continuar las exploraciones y penetración.

Entre esa documentación aludida como de carácter complementario, por cuanto permite precisar muchos detalles y el desarrollo de los hechos subsiguientes, destacan los autos y declaraciones recibidos en 1632 por el oidor don Juan Álvarez Serrano, en virtud de cédula real. Son 79 folios, en uno de los cuales hay un dibujo de las costas, hecho para facilitar la comprensión de las referencias geográficas.

27. Se refiere a ella el propio Fray Antonio al comienzo de su relación resumida, y declara expresamente que «la trae impresa el Padre Fray Juan de Torquemada, de su Monarquía Indiana». Cfr. Torquemada, *ob. cit.*, I, lib. 5, caps. XLV y ss.

Probablemente esta relación será la que está copiada en la colección Muñoz de la R. A. H., XXXVIII, fols. 68-138 v., con el siguiente título: *Viaje del nuevo descubrimiento que se hizo en la Nueva España por la mar del Sur, desde el puerto de Acapulco, hasta el Cabo Mendocino... en el año 1602. Siendo General*

Relación resumida, hecha también por Fray Antonio[28].
Relación descriptiva, escrita por el mismo en 1620[29].

De todas estas fuentes, la que ha constituido el relato clásico de los hechos que narra es la primera relación de Fray Antonio de la Ascensión, carmelita descalzo de Nuestra Señora, que estudió cosmografía en Salamanca, y ocupó durante el viaje los cargos de cosmógrafo y ministro eclesiástico. Esta relación es la que copia casi literalmente el P. Torquemada en su *Monarchia Indiana*[30], y es la que luego glosan y aprovechan, tomándola de él, todos los historiadores —como Clavijero, Toro y los autores de la *Noticia*—, los cuales a veces copian sus mismas inexactitudes. A ella se debe, por tanto, toda la divulgación que hasta ahora ha tenido el segundo viaje del general Vizcaíno.

Con posterioridad a ese primer relato, el propio Fray Antonio escribió una segunda relación dirigida al Rey, y redactada en plan de resumen de la anterior, con el propósito de subsanar

---

de la Armada Sebastián Vizcaíno. Compuesto por el P. Fr. Antonio de la Ascensión, Religioso Descalzo de N.ª S.ª del Carmen. Entre sus folios hay una nota manuscrita que dice: «Sacóse esta copia de la Biblioteca del Colegio Mayor de Cuenca».

Y también probablemente será ésta la que estaba copiada en el tomo IX de la *Miscelánea* de Ayala, en B. P. (cfr. Domínguez Bordona: *Manuscritos de América*, 61).

Del ms. utilizado por Torquemada hace mención Nicolás Antonio en su *Biblioteca Hispana Nova:* «F. Antonius Ascensionis, vulgo de la Ascensión, Carmelitatus Excalceatus scripsit Viage del Nuevo Descubrimiento que se hizo en la Nueva España por el Mar del Sur desde el puerto de Acapulco al Cabo Mendocino. Fuit mss. in bibliotheca V. C. Laurentii Ramirez de Prado».

28. M. N., Navarrete, XIX, 13, fols. 196-203, que remite a «un testimonio de autos que existe en el Archivo General de Indias de Sevilla, entre los papeles traídos de Simancas, legajo 1.º rotulado: Papeles sobre el Descubrimiento de la California. Causados en el año 1638». *Vide* A. G. I., Patronato, 30, y Guadalajara, 133.

29. De ella se conserva una copia en la B. N., ms. 3.042, fols. 21-35. Esta copia contiene la siguiente data: «Es fecha en este convento de San Sebastián, de Carmelitas Descalzos de la Ciudad de México, en 12 de octubre deste año de 1620. Y porque haga más fe lo firmé de mi nombre. Fray Antonio de la Ascensión». Va acompañada (fol. 20) de una carta de remisión firmada en México, a 21 de octubre de 1620, por don Francisco Ramírez de Arellano, que se ofrece al Consejo de Indias para continuar las expediciones a California.

Otra copia, en el M. N., Navarrete, XIX, 10, fols. 175-190. En ella se omiten las indicaciones finales arriba copiadas, aunque consta la firma, y al pie de dicha copia el ilustre marino consignó: «Hállase original en la Biblioteca de San Acasio de Sevilla, en un libro manuscrito en 4.º. Confrontóse el 20 de mayo de 1795. Martín Fernández de Navarrete». Es sabido que muchos de los fondos de la Biblioteca de San Acasio, al disolverse ésta, pasaron a los de la Universidad Literaria.

30. Cfr. *supra*, nota 27 y nota 25.

el olvido en que la misma había caído, extraviada, sin duda
—como él da a entender— en alguno de los escalones de la com-
plicada burocracia del Consejo de Indias[31].

Sus fervientes instancias para que se acometiese en forma
conveniente la empresa de poblar las Californias no dieron resultado inmediato. Pasaron algunos años, bastantes, y en 1620
Fray Antonio, olvidado quizá de aquellas andanzas ya distantes
en el tiempo, fue requerido para que una vez más informase sobre el desarrollo de la expedición de Vizcaíno. El mecanismo y
ocasión de estas peticiones será estudiado en lugar oportuno. Y
ni siquiera será ésta la última vez que se le pida opinión sobre
los asuntos de California, ya que en 1629 hubo de dar por dos
veces su parecer respecto de ellos, como hemos de ver también
más adelante. Pero entonces (1620) Fray Antonio vivía tranquila-
mente en su convento de San Sebastián, en México, y allí escribió la relación que él llamaba «breve» y nosotros acabamos de
llamar «descriptiva», para distinguirla más claramente de la
«resumida». En ella, al final, añade una serie de normas con
arreglo a las cuales había de intentarse —según su opinión, evidentemente autorizada— la pacificación y población de las Californias.

En su conjunto, la obra de Fray Antonio está escrita en tono
de suficiente veracidad crítica, aunque a veces se vea con demasiada transparencia el deseo que le anima de mover al Rey a que
ordene de una vez la ocupación efectiva de California. Con este
motivo, se le ha atacado en alguna ocasión. Le tachan de no ser
serio ni imparcial cuando describe a los indígenas de California
como afables y bondadosos, «fáciles de convertir», o cuando opina que hay muchas riquezas en la Península, y lo pregona así en
todas las ocasiones que se le presentan, con el marcado propósito de fomentar el ambiente comúnmente sentido de inquietud
hacia las posibilidades de esa expansión que él desea ver conver-
tida en realidad.

Se fija, por ejemplo, en relaciones como la siguiente, para
escandalizarse con el pensamiento de que pretende engañar a la
Corte española, despertando en ella deseos de las riquezas naturales que presenta: y todo, con el malsano afán de hacer más
fácil la penetración de misioneros que puedan convertir a los in-

---

31. Schäffer: *El Consejo Real y Supremo de las Indias,* Sevilla, tomo I, edición del Centro de Estudios de Historia de América, 1935. El tomo II lo publicó
la E. E. H. A. en 1947.

dígenas. Véase el pasaje citado, tan similar a los que se encuentran en todas las relaciones de los descubridores de aquella época, de un siglo antes y de casi dos después:

«Digo que la riqueza y abundancia que hay de perlería en este mar es muy abundante, y cosa sabida y notoria a las personas que han cursado este mar; y son en sí crecidas, hermosas y ricas y finísimas; y no están sus ostiones muy profundos, pues los indios los sacan buscándolos, y no es para aprovecharse de las perlas, porque no las conocen, ni las estiman, sino es para comer el pescado que tienen dentro; y para que estos ostiones se abran y puedan ellos con facilidad sacar lo que tienen dentro, los echan al fuego, con que los ostiones se abren y las perlas se queman o se ahúman, las cuales ellos cuando las hallan las arrojan al suelo, como si fueran piedras de ninguna estima»[32].

Y se olvidan de otros pasajes más difíciles de encontrar en otros historiadores de la conquista de América; pasajes que revelan su recto espíritu y su honradez historiadora, al tiempo que ponen de manifiesto la ingenuidad con que procede, sin admitir doblez alguna. No es preciso suponer nada, pues Fray Antonio habla con claridad. En el mismo manuscrito, un poco después, se lee, por ejemplo, que, cerca de San Bernabé, «hay también aquí y por toda esta costa muchas ballenas y si es verdad que de su inmundicia procede el ámbar, como yo lo entiendo por lo que vi en este viaje, hay por esta costa mucho ámbar porque no muy lejos de este puerto, más adelante, en la misma costa, hallamos otro puerto que se llamó de San Bartolomé y en su playa había mucha cantidad de ámbar gris hecho panes como de brea blanquecina y blanda; el cual no le tuvimos por tal, y por esto no se hizo caso de él; después, dando las señas y razón de ello a los que conocen bien de ámbar, dijeron que era muy fino ámbar gris; harta cantidad de él había en este puerto. *Quizá permitió Dios Nuestro Señor que nadie de los que iban allí lo conocieran porque por el interés de ir a gozarlo podrá ser envíe su majestad ministros que vayan a tratar de la conversión de aquellos indios que según dieron las muestras será fácil cosa reducirlos a nuestra Fe Católica*»[33].

En esta ocasión recomienda que se haga un establecimiento entre el cabo de San Lucas y el puerto de San Bernabé. Ponderando las ventajas del paraje, expone sus riquezas naturales:

---

32. *Relación descriptiva*, B. N., ms. 3.042, 6.
33. *Ibídem*, 9. La cursiva es nuestra.

«porque, de más de las pesquerías de perlas, allí cerca por la costa del sur está una sierra cerca de allí, que llamamos sierra pintada o del Enfado, que tiene muchos y varios metales; y por tierra se puede ir a sacar de allí metales y de ellos la plata y oro que tuvieren». E inmediatamente agrega, para que nadie se llame a engaño: «al parecer es cosa muy rica: qué es, a la experiencia y desengaño me remito»[34]. A la experiencia y —parece que emplea no poca ironía— al desengaño.

De la primera relación escrita por Fray Antonio se ha consultado la copia incluida por Muñoz en el tomo XXXVIII de su colección. Es la más extensa y mejor escrita; está redactada con esmero y con ilustraciones teológicas y mayores alabanzas al Monarca, lo que hace pensar que esta primera relación sería la dirigida al Rey[35]. En cuanto a ser ésta la aludida por su autor como reproducida por Torquemada, no cabe duda; en primer lugar, porque es lógico suponer que a raíz del viaje no redactase más que una única relación, y en segundo lugar, porque una confrontación de ambos textos resulta decisiva: el relato de la *Monarchia Indiana* reproduce casi literalmente el texto de la colección Muñoz, y emplea semejante división en capítulos[36], aunque suprime el último, que está destinado a describir la tierra visitada

34. *Ibídem*, parte 8.

35. Esta sospecha es independiente de la creencia de ser también esta primera copia la existente en el Palacio Real, ya que, como hemos dicho, estaba incluida en el tomo extraviado de Ayala. Creemos esto último por coincidir sensiblemente el título de la primera relación y la reseña empleada en el catálogo de Domínguez Bordona. (Cfr. *supra*, nota 28).

36. En efecto, la copia de la colección Muñoz comienza con una epístola dirigida al lector, y luego siguen 14 capítulos sobre los temas siguientes:

    I.   Fin perseguido por S. M. al ordenar el descubrimiento.
    II.   Preparativos del Virrey.
   III. Despacho de los navíos y su salida de Acapulco.
   IV. Estancia y salidas de la bahía de San Bernabé (cabo de San Lucas).
   V.   Salida de San Bernabé.
   VI. Viaje de la Capitana y Almiranta hasta la isla de Cedros.
  VII. Desde la isla de Cedros a la bahía de Santos Simón y Judas.
 VIII. Desde ahí hasta el puerto de San Diego.
   IX. Desde San Diego hasta el puerto de Monterrey.
   X.   Estancia en Monterrey y salida de la Almiranta «de aviso» para Nueva España.
   XI. Viaje de la Capitana y la fragata hasta el cabo de San Sebastián, más allá del Mendocino.
  XII. Ídem de la Capitana desde el canal de Santa Bárbara hasta la isla de Mazatlán.
 XIII. Viajes de la Capitana y la Almiranta hasta Acapulco, y de las tripulaciones hasta México.

por Vizcaíno y —con él— por Fray Antonio. Por esa razón no ha parecido útil reproducirla en los apéndices, aunque tiene una gran cantidad de detalles, a veces muchos que no constan en la relación oficial.

La segunda de Fray Antonio, llamada «resumida», va también dirigida al Rey, en sustitución de la anterior, extraviada probablemente, como hemos visto, en el Consejo de Indias. No tiene división en capítulos, y carece de los detalles de la anterior, como si hubiera sido redactada a base del recuerdo.

En cuanto a la de 1620, reduce al mínimum la referencia al viaje propiamente dicho, y es más bien una descripción detallada de la tierra, lo cual conviene, indudablemente, al propósito que animaba a Fray Antonio. En ella se desarrollan por extenso los mismos argumentos en los cuales ha de insistir su autor en sus dos pareceres de 1629.

Por lo que respecta a las actas de pilotos cosmógrafos[37], producen en el ánimo del lector la sensación de seguridad que proporciona lo inmediato a los hechos. Comparándolas con las relaciones —tanto la oficial como las de Fray Antonio— cabría aludir a las razones tan conocidas en pro y en contra del mayor valor como fuente histórica de los documentos o de las crónicas, y viceversa.

Por último, los dos derroteros tienen mayor interés para un estudio de historia de la náutica que para un trabajo de estricta historia de la expedición. Para hacer sobre ellos un comentario adecuado, sería necesario abordar cuestiones que por muchos motivos no es posible tratar aquí. En cuanto a los ejemplares existentes de los mismos, ya se ha dado noticia[38]. Hemos considerado conveniente reproducir en el texto uno al menos de los derroteros, porque los dibujos de Enrico Martínez merecen ser publicados una vez más. En esta época no se encuentran otros de mayor seguridad científica[39].

XIV.   Descripción de la California.
Finalmente, esta copia contiene un apartado con el título de «Nótense las cosas siguientes», en el cual hay referencias a los pasajes de la relación reproducidos por Torquemada, lo cual indica que el manuscrito de Cuenca, del cual procede la copia de la Academia de la Historia, es posterior a la publicación de la *Monarchia Indiana*.
37.   Cfr. *supra*, nota 22.
38.   Cfr. *supra*, notas 23 y 24.
39.   Estos dibujos han sido reproducidos en numerosas ocasiones. Hemos

3. *Preparación y apresto de la expedición*

El ofrecimiento hecho al Rey por Sebastián Vizcaíno en la carta-relación de su primer viaje da una idea muy clara de las condiciones en que pensaba iniciar su nuevo intento de navegación, así como de los aprestos que para ello eran necesarios.

Pedía que la Real Caja le entregase para ayuda de costas 35.000 pesos en monedas, y además que se le facilitasen por cuenta del Rey cinco navíos preparados para navegar, en Acapulco, más lo siguiente:

Cinco quintales de jarcias menudas, para repuesto.
Ochenta arrobas de pólvora.
Cincuenta quintales de brea.
Treinta quintales de estopa.
Treinta quintales de clavos de todas clases.
Veinticinco quintales de plomo.
Veinte quintales de cuerdas para arcabuces.
Veinte piezas de lona.
Cuarenta pipas vacías, aptas para las aguadas.
Cuatro mil estoperoles y veinte mil tachuelas de bomba.
Y seis calabrotes, para las amarras de los navíos.

Tanto el dinero como los bastimentos habían de ser administrados por la persona que en nombre del Rey fuera designada para ello, pero correrían el riesgo inherente a la expedición.

---

de precisar que los mapas del viaje de Vizcaíno los dibujó primeramente Martín Palacios, que iba en la expedición. Una vez en Nueva España, se le encargó a Enrico Martínez, impresor, cartógrafo e ingeniero, que los reelaborara. Estos mapas son las únicas copias coetáneas existentes y se hallan en A. G. I., México, 53. A los mapas se refieren, entre otros:

Kohl, J. G.: *History of Discovery and Exploration of the Coasts of the United States*, Washington, 1887, pp. 560-562; Phillips, Philip Lee (editor): *The Lowery Collection: A descriptive List of Maps of the Spanish Possessions within the present Limits of the United States*, Washington, 1921, pp. 106-108; Wagner: *The Cartography of...*, *ob. cit.*, I, pp. 111-124, 153-154, 166-167 y 250.

Sobre el valor técnico de los mapas de Vizcaíno, puesto en duda por Holmes: *ob. cit.*, pp. 131 y ss., 177 y ss., estamos de acuerdo con Mathes (*ob. cit.*, página 71) en que en la época no se encuentran otros más exactos. También coincidimos con él en que Holmes afirma, sin base alguna, que Vizcaíno cambió la toponimia de California, simulando no poder localizar los nombres dados por Rodríguez Cabrillo. No se puede olvidar que en la documentación entregada a Vizcaíno no se hace la menor mención del viaje de Cabrillo y de sus cartas y derroteros. Quizá el Virrey Zúñiga y sus consejeros no le atribuían suficiente importancia. Debemos recordar, en cambio, que si Vizcaíno hubiera alterado por puro capricho o deseo de notoriedad la toponimia, se le hubiera abierto un proceso, puesto que se le prohibía el hacerlo en las instrucciones.

Con estas ayudas y lo que él aprontase, Sebastián Vizcaíno ofrecía armar cinco navíos bien artillados, embarcar las tripulaciones respectivas y 150 hombres de guerra, entre ellos algunos buzos, carpinteros y otros artesanos, más sus armas, las vituallas necesarias, utensilios para las pesquerías de perlas, ornamentos para el culto, baratijas y telas para los indios y, por último, financiar el traslado de todas estas cosas hasta los puertos de embarque.

Ofrecía asimismo pagar al Rey el quinto del oro, plata, metales y piedras. preciosas, el diezmo del pescado y la veintena de la sal.

Descubrir «toda la ensenada y boca de las Californias y de toda ella tomaré posesión por Vuestra Majestad, poniendo puertos de mar, cabeceras y ciudades en la Real Corona, todo lo más quietamente e sin hacer agravio a los naturales della, sino con buenos modos y dádivas, para atraerlos al servicio de Dios y de Vuestra Majestad». Y también poblar y construir algunos fuertes, y penetrar en la tierra adentro como unas cien leguas.

A cambio de todos estos servicios, reclama de antemano Vizcaíno, para sus futuros acompañantes, las siguientes preeminencias y ventajas, que habían de servir «para animar a la dicha gente»:

Encomienda por tiempo de cinco vidas, mediante cédula especial, de todos los pueblos establecidos que no fuesen puertos de mar, cabeceras ni ciudades, los cuales quedaban, naturalmente, para la Corona. Al margen de la copia que aquí utilizamos está anotado respecto a esta petición: «Está concedida por tres vidas».

Categoría de caballeros hijosdalgo «conforme a los fueros de Castilla y de León». Al margen, en las mismas condiciones: «Está concedida esta merced en todas las Indias».

Exención de alcabala y almojarifazgo por 30 años de todo lo que lleven para la expedición. Al margen: «Está concedido por el asiento».

Independencia respecto de las justicias ordinarias del reino; y, por último, protección para adquirir los bastimentos y vituallas necesarios a los precios corrientes en Nueva España, y permiso para «tomar recuas, pagándoles sus fletes como se acostumbran pagar en los que se llevan al puerto de Acapulco para el despacho de las naos de China».

Como puede verse, Vizcaíno no ahorra minuciosidad al pensar ya desde lejos en su nueva expedición. Cuatro años largos más tarde habría de obtener lo que con tanto apremio pedía, puesto que, aunque la respuesta real lleva —como hemos visto— fecha de 29 de septiembre de 1599, sólo a principios de mayo de 1602 entraba la segunda expedición de Vizcaíno en trance de convertirse en inmediata realidad.

Durante este tiempo, las nuevas necesidades de la expansión hacia California y la ruta del Oriente obligan a variar la meta de la nueva empresa. El objetivo no sería el que Vizcaíno ofreció, sino «el descubrimiento y demarcación de los puertos, bahías y ensenadas que hay desde el cabo de San Lucas, que está en 22 grados y un cuarto, hasta el cabo Mendocino, que está en 42 grados, costa de noroeste sueste». Así lo fijan expresamente las instrucciones en su mismo título. Y más adelante insisten (art. 10) en que tal demarcación era el único objeto del viaje, declarando expresamente excluida la exploración de la tierra: «Y porque la voluntad de Su Majestad es reconocer y demarcar los puertos del cabo de San Lucas y el cabo Mendocino, os mando que no enviéis ni consintáis entrar, en ningún puerto gente la tierra dentro en busca de indios, ni a saber si los hay, porque para el negocio e intento principal no es necesario».

Estas instrucciones fueron remitidas con fecha de 18 marzo de 1602 por el Virrey, conde de Monterrey, a Sebastián Vizcaíno y al capitán Toribio Gómez de Corbán, que había de ir al mando de la nao Almiranta. Tienen 25 artículos, referentes a materias diversas, y en ellas queda de manifiesto el propósito perseguido, no por el descubridor, sino por quienes trazaban las directrices de la política española del Virreinato.

Los cuatro primeros artículos de las instrucciones prevén y regulan la celebración de juntas y consejos, a los cuales deberían concurrir los capitanes de la expedición y las personas más caracterizadas de las tripulaciones. Tenían que convocarse para tratar, discutir y acordar, por mayoría de votos, no sólo la ruta y las detenciones en la navegación, sino también «para todas las demás cosas que os parecieren sustanciales, y aun para las que no os lo parecieren mucho».

La ruta se fija, en líneas generales, desde Acapulco al cabo de San Lucas, «sin tomar puerto en la costa de la Nueva España», y desde allí han de ir despacio, explorando la tierra y sondando la profundidad de los golfos y ensenadas, para cuyos reconocimientos se hacen también las advertencias precisas. Entre ellas destacan las referentes a la seguridad contra posibles ataques de los indios, y a la garantía de tranquilidad y exactitud en las observaciones cosmográficas, las cuales quedaban a cargo de Jerónimo Martín Palacios, y habían de consignarse por escrito, con toda fidelidad, y haciendo constar en su caso las opiniones diversas de los distintos observadores. Igualmente debían reconocer las direcciones y fuerza de los vientos, y los eclipses.

Se dan también las normas a seguir en el trato con los indios, «sin dar ocasión a hacer ningún agravio», y sobre búsqueda de pesquerías de perlas. Igualmente se recomienda a Vizcaíno el máximo cuidado con los bastimentos y pertrechos, como garantía de que la expedición no fallase por falta de medios materiales, y el buen trato a la gente de las tripulaciones, en previsión de deserciones y descontentos.

Por último, se prevé la posibilidad de que los navíos pudieran pasar felizmente del cabo Mendocino, y se autoriza la continuación del viaje hasta el cabo Blanco, así como la entrada posterior por la «boca de las Californias», para observar la calidad de la tierra, y la condición de sus habitantes «hasta llegar a 37 grados o cuando mucho a 38».

El conde de Monterrey extendió también los nombramientos para las personas que habían de llevar en la expedición los puestos de responsabilidad, y —según cuenta Torquemada— envió a Toribio Gómez de Corbán «en busca de dos navíos a la provincia de Honduras y Guatemala», y al alférez Juan de Acevedo al puerto de Acapulco a prevenir allí lo necesario para la navegación.

Probablemente, Sebastián Vizcaíno partió de la ciudad de México antes de que le fueran entregadas estas instrucciones[40]. Le acompañaban 126 personas, y con ellas llegó a Acapulco el día de San José de 1602.

En el famoso puerto de Acapulco le esperaban sus barcos: el navío *San Diego*, que había llegado del Realejo y había de ser la Capitana; el navío *Santo Tomás*, destinado a ser la Almiranta —bajo el mando director de Toribio Gómez de Corbán—; la fragata *Tres Reyes*, y el barco luengo. El mes y medio restante, hasta el 5 de mayo, se fue en las operaciones de reparación y carena

---

40. Las instrucciones llevan fecha de 18 de marzo, y consta por la *Relación oficial del viaje* (*loc. cit.*, cap. 1) que la partida de México se hizo el día de Santo Tomás de Aquino, 7 del mismo mes.

de las embarcaciones[41], así como en la carga y pertrechamiento de las mismas, hasta ponerlas a punto de zarpar.

4. Tripulaciones

«Embarcáronse en estos navíos y fragata poco más o menos de doscientas personas, los ciento y cincuenta soldados viejos escogidos que también eran muy diestros marineros para que acudiesen a lo que se ofreciese, así en las cosas tocantes a la mar, como a las de guerra en la tierra», nos dice Fray Antonio de la Ascensión[42].

Iban además entre ellos personajes calificados, que unieron su nombre de manera especial a esta navegación, los cuales se distribuyeron según sus cargos entre las tres embarcaciones principales.

En la Capitana, el navío *San Diego*, iban —con Sebastián Vizcaíno— el piloto mayor Francisco de Bolaños, Esteban Rodríguez como acompañado, el maestre Baltasar de Armas[43], el cosmógrafo mayor Jerónimo Martín Palacios y los carmelitas descalzos Fray Andrés de la Asunción y Fray Tomás de Aquino[44], de los cuales el primero iba como comisario[45] de los religiosos de las tres tripulaciones.

En la Almiranta, navío *Santo Tomás*, tenía el mando Toribio Gómez de Corbán, «porque en cosas de mar era muy cursado y práctico, y había servido muchos años a su Majestad en la costa de Francia, en los navíos de corso de armadas; y por haber servido con mucha fidelidad y esfuerzo, se le dio el ser cabo de los Patajes de la dicha armada, y se le encargaron negocios de mucho peso, y de suma confianza, como de todo le constó al Virrey por papeles y recaudos abonados que el dicho Toribio Gómez le presentó, en testimonio de sus servicios»[46]. «Con él iban Juan Pascual como piloto[47], y Fray Antonio de la Ascensión como cosmógrafo»[48].

41. *Relación oficial*, cfr. caps. I, II y III.
42. *Relación descriptiva* (B. N., ms. 3.042, párr. 1).
43. *Relación oficial*, cap. III.
44. *Relación resumida*, fol. 1.
45. *Relación descriptiva*, párr. 1.
46. Torquemada: *Monarchia, ob. cit.*, p. 694.
47. *Relación oficial*, cap. III.
48. *Relación resumida*, fol. 1.

La fragata *Tres Reyes*, llamada a veces la lancha, tenía por cabo al Alférez Sebastián Meléndez, y por piloto a Antón Flores[49].

Formaba parte también de la tripulación un hijo de Sebastián Vizcaíno, llamado Juan[50], y, «para que acompañasen al General y por consejeros se embarcaron algunos famosos Capitanes y Alféreces que habían hecho heroicos hechos en servicio de su Majestad en Flandes, Bretaña y en el corso de los galeones, todos muy cursados y expertos en las cosas de la guerra y de la mar, que fueron el Capitán Pascual de Alarcón y el Capitán Alonso Esteban Peguero y el alférez Juan Francisco Sureano y el Alférez Juan de Acevedo Tejada y el Alférez Meléndez. Y para el gobierno de los navíos fueron escogidos pilotos muy vigilantes y experimentados, dos para cada bajel, y para lo espiritual y gobierno de las almas fueron señalados tres religiosos Sacerdotes Carmelitas Descalzos...»[51]. Todos éstos son nombres a los cuales la relación oficial[52] añade los del Alférez Martín de Aguilar Galeote y del sargento Miguel de Legar. De Alonso Esteban Peguero dice Torquemada[53] que era «soldado viejo, y de mucho valor, y de grande experiencia, de los de Flandes y que se halló en lo de Magallanes».

5. *Desarrollo de la navegación*

Los incidentes de la misma fueron relatados con excesiva minuciosidad por Torquemada, y a grandes rasgos por Venegas en su *Noticia de la California*. Por añadidura, las relaciones ya impresas y las que se incluyen en los apéndices de este libro vuelven a repetirlos con cierto detalle. Resulta, pues, preferible jalonarlos con arreglo a los distintos puntos perseguidos como meta en cada momento, y a los planes de navegación proyectados en las juntas de capitanes, pilotos y cosmógrafos.

Hechos los preparativos ya vistos, y después de haber confe-

---

49. *Relación oficial*, cap. III.
50. *Relación oficial*, cap. I.
51. *Relación descriptiva*, (B. N., ms. 3.042, párr. 1).
52. Capítulo I. Además la misma relación llama Alférez a Pascual de Alarcón, da el segundo apellido de Juan de Acevedo Tejada, y dice que Juan Francisco Sureano iba como «Alférez vivo de la Compañía».
53. *Monarchia Indiana*, I, p. 695.

sado y comulgado todos los tripulantes[54], «así Capitanes como soldados y pajes de los bajeles»[55], el día de la Invención de la Santa Cruz embarcaron todos[56], y la Armada salió de Acapulco dos días después, el 5 de mayo de 1602.

Haciendo rumbo al N. O. llegaron el 19 de mayo al puerto de la Navidad, en donde echaron anclas para reparar las naves. Allí reunió el general la primera junta[57], al día siguiente de la llegada, y en ella se fijó el rumbo a seguir hasta el cabo de San Lucas, donde los barcos que llegasen primero habían de aguardar hasta ocho días naturales a los que se hubiesen retrasado; y «al cabo dellos en el árbol más cercano y más conocido harán una Cruz en la corteza dél, y dejarán un escrito en bajo debajo de la arena al pié del árbol, advirtiendo lo que le ha sucedido y la derrota que lleva para que le sigan». Son también curiosas las señales que se establecen en la junta para comunicarse de unas embarcaciones a otras las principales incidencias posibles: «y para lo que toca a la seña que se ha de hacer para que se entiendan los unos a los otros, será que si la Capitana amainare por no dar vela, o por caso que le fuere forzoso, demás del farol de la popa pondrá otro en la proa, y lo mismo hará la Almiranta y la Lancha en los casos que se les ofreciere, y si de noche virase la Capitana de otra vuelta pondrá una linterna en la gavia. Si alguno de los dichos Navíos descubriese algún Navío, para que los demás lo entiendan, amainará tres veces la vela de gavia por señal, y si estuviere de barlovento arribará sobre los compañeros, y estando a sotavento arribarán los compañeros que le vieren hacer la señal, y si alguno de los dichos Navíos topare con un bajo de noche, capeará con un estrenque encendido hasta que le respondan».

Prosiguieron en breve la navegación, y el día 26 llegaron al

---

54. Según Torquemada: *Monarchia*, I, p. 695, constituían «una de las más lucidas Campañas, que se han levantado en la Nueva España».
55. *Relación descriptiva*, ms. 3.042, párr. 2.º.
56. *Relación oficial (loc. cit.)*, cap. III, 42.
57. *Cfr. Acta... de las juntas, infra* en los apéndices. A título de ejemplo, pues en juntas sucesivas varió el número de participantes, damos la lista de las personas que asistieron a ella: el general, el escribano Diego de Santiago y «los dichos Capitán Toribio Gómez, Gerónimo Martín, Cosmógrafo, y el Capitán Alonso Esteban Peguero, y el Alférez Pascual de Alarcón, y Alférez Sebastián Meléndez, digo, Cabo de la Lancha, y el Piloto Mayor Francisco de Bolaños, y el Piloto Juan Pascual, y el Piloto Antón Flores y los acompañados de dichos pilotos Esteban Rodríguez y Baltasar de Armas».

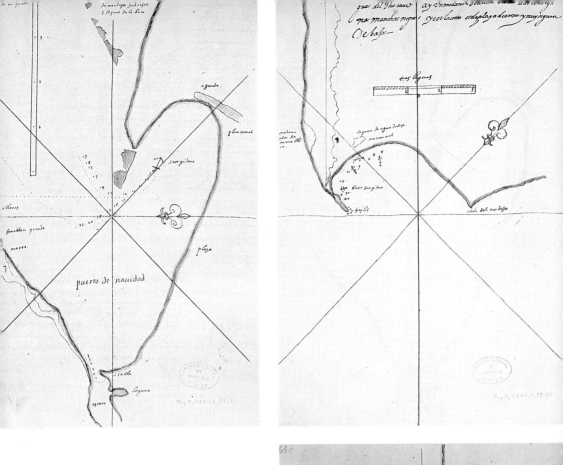

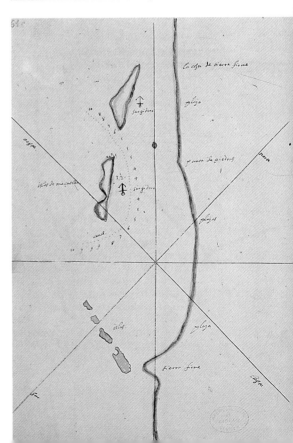

Derrotero de Vizcaíno, según Enrico Martínez. (A.G.I. México, 53). Arriba izquierda: Puerto de Navidad, con sus conocidos farallones. Arriba derecha: Cabo de San Lucas con el médano de arena a dos leguas, y la laguna de agua dulce. Abajo: Islas de Mazatlán.

cabo Corrientes, cuya tierra reconocieron, pero sin detenerse, llegando el 2 de junio a las islas de Mazatlán. Aquí se reunieron las naos Capitana y Almiranta con la fragata, que se había separado de ellas al salir de Acapulco[58].

De las islas partieron hacia la punta de California, cuya tierra divisaron el día 9[59], fondeando el 11 en una bahía que llamaron de San Bernabé, donde fueron muy bien recibidos por los indígenas. «En esta bahía se hace buen puerto, y es acomodado para hacerse allí la primera población de Españoles»[60]. Allí reunió Vizcaíno nueva junta de capitanes y pilotos[61], y se fijó el criterio de proseguir la navegación costeando, hasta la isla de Cedros, y no hacer desembarco, salvo con muchas precauciones, para evitar cualquier muerte de españoles, que habría de dar —caso de producirse— mucho aliento a los indios. En la bahía de San Bernabé permanecieron hasta el 5 de julio, y en esta fecha se hicieron a la vela, después de cinco tentativas infructuosas, por la violencia de los vientos contrarios, que en las cinco ocasiones les obligaron a regresar a la bahía[62].

---

58.   Torquemada: *Monarchia Indiana*, lib. V, caps. 45 y ss.
59.   Explica Fray Antonio *(Relación descriptiva)* y Torquemada lo copia fielmente *(ob. cit.,* p. 696) que «desde que esta armada salió del puerto de Acapulco hasta que llegó al Cabo Mendocino, siempre le fueron los vientos contrarios, y tormentosos, porque casi continuamente corre en toda aquesta costa el viento noroeste y así fue fuerza y navegando a la bolina, que fue un trabajo increíble, porque hubo día que no se pudo ganar una legua de camino...» «Por esta causa —agrega— fue muy espaciosa la ida» y pudieron marcar bien los rumbos y tomar en conciencia sus observaciones.
60.   *Relación resumida* de Fray Antonio de la Ascensión, lugar correspondiente.
61.   Actas de las Juntas, acta del 17 de junio.
62.   Dice Mathes, W. Michael, en *Sebastián Vizcaíno, ob. cit.,* nota 22, pp. 61-62: «La dificultad tenida para doblar el cabo (el de San Lucas) ha sido señalada frecuentemente por los críticos de Vizcaíno como una prueba de incapacidad en cuestiones náuticas. Holmes, Maurice Gardner, en *From New Spain by Sea to the Californias, 1512-1668,* Glendale, California, 1963, pp. 176-178; y Wagner, Henry, R.: *The Cartography of the Nortwest Coast of America to the year 1800,* Berkeley, University of California Press, 1937, I, p. 111. Esta crítica es injustificada y revela escaso conocimiento de los vientos y corrientes que se producen en el cabo. Un velero moderno con un motor auxiliar a veces requiere de 10 a 12 horas para salir del sotavento del cabo. Además, las aguas frías del Pacífico, al encontrarse con las más cálidas del Golfo, forman una especie de remolino que dificulta la salida de las embarcaciones». La crítica de Holmes, basada en algunos de los documentos que mencionan el viaje, tales como los pareceres de Gonzalo de Francia (1629) y de Rodrigo de Vivero, conde del Valle de Orizaba (1631), ambos en A. G. I., Patronato, 30, no tiene en cuenta que Francia era enemigo declarado de Vizcaíno y Vivero tuvo un conocimiento escaso de la costa de California.

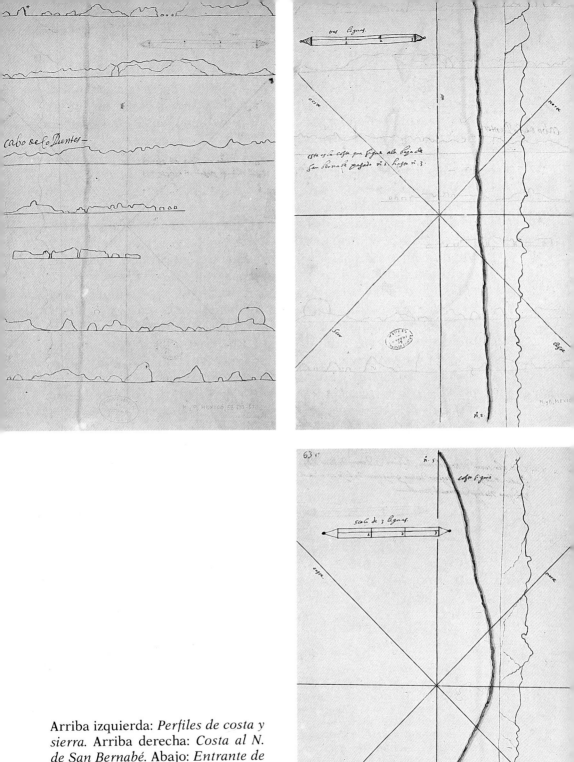

Arriba izquierda: *Perfiles de costa y sierra*. Arriba derecha: *Costa al N. de San Bernabé*. Abajo: *Entrante de la costa sin fondeaderos ni abrigos. Es segura.*

A partir del cabo de San Lucas comenzaba la parte más importante de la expedición, por ser la destinada a explorar tierras y costas menos conocidas. «Tardamos desde este paraje hasta llegar al cabo Mendocino más de seis meses, con el trabajo que se podrá colegir, y por este respecto se hizo el descubrimiento de toda esta costa tan bien como se hizo»[63]. Pasaron por el puerto de la Magdalena, donde los indios les ofrecieron sus arcos y flechas, y fueron «siguiendo la costa»; por ella descubrieron otras bahías y ensenadas «a que íbamos poniendo nombres, como se verá por la carta de marear»[64]: río de San Cristóbal, bahía de Ballenas, islas de las Nieves y de San Roque, puerto de San Bartolomé, isla de Asunción hasta la isla de Cedros, «bien conocida de los navegantes de China». En ella, «otro día, sábado 7 del dicho mes (septiembre de 1602) se sacó la imagen de Nuestra Señora recibiéndola en tierra con salva de arcabucería y mosquetería, y otro día domingo, se dijo misa cantada y procesión»[65]; y terminada ésta, Jerónimo Martín Palacios, Fray Antonio de la Ascensión y Sebastián Meléndez, que habían salido a explorar la tierra, regresaron con la seguridad de estar en la isla de Cedros. Sebastián Vizcaíno «mandó hacer Junta y Consejo de Mar con el dicho Almirante y Cosmógrafo y Pilotos y Acompañados, sobre el modo que se debía tener en la navegación de aquí adelante al Cabo Mendocino, y se acordó fuésemos prosiguiendo nuestro viaje con otras cosas que están en el Libro de los Acuerdos, y con esto nos hicimos a la vela en seguimiento de nuestro viaje, lunes 9 del dicho mes»[66]. En efecto, el que la relación oficial llama «libro de los acuerdos» informa de que en esta decisión de Vizcaíno influyó notoriamente la circunstancia de haberse reunido los tres barcos de la expedición, de los cuales la Almiranta había estado separada desde principios de agosto, y también la de haberse hallado en la isla repuesto suficiente de leña y de agua. En cuanto a la manera de navegar en adelan-

---

63. *Relación resumida*, lugar correspondiente.
64. Cfr. los dibujos de Enrico Martínez reproducidos en este capítulo.
65. *Relación oficial*, cap. VIII.
66. *Ibídem*. El «libro de los acuerdos» aludido es, sin duda, el de las *Actas de las juntas de capitanes, pilotos y cosmógrafo*. En él (confróntese en los apéndices) se dan detalle de otras juntas celebradas entre la de la bahía de San Bernabé (17 de junio) y la de la isla de Cedros (9 de septiembre); son la de 2 de agosto, a la altura de los 26 grados y cuarto, y las de 2 y 3 de septiembre, en el grado 29.

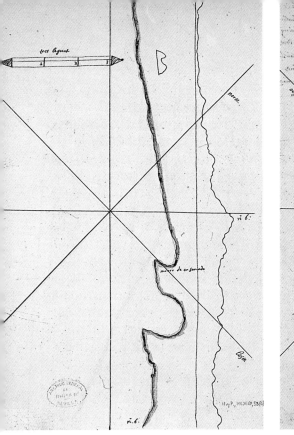

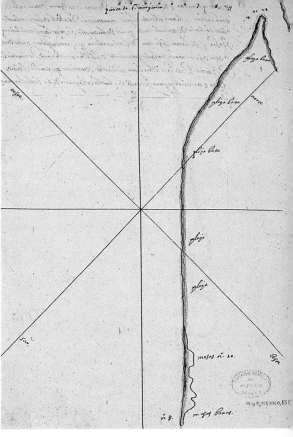

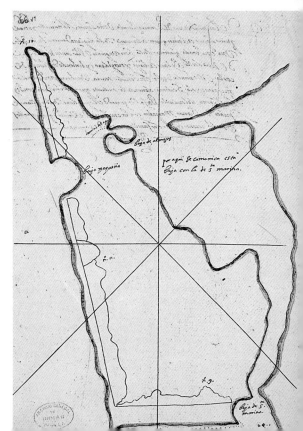

Arriba izquierda: *Morros y ensenada «redonda, al parecer buena».* Arriba derecha: *Punta de Santa Margarita y bahía engañosa de Santa Marina.* Abajo: *De la punta de Santa Margarita, a la bahía pequeña y a la grande, que parece comunicarse con la de Santa Marina.*

te, se adoptó la marcha «en conserva, esperándose los unos a los otros», por miedo de los vientos fuertes y contrarios.

Sería interminable consignar todos los nombres de accidentes geográficos que las fuentes emplean, de los cuales la mayor parte no tienen hoy gran interés, aunque a los ojos de Vizcaíno y de sus acompañantes apareciesen como refugios salvadores: bahía de San Hipólito, de San Nicolás, cabo del Engaño o punta María, bahía de San Francisco[67], isla de Pájaros, isla de Cenizas, isla de San Jerónimo; bahía de las Once Mil Vírgenes[68], bahía de San Marcos (donde se encontraron indios guerreros en son de ataque[69]), ensenada de Santiago y bahía de los Santos Simón y Judas, la actual de Colnett, cerca de los 32 grados, a donde llegaron el 28 de octubre y donde encontraron indios, al principio hostiles, que se tornaron pronto amigos de los expedicionarios. Antes de anclar en la bahía, Vizcaíno celebró junta, en la que se acordó procedía hacerlo, a vista de la falta de agua y de la necesidad de reparar la Almiranta.

El 5 de noviembre llegaban a la bahía de Todos los Santos, y el día 11, al puerto de San Diego, que a primera vista les pareció muy seguro para las naos de Filipinas. En la nueva junta convocada por el general, se comisionó a Francisco de Bolaños a que penetrara en él con la barca de la nao Capitana y la canoa de la fragata, para echar la sonda y buscar sitio para las reparaciones urgentes, así como agua y pescados. «Es este Puerto de San Diego, muy bueno y capaz», dirá más tarde Fray Antonio[70], y contará la amabilidad de los indios, la abundancia de pesca, y la de ámbar y metales, especialmente oro, «porque todas estas playas estaban llenas de margaritas doradas ojosas, que con las lluvias bajan de los montes cercanos». Y sobre todo allí recibieron los

---

67. Cebreiro Blanco, en su versión citada de la *Relación oficial,* p. 52 dice: «No tiene hoy nombre esa pequeña ensenada, quizá por su escasa importancia como fondeadero, ya que, aunque ese frontón de costa es abrigado del N. W., no constituye lugar seguro, por ser muy abierto». Evítese, pues, toda confusión con el puerto actual de San Francisco de California.

68. Cebreiro Blanco (p. 54) dice que «es la actual bahía de San Quintín», si bien Fray Antonio, *Relación resumida,* emplea ambos nombres para distintos accidentes de la costa.

69. Las notas de la *Relación oficial* dan a esta bahía el nombre actual de San Martín, y el relato correspondiente es sensiblemente igual al que hace la *Relación resumida* para la bahía aludida en la nota anterior, por lo cual quizá deba entenderse resuelta la disparidad reseñada en ella.

70. *Relación resumida,* lugar correspondiente. Sobre su capacidad y configuración, cfr. el dibujo de Enrico Martínez.

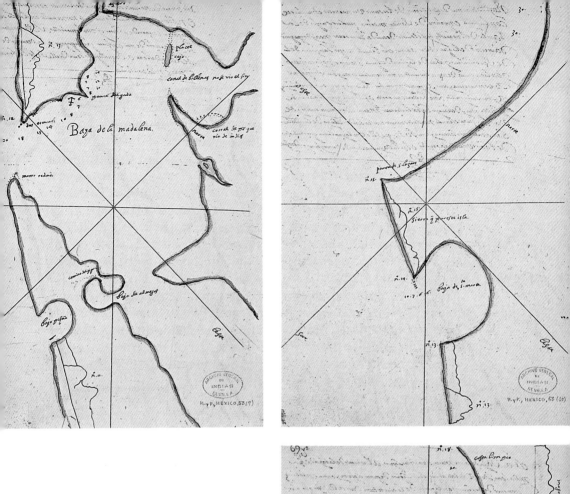

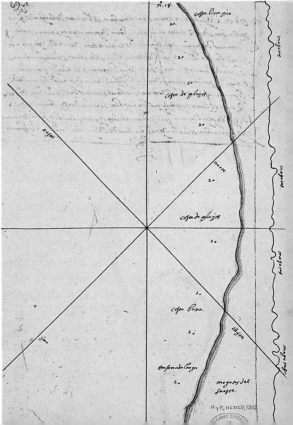

Arriba izquierda: *Bahía de la Magdalena, que da entrada a la anterior.*
Arriba derecha: *Bahía de Santa
Marta, a 5 leguas N.O. de la Magdalena, 25° y 20 minutos.* Abajo: *Costa
de playa limpia y baja. Segura.*

acompañantes de Vizcaíno una información de más interés: «aquí nos dieron noticia estos indios que cerca de allí había gente blanca como nosotros, y que usan de vestidos galanos, con pasamanos de oro y plata, y que sacaban plata de unos montes que allí hay, y se ofrecieron a guiarnos donde estaban». «Esta gente —discurre el carmelita-cronista— puede ser que estén en el mar de la California, y que hayan venido a poblar allí por el Estrecho de Anián: no supimos qué gente ni de qué nación fuesen»; y, sin embargo, es la ocasión para que él nos deje esta huella de la presencia en sus preocupaciones del famoso paso que había de caldear las imaginaciones hasta crear en ellas fantásticos viajes y personajes inexistentes.

En el puerto de San Diego, a 19 de noviembre, una nueva junta trazaba el plan de navegación hasta el Mendocino, y acordaba el sistema de señales para comunicar de unos barcos a otros el descubrimiento de refugios en la costa. Cinco días más tarde anclaron en la isla de Santa Catalina, después de haber pasado por otra que llamaron de San Clemente. El 29 de noviembre, Vizcaíno pasó a tierra firme y entró en la bahía de San Pedro. Allí tuvo lugar la escena relatada en el capítulo II, cuando se adentró en un «lugar sagrado» indígena presidido por un ídolo. Ese mismo día, la junta acordó continuar el viaje: los víveres iban escaseando, y el número de enfermos aumentaba peligrosamente.

El 1 de diciembre pasaron por una isla que llamaron Conversión (hoy Point Hueneme). Con este nombre festejaban el éxito de Vizcaíno en el intento de instruir a los indios, éxito indudablemente relativo. Al día siguiente, vieron dos islas que denominaron San Nicolás y Santa Bárbara, fondeando en el canal formado entre ambas, al que designaron también Santa Bárbara. Después bordearon una punta que nombraron Concepción, y luego singlaron entre unas islas pequeñas y unas montañas —las de Santa Lucía— hacia una gran bahía a la que llegaron el 13 de diciembre.

Reunida la junta el 16 de diciembre, Meléndez y Flores recibieron el encargo de explorarla. El resultado fue óptimo. Estaban en un buen puerto. Una nueva junta, con el voto en contra de Alarcón que quería seguir hacia el norte, hasta el lugar de San Francisco según la denominación de Cermeño, determinó detenerse allí. Le denominaron puerto de Monterrey.

La junta celebrada en él dos días más tarde de la anterior, 18 de diciembre, tiene gran importancia, porque en ella aborda Sebastián Vizcaíno, ante las personas más significadas

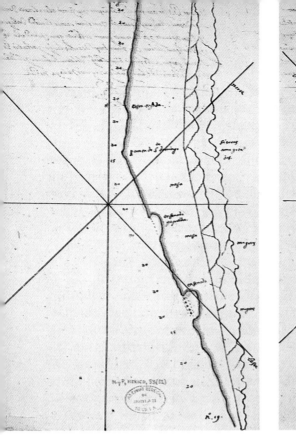

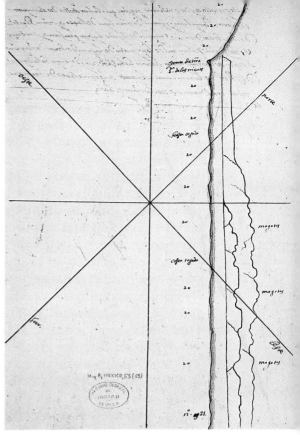

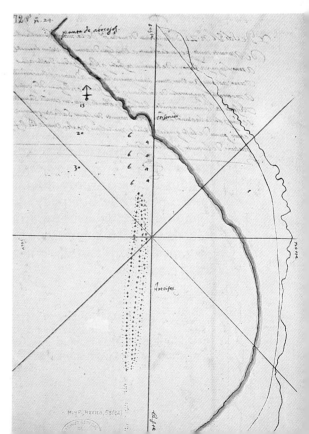

Arriba izquierda: *Ensenadas y punta de Santo Domingo. Costa muy segura. Desde la punta, costa rocosa.* Arriba derecha: *Sigue la costa «tajada» hasta las puntas de Nuestra Señora de las Nieves y de los Bajos, de donde salen unos arrecifes.* Abajo: *De la punta de los Bajos a la punta de Abreojos, con los arrecifes de unas tres leguas.*

de sus tripulaciones, el problema candente de la posibilidad de continuar el descubrimiento sin recibir refuerzos enviados por el Virrey. El libro[71] cuenta con detalle la exposición que Sebastián Vizcaíno hizo ante los reunidos de las instrucciones que le había entregado el Virrey, y además de lo contenido en la orden secreta, seguida de una detallada referencia al estado de los barcos, mantenimientos y tripulaciones: agotamiento de los pertrechos, gran cantidad de muertos, 40 enfermos sin posible medicación, entre ellos el piloto Juan Pascual, de la Almiranta, y su acompañado, con el riesgo consiguiente para el barco. En vista de ello, con el voto en contra de Juan Francisco Sureano, que alegaba el mal efecto que esto había de producir en el ánimo de la gente, pero con el voto favorable de Toribio Gómez de Corbán, Jerónimo Martín Palacios, Alonso Esteban Peguero, Pascual de Alarcón, Sebastián Meléndez, Martín de Aguilar Galeote, Francisco de Bolaños, Juan Pascual, Antón Flores, Esteban Rodríguez y Baltasar de Armas, acordó Sebastián Vizcaíno enviar la nao Almiranta hacia la Nueva España para transportar los enfermos y comunicar al Virrey la necesidad de refuerzos en que la expedición se hallaba. Al mando de Toribio Gómez de Corbán regresaba la nao *Santo Tomás*, y en ella Fray Tomás de Aquino[72].

El puerto en que se hallaban recibió el nombre de Monterrey, en honor al Virrey que les enviaba[73], y se exploró cuidadosamente, comprobando sus buenas condiciones en relación con el viaje de las naos de Oriente, pues cerca de él desembocaba un caudaloso río, al que llamaron Carmelo, y no lejos había «un espeso bosque de pinos, cuya excelente madera podría servirles para la reparación y construcción de naves».

El 3 de enero de 1603 continuaban viaje la Capitana y la fragata, y el día 7 una nueva junta acordaba refugiarse en un puerto, dos leguas a sotavento, que había sido ya visitado por el piloto Francisco de Bolaños cuando viajó en el navío *San Agustín*, mandado por Sebastián Cermeño. El 12 del mismo mes llegaban al cabo de Mendocino, y con ello coronaban la parte primera de la expedición: alcanzaban la meta terminantemente fijada en las instrucciones.

_____

71. Acta de 18 de diciembre de 1602.
72. El 29 de diciembre se hizo a la vela para Nueva España: llevaba los enfermos, la carta de Vizcaíno y los informes hechos hasta entonces.
73. *Relación descriptiva*, B. N., ms. 3.042, párr. 12.

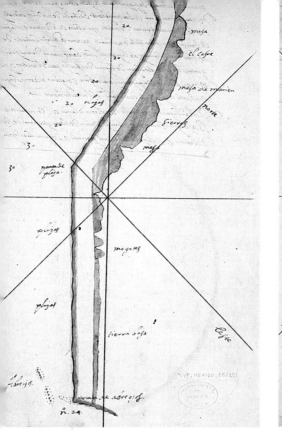

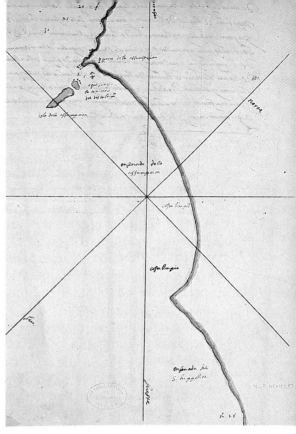

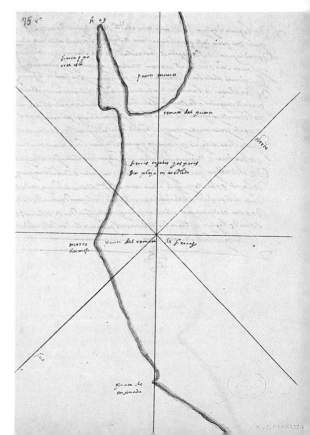

Arriba izquierda: *Desde la punta y arrecifes de Abreojos, a la punta de Playa (7 leguas) y ensenada que acaba en la punta de San Hipólito. Arriba derecha: Termina ensenada de San Hipólito en el cabo del mismo nombre. Comienza la ensenada de la Asunción (7 leguas), que acaba en el cabo y las islas del mismo nombre. Luego la isla de San Roque (7 leguas). Abajo: Punta de la Ensenada (a dos leguas de la isla de San Roque), Morro Hermoso, la Sierra «que parece isla» y la punta de entrada al puerto de San Bartolomé.*

El 13 de enero, la junta de capitanes y pilotos escuchaba un nuevo informe de Sebastián Vizcaíno: estaba cumplida la orden del Virrey, si bien ésta recomendaba, en caso de ser posible, la continuación más arriba del Mendocino (41 grados) hasta el cabo Blanco (43 grados) y si allí la línea de costa se dirigía al norte o al nordeste proseguir aún cien leguas más. Comenzaba el invierno y las enfermedades de la tripulación llegaban al extremo de no disponerse ni siquiera de tres marineros en condiciones de subir a aferrar las velas. Los reunidos aconsejaron el regreso, y así lo dispuso el general, advirtiendo a Jerónimo Martín Palacios de que avisase si quedaba algún lugar por explorar o algún reconocimiento que hacer, y cuya importancia hiciera aconsejable detenerse a hacerlo, durante el viaje de vuelta[74].

Sin embargo, no fue el cabo Mendocino el punto más alto alcanzado. Lo cuenta con detalle y palabras bien gráficas el cronista-carmelita[75]: «llegamos al cabo Mendocino, que está en la altura de cuarenta y dos grados[76], que es a la mayor altura que vienen a reconocer las naos de China; aquí por ser la fuerza del invierno en este tiempo y los fríos y garúas crueles, y por ir casi toda la gente enferma se amainaron las velas y el navío Capitana se puso de mar a través, y como no podía gobernar las corrientes le fueron llevando poco a poco hacia tierras que corrían al estrecho de Anián, que aquí comienzan su entrada, y en ocho días nos habían subido más de un grado de altura, que fue hasta 43 grados, a vista de una punta que se llamó de San Sebastián, y junto a ella desagua un río, que se llamó de Santa Inés. Aquí nadie saltó en tierra, porque toda la gente iba muy falta de salud, tanto que seis personas andaban en pie. La costa y tierra da la vuelta al nordeste, y aquí es la cabeza y fin del reino y tierra fir-

---

74.   Mathes, en *Sebastián Vizcaíno...*, *ob. cit.*, nota 48 de la p. 68, critica la postura de Holmes, en *ob. cit.*, p. 172, cuando aduce como prueba de la incapacidad de Vizcaíno en asuntos marítimos el hecho de que no se hubiese detenido en Monterrey y en cambio sí lo hiciera en la isla de Cedros. «La documentación del viaje describe con claridad la situación en que se encontraban los tripulantes al pasar por Monterrey a causa de las enfermedades, que sin duda los habían debilitado al grado de no sentirse capaces de levar anclas. Por otra parte, la isla de Cedros, conocida y frecuentada por los navegantes de los galeones de Manila, ofrecía la posibilidad de encontrar allí algún navío o por lo menos de salir con facilidad del fondeadero».

75.   *Relación descriptiva*, párr. 12.

76.   Ya se ha visto que el libro de actas de las reuniones calcula la latitud del cabo Mendocino en 41 grados. Cfr. *supra*, cap. I, nota 57.

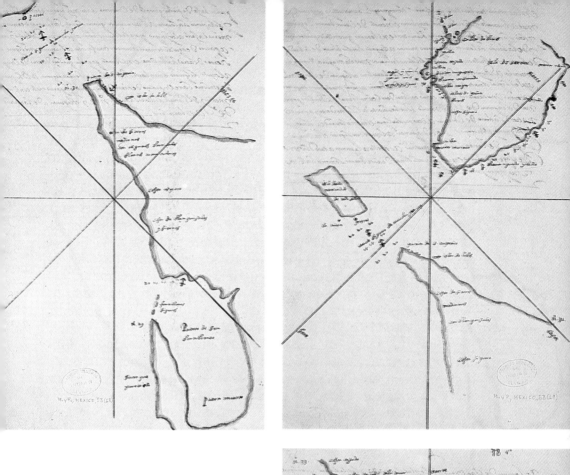

Arriba izquierda: *Buen puerto de San Bartolomé, protegido por tres farallones, y, al fondo, muy abrigado, un «puerto muerto». Luego, punta de San Eugenio e isla de la Natividad.* Arriba derecha: *Islas de la Natividad y la famosa de Cerros o Cedros (28° y 30 minutos). Tiene pinos altos, cedros, sabina y caño de agua dulce.* Abajo: *Costa que «hace el golfo» con la isla de Cedros. La ensenada de Pescado Blanco es segura.*

me de California, y el principio y entrada para el estrecho de Anián».

El día 20 de enero se emprendía el regreso[77], dejando atrás a la fragata, por lo cual el 28 reunió Vizcaíno nueva junta en la isla de Santa Catalina, para tratar de la conveniencia de esperarla. Pero no había leña en la isla, y la Capitana estaba ante el peligro de que no le fuese posible llegar al cabo de San Lucas. La relación que venimos llamando oficial lo cuenta[78] con frases muy gráficas: «era tanta la necesidad de salud y los enfermos clamaban sin médico ni medicinas ni regalos que poderles dar, más de un tasajo podrido y mazamorra, habas y garbanzos pasados de gorgojo, todos con las bocas dañadas..., que apenas podían pasar el agua, que parecía el dicho navío hospital y no navío de Armada, y estaba el negocio en tal extremo, que el que en su vida había tomado el timón, gobernaba y subía a la gavia y hacía las demás faenas, y los que podían andar, acudían al fogón a hacer mazamorra y poliadas para los enfermos, y sobre todo nos daba mucho cuidado la fragata *Tres Reyes*, que no parecía, y temerosos que con el viento pasado no se hubiese perdido, mas era tanta nuestra necesidad como está dicho, que no la pudimos esperar...».

En la isla de Santa Catalina los indios les invitaron a detenerse, cosa que Vizcaíno no se atrevió a aceptar; pasaron por la isla de Cedros el 6 de febrero, y el día 11 llegaban al cabo de San Lucas.

En una nueva junta reunida el día 13, hizo Vizcaíno un resumen de los acuerdos tomados en las de 17 junio, 18 diciembre y 13 enero, a fin de que se confrontaran con los resultados, y consultó a los reunidos sobre la conveniencia de sacar el barco luengo, que a la ida habían dejado en aquel paraje, así como sobre si procedía entrar en la bahía de San Bernabé, esperar a la fragata, ir al puerto de La Paz y esperar órdenes y socorros del Virrey, o dirigirse a las islas de Mazatlán y avisar a éste por tierra. Prevaleció este criterio, y la Capitana llegó a dichas islas el 18 de febrero, pasando luego la gente a la tierra firme, donde aún les esperaban nuevas contrariedades[79]: pérdida del camino, auxilio inesperado de un arriero y, por último, del alcalde ma-

---

77. Esta fecha es la que da Fray Antonio en la *Relación resumida;* pero la *oficial* dice que fue el 21.
78. Cap. XVI.
79. *Relación oficial*, cap. XVI.

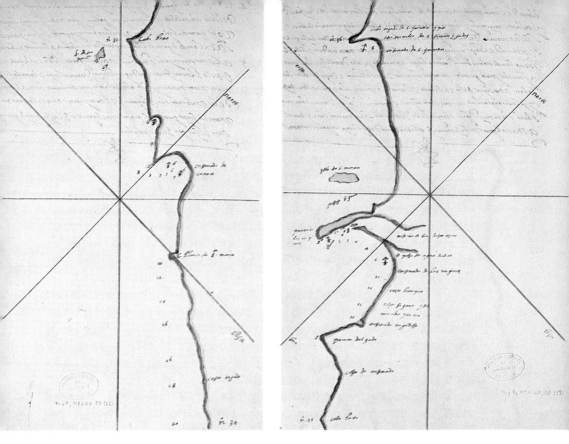

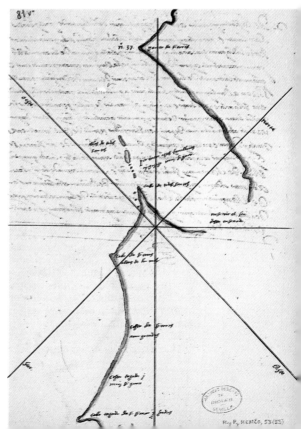

Arriba izquierda: *Desde la costa «ta-jada», que procede de la ensenada de Pescado Blanco, al cabo Blanco de Santa María, ensenada de San Francisco, cabo Bajo e isla de San Jerónimo. Arriba derecha: Desde el cabo Bajo a Punta Delgada, ensenada y punta de las Vírgenes, «laguna» grande, isla de San Martín, y la ensenada y cabo de San Quintín o de San Simón y San Judas. Abajo: Desde el cabo de San Simón y San Judas a punta de Humos, cabo de Todos los Santos (32° 5'), gran ensenada y punta de Sierras.*

yor Martín Ruiz de Aguirre[80]. Reanudada la navegación, dieron fondo en el puerto de Acapulco[81] el 21 de febrero, «y llegamos a México sábado 18 de marzo del dicho año, y fuimos a Chapultepeque a donde estaba Su Señoría a besarle las manos». El Virrey les abrazó y se mostró con ellos «muy agradecido de lo bien que todo lo habían hecho en el descubrimiento, acomodando alguno de ellos para Capitanes y Oficiales de guerra, para el socorro y escolta de la Flota que este año va de San Juan de Ulúa a Castilla... y en este estado quedó el dicho descubrimiento, enviando Su Señoría traslado a Su Majestad de todo lo hecho en él, para que como Señor de todo, provea lo que convenga a su Real Servicio»[82].

En México encontraron a la tripulación de la fragata *Tres Reyes*, la cual[83], después de perder entre los fríos del cabo Blanco al alférez Martín de Aguilar y al piloto Antón Flores, y luego a la mayor parte de su tripulación, había llegado al puerto de la Navidad a fines de febrero, y su gente desde allí se había dirigido directamente a México.

Durante la navegación habían muerto 48 personas, y entre ellas los alféreces Juan de Acevedo Tejada, portugués; Sebastián Meléndez, andaluz, y Martín de Aguilar Galeote, natural de Má-

---

80.   Holmes, *ob. cit.*, pp. 173 y ss., en su deseo de defender a Cabrillo, no cesa de atacar a Vizcaíno. Otro ejemplo de su ineptitud fue, según él, que no supo aprovechar la oportunidad científica que le brindaron unos marineros, afectados también de escorbuto, pero que comieron frutos de la pitahaya agria y se curaron o sintieron una gran mejoría. «Así su fama hubiera alcanzado la de Jenner, Pasteur, Gorgas o Fleming» (!). Desde luego. Mas no parece lógico que nosotros culpemos a Holmes por no haber llegado tan alto. Es posible que, a lo largo de su vida, haya observado algo a lo que no dio importancia y sin embargo la tenga y mucha. ¿Podemos atacarle por ello?

El hecho cierto es que los alimentos que en aquel entonces llevaban los navíos —tocino, garbanzos, alubias, charqui, bizcocho y pan de yuca— eran insuficientes para evitar la enfermedad. Mathes, *ob. cit.*, nota 69 de la p. 68, cita a W. Buño en *Escorbuto durante la exploración y conquista de América* («Archivos Iberoamericanos de Historia de la Medicina», julio-diciembre, 1953, pp. 576 a 583) quien piensa que aquel viaje de Vizcaíno fue uno de los casos más graves de escorbuto.

81.   Sin duda, a los que regresaron les parecía el famoso puerto de Acapulco, como a Pedro Cubero Sebastián, uno de los grandes viajeros mundiales, que en 1680, al llegar a Nueva España en el Galeón de Manila, escribía que Acapulco es «uno de los más hermosos puertos del Mar del Sur... y muy seguro para las naos, porque se puede cerrar con una cadena, y por gran tempestad que haya el Galeón está muy seguro...». (Cfr. Cubero Sebastián, Pedro: *Peregrinación del Mundo*, Madrid, 1944).

82.   *Relación oficial*, cap. XVI.

83.   *Relación oficial*, cap. XVII.

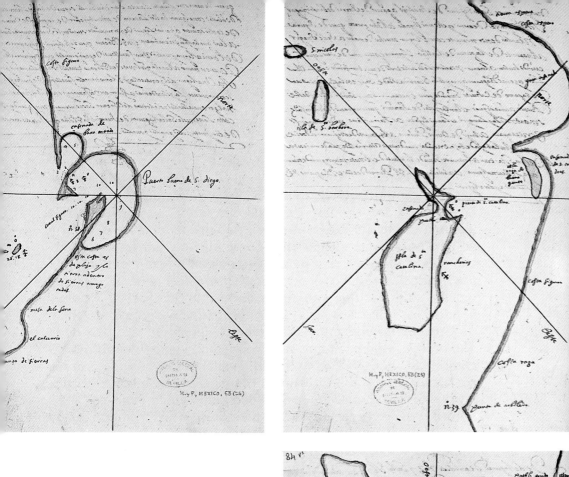

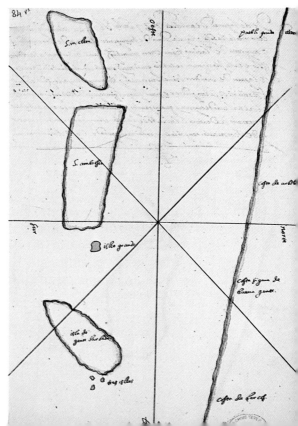

Arriba izquierda: *El puerto «bueno de San Diego» entre la punta de Sierras y las islas de San Martín, al Sur, y la punta de Arboleda, al Norte.* Arriba derecha: *Al Norte de la punta de la Arboleda, las islas de Santa Catalina, Baja de Buena Gente, Santa Bárbara y San Nicolás, todas pobladas y seguras. La de Santa Catalina, con buen puerto.* Abajo: *Desde la punta de Río Dulce corre una costa sin ensenadas, muy poblada, y enfrente, tres islas grandes «de gente barbada».*

laga; los pilotos Antón Flores, de Avilés, y Baltasar de Armas, de Canarias; los sargentos Miguel de Legar, montañés, y Juan del Castillo Bueno, de Sevilla, «y otras personas de mucho valor y esfuerzo que no refiero aquí, por no ser tan conocidas, como lo eran las que hemos contado»[84].

Salieron todos, con los religiosos, de Acapulco, el 7 de abril, hacia la capital de Nueva España, «y llegaron sanos y buenos a México, y a diez y nueve del dicho mes, que fue sábado por la mañana y este día dijeron los dos Religiosos Misa en la Ermita de San Antón, que es a la entrada de México, por habérsele hecho esta Promesa a este Santo, estando en altura de cuarenta y dos grados en el cabo Mendocino»[85] y luego el general, los capitanes y soldados que habían quedado con vida fueron acompañando a los religiosos hasta su convento de San Sebastián.

Creemos interesante consignar los siguientes párrafos de la *Monarchia Indiana*, en los que Torquemada detalla el último hecho de la expedición: «Desde allí (desde el convento de San Sebastián) fueron todos en tropa a Chapultepeque, a besar las manos al Virrey, el cual los recibió con sumo gusto y alegría, y los abrazó, y les agradeció mucho su trabajo, y les prometió de hacerles toda merced y de ayudarles en los que se les ofreciese; y así, desde luego, comenzó a hacer mercedes a todos; dando a cada uno lo que merecía, según sus méritos y capacidad, de lo cual quedaron muy pagados, satisfechos y contentos.

»Y con esto, que en el discurso de este viaje he tratado, me parece he dado a entender, el valor y esfuerzo de nuestros españoles; pues con tantos trabajos y fatigas, vinieron a conseguir una empresa tan dificultosa, que por serlo tanto, en cinco veces que se ha intentado el concluirla, ninguno hasta hoy salieron con ella, ni aún la mediaron y con todo los pareció haber hecho todo lo que humanamente la Nación Española podía hacer; y si esto se tiene por Gloria, y Trofeo, cuanto más razón tendrán de tenerla los de esta Jornada; pues la concluyeron y acabaron con la perfección que he referido».

Había durado la expedición cerca de 11 meses y durante ella habían muerto más de 40 de sus tripulantes. La importancia y utilidad de la misma está fuera de toda discusión, no sólo por las muchas noticias que sobre el país descubierto, sus riquezas

---

84. Torquemada: *Monarchia*, I, p. 742.
85. *Ibídem.*

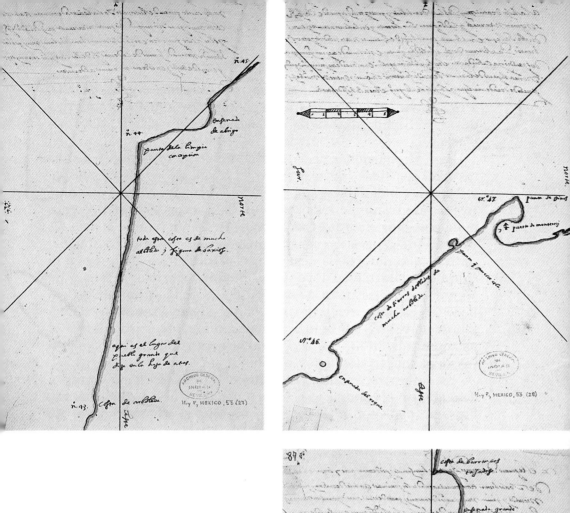

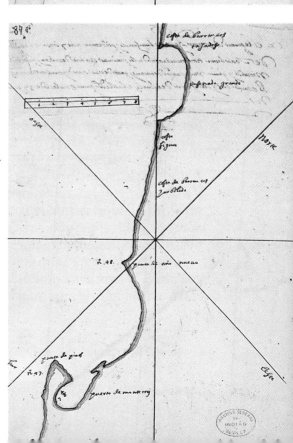

Arriba izquierda: *Sigue la costa en la misma forma hasta la punta de la Limpia Concepción. Luego, al cambiar el rumbo, hay una ensenada de abrigo.* Arriba derecha: *Puerto de Monterrey. Abrigado de todos los vientos. «Mucha agua dulce y muchos árboles de resina». «Mucha caza». Altura, «37 grados».* Abajo: *A 10 leguas de Monterrey, la punta de Año Nuevo, y después sigue la costa llena de barrancos y arboledas.*

y habitantes proporcionó, sino, principalmente, porque gracias a ella se vio en qué consistía el porvenir de aquella productiva tierra y el modo que se había de seguir para pacificarla y poblarla.

Las informaciones de Fray Antonio de la Ascensión y demás testigos, con sus incentivos de orden religioso, las noticias de valor político indudable y las perlas que Vizcaíno y sus compañeros habían traído de los bancos de California, sirvieron de estímulo para posteriores expediciones. Desde un punto de vista estrictamente geográfico, logró demarcar las costas de California, llevó a cabo una buena descripción planimétrica conforme a la época y estableció su toponimia. Exploró, además, la bahía de Monterrey e informó de las posibilidades de la de San Diego. No llegó, en cambio, a descubrir la bahía de San Francisco y la exploración del río Santa Inés hizo renacer la preocupación por el paso de Anián. Por eso se originó la confusión de los cartógrafos, durante casi dos siglos, al dibujar el noroeste de América.

En definitiva, Vizcaíno estimuló el interés por aquella zona y dejó abierto el camino para la penetración y el desarrollo de California, lugar natural de la expansión de la Nueva España. No fue culpa suya el que no se realizara.

IV. ACTIVIDADES POSTERIORES DE SEBASTIÁN VIZCAÍNO

La alcaldía mayor de Tehuantepec.
La encomienda de Ávalos. La embajada al Japón

Indudablemente, el viaje de Vizcaíno había sido un éxito[86]. Ya hemos visto las recompensas otorgadas por Monterrey a los más destacados compañeros de Vizcaíno, y en cuanto a él, le nombró para el mando del Galeón que había de partir para Manila inmediatamente después.

Era lógico esperar que los Virreyes de Nueva España aprovechasen las noticias obtenidas por la expedición, a fin de asegurar el anhelado refugio para los galeones en la costa californ-

---

86. Chapman: *ob. cit.*, p. 138: *The voyage of Vizcaíno had been a distinct success.*

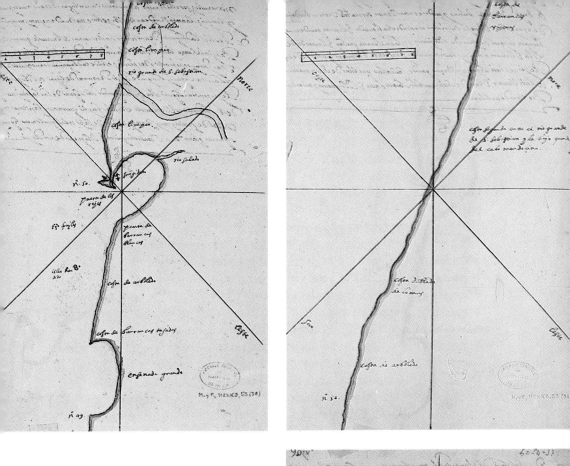

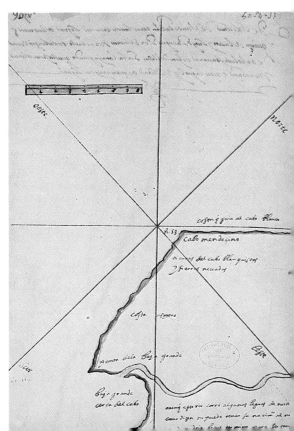

Arriba izquierda: *Puerto de los Reyes (38° y 40'), con buen surgidero. A siete leguas, el río grande de San Sebastián.* Arriba derecha: *En el camino del cabo Mendocino, costa limpia, llena de arboleda.* Abajo: *Bahía grande cerca del cabo (41°) y cabo Mendocino, de tierras «blanquiscas» y dominado por sierras nevadas.*

na. Sin embargo, la sustitución del conde de Monterrey por el marqués de Montesclaros, hecho ocurrido el mismo año del regreso de Vizcaíno, alteró todos los planes, al truncar la continuidad de la política de expansión[87].

Por una parte, anuló el nombramiento de Vizcaíno, y dio en cambio a éste el cargo de alcalde mayor de Tehuantepec, y, por otra parte, a Jerónimo Martín Palacios lo procesó y ejecutó, acusándole de falsificación[88]. En la Corte, estas medidas produjeron mala impresión, y Montesclaros recibió en 1606 órdenes de Felipe III destinadas a aprovechar los resultados del viaje al Mendocino, en pro de la seguridad de los galeones[89]. Para ello se le mandaba buscar a Vizcaíno o «al que fue su almirante» en el descubrimiento del puerto de Monterrey, esto es, a Toribio Gómez de Corbán, para que fuese a Filipinas en los barcos que habían de salir en 1607, y con el encargo expreso de, a la vuelta, enseñar a otras personas las particularidades de la navegación a ese puerto, y de reconocer con detalles la tierra, a fin de ver la mejor manera de establecer una población.

El Virrey de México encontró, no obstante, la forma de continuar con su criterio. Montesclaros argumentó que el puerto que la navegación del Galeón necesitaba había de estar más cercano a las costas japonesas, con lo cual se vuelve a enlazar en nuestra

---

87. Recuérdese la Introducción. También Chapman, *loc. cit.*, dice: «*It now becomes pertinent to enquire why the plan for the occupation of Monterrey, or at least for its utilization as a port of refuge for the galleon, was given up. In 1603, shortly after Vizcaíno's return, the Conde de Monterrey was succeeded as viceroy by the Marqués de Montesclaros, who not only threw cold water on the plans of his predecessor but also acted in a manner displaying either spite or else a desire for graft*».

88. Mathes, en *Sebastián Vizcaíno..*, *ob. cit.*, p. 74; y Wagner, en *Spanish Voyages...*, *ob. cit.*, pp. 274-275, señalan el dato con exactitud (es decir, que el cosmógrafo Jerónimo Martín Palacios había sido encontrado culpable de falsificar las firmas del Rey y del Virrey y había sido ahorcado); pero Chapman, *ob. cit.*, p. 139, y Holmes, *ob. cit.*, p. 214, se equivocan afirmando que fue Enrico Martínez el ajusticiado. Enrico Martínez murió en su cama en 1632.

89. Carta de Felipe III a Montesclaros, San Lorenzo el Real, 19 de agosto de 1606. B. N., ms. 18.393, fols. 55-60 v. Es igual que la dirigida en la misma fecha al Gobernador de Filipinas, y que publica Venegas en su *Noticia de la California*, aunque tiene con ésta algunas diferencias de transcripción.

Carta de ídem a ídem, mismo lugar y fecha. B. N., 18.393, fols. 46-54 v. Se le manda concretamente la busca de Vizcaíno con el fin indicado en el texto. En A. G. I., Guadalajara, 133, hay un ejemplar de esta segunda carta y otros documentos sobre el mismo asunto. Otra copia hay en B. N., ms. de Gayangos, 1.080-89, fol. 46. (Cfr. Roca, Pedro: *Catálogo de los manuscritos que pertenecieron a D. Pascual de Gayangos...*, Madrid, Tip. Archivos, 1904, p. 338).

historia la fama de las islas «Rica de Oro» y «Rica de Plata», puesta en circulación por ciertas noticias de un acompañante de Urdaneta, el P. Andrés de Aguirre[90].

En relación con este asunto están los preparativos para un viaje al Japón que vemos desarrollarse en los años siguientes, con intervención directa de Sebastián Vizcaíno. Evidentemente, sus incidencias caen fuera del tema de esta investigación, pero será curioso dar, al menos, la referencia que figura al frente del manuscrito de la relación[91]: «Reinando Felipe III y siendo Virrey de Nueva España D. Luis de Velasco, Marqués de Salinas, se hizo descubrimiento de las islas llamadas Ricas de oro y plata, que dicen están en el paraje del Japón, yendo por General y a cargo del descubrimiento, y por embajador al Emperador del Japón y Príncipe su hijo, Sebastián Vizcaíno, encomendero de los pueblos de la provincia de Ávalos, vecino de México, el año de 1611, en un navío nombrado San Francisco; por piloto mayor, capitán y maestre Benito de Palacio, y por su acompañado Lorenzo Vázquez, por Comisario de los religiosos de San Francisco Fray Pedro Bautista, Fray Diego de Ibáñez, lector de Santa Teología, Fray Ignacio de Jesús, predicador, y tres legos, por escribano Alonso Gascón de Cardona, gente de mar cincuenta y una personas, y don Francisco de Velasco, Japón principal, por otro nombre llamado Joçu Quendono, y veintidós japoneses que vinieron el año 610 del Japón a la Nueva España».

Con esta curiosa embajada, el ya pacífico encomendero Sebastián Vizcaíno vuelve al mar de sus hazañas y presta a la política expansiva del Virreinato un nuevo servicio, que no había de ser el último[92].

---

90. Chapman: *A history...*, *ob. cit.*, p. 139.
Sobre las Islas «Rica de Oro» y «Rica de Plata» trata Rodríguez García, Vicente: *El gobierno de don Gaspar Antonio de la Torre y Ayala en las Islas Filipinas*, Granada, 1976, pp. 119 y ss.
91. B. N., ms. 3.046, fols. 83 a 118. Este manuscrito dice (fol. 118) ser copia de la relación que Vizcaíno envió al Virrey (fol. 117 v.) desde Zacatula, e incluye copia de las cláusulas de ser traslado sacado del libro de S. M. rubricado y firmado por el Virrey, y que quedaba en poder de Vizcaíno; el traslado se hizo en la nao, a 22 de enero de 1614.
92. Aunque no en el texto, al menos en esta nota daremos una breve referencia del viaje. En el panorama de la expansión española por el Pacífico, aparece con fuerza, al final de la primera década del siglo XVII, el interés por conseguir relaciones comerciales y evangelizadoras con el Japón.
Al abandonarse, conforme veremos en el capítulo siguiente, la penetración en la Alta California, se fue derivando poco a poco a la búsqueda de las islas

En 1613 volvemos a verle solicitando del Consejo una nueva posibilidad de regresar a California. Pero sus gestiones fueron entonces estériles: en la Corte se consideró «por de poco fruto

---

«Rica de Oro» y «Rica de Plata». De todos modos, como tal aventura algunos pensaban que era quimérica, en especial tras el viaje de Unamuno, se presentó la oportunidad de establecer relaciones con el Japón.

La actividad de Rodrigo de Vivero (1608-1610) en las islas niponas y los beneficios económicos que podrían producirse han sido estudiados por Mathes, en *Sebastián Vizcaíno...*, cap. VII.

A principios de 1611, después de que tuvieran lugar las varias juntas de expertos que estudiaban las posibilidades de la expedición a las fabulosas islas, en las que hemos visto intervenía Vizcaíno, el Virrey don Luis de Velasco decidió que se enviara una embajada al Japón aprovechando aquella misma expedición. Vizcaíno, como general del viaje, tendría carácter de embajador en Japón, presentaría sus credenciales, entregaría regalos, solicitaría permiso para demarcar y sondar las costas japonesas y luego invernaría esperando las respuestas oficiales a las comunicaciones que entregaba; en primavera regresaría a Nueva España por los lugares donde se presumía la existencia de las islas «Rica de Oro» y «Rica de Plata».

Cuando Vizcaíno parte de Nueva España a fines de marzo llevaba también encargo de convencer a los japoneses para que expulsaran a los holandeses de sus puertos. Su enemiga hacia España ponía en peligro la ruta Manila-Japón. (Petición de Sebastián Vizcaíno al Rey, 1608. A. G. I., Filipinas, 193). (Sebastián Vizcaíno al Rey, 21 marzo 1611. A. G. I., Filipinas, 193; M. N., ms. 477). (El Virrey de Nueva España al Rey, 7 abril 1611. A. G. I., México, 28). (Sebastián Vizcaíno al Rey, 1614. A. G. I., Filipinas, 193).

En octubre de 1611 comenzaba la marcación de las costas niponas. Inmediatamente surgen las dificultades. Los ingleses y los holandeses se encargan de hacer fracasar la empresa difundiendo el rumor de que la demarcación y sondeo de las costas y la expedición a las islas «Rica de Oro» y «Rica de Plata» tenían como objetivo primordial preparar la invasión del Japón. Las autoridades imperiales, ante esta posibilidad, ordenaron que se embarcasen con Vizcaíno algunos observadores de sus actividades.

A lo largo de 1612, el Emperador del Japón empezó a cambiar de actitud. Quería relaciones comerciales, pero se oponía a las labores de carácter misional. Al propio tiempo, se inició la persecución de los cristianos y la demolición de los templos. (Autos hechos por Sebastián Vizcaíno en el Japón, 8 de agosto de 1612. A. G. I., Filipinas, 1).

El 16 de septiembre de 1612 partía para la búsqueda de las islas. El 7 de noviembre regresaba al Japón sin haberlas encontrado. Allí tuvo serias dificultades para preparar el regreso. La persecución religiosa se endureció. (Relación del viaje a las islas «Rica de Oro» y «Rica de Plata» y al Japón, 22 de enero de 1614. A. G. I., Filipinas, 1).

Por fin, el 22 de enero de 1614, llegaba a Nueva España, acompañado de una embajada japonesa a la Corona española. (Relación del viaje a las islas «Rica de Oro» y «Rica de Plata» y al Japón, 22 de enero de 1614. B. N., ms. 3.046).

Sebastián Vizcaíno escribe al Rey sobre estos asuntos; le dice que había que actuar con prudencia con los embajadores, ya que, fuesen cualesquiera sus pretensiones, en el Japón se seguía claramente una política anticristiana. Además le comunica que la existencia de las islas «Rica de Oro» y «Rica de Plata» era una quimera. (Sebastián Vizcaíno al Rey, 20 de mayo de 1614. A. G. I., Filipinas, 1).

El resultado de la embajada de Vizcaíno, como otra que partió directamen-

su ofrecimiento»[93], y él entonces «dio noticia a ciertas personas particulares de que en aquellos mares había gran cantidad de perlas, los cuales pidieron en el dicho consejo licencia para ir a la pesquería dellas a su costa». Suenan, en verdad, ácremente estas frases de la prosa curialesca. Los consejeros del Monarca se desentienden de los afanes del descubridor y aun desprecian por poco productivas sus ofertas. Y ese fracaso es para Vizcaíno precisamente la piedra sobre la cual descansa el arco que ha de unirle al período siguiente de la expansión californiana. Cuando ya no puede navegar por sí, informa a otros, y provoca el despertar de la nueva fuerza histórica: la fama de las perlas.

Todavía en 1616 hemos de encontrarle ayudando directamente a los Cardona, los titulares del asiento de las pesquerías. Nicolás, a comienzos de ese año, vuelve a la costa continental, huyendo del pirata Spilbergen y habiendo dejado en sus manos el navío y la mayor parte de su tripulación, con todos los frutos del viaje hecho. En el puerto de Salagua encuentra al general Sebastián Vizcaíno al mando de gente de guerra, dispuesto a evitar que el enemigo obtuviese en aquella costa cualquier ayuda de agua o de descanso[94]. Y al producirse el desembarco de los holandeses, Vizcaíno, al mando de los suyos y con la participación personal de Cardona, les obliga a reembarcar, después de un choque sangriento, y aun les coge cinco prisioneros, por los cua-

---

te de España, dejaba en claro que los japoneses querían, sí, relaciones comerciales, pero haciendo constar que el cristianismo había sido puesto fuera de la ley. (El Virrey de Nueva España al Rey, México, 29 de mayo de 1615. A. G. I., México, 28). (Fray Diego de Santa Catalina al Virrey de Nueva España, 25 de febrero de 1617. A. G. I., México, 28). (Relación de la embajada al Japón, 13 de marzo de 1617, A. G. I., México, 28; M. N., ms. 477).

España no podía aceptar. El fin principal de sus descubrimientos sigue siendo la expansión misionera; es secundario el factor económico. Por eso, se cierra definitivamente la ruta nipona. (Sebastián Vizcaíno al Rey, 20 de mayo de 1614. A. G. I., Filipinas, 1). Perdidas las posibilidades comerciales con Japón, y con la presencia de ingleses y holandeses en el Pacífico, España quedaba con las Filipinas y otras pequeñas islas.

Es el momento, 1615, en el que se vuelve la vista a California con intentos de revivir la colonización de aquellos lugares, intentos, como veremos en el capítulo siguiente, unidos a la pesca de perlas y sólo en el ámbito geográfico peninsular.

93. Carta del Rey a la Audiencia de México, Madrid, 2 de agosto de 1628. M. N., Navarrete, XIX, II, fols. 191-92. Cfr. *infra* en los apéndices. Mathes, en *Sebastián Vizcaíno...*, p. 122, opina con fundamento que Vizcaíno no estuvo en España en 1613.

94. B. N., ms. 2.468, que contiene las «Descripciones...» citadas. También el «Memorial impreso de Nicolás de Cardona» (cfr. los apéndices) fols. 2 v. y 3.

les las autoridades de Nueva España vinieron en conocimiento de los propósitos de Spilbergen: dirigirse a Filipinas, asaltar Terrenate y Manila y apoderarse del Galeón que desde esta ciudad hubiese partido para Acapulco. Precisamente el encargado de llevar estas noticias al Virrey es Nicolás de Cardona, y Sebastián Vizcaíno quien le envía, mientras él mismo queda en la costa en su misión de centinela de una expansión a la que había dedicado sus mejores esfuerzos de juventud [95].

_____

95.   Vizcaíno murió en México (1628) a la edad de 80 años. (Testimonio remitido por el Virrey Fray Payo Enríquez de Rivera. México, 20 de mayo de 1676. A. G. I., Guadalajara, 134).

CAPÍTULO VI

Expediciones que siguen a las de Vizcaíno

Las perlas.—I. *La compañía de pesca de per-las.*—1. Nicolás de Cardona.—2. La figura de Juan de Iturbe.—3. La compañía de los Cardo-na.—II. *La intervención real de 1628-36.*—1. Peti-ciones de particulares y desorientación del Con-sejo.—2. Expediciones de Francisco de Orte-ga.—3. Reclamaciones de Cardona y resolución real. El caso de Francisco Esteban Carbonel.

CAPÍTULO VI

Expediciones que siguen a las de Vizcaíno

Las perlas

El viaje segundo de Sebastián Vizcaíno había sido un éxito desde el punto de vista geográfico, por cuanto había alcanzado ampliamente sus objetivos concretos, y había reconocido las costas hasta más allá del grado 42. Pero no había dejado en punto alguno el núcleo de población que fuera germen del puerto donde habían de refugiarse los galeones de Manila.

Acaso la falta de este hecho consumado fuese uno de los motivos principales que determinan el que la Corona carezca de la fuerza necesaria para imponer su criterio de lograr la expansión hacia el norte de la Nueva España. Como afirmamos en la Introducción, fue entonces cuando se produjo la diversidad de pareceres entre la visión más amplia de Madrid y el conservadurismo de los Virreyes. A la postre triunfa esta última postura, y con ella se produce un viraje político desgraciado.

La Corona, a comienzos del XVII, se siente poderosa, y en condiciones de continuar las grandes rutas de penetración al norte de Nueva España, sobre todo hacia California Falta más de un decenio para que estalle la primera de las grandes guerras europeas, la de los Treinta Años (1618-1648). Por otro lado, tras varios fracasos ingleses, se había firmado la paz con Londres (1604) que prometía ser duradera. En cambio, la tensión con Holanda no había cedido. La Tregua de los Doce Años no se acordó hasta 1609. El futuro era incierto por la falta de descendencia de los Archiduques Alberto e Isabel Clara Eugenia. Pero había tiempo, un tiempo corto, ciertamente, para asegurar las rutas del Pacífico y establecernos con firmeza en California, antes de que se despertasen de nuevo la ambición británica y la osadía holandesa.

Los Virreyes, en cambio, observaban ya el inicio de la crisis económica, que iba a ser, en efecto, una carga constante en la Nueva España del XVII. Y sabían que los gastos de la empresa californiana tenían que salir de sus arcas. De ahí que Montesclaros y sus sucesores adopten tácticas dilatorias. Veían aquellas actividades fundacionales, un tanto aleatorias, como un pesado gravamen sobre el erario de México, que, además, por su gran lejanía, sólo podían causar preocupaciones innecesarias. Era mejor reducir la penetración a la Baja California.

Esta última postura, expresada siempre con firmeza, pese, como es lógico, a la suavidad empleada en las respuestas, obliga a la Corona a meditar una y otra vez la política que preconiza[1]. Ni Felipe III ni el duque de Lerma se distinguían por su fortaleza. Por eso, acaba triunfando el punto de vista de los Virreyes. La marcha al Perú del conde de Monterrey en 1603 resultó funesta[2].

---

1.   Es interesante observar las posturas polémicas que surgen en las Cortes de Castilla de 1592 sobre la orientación de la política internacional española, cuatro años después de la destrucción de la Armada Invencible, sintetizadas en las intervenciones de Francisco Monzón, procurador de Madrid, y Ginés de Rocamora, procurador de Murcia. Para el primero, había que olvidarse de una política de defensa de bienes ajenos, «pues si ellos —nuestros rivales— se quieren perder, que se pierdan». Rocamora, por el contrario, afirma que sigue siendo necesario «sosegar a Francia, reducir a Inglaterra, pacificar Flandes y someter a Alemania y Moscovia...». Para conseguirlo, «Dios dará sustancias con que descubrirá nuevas Indias y cerros de Potosí, como descubrió a los Reyes Católicos de gloriosa memoria...».
Pues bien, existían esas nuevas Indias y esos cerros de Potosí casi al alcance de la mano: Alta California y su oro.
2.   El Virrey don Gaspar de Zúñiga y Acevedo, conde de Monterrey (1595-1603) opinaba que se debían explorar y poblar las costas exteriores de la Alta California para fundar un puerto, especialmente en Monterrey, que sirviera de protección al Galeón de Manila. Con respecto al golfo, pensaba que las expediciones deberían suspenderse hasta que Vizcaíno las llevase a la práctica, pues hasta 1613 tenía concedida licencia para ello. Estos proyectos del conde de Monterrey quedan expuestos en las instrucciones que deja a su sucesor, fechadas el 28 de marzo de 1604. (Instrucciones de Monterrey para su sucesor. Acapulco, 28 de marzo de 1604, A. G. I., México, 26; Monterrey al Rey, navegando para el Perú a postrero de abril de 1604, A. G. I., México, 26).
El sucesor de Monterrey, don Juan de Mendoza y Luna, marqués de Montesclaros (1603-1607) se opuso a los proyectos y a las opiniones de su antecesor. (Montesclaros al Rey, México, 28 de abril de 1605, A. G. I., México, 26).
Muy pronto se expedía a Montesclaros una Real Cédula que volvía a tratar de la fundación de un puerto en California. (Real Cédula, San Lorenzo el

Es evidente que Fray Íñigo Abad, en 1783, desconocía las razones del cambio de política y el choque de pareceres entre Madrid y México, pero advierte la mudanza que se opera. La describe así[3]: «La Corte de España, desconfiada ya de hallar el deseado paso para la China por el estrecho que con tanto empe-

---

Real, 19 de agosto de 1606, A. G. I., México, 1.064; Guadalajara, 133; B. N., ms. 18.383). El Rey alababa los servicios de Vizcaíno y mandaba poblar Monterrey, encargando para ello al propio Vizcaíno. Cuando estas órdenes llegan a Nueva España ya se había forjado la opinión contraria que se iba a defender frente a la Corona.

El 27 de mayo de 1607 (Montesclaros al Rey, México, 27 de mayo de 1607, A. G. I., México, 27) Montesclaros escribía a la Corona diciendo que era más conveniente abandonar el proyecto de fundar en Monterrey, ya que cuando los galeones llegaban allí se sentían seguros y querían fondear cuanto antes en Acapulco, lo que conseguían en menos de un mes. Como otra posibilidad más lógica, se debían buscar unas islas en el Pacífico a la misma altura de Monterrey. Allí sí que los galeones tenían dificultades. Vizcaíno se podría encargar de buscar las islas Rica de Oro y Rica de Plata desde Manila, con navíos sin mercancías. El 4 de agosto, Montesclaros insiste. (Montesclaros al Rey, Acapulco, 4 de agosto de 1607, A. G. I., México, 27).

Sebastián Vizcaíno entretanto y, a pesar de la oposición virreinal, consigue lo que se proponía, y una Real Cédula a su favor ratifica todas sus pretensiones. (San Lorenzo el Real, 3 de junio de 1607, A. G. I., Indiferente General, 449).

A pesar de todo, los planes de Vizcaíno quedaron en suspenso debido a la diversidad de opiniones que llegaban a la Corte sobre la expansión en la Alta California.

El 18 de junio de 1608, Fray Antonio de la Ascensión escribía al Rey, manteniendo la opinión contraria a la idea de poblar Monterrey y siendo partidario de empezar en la bahía de San Bernabé. (Fray Antonio de la Ascensión al Rey, México, 18 de junio de 1608, A. G. I., México, 207.)

Todo esto quedó anulado por una Real Cédula en la que se mandaba que había que buscar las islas Rica de Oro y Rica de Plata, donde se debería establecer un puerto para los Galeones de Manila. (27 de septiembre de 1608, A. G. I., México, 1.065; M. N., ms. 477). Vizcaíno se encargaría de esta expedición.

El 24 de mayo de 1609, el Virrey Velasco (Velasco al Rey, México, 24 de mayo de 1609, A. G. I., México, 27) acusaba recibo de la Real Cédula del 27 de diciembre de 1608 y opinaba que era preciso llevar a cabo, antes de organizar la búsqueda de las islas Rica de Oro y Rica de Plata, una investigación, ya que suponía, con toda razón, por el viaje de Unamuno, que esas islas eran fruto de la fantasía de muchos marinos.

Así, el 11 de julio de 1609 se citaba a diversos expertos para estudiar el tema, entre ellos Vizcaíno. (Autos y cédulas sobre las islas Rica de Oro y Rica de Plata, 1609, A. G. I., Guadalajara, 134; M. N., ms. 1.509). Entre octubre de 1609 y octubre de 1610 se estuvieron estudiando las distintas formas de organizar la expedición a dichas islas. En este asunto estaba muy presente la posibilidad de abrir el Japón al comercio filipino. (Velasco al Rey, México, 21 de octubre de 1609, A. G. I., Filipinas, 278; M. N., ms. 1.509). (Ídem al Virrey de Nueva España, Sevilla, 1610, A. G. I., Filipinas, 278; M. N., ms. 1.509). (Real Cédula sobre las islas Rica de Oro y Rica de Plata, 1610, A. G. I., Filipinas, 278; M. N., ms. 1.509). (Velasco al Rey, México, 24 de octubre de 1610, A. G. I., Filipinas, 193).

3. «Descripción...». B. P., ms. cit., fols. 36 v. y 37.

ño habían buscado todas las naciones de Europa, y por otra parte, conociendo la situación ventajosa de la California para abrir nuevo rumbo al comercio del Asia, deseaba un establecimiento en algún buen puerto de la costa exterior para asegurar la recalada de los Navíos de China; repitiéronse las órdenes del Rey, salieron sucesivamente varios Navíos para poblar, pero se frustraron por varios accidentes; el mayor obstáculo eran los Corsarios extranjeros que corrían libremente aquellos mares, y los Comisionados se valían de este pretexto para quedarse en el Buceo de Perlas, y cambalachear con los Indios del Golfo, sin verificar la población...».

Entra así la historia de las expediciones a California en una nueva fase, caracterizada por la preocupación dominante de las perlas. Los sucesivos expedicionarios Nicolás de Cardona (1615), Juan de Iturbe (1616), Francisco Ortega (1632), y el gobernador de Sinaloa, don Luis Cestero, enviado en 1642 por el Virrey don Diego López Pacheco, marqués de Villena y duque de Escalona, etcétera, apenas hacen otra cosa que intentar someramente unos viajes, siempre repetidos y siempre desgraciados.

No son ellos los verdaderos protagonistas de sus expediciones. Antes al contrario, podríamos decir que el verdadero protagonista de las mismas es la fama de las perlas[4]. De ahí que —sin

------

4. Las perlas constituían, sin duda, una gran atracción para penetrar en la Baja California. Y había una evidente razón para ello. El P. Barco (*ob. cit.,* pp. 136 y ss.) escribe con su minuciosidad característica: «...en toda la costa interior, o del Golfo, y en sus islas adyacentes, son bien frecuentes los placeres». A continuación relata la forma «de hacer la pesquería» y los instrumentos para realizarla. Cuenta, incluso, la gran fortuna que hizo en 1740 un antiguo soldado, don Manuel de Ocio, que se avecindó «en la California». Fue «tanta cantidad de perla» la que recogió en poco tiempo, que en México disminuyó su precio. Pero ante el gran número de personas dedicadas al buceo, los placeres se fueron agotando (p. 143).

Como observa en nota León-Portilla, Miguel, «tal disminución había de acrecentarse... a lo largo del siglo XIX y en tiempos posteriores». Hoy es «prácticamente inexistente el buceo de perlas». Todavía, sin embargo, al comienzo de nuestro siglo, se podía realizar «en ciertos puntos de la Baja California». (León Diguet, *Territorio de la Baja California, reseña geográfica y estadística,* París-México, 1912, p. 22).

La abundancia de «concheros» o pilas de conchas que existen en las costas de la Baja California ha permitido conocer, aplicando el método del carbono, la gran antigüedad del buceo de perlas por los indígenas. En algún lugar —Punta Minitas— se remonta a 7.020 años ($\pm$ 260). (Cfr. Moriarty, James Robert: *Climatology, Ecologic and Temporal Inferences from Radiocarbon Dates on Archaeological Sites, Baja California, México,* publicado en «Pacific Coast, Archaeological Society Quarterly», enero 1968, IV, 1, pp. 11-38).

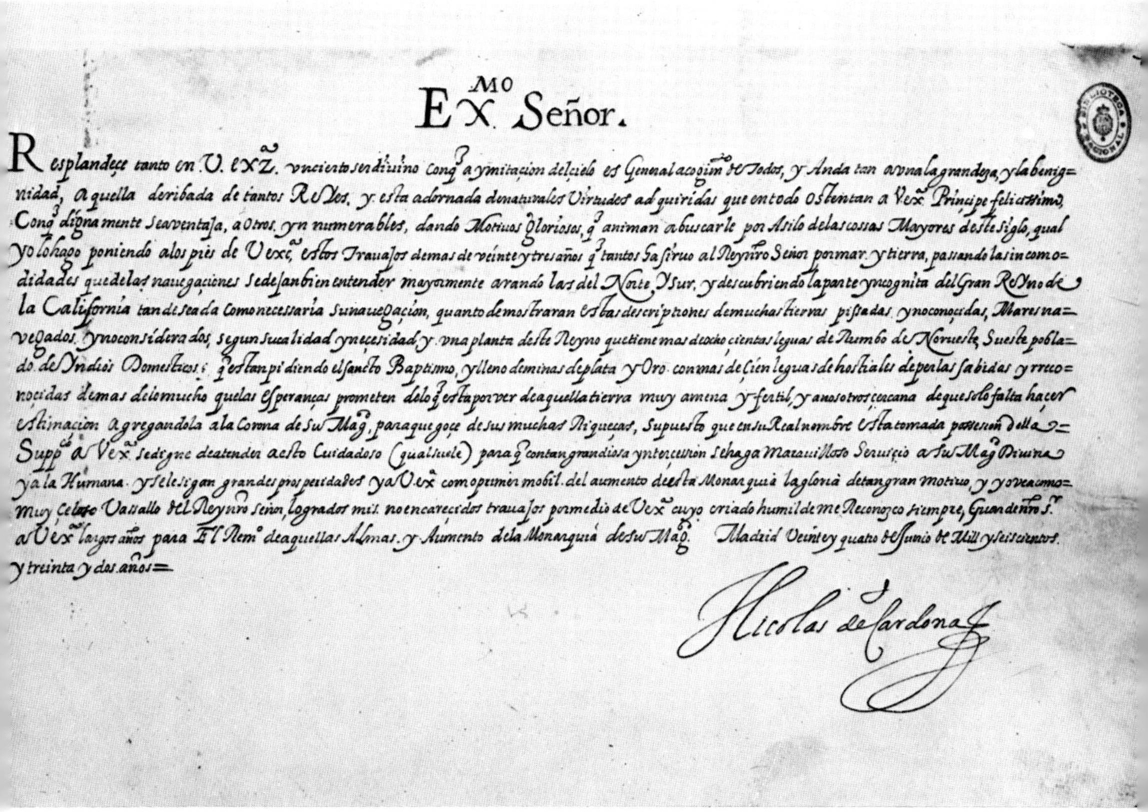

Ex.mo Señor.

Resplandeçe tanto en V. Ex.a vncierto ser diuino con q. a ymitacion del cielo es General acogim.to de Todos, y Anda tan avna la grandeza, y la benig=
nidad, aquella deribada de tantos Reyes, y esta adornada de naturales Virtudes adquiridas que en todo Ostentan a V. Ex.a Principe felicissimo,
Con q. dignamente se aventaja, a otros ynnumerables, dando Motiuos Gloriosos, q. animan abuscarle por Asilo de las cossas Mayores deste siglo, qual
yo lo hago poniendo alos pies de V. Ex.a estos Trauajos de mas de veinte y tres años q. tantos ha siruo al Rey nro Señor por mar y tierra, passando las incomo=
didades que de las naue gaciones se dejan bien entender mayormente arando las del Norte y Sur, y descubriendo la parte yncognita del Gran Reyno de
la California tan deseada como necessaria su naueGaçion, quanto demostraran estas descriptiones de muchas tierras pisadas y no conoçidas, Mares na=
veGados y no considerados, segun su calidad y neçesidad y vna planta deste Reyno que tiene mas de ocho çientas leguas de Rumbo de Norueste Sueste pobla=
do de Yndios Domesticos: q. estan pidiendo el sancto Baptismo, y lleno de minas de plata y Oro con mas de çien leguas de hostiales de perlas sabidas y rreco=
noçidas demas de lo mucho que las esperanças prometen de lo q. esta por ver de aquella tierra muy amena y fertil, y a nosotros çercana de que solo falta haçer
estimacion agregandola ala Corona de Su Mag.d, paraque goce de sus muchas Riqueças, supuesto que en su Real nombre esta tomada posesion della =
Supp.co a V. Ex.a se digne de atender aesto Cuidadoso (qual suele) paraq. con tan grandiosa yntercession se haga Marauilloso Seruiçio a Su Mag.d Diuina
y a la Humana. y se le sigan grandes prosperidades y a V. Ex.a como primer mobil del aumento de esta Monarquia la gloria de tan gran motiuo, y yo vea como=
muy Celoso Vasallo del Rey nro Señor, logrados mis no encarecidos trauajos por medio de V. Ex.a cuyo criado humilde me Reconozco siempre, Guarde nro S.r
a V. Ex.a largos años para El Rem.o de aquellas Almas, y Aumento de la Monarquia de Su Mag.d Madrid Veinte y quatro de Junio de Mill y seiscientos
y treinta y dos años =

Nicolas de Cardona

Dedicatoria de las Descripciones Geográphicas..., *de Nicolás de Cardona, en la que hace hincapié en la riqueza de California —«con más de cien leguas de hostiales de perlas sabidas y reconocidas»— dirigida al Conde-Duque de Olivares, en 1632.*

despreciar el valor que los descubridores han de tener en el proceso de la expansión californiana— a efectos de esta investigación, preferimos sustituirles por el personaje más representativo de la atracción de las pesquerías: Nicolás de Cardona. Su gestión llena los años entre 1610 y 1635, y —como veremos— tiene más importancia que Iturbe en la expedición que estuvo dirigida por éste. He ahí la razón —ya lo anunciamos al comienzo— de que Cardona venga a unirse a los dos grandes personajes don Sebastián Vizcaíno y don Pedro Porter Cassanate.

Es muy extraño que un historiador tan bien informado generalmente como Chapman ignore el interés histórico de la figura de Nicolás de Cardona, hasta el extremo de poner en duda que llegase a ir a las Indias[5], y, por supuesto, es totalmente infundada su suposición de que el uso de la primera persona en los documentos relacionados con él se deba sólo a que los Cardona hablaban de las expediciones a California con la mentalidad del jefe de una gran compañía, que considera como propia la gestión de sus subordinados al servicio de la misma. Máxime cuando cita los propios memoriales de dicho personaje. Mucho más acertada, sobre este punto, es la interpretación que da Torres Campos, al oponer la figura de Nicolás y los afanes misionales de Fray Antonio de la Ascensión.

«Pasaron nueve años —dice la *Noticia*[6], y se entiende que a partir de la Cédula de Felipe III, dada en 1606, ordenando la continuación de las expediciones— en que sólo se hicieron algunas pequeñas entradas a la California, más a pescar y rescatar perlas que a poblar, de las cuales no hay noticia individual; porque se citan sin particular expresión en las Cédulas Reales posteriores».

Con estas palabras recoge Fray Miguel Venegas, ya en su intento primerizo, una realidad sobre la cual tienen que ir insistiendo todas las investigaciones posteriores. Se quiebra durante el siglo XVII la preocupación de las autoridades, como hemos dicho reiteradamente. No es extraño, por tanto, que las Cédulas

---

5. Chapman, *ob. cit.*, p. 159, n. 2: «*Misled by the "I" or "we" in the Cardona documents, historians have heretofore believed that the Cardonas themselves commanded on some of the expeditions of their ships. In fact, it is doubtful if either or them ever crossed the Atlantic, and certainly neither one went on the voyages to the Californias. They used the first person as one might for a great company of which he was the head. All documents by them thus far discovered emanate from Spain*».

En un sentido menos restrictivo, Mosk, S. A. (*The Cardona Company and the Pearl Fisheries of Lower California*, en «Pacific Historical Review», 1934, pp. 53-56) admite que Cardona estuvo en Nueva España y no en California. Recientemente, Hernández Aparicio, Pilar (*La Compañía de los Cardona y sus viajes a las pesquerías de perlas de la costa de California*, en «Anuario de Estudios Americanos», XXXIII, 1976, pp. 405-430), discute la cuestión y, aunque al principio duda (p. 418), luego acepta la estancia en California («me inclino a pensar») desde la página 419 a la 420, al final de la cual afirma: «Todos estos testimonios me han llevado a la conclusión de que Nicolás de Cardona estuvo en California». Como veremos esos testimonios y otros varios en el relato de la expedición, volveré de nuevo a la cuestión en una nota al final del viaje.

La opinión de Torres Campos, en *ob. cit.*, pp. 15 y ss.

6. *Ob. cit.*, I, p. 150.

Reales —más adelante han de estudiarse las principales— se refieran sólo de modo somero a esta serie secular de intentos hechos más sobre la base de la esforzada y audaz osadía de sus autores que sobre el fundamento firme de un empeño nacional.

Únicamente debemos recoger, con íntima satisfacción, el reconocimiento justo de que si bien los gobiernos de Madrid y México se vieron arrastrados por otras preocupaciones más acuciantes, España, en cuanto protagonista colectiva de una historia grande, no olvidó ni por un momento su proyección hacia tierras de sumo porvenir:

«She therefore endeavored to achieve her objects along the lines of the sea approach to the Californias through reliance upon private initiative. The failure of this policy to bring about any great result has led historians generally to say that Spain lost interest in the Californias in the seventeenth century and that the proposed occupation of Monterey was not revived for a century and a half»[7].

Si eran poco conocidas en 1947 las expediciones de Vizcaíno, o luego las posteriores de Bodega y Cuadra, etc., lo eran aún menos las de estos navegantes oscuros del siglo XVII. Sólo a grandes rasgos pudo Chapman dibujar su perfil histórico, y no es extraño por eso que se remita a investigaciones[8], de las cuales la nuestra fue una de ellas.

Y en el programa de posibles investigaciones, se adopta como punto final la figura de don Pedro Porter Cassanate, por cuanto, además de su significación en el proceso de las expediciones californianas, tiene la de ser un destacado aragonés en medio de. los problemas de la supuesta exclusión aragonesa y quiere renovar las exploraciones por toda California, aunque

---

7. Chapman: *ob. cit.*, p. 158.
8. Chapman: *ob. cit.*, p. 171, nota 10: *«The activities of Spain with respect to the Californias in the seventeenth century ought to be made the subject of a number of doctoral theses, for unpublished materials in great quantity are available and the theme is worthy of treatment. Among the more obvious topics are the Iturbe, Ortega, Porter, and Pynadero voyages, the Carbonel case, and the Atondo expedition, to say nothing of Pichilingues, unlicensed pearlfishers, and institutional subjects».*
Este libro tiene la fortuna —como puede verse— de utilizar muy importantes testimonios sacados de las Bibliotecas del Palacio Real, de la Academia de la Historia, del Museo Naval y de la Nacional de Madrid, no empleados hasta 1947 en ningún trabajo de síntesis.

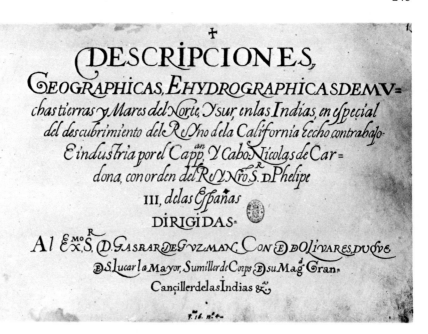

tropezase en el obstáculo de los Virreyes. Por otra parte, se concede deliberadamente menos atención a Iturbe y a Ortega que a Cardona, por considerarles bastante menos representativos.

I.   LA COMPAÑÍA DE PESCA DE PERLAS

1.   *Nicolás de Cardona*

Fue necesario que llegara el año 1615 para que el infatigable Nicolás de Cardona diera nuevo impulso a la obra comenzada.

El 22 de diciembre de 1612 firmaba el capitán don Tomás de Cardona un asiento con el Virrey don Diego Fernández de Córdoba, marqués de Guadalcázar[9], para el descubrimiento de nue-

---

9.   Hernández Aparicio, Pilar (*ob. cit.*, pp. 405-430) puntualiza algunos extremos interesantes. Basándose en el «Contrato y capitulación de Tomás de Cardona, 1612», aclara, por ejemplo, que el asiento entre él y el Virrey Fernández de Córdoba tuvo lugar el 22 de diciembre de 1612, en vez de 1613, que fue la fecha que dimos en 1947, apoyándonos en los datos que aparecen en las «Descripciones geográficas e hidrográficas de muchas tierras y mares del Norte y Sur de las Indias, en especial del descubrimiento del Reyno de la California, hecho con trabajo e industria por el Capitán y Cabo Nicolás de

Derrotero de viaje de Nicolás Cardona, en 1615.▶

vos ostiales de perlas en el Mar del Norte, en busca de los galeones perdidos al general don Luis Fernández de Córdoba, y para pasar a la Mar del Sur y descubrir el rico reino de California.

A fin de dar cumplimiento a este asunto, en 1614, según las «Descripciones...» y en julio de 1613, conforme al «Memorial de 1618», salieron del Puerto de Cádiz Francisco Basili y Nicolás de Cardona, «en conserva de la flota, que fue aquel año a la provincia de la Nueva España» yendo por «General don Antonio Oquendo»[10].

Cardona... dirigida al Excelentísimo señor don Gaspar de Guzmán, Conde de Olivares, Duque de Sanlúcar la Mayor...» (B. N., ms. 2.468) en el «Memorial», impreso de 1634, donde explica los motivos que le llevaron a escribir las «Descripciones» (fol. 1 v.) en la carta enviada al Rey, el 12 de junio de 1634, y en la petición de Nicolás de Cardona, de 9 de octubre de 1634, para proseguir los viajes a California. (A. G. I., Guadalajara, 133; *vide* apéndices).

Tomás de Cardona, que era veneciano de origen y vecino de Sevilla, formó, el 7 de marzo de 1613, una compañía con el capitán Sancho de Meras y Francisco de la Paraya. Cardona fue un personaje de viso; pagador de la Real Armada de Indias, maestre de la Cámara de S. M. durante largo tiempo, fiscal de la Real Junta de Minas, síndico general de la Orden de S. Francisco, hombre, además, de experiencia en las «jornadas de mar y tierra, en especial de las Indias». (*Vide* Hernández Aparicio, *ob. cit.*, pp. 405 y 406; Mosk, S. A., *ob. cit.*, pp. 50 y ss., y Silva, F. J.: *Memoriales. Madrid, 1613*, B. N., ms. 13.239, fol. 12, publicados por Porrúa, Madrid, 1975, edición dirigida por Castañeda Delgado). Francisco de la Paraya pertenecía a la Casa de la Contratación de Sevilla como escribano. Cuando muere, le sucedió su viuda. (*Vide*, además de Hernández Aparicio, la «Relación» de Esteban Carbonel al Virrey de México en 1632, A. G. I., Patronato, 30 y M. N., Navarrete, XIX). «Del otro miembro, Sancho de Merás, sólo sabemos que era vecino de la ciudad de Sevilla». (Hernández Aparicio, p. 407).

El asiento firmado en Madrid por Tomás de Cardona, el 22 de diciembre de 1612 (B. P., Miscelánea Ayala, XXX, fols. 266-272) contempla los siguientes extremos: gastos a costa de Cardona; diez años de plazo; para asegurar el quinto de la Corona, antes del desembarco, se realizaría una visita por los oficiales reales; prohibición de cualquier otro tipo de comercio, sobre todo con extranjeros; beneficio en exclusiva de los placeres de perlas en cualquier parte de las Indias «donde al presente no hay asentadas pesquerías...», y donde estuvieren asentadas a «treinta leguas de donde tengan las canoas»; para esta industria tendrían los privilegios ya concedidos a los asentados en Río de la Hacha y Margarita y los que se otorguen a otros en el futuro; autorización de seis bajeles de 20 toneladas, los bastimentos para un año y los «pertrechos» convenientes a la labor de pesca, así como el material para su renovación; la vigilancia de este último punto correría a cargo de los oficiales de la Casa; al Consejo de Indias se le remitiría una memoria completa; un permiso para transportar 60 negros a fin de ayudar en la pesquería, y, luego de otros pormenores, se hace hincapié en que para levantar poblaciones necesitarían de las autorizaciones en vigor.

También en el contrato se habla de la posible recuperación de los barcos de don Luis Fernández de Córdoba. En este supuesto, los beneficios se repartirían entre la Corona, la Compañía y los particulares afectados; la operación sería supervisada por un técnico designado por el gobierno correspondiente.

10.   Esta contradicción se explica porque las «Descripciones...» se escri-

Pasó Cardona en Veracruz cerca de un año, durante el cual, con grandes riesgos, rescató del poder de los caribes 28 cristianos cautivos, procedentes de algunos buques que habían naufragado en aquellas aguas, y 50 indios también caribes, que voluntariamente quisieron pasar a tierras de cristianos[11].

Prestó asimismo un gran servicio a los habitantes de Puerto Rico, durante su permanencia en la isla, pues habiendo el año 1614 gran escasez de subsistencias, todas las semanas Cardona despachaba dos tartanas de su flotilla para que fueran a cargar tortugas, que luego desinteresadamente partía con los habitantes de la isla.

Una vez que llegó a Nueva España, se dispuso a cumplir el asiento y descubrir California, para lo cual se dirigió a la ciudad de México, en donde falleció Francisco Basili, y quedó como cabo y jefe de la expedición Nicolás de Cardona, que asoció a su empresa al capitán Juan de Iturbe y al sargento Pedro Álvarez de Rosales.

Con gente de mar y tierra, dirigióse al puerto de Acapulco, donde equipó tres navíos para la expedición. Estaba ya dispuesto para hacerse a la vela, cuando llegó la noticia de que cinco ga-

---

ben en 1632, desde la Península, el mismo año en que Tomás de Cardona trabaja en las minas de azogue de Usagre como delegado de la Junta Real de Minas, y, lógicamente, es menos preciso que en el «Memorial» de 1618. También en el «Memorial» se especifica el año 1612 como el del asiento con la Corona, y no el de 1613 de que habla en las «Descripciones...». (*Vide* nota anterior. El «Memorial» de 1618, en A. G. I., Patronato, 20, y México, 136).

De los seis navíos, tres se construyeron en Moguer —no en Palos de Moguer, como escribe Mathes en *Californiana, ob. cit.,* p. XLIII, II de los *Documentos para la Historia de la Explotación Comercial de California, 1611-1679*— y otros tres en el río de Sevilla, conforme al «Memorial» citado.

11.   Antes de llegar a Veracruz había empleado largo tiempo en muchas islas y parajes: isla Margarita, Jamaica, Puerto Rico, etc. Nicolás Cardona, el protagonista de la expedición, era sobrino de Tomás Cardona e indudablemente un buen conocedor del ambiente de la Nueva España. En 1610 se alistó en la Armada. Muy poco después lo encontramos ya en México habiendo servido el empleo de capitán en la flota mandada por don Juan Gutiérrez de Garibay. Tras los diez años en que dirigió con amplios poderes la Compañía en México (1614-1623) lo vamos a ver como maestre de Cámara del Rey Felipe IV en Sevilla (1624-1626); inspeccionando los yacimientos de Río Tinto y Guadalcanal junto a su tío y el licenciado Gregorio López Madera (1627); delegado más adelante de la Junta Real de Minas en Usagre —mercurio— y Montemolín —plata y plomo— (1632, 1635 y 1639) amén del encargo de denunciar nuevos yacimientos de metales «para la moneda que se deseaba hacer, a que acudió a su costa». Ocupó los cargos de subdelegado del visitador general de Minas, y de comisionado para la vigilancia de Jaén (bandoleros y gitanos). *Vide:* Hernández Aparicio, *ob. cit.,* p. 406, y el «Memorial de Nicolás de Cardona, 1647», A. H. N., Varios de Indias, 355.

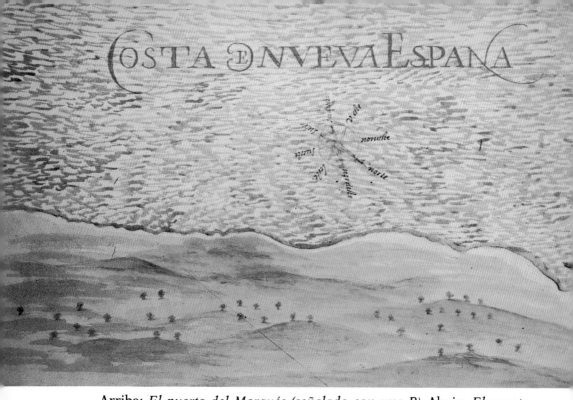

COSTA ᴇɴ NVEVA ESPAÑA

Arriba: *El puerto del Marqués (señalado con una B). Abajo: El puerto de Acapulco: A) los navíos preparados para ir a California; B) El castillo de San Diego; C) El pueblo; D) La nao que había llegado del Japón; E) Los Manzanillos.*

ACAPVLCO

leones holandeses andaban por la costa de Nueva España. El Virrey de México, marqués de Guadalcázar, ordenó a don Juan de Villena, alcalde mayor de Acapulco, que preparase la defensa de dicho puerto. No disponía Villena de fuerzas suficientes, por lo que suplicó a Cardona se encargase de la defensa. Aceptó éste y permaneció durante cuatro meses manteniendo a su costa treinta arcabuceros. Llegó a la sazón el general don Melchor Fernández de Córdoba con gente de socorro y, como no apareciese el enemigo, se dio permiso a Cardona para emprender la expedición.

Salió, pues, de Acapulco el 21 de marzo de 1615 con tres navíos y una lancha, en donde, además de la gente de mar y tierra, llevaba negros que eran muy hábiles buzos[12]. Visitó el puerto del Marqués, situado a dos leguas del lugar de partida, muy abrigado y con algunas perlas, pero de difícil explotación. Ancló luego en el puerto de la Navidad, desde donde, después de hondear el cabo Corrientes, se dirigió al puerto de Salagua, y luego a las islas de Mazatlán. De Mazatlán pasó a la punta de California, y dando fondo en ella desembarcó con los dos padres franciscanos que le acompañaban y sus soldados, y «plantando en tierra la cruz de Cristo, tomó posesión de ella, por fe de escribano, en nombre de su Majestad, el Rey de España»[13].

Recorrió luego la costa interior de California hasta los 27 grados, descubriendo ostiales de perlas, e internándose en tierra firme descubrió asimismo minas de plata y oro[14].

En las diversas ocasiones que encontró indios los trató con gran afabilidad y cariño, atrayéndolos con regalos. Consiguió así, prácticamente, no tener refriega alguna con ellos, pues se portó de tal forma, que pronto les redujo a la paz[15].

Siguió navegando hacia el norte, y a la altura de 27 grados se

---

12. Para el rescate de perlas, naturalmente. Llevaría, también, si se había demostrado su utilidad, el tipo de red y el instrumental que habían inventado Tomás de Cardona y Sancho de Meras, y que les sirvieron para solicitar el permiso de la pesca, según se desprende de la Real Cédula de 13 de agosto de 1611. (A. G. I., México, 1094-8). Estos artefactos se encuentran dibujados y descritos en M. N., ms. 1.035.

13. B. N., ms. 8.553; A. G. I., Guadalajara, 133, y tomo 9 de la *Colección de Documentos Inéditos...*, R. A. H., 1885-1932.

14. Afirma Cardona que hicieron ensayos de estos minerales y pudieron comprobar su alta riqueza. Es siempre otra de las preocupaciones.

15. Recuérdense las afirmaciones de Fray Antonio de la Ascensión, que más tarde veremos comprobadas también por don Pedro Porter Cassanate, respecto a la facilidad de reducir y convertir a los indígenas californianos.

Arriba: *Puerto de Salagua: A) Los navíos de Cardona; B) El puerto y el abrigo; C) El estero donde el enemigo dio carena a sus navíos; D) El río; E) El pueblo; F) La caleta de Santiago; G) Laguna de agua salada con cantidad de pescado. Abajo: Puerto de la Navidad: A) Los navíos de Cardona; B) El estero.*

encontraron con una playa poblada de espesa arboleda, a la que dieron el nombre de Playa Hermosa. Necesitados de agua, saltaron a tierra los españoles. Y apenas pusieron el pie en ella, se vieron atacados por más de 600 indios armados de flechas. Los españoles intentaron atraérselos, por lo que no dispararon sus arcabuces; pero viéndose acosados les echaron dos perros alanos, que les infundieron gran temor, poniéndolos en precipitada fuga[16]. El único herido durante el ataque fue el Almirante, que recibió un flechazo en la ceja derecha. Mas, a pesar de esto, procuró reducirlos a la paz. Y lo consiguió, pues al siguiente día vinieron gran número de ellos, que en presencia de los españoles ejecutaron ejercicios de carrera y lucha.

Años antes, fue en este mismo paraje donde los soldados de Sebastián Vizcaíno habían sido atacados por los indios, muriendo cerca de 20. Todavía quedaban en la playa algunos restos de la lancha que naufragó, según atestigua Cardona[17].

Prosiguieron la navegación hasta los 30 grados, y a esta altura tomaron rumbo al este, por ver si encontraban tierra en aquella dirección. Poco después llegaron a la costa. Reconociéndola, encontraron que era una isla poblada por indios pescadores, que iban desnudos y adornados con collares, y Cardona trató, sin resultado, de averiguar si tenían comunicación con los de tierra firme, si bien conjeturaron que sería con los de Nuevo México.

Después de permanecer tres días en dicha isla, se hicieron a la vela al atardecer, y apenas habían navegado cuatro leguas, cuando sobrevino la caída del sol y dieron fondo. Durante toda la noche percibían de parte de tierra unos aullidos que parecían de perros. Cuando amaneció vieron que se hallaban cerca de una isla. Desembarcó en ella el Almirante con algunos hombres y la encontraron poblada de lobos marinos, en tal número, que casi les impedían andar. Mataron algunos para sacar aceite, que

---

16.   Es curioso confirmar este dato a través de las diversas relaciones de viajes. Refiere Bodega y Cuadra, ms. citado, casi siglo y medio después, que hallándose en situación muy difícil en cierta ocasión, con casi todos los marineros y soldados enfermos y gran número de indios atacándole, bastó que sacaran a cubierta un par de perros muy pequeños que llevaban para que los indios se lanzaran al agua de cabeza, desde las canoas con que sitiaban la fragata de Bodega.

17.   *Relación descriptiva*, ms. cit. de la B. N. Vieron también los expedicionarios «las cabezas de cinco soldados muertos, que los indios tenían guardadas como trofeos de su victoria».

Arriba: *Puerto de la Paz: A) Los navíos; B) El poblado indígena; C) La Cruz que fue plantada; D) Cañaveral y agua dulce; E) El estero que penetra seis leguas; F) Isla y laguna de sal; G) La entrada de la bahía.*
Abajo: *Playa Hermosa o Vistosa: A) Los navíos y gente española; B) Los indios en huida; C) Dos perros alanos.*

es «maravilloso» para el embreado de las naves y para el alumbrado.

En el mismo día, les ocurrió otro incidente curioso y que no supieron explicarse. Hacia las dos de la tarde divisaron gran número de humaredas en una playa de tierra firme. Movido de curiosidad se dirigió a tierra el Almirante con algunos hombres. Al llegar, encontraron gran número de chozas de cañas. El suelo estaba regado y barrido; y colgadas se veían gran cantidad de plumas de pájaro de diversos colores. Parecía, pues, un rancho de cazadores. Junto a los tabucos había un indio desnudo, que calzaba sus pies con una especie de albarca de piel de venado, doblada, y que no cesaba de bailar. Atraído con regalos, preguntáronle dónde estaban sus compañeros, a lo que contestó por señas que vendrían a la mañana, cuando el sol estuviera sobre los montes [18]. No insistieron más en sus preguntas los españoles, y por evitar inconvenientes regresaron a sus naves.

Hiciéronse a la vela con rumbo norte, y arribaron [19] a una costa de poco fondo que llamaron Santa Clara, lugar desprovisto de agua, pero abundante en minas de plata.

«Desde este punto —dice Cardona— parecía que la tierra firme se juntaba con la de la California; pero después de dado velas al viento y atravesado a la otra banda, se vio que la mar dividía las tierras, por lo cual imaginó que éste sea el estrecho de Anián, o por lo menos queda averiguado que la California es isla muy grande y no tierra firme» [20]. Insistía, pues, en el mismo error que Sebastián Vizcaíno.

Nueve meses llevaba ya ocupado en esta empresa, cuando sobrevino el invierno y con él un aumento de dificultades; la falta de bastimentos y carencia de agua, unidas a los inconvenientes mencionados, obligaron a la expedición a regresar. Costearon la tierra firme y llegaron a los 28 grados a la costa de río Mayo, poblada por indios de las misiones jesuitas. Componían estas misiones más de 600 indios, al frente de los cuales estaba el P. Pedro Méndez, que seis meses antes había presenciado el canibalesco banquete que los indios se habían dado con los cuerpos de su compañero y de dos soldados que le acompañaban, salvándose él milagrosamente [21].

---

18.   ¿Estamos, posiblemente, ante otro Indio-Señor de Arriba?
19.   Cardona habla de 34 grados, lo cual es imposible.
20.   B. N., ms. 2.468.
21.   Noticioso el P. Méndez de la arribada de una expedición, suplicó por

El fracaso de Spilbergen al intentar la aguada en Zacatula: A) El navío de Cardona; B) La Armada enemiga; C) El estero; D) La boca del río; E) Los holandeses piratas; F) Los españoles; G) La caballería.

Prosiguieron la navegación, y dejando en Sinaloa la fragata Almiranta y otra para reparar averías e invernar, Cardona pasó con la Capitana y la lancha a Mazatlán, y desde allí se encaminó a Acapulco para abastecerse, dar cuenta de su viaje al Virrey y a los asentistas y regresar después al descubrimiento. La Almiranta y el otro bajel quedaron «a cargo del capitán Juan de Iturbe, que volvió a Sinaloa para tomar bastimentos y salir otra vez para la California a ranchear en las pesquerías»[22].

carta encarecidamente a su jefe que se llegase él con seis soldados armados. Hízolo así el Almirante, pero los indios, viniendo los navíos y soldados que estaban en la costa, preguntaron al P. Méndez a qué venía aquella gente. Respondióles éste que venían mandados por el Rey para castigar el crimen que habían cometido con sus compañeros; pero que si le daban palabra de no volver a cometer tal acción, él los disculparía y los haría volver a embarcar. Prometiéronlo ellos muy de veras, y en su consecuencia volvieron a embarcarse los expedicionarios. (B. N., ms. 2.468).

22. *Memorial impreso* de Cardona, citado, fol. 2, v.

Arriba: *El encuentro de Zacatula con Spilbergen: A) El navío del descubrimiento y su lancha; B) La armada del enemigo; C) El río de Zacatula.*
Abajo: *Punto final de la expedición de Cardona iniciada en 1615: A) Los
navíos; B) El puerto de Santa Clara; C) Una isla; D) El pueblo de Mayo,
misión jesuita; E) El río Sinaloa; F) La misión jesuita y pueblo de San
Ignacio; G) La punta de la Incógnita; I) El mar que pasa a la vuelta del
Norte.*

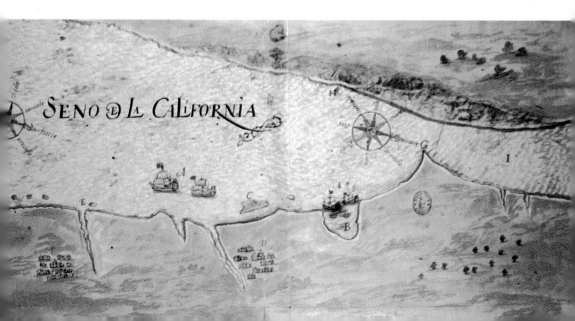

Las relaciones de Cardona que nos sirven de base para estudiar sus empresas pierden aquí de vista —como es lógico— las andanzas de Juan de Iturbe. Y es en este momento cuando Iturbe emprende la expedición a que ha dado nombre, aunque no sea, en realidad, más que una derivación complementaria de las actividades de Cardona.

De intento hemos citado casi exclusivamente las «Descripciones...» y el «Memorial» de 1634 (?) en la relación del viaje porque, apoyándonos simplemente en ellos, existe la constancia clara de que Nicolás de Cardona fue el jefe de la expedición. No se puede mentir a la hora de decir que ha tomado solemne posesión de la tierra «por fe de escribano, en nombre de Su Majestad» conforme al «Memorial» remitido probablemente en 1634; ni cuando habla del flechazo que recibió en la ceja derecha en playa Hermosa; ni al referirse a su encuentro con el P. Méndez en la costa de río Mayo; ni cuando escribe en el mismo «Memorial» que fue en «las islas de Mazatlán ...donde se dividieron y quedaron los dos bajeles a cargo del capitán Juan de Iturbe, que volvió a Sinaloa para tomar bastimento» y regresar a California, como hemos recordado en el texto; ni sus actividades en Zacatula, descritas a continuación en el propio texto, en ayuda de Sebastián Vizcaíno, para desbaratar el desembarco de Van Spilbergen; ni cuando refiere que «tomó la posta y fue a dar cuenta al Virrey» de este hecho «por orden del dicho general Sebastián Vizcaíno», para que se avisase a Filipinas; ni, sobre todo, se hubiera nunca escrito la Real Cédula en favor de Nicolás de Cardona de 30 de julio de 1624. (A. G. I., Indiferente General, 451-8).

En esta Cédula, el Rey, dirigiéndose al marqués de Cerralvo, «mi Virrey», hace mención de una relación de Nicolás de Cardona, «vecino de la ciudad de Sevilla», que «pasó a esa tierra y me sirvió en el puerto de Acapulco con treinta hombres a su costa dos meses y medio cuando se tuvo nueva que iba allí el enemigo, *después fue haciendo oficio de capitán a la California* en busca de los ostiales de perlas... y se halló en la ocasión que se tuvo con el holandés en el puerto de Salagua... mi voluntad es que el dicho Nicolás de Cardona reciba merced y favor, os mando le tengáis por encomendado y que le proveáis y ocupéis en oficios y cargos de mi servicio... Yo el Rey. Refrendada de Juan Ruiz de Contreras y señalada de los del Consejo».

Frente a ello, sólo se puede aducir que el «Memorial» de Tomás de Cardona, su tío, en el que se describen las actividades de la Compañía, únicamente menciona a Iturbe y Basili (A. G. I., México, 136 y Patronato, 20). Lo de Basili se explica fácilmente, pues él era el cabo de la expedición y Nicolás de Cardona sólo el Almirante. Más difícil de entender es lo de Iturbe. Está desde luego en oposición con el «memorial» citado de Nicolás de Cardona dirigido al Rey. Carece de fecha, aunque va firmado, se encuentra junto a papeles de 1618 y se remitió probablemente en 1634, según Mathes (*Californiana* II, tomo I, p. 49. *Vide* el «Memorial» en apéndices). También se contradice, por supuesto, con todos los documentos alegados, y con la carta escrita al Rey el 12 de junio de 1634, en la que expone sus servicios «en el descubrimiento del Reino de la California» (A. G. I., Guadalajara, 133); y con la petición para proseguir las expediciones a California, sin fecha ni firma, pero remitida a Madrid el 9 de octubre de 1634. (A. G. I., Guadalajara, 133).

Ante tantas pruebas documentales, a las que se podría agregar otras varias de menor cuantía —por ejemplo, la similitud de las láminas 13 y 14 de las «Descripciones...» con las restantes, siendo así que recuerdan acontecimientos de 1623, mientras que las restantes se refieren al viaje ya relatado y motivo de

En cuanto a Cardona, cuando llegaba frente a Zacatula, fue sorprendido por el pirata holandés Joris van Spilbergen, que con cinco naves atacó a la Capitana, de la que se apoderó, juntamente con los metales preciosos y algunas perlas que traían.

El capitán con algunos pocos soldados se echaron a la mar. A nado lograron ganar tierra y llegar al puerto de Zacatula. Se en-

---

las dudas— podría quedar aquí el problema como resuelto. Conviene, sin embargo, antes de ello, analizar más detenidamente el «memorial» de Tomás de Cardona. Choca, ante todo, aparte de no mencionar a Nicolás de Cardona, el que se insista en el margen y en el interior del escrito que cuando muere Francisco Basili en la ciudad de México, «quedando desaviada la jornada por estar sin cabo» y «continuando en los gastos y salarios de gente de mar y guerra», sea el Virrey, sin que se aluda en ningún momento a la Compañía, el único responsable del nombramiento de Juan de Iturbe. Más aún, esta responsabilidad atribuida *únicamente* al Virrey se acrecienta por el juicio personal que le merece el designado a Tomás de Cardona: «persona que salió en su compañía por *aventurero*». A continuación, y en contraste con las repetidas veces que se cita a Basili por su nombre en la primera parte de la relación —en 17 ocasiones— se omite sistemáticamente en la segunda el del «aventurero». Esta parte ocupa más de la mitad del «Memorial». Se le menciona en una sola circunstancia y en el margen y precisamente en el lugar que corresponde a la expedición de Iturbe, conforme a los relatos de Nicolás de Cardona.

Hay, además, que destacar que el principal objetivo de Tomás de Cardona y de la Compañía es ahora California. Mientras en el contrato de 1612 se hacía hincapié en muchos otros extremos, en este momento apenas si se piden mercedes para proseguir las nuevas campañas en ellos. California es el centro de las aspiraciones de la Compañía. ¿Qué ha ocurrido? El viaje de Iturbe en 1616 abrió los ojos de Tomás de Cardona. Su sobrino, en el anterior, había rescatado alguna cantidad de perlas, pero el de Iturbe, aunque de muchas más reducidas dimensiones en cuanto a medios, tuvo un gran resultado económico. Venegas —*Noticia*..., *ob. cit.*, p. 151— apoyándose en Fray Antonio de la Ascensión, asegura que cuando Iturbe llegó a México llenó «aquella ciudad de la fama de las perlas que traía». Ello es tan cierto que Tomás de Cardona dice que «en sólo ocho días de tiempo... sacaron de un ostial cantidad de catorce o quince onzas de perlas de todas suertes en que hay algunos granos gruesos y sacaran muchas más si no fuera por haberles faltado el agua... y a no sucederles todo lo referido... hubieran sacado mucha riqueza, que es cierto la hay». Precisamente por la fama del viaje de Iturbe, recelaba —en realidad lo sabía— «que algunas personas, así *destos Reinos* como los de las Indias... pretenderá ir a pescar a la dicha costa de las Californias y disfrutar lo que ellos han buscado y hallado con tan excesiva costa, trabajos, enfermedades y muertes...».

Pero, ¿por qué, frente al éxito de Iturbe, Tomás de Cardona lo califica inmediatamente antes de «aventurero»? ¿No será debido a que el jefe de la Compañía sabe que Iturbe ha traído más perlas que las que ha declarado ante los oficiales reales? Así lo creyeron muchos. Por ejemplo, Esteban Carbonel afirmaba, el 30 de septiembre de 1632 (A. G. I., Patronato, 30, y Guadalajara, 133; M. N., Navarrete, XIX) que «de toda la riqueza que sacó no parecieron ni se registraron en esta Ciudad de México más de catorce marcos poco más o menos, los cuales fueron a la corte a las manos del capitán Tomás de Cardona, habiéndose —sin embargo— repartido cantidad de las dichas perlas en poder de diferentes personas...», de las cuales vio «en poder de Simón Vacilino siete granos

contraba en él el general Sebastián Vizcaíno, quien, al tener noticia de la proximidad del holandés, se aprestó a la defensa. En efecto, doce días después que Cardona, llegaba al mismo puerto, con ánimo de tomar agua, la escuadra de Spilbergen. El silencio que reinaba en la playa hizo creer al holandés que no había ninguna dificultad para el desembarco. Pusieron pie en tierra unos 200 mosqueteros, que por un desfiladero se dirigieron al río. Mas los españoles, apostados en las laderas, los recibieron con una descarga cerrada, que derribó en tierra a algunos de ellos, corriendo los demás apresuradamente a refugiarse en sus naves, sin conseguir su objeto, y dejando en poder de los españoles varios prisioneros. Descubrieron éstos los intentos del enemigo. Pensaba Spilbergen, una vez aprovisionado de agua, dirigirse a Filipinas, para allí reunirse con otra armada y entre am-

---

considerables... y en poder de Lorenzo Petuche Milanés... más de veinticuatro granos como balas de arcabuz, y en poder del capitán Andrés de Acosta... un grano que le costó trescientos pesos...». En realidad, sobran testigos, pues el gran número de aventureros que partieron hacia California tras el viaje de Iturbe se debió, sin duda, a la notoriedad de su expedición por el éxito económico con que se la aureolaba.

Ahora bien, Tomás de Cardona, si creyó que hubo fraude a la Real Hacienda, ¿no trataría de salvar a su sobrino y a él mismo y a la Compañía asegurando que fue el Virrey el que nombró a Iturbe *motu proprio*, que el tal Iturbe era sólo un «aventurero» agregado a la Compañía, y procurando omitir en todo momento el nombre de su sobrino, el cual llevaba, además, para mayor *inri*, su mismo apellido? Hay que tener en cuenta para comprender mejor la jugada, que Tomás de Cardona sabía perfectamente quién era Iturbe; así se desprende, sin lugar a dudas, de la comisión dada al Capitán Fernando de Laynes para verificar la situación de la Compañía, con la autorización incluso de suspender y sustituir a los que «*nosotros tenemos dado nuestro poder*, a los capitanes *Nicolás de Cardona, Juan de Iturbe e sargento Pedro Álvarez Rosales*, para que en nuestros nombres asistan al beneficio e buena administración de la pesquería...», y ello firmado en Sevilla el 3 de marzo de *1616* (A. G. I., Guadalajara, 133); es decir, con anterioridad a la llegada del «aventurero» a la capital mexicana y de la vuelta a España de su sobrino.

En esta misma línea argumental es muy lógico que Tomás de Cardona estuviera enterado del «escándalo» provocado por las perlas, bien por conducto de Laynes —que incluso intervino en uso de su «poder» en enero de 1617, a fin de evitar malos entendidos con la Real Hacienda para fijar los quintos (A. G. I., Guadalajara, 133 y 134)— o bien por las noticias directas que le llevó Nicolás. Enterado, pues, de lo que sucedía, esperó un tiempo prudencial, y cuando vio que las aguas empezaban a serenarse, ya que los oficiales reales aceptaban la liquidación del quinto, dirigió al Rey el «Memorial» que comentamos, pero, eso sí, procurando todavía eludir toda responsabilidad personal y familiar. Para ello era necesario que en la relación no apareciera en ningún momento el nombre de Nicolás. En cambio, convencido al año siguiente de que todo había pasado sin dejar otro rastro que el afán de unos cuantos aventureros de ir a las pesquerías de California, organizó la vuelta a Nueva España de su sobrino, librando a su favor un poder amplísimo.

Portobelo, según Cardona: A) Entrada del puerto o estero de Portobelo; B) Fragata con pertrechos para llevar a la Mar del Sur; C) El Morro o fuerte; D) El castillo de San Pablo; E) La ciudad; F) Una isla situada a la boca del puerto.

bos conquistar Terrenate y Manila, y de paso apoderarse de las naves que de Filipinas vinieran a Acapulco.

Nicolás de Cardona, por orden de Vizcaíno, fue a México para dar cuenta al Virrey de estas noticias y para que avisase a Filipinas de la idea del enemigo[23].

Cumplida esta misión, Cardona regresó al puerto de Acapulco y tomó parte en la construcción del fuerte de San Diego y fabricación de culebrinas. Cuando estaba ocupado en estas obras, supo que, por mandato de la Audiencia de Guadalajara, Bartolomé Juárez de Villalba le había embargado en Sinaloa la fragata

23. *Vide supra*, final del cap. anterior, la referencia de este encuentro de Vizcaíno y Cardona. Algunos de los prisioneros declararon que iban forzados y que se les coaccionaba por parte de Spilbergen en contra de sus ideas religiosas. (*Vide supra*, y ms. citado, 2.468; y el impreso del s. XVIII, sin firma, de la B. N., ms. 8.553, pp. 118 y ss.).

Almiranta de su expedición, para salir con ella al encuentro de las naves que venían de Filipinas y avisarles el rumbo que debían seguir, en evitación del encuentro con la flota de Spilbergen, labor que llevó a cabo eficazmente.

Por causa de los temporales, había llegado la Almiranta muy averiada; reparóla Cardona, y necesitando resarcirse de estos gastos, pidió al Virrey permiso para hacer un viaje a Lima con mercancías. Obtenida la licencia, aderezó y fletó su nao por valor de más de 14.000 ducados, después de haber gastado en la reparación del barco unos 6.000 ducados. Mas cuando ya estaba todo preparado para la marcha, de nuevo el Virrey embarga el navío, para mandarlo a Filipinas. Con esto quedó Cardona completamente arruinado.

Viéndose Cardona sin caudal y sin barcos para continuar sus descubrimientos, determinó volver a España, y así lo hizo, presentando plaza en la capitana del marqués de Bedmar, en la compañía del capitán Pedro de Solís. Llegado a la Corte, refirió a Su Majestad cuanto a él y a Juan de Iturbe había sucedido. Nicolás de Cardona permaneció varios años en España, durante los que no abandonó la idea de continuar las exploraciones de California. Con anterioridad, Tomás de Cardona, Sancho de Meras y la viuda de Francisco de Parayas, que eran los dueños del documento de pesca de perlas, en virtud del asiento firmado con Su Majestad en 1612, otorgaron un mandato, el 3 de marzo de 1616, al capitán Fernando de Laynes para que verificase la situación de la Compañía y la solicitud de sus apoderados, lo que indica cierto recelo por parte de los mandantes[24]. Provisto al fin Nicolás de Cardona de nuevas órdenes, cédulas reales y recursos suficientes, salió de España a fines de 1619, rumbo a las Indias, en compañía de los galeones del marqués de Cadereita. Con ellos llegó a Cartagena de Indias el mes de julio de 1619.

Salió de Cartagena con rumbo a Portobelo, en una fragata hasta Panamá y allí «a fabricar para volver otra vez al descubrimiento de la California»[25]. Después de esquivar la persecución de dos navíos corsarios, logró entrar en Portobelo, desde donde ahora, después de una marcha penosísima, llegó a la ciudad de Panamá.

Por el bloqueo marítimo y terrestre a que el enemigo redujo a la ciudad, no le fue posible a Cardona traer los materiales que

---

24. *Poder cit.* A. G. I., Guadalajara, 133.
25. B. N., ms. 2.468, fol. 77.

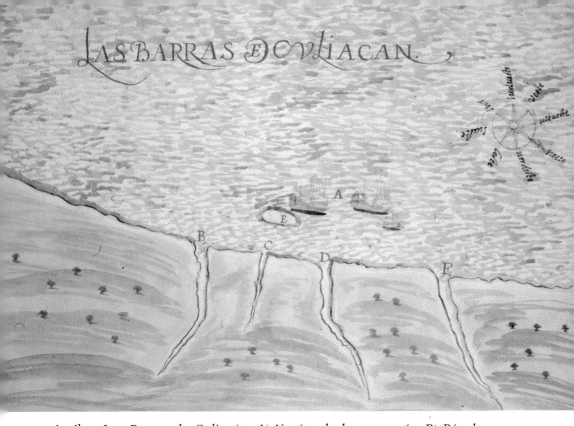

Arriba: *Las Barras de Culiacán: A) Navíos de la pesquería; B) Río de Guayabal; C) Río de Dato; D) Río de Navito; E) El Banco o Bajo; F) Río de Alima.* Abajo: *Panamá, escribe Cardona, «no tiene puerto ninguno sino es la playa prieta»: A) Fragatas de Cardona; B) Isla de Taboga; C) Las islas de Perico; D) La playa prieta o estero; E) El cuartel de los soldados; F) Las cajas reales; H) La plaza Mayor; I) La costa de Tierra Firme para el Perú.*

tenía almacenados allí para construir y equipar las naves de Panamá. Por esta razón, tuvo que comprar los navíos hechos en esta plaza. Adquirió, pues, dos bajeles y una lancha; los abasteció y, con salvoconducto de capitán de infantería, levantó gente de mar y tierra para ir a ranchear a California[26].

Estaba ya todo, por fin, dispuesto para hacerse a la vela, cuando llegó un aviso del Virrey del Perú, Príncipe de Esquilache, en el que comunicaba que el enemigo, con 12 naos, se había presentado ante el puerto de Cañete y hacía rumbo a Panamá. Se recomendaba al Presidente, en vista del peligro, que guardase la ciudad. Disponía Cardona de más de 100 hombres, entre marinos y soldados; y el Presidente Fernández de Velasco le ordenó suspendiese la partida para atender a la defensa de la ciudad. Accedió Cardona de buen grado, sustentando su gente, sin recibir ningún socorro de la Hacienda Real, durante dos meses. A este retraso atribuyó el Almirante el mal éxito de la expedición que poco después realizó.

Habiéndose tenido segundo aviso de que la armada enemiga había pasado por alta mar con rumbo a Filipinas, se le dio licencia para salir a hacer su expedición. Partió, pues, de Panamá con dos fragatas y una lancha, y visitó Costa Rica y la isla Coiba, donde vio algunas perlas.

Pero entre tanto había ya llegado el invierno, y con él se desataron varias tormentas que abrieron brechas en la Capitana. Y como se iba a pique, se vio obligado Cardona a tomar tierra para reparar la avería. Hízolo en el río Chiriqui, donde se le quemó uno de los navíos y perdió la lancha[27].

Con sólo la Capitana, prosiguió la navegación, visitando el golfo de Oza, costa de Nicoya, puerto de Realejo y playa de Sonsonate. Desembarcó en ella Cardona, y por tierra se dirigió a México, para presentar al Virrey las reales cédulas y obtener el nombramiento de cabo de la gente de mar y tierra que llevaba en la expedición. Conseguida la venia del Virrey, se dirigió a Acapulco para esperar la fragata Capitana y equipar otra que en este puerto tenía, procedente del asiento primitivo.

---

26. El Presidente don Diego Fernández de Velasco le había autorizado ampliamente para hacerlo. (ms. cit., fol. 77).

27. Era el Puerto de Chiriqui famoso por sus astilleros. Cfr. Múzquiz de Miguel, José Luis: *El Conde de Chinchón, Virrey del Perú*, E. E. H. A., Sevilla 1945, p. 184; este Virrey mandó en alguna ocasión reparar sus navíos en Chiriqui, con motivo de las disposiciones que tomó para robustecer la capacidad defensiva del Virreinato.

Barras de Chiriqui: A) Fragata capitana; B) Las dos barras de Chiriqui; C) La fragata que se quemó; D) Fragata capitana recibiendo bastimentos; E) Astillero; F) Ciudad; G) Costa para el Realejo.

A su llegada, recibió la triste nueva de la pérdida de su fragata en los bajos de Tehuantepec.

No se desalentó el infatigable Cardona por tanto contratiempo. Al verse sin recursos y sin naves, empeña su escaso caudal, corta maderas, prepara todo lo necesario para construir dos naves nuevas. Y cuando más embebido está en esta obra, recibe orden del Virrey, marqués de los Gelves, para que se presentara luego en la ciudad de México con los buzos que tenía, porque «importaba al servicio de Su Majestad»[28]. Obedeció al punto Cardona: con el mismo correo que le avisaba, regresó a la capital. Desde México se le mandó a Veracruz. Las órdenes recibidas eran de embarcar con los buzos en una fragata y dirigirse al puerto de La Habana, donde debía ayudar «a sacar los tesoros de dos galeones del cargo del Marqués de Cadereita», que se ha-

---

28. B. N., ms. 2.468.

Arriba: *Golfo de Oza; A) Fragata capitana; B) Golfo de Oza.* Abajo:
*Costa Rica: A) Las fragatas de Cardona; B) La costa de Veragua; C) La
Isla de Coiba.*

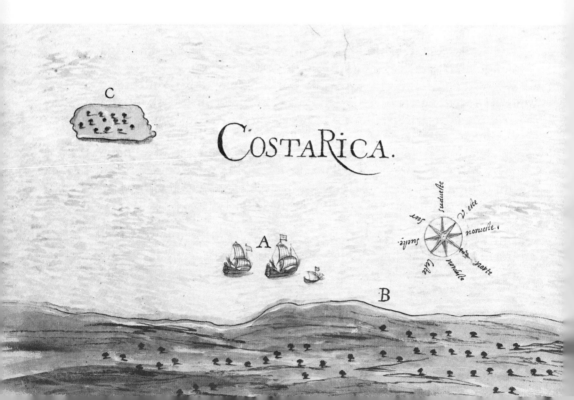

Arriba: *La Caldera de Nicoya: A) Fragata de Cardona; B) Lancha con la que entró en el río de Nicoya; C) Pueblo; D) Isla de pescadores indios.*
Abajo: *Playa al descubierto de Sonsonate: A) Fragata de Cardona; B) La boca del río; C) La caja real; D) Villa de Sonsonate; E) Pueblo de San Francisco.*

bían perdido en los cayos de Matacumbe, cuando transportaban mercancías y riquezas valoradas en más de un millón de ducados.

Tras abandonar, pues, sus proyectos, se vio precisado Cardona a encaminarse hacia Veracruz. Se embarcó en seguida, al mando de 14 buzos, y se dirigió a La Habana, donde le esperaba el Almirante de la Armada, don Tomás de La Baspier, quien le ordenó que partiera inmediatamente hacia los cayos en busca de la plata y los valores perdidos.

Largo tiempo trabajó Cardona en esta empresa en compañía del capitán Gaspar de Vargas y del piloto mayor Pedro de Ursúa, sin que, a pesar de sus heroicos esfuerzos, obtuvieran éxito sus trabajos; lograron encontrar los galeones hundidos y rescataron mosquetes, balas y algunas barras de plata, mas no pudieron hacerse con lo principal del tesoro, a causa del mal tiempo.

A fines del año 1623, obtuvo licencia para regresar a España. Se embarcó en plaza de soldado en la armada del general don Carlos Ibarra, y volvió a la patria, donde había de dar cuenta al Rey de lo sucedido en la busca de los galeones, y a Tomás de Cardona —su tío— del estado del asiento, desgracias y gastos que se originaron.

Ésta es la obra de Nicolás de Cardona, que interesa conocer al estudiar el proceso de la expansión californiana y de las exploraciones de sus costas. Había gastado en ella mucho de su vida, y con su abandono el problema vuelve a entrar en un momento de olvido.

Todavía más adelante, en 1627, Cardona había de escribir al Rey procurando que sirvieran para algo las experiencias obtenidas durante sus viajes, para lo cual le pedía[29] que se nombrase una persona a quien él pudiera advertir lo que conviene para la seguridad de la plata que vaya a Panamá y para la de las naos que bajan a Acapulco. En la misma ocasión, se refería, una vez más, a las riquezas de California y a la conveniencia de agregarla a la Real Corona.

---

29. *Memorial* de Cardona al Rey, 25 de junio de 1627. A. G. I., Guadalajara, 133.

Arriba: *Puerto de la Habana: A) La entrada; B) El morro; C) La Punta; D) La fortaleza vieja; E) La islilla de Guanabacoa.* **Abajo:** *La costa de los Mártires, lugar del naufragio: A) Patoche del Marqués de Cadereita para recoger la gente que buscaba la plata; B) Los galeones perdidos; C) Lancha de los buzos de Cadereita; D) Cayos de la Tortuga; E) Lancha de los buzos que estaban con Cardona.*

2. *La figura de Juan de Iturbe*

Tradicionalmente ha venido asumiendo el papel preponderante en las expediciones organizadas por la Compañía de los Cardona[30], y aun la bibliografía le ha citado a veces con carácter exclusivo. Sin embargo, los testimonios aducidos dicen claramente que en la primera expedición fue como segundo, y sólo adquirió misión directiva al separarse de Nicolás de Cardona y emprender una navegación bajo su mando en el año 1616. Tanto es así, que el piloto Esteban Carbonel, al referirse a él en su informe, le llama «hacedor y administrador del capitán Tomás de Cardona».

Partió con dos barcos y se internó por el golfo hasta más de los 30 grados de altura, desde donde tuvo que volver, obligado por los vientos contrarios del N.O. y por la falta de alimentos. Al regreso, los piratas llamados «pichilingues» le apresaron uno de los buques, y sólo con la Almiranta llegó a Nueva España.

También fue socorrido por los misioneros —concretamente por el P. Andrés de Rivas— y por orden del Virrey, marqués de Guadalcázar, regresó a Acapulco custodiando el Galeón de Manila, «y desde este puerto pasó a México, llenando aquella ciudad de la fama de las perlas que traía. Eran éstas en gran número, aunque tostadas las más, porque los indios echaban al fuego las conchas, como ya dijimos, para asar y comer la carne de los ostiones. Otras trajo grandes, sin daño, que logró en el buceo, y una de tan finos quilates, que sólo ella pagó de quinto novecientos pesos al Rey»[31].

Además de la fama de las perlas y de la opinión de que se había defraudado a la Hacienda, estas andanzas de Iturbe pusieron de relieve la presencia de piratas extranjeros en aguas de California. Por otra parte, Iturbe informó a su regreso haber visto en el fondo del golfo la entrada de un estrecho[32], cuya existencia convertía a California en una isla, y tales noticias afirmaron en el error las vagas ideas que circulaban sobre el asunto.

---

30. Antes nos hemos referido al error de Chapman sobre la importancia relativa de Cardona e Iturbe.

Sobre este viaje de Juan de Iturbe dio una relación al Virrey de Nueva España el piloto Esteban Carbonel, en 1632. Cfr. en M. N., Navarrete, XIX, 23, y en A. G. I., Patronato, 30, y Guadalajara, 133.

31. *Noticia, ob. cit.*, I, pp. 150-51.

32. Chapman: *ob. cit.*, p. 161.

3. La Compañía de los Cardona

Antes se ha aludido a la firma del asiento hecho por diez años entre el marqués de Guadalcázar, Virrey de Nueva España, por una parte, y Tomás de Cardona, por otra, «para el descubrimiento de nuevos ostiales de perlas en los mares del Norte y Sur y del Reino de la California, y descubrimiento de él» [33].

Es un hecho representativo de la dejación real en manos de particulares de un asunto de tan fundamental interés. Como consecuencia de ello, se organizaron las expediciones que acaban de ser estudiadas, y los asentistas informaron periódicamente al Consejo de Indias de la marcha de los negocios de la pesquería.

Vista ésta en su conjunto, la compañía a que los Cardona dan nombre contribuyó a las empresas de descubrimiento y defensa de las costas con más de 200.000 ducados; en los años de 1613 y siguientes envió a sus expensas siete navíos hacia las Indias, cuatro desde Acapulco a California, y tres desde Panamá, los cuales, como antes se ha visto, fueron repetidamente empleados por los Virreyes para menesteres urgentes, en perjuicio de los intereses de la compañía.

En compensación de ello, el Rey ordenó al Consejo que se extendiese una cédula a favor de Tomás de Cardona, aclarando que los diez años de duración del asiento se entendiesen a contar desde el momento en que «se asentaren las rancherías en forma y se ejerza la pesquería de perlas», y que durante ese tiempo ninguna persona, sin permiso de la compañía de los Cardona pudiese dedicarse a semejante actividad, desde Tehuantepec hasta el grado 38, en ambas costas de California.

De la misma manera, «para que se entendiese cómo el dicho asiento no sólo miraba [34] a la pesquería de las perlas, sino a la población y pacificación del dicho reino de la California», el Rey concedió a los Cardona todo el azogue que necesitasen para el laboreo de las minas [35], si se descubrían, y también que gozasen

---

33. Petición sobre exclusiva, 1634. Cfr. *infra*, en los apéndices.

34. Miraba también a la expansión cultural. Ya hemos subrayado este hecho. Valga ahora llamar igualmente la atención sobre que los propósitos —máxime en cuanto están declarados por un reclamante— es lógico que estén lejos de los resultados.

35. Realmente, la Corona no estaba en condiciones de suministrar normalmente mercurio a las posibles nuevas minas. Fausto de Elhuyar, en la *Memoria sobre el influjo de la minería en la agricultura, industria y comercio, población y civilización de la Nueva España...* (Madrid, 1835, pp. 30 y 31) resume en tres

de «las preeminencias y facultades concedidas en las Ordenanzas hechas en favor de los descubridores, pacificadores y pobladores de mar y tierra».

Durante estos años primeros, a partir de los viajes de Vizcaíno, los Cardona canalizaron toda la actividad marinera en relación con las ansiadas tierras del norte[36]. Y así acudían a obtener permiso de ellos todos los que querían explotar cualesquier ostiales enclavados en la zona aludida. Éste fue el caso del alférez Jerónimo Brioso. Y no sólo eso, sino que el infatigable Fray Antonio de la Ascensión hizo compatibles sus constantes requisitorias a los Reyes con las peticiones directas a los Cardona[37], animándoles a proseguir el descubrimiento y a que solicitasen la colaboración de religiosos de otras Órdenes, ya que él y los de la suya no podían atender a dichos menesteres. Era ésta la mejor prueba de que el hombre que estaba, incluso oficialmente, reconocido como el más informado de los asuntos californianos, consideraba a los Cardona como los únicos que en aquellos años podían convertir en realidad sus sueños de evangelización y de progreso en la incorporación de la ansiada península al orden político de la Nueva España.

---

puntos los motivos que determinaron la crisis minera de Nueva España en el XVII, causa muy principal, sin duda, de la crisis económica general del Virreinato. Éstos eran: 1) el costo mayor del laboreo del mineral introducido tras 1660; 2) las fuertes tasas que había que pagar al erario; 3) la escasez de mercurio. Según M. F. Lang, este último era el factor más decisivo. Al comienzo de la centuria todavía la producción de Almadén cubría gran parte del total requerido, unos 5.000 quintales; en cambio, al fin del siglo apenas si suministraba la quinta parte. Intentaron los Virreyes resolver el problema con azogue de Huancavelica (Perú) pero el suministro, por la falta de comunicaciones mercantiles normales entre los dos Virreinatos, no tuvo en ningún momento la efectividad que se esperaba. (*Vide* Chaunu: *Seville et l'Atlantique*, VIII, 2, 2, París, 1959, tablas de producción, pp. 1962-1968, y Lang, M. F.: *New Spains Mining Depression and the Supply of Quicksilver from Peru 1600-1700*, «Hispanic American Historical Review», noviembre 1968, XLVIII, 4, Duke University Press, pp. 632-641).

36.   Chapman: *ob. cit.*, p. 163.
37.   Petición de Cardona sobre reconocimiento de su exclusiva; *cit.* fol. 2 v.

II. LA INTERVENCIÓN REAL DE 1628-36

1. *Peticiones de particulares y desorientación del Consejo*

Las incitaciones contenidas ya en las primeras relaciones de Fray Antonio de la Ascensión se habían venido repitiendo a lo largo de más de 20 años. Periódicamente, el Consejo de Indias había recibido peticiones de particulares y ofrecimientos para emprender nuevos intentos de penetración en las tierras del norte de la Nueva España. Entre ellas, se puede citar la de Sebastián Vizcaíno, en 1613, y las derivadas de las actividades de Cardona y de Iturbe. A ellas vienen a unirse, en 1627, la de Martín de Lezama, yerno de Vizcaíno[38], y, en 1628, la instancia del capitán Pedro Bastán, aludida en la Cédula Real de este mismo año.

Como consecuencia de ellas, el Rey escribe, en agosto de 1628, a la Real Audiencia de México[39], y confiesa con cierta ingenuidad al Presidente y a sus oidores que el Consejo no se atrevía a tomar determinación alguna, después de haber estudiado el asunto, porque «siempre se ha tenido el dicho descubrimiento por de poca consideración, por no haberse sacado sustancia de él las veces que se ha intentado, y resultado tan malos sucesos». Esto, en realidad, demuestra por parte de los componentes del Consejo un cierto escrúpulo, porque no resuelven desestimar una vez por todas las peticiones presentadas, sino solicitar una información más completa. Y así, «para tomar resolución en ello, quiero saber de vos —dice el Rey a la Audiencia— lo que se ofrece en la materia», y «os mando que habiendo primero oído a Fray Antonio de la Ascensión, descalzo de la Orden de Nuestra Señora del Carmen, y demás personas que tengan noticias de aquella tierra, me aviséis muy particularmente en la forma y manera que se podrá hacer el dicho descubrimiento, en caso de que convenga ponerlo en ejecución, para que, visto en el dicho mi Consejo, se tome la resolución que más parezca convenir».

El año de 1629 está lleno —en cuanto se refiere a este problema de la expansión californiana— por las gestiones desarrolladas por las autoridades de México para conseguir de las perso-

---

38. Chapman: *ob. cit.*, p. 163.

39. Cfr. *infra*, en el apéndice. Es la carta del Rey a la Audiencia de México, 2 agosto 1628: M. N., Navarrete, XIX, 11, fols. 191-92; A. G. I., Patronato, 30; Guadalajara, 133, y México, 1066-9.

Mapa diseño realizado por Juan López de Vicuña para explicar su parecer sobre la conveniencia o no de continuar la exploración de California. (A.G.I. México, 56).

nas bien enteradas el mayor número de detalles sobre el particular. Y, así, nos ha sido posible consultar[40] los informes que en dicho año expidieron *Fray Antonio de la Ascensión* —dos pareceres— el *capitán Juan López de Vicuña, Gonzalo de Francia* —que fue contramaestre de la nao Capitana en la segunda armada de Vizcaíno— *Martín de Lezama* —yerno de Vizcaíno— el capitán *Lope de Argüelles Quiñones*, el capitán *Alfonso Ortiz de Sandoval* y el ya conocido cosmógrafo *Enrico Martínez*. A ellos habían de unirse, más adelante, el parecer del *conde del Valle*, en 1631, y en 1632, un tercer parecer de *Fray Antonio de la Ascensión*, otro de *Sebastián Gutiérrez*, mercader de México, otro de *Diego de Navas*, que fue a California con Francisco Ortega, y otro de *Esteban Carbonel*.

Hay entre todos estos pareceres opiniones contradictorias. Las favorables a continuar las expediciones podemos considerarlas encabezadas por palabras del tantas veces citado carmelita, que —como era de esperar— insiste, al cabo de veintitantos años, en los argumentos ya expuestos a raíz del viaje en que tomó parte, y reiterados luego en sus relaciones del mismo.

«Paréceme, salvo mejor parecer, que a S. M. le conviene

---

40. Mil seiscientos veintiocho —fecha en la que muere Sebastián Vizcaíno— es el año en que la Corona, como hemos dicho, envía la Real Cédula. (Madrid, 2 agosto 1628, A. G. I., Patronato, 30 y Guadalajara, 133; M. N., Navarrete, XIX). En cumplimiento de esta Real Cédula, declaran los siguientes personajes citados en el texto:

a) Fray Antonio de la Ascensión, Valladolid de Michoacán, el 20 de mayo de 1629, que insiste en su conocido informe de 1620. Es el «primer parecer» (A. G. I., Patronato, 30, y Guadalajara, 133; M. N., Navarrete, XIX).

b) Gonzalo de Francia —México, 27 de mayo de 1629— se inclinaba por la búsqueda de las perlas en el golfo de California. (A. G. I., Patronato, 30, y Guadalajara, 133; M. N., Navarrete, XIX).

c) «Segundo parecer» de Fray Antonio de la Ascensión (Valladolid de Michoacán, 8 de junio de 1629). Vuelve a recoger todas sus opiniones previas y juzga que el descubrimiento y utilización del estrecho de Anián serviría, entre otras cosas, para que los españoles pudiesen evitar el peligro de los corsarios del mar Caribe. (A. G. I., Patronato, 30, y Guadalajara, 133; M. N., Navarrete, XIX).

d) Además informan, entre otros, Lope de Argüelles Quiñones, que estuvo en la expedición de Vizcaíno de 1602; Enrico Martínez; Alfonso Ortiz de Sandoval, que acompañó a Vizcaíno en 1596; el Capitán Juan López de Vicuña, que diseña un mapa rudimentario para apoyar su parecer, y Martín de Lezama. (A. G. I., Patronato, 30 y Guadalajara, 133; M. N., Navarrete, XIX).

e) El 22 de diciembre de 1631 se une el parecer del conde del Valle de Orizaba; el 22 de marzo de 1632, el «tercer parecer» de Fray Antonio de la Ascensión, el testimonio de Sebastián Gutiérrez, el de Diego de Navas y el de Esteban Carbonel. (A. G. I., Patronato, 30, y Guadalajara, 133; M. N., Navarrete, XIX).

mandar poblar y pacificar este Reino, y que es la cosa que hoy mejor le puede estar entre las más importantes de sus Reinos, porque puede ser señor de un nuevo Reino, y gozar de las varias y grandes riquezas que en sí encierra, con que puede S. M. pagar en pocos años todo lo que debe, esto a muy poca costa; y sin esto, descargará su conciencia procurando se plante nuestra Santa Fe Católica en todo él, a lo cual está S. M. obligado a acudir en justicia y Caridad...», dirá entonces[41], con frases bien distantes de toda adulación el fraile cosmógrafo. Y en cuanto a la manera de organizar las expediciones, añade: «Esta jornada y pacificación se ha de hacer a costa de S. M., y no a costa de particulares, si se pretende que tenga buen fin y suceso». Los detalles concretos los precisa en el segundo parecer[42]: que se comprasen en el Realejo o en Panamá tres fragatas grandes, largas y chatas, o se las mandase construir en el puerto de la Navidad, aprestarlas, y dotarlas de una tripulación de 200 hombres. En suma, la primera población debía hacerse en la punta de la California, o cabo de San Lucas, junto a la bahía de San Bernabé, y mientras se organizaba lo relativo a ella, las fragatas podrían ocuparse en trasladar ganados desde la costa de Culiacán e islas de Mazatlán. Y, una vez hecho esto, deberían dos de las fragatas seguir la exploración del golfo, una por cada una de las costas, para informarse de todo lo referente a los indios, y así también «sabráse si este brazo de mar comunica con el mar del Norte por el estrecho de Anián, y si por él se puede hacer navegación hacia España, que sería de muy grande importancia descubrir por aquí nueva navegación para Castilla, para aprovecharse de ella en casos de mucha necesidad».

Sin embargo, algunos otros informes, especialmente el de Enrico Martínez, son contrarios, ante el recuerdo de los sufrimientos estérilmente soportados en intentos anteriores. El antiguo cosmógrafo de la expedición Vizcaíno creyó que California no iba a tener más interés que el de las perlas, y aun dudaba de su riqueza en este particular. Su informe, redactado con un sentido común que salta a la vista, distingue las tierras del N. E. de las de California propiamente dichas, separadas por un golfo

---

41. Primer parecer de Fray Antonio de la Ascensión. Valladolid de Michoacán, 20 de mayo de 1629. (M. N., Navarrete, XIX, 12, fols. 193-195. A. G. I., Patronato, 30, y Guadalajara, 133).

42. Segundo parecer del mismo, Valladolid de Michoacán, 8 de junio de 1629. (M. N., Navarrete, XIX, núm. 16. A. G. I., Patronato, 30, y Guadalajara, 133).

que comienza a la altura del cabo de San Lucas, y del cual se han explorado más de 200 leguas sin llegar al fin. Carbonel reconoce que, al parecer, hay perlas; pero afirma que la tierra es mala, y sin agua, y en cuanto a las riquezas en oro, considera que no serán tan grandes cuando los indios no lo traen a los intercambios. Reconoce también —es natural— que sería bueno reducir a los indígenas a policía y convertirlos a «la Santa Fe»; pero no insiste en la facilidad de lograrlo. En cuanto al posible refugio de los Galeones de Manila, asegura que no lo necesitan, pues pueden llegar sin gran riesgo hasta Acapulco, y respecto al peligro de que los enemigos adquiriesen en la costa californiana un apostadero, cree Carbonel que esto no sería grave, pues tendrían que navegar 3.500 leguas y luego estar allí sin refuerzos, a esa distancia enorme de sus verdaderas bases, por lo cual se les expulsaría con facilidad.

Por eso, en 20 de marzo de 1632, el Virrey marqués de Cerralvo contestaba al Rey que había hecho «las diligencias posibles y que, juzgando que ningunas podían tener certeza, sin que se vieran las dichas islas», había buscado «personas que se inclinasen a ir a reconocerlas, y que así había partido con este intento Francisco de Ortega»[43]. Curiosa prueba reiterada de que faltaba una línea política firme en estas cuestiones. Ante el maremágnum de pareceres contradictorios, para nada servían ya las circunstancias o las relaciones del viaje de Vizcaíno, los derroteros de las costas ni los diseños de Enrico Martínez. Treinta años más tarde era necesario repetir el experimento, y —como vamos a ver— en peores condiciones.

2. *Expediciones de Francisco de Ortega*

El encargado de llevar a cabo esa exploración informativa fue Francisco de Ortega[44]. Obtuvo para hacerla el permiso nece-

---

43. Carta aludida en la del Rey al marqués de Cerralvo. Madrid, 15 de marzo de 1635. A. G. I., Guadalajara, 133, y México, 1066; y B. N., ms. 3.046.
44. Chapman: *ob. cit.*, pp. 163-64. *Noticia de la California, ob. cit.*, I, p. 152. El asiento y capitulación de Ortega, en M. N., Navarrete, XIX, 26; A. G. I., Patronato, 30, y Guadalajara, 133.
Ortega había nacido en Cedillo (Toledo) en fecha no conocida. Tampoco se sabe cuándo se trasladó a Nueva España. En 1627 le vemos como carpintero de ribera bajo las órdenes de Martín de Lezama, yerno de Sebastián Vizcaíno, quien le acusa de que, en noviembre de 1628, se alzó contra él, aunque no se le siguió juicio porque al ser trasladado con sus cómplices a la cárcel de Guadala-

sario en las condiciones típicas usadas en estos documentos en el siglo XVII: se le autorizaba para hacer la navegación y para buscar perlas, a cambio de que emprendiese el intento por su propia cuenta y pagase luego el quinto real de las ganancias.

El 20 de marzo de 1632, tras dos intentos fallidos por el mal tiempo, partió del puerto de San Pedro hacia las costas de California, llevando como piloto en su fragatilla de 70 toneladas a Esteban Carbonel de Valenzuela, y como vicario eclesiástico al presbítero Diego de la Nava, nombrado al efecto por el obispo de Guadalajara. En los primeros días de mayo, alcanzaba la expedición el cabo de San Lucas, y luego prosiguió a lo largo de la costa oriental del golfo, hasta la altura del grado 27, reconociendo especialmente la bahía de San Bernabé y el puerto de La Paz. La isla mayor que encontraron fue bautizada con el nombre del Virrey: isla Cerralvo. Obtuvieron también sus perlas; encontraron indios dóciles, salvo en los sitios donde éstos tenían desagradable experiencia del comportamiento de anteriores visitantes europeos, y el 3 de julio estaban de regreso en la costa de Sinaloa —el temporal les impidió llegar a Acapulco— y desde allí pudieron informar al Virrey de los resultados de su reconocimiento.

El Virrey, a su vez, informaba[45], por carta de 29 de noviembre de 1632, que había vuelto Francisco de Ortega, «con relación y derrotero de las islas y que, sin haber tratado de pesca de perlas, trajo unas pocas», por lo cual tenía «por cierto que llevando orden y recados para la pesquería, se hallará mejor género de ellas, y según la relación que daban del buen natural de los indios y de la apacibilidad con que recibieron a los nuestros, será fácil el disponerlo».

---

jara sobornó en el camino a Lorenzo de Figueroa, que se hizo con los autos del proceso y lo liberó. (Parecer de Martín de Lezama. A. G. I., Guadalajara, 133, y M. N., Navarrete, XIX).

Pese a estos antecedentes, logró Ortega terminar el barco en cuatro años «por estar pobre», según Esteban Carbonel (*Relación que dio el piloto Esteban Carbonel ... a 30 de septiembre de 1632...*, A. G. I., Guadalajara, 133, y M. N., Navarrete, XIX) y obtener el valioso apoyo en la capital de don Juan García de Mercado, veedor de la casa del marqués de Cerralvo, muy interesado en los viajes a California, según afirma el propio Ortega (*Testimonio de los pedimentos y autos... 1633*, A. G. I., Guadalajara, 133, y, Patronato, 30). Después de sus viajes y tras la Cédula virreinal de 11 de noviembre de 1636 en que se revocan todas las licencias haciendo mención expresa de Ortega, nuestro personaje se desvanece. Desconocemos la fecha de su muerte y si ésta tuvo lugar o no en Nueva España.

45. *Apud*, carta citada de 15 de marzo 1635.

Al año siguiente recibía el Consejo de Indias una nueva solicitud de permiso: la de Francisco García Mercado[46]. Por entonces obtenía también el suyo Vergara, que luego había de cedérselo a Francisco Esteban Carbonel, y, por su parte, Francisco de Ortega intentaba una nueva expedición, desconociéndose si tenía o no autorización para ello[47].

Salió de Nueva España el 8 de septiembre de 1633 y llegó a La Paz el 7 de octubre. Había llevado consigo dos sacerdotes: el vicario Nava y don Juan de Zúñiga, y cargado en las naves muchas vituallas. Mediante el reparto de éstas consiguió que los indios se mostraran propicios a la labor de evangelización, y que, al mismo tiempo, la colonia fundada comenzara su vida bajo buenos auspicios. Tenía, por tanto, esta segunda expedición de Ortega[48] unos afanes más ambiciosos que la primera, pensada y

---

46. *Ibídem.* La petición de Francisco García Mercado tenía fecha de 22 de marzo 1633.

47. La petición de Mercado corresponde a la de Ortega, ya que era uno de sus socios capitalistas. El Virrey responde el 23 de diciembre de 1632 que «parece ser su Real voluntad resolverlo allá en su Real Consejo de las Indias». Hernández Aparicio, P., asegura que no existe constancia alguna de que Mercado elevase ninguna carta al Rey. Consta, en cambio, que así fue en la Real Cédula de 14 de marzo de 1635, en donde se lee: «me escribió en veinte y dos de marzo de seiscientos treinta y tres...». ¿Cuál fue la respuesta, si la hubo? Por el tenor de la misma Cédula, parece que no fue contestada. Aparte de ello, el marqués de Cerralvo, ¿autorizó o no la expedición? Hernández Aparicio cree que probablemente no. En cambio, León-Portilla, M., asegura que sí. Nosotros, en 1947, no entramos en el problema por parecernos que carecíamos de documentos fehacientes. Encontramos hasta cierto punto lógico que Cerralvo, que debió de tener conocimiento de la carta de Mercado, entre otros motivos por ser veedor de su palacio, y que se presta a dudas que tuviese orden estricta de que sólo el Consejo tenía que autorizar las nuevas exploraciones de acuerdo con aquel «parece ser» de su respuesta citada, de 23 de diciembre de 1632, diera en definitiva su permiso. (La Real Cédula de 1635, en A. G. I., Guadalajara, 133, México, 1066-10, y B. N., ms. 3.046. La respuesta de Cerralvo —Decreto—, en el *Testimonio de los Pedimentos y Autos hechos con Francisco de Ortega... 1633,* A. G. I., Patronato, 30, y Guadalajara, 133. El trabajo de León-Portilla, M.: *El ingenioso don Francisco de Ortega, sus viajes y noticias californianas, 1632-1636,* en *Estudios de Historia Novohispana,* III, México, 1970, pp. 102-103. El de Hernández Aparicio, P.: *Los viajes de Francisco Ortega a las pesquerías de perlas de California,* en *Homenaje al Dr. Muro Orejón,* I, Sevilla, 1979, p. 90).

48. Chapman y *Noticia,* lugares citados. Como fuentes documentales, las referidas en la nota anterior, y especialmente el *Asiento y Capitulación,* de Ortega, del 7 de diciembre de 1632; la segunda parte de la *Relación* de Esteban Carbonel, de 30 de septiembre de 1632; las *Demarcaciones* de Ortega, de 1636; la *Descripción muy circunstanciada,* de Ortega, también de 1636 (todos ellos en A. G. I., Guadalajara, 133, y Patronato, 30, y M. N., Navarrete, XIX). Sólo en los mismos legajos del A. G. I., los *Testimonios y Autos* de 1636 y la *Relación circunstanciada,* de Ortega, de 1636.

hecha como mero recorrido por las costas. Sin embargo, fracasó pronto. A su regreso a México, planteó al Virrey dos pretensiones: «La primera, que se mudase el presidio de Acaponeta, ya inútil allí, por estar la tierra pacificada, a la costa de California, para defender la conquista y hacer entradas con seguridad en la tierra. La segunda, que se destinasen fondos en Nueva España para enviar alimentos a los que se empleasen en la población», visto que, al menos en los primeros tiempos, iba a ser imposible obtenerlos en las comarcas recién pobladas.

Estas peticiones fueron expuestas al Virrey en 1636, según la carta de Fray Pedro Gutiérrez a su Obispo. Esta fecha sería, quizá, un dato de escaso interés a favor de la realidad del tercer viaje de Ortega. Existen, en efecto, dudas sobre si tuvo lugar o no. El historiador jesuita padre Barrus afirma, en 1972, la falsedad de los dos relatos de Ortega sobre su tercera expedición. Se apoya para ello en la narración del naufragio del barco, que, pese al carácter catastrófico que le da, no ocasionó ninguna muerte ni ningún herido, y en la rapidez desusada con que construyó otro nuevo sin apenas medios; en las graves contradicciones entre ambos informes; y en la inexistencia del P. Roque de la Vega, jesuita que afirma que le acompañó. Considera que las relaciones imaginarias de este viaje tenían una razón de ser: así se aseguraba las autorizaciones de la Corte y del Virrey para continuar las exploraciones y conseguir el monopolio del comercio de perlas, en un momento en que, como veremos luego, existían otros aspirantes poderosos.

Miguel de León-Portilla y P. Hernández Aparicio, por el contrario, creen en la existencia del tercer viaje. Niegan que sea imposible la construcción del nuevo barco, si Ortega era un experto carpintero de ribera; existen, en efecto, las contradicciones, pero pueden ser debidas a que el segundo informe resume simplemente el primero (?); sobre el P. Roque de la Vega es evidente que no era jesuita, pero, ¿no podría pertenecer a otra orden religiosa o al clero secular? (¡).

No creemos que la cuestión esté definitivamente resuelta. Por eso hemos mencionado la diversidad de opiniones. De todos modos, aun admitida la existencia, poco podemos decir de su importancia en el conjunto de la exploración de California. Salió, según dice, de Santa Catalina en enero de 1636 y dos días después tocó tierra en una ensenada próxima a La Paz, en California. Allí tuvo lugar el naufragio a que nos hemos referido. Fabricaron otro barco, en sólo 46 días, con los restos que pudieron hallar del anterior y madera nueva de la propia península. El 27 de febrero desembarcaron en La Paz; los indígenas, con el cacique Bacarí al frente, les tributaron un buen recibimiento. Unos días después se hicieron a la vela, llegaron a la isla Cerralvo y continuaron hacia el norte «hasta treinta y seis grados y medio» (?). La falta de bastimentos y la de armas para amedrentar a los indios, que ya, en aquellas latitudes, se les mostraban hostiles, les obligaron a volver «al dicho Puerto de Santa Catalina», de donde habían partido, el 16 de mayo de 1636. Ante la imposibilidad de que alcanzara los 36 grados, su defensor, León-Portilla, sugiere que, cuando más llegaría a los 30, lo cual es también una quimera, según Burrus. En este viaje rescataron «algunos granos de perlas, que los de más fundamento fueron treinta blancos y treinta ahumados y rayados».

No le sirvieron, sin embargo, a Ortega las dos relaciones sobre su hipotética tercera expedición si fueron escritas para adquirir una posición ventajosa sobre sus émulos. El Virrey Cadereita, sucesor de Cerralvo en 1635, «que encontró un muy extenso informe (de su predecesor) contra Ortega, supo ver lo deshonesto de sus proyectos. Ahora le prohibió bajo pena de muerte cualquier otro viaje», escribe Burrus. En efecto, el Virrey revocó, el 11 de noviembre de 1636, todas las licencias dadas hasta aquel momento, mandando que se recogiesen y se diera conocimiento de ello a los beneficiarios: a Francisco de Vergara —que había vendido sus derechos a Carbonel— a Alonso Botello Serrano y Pedro Porter Cassanate y al «dicho Francisco de Ortega... que parece haber hecho este último (viaje) sin licencia, porque la que tuvo del Señor Marqués de Cerralbo fue para el que hizo en el tiempo de su gobierno, y consta que habiéndosela pedido para volver a continuar la demarcación se la denegó por decreto de 3 de diciembre de 1632»[49].

---

49. Las citas documentales, en *Relación circunstanciada.* Las refencias a la polémica, véanse en Burrus, E.: *Two fictions accounts of Ortega's «third voyage» to California,* en «Hispanic American Historical Review», III, 1972, pp. 272-283; y los ya citados de León-Portilla, Miguel: *El ingenioso...,* y Hernández Aparicio, P.: *Los Viajes de...;* y el más reciente del propio León-Portilla: *Voyages of Francisco de Ortega to California, 1632-1636,* en *Baja California Travel Series,* 30, Los Ángeles, 1973, que es, realmente, una respuesta al trabajo del P. Burrus.

El mandamiento de Cadereita, en A. G. I., Patronato, 31, y Guadalajara, 133; y M. N., Navarrete, XIX.

3. Reclamaciones de Cardona y resolución real. El caso de Francisco Esteban Carbonel

Había en todos estos hechos que hemos relatado un peligro inminente de que el Rey concediese permisos en firme sobre las pesquerías de perlas, con perjuicio evidente de la compañía de los Cardona y en oposición al asiento firmado con ellos anteriormente. La reclamación de los perjudicados tenía que producirse, y hemos de ver que se produjo con éxito[50].

Está contenida en una serie de documentos[51] presentados al Consejo de Indias durante el año 1634, es decir, con anterioridad al discutido tercer viaje de Ortega, de los cuales hemos seleccionado los tres más representativos: el memorial impreso de sus servicios, la petición sobre reconocimiento de su exclusiva a las navegaciones a California, y la propuesta de condiciones con arreglo a las cuales organizar un viaje más. De lo referente a los dos primeros se ha dado ya noticia.

Como consecuencia de ellos, y con arreglo al contenido de la propuesta[52], Nicolás de Cardona, en Madrid, a 6 de noviembre de 1634, se ofrecía a intentar una nueva expedición.

Había ésta de ser a su costa «sin que Vuestra Majestad para ello ponga cosa alguna de su Real Hacienda ni tenga gasto alguno», y como garantía de su efectiva disposición a hacerla, Cardona se comprometía a depositar en la caja real más cercana a California la cantidad de 30.000 pesos en dinero contado. Se fundarían tres poblaciones, con sus oficiales de Justicia y Hacienda, y todo en el plazo de diez años.

Como garantía de poder cumplir estos compromisos, y en remuneración por sus servicios, Cardona pedía al Rey: la exclusiva de navegación y pesca de perlas; facilidades por parte de la Casa de Contratación de Sevilla y de las autoridades de Indias; permiso para llevar desde España 50 artesanos con sus mujeres, y dos barcos de menor porte con bastimentos y jarcias, libres de almojarifazgo; autorización para reclutar gente en Nueva España, Nueva Galicia o Nueva Vizcaya; permiso para asociar a la empresa a otras personas, y para nombrar sucesor en el asiento en caso de muerte. En cuanto a títulos, había de concedérsele

---

50. La Cédula Real de 15 de marzo de 1635 remite el asunto al Virrey, sin resolver directamente nuevas concesiones. Cfr. *infra*, en los apéndices; *apud* A. G. I., Guadalajara, 133, y México, 1.066; B. N., ms. 3.046.

51. A. G. I., Guadalajara, 133.

52. Memorial de 6 de noviembre de 1634. Cfr. *infra*, en los apéndices.

una gobernación en Nueva Vizcaya, como garantía de que quedasen evitadas las cuestiones de competencia con otras autoridades; el título de «Adelantado, Gobernador y Capitán General del Reino de la California», y jurisdicción propia en los asuntos judiciales, conforme al artículo 79 de las Ordenanzas. En la gobernación de Nueva Vizcaya, el Rey nombraría como teniente a don Marcelino Faria de Guzmán, y como comisario, de los seis religiosos franciscanos[53] que habían de acompañarle, sería designado el antiguo provincial de Nueva Galicia, Fray Juan de Carrascosa, gran conocedor de las lenguas habladas en las tierras a explorar.

Es también digna de notarse especialmente la manera de exponer los objetivos de la expedición: «No es sólo con la ayuda de Dios de poblar y pacificar y reducir a su Real obediencia el dicho Reino de la California, sino descubrir el estrecho de Anián, que está a la parte del Norte, para que las navegaciones de Filipinas, China y mar del Sur, y Reino de la California, y los demás que le corresponden, sean más breves, seguras, con más continuación, aprovechamiento, y menos costo. Y asimismo, la cuarta parte del Globo, que es la Tierra Austral, de que tiene mucha noticia, y deseo de ver y descubrir». Como se puede observar, Cardona no se quedaba corto ni en ambiciones, ni en imaginación, ni en optimismo.

Nada de esto llegó a cuajar. Al margen de esta propuesta, el Consejo de Indias escribió una serie de indicaciones sobre la pertinencia de cada petición y, al final, el decreto de costumbre, remitiendo el asunto con todos sus papeles al Virrey de Nueva España. Es precisamente lo que se hizo por la cédula[54], ya citada, de 1635. El marqués de Cerralvo podría firmar el asiento pedido, bien con Cardona, bien con quien ofreciese más garantías o mejores condiciones, y en el mes de marzo de dicho año Nicolás de Cardona ni había ido a las Indias, ni se sabía cuándo pensaba embarcarse[55].

---

53. Como puede verse, los carmelitas —ya nos lo había anunciado Fray Antonio de la Ascensión— ceden a otra orden religiosa la tarea de auxiliar espiritualmente a los expedicionarios de California.

54. Real Cédula al marqués de Cerralvo. Madrid, 15 de marzo de 1635. Confróntese *infra*, en los apéndices.

55. Al dorso de la misma, en la copia conservada en el Archivo de Indias, hay la siguiente advertencia: «Copia de la que se despachó a Nicolás de Cardona para el descubrimiento de las Californias. Éste no ha ido a las Indias hasta ahora, ni se sabe cuándo se embarcará, y así es necesario prevenirlo en la relación».

Por último[56], el 11 de noviembre de 1636, el nuevo Virrey marqués de Cadereita, con consejo del acuerdo de Hacienda reunido en la misma fecha y con informe escrito de su presidente, el oidor Álvarez Serrano, revocó todas las licencias concedidas, que en aquel momento eran las de Francisco de Vergara, que él había cedido a Francisco Esteban Carbonel, «que dicen ser francés y fue detenido y preso en Guadalajara», y la de don Alonso Botello y Serrano y don Pedro Porter Cassanate. El Virrey mismo especifica que esta revocación se hacía «atento a que por la dicha real cédula del año 628, sólo ordena y manda S. M. que se le informe del estado desta materia».

Únicamente, para que el cuadro histórico quede completo, merece citarse el caso de Francisco Esteban Carbonel.

El año de 1636 está lleno, más que por el hipotético tercer viaje de Ortega, por el ruidoso pleito de Francisco Esteban Carbonel, francés, al parecer, de nacionalidad y hombre ya destacado por sus actividades en el Pacífico que no debe confundirse con el piloto de Ortega, Esteban Carbonel de Valenzuela[57].

Entre las peticiones de permisos y las autorizaciones para navegar a esta eterna meta de la Nueva España, tenemos este año la licencia concedida, como hemos visto, a un tal Francisco Vergara.

Poco después, este individuo cedía su derecho a Francisco Carbonel, que para entonces estaba ya construyendo un barco en el río Santiago, cerca de San Blas. Rodeado como estaba de otros «franceses», su gestión resultó sospechosa en la Nueva España, por parecer que ocultaban ellos su nacionalidad. El licenciado Andrés Pardo de Lago, alcalde de corte en la Real Audiencia, inició un proceso sobre el asunto en el mes de abril de 1636, e inmediatamente Miguel Argúndiz, escribano receptor de la

---

56. Mandamiento del Virrey marqués de Cadereita, México, 11 noviembre 1639; M. N., Navarrete, XIX, 38; A. G. I., Patronato, 31, y Guadalajara, 133.

57. Nosotros, en 1947, como todos los historiadores que habían tratado el tema, confundíamos a Francisco Esteban Carbonel con el piloto de Ortega, Esteban Carbonel de Valenzuela. El pequeño libro de León-Portilla, Miguel: *Voyages of Francisco de Ortega to California*, Los Ángeles, 1973, rectifica con razón este malentendido (p. 56). Para ello aduce los Testimonios y Autos hechos contra Francisco Esteban Carbonel (A. G. I., Patronato, 31, y Guadalajara, 133). En efecto, consultados nuevamente por nosotros estos legajos, se observa en algunos lugares que se trata de dos personajes diferentes, en especial en los Testimonios de 1636-1637, en donde declara el piloto de Ortega en el proceso contra el otro Esteban Carbonel.

Audiencia del Nuevo Reino de Galicia, comenzó a recibir declaraciones, de las cuales[58] se dedujo que Vergara, vendedor de la licencia, era canario, vecino de La Puebla, y la había cedido en 1.500 pesos. Por su parte, Francisco Esteban Carbonel era, según parece, natural de Marsella, aunque conservaba en su poder y usaba una información judicial acreditativa de ser de Valencia; el navío que él fabricaba en unión de otros dos «franceses» tenía más de 600 toneladas y 12 codos de quilla, y se les atribuía el propósito de dirigirse hacia las Californias, pescar perlas y marchar luego directamente a Francia, bien por el posible paso del norte, bien haciendo rumbo al Perú.

Las declaraciones están llenas de rasgos pintorescos y de acusaciones no menos pintorescas aún, entre ellas que Carbonel había declarado repetidamente ser capaz de navegar en un navío aunque no hubiera viento, y esto mediante el empleo de procedimientos mágicos. A otro testigo, «según las señas, fisonomía del rostro, talle y habla del dicho Francisco Carbonel, le parece que hacía oficio de contramaestre en la nao de los holandeses», que le habían cautivado a él y conducido al Jacal en 1626. En resumen: «todos los dichos testigos dicen que presumen mal de el susodicho, por las dichas causas».

Hay, sin embargo, desde el principio una voz discordante, la de Juan Marzo, natural de Orihuela, que llevaba 21 años al servicio de Carbonel, el cual asegura que éste era valenciano[59].

El proceso, en conjunto, reunió cientos de memorias y declaraciones, de las cuales no resultó nada en claro. Y, probablemente, en el fondo de todo sólo habría el propósito de ir a pescar perlas sin licencia, y nada que significase labor de espionaje organizada, ni peligro estratégico para nuestras posesiones del Pacífico, como temieron muchos de los declarantes.

---

58. El testimonio de Miguel Argúndiz está firmado el 6 de mayo de 1636 y figura en los legajos citados en la nota anterior del A. G. I., y en el M. N., Navarrete, XIX.

59. ¿Era francés Francisco Esteban Carbonel? O bien, ¿era valenciano, y a los que no conocían este idioma, en el que hablaba con frecuencia, les parecía francés? La respuesta es dudosa. Estudiadas las actas del juicio con cuidado, y las declaraciones de los testigos, no se obtiene una seguridad absoluta. No hay que olvidar que en aquel tiempo de rivalidad hispano-francesa, algunos franceses establecidos en la misma Península habían obtenido, en algún caso fraudulentamente, cartas de naturaleza española para continuar al frente de sus negocios.

CAPÍTULO VII

Las navegaciones a California entre 1635 y 1650.
Don Pedro Porter Cassanate

1. Interés de su figura.—2. Examen crítico de la documentación.—3. Datos biográficos y principales hechos de armas.—4. Primeros viajes de Porter a las Indias y antecedentes personales de sus navegaciones a California (1635-43).—5. Preparativos inmediatos de las expediciones hasta el incendio de las naves (1643-44).—6. Expediciones de Porter a California.—7. Últimos datos y juicio general sobre la figura del Almirante aragonés don Pedro Porter Cassanate.

CAPÍTULO VII

Las navegaciones a California entre 1635 y 1650.
Don Pedro Porter Cassanate

1. *Interés de su figura*

Tras la etapa de exploradores oscuros, entre heroicos y bus-cavidas, que acabamos de considerar, la historia de los viajes a California se engalana con la figura prócer de don Pedro Porter Cassanate.

En sus memoriales y en el examen de sus hechos, vamos ya a ver cuáles eran sus propósitos y los móviles que le llevaban a al-ternar los servicios al Rey en aguas de Castilla y del Mediterrá-neo con los esfuerzos para sacar de punto muerto la expansión de la Nueva España hacia las tierras del norte.

Su rango militar, su nobleza santiaguista, su ascendencia hi-dalga, la conciencia de que siempre da muestra al enfrentarse con el enigma de las Californias, prestan a su figura interés sin-gular.

Y, por añadidura, su nacimiento en Zaragoza, de conocida fa-milia aragonesa, nos fuerza a pensar en él como en uno de aque-llos pocos aragoneses que representan con altura al viejo reino peninsular en las empresas de las Indias. Ciertamente que no es éste el momento de entrar a examinar los problemas de la lla-mada exclusión aragonesa. Ha sido muy común aceptarla como hecho indiscutible y, sin embargo, además de que los críticos aragonesistas exhuman aún testimonios contrarios, que se re-montan a los años primeros del descubrimiento, al llegar las etapas tranquilas de la organización social indiana, las propia-mente constructivas del Imperio, la pretendida exclusión legal empieza a manifestarse como un tanto olvidada en la práctica[1].

Así, el gran jurista que fue Juan de Solórzano Pereyra[2] pudo decir[3]: «En propios términos, tratando de los Aragoneses, los tiene por Extranjeros para todo lo tocante a las Indias, y posar y estar y comerciar en ellas, Juan de Hevia Bolaños. Aunque yo nunca vi que esto último se efectuase, ni que sobre ello se le moviese pleito a ningún Aragonés o le obligasen a componerse por extranjero. Antes como el dicho Señor Rey Don Fernando era Aragonés, muchos de aquel Reyno pasaron desde su tiempo y cada día pasan a las Indias con cargos y oficios muy honrosos, sin licencia ni dispensación particular de Extranjería...».

Parece como si Solórzano hubiera querido dibujar la silueta histórica de don Pedro Porter Cassanate. Él, en efecto, pasó a Indias varias veces en los mismos días del jurista, con cargos y oficios honrosos, y —naturalmente— sin ninguna licencia ni dispensación particular de extranjería.

2. Examen crítico de la documentación

Desconocida casi totalmente como ha estado la figura de don Pedro Porter, y siendo muy escasa la bibliografía que hoy mismo sigue siendo posible utilizar, todavía cobra especial interés crítico la documentación de primera mano que empleamos en 1947[4].

---

1. Cfr. Rumeu de Armas, Antonio: *Colón en Barcelona*, «Anuario de Estudios Americanos», I, Sevilla, 1944; segunda parte: *Las bulas de Alejandro VI y los problemas de la llamada exclusión aragonesa*.
2. Sobre la figura de Solórzano, cfr. Ayala Delgado, Francisco Javier de: *Ideas políticas de Juan de Solórzano*, E. E. H. A., Sevilla, 1946.
3. *Política Indiana*, Madrid, 1648, lib. VI, cap. XIV, pp. 1010 y ss.
4. En efecto, únicamente hay dos nuevos estudios desconocidos en 1947: el trabajo de Del Arco, Ricardo: *ob. cit.*, «Revista de Indias», 30, 1947, y el de Gascón de Gotor, A.: *Aventurero genial: Aragón en América*, Zaragoza, 1950, que aporta la partida de bautismo de Porter. Muy curiosa es la crítica que Holmes realiza de este capítulo de nuestro libro (*ob. cit.*, pp. 220-226). Considera que la afición que mostramos por Porter descansa en su condición de nobleza de sangre. Nada más opuesto a la realidad. El hecho de que destaquemos esta cualidad accidental se debe a que por su rango está obligado a no ser un pescador de perlas más. Holmes desconoce, sin duda, las obligaciones de *servicio* que en aquel momento histórico correspondían a los aristócratas de mayor o menor alcurnia. Lo ve, sin duda, desde su mentalidad de hombre del siglo XX. Cierto que en la conquista de América, y en la acción española en Europa, casi todos los hombres se sentían estimulados por la idea del servicio, pero ya,

Procede en casi su totalidad de dos depósitos documentales: el Archivo de Indias y la Sección de Manuscritos de la Biblioteca Nacional de Madrid. El Archivo Histórico Nacional y el Museo Naval, de Madrid, proporcionan también algunas fuentes de mucho interés.

---

cuando media el reinado de Felipe IV, existe un evidente cansancio a la hora de realizar hazañas.

No es éste el caso de Porter, y quizá por eso destaca en mayor grado su personalidad. Existe, por otra parte, una incongruencia más grave en la crítica de Holmes, crítica que abarca tanto a Porter como a nosotros. Su riguroso examen lo realiza en un capítulo que denomina «Alta California abandonada». Pues bien, las ambiciones de Porter se dirigían a toda California. El que sus viajes tuvieran por escenario sólo la península es injusto achacárselo a él, conforme veremos más adelante.

Los avatares de la política internacional europea son tan graves para el Imperio español, que la Corona, por mucho que quiera apoyar las empresas de Porter, carece de fuerzas para ello.

En su libro, Holmes incurre con reiteración en un error histórico que, aun siendo frecuente, no le exime de responsabilidad. Piensa que la decadencia militar del Imperio hispánico empieza con el fracaso de la *Armada Invencible* en 1588. El enfrentamiento hispano-británico, cuando más, termina en tablas. Fue, si se quiere, un aviso doloroso. No otra cosa. En el peor de los casos, el que «las estructuras industriales del Norte empiezan a ser más eficientes y ágiles que las del Mediterráneo hispánico», en frase de J. Alcalá-Zamora y Queipo de Llano.

El Imperio español, después de la Invencible, seguía siendo la primera potencia mundial. Bien lo demuestra nuestra intervención en la mayor de las grandes guerras europeas, la de los Treinta Años. ¿Sabe el señor Holmes cuándo comienza el hundimiento hispánico? En el último período. En la batalla naval de las Dunas (1639) y en otras acciones menores, frente a Francia y Holanda. Entonces perdimos 100 barcos de guerra, murieron 12 almirantes expertos, centenares de oficiales y unos 20.000 marinos.

Y todavía, pese a ello, continuó la defensa numantina de Bélgica, compatible con la defección de Portugal y la guerra de separación de Cataluña. Así hasta 1660. No exagera Cánovas del Castillo: «Jamás alarde mayor o más desesperado esfuerzo hizo nación alguna que la española entonces, peleando por todos lados con desiguales medios e imponiendo respeto a sus enemigos por largo espacio de tiempo todavía».

Ésta es la época de Porter en California, cuando Quevedo escribe: «Miré los muros de la patria mía si un tiempo fuertes, ya desmoronados, de la carrera de la edad cansados...»

¿Le extraña, ahora, al señor Holmes que miremos con simpatía a Porter, que mantiene las ilusiones entre tantas desgracias, que él, como Almirante, compañero de otros muchos desaparecidos, conocía muy bien?

(*Vide: España, Flandes y el Mar del Norte, 1618-1639*, de Alcalá-Zamora y Queipo de Llano, José, Barcelona, 1975, y, también del mismo autor: *Razón y crisis de la política exterior de España en el reinado de Felipe IV*, Madrid, 1977).

Por otra parte, parece, también, desconocer el señor Holmes, a la hora de enjuiciar la figura de Porter, que los Virreyes, a partir de 1640, tenían preocupaciones objetivamente muy graves. En esa fecha comienzan las invasiones y sublevaciones de los pueblos indígenas en la provincia de Nueva Vizcaya. Una paz más o menos duradera no se afirma hasta 1669, el año en que los franciscanos pueden fundar la misión de Casas Grandes, aunque tarden casi un decenio

En el primero, los papeles referentes a Porter —al menos, el núcleo más importante— figuran en uno de los legajos correspondientes a la Audiencia de Guadalajara. Dentro de él destacan, por su minuciosidad y por la amplitud de los datos que contienen, la relación de lo sucedido en el descubrimiento del golfo de California[5], y la enviada por Porter al Virrey de Nueva España, sobre las ventajas e inconvenientes que para su continuidad planteaban los descubrimientos hechos hasta entonces[6]. Hay, además, cartas del propio Almirante al Rey[7], y otras del Virrey de Nueva España o de la Audiencia de México[8], así como memoriales o relaciones de servicios, muchos de los cuales tienen duplicados entre los fondos de la Biblioteca Nacional y del Museo Naval.

---

todavía en restaurar la de San Francisco de los Conchos, al propio tiempo que los jesuitas restablecen San Pablo, San Miguel y San Jerónimo, lo cual les permitirá internarse posteriormente en la Alta Tarahumara. El avance conjunto de misioneros y colonos permitió que, hacia 1680, fuese ocupado el gran territorio situado entre el Río Sacramento, Casas Grandes y El Paso. Por eso, la Corona, en Real Cédula de 21 de julio de 1691, calificaba al Reino de Nueva Vizcaya, de «antemural del de la Nueva-Galicia y de esa Nueva España».

La importancia indudable de estos hechos explica, quizá, la escasa atención que a veces prestan los Virreyes al Almirante Porter, y, por ende, su relativo fracaso. Es decir, Porter tuvo mala suerte. Ni la Corona pudo ayudarle como deseaba, ni los gobernantes de Nueva España estaban en las mejores condiciones para secundar sus propósitos. (Cfr. Rubio Mañé: *ob. cit.*, II, pp. 82-91, y III, pp. 38-59; en la p. 48, la Real Cédula citada; Saravia, Atanasio: *Apuntes para la Historia de Nueva Vizcaya. Las sublevaciones*, III, México, 1956; Navarro García, Luis: cap. I, introductorio, de *José de Gálvez y la Comandancia General de las Provincias Internas*, E. E. H. A., Sevilla, 1964, pp. 18-23).

5.   Relación de lo sucedido al almirante Porter en el descubrimiento del golfo de California. Sinaloa, 13 de abril de 1649. A. G. I., Guadalajara, 134.

6.   Relación de Porter al Virrey de Nueva España informando sobre las ventajas e inconvenientes de lo descubierto en sus viajes. México, 8 de agosto de 1651. Es contestación a un decreto de 31 de julio de 1651.

7.   Entre ellas, las más importantes:

México, 24 septiembre 1644. Da cuenta de los inconvenientes habidos para lograr la expedición de descubrimiento.

México, 20 febrero 1645. Se refiere a la quema de los barcos que estaba aprestando.

México, 30 agosto 1646. Sobre haberle nombrado el Virrey en el gobierno de Sinaloa, para la mejor prosecución de sus planes. (También en B. N., ms. 2.375; y M. N., ms. 1.509).

México, 8 agosto 1651. Anuncia la relación del segundo viaje que ha hecho.

8.   El marqués de Cadereita al Rey, México, 12 julio 1638. Sobre lo que pidió Porter, en razón de las Californias. (También en M. N., ms. 1.509).

El Virrey de Nueva España al Rey. México, 25 de febrero de 1645. Sobre la expedición de Porter. (También en M. N., ms. 1.509).

La Audiencia de Guadalajara al Rey. Guadalajara, 26 de febrero de 1645. Sobre la quema de las naves de Porter.

Hoja de servicios de Porter, 1645. (También en M. N., ms. 1.509).

Nada hay que decir sobre el carácter fehaciente de la mayor parte de estos documentos, procedentes de la tramitación oficial de los asuntos de que don Pedro Porter era protagonista, ya que cuanto pudiera decirse sería un encomio más de la fundamental importancia que revisten los fondos del Archivo General de Indias.

En la Biblioteca Nacional de Madrid se conservan, dispersos entre varios manuscritos, bastantes papeles referentes al Almirante aragonés, los cuales, por su procedencia familiar y su carácter más bien privado e íntimo, completan de manera muy afortunada los testimonios del archivo anterior. Especial mención merece el manuscrito 6.438, titulado «Privilegios y servicios de Don Juan, Don Joseph y Don Pedro Porter»[9], en el cual, junto con nombramientos extendidos a favor de los dos primeros personajes, hay documentos de sumo interés relacionados con el tercero de ellos. Desde nuestro punto de vista, le siguen en importancia los manuscritos 2.375 y 2.376; ambos son tomos misceláneos relativos a los años 1643 y 1644, y, como tales, comprenden papeles referentes a los acontecimientos más varios ocurridos en dichos años, especialmente a las guerras de Catalu-

---

9. Este manuscrito contiene varios documentos o números distintos. Varios de ellos se refieren a don Juan y a don José Porter; los de don Pedro son los siguientes:

1) *Carta relación* de don Pedro Porter Cassanate, caballero de la Orden de Santiago, desde que salió de España el año 1643 para el descubrimiento del golfo de la California, hasta 24 de enero de 1649, escrita a un amigo suyo. (Esta Relación está registrada por Robertson: *List of...*, p. 32, 374, que da la siguiente signatura: «B. N., S. 52, Colec. Doc. Amer., IX, 5.018». Como puede verse, son las mismas referencias). Fols. 5-12. Lo utiliza Del Arco, Ricardo, en *ob. cit.*, «Revista de Indias», 30, 1947.

2) *Relación ajustada* de los servicios del almirante don Pedro Porter Cassanate, caballero de la Orden de Santiago. Es un testimonio notarial en papel sellado. Siete folios y vuelta y un folio recto, 14-21.

3) Certificación del marqués de Villalba, protonotario de Aragón, sobre don Luis de Cassanate y sobre que don Pedro Porter Cassanate fue recomendado por el Consejo Supremo de Aragón, en 25 enero 1652, para que S. M. le diese un puesto en Indias, correspondiente a su profesión y a la calidad de su persona. Madrid, 28 marzo 1662. Un folio y vuelta, 23.

El contenido de este manuscrito fue publicado en la *Colección de documentos relativos al descubrimiento de América*, IX, p. 5. Cfr. Paz, Julián: *Catálogo de manuscritos de América existentes en la Biblioteca Nacional*, Madrid, 1933, 257.

ña y a los asuntos de Italia; en cada uno de ellos hay una relación sobre la expedición correspondiente de Porter a California[10]. Por último, merece también una cita independiente el manuscrito 7.095, que tiene en su comienzo unas 25 cartas de Porter a Ustarroz, en las cuales puede seguirse la trama de sus relaciones eruditas con algunos conocidos personajes contemporáneos, entre ellos el sevillano Rodrigo Caro; también contiene cartas de Porter el manuscrito 8.385, titulado «Cartas de Dormer», y manifiesta otra faceta de esas mismas relaciones personales. Más adelante veremos nuevas citas de fondos de esta Biblioteca[11].

En el Archivo Histórico Nacional se conserva el expediente de concesión del hábito de caballero de Santiago a don Pedro Porter Cassanate[12]. En él —además de algunas referencias personales— pueden encontrarse las pruebas decisivas de su raigambre familiar y del lugar exacto de su nacimiento, si bien no las de la fecha precisa del mismo. Luego habrá ocasión de citar otros fondos de este archivo.

Por lo que respecta al Museo Naval, además de las referencias a las empresas de nuestro personaje, contenidas en tomos que tratan del descubrimiento y viajes a California, con carácter amplio, merece atención particular el ejemplar de un folleto publicado por el propio Porter bajo el título de *Reparos a la navegación española*. Al trazar el esquema biográfico y al referirnos a una valoración panorámica de su figura, volveremos a aludir a esta obra de juventud.

En conjunto, constituyen —como puede verse— un material completísimo para reconstruir todas las facetas de una gran

---

10. La relación de 1643, también en A. G. I., Indiferente General, 112; y la de 1644, en Indiferente General, 112; y M. N., ms. 575.

11. Además de los ms. citados, 6.438, 2.375, 2.376, 7.095 y 8.385, el 2.336 contiene la «relación en que se ciñen...» (fols. 70-71) y la carta del Rey a Porter, Zaragoza, 11 octubre 1645 (fol. 72). También en A. G. I., México, 1067, 13; y A. G. N., RC. 2.

El ms. 8.553, de «Papeles varios de Indias», contiene, referente a Porter, el Memorial impreso de 1640, del cual hay también ejemplares en el Archivo sevillano (Guadalajara, 70).

Y el ms. 2.079 es una copia de los *Annales de el Reyno de Aragón que contienen las guerras de Cataluña en el Reynado de el Rey Nuestro Señor Don Felipe IV...*, debidos al cronista de S. M. y del reino de Aragón, don Juan José Porter Cassanate.

12. A. H. N., Santiago, 6.617. Contiene la concesión por el Rey de la merced del hábito, las órdenes para que las pruebas se hicieran en Madrid, las pruebas mismas y la resolución del Consejo de la Orden, concediéndole el hábito en 19 diciembre 1641.

personalidad. No sólo lo referente a las empresas de California, que es por supuesto lo único que aquí nos interesa, sino también los aspectos militar, científico, familiar, etc., de aquélla.

3. *Datos biográficos y principales hechos de armas*

Se ha discutido el lugar cierto del reino de Aragón[13] en que nació don Pedro Porter Cassanate. Varios datos hacían sospechar que fuese Huesca la cuna del insigne marino, ya que en ella vivía, al finalizar el siglo XVI, don Juan Porter, noble aragonés, a quien el monarca nombraba, en 1604, Justicia de las montañas de Jaca[14]. Esto y el haber bautizado el Almirante con el nombre de San Lorenzo, patrono de la ciudad, a uno de los navíos con los cuales realizó el descubrimiento de las Californias daban algún fundamento a la hipótesis.

Sin embargo, en los libros de partidas de la época, de todas las parroquias oscenses, no ha aparecido la inscripción de don Pedro Porter Cassanate. No podía aparecer. Y, en cambio, en la *Historia y Viajes de California*[15] se habla de que «la Majestad de Nuestro Rey y Señor Felipe IV despachó a el Almirante Don Pedro Porter Cassanate Aragonés Zaragozano», para que «descubriese, poblase y se diese pronicipio a la conversión de todos los Indios Gentiles de California». Igualmente dice Latassa[16]: «a principios del siglo XVII nació en Zaragoza este docto matemático, náutico y soldado de reputación que únicamente debió al mérito sus ascensos».

Todas las dudas quedan resueltas con los datos que proporciona su expediente para la concesión del hábito de caballero de Santiago[17]. En él consta de manera fehaciente su nacimiento en

---

13. Que Porter había nacido en Aragón se aceptaba sin discusiones. Lo dice claramente el Consejo del mismo reino, en la recomendación que en 1652 hacía al Monarca de la persona del Almirante. (B. N., ms. 6.438). Asimismo, en la recomendación del Consejo de Aragón al Monarca de los servicios del Almirante, de 25 de junio de 1641, se decía «que le honrase por ser hijo deste Reyno y de Casa tan principal». («*Relación ajustada* de los servicios de almirante don Pedro Porter y Cassanate, Caballero de la Orden de Santiago». B. N., ms. 6.438, fol. 17). .

14. «Privilegios de los Porter». B. N., ms. 6.438, núm. I.

15. M. N., ms. titulado «*California: Historia y Viajes*», fol. 2 v.

16. Latassa: *Bibliotecas antigua y nueva de escritores aragoneses*, II, Zaragoza, 1885.

17. A. H. N., Santiago, 6.617.

Zaragoza, hacía el año de 1611, puesto que, aunque no se afirma este extremo, todos los testigos que deponen en las pruebas dicen que Porter tenía en aquellas fechas (1641) unos 30 años, y él asegura que tenía 21 cuando publica su libro[18]. Además, ha sido también descubierta por Gascón de Gotor en 1950 la propia partida de bautismo del Almirante en la parroquia de Santa María Magdalena, el 30 de abril de 1611.

Su padre, don Juan Porter, del Consejo de S. M. y su fiscal en Aragón, vecino de Zaragoza, natural de Benasque, en el condado de Ribagorza, era hijo de Juan Porter, natural de Benasque, y de Jerónima Escanilla, natural de Barbastro. Su madre, doña Esperanza de Cassanate, natural de Zaragoza, era hija, a su vez, de Francisco Cassanate, natural de Tarazona, y de Isabel Despes, natural de Zaragoza. Era, por tanto, nuestro Almirante, aragonés por los cuatro costados de su árbol genealógico.

Ya hemos visto que en la familia abundaban los curiales, y que sus parientes inmediatos sirvieron altos cargos en la administración de la justicia foral. Entre ellos los hubo también que alcanzaron hábitos de otras órdenes[19], prueba de la efectiva hidalguía de sus antepasados.

Nada sabemos[20] de la vida de don Pedro Porter hasta 1627, fecha en que empezó a servir al Rey a los 16 años, con plaza ordinaria de soldado en la compañía del capitán don Gaspar de Carasa, que era una de las de la Real Armada[21].

En ese mismo año, España ofrecía su auxilio a Luis XIII para reducir La Rochela, donde se había refugiado el protestantismo francés. Por el momento, Luis XIII no aceptó la alianza espa-

---

18. «Relación en que se ciñen los servicios del Almirante D. Pedro Porter Cassanate...». «Aprueban sus escritos (dos matemáticos del Colegio Imperial de Madrid y los cosmógrafos y pilotos mayores de la Contratación de las Indias) y la doctrina del libro que imprimió de navegación *siendo de veintiún años*». (B. N., ms. 2.375). El libro lo imprime en 1634.

19. A. H. N., Alcántara, 1.208. Corresponde a don Juan José Porter Cassanate y Ruiz de Garibay, Cassanate y Arraiza, sobrino de nuestro Almirante, por ser hijo de su hermano José.

20. Es muy probable que pese a su juventud, siguiera algún curso de estudios superiores, pues sus numerosos conocimientos, de los que dio evidentes pruebas, lo hacen sospechar. El Rey le encargó en 1643 el descubrimiento de California, por su pericia en cosmografía y náutica, pues ya en 1634 podía publicar una obra de crítica náutica, además de preparar un tratado extenso sobre el tema.

21. «Fes de Oficios de la Armada Real del Mar Océano y Guardia de las Indias». (*Relación ajustada* de los servicios del Almirante don Pedro Porter. B. N., ms. 6.438, fol. 14).

ñola; pero al ver que los ingleses favorecían a sus contrarios, pidió ayuda al conde-duque de Olivares, quien le envió la Armada dirigida por don Fadrique de Toledo y Ossorio[22], en la que iba como soldado don Pedro Porter[23].

Con el Almirante don Francisco de Vallecilla recorrió Porter las costas de España para librarlas de los ataques de los piratas; todo el año de 1628, y dos veces, peleó con navíos turcos, junto a los cabos de Finisterre y de Sanlúcar. Porter comenzó a dar pruebas en esta ocasión del valor que caracterizó su vida.

Mientras tanto, en las Indias continuaban las piraterías de holandeses e ingleses. Pocos años antes habían caído en su poder las islas de las Nieves y San Cristóbal, y con objeto de expulsar de ellas a los piratas, el año 1629 salía de España una expedición a las órdenes del insigne marino don Fadrique de Toledo, en la cual figuraba como soldado don Pedro Porter Cassanate. Los expedicionarios lograron el objeto que se proponían, volviendo a España «con grande reputación de las Armas de Su Majestad»[24].

Debió él de conservar buen recuerdo de las empresas en que sirvió a las órdenes de este capitán, por cuanto que cinco años más tarde dedicó «al Excmo. Sr. Don Fadrique de Toledo Ossorio, Marqués de Villanueva de Baldueca, Capitán General de la Armada Real, y Exército del Mar Occeano, y de la Gente de Guerra del Reyno de Portugal», el pequeño librito que publicó[25], con

---

22. Cánovas del Castillo, Antonio: *Historia de la decadencia de España desde el advenimiento de Felipe III al trono hasta la muerte de Carlos II*, 2.ª ed., Madrid, 1910.
23. *Relación ajustada.* (B. N., ms. 6.438, fols. 14-14 v.).
24. *Ibídem.*
25. Se titula *Reparo a errores de la navegación española...*, por el alférez don Pedro Porter Cassanate, Zaragoza, 1634. No existe más ejemplar que el conservado en el Museo Naval. No es obra de náutica especulativa, sino de crítica, y su autor la publicó para llamar la atención de los indoctos pilotos antes de dar a luz el tratado que tenía entre manos con «doctrina de los senos», con objeto de que fuera «conocida su utilidad, convenza a los tenaces, convide a los remisos y a unos y a otros haga sabios el peligro». En ese libro, de unas 100 páginas en octavo, y bien impreso, «se analizan los errores de la práctica aún en pilotos de fanal y bandera», resalta los vicios del modo de doctrinarse; pasa a los de las cartas, instrumentos y regimientos o tablas, analizando los propios de los distintos elementos que constituían las derrotas por entonces. (Cfr. «Revista General de Marina», Madrid, enero 1941, p. 123). Además propugna que los pilotos cursasen una serie de enseñanzas y se les concediese, previo examen, el título de «cosmógrafos de armada», pudiendo pasar a las vacantes de cosmógrafos y pilotos mayores. Más tarde, la doctrina de este libro fue elogiada por los especialistas de la Casa de Contratación. (*Relación de servicios*, impresa, fol. 1 v.).

advertencias a los pilotos, sobre errores entonces usuales en la navegación.

En 1631, a los 20 años, era nombrado Porter Cassanate alférez de la compañía del capitán don Garpar de Carasa. Como tal, durante los años 1632 y 1633 hizo diversos viajes a Indias[26].

En estos años prepararía el libro aludido, que publicó al siguiente, ostentando aún el empleo de alférez.

Porter se distinguió notablemente entre los demás marinos en aquellas expediciones. Y como premio a sus servicios, el almirante general don Antonio de Oquendo le nombraba, en 1634, a los 23 años, capitán de mar y cabo de la infantería del patache *San Antonio*, en cuyo navío fue a la isla de Margarita para cobrar los reales haberes de Su Majestad.

Porter Cassanate desempeñó el cometido tan a satisfacción de sus superiores, que el Capitán General de la Real Armada del Mar Océano, don Fadrique de Toledo, escribía después al Monarca enalteciendo la persona de Porter y notificándole que, además de un valor admirable y de un gran celo en el servicio de Su Majestad, «había juntado con esto el estudio de la cosmografía, tratando tan de veras de la ciencia del arte náutica como se echaba de ver por los papeles que tenía de ello, y porque la utilidad de juntar en la mar estas dos profesiones era de tan gran consideración (como otras veces había representado a Su Majestad) y por otra parte la dificultad de hallarse personas en quien se juntasen estaba tan conocida con harto daño nuestro, tenía por cosa importante y de grandes conveniencias al servicio de Su Majestad que fuesen premiados en honor y en interés los que con veras se diesen a ellas para que otros a su imitación se alentasen y así juzgaba que la merced que Su Majestad fuese servido de hacer al suplicante se emplearía muy bien en su persona»[27].

En este tiempo, surgió en la mente de Porter el pensamiento de descubrir y demarcar el golfo de California, y a este efecto, hizo a las Indias varios viajes, cuyas vicisitudes estudiaremos a continuación al tratar del descubrimiento. Baste ahora indicar que ya en 1635 se ofrecía al marqués de Cerralvo, Virrey de Mé-

---

26. *Relación ajustada, loc. cit.,* fols. 14-14 v.
27. Carta de don Fadrique de Toledo y Ossorio, Capitán General de la Armada Real del mar Océano, escrita en Madrid el 25 de enero de 1634. *Apud ídem.*

xico, para intentar la primera expedición, y en 1636 a su sucesor, el marqués de Cadereita[28].

Hallábase en España Porter solicitando licencia del Monarca
para emprender su viaje a las Californias, cuando Richelieu, el
peligroso enemigo de la Casa de Austria, quiso traer la guerra al
suelo español. Dirigidos por el Príncipe de Condé, tres ejércitos
avanzaban hacia nuestra frontera. Y al reunirse en San Juan de
Luz, comprendieron los españoles que el intento perseguido era
apoderarse de Fuenterrabía. Para socorrer la plaza se envió a la
Armada, que dirigía don Lope de Hoces: pese a la «orden de Su
Majestad... mandando le diese el primer galeón y compañía de
mar y guerra que vacase y no habiéndole, se embarcó sirviendo
a su costa con don Pedro Porter su hijo»[29]. El 28 de julio de 1638
fue atacada la plaza por mar y por tierra. Nuestra flota fue em-
bestida en la rada de Guetaria por la francesa, que mandaba el
Arzobispo de Burdeos. En el combate, don Pedro Porter Cassanate dio pruebas de un valor extraordinario, peleando en los sitios de más peligro y dirigiendo la artillería. El galeón del ilustre marino fue incendiado por los franceses, y mientras tanto
Porter, sobre cubierta, seguía haciendo fuego al enemigo, hasta

---

28. Aunque en el texto hablaremos de la cuestión con detalle, creo conveniente citar aquí los memoriales presentados el 10 y el 18 de junio de 1636 al
Virrey marqués de Cadereita, «por los capitanes Don Alonso Botello y Serrano
y D. Pedro Porter Cassanate, naturales de las ciudades de Málaga y Zaragoza,
—"Reino de Aragón"— en los Reinos de España, proponiendo hacer a su costa
la demarcación de la Costa Occidental y septentrional de Nueva España, y descubrimiento de los puertos y ensenadas de ella, corriendo por la entrada de las
Californias hasta ver su fin, y si tiene salida a la Mar del Norte, o si es isla o
tierra firme con la Nueva España, y a continuación los pareceres del fiscal
de S. M. Don Andrés Gómez de Mora y del Licenciado Don Íñigo Argüello Car-
bajal que dieron de orden del dicho Virrey sobre la misma materia». (A. G. I.,
Patronato, 31, y Guadalajara, 133; M. N., Navarrete, XIX).

Cadereita concedió la licencia el 23 de septiembre de 1636 y la revocó el 11
de noviembre de 1636, ordenando se remitiera el asunto al Consejo de Indias.
Tan rápido cambio de parecer tiene su razón de ser en la duda que recoge Porter en el Memorial de 1640 al Rey. Dice así: «No ha faltado quien repare en que
este descubrimiento, si hubiese estrecho para España, podría abrir paso al enemigo, siendo así que si no lo hay, cesa el inconveniente de este escrúpulo y si le
hay, los enemigos tienen en él sus poblaciones; y para saberle ¿quién pueda estorbarles (aunque S. M. prohíba a sus vasallos el verle) que por la otra boca de
él no le descubra?» (A. G. I., Guadalajara, 70, y B. N., ms. 8.553). Cfr. apéndice.

29. Pedro falleció en el combate. *Vide.* «Relación en que se ciñen los servicios del Almirante D. Pedro Porter Cassanate, Caballero de la Orden de Santiago», ya citada. Su amigo, el Almirante cordobés don Lope de Hoces, se abrasó
después, en la batalla de Las Dunas (1639) con casi todos los 600 tripulantes
del galeón *Santa Teresa*.

que el general le obligó a abandonar el empeño. Hubo de salvarse a nado[30]. Sucedía esto el 22 de agosto. Pocos días después, el marqués de Mortara, con 6.000 infantes, hacía retirar a los franceses.

A oídos del monarca llegó el arrojo de Porter Cassanate, y por su orden fue nombrado capitán de mar y guerra del galeón *Santo Cristo de Burgos*, que pertenecía a la Real Armada[31].

En 1639 emprendió un viaje a las Indias con el general don Jerónimo Gómez de Sandoval, durante el cual Porter mandaba, por orden del Monarca, el galeón *San Diego*.

Mientras tanto, no abandonaba el insigne marino su proyecto de descubrir las Californias. Por fin, en 1638 y 1640, el Rey le concedía la ansiada licencia[32], siendo el primero a quien «los Señores Reyes han nombrado para este efecto»[33], sin intermedio de Virreyes ni Audiencias. Más adelante estudiaremos con detalle los hechos de estos meses.

El 9 de febrero de 1641 le ordena el Monarca que, sin excusa alguna, fuese a servirle en la Armada que a su cargo tenía el duque de Maqueda. Porter navegó con el duque hasta el 23 de junio, fecha en que recibió nueva Cédula, en la que se le ordenaba partiese a Cartagena con objeto de embarcar en la Armada que, dirigida por don Pedro de Orellana, había de pasar a Nápoles[34]. Era esto por el tiempo en que los franceses, favoreciendo el le-

---

30. A ello se refiere la «*Relación ajustada* de los servicios del Almirante D. Pedro Porter Cassanate, Caballero de la Orden de Santiago». (B. N., ms. 6.438, fol. 16. Cfr. «Relación en que se ciñen...». A. G. I., Guadalajara, 134, fol. 1 v.).

31. Por Cédula de Su Majestad, de fecha 24 de noviembre de 1638.

32. Por Cédula de 8 de agosto de 1640, concedió licencia Su Majestad «a él solo para hacer el dicho descubrimiento a su costa sin limitación de tiempo ni leguas». Por la gran satisfacción y elevado concepto que tenía de Porter el Rey, «era su voluntad deliberada que ninguna persona de cualquier calidad y condición que fuese tratase del dicho descubrimiento ni navegase en este golfo a título ninguno, y que si se hubiesen dado algunas licencias por los Virreyes o Audiencias se revocasen». «*Relación ajustada...*», ms. cit. de B. N., 6.438, fol. 16 v.

33. «Relación en que se ciñen los servicios del Almirante Don Pedro Porter Cassanate, Caballero de la Orden de Santiago». (A. G. I., Guadalajara, 134, fol. 2).

34. Porter mandó en esta Armada el galeón *Leonfelize*. Vide «*Relación ajustada* de los servicios del Almirante don Pedro Porter Cassanate». B. N., ms. cit., 6.438, fol. 17. El conde-duque, tras el desastre de Las Dunas, tuvo que elegir entre dominar Portugal o Cataluña. Pero en el Atlántico faltaban los recursos navales precisos para un bloqueo eficaz. Por eso, nuestra Armada se concentró en el Mediterráneo.

vantamiento de Cataluña, habían sitiado Tarragona. Para socorrerla, el conde-duque de Olivares mandó reunir todas las naves que llevasen bandera española, y allí fue el galeón dirigido por Porter, y en el cual navegaba también su hermano don Francisco. Ambos se distinguieron notablemente, y ninguno de los dos percibió sueldo alguno por su servicio. La conducta de los hermanos, y sobre todo la de don Pedro, mereció unánimes elogios: el general don Pedro de Orellana decía a Su Majestad[35] que Porter «había servido sin sueldo aquel viaje con toda aprobación y como le piden sus obligaciones, y en el socorro de Tarragona procedió con mucho valor, peleando señaladamente»[36], y que lo tenía por «caballero de grandísimo provecho para el servicio de Su Majestad y grandemente científico en las cosas de la Mar y de la guerra y que por el servicio de Su Majestad deseaba que se emplease en puestos».

El 21 de marzo del mismo año recibió nueva orden del Monarca para que fuese a servirle en la Real Armada que a las órdenes del duque de Ciudad Real iba a navegar las costas de Levante. Al pasar la Armada por delante de Barcelona, el 30 de junio de 1643, se encontró con la flota francesa, mandada por M. de Brécid, que atacó al duque de Ciudad Real, quedando la batalla indecisa en esta primera lucha. Al día siguiente encontráronse nuevamente las dos Armadas, pero tampoco se decidió la suerte por ninguna de las dos partes[37]. Porter había peleado en ambos combates con el valor que le caracterizaba. El duque de Ciudad Real elogió como merecía la conducta de Porter, embarcándole en la nave capitana para que le asesorase.

El 31 de marzo de 1643, el secretario real, Pedro de Coloma, escribía a Porter para que se preparase a navegar en la Armada dirigida por el marqués de Villafranca[38]. Pero, inmediatamente después, el marqués recibía una real cédula para que, en virtud de ella, tuviera a don Pedro Porter por excusado de ir en su Armada, ya que la junta de guerra de Indias aconsejaba al Monarca que no demorase por más tiempo el descubrimiento de las

---

35.   En carta de 17 de septiembre de 1641.

36.   «*Relación ajustada* de los servicios de D. Pedro Porter Cassanate, Caballero de la Orden de Santiago». (B. N., ms. 6.438 fol. 17 v.).

37.   Cánovas del Castillo: *ob. cit.*

38.   Relación referente a don Pedro Porter: «Sucesos del año 1643». (B. N. ms. 2.375, fols. 200 y ss.).

Californias, por ser de trascendental importancia para España [39].

Porter recibió con entusiasmo la noticia y vio llegar con ilusión la hora de emprender el descubrimiento de California. Era el segundo día del mes de junio de 1643, cuando Porter se embarcaba en el puerto de Cádiz con dirección a Nueva España [40].

Su viaje para realizar el descubrimiento había comenzado. Como hemos visto en capítulos anteriores, otros marinos llegaron antes que él a las costas de California; pero sus descubrimientos, por no ser definitivos, resultaban a sus ojos como meramente preparatorios de la trascendencia e importancia de los que estaban reservados a él.

4. *Primeros viajes de Porter a las Indias y antecedentes personales de sus navegaciones a California (1635-43)*

Las expediciones que hasta 1643 se habían dirigido a California, o fracasaron o se lograron con ellas muy escasos frutos. Solamente Cortés, y más tarde Sebastián Vizcaíno, habían conseguido progresos apreciables [41]; pero nadie pudo reconocer, ni costear por completo, aquellas tierras, tanto por el lado del golfo como por la mar libre.

---

39. La consulta del Consejo, el 5 de febrero de 1943. (A. G. I., Guadalajara, 70). El 21, la Real Cédula. (A. G. I., México, 1.096, 27). El Rey la ratificó, pese al memorial de los Cardona, el 9 de marzo. (Legajos citados).

40. El interés del Rey por el viaje de Porter es constante. Las grandes necesidades de una España exhausta así lo exigían. Otra Real Cédula, esta vez de 30 de abril, le autoriza, conforme a su petición, que se embarque en cualquier navío de «su elección». (A. G. I., México, 1.096, 27). Ver las expediciones de Porter al margen de la política general española es un error, como hemos advertido en la nota 4.

41. Sentimos tener que decir lo mismo que en 1947, pese a lo que sostiene Holmes (*ob. cit.*, pp. 130 y ss.). El viaje de Cabrillo es de una gran importancia, porque es el primero que llega en la Alta California hasta el cabo Mendocino; pero no se le concedió el interés que en sí tenía, quizá por no haber hecho una demarcación completa de los lugares que recorrió, y por ello pasa casi inadvertido para sus contemporáneos. En Historia, los hechos adquieren valor por el influjo que ejercen en la sociedad de la época en que se producen. Desgraciadamente —y digo desgraciadamente— las exploraciones de Cabrillo, gran navegante que pagó con su vida sus extraordinarios servicios a la Corona española, tuvieron escasa repercusión, aunque haya sido premiado *a posteriori* con el recuerdo, en San Diego, de una estatua. ¿Que hoy las gentes corrientes piensan más en los merecimientos de Cabrillo que en los de Vizcaíno? Es muy posible, si así lo afirma Holmes, mas eso no ocurrió en la época que historiamos.

Antes hemos visto que, ya en 1635, don Pedro Porter Cassanate ofrecía al marqués de Cerralvo, a la sazón Virrey de Nueva España, y luego al de Cadereita, ir a reconocer y demarcar las tierras de la Mar del Sur con nuevos instrumentos que él fabricó[42]. El Virrey, teniendo en cuenta la trascendental importancia que el reconocimiento de esas tierras tenía para España, aceptó la propuesta de Porter, y el 26 de agosto de 1635 le daba licencia para emprender su viaje. Porter dedicóse con ahínco a preparar su expedición, y cuando estaba en el puerto de Acapulco, dispuesto ya para partir, el visitador general don Pedro de Quiroga le embargó el navío en que pensaba realizar su viaje[43]. Por esta causa quedó suspendida la expedición; pero Porter no abandonó su pensamiento y tornó a prepararse para emprenderla. Sin embargo, no sólo el marino español tenía fijos sus ojos en aquella tierra; ocultando o no su nacionalidad, unos aventureros supuestamente franceses fabricaban navíos para ir al descubrimiento de las Californias, ayudados por un español, Francisco de Vergara, que, puesto de acuerdo con ellos, había obtenido del Virrey, marqués de Cerralvo, como antes hemos visto, licencia para navegar por la Mar del Sur. Porter se enteró de esta trama y puso el hecho en conocimiento del marqués de Cadereita, que había sustituido al de Cerralvo en el Virreinato de Nueva España[44].

Entonces comprendió Porter que su viaje no podía demorar-

---

42. De las obras que consulté en 1947 para la confección de este estudio, solamente dos daban noticia de la expedición de Porter Cassanate. En la *Historia de la California*, de Clavijero, se limita el autor a decir que Porter costeó en el año 1648 la parte oriental de California. Poco más añade la *Noticia de la California*. La obra titulada *México a través de los siglos*, publicada bajo la dirección de Riva Palacio, Vicente, habla de los preparativos que Porter hizo para su expedición, pero no informa que realizase Porter el descubrimiento, pues sus datos, muy someros por cierto, acaban con la quema del astillero donde Porter construía los navíos con que pensaba hacer su viaje. El incendio del astillero tuvo lugar en 1644, y la expedición no se realizó hasta 1648. Lo mismo se puede decir de los historiadores más inmediatos de California. (*Vide* Chapman: *A History, ob. cit.*, pp. 165-167, que dedica dos páginas escasas a las expediciones de Porter, con varios errores importantes).

43. *Relación ajustada*. B. N., ms. 6.438.

44. A causa de esta denuncia de Porter, la Audiencia de Guadalajara formó proceso contra Francisco Esteban Carbonel y sus compañeros. (Testimonios y juicio en A. G. I., Patronato, 31, y Guadalajara, 133 y 134). El Rey se da por enterado que la causa se abrió por denuncia de Porter, según afirma la Real Cédula de 24 de febrero de 1638. (A. G. I., México, 1.067-11, y Guadalajara, 134; M. N., ms. 1.509).

se por más tiempo, y en 1636 expone al marqués de Cadereita su propósito de hacer el descubrimiento del golfo de California y *de lo occidental y septentrional de Nueva España*[45]. Para ello ofrecía construir navíos a su costa y llevar todo lo preciso para realizar su deseo. El Virrey diole, por fin, la ansiada licencia, en México, el 20 de septiembre de 1636. Desde aquel momento, Porter puso todo su entusiasmo en prepararse para esta jornada, gastando en ello más de 18.000 pesos[46], pero cuando estaba a punto de partir, el Virrey revocó su anterior disposición, fundándose en que con este descubrimiento podía abrirse «puerta por donde los enemigos entrasen a infestar aquellos mares»[47], y que antes era preciso consultar con el Monarca. Porter acató la orden del marqués de Cadereita, y por segunda vez quedó suspendido el viaje.

Para exponer al Monarca su proyecto, embarcóse Porter, en 1637, con rumbo a España, pero con tan poca fortuna que, cuando llegaba a la altura de La Habana, le apresó el famoso pirata holandés «Pie de Palo»[48]. Pronto se dio cuenta el corsario de que había caído en sus manos un personaje de importancia, por el cual podía esperar un merecido rescate. Por esta razón, le envió prisionero con su Almirante Abraham a la isla de Curaçao, permaneciendo varios meses en poder de los holandeses. El pirata mulato Diego de los Reyes le libró de una muerte cierta, sacándole una noche de la isla. Navegó con él y otros corsarios holandeses por algún tiempo, hasta que por orden de Diego de los Reyes, le dejaron en Cartagena un día antes de que el general don Carlos de Ibarra partiese a España con los galeones de la plata. A su servicio, y sin percibir por ello retribución alguna, vino Porter a la península.

Una vez en España, el insigne marino expuso al Monarca su proyecto, y Felipe IV escribió al marqués de Cadereita[49] ordenándole que «le informase y remitiese todos los papeles causados sobre el referido descubrimiento de la California», para, en

---

45.   B. N., ms. 6.438, fol. 15: *Relación ajustada.* (*Vide* nota 28).
46.   *Memorial impreso* de Porter al Rey. B. N., ms. 8.533, fols. 118 y ss.
47.   *Relación ajustada*, fols. 15-15 v.; *Memorial impreso*, fol. 118, y carta de Porter al Virrey conde de Alba, 8 agosto 1615; en A. G. I., Guadalajara, 134, fol. 2.
48.   Según información hecha en La Habana por certificación del veedor de la Armada de la Guardia de las Indias. Cfr. documentos citados.
49.   En 24 de febrero de 1638. Documento cit. en nota 44.

El puerto de Cartagena, según Cardona, en 1615: A) La entrada del puerto; B) El castillo de S. Matías; C) Plataforma; D) Boqueroncillo fuerte; E) Isla de Chares; F) Entrada de Boca Chica; G) Puerto para fragatas y barcos pequeños; H) La ciudad; I) Punta del Indio.

vista de ellos, «resolver lo más conveniente por ser tan de su servicio»[50].

Una vez más estamos ante el retraso provocado por la desorganización centralizada, retraso cien veces repetido, y que con iguales características hemos visto ya en el caso de Sebastián Vizcaíno.

Los papeles pedidos llegaron al Consejo en 1640[51]. Entonces es cuando Porter presentó al Rey un detallado memorial[52], en el que encontramos sintetizada toda su concepción de las exploraciones en California, y a la vez los más firmes rasgos de su carácter, de su temperamento y —en una palabra— de su psicología. Él mismo dice que puesto que el Virrey «ha remitido los papeles que sobre ellos se han hecho, y los informes que Vuestra Majestad... mandó viniesen de las personas más noticiosas y de mayor experiencia», él, como parte interesada, se apresura a subrayar los conceptos más interesantes, según su propio punto de vista: «el suplicante refiere las conveniencias que se deducen

50. *Relación ajustada.* B. N., ms. 6.438, fol. 15 v.
51. Consta esta fecha por diferentes cartas reales. B. N., *loc. cit., apud* ms. 6.438.
52. *Memorial impreso* de Porter al Rey, 1640. En B. N., ms. 8.553, fols. 118-130; A. G. I., Guadalajara, 70; y A. H. N., Varios de Indias, 9.

de los informes y pareceres, y se seguirán de este descubrimiento».

Porter insiste en la fertilidad de la tierra que hasta entonces se había visto, en las condiciones de los indios y las posibilidades de convertirles a la fe católica, en las minas de oro y plata, en el coral y el ámbar, y en los apuros que las naves de Filipinas tenían que afrontar al llegar a las costas americanas, como contraste de la situación que se produciría al contar con puertos españoles que les sirvieran de refugio; recordaba al Monarca —como no podía menos de ocurrir— las tropelías cometidas por Cavendish, Drake y los piratas holandeses. Que así se sabría de la famosa ciudad cercada de muros y con casas de dos altos que por la parte de Sinaloa descubrió el capitán Martín de Viday, y en la cual vio indios vestidos a lo mexicano. Que con el descubrimiento se facilitaría el comercio con los reinos de Anián, Japón, Tartaria y China; que se sabría si California era isla o península[53]. Expúsole también la urgencia del descubrimiento antes que los enemigos lo llevasen a cabo, pues de suceder esto último correrían grandes riesgos las naves de la China y se consumiría el corto tráfico de la Mar del Sur.

En una palabra: Porter decía al Monarca que era preciso recorrer y demarcar por completo aquellas costas, pues lo poco que en ella se había obrado estaba sin luz. Y fundamenta este consejo en el más pintoresco y abigarrado conjunto de razones, de las cuales unas son estratégicas, otras comerciales, otras puramente legendarias; entre estas últimas, especialmente, hay toda una gama completa de los mitos geográficos que la imaginación desbordada de descubridores y pretendientes de celebridad había inventado para localizarlos en las comarcas norteñas de la Nueva España.

A propósito de esto, decía a Su Majestad el conde del Valle: «Que el haber errado los que hasta ahora han intentado el descubrimiento, ha sido por no saber ni tener las partes necesarias. Y no debe Vuestra Majestad negar licencia al que quisiere ir y que si él se hallara con menos años la pretendiera: y que puesta esta jornada en persona capaz y de partes no sólo la tiene por fructuosa, pero de las más importantes del ser-

---

53. Persiste, pues, en estas fechas la batallona cuestión de la insularidad de la Baja California. Falta todavía más de un siglo para que se resuelva.

vicio de Vuestra Majestad, que se pueden ofrecer en las Indias con que se abre puertas a las mayores esperanzas que hay en ellas»[54].

Porter proponía al Monarca hacer el descubrimiento a su costa y riesgo. Se ofrecía al Rey sin reservas, y le decía que al concederle la licencia viese Su Majestad lo poco que «aventura en ello, porque no arriesga más que la vida del suplicante, la cual ha puesto muchas veces, y pondrá siempre por el menor servicio de Vuestra Majestad»[55].

Y a cambio de todo esto Porter no solicitaba nada; ni títulos, ni honores, ni riquezas; se conformaba con la gloria de la empresa.

Por fin, el Consejo de Indias, después de larga deliberación, contestó favorablemente, y el Rey dio licencia a Porter para realizar su descubrimiento, por cédula fechada en Madrid, a 8 de agosto de 1640. En ella se le autorizaba para hacer el descubrimiento a su costa, añadiendo[56] que podría hacerlo «sin limitación de alturas, leguas ni mares, que teniendo en cuenta las relevantes cualidades que adornaban al Suplicante, quería que ninguna persona de cualquier clase o condición que fuese, navegase por el golfo de California». Además, el Rey prometía a Porter Cassanate que una vez realizado el descubrimiento «capitularía con él y no con otro alguno la pacificación y población de aquellas tierras y de todas las que descubriese de una y otra parte del dicho golfo».

Y añadía Su Majestad al final de la cédula: «esperando de vuestras obligaciones y Celo que mostráis de mi servicio, que obraréis en esto con tal cuidado y atención, que se consiga lo que tantas veces se ha intentado y se desea». Nombrábale, además, cabo y Almirante de la Mar del Sur.

Porter, entre tanto, navega, como hemos visto, en la Armada real, hasta que el 12 de marzo de 1643 la junta de guerra de Indias[57] expone a Su Majestad la conveniencia de que hiciera cuanto antes nuestro Almirante su viaje a las Indias, ya que era

---

54. B. N., ms. 8.553, fol. 27; A. G. I., Guadalajara, 70; y A. H. N., Varios de Indias, 9.
55. B. N., ms. 8.553.
56. B. N., ms. 8.553, ya citado; y A. G. I., México, 1.096-27.
57. La junta de guerra de Indias dice al Rey «que no convenía a su servicio no se le divertiese al Almirante el viaje a Indias para poner en execución lo que le había encargado». Oficio fechado el 12 de marzo de 1643.

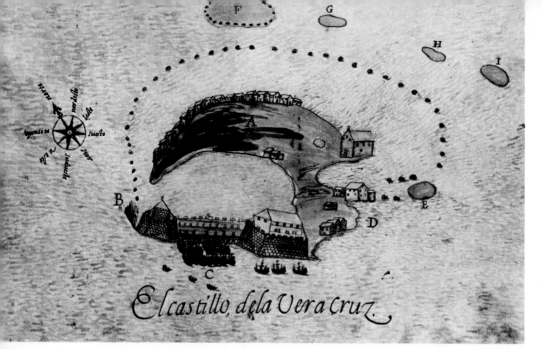

Castillo de Veracruz: A) Isla y arrecife donde está el castillo; B) Punta de Barlovento; C) Modo de amarrar la flota; D) Punta de Sotavento; E) Isla de Gavias; F) Anegada de fuera; G) Isla Blanca; I) Isla Verde.

de tanta importancia para España el descubrimiento de las Californias[58].

El 26 de marzo recibía el marqués de Villafranca orden para que diese a Porter licencia para abandonar su servicio, ya que el Monarca había de emplearle en otro asunto de gran provecho[59].

No esperó mucho tiempo el marino aragonés para comenzar su viaje, y el 2 de junio de 1643 se embarcaba en Cádiz en los galeones que, a su costa, llevaba a América el general don Francisco Díaz Pimienta. Después de una próspera travesía, desembarcó el 19 de junio en Cartagena, donde permaneció algunos días, hasta que, el 2 de agosto, volvió a navegar en la flota de don Pedro Girón, llegando a Veracruz el 22 del mismo mes, pasando seguidamente a México[60].

58. «Relación de los servicios del Almirante don Pedro Porter Cassanate, Caballero de la Orden de Santiago». B. N., ms. 6.438.

59. En B. N., ms. 2.375, sobre Porter: «Sucesos del año 1643»; A. G. I., Indiferente General, 112.

60. «Carta relación de D. Pedro Porter Cassanate, Caballero de la Orden de Santiago, desde que salió de España el año 1643 para el descubrimiento del Golfo de la California hasta 24 de enero de 1649, escrita a un amigo suyo». B. N., ms. 6.438, 5 a 12; A. H. N., Varios de Indias, 9.

Arriba: *Veracruz: A) La punta de la isla; B) La canal gallega; C) Canal y boyas por donde entran las flotas; D) Lienzo del castillo; E) Muelle de la ciudad; F) La caleta; G) Isla de Sacrificios; H) Isla Verde; I) Carros que llevan los vinos tierra adentro; L) La ciudad; M) La aduana; N) Arroyo.* Abajo: *El Cádiz de 1615: A) Los barcos; B) La bahía; C) La ciudad; D) La punta de San Sebastián; E) El puntal; F) Matagorda; G) Castillo; H) Puente Suazo; I) Puerto Real; L) Río Salado; M) Puerto de Santa María; N) Santa Catalina; P) Sanlúcar de Barrameda; Q) Peñascos de las Puercas; R) Sancti Petri.*

5. Preparativos inmediatos de las expediciones hasta el incendio de las naves (1643-44).

Una vez en la capital de Nueva España, presentó Porter sus despachos al Virrey conde de Salvatierra, el cual apoyó el intento del Almirante, prestándole su ayuda[61].

Comenzó entonces los preparativos para su expedición. Compró bastimentos y reclutó gente. Los padres de la Compañía de Jesús, deseosos del descubrimiento de aquellos países y de la conversión de sus naturales, le prestaron considerable ayuda, y el provincial, don Luis de Bonifaz, le dio dos Padres para que le acompañasen, accediendo así al ruego recibido del propio Virrey[62]. Los designados se llamaban Jacinto Cortés y Andrés Báez y eran misioneros en Sinaloa.

Con el fin de completar lo necesario y con el encargo de que reclutase gente por el camino y construyese dos bajeles, envió Porter a las costas de Nueva Galicia al cabo Alonso González Barriga, persona de la confianza del Almirante y que le acompañaba desde España.

Mientras tanto, Porter pasaba con su gente por Guadalajara, donde el presidente, don Pedro Fernández de Baeza, y el fiscal, don Jerónimo Alzate, le animaron a realizar el descubrimiento que intentaba, pues, como más cercanos a aquellas tierras, conocían las ventajas que esto les reportaría.

Estaba Porter preparándose para su viaje, cuando el 1 de diciembre del mismo año de 1643, el Virrey del Perú, marqués de Mancera, daba cuenta al de Nueva España de que «seis Navíos holandeses habían surcado aquel mar, donde pelearon con los nuestros en Chile mucho rato y que iban sobre Valdivia a incorporarse diez navíos del Brasil que esperaban de socorro y así estuvieran alerta por si el intento de penetrar la mar era en busca de naos de Filipinas»[63].

Porter, siempre leal y magnánimo, se ofreció al Virrey para socorrer con su fragata *Nuestra Señora del Rosario* a los amenazados por tan grave daño[64].

---

61. Los despachos que presentó Porter al Virrey «fueron obedecidos» el 25 de septiembre. B. N., ms. 2.375, sobre Porter: «Sucesos del año 1643».

62. Carta del conde de Salvatierra al Rvdo. P. Provincial de la Compañía de Jesús. México, 13 de octubre de 1643. *Apud* Venegas: *Noticia*, I, p. 156.

63. B. N. ms. 6.438, fols. 5-18. «*Carta-relación* de D. Pedro Porter a un amigo suyo». También en A. H. N., Varios de Indias, 9.

64. «*Carta-relación* de D. Pedro Porter a un amigo suyo». B. N., ms. 6.438, y A. H. N., Varios de Indias, 9.

Para ultimar los preparativos, salió Porter de México el 6 de diciembre de 1643, llevándose consigo a Melchor Pérez de Soto, perito cosmógrafo, y al capellán don Juan de Luna. Pocos días después llegaban al río San Pedro, donde estaba la fragata, que, a las órdenes de González Barriga, se les había adelantado. Allí, con la asistencia de don Francisco Valero, justicia mayor de aquel partido, previno a la fragata para tres meses[65], con el objeto de que recorriese aquellos mares en auxilio de las naves que pudieran venir de Filipinas.

Mientras tanto, el Almirante elegía las riberas del río Santiago para construir su astillero, pues la abundancia de árboles le proporcionaba la madera precisa para sus bajeles, y el estar situado seis leguas tierra adentro le aseguraba resguardo contra posibles ataques.

Es curiosa la descripción que nos hace Porter de aquellos parajes. Nos dice que en ellos se produce gran cantidad de árboles, «cuya multitud la hermosea y abastece enriqueciéndolo con lo precioso de las maderas peregrinas que produce. Besa sus verdes faldas el río Santiago, cuyas riberas se ventilan apacibles las mareas, y aunque en dilatados senos se esparce anchuroso, con todo fácilmente se puede apear»[66]. Sin embargo, no todo era apacible en aquellas costas[67], que tienen «dos enfadosos contrarios: el uno es una inmensidad de mosquitos que pesadamente inquietan en tanto grado que, ocupados en la defensa, no pueden aplicarse al trabajo; y el otro que sólo desde noviembre hasta San Juan puede fabricarse, por inundar y explayarse arrebatado el río más de tres leguas. Hiere el sol con rigor excesivo en aquellas costas; en particular el tiempo que llueve, que suele continuar desde San Juan hasta septiembre. Los murciélagos maltratan y desangran no dejando dormir sin mucha prevención y defensa. Y un gusanillo llamado *comején* come y roe la ropa, pertrechos y fábricas, y para librarse los retiran a más fresco

---

65. Esta fragata, que iba a las órdenes de Alonso González de Barriga, intentó salir de San Pedro el día último del año 1643; pero como «enviando a sondar la barra no hubo bastante agua por ser menguante» y así no salió hasta 3 de enero de 1644 «embistiendo a la boca de la barra a remo y pala donde estuvo a mucho riesgo la fragata por los grandes golpes de mar, y haber muchos bancos». Ms. cit. de la B. N., sobre Porter, del año 1643.

66. B. N., ms. 6.438; y A. H. N., Varios de Indias, 9. «*Carta-relación* de D. Pedro Porter a un amigo suyo».

67. Como a veces afirman otros viajeros citados a lo largo de este estudio, y el mismo Porter en diversos pasajes de sus relaciones.

temple que se halla en Bipique 20 leguas del puerto, siendo lo más frecuente y penoso de su persecución en el invierno»[68].

Porter mandó edificar en aquellos lugares buen número de casas para la gente, depósitos para los materiales y atarazanas para la fábrica de navíos, y una vez dispuesto todo, el 19 de enero de 1644, volvió a México. En Guadalajara compró cuantas armas, bastimentos y demás provisiones le faltaban para su expedición, y el 1 de marzo despachó con todo ello a Luis de Porras.

Mientras tanto, después de dos meses de navegación, la fragata mandada por Alonso González Barriga llegaba al río Santiago, donde se había construido el astillero. Esta nave, «habiendo salido de Matanchel, a 9 de enero, con viento poco favorable y corriente por la proa»[69], tardó en llegar ocho días al puerto de Mazatlán, que fue sondeado y reconocido por los expedicionarios. Atravesaron éstos después el golfo de California hasta el cabo de San Lucas, y dando vista al de la Porfía, «encontraron gran número de ballenas, tardando 18 días hasta llegar al cabo donde estaba la Bahía de San Bernabé, en la cual dieron fondo en 25 de enero»[70].

Saltaron a tierra los navegantes con objeto de reconocer el terreno, y en los más altos cerros, que dominaban el golfo[71], puso González Barriga centinelas para avisar a las naves de Filipinas si algún peligro corrían en su navegación, pues las piraterías de los holandeses eran harto frecuentes en aquellas costas. La fragata se proveyó de agua y de leña, «saliendo a 31 a navegar la costa para ir a las islas de Cedros y Cenizas, en busca de naos de Filipinas». Descubrieron allí las playas «coronadas de indios que siguiendo por tierra el rumbo de la fragata, con el ánimo hijo de la más hidalga pasión aconsejaban por señas pasasen adelante»[72].

Pero González Barriga receló del ofrecimiento de los indígenas y siguió su navegación sin detenerse, hasta llegar, el 4 de febrero de 1644, al cabo de San Lucas. Los indios, al presenciar el desembarque de los españoles, «hicieron fuegos en señal de ale-

68. B. N., ms. 6.438; y A. H. N., Varios de Indias, 9.

69. B. N., ms. 2.375, sobre Porter: «Sucesos del año 1643».

70. B. N., ms. 6.438; y A. H. N., Varios de Indias, 9. *Carta-relación de D. Pedro Porter a un amigo suyo*».

71. Esta bahía «en espaciosas playas tiene ensenadas muy grandes y dos garellones, que a fuer de peinados riscos abrigan el Puerto». B. N., ms. 6.438; y A. H. N., Varios de Indias, 9.

72. *«Carta-relación* de Porter a un amigo suyo». B. N., ms. 6.438; y A. H. N., Varios de Indias, 9.

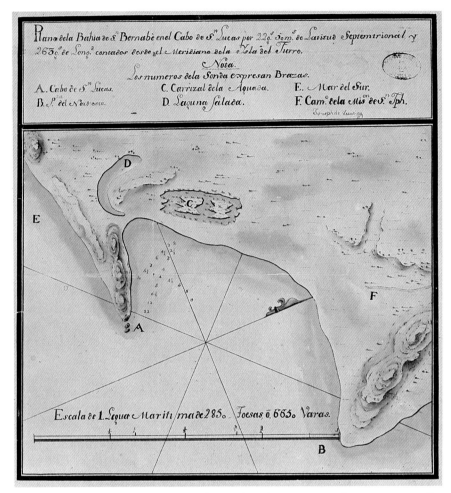

*Plano de la bahía de San Bernabé realizado por Miguel Constanzo y Jo-
sé de Urrutia en 1768. (A.G.I., México, 246).*

gría y salieron a recibir a los nuestros con balsas y lanchas. Estuvieron apacibles, regalaron a los nuestros de pescado y algunas cosas de la tierra; comieron atún, salmón, sardinas, bacalao
que no hay en nuestras costas»[73].

Durante toda la permanencia de los españoles, estaban de

---

73. Escribe Porter, en su *carta-relación* a un amigo, que los indios, en señal de amor y paz, les agasajaban con excesivas caricias, arrojando arena por
el aire, ofreciendo sus arcos y flechas, arrojándolos al suelo y «pidiendo en retorno hiciéramos nosotros lo mismo con nuestras armas».

continuo sólo en este puerto más de 3.000 indios, «que conversaban mucho con los nuestros». Los caciques comían con el capitán en la fragata, «admirándose todos de no ver mujeres en el navío»[74].

Aquellos indios, tatuados hasta el punto de parecer una taracea humana, eran fuertes y corpulentos, más que los de Nueva España, dice Porter. Ofrecieron a los españoles multitud de regalos, que les dieron a conocer la fertilidad y riqueza de aquella tierra. Los indios de la costa estaban en guerra con los de tierra adentro, llamados guaicuros, y así lo dieron a entender a los españoles. Mientras éstos permanecieron en aquella tierra, díjose misa cada día, que fue oída también por los indígenas, los cuales imitaban en lo posible las ceremonias que veían hacer a los cristianos[75].

Los indígenas «halláronse siempre muy amigos, y una amistad sin sospecha de traición», pretendiendo muchos de ellos marcharse con los españoles; pero el capitán, con muy buen acuerdo, no lo consintió, temeroso de que al echarles de menos se alborotasen los demás indígenas, y otra vez no les dispensasen tan buena acogida. Al dejar los españoles aquellas tierras, los indios siguieron grandes trechos el rumbo de la fragata, dando muestras de su sentimiento.

Los habitantes de aquellas regiones —dice Porter— no son idólatras, ni «ladrones, cautelosos, no usan de la mentira y borrachera».

Mientras los expedicionarios permanecieron en aquel puerto, que fueron 21 días, no vieron ningún bajel enemigo. El 21 de febrero partieron del cabo de San Lucas, llegando el 25 al río Santiago, desde donde el capellán fue a México a dar cuenta a Porter del regreso de la expedición.

El Almirante nos dice que marchó a Veracruz a la posta[76], «donde hizo el último apresto de anclas, jarcia, lona y demás cosas que para aparejar los navíos y dar a la vela la faltaban. En México dejé prevenido lo que allí tocaba, y en Acapulco la artillería, en Guadalajara los bastimentos. Envióse más gente con calafates para la carena y algunos pertrechos y cargas de estopa

---

74. B. N., ms. 2.375, cit., sobre Porter.
75. *«Carta-relación* de Porter», B. N., ms. 6.438; y A. H. N., Varios de Indias, 9.
76. B. N., ms. 6.438; y A. H. N., Varios de Indias, 9.

y brea que todo salió de México, a 6 de mayo, con Sebastián de Bayona y Zeide»[77].

Por este tiempo, le llegó el aviso de que el 20 de marzo habían huido algunos marinos del astillero, llevándose consigo un bajel con las redes que tenían preparadas para las pesquerías de perlas[78].

Porter había terminado ya todos los preparativos para su expedición, y el 10 de mayo estaban en Veracruz, dispuestos a partir, cuando un correo, enviado por don Jerónimo Alzate, el fiscal, le daba la triste nueva de que el 24 de abril de 1644 algunos marinos habían prendido fuego al astillero, incendiándose el bajel y los almacenes donde estaban depositadas las armas, municiones y bastimentos que tenían dispuestos para la expedición[79].

El Almirante vio desaparecer de esta manera el fruto de su larga labor, perdiendo, junto a un tiempo precioso, más de 20.000 pesos, sin que ni uno siquiera hubiera salido de las arcas de Su Majestad. Prometió Porter hacer el descubrimiento a su costa y cumplía fielmente su palabra.

Con el incendio del astillero quedaba suspendido por vez tercera un viaje que era la ilusión de muchos años de su vida. Pero Porter tenía dadas demasiadas pruebas de valor para desmayar en su empresa, y alentado por su fe decía: «con la gracia de quien espero el fruto y premio, persevero»[80].

Comenta Pereyra[81] que, una vez «encontrada la ruta comercial del Oriente y colonizadas las Filipinas con elementos de la Nueva España, las expediciones costeras hacia el Pacífico del norte fueron perdiendo interés, aunque no por eso las abandonó del todo el virreinato. Sin embargo, no tuvieron el empuje ni la espontaneidad que es el carácter significativo de las otras».

---

77. «*Carta-relación* de Porter a un amigo suyo». B. N., ms. 6.438; y A. H. N., Varios de Indias, 9.

78. Fuéronse —dice Porter («*Carta-relación* a un amigo suyo», B. N., ms. 6.438)— «huyendo a las costas del Realejo medrosos de ser presos y castigados». También en A. H. N., Varios de Indias, 9.

79. Dice la «*Relación ajustada* de los servicios del Almirante D. Pedro Porter Cassanate, Caballero de la Orden de Santiago» (B. N., ms. 6.438, fol. 18 v.) que «cuando ya el almirante tenía para echar al agua los bajeles que a su costa había fabricado le sobrevino una impensada desgracia y total desavío causado por unos hombres que quemaron los bajeles con la demás hacienda y con esta ocasión perdió todo lo que había gastado impidiéndole el viaje que con brevedad pusiera en ejecución, de que había resultado quedar pobre».

80. B. N., ms. 6.438; y A. H. N., Varios de Indias, 9. «*Carta-relación* de Porter a un amigo suyo».

81. *La obra de España en América*, Madrid, 1920, p. 71.

En pocos casos serán más ciertas las palabras del ilustre historiador mexicano que si las referimos a la actualidad del Almirante aragonés.

Porter Cassanate puso el hecho en conocimiento del Virrey y éste delegó en el Presidente de la Audiencia de Guadalajara para que, como más cercano al lugar del delito, pudiera castigar mejor a los traidores. Ambas autoridades comunicaron más tarde[82] al Rey el resultado de sus gestiones.

El cabo que guardaba el astillero consiguió apresar a los delincuentes[83], y en las investigaciones subsiguientes se probó que un portugués, llamado Antonio González, mientras se celebraba el sacrificio de la misa, prendió fuego a los barcos y dispuso que huyesen algunos a quienes se pudiese atribuir el delito. Creyó que así los esfuerzos de Porter se podían dar por terminados, y que él estaría entonces en condiciones de sustituirle para penetrar tierra adentro en busca de las minas de oro y plata. Por otra parte, este auténtico «acto de sabotaje» se reveló como inmediata consecuencia de las mismas actividades fraudulentas que, ya en 1635, había denunciado Porter; los llamados franceses, que entonces vieron cortados sus propósitos ilegales, se vengaban al cabo de diez años, eligiendo como instrumento de su rencor[84] la ingenua maldad de un ambicioso. A lo largo de la historia, toda empresa alta, de cualquier tipo que sea, ha tenido siempre que superar dificultades como éstas, que si al producirse pueden aparecer como una prueba dura, una vez pasadas muestran ser meras incidencias del camino. En el caso de la quema de las naves de Porter, las actuaciones judiciales terminaron[85] con la condena a muerte de los culpables y la ejecución de la sentencia.

Entre el viaje del Almirante y el del insigne conquistador de México, que fue el primero que se dirigió a aquellas costas, hay grandes analogías. Como a Porter, su expedición se suspendió varias veces, y a ambos un incendio les destruyó las naves. Como Cortés, Porter Cassanate, «haciendo buen rostro a la desgracia»[86], comenzó de nuevo los preparativos. Abnegación y cons-

---

82.   Con fechas 20, 25 y 26 de febrero de 1645. Cartas al Rey de Porter, del Virrey y de la Audiencia, respectivamente, sobre la quema de las naves, A. G. I., Guadalajara, 134. En la de la Audiencia de Guadalajara se propone al Rey que se «hiciese merced al Almirante del oficio de Capitán de Sinaloa».
83.   B. N., ms. cit., sobre Porter, del año 1643.
84.   Relación de los sucesos, B. N., ms. 2.376.
85.   «Relación ajustada». B. N., ms. 6.438, fols. 14-21.
86.   «Carta-relación de D. Pedro Porter Cassanate, Caballero de la Orden de

tancia como las de este hombre singular son, en verdad, poco comunes.

El Virrey conde de Salvatierra, en carta fechada en México el 25 de febrero de 1645, daba cuenta al Monarca de la destrucción del astillero de Porter, añadiendo que el Almirante era un «caballero muy atento al servicio de V. M., que siempre cumplía lo que se le ordenaba»[87]. Y «que era persona capaz y digno de que V. M. siendo servido le honre y haga merced»[88].

Quizá para su mentalidad de esforzado y leal servidor fueran una compensación las palabras con que poco después le escribía el Monarca, diciéndole que, enterado de la desgracia por su carta «de veinte de febrero pasado de este año y demás papeles que en ella citáis, en que me dais cuenta de lo sucedido en estas materias y lo que pasó con los navíos que aprestasteis para este hecho y quema de ellos, he testimoniado como es razón vuestro celo y atención de que os doy muchas gracias, y al Virrey le ordeno os asista por todos los medios que parecieren útiles y convenientes para la conservación del intento que tenéis»[89].

Con la misma fecha, escribía Su Majestad al conde de Salvatierra «sobre los particulares de don Pedro Porter Cassanate, a quien tengo encargado el descubrimiento del Golfo de California, y todo el favor, y asistencias que le habéis dado para el mejor cumplimiento de lo que ha de obrar, ha sido muy conforme a vuestras obligaciones, y agradezco todo lo que en esta razón habéis hecho y os encargo continuéis en asistirle en todo cuanto se le ofreciere, y como quiera que a él le escribo en forma conveniente holgaré que le llaméis, y le deis en mi Real nombre muy particulares gracias y le digáis que le asistiréis con cuidado a lo que se le ofreciere para este descubrimiento, y que esto sea de manera que se aliente y restaure lo perdido en la quema de sus

---

Santiago, desde que salió de España el año 1643, para el descubrimiento del Golfo de California, hasta 14 de enero de 1649, escrita a un amigo suyo». B. N., ms. 6.438; y A. H. N., Varios de Indias, 9.

87. Se refería especialmente a la embarcación que Porter envió a las costas de California para proteger a los navíos que venían de Filipinas de los ataques de los piratas.

88. «Relación de los servicios de D. Pedro Porter». B. N., ms. 6.438, fol. 19. También en A. G. I., Guadalajara, 134; y M. N., ms. 1.509.

89. Real Cédula de Su Majestad el Rey don Felipe IV a don Pedro Porter Cassanate, Caballero de la Orden de Santiago, a quien tiene encomendado el descubrimiento del golfo de la California. B. N., ms. 2.375, fol. 72; y A. G. I., México, 1.067-13. Fechada el 11 de octubre de 1645.

bajeles, para que con vuestra ayuda pueda tratar mejor de lo que hubiera de hacer»[90].

6. *Expediciones de Porter a California*

Animado por la confianza del Monarca, Porter decide establecerse en Nueva España para continuar sus preparativos.

Casi todo el año 1644 y el siguiente se habían ido en el esclarecimiento de los hechos y persecución de los culpables del incendio de las naves. Como compensación, el año 1646 llegaron a la costa de Nueva España dos fragatas del Perú; el gobierno las declaró como extraviadas y se las ofreció a Porter para que las utilizase en su descubrimiento[91]. Pero el Almirante aragonés había prometido al Monarca hacer el descubrimiento a su costa y riesgo, sin auxilio de nadie, y firme en su palabra, «no quiso aceptar pareciéndole ser mayor reputación suya hacer otras de nuevo a su costa como lo ejecutó en la villa de Sinaloa el año de 1647, fabricando dos Bajeles llamados *Nuestra Señora del Pilar* y *San Lorenzo*»[92].

Se limitó a solicitar la capitanía de Sinaloa, contigua a las bases donde había de reemprender los preparativos del descubrimiento, para de esta manera ordenar mejor todo lo relativo a la expedición. A pesar de que el Monarca había dispuesto que los Virreyes le diesen cuantas facilidades pudieran para su viaje, su súplica no fue escuchada. Ésta fue la única vez en su vida que pretendió un favor del gobierno mexicano. El mismo Porter nos dice que no se valió «hasta entonces del Virrey, pidiéndole asistencia alguna jamás: y por ser menos enfadosa y por eso más fácil mi petición, tomé el medio que siendo el menos provechoso era el más útil para disponer las materias. Y fue que me diera la Capitanía de Sinaloa[93] contigua al descubrimiento, veci-

---

90. Real Cédula del Rey al Conde de Salvatierra, fechada en Zaragoza, el 11 de octubre de 1645. B. N., ms. 2.336, fol. 73; y A. G. I., México, 1.067-13.

91. Como consta por autos y testimonios autorizados de Agustín Rangel, escribano de cámara de la real sala del crimen de la ciudad de México. *Apud* «*Relación ajustada*», loc. cit.

92. «*Relación ajustada* de los servicios del almirante D. Pedro Porter Cassanate». B. N., ms. 6.438, fol. 19 v.

93. Sinaloa era «la última población en cuyos límites comienza por la costa de Nueva España el descubrimiento, y principal escala para la California». Real Cédula de su Majestad a Porter. Zaragoza, 11 octubre 1645. B. N., ms. 2.336, fol. 72.

Derrotero de viaje de Porter, 1648-1649 y 1649-1650. (El de 1648 en línea ▶ discontinua, y el de 1649 en línea continua).

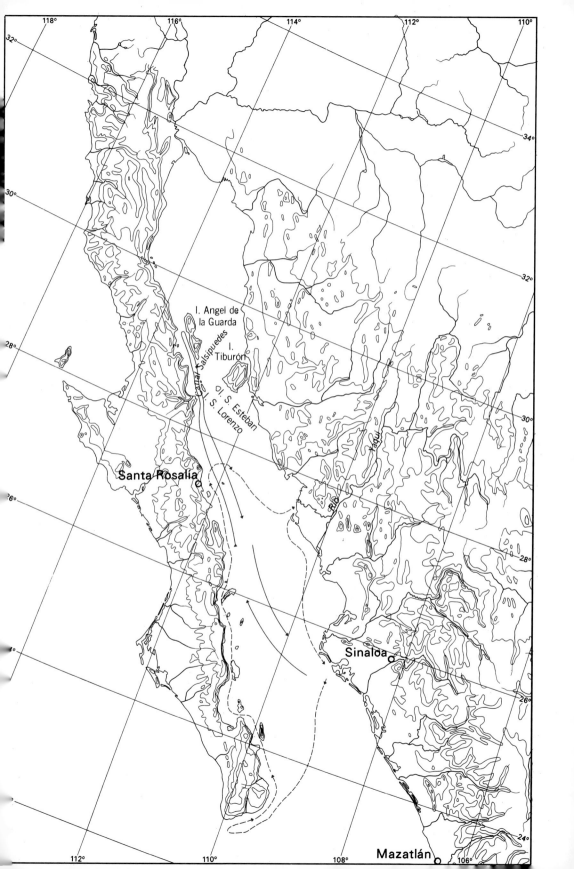

na a la California, y plaza de armas de donde se había de ordenar todo lo conveniente[94], y aunque para merced tan corta, di memorial de todos mis servicios[95], representé órdenes de Su Majestad que mandaban a los Presidentes me conservaran en el estado más favorable a mi ejercicio, no fue posible el alcanzarlo»[96].

El Rey contestó a Porter que «sobre el punto de Sinaloa se quedaba mirando en la Junta de Guerra de las Indias»[97], y por fin la plaza se dio a don Juan Peralta, hijo del oidor don Matías de Peralta[98].

Porter, sin hacer caso de un acto tan poco amistoso, continuó trabajando, y en 1647, a los 36 años, obtuvo, por fin, el cargo de gobernador de las provincias de Sinaloa y de sus presidios, fronteras y costas de la Mar del Sur, así como el de lugarteniente en ellos del Capitán general. Sirvió estos cargos durante más de cuatro años, desde marzo de 1647 a noviembre de 1651, fecha en que renunció a los mismos, y le fue aceptada la renuncia por el Virrey. Son precisamente los años de sus expediciones, como vamos a ver[99].

---

94. Era justo que Porter pidiese la capitanía de Sinaloa, dada su proximidad a California. También Nicolás de Cardona consideró imprescindible semejante garantía. La Audiencia de Guadalajara ya lo había propuesto para Porter. Cfr. nota 82.

95. Que, como hemos visto, eran de verdad extraordinarios. Y así le recuerda Porter al Rey en carta de 30 de agosto de 1646 (B. N., ms. 2.336, fol. 74): «Las muchas ocasiones en que me he hallado ejecutando su Real servicio y los peligros y riesgos que tan de cerca han amenazado mi persona en veinte años que he servido a Vuestra Majestad, en sus Reales Armadas, y lo mucho que esta Empresa de California me cuesta». También en B. N., ms. 2.375; y M. N., ms. 1.509.

96. «Carta-relación de don Pedro Porter a un amigo suyo». B. N., ms. 6.438, fols. 5 a 12; y A. H. N., Varios de Indias, 9.

97. Reales Cédulas del Rey a Porter, 11 octubre 1645 y al Virrey de la misma fecha, y carta de Porter al Rey, 30 agosto 1646. A. G. I., Guadalajara, 134, y México, 1067-13; la del Rey a Porter y la de Porter al Rey, también en B. N., ms. 2.375.

98. Para evitar que don Juan de Peralta le molestara desde Sinaloa, pidió Porter un decreto al Virrey para que, en conformidad con las cédulas que tenía de Su Majestad, «se le notificase no fabricase ni navegase este golfo». «Carta-relación de Porter a un amigo suyo». B. N., ms. 6.438; y A. H. N., Varios de Indias, 9.

99. Sinaloa tiene en esta época un papel relativamente importante. Como escribe Navarro García, Luis: «A despecho de los medios insignificantes puestos a contribución por los sucesores de Cortés, durante medio siglo, Sinaloa, la aislada villa fronteriza de Ibarra, había presenciado y protagonizado una expansión prodigiosa». Sobre la gestión de Porter en Sinaloa, vide, de dicho autor, Sonora y Sinaloa en el siglo XVII, E. E. H. A., Sevilla, 1967, pp. 254-258.

Pronto estuvo terminada en las costas de Sinaloa[100] la construcción de dos bajeles, los citados *Nuestra Señora del Pilar* y *San Lorenzo*.

Con ellos salió al descubrimiento, y por espacio de dos años, desde 1648 a 1650, navegó por aquellas costas[101] «con grandes trabajos y riesgos descubriendo, reconociendo, y demarcando las costas e islas del golfo y naciones bárbaras que le habitan, consiguiendo con facilidad y crédito general el intento, asegurando del recelo que antes se tenía pudiesen entrar navíos de enemigos en la mar del Sur por aquella parte»[102], consiguiendo lo que tantos otros se habían propuesto inútilmente[103].

En esta expedición de Porter del año 1648, intentó de nuevo poblar California con «la lucida gente de Mar y Guerra», que llevó allí para ejecutar su empeño[104]. A ella le acompañaron los padres jesuitas citados, Jacinto Cortés y Andrés Báez[105], y en su viaje «descubrió por el brazo del Mediterráneo muchos puertos, ensenadas, Islas y Placeres de Perlas, de que pescó algunas gruesas y de buen oriente, que remitió a S. M.»[106].

Pese a todas las demoras e inconvenientes, que alguna vez procedieron de las mismas autoridades[107], Porter zarpó de Sina-

---

100.   En 30 de agosto de 1646 da cuenta a Su Majestad «de cómo parto a Sinaloa, desde donde con mayor facilidad podré conseguir lo que Vuestra Majestad me ha fiado; como también han informado a Vuestra Majestad el Virrey, el Señor Obispo de la Puebla, y la Audiencia de Guadalajara y vuelven a hacerlo de nuevo ahora porque insta más la necesidad de mi viaje, con enemigos en el mar del Sur, donde hay tanta falta de navíos y marineros, que si luego que llegué a este reino no socorriera yo, con bajel y gente para un aviso a las naos de Filipinas, no hubiera con que hacerle». Carta de Porter a Su Majestad, de 30 de agosto de 1646. B. N., ms. 2.375 y 2.336, fol. 74; y M. N., ms. 1.509.

101.   «Tetimonio de Agustín Rangel, Escribano de Cámara de la Real Sala del Crimen de la Ciuda de México». *Relación ajustada, loc. cit.*

102.   *Relación ajustada, loc. cit.*, fol. 19 v.

103.   El conde de Alba de Liste, Virrey de la Nueva España, en 13 de septiembre de 1651, informó de lo obrado por el Almirante, «con tanta satisfacción suya en este descubrimiento a su costa con grandes gastos, riesgos y trabajos y Su Majestad, en dos Reales Cédulas que escribió al Almirante en 6 de agosto de 1650 y 30 de septiembre de 1652, se da por bien servido, y le dice la estimación con que quedaba del cuidado con que había obrado en este descubrimiento, trabajos y riesgos que en él había padecido». Al Virrey, real cédula de la misma fecha, en A. G. I., Indiferente General, 456-29.

104.   M. N., ms. *California: Historia y Viajes*, I, fol. 33.

105.   Venegas: *Noticia de la California*, I, 157.

106.   M. N., ms. *California: Historia y Viajes*, cit., año 1647.

107.   Ya se ha citado algún caso. Puede decirse que, en 10 de agosto de 1651, el Virrey conde de Alba informaba a S. M. de las posibles malas consecuencias de los descubrimientos de Porter. La exploración detenida de las costas de California —que quizá culminasen en el hallazgo de un estrecho— no era

loa el 23 de octubre de 1648 [108], para explorar, por fin, el golfo de California. Esta primera navegación de 77 días, que emprendió con dos navíos y en condiciones meteorológicas difíciles, «sin embarazar los riesgos conocidos del invierno, en mar no tratada y tierras no vistas», fue en cierto modo la preparación o esbozo del viaje más largo y detenido que emprendería en 1649 sobre la misma ruta. Alcanzó primero el extremo meridional de la península, y fue costeando con bastante detención el litoral del golfo. Los sólidos conocimientos de Porter, ayudados por el trabajo del cosmógrafo de la expedición, Domingo del Passaje, le permitieron elaborar un diario de observaciones y datos que a sus ojos pecaba mucho de incompleto, por lo que se decidió a esperar a un nuevo viaje para utilizarlos en la confección de una carta.

Los temporales le impidieron alcanzar el fondo del golfo; en un punto de la costa de California, no muy al norte de la actual ciudad de Santa Rosalía, se detuvo «por si mejorase el tiempo, y viendo lo poco que ayudaba —nos dice [109]—, aunque los bastimentos me sobraban, resolvía la vuelta»; atravesó el golfo hasta aproximarse a la costa de la Nueva España, en un lugar cercano a la desembocadura del río Yaqui. El viaje de regreso, que hizo también costeando, careció de todo valor geográfico, puesto que sus naves hacían agua, y la capitana quedó con el timón seriamente averiado al encallar en un bajo; en estas condiciones no es extraño que apresurase todo lo posible el regreso a Sinaloa, que verificó el 7 de enero de 1649, tras 77 días de navegación.

Había estudiado con cierta precisión el trazado de la costa occidental del golfo de California desde el cabo de San Lucas hasta los 28 grados de latitud, rectificando con ello los errores de viajes anteriores, que situaban puntos más meridionales de estas costas en 32 grados y hasta 36 grados de latitud; observó la oscilación de las mareas, que fija como normal en una vara y en

---

necesaria de momento, y podía, en cambio, dar a conocer al mundo «un paso de que se pueden aprovechar todos»: temía que a la larga el fruto de la expedición fuese a dar acceso a los piratas y corsarios para navegar las costas occidentales de Nueva España. El razonamiento del Virrey no carecía de base, ya que, por ejemplo, las exploraciones de Fernández de Ladrillero en el estrecho de Magallanes fueron más útiles a los piratas extranjeros que a los comerciantes españoles. *Vide* el informe unido a la carta de Porter al Rey, 18 agosto 1651. A. G. I., Guadalajara, 134; y M. N., ms. 1.509.

108. Según relación de Porter al Rey, del 13 de abril de 1649. A. G. I., Guadalajara, 134; y M. N., ms. 1.509.

109. Fol. 1 v. de la relación de Porter, 13 de abril de 1649, en A. G. I., Guadalajara, 134; y M. N., ms. 1.509.

dos como límite máximo; cuidó de situar las corrientes, que tanto le molestaron, concluyendo en definitiva que se debían a los fuertes vientos invernales —cuyo régimen establece en el siguiente viaje— casi sin excepción, ya que desaparecían al cesar éstos. Trazó el contorno del litoral, con las islas, barras, arrecifes y bajos que había explorado. No pudo dar con la causa de aquella coloración rojiza que a veces presentaban las aguas y que ya había causado la extrañeza de Cortés; coloración que no era atribuible a fondos de coral, reflejos de nubes o montes, etc. Aquellas aguas, unas veces amarillas, otras pardas, otras blancas, y con más frecuencia bermejas, «en forma de caudalosos ríos de sangre», intrigaron a Porter en alto grado, y sólo tras el viaje de 1649 se atreve a dar su curiosa explicación: «y es que como este golfo es tan abundante de toda diversidad de pescados y desovan en sus bahías y ensenadas esta grasa, junto con la espuma y demás cosas que las mareas... sacan de los puertos... y esteros según la diversidad de colores de las tierras de dichas costas... los colores proceden de que todas estas manchas tienen encima un polvillo muy sutil y lamoso», que los vientos invernales del norte y noroeste sacaban al mar libre y los vientos estivales del sur y sureste rebalsaban en el golfo.

Reconoció la abundante fauna marina, sin que le extrañase otra cosa que la peligrosa abundancia de ballenas y lobos marinos. Más allá de la línea costera, la atención de Porter recae ligeramente en el paisaje: «así la costa de California como sus islas son muy dobladas y montuosas; adelante (hacia el norte) va pareciendo la tierra más apacible y se ven algunas vegas, llanadas e islas bajas; la apariencia y colores de las tierras son de minas, según dicen los prácticos». El parecer de éstos, y alguna noticia de viajes anteriores, le mueven a mandar en dos ocasiones en busca de minas de plata a su capitán Francisco Ruiz, quien no encontró vestigios de metales preciosos y sólo pudo informar a Porter del conjunto de la flora y la fauna de las inexploradas tierras, en todo similar al de Nueva España, salvo en la carencia de árboles de incienso y ciruelos.

Pudieron localizar algunos criaderos de perlas, y aunque las que obtuvieron por rescate de los indios eran muy imperfectas y de la peor calidad, quedaron muy esperanzados de su gran riqueza, ya que por lo riguroso de la estación no pudieron bucearlos.

Un buen trozo de la relación que Porter hizo de este viaje[110]

---

110.   13 abril 1649. Cfr. *infra,* en los apéndices.

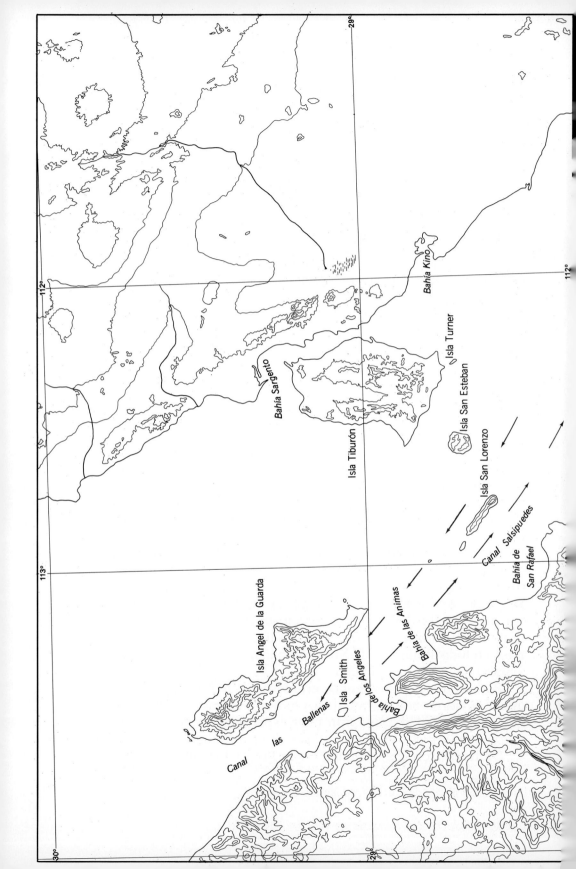

está lleno con la descripción de las costumbres de los indios que hallaron y el relato de sus contactos con ellos, hecho con el realismo un tanto ingenuo que suele caractrizar a esas narraciones; pero nada destacado añade a los estudios sobre tales indígenas, los cochimíes, monquis y guaicuros.

Aunque en esta exploración Porter avanzó más que sus inmediatos antecesores en el interior del golfo, no vio su terminación; con la esperanza de alcanzarla, o creyendo que podría hallar un estrecho que demostrara la insularidad de California, o quizás encontrar el famoso paso del noroeste, que le permitiera regresar a Nueva España por el Atlántico, emprendió nuestro hombre sus viajes de 1649 y 1650. A esta última idea se inclinaba después de la postrera expedición californiana, cuando, en 8 de agosto de 1651, escribía al Virrey conde de Alba que «ya se ha asegurado el que ahora se recelaba, que era haber estrecho navegable para la mar del norte»[111].

En 1649, Porter recorrió el golfo de California hasta un punto relativamente próximo a los 29 grados y medio de latitud norte; unas fuertes corrientes que no conocía, y que pusieron a sus naves en trance de naufragio, le impidieron rebasar la isla del Ángel de la Guarda. Debido a estas dificultades, decidióse a virar en redondo, bautizando antes con el nombre de islas de Salsipuedes a las que flanqueaban los estrechos en que dio por conclusos sus descubrimientos. Tal nomenclatura es un detalle bastante expresivo respecto a las dificultades que encontró en su navegación, a pesar de que esta vez la realizó en los meses de verano.

En la relación de los últimos viajes, Porter concede mayor importancia a los indios de la costa. Visitó de nuevo a los guaicuros y trabó conocimiento con los cochimíes, grupo racial de los yuma. Nos los retrata como gente muy simple, en el estado cultural de pueblos recolectores, y organizados en rudimentarias tribus caciquiles. Insiste en que, carentes de toda idolatría,

---

111. Fol. 1 de la carta relación al conde de Alba, 8 agosto 1651, reproducida en los apéndices, de la cual proceden los datos que se insertan a continuación. (A. G. I., Guadalajara, 134; y M. N., ms. 1.509). Sin embargo, esta afirmación tajante la había suavizado en la «Relación al Rey» de dos años antes: «... en lo que falta por descubrir del golfo; que se sabrá si tiene o no comunicación con otro mar...». (Cfr. apéndice; A. G. I., Guadalajara, 134; y M. N., ms. 1.509). Cierto que entonces había llegado sólo hasta cerca de los 28° y en 1649 casi hasta los 30°. El no haber alcanzado un par de grados más en su navegación fue, sin duda, la causa de que se continuara con el interrogante. Sus viajes, dada su personalidad, hubieran sido decisivos en este aspecto.

Ampliación del derrotero de viaje de Porter, 1649-1650.

recibirían bien la religión católica, llegando a solicitar de los expedicionarios que se estableciesen en el país. Deseaban, en definitiva, el apoyo de los españoles para que les ayudasen en sus constantes luchas contra los indios del interior, ofreciéndoles a cambio su trabajo en las pesquerías de perlas, que Porter sigue considerando numerosas y riquísimas, aunque los indios no las explotaran y sólo por casualidad recogieran alguna muestra para adorno de sus mujeres.

Pese a la insistencia de los indios de la costa, que llegaron a simular astutamente un ataque de los del interior contra unos marineros que hacían aguada, Porter no se decidió a establecerse allá por falta de medios para iniciar una colonización, aunque la viese fácil, y cuya conveniencia apoya creyendo todavía en el estrecho, por el cual los Galeones de Filipinas podrían hacer una parte de su ruta perfectamente protegidos de toda agresión pirática por el auxilio de unos puertos californianos en donde se fundaran ciudades de fácil prosperidad. Los indios de la costa se agruparían gustosamente en ellas para defenderse de las agresiones de los del interior, y, por otra parte, la vida y la riqueza de estas posibles fundaciones quedaba asegurada por la agricultura, la pesca y, sobre todo, las pesquerías de perlas.

El interés geográfico de los viajes de Porter se basa en el conocimiento adquirido del litoral mexicano y californiano del golfo, desde los 23 a los 29 grados y medio de latitud. La difícil navegación y las fuertes corrientes en la zona de las islas Salsipuedes le dio, al parecer, la convicción de que aquella región era el sector más angosto de un estrecho que saldría al mar abierto. La desembocadura del Colorado en el fondo del golfo no llegó a sospecharla. Porter dejaba todavía sin explorar el último sector.

Al dar por terminadas sus expediciones a California, renunció Porter a sus cargos de gobierno en las costas de Sinaloa por haber pasado la necesidad de ostentarlos.

Cuatro años y ocho meses había gobernado aquellas regiones, siempre con la prudencia que caracteriza al Almirante; el 8 de noviembre de 1651 presentaba la dimisión. El Virrey de Nueva España, conde de Alba de Liste, elogió su mando por «haber mantenido aquellas dilatadas provincias en paz y justicia, haciendo diferentes entradas por mar y tierra, procediendo en todo con el calor, celo y prudencia que se esperaba de sus obligaciones»[112].

---

112. *Relación ajustada*, ms. cit., fol. 20 v.

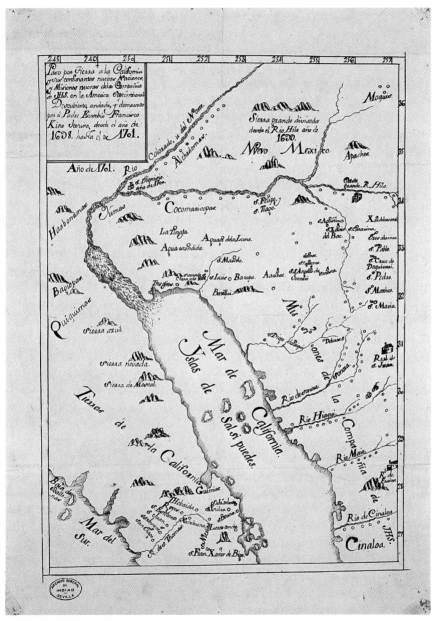

En el mapa que describe la demarcación hecha por el P. Kino en 1701 (A.G.I. México, 95) se determinan con especial relieve las islas de Salsipuedes, denominadas así por Porter.

No permaneció más tiempo Porter en las Californias porque le urgía marchar al Perú a socorrer las costas amenazadas por los enemigos.

El Almirante aragonés cumplió, pues, la palabra empeñada ante el Monarca de descubrir el golfo de California a su costa y riesgo. Después de su expedición, aquellas tierras quedaron demarcadas casi por completo. Pero Porter no pudo pacificar ni colonizar aquellas regiones como hubiera sido su deseo. La gloria de la colonización fue emprendida más tarde por don Isidro de Atondo y Antillón, que llegó, en 1683, a las costas ya descubiertas, donde fundó el pueblo de San Bruno.

En 1695 comenzaron los trabajos colonizadores de los PP. Salvatierra, Ugarte y Kino. A pesar del celo demostrado por los ilustres jesuitas, el capitán inglés Woodes Rogers llegaba a California en 1708 y se admiraba de que hasta allí no hubiesen llegado los misioneros españoles, ya que los indios no entendían ni una sola palabra de nuestra lengua; la sublevación ocurrida en 1700 había perturbado grandemente el trabajo de los misioneros.

Más adelante, en el XVIII, los trabajos de los PP. Santiago Sedelmayer, Fernando Consag y Fray Junípero Serra consiguieron pacificar aquellas regiones, hasta que en 1848, al descubrirse el valle del Sacramento, que cual nuevo Dorado ilusionó a las gentes, alcanzaron inusitado florecimiento.

7.   *Últimos datos y juicio general sobre la figura del Almirante aragonés don Pedro Porter Cassanate*

Había navegado por espacio de 24 años en servicio del Monarca; su vida agitada y los grandes trabajos que sufrió en los viajes al descubrimiento del golfo de California habían quebrantado su salud, «quedando por mucho tiempo tullido de pies y manos, sin poder acudir por entonces a otra cosa que recuperar salud y fuerzas»[113] y, viendo que no podía intentar nuevas exploraciones, quiso cerrar la historia de sus aventuras con un rasgo digno de ellas.

El Rey apenas tenía bajeles en aquellas costas, pues las piraterías de los holandeses e ingleses habían acabado con casi to-

---

113.   Memorial de don Pedro Porter al conde de Alba, Virrey de la Nueva España en el año de 1651. (Cfr. *infra*, apéndices).

dos ellos; no los había tampoco en manos de particulares, y, sin embargo, no podían ser más precisos para avisar a las naves españolas que venían de Filipinas si las amenazaba algún peligro en su navegación.

Porter, entonces, hace a Su Majestad «donación de sus dos bajeles *Nuestra Señora del Pilar* y *San Lorenzo* (sin interés alguno) con las velas, jarcias, pertrechos, armas, municiones y las demás cosas pertenecientes [114], que es lo que de su parte podía hacer en demostración de su buen deseo, y que se admitiesen y conservasen dichos bajeles para que cuando Su Majestad necesitase de ellos» [115].

El Virrey, conde de Alba de Liste, puso el hecho en conocimiento del Monarca y el fiscal de Su Majestad contestaba agradeciendo, aunque no como merecía, aquel gesto de Porter. En nombre del Rey, el Virrey de Nueva España daba las gracias al Almirante por su desprendimiento, y ordenaba a don Gaspar de Quesada, gobernador de la Sinaloa, que recibiera los navíos de Porter y diese al Almirante una certificación, en la cual constase el hecho, consignándose, además, que no debía el donante cosa alguna a Su Majestad, y que jamás se le había ayudado con cantidad alguna en el descubrimiento del golfo de California; que el Almirante lo había realizado a su costa y riesgo, que siempre había cumplido como bueno y que había pagado a Su Majestad la veintena parte de algunas perlas que había rescatado en sus exploraciones por las costas de la California. Esto ocurría el 15 de septiembre de 1653.

Había dicho Vizcaíno [116] que «las nuevas conquistas y pacificaciones las ha de hacer el Rey y no ningún particular si se desea el buen suceso en ellas», a fin de que los súbditos «acudan como fieles vasallos a guardar las órdenes y mandatos que se les dieran no saliendo un punto de ellas», como lo hace «la milicia española en todas partes» [117].

Y aclaró en seguida que dé estas órdenes «porque los soldados vayan con sujeción y obediencia a sus mayores; a los españoles que fueren enviados por Su Majestad a esta jornada para la pacificación y población de este reino se les ha de advertir que

---

114. Memorial que dirigió don Pedro Porter al conde de Alba en 1651.
115. B. N., ms. 6.438, fol. 20.
116. *Relación descriptiva*. B. N., ms. 3.042; y M. N., Navarrete, XIX, 10.
117. Ms. 3.042, p. 19.

no van a ganar tierras para sí, ni vasallos sino para los Reyes de Castilla que los envían»[118].

Porter, si bien es cierto que va a trabajar en el descubrimiento de California particularmente, no por eso deja de demostrar en todo momento una gran lealtad y subordinación a Su Majestad, no buscando su auge personal, sino la extensión de la fe católica, la gloria de España y el aumento de los dominios del Rey[119].

Y realmente tenía razón al obrar así. Dice Pereyra[120] que las exploraciones no eran sólo instinto y movimiento; no eran sólo médula: eran cerebro. El centro coordinador no estaba en la Corte; nunca lo estuvo, después de los Reyes Católicos, e incluso el gobierno —comenta Pereyra— «fue permanentemente obstáculo, raras veces auxiliar y nunca iniciador».

La familia de Porter ocupaba importantes altos cargos, como hemos visto, en el Reino de Aragón. Pronto se conocieron allí las hazañas del Almirante, y enterado el Real Consejo Aragonés de la situación en que al volver de sus viajes se encontraba el insigne marino, escribió a Su Majestad recomendándole con todo interés la persona de «Don Pedro Porter Cassanate, de la Orden de Santiago, Cabo y Almirante del mar del Sur, para que Su Majestad le hiciese merced de algún puesto que vacase en Indias correspondiente a su profesión y a la calidad de su persona en consideración de sus muchos servicios hechos por espacio de más de veinte y cuatro años en diferentes puestos con gran mérito y aprobación universal, y de lo que obró y observó en el descubrimiento que hizo en el golfo de la California, que se debió a su valor y estudios de que se puso relación en las Reales manos de Su Majestad y por los servicios de sus padres, tíos, hermanos, y un hijo en empleos de judicatura y de la guerra»[121].

Esta carta del Consejo de Aragón lleva la fecha de 25 de enero de 1652. El Monarca se muestra plenamente conforme con los servicios de Porter y transmite la petición al Real Consejo de Indias[122].

---

118. *Ibídem.*
119. En su carta al Rey de 30 de agosto de 1646 (B. N., ms. 2.336, fol. 74) habla Porter de su expedición a California para dar «cumplimiento de la Real intención de Vuestra Majestad para que el Evangelio se dilate y se reconozcan estas tierras tan vecinas y de tantas esperanzas». También en B. N., ms. 2.375; y M. N., ms. 1.509.
120. Pereyra: *La obra de España en América*, Madrid, 1930, p. 61.
121. B. N., ms. 6.438, fol. 23.
122. «Certificación de D. Gerónimo de Villanueva, Marqués de Villalba,

Porter no fue un aventurero, fue un marino de amplios conocimientos teóricos y prácticos. Entendía a la perfección la aritmética, geometría, náutica, arquitectura militar y demás ciencias útiles a los marinos, que amplió notablemente en sus numerosos viajes, realizados al servicio de la Real Armada española en la llamada carrera de Indias. Pruébalo el librito que sobre el arte de navegar publicó en Madrid en el año 1633, cuya doctrina fue aprobada por don Claudio Ricardo y don Juan Francisco Lafalle, catedráticos ambos de Matemáticas en el Colegio Imperial de la Villa y Corte. También, que en 1638, en compañía de los citados catedráticos, y por orden del Monarca, que a la sazón se hallaba en Aranjuez, hizo observaciones y tomó medidas para el cambio de cursos de aquellos ríos[123] y además, los testimonios de Francisco Ruesta, filósofo matemático y catedrático de Artillería[124], Juan de Herrera, cosmógrafo de Su Majestad en la Casa de la Contratación de Sevilla[125], y el capitán Lucas Guillén de Beas, catedrático de navegación en la misma[126].

Sus servicios y méritos fueron reconocidos en ocasiones solemnes. Con fecha 29 de noviembre de 1640, ordenaba Su Majestad a Porter que asistiese a las Cortes que en el Reino de Aragón habían de celebrarse, y poco después el Consejo de Aragón escribía a Su Majestad recomendándole la persona de Porter: «por la mucha inteligencia que tiene dicho Almirante de la navegación, y ser hijo de este Reino y de Casa tan principal nos obliga a suplicar a V. M. con todo encarecimiento, le honre y haga merced conforme lo merecen sus servicios y los de sus pasados, en particular los de su padre, hermano y tíos, que todos fueron de diferentes Consejos de Vuestra Majestad»[127].

Por otra parte, en cuanto militar, no cabe mejor ponderación de los méritos de don Pedro Porter Cassanate que decir que «los Capitanes Generales, debajo de cuya mano ha servido, dicen a su Majestad, ha cumplido enteramente con sus obligaciones peleando siempre muy señaladamente y le representan cuán

---

Comendador de Santybáñez en la Orden de Alcántara del Consejo del Rey Nuestro Señor y su Protonotario en todos los Reynos de la Corona de Aragón». (B. N., ms. 6.438, fol. 23).

123. «Servicios del almirante don Pedro Porter Cassanate». (B. N., ms. 6.438, fols. 20 y 21).

124. Certificación fechada en Madrid, a 1 marzo 1638.

125. Certificación fechada en Sevilla, a 20 abril 1638.

126. *Ibídem*.

127. B. N., ms. 8.553, fol. 17.

práctico, y teórico es en las cosas de mar, y de la guerra», y que «los matemáticos del Colegio Imperial de Madrid, los Cosmógrafos, Catedráticos y Pilotos Mayores de la Contratación de las Indias, informan a su Majestad cuán eminente es en todas las Artes, y Ciencias que para los Ejércitos y Armadas se requieren. Y aseguran a su Majestad, es de los sujetos más importantes que tiene en su servicio, y que por la falta y necesidad que hay de semejantes personas, le haga merced, aunque sea prefiriéndole a otras» [128].

Ésta es la vida y éstas son las acciones de un hombre tan distinguido por su arrojo y por su generosidad, que supo hermanar como pocos, en una época en que se desmoronaban los muros en «un tiempo fuertes» del Imperio hispánico, el ideal cristiano y caballeresco, bien propios del viejo Reino de Aragón en todos los tiempos [129].

Creemos que es acertado poner punto final en 1650 a la historia de los descubrimientos geográficos de California, porque la figura de Porter sirve de resumen a toda la etapa anterior. Carece, sin duda, de la grandeza de Cortés, pero, como él o como Ulloa, Cabrillo y Vizcaíno —por no citar a todos los navegantes que le antecedieron— supo ser hombre de gran valor personal al servicio de la patria, dando pruebas de una entereza de ánimo poco común. Fue magnánimo y desinteresado, sirviendo al Rey sin percibir emolumentos y gastando en su favor salud y fortuna. Y por eso, Porter, cuando hubo de renunciar forzosamente a sus viajes, regaló al Monarca los bajeles con los cuales había realizado el descubrimiento. Fue un remate digno del que había empleado su vida al servicio de grandes ideales.

---

128.   «Relación en que se ciñen los servicios del Almirante don Pedro Porter Cassanate, Caballero de la Orden de Santiago», A. G. I., Guadalajara, 134, fols. 1 v. y 2.

129.   El 10 de octubre de 1655, el conde de Alba de Liste, entonces Virrey del Perú, le nombró Capitán general de Chile. Formó un ejército disciplinado con el que logró dar un vigoroso impulso a la eterna lucha con los araucanos, conservando el fuerte de las *Cruces*, restaurando la ciudad de *Chillán* al propio tiempo que liberaba la provincia. Obtuvo, sobre el sucesor del mestizo Alejo (asesinado en 1660) la aplastante victoria de Laja (1661). Falleció en Concepción, antes de dejar el mando, en 1662.

◄ *Galeón del Almirante Hoces, a cuyas órdenes combatió Porter en la defensa de Fuenterrabía (1638).*

APÉNDICES

Galeón San Martín, *de la Gran Armada, según la interpretación de Justo Barboza.*

APÉNDICE I

Relación del primer viaje de Vizcaíno

Archivo General de Indias.
Audiencia de Gualalajara. Leg. 133.

[*Fol. 1*]

Relación que Sebastián Vizcaíno, a cuyo cargo fue la jornada de las Californias, da para el Rey nuestro Señor, dando a entender lo que vió en la dicha jornada desde el Puerto de Acapulco hasta paraje de 29 grados dentro de la ensenada de las Californias a la parte del noroeste que es de donde se volvió por no poder pasar adelante por el tiempo ser contrario y habérseles quebrado los hierros del timón con una tormenta y lo que vio en la tierra y mar y entiende de la jornada es lo siguiente:

Primeramente advierte que desde el Puerto de Acapulco, que es donde salió hasta el de Salagua, hay cien leguas por mar costa a costa.

Desde el puerto de Salagua al cabo de Corrientes hay sesenta leguas siempre por la costa.

Desde este cabo de Corrientes a las islas de San Juan de Mazatlán hay 70 leguas yendo ya por la ensenada de las Californias gobernando el norte.

Desde estas islas al puerto de Culiacán hay 40 leguas gobernando el norte.

Desde este puerto a Balde Hermoso paraje de Sinaloa hay 50 leguas.

Desde este paraje atravesé la ensenada y boca de las Californias que podrá tener de travesía 80 leguas.

Tomé tierra de la otra banda en altura de 24 grados en una bahía muy grande, que de la parte de la mar la cercan dos islas muy grandes en bahía, capaz para mucha cantidad de navíos y puerto limpio.

En este paraje me salieron mucha cantidad de indios a recibir de

paz y en ella estuvieron el tiempo que en el dicho paraje estuve y lo
que en él me sucedió fue que queriendo decir los religiosos misa,
hecho un altar en tierra, saqué del navío la imagen de Nuestra Señora
para ponerla [*Fol. 1 v.*] en el dicho altar llevándola en procesión desde
la playa al paraje donde estaba el dicho altar; en este tiempo llegó un
indio principal con más de 800 indios con arcos y flechas y los salí a
recibir y ellos se me vinieron de paz; y llegando ante la imagen de
Nuestra Señora, hincándome de rodillas, besando sus pies y al fraile
que la tenía las manos; visto esto el dicho indio echó de sí el arco y
flechas que traía y se humilló delante de la dicha imagen, besándole
sus pies y mirando al cielo y al sol decía por señas que si aquella imagen había venido de él y dándosele a entender por señas dió grandes
voces a los demás indios sus compañeros, los cuales acudieron a hacer
lo que el indio principal había hecho, de que todos los españoles que
allí íbamos sentimos el contento que era razón, y llevando la dicha
imagen en procesión a poner en el altar siempre fue el dicho indio
principal danzando a su usanza delante de ella.

En este paraje tomé posesión de la tierra ante los dichos indios
quieta y pacíficamente, y los dichos indios dándoselo a entender por
señas lo tuvieron por bien.

Puse por nombre a la provincia, la Nueva Andalucía, al puerto, San
Felipe y a las dos islas, a la una la isla de San Francisco y a la otra
San Sebastián.

En este paraje estuve cinco días y no pude detenerme más, respecto de ser la tierra muy fragosa y no haber agua dulce que poder beber.

De este paraje pasé a otro que está más al noroeste, como 15 leguas, que hace una gran ensenada con muchos bajíos y al entrar en
él me calmó el viento, y como las corrientes son muchas y la nao que
era de más de 600 toneladas, me llevó a un bajo, donde estuve cuatro
días en seco, de que fue necesario alijar y cortar los árboles y sacar los
bastimentos a tierra en planchadas, de que se me mojaron muchos y
perdieron, y al cabo de los dichos cuatro días, con la [*Fol. 2*] creciente,
me sacó la dicha corriente del bajo y entré en esta dicha ensenada, la
cual puse por nombre la de La Paz, por que en ella me salieron a recibir
muchos indios dándonos lo que tenían; como era pescado, muchas frutas de la tierra, caza de conejos, liebres, venados.

En este paraje hice alto, fortificándome en un fuerte que hice de
estacada y fajina, por no poder pasar más adelante con la nao Capitana, por estar desaparejada, y comenzar en aquella tierra el invierno
por el mes de Octubre, que es cuando estuve en este paraje.

Y deseoso de descubrir toda la ensenada me determiné de, con el
navío pequeño y lancha, entrar la boca dentro a descubrirla, dejando
en este paraje la nao Capitana y la gente casada y más embarazosa, llevando conmigo 80 hombres y así lo hice dejando al capitán Rodrigo de
Figueroa por mi teniente en este paraje.

Salí de este puerto, que está en 25 grados escasos, a 3 de Octubre y,
yendo navegando por la dicha ensenada, tuve una gran tormenta de
viento norte. Duróme cuatro días y al cabo de ellos me dió un huracán
de viento sur de que estuve muy a pique de perderme, que me duró
dos días, y al cabo de ellos cesó y me hallé en paraje de 27 grados, me-

tido entre seis islas y muchos bajos que Dios por su misericordia me libró; y siendo de día me salieron de tierra cinco piraguas de indios haciendo señas que fuese a su tierra, prometiendo cosas de comer y agua que llevaba falta, y así arribé al paraje que los indios señalaban y salté en tierra con 45 hombres y en ella me recibieron mucha suma de indios dándome pescado, fruta y mostrando gran contento en habernos visto; y en este paraje uno de mis soldados, desconsideradamente, dio a uno de los dichos indios, sin yo verlo, con el cabo del arcabuz en los pechos, de que se enojaron los dichos indios y nos tiraron algunas flechas aunque no de mucha consideración; y visto el atrevimiento de los indios mandé disparar cuatro arcabuces por alto para asombrarlos y no ofenderlos; al ruido de la pólvora cayeron todos en el suelo y pasado el humo de ella se levantaron [*Fol. 2 v.*] y visto que no se les había hecho daño con más ímpetu volvieron a flechar, de que mandé abajar a los míos la mano y a la primera rociada cayeron no sé cuántos, de que los demás comenzaron a huir por una serranía arriba, y visto que en este paraje no había que hacer me embarqué para pasar adelante y, siendo la chalupa que llevaba pequeña, no nos pudimos embarcar todos, dejando al Sargento mayor en tierra con la mitad, a quien envié luego la chalupa, y entre los dichos soldados tuvieron diferencias sobre quién lo había hecho mejor, de que no se embarcaron cuando se les mandó de que se hizo gran diligencia y, vista la determinación que tenía de castigar algunos desobedientes, se embarcaron y viniendo para el navío, ya desviados de tierra, llegaron por una playa gran golpe de indios tirando flechas por alto, de que una de ellas dio en la nariz a uno de los marineros que venían bogando y, como se sintió herido, lo dejó de hacer y el otro, haciendo su oficio, tomó la chalupa por avante y a este alboroto los soldados que venían en ella comenzaron a menearse, de que se hicieron a la banda y, con el peso, se zozobró la dicha chalupa y los cogió debajo y como estaban armados se fueron a pique y de 25 se escaparon seis a nado, por ser las armas que llevaban de cuero y con tablas, que fueron socorridos.

Vista la desgracia que en este paraje se nos sucedió y quedar sin chalupa ni servicio con que poder saltar en tierra ni tomar agua y que la lancha, con la tormenta pasada, no parecía, con acuerdo de todos torné a arribar al puerto de La Paz, donde había dejado los demás compañeros.

Llegado a este dicho puerto y entendido por los demás lo que había sucedido, de las grandes tormentas que habíamos pasado y la pérdida de los compañeros, desmayaron muchos de ellos y más la gente de la mar que, conocido el invierno y tiempo forzoso, no se atrevían a navegar, de que me pidieron los volviese a la Nueva España, pues no podían pasar adelante [*Fol. 3*] y invernar allí no podía ser por que la tierra era falta de bastimentos y grandes serranías que no se podía entrar por ellas y los bastimentos que habíamos llevado había ya pocos por que, con la pérdida del navío *San Francisco*, habían venido a menos y los que se habían gastado y para poder invernar no había hartos y, por que no pereciésemos, les di licencia para que en el navío *San Francisco* y lancha se volviesen a esta Nueva España, quedándome con el navío *San José* y con 40 hombres de mar y guerra, los más bien intencionados, para entrar por la dicha ensenada y descubrirla del todo.

De este paraje salí a 28 de Octubre del dicho año de 97, yo para descubrir la dicha ensenada y los demás para la Nueva España.

Siguiendo mi viaje tuve muchas tormentas, tiempos contrarios de norte y noroeste, que son los más contrarios, que, como la boca está de norte a sur y mi navegación es al norte, me fueron contrarios, de tal manera que en 67 días que estuve dentro de la dicha boca, después de venida la demás gente no pude subir más de hasta veinte y nueve grados, y esto forcejeando con el navío de tal manera que se me quebraron los hierros del timón, y visto y conocido el invierno y que no podíamos pasar adelante con el navío, por requerimiento de todos, arribé al puerto de las islas de Mazatlán, gobernando con las escotas, trayéndonos Dios de misericordia.

Lo que entiendo de esta jornada por descargo de mi conciencia y lo que debo a cristiano y leal vasallo advierto lo siguiente.

Primeramente me parece conviene vaya adelante y se vuelva a ella por muchas razones. La primera, por el mucho servicio que a Dios nuestro Señor se hará en la conversión de tantas almas como allí hay y de tan buena [Fol. 3 v.] gana dieron muestras de recibir el evangelio, que en esto confío en Dios se hará con mucha facilidad.

Asimismo advierto que la tierra es más dos veces que esta Nueva España, y mejor altura y paraje, porque desde 21 grados que comienza el cabo de Sanlúcar yendo a la parte de noroeste hay más de mil leguas de Tierra Firme, y esto lo he visto.

Asimismo advierto que lo que es perlas hay gran suma y ricas, porque en los parajes donde yo estuve eran todos comederos de ellas y, cuando el navío San Francisco estuvo encallado, echándose un marinero al agua, en unas ostras que sacó en una de ellas hallaron trece granos de aljófar bueno y los indios, por señas, me dijeron que dejase pasar el invierno, que la mar estaría sosegada y que ellos entrarían y sacarían mucha cantidad, y para muestra de que es verdad esto envío dos perlas de las que los indios me dieron por que vuestra Majestad las vea.

Asimismo advierto que en la mar hay la mayor cantidad de pescado de toda suerte que hay en mar descubierta.

Asimismo advierto en las marinas hay gran cantidad de salinas y tantas, criadas de naturaleza, que se pueden cargar mil flotas y en esto no hay que haber duda ninguna porque lo vi.

Asimismo advierto que por relación que tuve de los dichos indios naturales, por señas, que en la tierra adentro a la parte del noroeste, 20 días de camino, había muchas poblaciones, gente vestida y que traían en las orejas y narices oro, y que había plata, muchas mantas de algodón, maíz y bastimentos y gallinas de la tierra y de Castilla y tomando arena en sus manos la echaban por alto, dando a entender que como arena había gente adelante, y esto me dijeron los dichos indios, no en un paraje sólo, sino en muchos y aunque mi voluntad fue pasar adelante no pude por las razones dichas.

[Fol. 4] Y siendo vuestra Majestad servido de que esta jornada se consiga ahora, que ya se ha entendido los tiempos de la navegación y lo que se ha de llevar, se acertará y será servido Dios nuestro Señor y vuestra Majestad y su real corona acrecentada, y atento a que de la jornada pasada he quedado desposibilitado de posibles para que yo la pueda hacer a mi costa al presente, aventuraré mi persona y poco posible que me ha quedado en vuestro real servicio, que es lo que debe un buen vasallo y bien intencionado por su Señor, ayudándome y haciéndome merced a mí y a los que volvieren a la jornada. Pido por esta relación que en ella pediré como criado haciéndonos vuestra Majestad merced como nuestro Rey y Señor.

Lo que yo Sebastián Vizcaíno pido a vuestra Real Majestad, así para ayuda de costa, como mercedes para que la jornada se consiga con el bien que se pretende:

Primeramente se me ha de dar de la Real Caja para ayuda de costa, para bastimentos y navíos, socorro de gentes y otras cosas necesarias para el dicho avío, treinta y cinco mil pesos en moneda y estos no han de entrar en mi poder, sino en la persona que su Majestad nombrare o el Virrey en su nombre, para que de ellos compre las cosas necesarias para la dicha jornada.

Item he de ser despachado, de parte de vuestra Majestad, en el Puerto de Acapulco, los navíos de carena, carpintería, jarcia, velas y las demás cosas necesarias hasta poner los dichos navíos a la vela.

Item se me ha de dar, en el dicho Puerto de los reales almacenes, 50 quintales de jarcia menuda para llevar de respeto.

Item se me han de dar 80 arrobas de pólvora.

Item 50 quintales de brea.

Item 30 quintales de estopa.

Item 30 quintales de clavazón de toda suerte.

Veinticinco quintales de plomo.

Veinte quintales de cuerdas para arcabuces.

Veinte piezas de lona.

Cuarenta pipas vacías hechas en cuarto para la aguada.

[*Fol. 4 v.*] Cuatro mil estoperoles y veinte mil tachuelas de bomba.

Item, se me han de dar seis calabrotes para marras de los dichos navíos.

Todo lo cual se me ha de dar con las condiciones siguientes:

Primeramente, que en mi poder no ha de entrar ninguna cosa de lo aquí contenido, sino en poder del tenedor de bastimentos que fuere nombrado por el Virrey, para que del dinero compre lo necesario conforme a las memorias que se le dieren, y de lo demás lo tenga en su poder para lo que fuere necesario en el discurso de la jornada.

Item, es declaración que todo lo que montare, así del dinero como de la carena y despacho de los navíos como de lo que valiere las demás cosas que pido, han de ser apreciadas en el puerto de Acapulco, de que haré escritura de volverlo a su Majestad de lo primero que Dios me diere en el discurso de la dicha jornada, con declaración que, si por algún caso fortuito no se consiguiere lo que se pretende, ha de correr el riesgo. La parte de su Majestad, de lo que así me diere con que vuelto que sea al puerto de Acapulco o otro de la costa de Nueva España, lo que hubiere quedado en especie, se entregará a la parte de su Majestad sin que el dicho Sebastián Vizcaíno quede obligado a pagar en caso fortuito cosa alguna.

Además de esto ha de concederme vuestra Majestad y hacer merced a los que hubieren de ir a la dicha jornada las cosas siguientes:

Primeramente, para animar a la dicha gente, se les ha de conceder que, puestos en la real Corona puertos de mar, cabeceras y ciudades, los demás pueblos se les han de encomendar a la dicha gente por la orden que los demás pueblos de las Indias están encomendados, y esto por cinco vidas, de que se ha de enviar cédula particular.

Está concedida esta merced por tres vidas.

[Fol. 5] Item, se ha de conceder a la dicha gente, para que más se animen y vayan a servir a vuestra Majestad y gasten su hacienda y aventuren sus personas, para honrarlos a ellos y a sus descendientes, haciéndolos caballeros hidalgos y que de esta merced gocen, así en las tierras que poblaren, como en las demás provincias de las Indias, Reinos de Castilla, y con un traslado de la cédula que para esto se ha de dar y certificación de que fue a la dicha jornada y estuvo en ella dos años y pobló y el Santo Evangelio en las provincias fue recibido y que el tal ayudó a ello, se le dé ejecutoria de ello, la cual le sea guardada en todos los dichos Reinos con las mercedes, franquezas y libertades que gozan los demás caballeros hidalgos conforme a los fueros de Castilla y de León.

Está concedida esta merced en todas las Indias.

Item, se ha de dar cédula para que por treinta años no paguen alcabala y almojarifazgo de lo que llevaren ni enviaren de la dicha jornada para el sustento y honramiento de sus personas y, siendo por vía de granjería, lo pague como se acostumbra en la Nueva España.

Está concedido por el asiento.

Se ha de dar cédula para que ninguna Justicia de este Reino se pueda entremeter ni conocer de causa dependiente de la dicha jornada, ni con la gente de ella, sino fuere el Virrey de ella como Capitán General, a quien siempre se han de estar sujetos.

Se ha de dar cédula para que, por los precios que los bastimentos se venden entre los naturales de esta Nueva España, se tomen para esta jornada, pagándoselo así para lo que de presente fuere menester, como para lo que se enviare a pedir de socorros y, para llevarlos a los puertos, se puedan tomar recuas, pagándoles sus fletes, como se acostumbran pagar en los que se llevan al puerto de Acapulco para el despacho de las naos de China.

[Fol. 5 v.] Y concediéndose las mercedes y ayudas de costas que pido me ofrezco a llevar a la dicha jornada, para avío de ella, lo siguiente:

Primeramente llevaré cinco navíos con la artillería suficiente que fuere menester.

Item, llevaré 150 hombres de mar y guerra y entre ellos algunos buzos, oficiales de carpintería y otros oficios.

Item, llevaré armas suficientes para estos 150 hombres y con las municiones que fueren menester.

Item, llevaré bastimento suficiente para un año para estos ciento y cincuenta hombres y antes más de bizcochos, maíz, harina, tocino, aceite, vinagre, habas, garbanzos, cecinas y otras legumbres que se llevan a semejantes jornadas.

Item, llevaré rastros para la pesquería de perlas, chinchorros para el pescado, mineros para descubrir minas y aderezo para fundir metales.

Item, llevaré ornamentos para los religiosos para celebrar el culto divino.

Item, llevaré cuatro pipas de vino para la misa y frailes enfermos.

Item, llevaré, para dar a los indios naturales, dos mil pesos empleados para darles de vestidos y otras menudencias que ellos apetecen para traerlos de paz que reciban el Santo Evangelio.

Item, llevaré la gente a mi costa a los puertos donde hubieren de embarcarse, sin que a los naturales de esta Nueva España se les haga vejación, sino que se les pague lo que dieren como corre entre ellos.

Además de esto pagaré a vuestra Majestad el quinto de todo el oro, plata, perlas, [*Fol. 6*] piedras preciosas y otros metales de valor que se hallaren en el dicho descubrimiento, y esto siempre.

Item, pagaré el diezmo del pescado que se pescare, aderezado y embarrilado como se enviare lo demás y, a mi costa, se entregará en el puerto de Acapulco a los oficiales de vuestra Real Hacienda.

Item, pagaré la veintena parte de toda la sal que de la dicha jornada se sacare y enviare a los puertos de la Nueva España y esto lo despacharé a mi costa, sin que de parte de vuestra Majestad se gaste ninguna cosa.

Asimismo me obligaré de descubrir toda la ensenada y boca de las Californias y de toda ella tomaré posesión por vuestra Majestad, poniendo puertos de mar, cabeceras y ciudades en la real Corona, todo lo más quietamente y sin hacer agravio a los naturales de ella, sino con buenos modos y dádivas para atraerlos al servicio de Dios y de vuestra Majestad.

Item, que poblaré en la parte más conveniente que hallare en la dicha tierra y haré fuertes y descubriré cien leguas la tierra dentro y en todo haré lo que pudiere y lo que debo a leal vasallo de vuestra Majestad.

[*Sebastián Vizcaíno*]
[Rubricado]

[*Fols. 6 v., 7, 7 v., 8 y 8 v., en blanco*].

APÉNDICE II

Instrucción dada a Sebastián Vizcaíno para el viaje de 1602

Archivo General de Indias.
Audiencia de Guadalajara. Leg. 133.

[Carpeta] 1602.

Copia de la instrucción y orden que se dio a Sebastián Vizcaíno a cuyo cargo va el descubrimiento de los puertos bahías y ensenadas de la mar del Sur.
Corresponde al capítulo 2.º de la carta de materias de guerra fechada en México a 31 de mayo de 1602.

[*Fol. 1*] Instrucción y orden que han de guardar y ejecutar Sebastián Vizcaíno a cuyo cargo va la gente de mar y guerra que ha conducido para el descubrimiento, reconocimiento y demarcación de los puertos, bahías y ensenadas que hay desde el cabo de San Lucas, que está en 22 grados y un cuarto hasta el cabo Mendocino que está en 42 grados costa de noroeste sudeste, y el capitán Toribio Gómez y las demás personas que por mi orden fueren al dicho descubrimiento.

1. Habiendo llegado a el puerto de Acapulco, vos, Sebastián Vizcaíno, juntaréis a consejo de mar a los capitanes Toribio Gómez que, por mi orden, va por capitán y cabo del segundo navío y al capitán Gerónimo Martínez, cosmógrafo y piloto, y a los alférez y consejeros de la dicha jornada, a Pascual Alarcón y Alonso Esteban Peguero, y al piloto mayor y a los acompañados de los dichos pilotos y juntos comunicaréis las señas que habéis de hacer de un navío a otro, y de la lancha asimismo, y viendo vela o bajo o bahía o puerto o barra y asimismo cuando, navegando de noche, se ofreciere por alguna ocasión echaros más al través o tener el navío que va en vela compañía, la lancha necesidad de atravesarse, o echarse más al través, o si por caso, estándolo, obligare el tiempo o otra ocasión a hacer vela, por que con tiempo muchas veces sucede sufrir bien un navío más al través el tiempo, y otro no poderlo esperar, para todos estos casos tomaréis resolución de

en cada uno de los dichos casos las señas que os habéis de hacer, para que con esta hagáis todos una propia cosa, para no apartaros y para en caso que os apartéis, por no poder más llevaréis comunicado lo que habéis de hacer para volveros a juntar, y lo uno y lo otro por escrito, de que daréis un tanto al capitán Toribio Gómez, para que él y su piloto lo lleven muy bien entendido y las demás personas de mar y de consejo que sean con vos.

2. Deseando el buen suceso y acierto de esta jornada, y viendo que con conferir y comunicar las cosas sustanciales se ponen en el punto conveniente y se aciertan las más, os mando que, muy de ordinario, así para la navegación que debéis hacer conforme os terciaren los tiempos, como para el tiempo que os habéis de detener en algunos puertos, y para todas las demás cosas que os parecieren sustanciales, y aún para las que no os lo parecieren mucho, os encargo y mando juntéis a acuerdo y consejo a los capitanes Toribio Gómez, Gerónimo Martínez y alférez Pascual Alarcón y Alonso Esteban Peguero y piloto mayor y a los pilotos y maestres sus acompañados, por ser personas de cuyo consejo y buen deseo confío os lo darán cual conviniere, y para las que se ofrecieren de guerra juntaréis a el capitán Toribio Gómez y a los dichos alférez Alarcón y Peguero y al capitán Gerónimo Martínez cosmógrafo, y en un caso y en el otro ejecutaréis siempre lo que la mayor parte acordare, y, si estuviereis en igualdad de votos, lo que a vos os pareciere más conveniente.

[*Fol. 1 v.*] 3. Y, para que mejor se acierte, llevaréis siempre cuidado en las Juntas y consejos que hiciéreis de proponer lo que se os ofreciere sobre qué han de decir sus pareceres, diciendo las dificultades que en el caso se ofrecieren o las conveniencias que tuviere, y, sin declarar vuestro intento ni lo que a vos os parece, dejaréis decir libremente lo que a cada uno le pareciere hasta que, habiéndolo conferido, se trate de votarlo y entonces ejecutaréis lo que a la mayor parte pareciere, o lo que a vos os pareciere en igualdad como queda dicho.

4. Y si hubiere alguna persona en vuestro navío o del capitán Toribio Gómez que por parecerle caso conveniente para el buen efecto de este reconocimiento y descubrimiento os propusiere alguna cosa que se le ofrezca, os mando juntéis acuerdo y consejo y que, lo que se acordare por la orden que está dicha, lo guardéis y ejecutéis, y, para que yo vea y me conste a la vuelta como esto se ha guardado y mandado, se os dé un libro donde desde la primera Junta que habéis de hacer en el puerto de Acapulco, hasta que Dios os vuelva a él, se asiente y firme por vos y los demás lo que en las cosas de mar y guerra se hubiere puesto y asentado.

5. Saliendo del puerto de Acapulco, habéis de ir haciendo vuestra navegación la vuelta del cabo de San Lucas, como los tiempos os dieren lugar, sin tomar puerto en la costa de la Nueva España y, habiendo llegado al dicho cabo de San Lucas y doblado, habéis de ir siempre costeando la tierra y reconociéndola lo más cerca que fuere posible, advirtiendo que la lancha que llevares ha de ir tan cerca de la tierra que pueda juzgar y ver los puertos, bahías, barras de ríos caudalosos que entran en la mar, de manera que los que fueren capaces de navíos los ha de sondar y si fueren convenientes, habéis de entrar en

ellos y en el inter que la lancha hiciere esta diligencia la habéis de esperar surto, si la costa diere lugar, o mar al través.

6. Todas las veces que entréis en puerto o enviéis a reconocerle, no queriendo ir por vuestra persona si os pareciere que por algún caso no conviene, enviaréis una de las personas de más satisfacción de las que van con vos o con el capitán Toribio Gómez, con gente bastante en la lancha o chalupa que lleváis, así para que salgan a reconocer, como para que cualquiera de estos bajeles quede suficientemente tripulado para en cualquier caso que se le pueda ofrecer, y habéis de llevar advertido que lo que se ha de reconocer es con la sonda la entrada y fondo del dicho puerto o barra, diciendo en la relación la calidad que el dicho fondo tuviese, si es lama, arena, piedra u otro género diferente, lo cual, como sabéis, se ve luego en el sebo que lleva el escandallo y plomo que lleva la dicha sonda, la distancia que hay desde la tierra a la parte por donde se ha de ir entrando, a cuáles de las costas del dicho puerto o barras se ha de arrimar el navío, todo con tan gran calidad que con sólo un tanto de las relaciones que se trajeren pueda entrar cualquier marinero, habiendo entrado dentro del dicho puerto haréis reconocer donde tenga agua, leña, lastre y el sitio del dicho puerto, demarcándole y toda la costa.

[*Fol. 2*] 7. Todos los días habéis de hacer pesar el sol y a las noches la estrella para ir precisos en lo que se navegare y, desde el día que hiciéreis vela del puerto de Acapulco hasta que Dios os vuelva a él, habéis de hacer escribir lo que aquel día anduvisteis, a qué rumbo, y si lo mudasteis, cuántas horas a cada uno, y con qué tiempos, con todos los puntos que al caso que vais parecieren convenientes, haciendo la demarcación de las costas y haciendo poner las señales de las tierras, lo cual se ha de hacer en vuestro navío y en el del capitán Toribio Gómez por los pilotos y sus ayudantes.

8. Y para que lo referido en estos capítulos se haga lo más perfectamente que sea posible, informado de larga experiencia que tiene de mar el capitán Gerónimo Martínez Palacios, y de la inteligencia que tiene de matemáticas y de la buena mano que tienen las perspectivas que hace y de cuán práctico es en hacer cartas de marcar generales y particulares e informado por lo que Su Majestad me encargó cerca de su persona y de personas prácticas en las cosas de la mar, le nombro cosmógrafo de esta jornada, a cuyo particular cuidado va la demarcación de las costas, ensenadas, bahías, puertos y barras de la dicha costa y de traer con gran puntualidad las perspectivas de todo y así os mando que el tiempo que hubiere menester para traer hecho esto en cualquier puerto tan precisamente como conviene se le deis y si, por haber reconocido algún puerto estando muy en tierra, tuviere necesidad de la lancha para demarcarle y poner sus señales de mar en fuera, se la deis porque como está dicho, lo que es demarcación, altura, señas y sonda y perspectiva para la más fácil inteligencia va a su cargo, escuchando los pilotos de vuestro navío y del capitán Toribio Gómez para que, como personas de mar, hagan en este caso lo que les toca, así en altura como en demarcar la tierra y arrumbar la entrada y salida en los dichos puertos, según la capacidad y talento de cada uno.

9. Todo lo dicho en el capítulo antes de este haréis en todos los

puertos que los dichos pilotos lo confieran y traten y apuren, en vuestra presencia y la del capitán Toribio Gómez y capitán Gerónimo Martínez, cosmógrafo y que se ponga por escrito, para que a la vuelta no haya diferencia de pareceres, sino la claridad necesaria para la inteligencia de lo que se pretende y, si acaso hubiere en alguna cosa sustancial diversidad entre las dichas personas, se escribirá lo uno y lo otro con las razones que dieren para su parecer.

10.   Y porque la voluntad de Su Majestad es reconocer y demarcar los puertos del cabo de San Lucas al cabo Mendocino os mando que no enviéis ni consintáis entrar en ningún puerto gente tierra dentro, en busca de indios, ni a saber si los hay, porque para el negocio e intento principal no es necesario.

11.   Si viéreis muchos indios, y si os vinieren de paz y amigables, advertiréis a estar siempre con cuidado y vigilancia conveniente, procurando reconocer a lo que vais sin alborotos y sin dar ocasión a hacer [*Fol. 2 v.*] agravio a ningún indio y, si por caso entráreis en algún puerto importante en cuya playa veáis gente, siempre procuraréis por los medios más convenientes y de menos ocasión de guerra, hacer un reconocimiento y en estos casos siempre juntaréis a consejo los capitanes y demás personas que en los casos de guerra os he ordenado y conforme al caso presente lo que debéis hacer y ejecutar.

12.   Acaece muchas veces que, estando surto con buen tiempo en algún puerto, no se advierte que el viento está descubierto, y, si el viento que viene por travesía es de los que en la dicha costa suelen ser impetuosos, lo haréis advertir y considerar, porque de ninguna cosa dejéis de traer la noticia conveniente para lo de adelante.

13.   En los puertos que entraréis y por las costas por donde habéis de navegar, procuraréis de camino entender y saber si son pesquerías de perlas, señalando y diciendo el fondo en que se pescan, por la utilidad que se podría tener en lo de adelante, no gastando en esto el tiempo que para el efecto principal os podría ser de mucho provecho, y muy gran peligro y daño el consumirle en caso semejante, por que no conviene que esto sea sino muy accesorio.

14.   Dos chinchorros mandé que se hicieren y enviasen al puerto de Acapulco para que el factor que allí reside los entregue a los maestres de vuestro navío y del de el capitán Toribio Gómez, a cada uno el suyo, así porque en reconocimientos y descubrimientos semejantes acaece por diversos casos ser muy útiles para pesquerías y sustentar la gente con ellos sin necesidad, como por ser informado [de qué modo] son los puertos y costas que reconociereis y descubriereis, [si] hay pescado para todo el socorro de los navíos que llegaren a ellos, para que les sea notorio de aquí adelante y le tengan entendido.

15.   En la parte que reconociéreis puerto, y donde fuéreis entrando, iréis advirtiendo hasta qué parte del que se lleva la proa al norte o al nordeste o a el rumbo que se entrare, demarcando por la tierra alguna señal conocida, para que se diga que en tal puerto se fue entrando a tal rumbo, yendo señalando siempre el fondo que tiene y la tierra señalada donde es demora, con todos los puntos particulares que los buenos pilotos suelen y acostumbran hacer y guardar entrando en una barra para su seguridad, procurando siempre hacer demarcación de

los dichos puertos de mar fuera arrumbándolos con alguna tierra conocida, para que, estando con ella norte, sur o noroeste, sudeste o de otra manera como demorare la dicha parte de tierra conocida, se pueda acometer y buscar el dicho puerto y procurar que los puertos que tuvieren nombre en la carta de marear no se les mude, y al que no lo tuviere ponérsele del santo de vuestra devoción o de la gente que va con vos.

[*Fol. 3*]   16.   Y para que desde el cabo de San Lucas hasta el cabo Mendocino se vaya poniendo la tierra precisamente como corre, señalando los cabos, puntos y ensenadas que hace y mandado que el capitán Gerónimo Martínez, cosmógrafo y piloto se le den los pergaminos necesarios para que él los entregue, lineados, a los pilotos y sus ayudantes para que vayan señalando todo lo que fueren viendo muy precisamente, y porque en todas las partes que hubiere puertos, barras u otro cualquier género de abrigo señalen todo lo que vieren y si hubiere arrecife u otro bajo, éste tan conocido con las demás calidades necesarias cuanto conviene para la seguridad de los que lo hubieren de buscar y en las Juntas que para conferir esto se hicieren, lo dejarán puesto en sus cartones con gran claridad para excusar la confusión, a lo cual ayudará mucho la presencia del capitán Gerónimo Martínez, el cual procurará instruirlos para que cuando vuelvan vengan muy prácticos en todo.

17.   Todas las veces que los tiempos os obligaren a perder viaje y por ser forzosos arribáreis o fuéreis la vuelta de la mar, habéis de llevar muy comunicado, y los pilotos muy entendido, que, del lugar y punto donde el tiempo os obligare a no pasar adelante con vuestro descubrimiento, habéis de volver a reconocer el propio lugar para, desde él, volver a continuar vuestro descubrimiento y reconocimiento, porque no ha de haber cosa sustancial desde el cabo de San Lucas hasta el cabo Mendocino que no lo habéis de ver y reconocer.

18.   Por que os mando, en el capítulo quinto de esta orden e instrucción que desde el cabo de San Lucas vais reconociendo y costeando la tierra hasta el Mendocino, ordeno y mando que si los tiempos no os ayudaren y a las personas del consejo de mar pareciere hacer la navegación a la ida de mar en fuera, lo que a todo o la mayor parte pareciere ejecutaréis, advirtiendo que en sólo este caso, no siendo todos de un parecer, esperaréis con el primer acuerdo otros tres o cuatro días a ver si los tiempos con conjunción o posición o con cuarto de luna se mudaren y os dejaren hacer vuestro descubrimiento y, no terciándoos bien los tiempos, volveréis a juntar consejo y lo que en este segundo se resolviere por la mayor parte, eso ejecutaréis.

19.   Por que podría suceder que, yendo haciendo el descubrimiento, entráreis en alguna gran bahía que tuviese muchas leguas y en ellas muchas bocas de esteros que, para solo reconocerla, fuere menester mucho tiempo, os ordeno y mando que en ninguna bahía que entréis hagáis más de reconocer la entrada y algún puerto abrigado en que haya agua y leña y con la lancha daréis una vista, sin gastar más tiempo del que el capitán Gerónimo Martínez, cosmógrafo y piloto, hubiere menester para la demarcación de la boca y entrada de la dicha bahía y puerto que en ella hallaréis, y, habiéndose hecho esto con los

demás reconocimientos forzosos, seguiréis vuestro viaje sin gastar tiempo en casos semejantes, procurando siempre tenerlo para lo principal.

[*Fol. 3 v.*] 20.   Las islas que toparéis y bajos que descubriéreis haréis demarcar y poner con gran puntualidad en sus alturas, arrumbándola con la tierra firme, bojando y midiendo y reconociendo las dichas islas para ver y saber qué puertos y comodidades tienen, salvo en casos que la isla sea tan grande que parezca estorbo y para vuestro viaje que, entonces como a la ida, habéis de ir por la banda del norte de ella, podréis reconocerla por la parte que pasáreis y a la vuelta la reconoceréis por la otra banda, con que se habrá hecho el efecto conveniente.

21.   Con particular cuidado he mandado proveer bastimentos para este descubrimiento de manera que en cantidad y bondad vais muy seguro de que lleváis con abundancia lo necesario y aunque lleváis orden de la distribución como la darán a los maestres los oficiales reales de Acapulco, todavía os encargo miréis mucho en llevar bien puestos y acomodados los dichos bastimentos y en la distribución de ellos, en la cual os habéis de gobernar como los dichos tiempos os terciaren y os fuereis poniendo en ejecución el descubrimiento a que vais, mirando siempre a una moderación con que no se aflija la gente, sino que se conozca que es buen gobierno y advertencia para que no les falte y confío de vuestra experiencia y buen talento que miraréis esto como conviene.

22.   La orden que lleváis precisa es que habéis de descubrir, reconocer, sondar y demarcar, desde el cabo de San Lucas hasta el cabo Mendocino todos los puertos, barras, bahías y ensenadas, cabos y puntas que hubiere sin que de ninguna cosa sustancial de éstas dejéis de traer la claridad conveniente, y porque en algunas Juntas que he hecho de personas de práctica y experiencia, ha parecido que conviene que si reconocido y descubierto el cabo Mendocino tuviéseis razonable tiempo, y no muy contrario, ni que por hacer fuerza pongáis en condición romper árboles o desaparejaros, haréis razonable diligencia para reconocer hasta el cabo Blanco que está en cuarenta y cuatro grados, y si como costa no conocida ni vista no estuviere cierta en la carta y la costa, desde el cabo Mendocino al cabo Blanco corriese la vuelta del oeste, reconozcáis hasta cien leguas no más y habiéndolas reconocido, aunque los tiempos os sean favorable, no pasaréis adelante, sino de allí daréis la vuelta al cabo de San Lucas.

23.   Si habiendo llegado al cabo de San Lucas y hecho el descubrimiento que lleváis a vuestro cargo os terciaren los tiempos y no lo fuere [*Fol. 4*] de norte y teniendo bastimentos para poder acometer la entrada de California, lo haréis costeando la tierra del cabo y reconociendo los puertos y ensenadas que hace la mar desde el cabo de San Lucas y entrando por la dicha boca y salidas hasta el puerto de la Navidad, salvo si los vendavales no se fueren acabando que, en tal caso, os valdréis de ir entrando, hasta donde el tiempo os diere lugar, iréis considerando la calidad de la tierra y templanza de ella y la gente que viéreis de que tengo mucha noticia si es vestida, o qué muestra hace de cantidad y calidad, hasta llegar a 37 grados o cuando mucho a 38, si antes la mar no hubiéreis dado muestra por diez o doce leguas de que va volviendo la vuelta del este o del sureste o la vuelta del oeste a del

de sureste que, en tal caso, en cualquiera parte que reconociéreis esto os volveréis arrimandoos a la costa de la Navidad y Salagua y reconociéndola toda hasta los puertos conocidos de esta Nueva España.

24. Si en este descubrimiento y navegación tuviéreis eclipses de sol o luna observaréis a qué hora empezó el dicho eclipse y por qué podría acaecer que, no estando advertidos de que le ha de haber, se pase el punto del principio del dicho eclipse, observaréis puntualmente la hora en que se acabó y la altura en que estábais cuando lo vísteis.

25. En la buena correspondencia, conformidad y amor consiste de ordinario el acertamiento de las cosas y, para que os suceda muy bien, os encargo que a todos tratéis y estiméis conforme al lugar que llevan y que tengáis con ellos muy amigable correspondencia, regalando y favoreciendo muy particularmente a los que viéreis que sirven y trabajan cuidadosamente, regalando y haciendo curar con particular cuidado los enfermos, honrando, estimando y respetando y acomodando bien los religiosos que van con vos de Nuestra Señora del Carmen y que lo propio procuréis que hagan entre sí todas las personas que van en esta jornada, poniendo todos los medios necesarios hasta si por disgustos o diferencias conviene mudar persona o personas de las que van señaladas para ir con vos o con el dicho capitán Toribio Gómez, de un navío a otro, poniendo siempre una en lugar de otra. Y si por caso faltáreis, mando que esta instrucción y [Fol. 4 v.] orden se entienda asimismo con la persona que sucediere en vuestro lugar para que la tal persona la guarde y ejecute.

Y de esta instrucción y orden mando se dé otro tanto al capitán Toribio Gómez y, por falta suya, a la persona que fuere en su lugar. Fecha en México a diez y ocho días del mes de marzo de mil seiscientos dos años.—El Conde de Monte-Rey.—Por mandado del Virrey, Min. López de Gaona.

«Sacada de un libro de los de la gobernación. Corregido».

D. de Campos
[Rubricado]

[Fols. 5 y 5 v., en blanco].

Actas hechas por el escribano Diego de Santiago de las Juntas celebradas por los capitanes, pilotos y cosmógrafo, durante la segunda navegación de Sebastián Vizcaíno a California (1602)

Archivo General de Indias.
Audiencia de México. Leg. 372.

[*Fols. 1-20 v.*]

En el navío nombrado *San Diego* de Su Majestad que va por Capitana al nuevo descubrimiento de los puertos y bahías y ensenadas de la Costa de la Mar del Sur, desde el cabo Mendocino al puerto de Acapulco, estando tanto avante, y en paraje del puerto de la Navidad en 20 días del mes de mayo de 1602 años, el general Sebastián Vizcaíno, a cuyo cargo y orden va la gente de mar y guerra y navíos del dicho descubrimiento por el Rey nuestro señor, dijo: que él trae orden, instrucción del Ilmo. señor Conde Monterrey, Virrey y Capitán General de la Nueva España, del modo y cómo se ha de hacer el dicho descubrimiento, y le manda entre otras cosas por la dicha orden haga algunas Juntas y Consejos de Mar y de Guerra, con las personas particulares prácticas que lleva consigo para mejor acierto del dicho descubrimiento, y poniendo en ejecución la dicha orden manda que luego se junten a Consejo de Mar en la dicha Capitana el capitán, cabo y almirante Toribio Gómez de Corban, y el capitán Gerónimo Martín, cosmógrafo del dicho descubrimiento, y el capitán Alonso Esteban Peguero, y alférez Pascual de Alarcón, y el alférez, cabo de lancha, Sebastián Meléndez, y el piloto mayor Francisco de Bolaños, y el piloto Juan Pascual, y el piloto y arráez Antonio Flores, y los acompañados de los dichos pilotos Esteban Rodríguez, y Baltasar de Armas, y Juan Sánchez, todos juntos cada uno diga lo que más bien conviniere al acierto y seguro viaje hasta el cabo de San Lucas, y la derrota que se ha de llevar, y las señas que se han de hacer de un navío a otro, para que se entiendan, así para socorrerse para las necesidades como para entenderse ser los mismos navíos que van el dicho viaje, porque si algún enemigo se metiese entre ellos sea conocido por la dicha seña, y, si nos diere algún tiempo que les obligare apartarse los unos navíos de los otros, en qué partes y parajes se han de esperar, qué días y tiempo conforme al tiempo que les dio cuando se apartaron, y cada uno de los susodichos digan su parecer claramente, sin tener más respeto, de que se haga, y se acierte el servicio de Dios, y de Su Majestad, y se consiga lo que se pretende, y de lo que se acordare acerca de lo susodicho se dé un tanto y traslado al capitán y almirante Toribio Gómez, y otro al alférez y cabo de lancha Sebastián Meléndez para que vayan advertidos lo que han de hacer y guardar en cualquier acontecimiento, y así lo mandó poner por auto, y lo firmó de su nombre.=Sebastián Vizcaíno. Ante mí.=Diego de Santiago, Escribano mayor.

En el dicho día, mes y año en la dicha nao Capitana *San Diego*, yo, el dicho Escribano, leí y notifiqué el auto de arriba al capitán y almirante Toribio Gómez de Corban, y al capitán Gerónimo Martín, cosmógrafo, y al capitán Alonso Esteban Peguero, y al alférez Pascual de Alarcón y el alférez Sebastián Meléndez, cabo de lancha, al piloto mayor Francisco de Bolaños, al piloto Juan Pascual, y a los acompañados de los dichos pilotos Esteban Rodríguez, y Baltasar de Armas, y Antonio Flórez, piloto de la lancha, y a Juan Sánchez su acompañado, habiéndoles leído el dicho auto de verbo ad verbum, en presencia del dicho general que los apercibió cada uno diga, y dé su parecer como por el dicho auto se les manda, los cuales dijeron que están prestos de guardar y cumplir lo contenido en el dicho auto, y dirán lo que Dios [*Fol. 1 v.*] les diere a entender ser más en servicio de Su Majestad, siendo testigos el alférez Francisco Suriano, y Juan de Ozes, y Antonio Luis, cabo de escuadra=Diego de Santiago, Escribano mayor.

En el dicho día, mes y año, en la dicha nao Capitana *San Diego* en presencia del dicho general y de mí el presente escribano, los dichos, capitán Toribio Gómez, Gerónimo Martín, cosmógrafo y el capitán Alonso Esteban Peguero, y el alférez Pascual Alarcón, y el alférez Sebastián Vizcaino Meléndez, digo, cabo de la lancha, y el piloto mayor Francisco de Bolaños, y el piloto Juan Pascual, y el piloto Antonio Flórez, y los acompañados de los dichos pilotos Esteban Rodríguez y Baltasar de Armas, y todos juntos, habiendo platicado lo que más conviene que se haga conforme lo propuesto por el dicho auto, y estando conformes dijeron: que la navegación más acertada para ir al cabo de San Lucas, y conforme a los tiempos que corren, y disposición de la costa se vaya perlongando la costa de aquí a las islas de Mazatlán, y si antes de llegar a las dichas islas sobreviniere algún tiempo de viento sureste se vaya a buscar las dichas islas, porque si se apartare alguno de los dichos navíos se junten en las dichas islas y si alguno de los dichos navíos llegare primero aguardará a los demás ocho días naturales desde la hora que llegaren, y si en este tiempo no hubieren llegado seguirá su viaje al cabo de San Lucas, y no hallando allí alguno de los dichos navíos aguardará otros ocho días naturales, y al cabo de ellos, en el árbol más cercano y más conocido, harán una cruz en la corteza de él, y dejará un escrito en bajo debajo de la arena al pie del árbol, advirtiendo lo que le ha sucedido y la derrota que lleva para que le sigan; y para lo que toca a la seña que se ha de hacer para que se entiendan los unos a los otros será que si la Capitana amainare por no dar vela, o por caso que le fuere forzoso, además del farol de la popa pondrá otro en la proa, y lo mismo hará la Almiranta y la Lancha en los casos que se les ofreciere, y si de noche virare la Capitana de otra vuelta pondrá una linterna en la gavia. Si alguno de los dichos navíos descubriere algún navío, para que los demás lo entiendan amainará tres veces la vela de gavia por señal, y si estuviere de barlovento arribará sobre los compañeros, y estando a sotavento arribarán los compañeros que le vieren hacer la señal, y si alguno de los dichos navíos topare con algún bajo de noche capeará con un estrenque encendido hasta que les respondan, y esto dieron por sus pareceres, y lo firmaron. = Sebastián Vizcaíno. = Toribio Gómez de Corbán. = Pascual de Alarcón. = Gerónimo Martín. = Francisco Bolaños. = Juan Pascual. Antonio Flórez. = Esteban Rodríguez. = Sebastián Meléndez y Pacheco. Baltasar Armas. = Ante mí. = Diego de Santiago, Escribano mayor.

Recibí yo el capitán y almirante del general Sebastián Vizcaíno un traslado autorizado del parecer de los capitanes, alférez y pilotos de la [*Fol. 2*] hoja antes de esta, y guardaré y cumpliré lo en él contenido, lo firmé de mi nombre siendo testigos Juan de Hoz, y el cabo de escuadra Antonio Luis, y Juan de Medina: Hecho en el galeón *San Diego* a veintidós de mayo de 1602 años. = Yo el escribano doy fe que conozco al otorgante. = Toribio Gómez de Corbán. = Ante mí Diego de Santiago, Escribano mayor.

Recibí yo, el alférez Sebastián Meléndez, cabo de lancha del general Sebastián Vizcaíno un traslado autorizado del parecer de los capitanes, alférez y pilotos de la hoja antes de ésta, y guardaré y cumpliré lo en él contenido, y lo firmé de mi nombre, siendo testigos Juan de Hoz y el cabo de escuadra Antonio Luis, y Juan de Medina. Hecho en el galeón *San Diego* a 22 de mayo de 1602 años. Yo el escribano doy fe que conozco al otorgante. = Sebastián Meléndez. = Ante mí. = Diego de Santiago, Escribano mayor.

Auto.—En el cabo de San Lucas, y bahía de San Bernabé, costa de la Mar del Sur, estando en la playa de ella a 15 días del mes de junio de 1602 años el general Sebastián Vizcaíno, a cuyo cargo y orden va la gente de mar y guerra del nuevo descubrimiento de los puertos y bahías, ensenadas de la costa de la Mar del Sur desde el cabo Mendocino al puerto de Acapulco por Su Majestad, dijo: que en conformidad de la orden e instrucción que trae del Ilmo. Conde de Monterrey, Virrey y Capitán General de la Nueva España, le manda haga juntas de mar y guerra en las ocasiones y parajes que más convenga al buen acierto del dicho descubrimiento, y porque en el puerto de la Navidad hizo consulta del modo que se había de tener en la navegación hasta el dicho paraje, y ahora conviene al servicio de Su Majestad se haga junta con los dichos almirantes, capitanes, y piloto y acompañados, todos juntos se acuerde y determine la orden que se ha de tener desde aquí al cabo Mendocino, por la presente manda al dicho almirante, y al capitán y cosmógrafo, y a los demás capitanes, y pilotos y acompañados que mañana domingo a las tres de la tarde se junten todos con el dicho general en la plaza y sitio donde se dice misa, para que allí se acuerde lo que se ha de hacer en la dicha navegación, y así lo mandó poner por auto, y lo firmó de su nombre. = Sebastián Vizcaino. = Ante mí. = Diego de Santiago, Escribano mayor.

Notificación en el dicho día, mes y año, yo, el dicho escribano abajo escrito, leí y notifiqué el auto de esta otra hoja de enfrente al capitán y almirante, y cabo Toribio Gómez de Corban, y al capitán y cosmógrafo Gerónimo Martín, al capitán Alonso Esteban Peguero, y al alférez Pascual de Alarcón, y al alférez y cabo de lancha, Sebastián Meléndez, y al piloto mayor Francisco de Bolaños, y los demás pilotos y acompañados Juan Pascual y Esteban Rodríguez, y Baltasar de Armas, y Antón Flórez, piloto y arráez de la Lancha, y dijeron que están prestos de acudir a la hora que se les manda, y esto dieron por respuesta, siendo testigos Gregorio de Santa María, Antonio Ollero, y Esteban López. Fecha en el cabo de San Lucas a 15 de junio de 1602 años. = Gerónimo Martín. = Alonso Esteban Peguero. = Juan Pascual. = Baltasar Armas. = Francisco Bolaños. = Esteban Rodríguez. = Antonio Flores. = Pascual de Alarcón y Pacheco. = Toribio Gómez de Corban. = Ante mí. = Diego de Santiago.

Consejo.—En la bahía de San Bernabé, cabo de San Lucas, se hizo junta en conformidad del auto de arriba con las personas en él declaradas, y habiendo platicado la orden que se ha de tener en la navegación [Fol. 2 v.] desde este dicho paraje hasta las islas de Cerros (o de Cedros), fue acordado entre todos: que se salga de esta bahía en habiendo conjunción la luna, por el tiempo estar muy cargado de vientos noroestes, que son muy contrarios para la navegación que se va a hacer, en habiendo la luna, que será Dios servido entre con tiempos favorables, se hará el dicho descubrimiento perlongando la costa y descubriendo todas las bahías y puertos que tuviere, advirtiendo que por no ser conocidos, no entre la Capitana y el almirante en ellos, sin que primero entre la lancha, y lo sonde con algún barco, y si antes de llegar a la dicha isla de Cerros sobreviniere a algún viento sueste que venga con tanta furia y cerrazón de que no puedan ir todos los navíos en conserva, se irán a las dichas islas de Cerros a esperar, y allí esperará el que llegare primero a los demás, y si acaso diese tiempo noroeste que les obligase a tornar arribar, lo han de hacer al puerto más capaz que se descubriere y estuviere más cerca, y no hallando puertos, y siendo el tiempo mucho la harían a esta bahía de cabo de San Lucas a donde se esperan los unos a los otros, y porque conviene mucho al servicio de Su Majestad, y al buen acierto de este viaje. Que si la lancha llegare a algún Puerto o Bahía no salte en tierra gente ninguna hasta haber llegado el almirante o Capitana, y cuando se hubiere de saltar en tierra con copia de treinta hombres para arriba, bien armados, y los más, prestos en sus arcabuces, y con cabeza y caudillo que los gobiernen, y no salgan de la orden que llevaren pena de la vida, porque la gente que hay en esta tierra es mucha, y si por algún descuido matasen alguno de los nuestros sería dar mucho brío a los indios y atrevimiento y a otras cosas mayores: asimismo a los indios que vinieren de paz se les haga buen tratamiento sin los tomar por fuerza cosa ninguna, sino antes regalarles y darles de lo que se lleva, para de enemigos hacerlos amigos, viviendo siempre con cuidado y recato, y si los indios trajeren algo de presente ningún soldado sea osado a recibirlo, sino el que fuere por cabeza de ellos, porque si conviniere corresponderle con otro se sepa; y esto dieron por parecer y lo firmaron juntamente con el general. Hecho en la bahía de San Bernabé, cabo de San Lucas, a 17 días del mes de junio de 1602 años. = Sebastián Vizcaíno. = Toribio Gómez de Corban. = Francisco de Bolaños. = Pascual de Alarcón Pacheco. = Alonso Esteban Peguero. = Gerónimo Martín. = Juan de Azevedo. = Francisco Bolaños. = Esteban Rodríguez. = Antonio Flórez. = Juan Francisco Suriano. = Juan Pascual. = Baltasar Armas. = Ante mí. = Diego de Santiago, Escribano mayor.

En el dicho navío *San Diego,* surto en la bahía San Bernabé en 27 días del mes de junio de 1602 años, el general Sebastián Vizcaíno dijo: que él llegó [*Fol. 3*] a esta dicha bahía a 11 días de este dicho mes con la armada de Su Majestad que va al descubrimiento al cabo Mendocino, y ha salido de este dicho paraje dos veces en seguimiento de su viaje, y arribado por ser los vientos contrarios de vientos oestes, y oesnoroestes, y el tiempo va corriendo, y su intento es cumplir con la orden que trae, que es ir al cabo Mendocino con la mayor brevedad que se pueda, y para que esto se haga, pues no da lugar el tiempo de legua de costa se salga, y se enmaren la vuelta de la mar a buscar tiempos que sean favorables para ir al dicho cabo y hacer el dicho viaje más en servicio de Su Majestad y brevedad, para que se acierte bien, mandó que el almirante Toribio Gómez, y el capitán Gerónimo Martín, cosmógrafo, y el piloto mayor Francisco Bolaños, y los demás pilotos y acompañados de pilotos del dicho viaje, digan lo que más conviene, acerca de la dicha navegación, y lo que entre ellos se acordare se consiga, y así lo mandó poner por auto y firmó de su nombre. = Sebastián Vizcaino. = Ante mí. = Diego de Santiago, Escribano mayor.

En el dicho día, mes y año, yo el dicho escribano, estando en la dicha nao en presencia del dicho general los dichos almirante y capitán, y pilotos, habiendo leído el auto de arriba, y entendido dijeron: que atento que han salido dos veces en seguimiento del dicho viaje y los tiempos por ser contrarios les han hecho arribar a este dicho paraje, y la última vez con dificultad se tomó, son de parecer, de que no se salga a la mar, sino que en este paraje se espere tiempo nuevo, pues se esperan los suestes por momentos, y si saliese a la mar, y el tiempo que está entablado durare le haría arribar a la Nueva España, y se pondría en contingencia de no hacer el viaje, y así se aguardará a la oposición de la luna, o al primer tiempo que nos diere favorable, sin que se pierda tiempo ni ocasión para ir adelante, y esto dieron por sus respuestas, y lo firmaron. = Gerónimo Martín. = Francisco Bolaños. = Toribio Gómez de Corban. = Juan Pascual. = Antonio Flores. = Esteban Rodríguez. = Ante mí. = Diego de Santiago, Escribano mayor.

En el dicho día a las 6 de la tarde estando en la dicha nao Capitana, el dicho general y almirante y capitán Gerónimo Martín, cosmógrafo y piloto mayor y los demás pilotos y acompañados, dijeron, que no embargante que hoy dicho día dieron parecer, que es el de arriba, de que no saliese a la mar hasta haber tiempo nuevo, u oposición de luna, y atento que después de haber hecho el auto y parecer, ha habido mudanza de tiempos [*Fol. 3 v.*] suestes les parece se hagan a la mar junto al cabo, porque si cargare el dicho viento se consiga el dicho viaje, porque si nos coge en este puerto no se puede salir con él, y lo firmaron Toribio Gómez de Corban. = Gerónimo Martín. = Francisco Bolaños. = Juan Pascual. = Esteban Rodríguez. = Ante mí. = Diego de Santiago, Escribano mayor.

En el navío *San Diego* de Su Majestad que va por Capitana al nuevo descubrimiento de los puertos de la Mar del Sur, estando en paraje de 26 grados y un cuarto según declararon el cosmógrafo Gerónimo Martín, y el piloto mayor Francisco de Bolaños, y el piloto y acompañado Esteban Rodríguez, y el piloto de la lancha los *Tres Reyes*, Antón Flores, y estando de la costa como dos leguas, pareció haber una abra y ensenada a modo de puerto, a los cuales en nombre de Su Majestad les requirió el general Sebastián Vizcaíno digan si conviene que se tome la dicha bahía y se sonde y vea lo que hay en ella, y se busque si hay agua dulce, por llevar mucha falta de ella, por no haber hallado en los puertos de atrás, y si el almirante está en la dicha bahía porque hay más de catorce días que falta, y así lo proveyó y firmó en 2 de agosto de 1602 años. Sebastián Vizcaíno. Ante mí. Diego de Santiago, Escribano mayor.

En el dicho día, mes y año yo el dicho escribano leí y notifiqué a los dichos cosmógrafo, Gerónimo Martín, y al piloto mayor, Francisco de Bolaños, y Esteban Rodríguez, acompañado de piloto, y Antón Flores el auto de arriba, y dijeron: que con la lancha se vayan a reconocer la bahía y puerto que muestra, y si fuere capaz y tuviere agua dulce entre en él la Capitana, y hasta que sepa se ande una vuelta y de otra; y esto dieron por su parecer y lo firmaron siendo testigos el alférez Alarcón, y el sargento Francisco Benítez y Juan de Hoz. = Gerónimo Martín. = Francisco Bolaños. = Esteban Rodríguez. = Ante mí Diego de Santiago. Fue a reconocer lo contenido en los autos de arriba en la lancha, y no se halló puerto capaz para entrar en él.

En la nao *San Diego* de Su Majestad que va por Capitana al nuevo descubrimiento de los puertos y bahías y ensenadas de la costa de la Mar del Sur desde el puerto de Acapulco hasta el cabo Mendocino en dos días del mes de septiembre de 1602 años, estando surto en la altura de 29 grados en una tierra que parece isla, el general Sebastián Vizcaíno, a cuyo cargo va la gente de mar y guerra, bajeles del dicho descubrimiento, llamó a Consejo y Junta a la dicha Capitana, al capitán, cabo y almirante Toribio Gómez de Corban, y al capitán y cosmógrafo mayor Gerónimo Martín de Palacios, y al capitán Alonso Esteban Peguero, y al alférez Pascual Alarcón, y al alférez Juan Francisco Suriano, y al piloto mayor Francisco de Bolaños, [*Fol. 4*] y alférez y cabo de lancha, Sebastián Meléndez, y al piloto Juan Pascual, de la Almiranta, y al piloto Antón Flores de la dicha lancha, y a los acompañados de pilotos Esteban Rodríguez, y Baltasar de Armas, y todos juntos les propuso y dijo, que Su Merced ha llegado a este dicho paraje, aunque con mucho trabajo por haber sido siempre los vientos contrarios, y en desfavor las corrientes, y que esta tierra que ha descubierto parece estar apartada de la tierra firme, y la muestra apartada de la tierra, no siendo isla de grande ensenada, y para que se sepa y se descubra todo como Su Señoría el señor Virrey lo manda, mandó a los susodichos den su parecer de lo que más conviene que se haga al servicio de Su Majestad, y habiéndole entendido dijeron que lo que conviene que se haga, que luego se bogue con la lancha y chalupa, y que vaya el dicho capitán y cosmógrafo mayor Gerónimo Martín de Palacios en compañía del alférez Sebastián Meléndez cabo de lancha, y el piloto Antón Flores, y boguen y sondeen la dicha tierra, como se tarden más tiempo de siete u ocho días, dejando arbitrio para que los susodichos hagan Junta en todo acontecimiento de lo que más conviene que se haga, y que tan en tanto se hagan agua y leña para la Capitana, y Almiranta, y Lancha, y estén aprestadas para que vueltos sean se consigan el viaje, y esto dieron por parecer, y lo firmaron juntamente con el general. = Sebastián Vizcaíno. = Toribio Gómez de Corban. = Gerónimo Martín. Alonso Esteban Peguero. = Pascual de Alarcón y Pacheco. = Francisco Bolaños. = Sebastián Meléndez. = Juan de Azevedo y Tejada. = Juan Francisco Suriano. = Martín de Aguilar. = Juan Pascual. = Baltasar Armas. = Antonio Flores. = Esteban Rodríguez. = Ante mí, Diego de Santiago, Escribano mayor.

En la dicha Capitana en 3 días del dicho mes de septiembre de dicho año el dicho general hizo Junta con el dicho almirante Toribio Gómez, y el capitán Alonso Esteban Peguero, y el alférez Pascual de Alarcón y el alférez Juan de Azevedo y Tejada, Martín de Aguilar, y les propuso, si convenía al servicio de Su Majestad que la tierra junto a donde está surto que parece isla se entre por ella con algunos arcabuces, para que se descubra por tierra y se sepa si en ella hay cantidad de indios, y qué gente es, y su modo de vivir, y qué bastimentos tienen, y si hay algún río de agua dulce, o algún monte con árboles, para que si algún Navío de los que por este paraje pasan de los que vienen de las islas Filipinas sepan lo que hay en la dicha tierra, y si trugeren necesidad la rediman; y habiéndolo practicado y entendido fueron todos juntos de parecer que se entre en la dicha tierra con 20 arcabuceros, y se sepa lo que en ella hay, y lleve [*Fol. 4 v.*] orden de estar tres días, y que si topare indios no se les haga agravio ni vejación, y si buenamente se pudiere traer algunos se traigan para regalarles y darles a entender que no venimos hacerles mal ninguno, y a ello puede ir el alférez Juan Francisco Escribano, y el sargento Miguel de Lagar, atento que el capitán Alonso Esteban Peguero y el alférez Pascual de Alarcón están ocupados en el despacho del capitán, y almirante, y esto dieron por sus pareceres y lo firmaron de sus nombres juntamente con el dicho general Sebastián Vizcaíno. = Toribio Gómez de Corban. = Gerónimo Martín. = Alonso Esteban Peguero. = Pascual de Alarcón y Pacheco. = Martín de Aguilar Galeote. = Juan Azevedo. = Ante mí, Diego de Santiago, Escribano mayor.

En el navío *San Diego* de Su Majestad surto cerca de una isla de Cerros en 9 días del mes de septiembre de 1602 años, el general Sebastián Vizcaíno a cuyo cargo y orden va la gente de mar y guerra y bajeles de los puertos y ensenadas de la costa de la Mar del Sur hasta el cabo Mendocino, dijo: que Su Merced ha llegado a este dicho paraje, aunque con mucho trabajo y falta de agua y leña a donde la ha hallado en abundancia, y ha proveído a la armada de ella, y hallado al navío *San to Tomás* Almiranta, y están todos los navíos juntos, y para que vayan

en conserva de aquí adelante lo que resta por descubrir, y el modo que
se ha de tener en la navegación, y por qué derrota se ha de ir, y las diligencias que se han de hacer para que se cumpla el intento de Su Majestad, que es que se descubra todo y se lleve entera relación como se
lo manda por su instrucción, y para que se cumpla y ejecute, mandaba
y mandó se haga luego consejo de mar con el dicho almirante Toribio
Gómez de Corban, y con el capitán y cosmógrafo Gerónimo Martín, y
con el piloto mayor Francisco de Bolaños, y con los pilotos Juan Pascual y Antón Flores y sus acompañados Esteban Rodríguez y Baltasar
de Armas; y estando todos juntos en la Capitana les mandó que cada
uno diga lo que más conviene al buen acierto del dicho viaje, y al servicio de Su Majestad; y habiéndolo entendido y platicado, dijeron: que
les parece que todos los dichos tres navíos vayan en conserva esperándose los unos a los otros, procurando que no se aparten, y que se vaya
[*Fol. 5*] haciendo la navegación de luengo la costa como se ha hecho
hasta aquí descubriendo todo lo que el tiempo les diere lugar; y si yendo navegando sobreviniere algún tiempo de viento Sureste que obligue
a correr, y sea con tanta fuerza y cerrazón que se aparte, el un navío
de los otros, se podrán ir a esparar a la isla de Cenisas, o a otra cualquier isla o puerto que se hallare a barlovento, y si diere algún tiempo
de viento Noroeste recio que obligue arribar se podrá volver a este
dicho paraje, o al puerto que se hubiere descubierto más a barlovento
a donde se esperará el uno a los otros, siendo en este puerto ocho días,
y siendo en los de Barlovento doce, y si en este tiempo se hubieren
juntado irán siguiendo su viaje al cabo Mendocino, haciendo diligencia
en buscarnos en la costa los unos a los otros, y esto dieron por su parecer, y lo firmaron juntamente con el general.=Sebastián Vizcaíno.=Toribio Gómez de Corban.=Gerónimo Martín.=Francisco Bolaños.=Pascual de Alarcón Pacheco.=Juan Pascual.=Antonio Flores.=
Esteban Rodríguez.=Baltasar Armas.=Ante mí.=Diego de Santiago,
Escribano mayor.

En el navío *San Diego* de Su Majestad que va por Capitana al nuevo
descubrimiento de los puertos y bahías, y ensenadas de las costas de
la Mar del Sur desde el cabo Mendocino al puerto de Acapulco, el general Sebastián Vizcaíno a cuyo cargo y orden va la gente de mar y
guerra, y bajeles del dicho descubrimiento, dijo que en 9 días de este
presente mes y año estando surto en una isla que dijeron el cosmógrafo y pilotos ser la de Cerros, donde hizo consulta con el almirante
Toribio Gómez, y con el dicho cosmógrafo, piloto mayor, pilotos y
acompañados, del modo y como se había de hacer la navegación y descubrimiento que restaba hasta el cabo Mendocino, fue acordado, como
parece por la Junta antes de ésta, de que se fuese perlongando la costa
hasta isla de Cenisas haciendo diligencia de buscar puertos, ensenadas
y abrigos para que si sobreviniere algún tiempo de viento noroeste re-
parasen, y no hallándolo [*Fol. 5 v.*] se arribase a la dicha isla de Cerros;
y si por algún acontecimiento se apartase alguno de los navíos que no
les obligase arribar fuesen a islas de Cenisas a esperar a los compañeros, y en ella estuviesen esperando al que faltase, y porque hoy 30 del
dicho mes ha llegado Su Merced con la Capitana y Fragata a una isla
pequeña que está poco más de dos leguas de la Tierra Firme, según di-

jo el cosmógrafo y piloto mayor acompañado está desde isla de Cerros más de cuarenta leguas, y haciendo Junta con los susodichos, y proponiéndoles que si la dicha isla les parece ser la de Cenisas y ser capaz para poder dar fondo, y esperar la nao Almiranta que se desapartó con una cerrazón de neblina, domingo 22 de este dicho mes y año, que se hizo diligencia en buscarla barloventeando en el paraje que se apartó; dijo el dicho cosmógrafo que por mandato de Su Majestad fue en la fragata nombrada los *Tres Reyes* a demarcar y descubrir la costa, y viniendo haciendo la diligencia llegó a esa dicha isla, y dio fondo y saltó en tierra en ella y la vio toda con mucho cuidado y no halló puerto seguro, ni en ella agua dulce, ni cosa de consideración, sino antes alrededor de ella muchos bajos y gran reventazón del mar, y por las razones dichas le parece no conviene al servicio de Su Majestad se dé fondo en ella con la dicha Capitana por el riesgo que se corre, sino que se vaya haciendo diligencias por la costa a barlovento buscando puerto donde se pueda esperar la dicha Almiranta, y esto dio por su parecer, y el dicho piloto mayor y acompañado dijeron que atento que estaba tanto avante como la isla les parece ser muy pequeña y con muchos bajos, y reventazón de mar, se siga el parecer del dicho cosmógrafo que es el suyo, y lo firmaron; y visto por el dicho, Su Merced mandó se haga así, y que el dicho piloto mayor con mucho cuidado vaya haciendo diligencia en la dicha costa mirándola bien toda, buscando puerto donde poderse parar la dicha Almiranta y reparar algunas necesidades que esta Capitana tiene [*Fol. 6*] y lo firmó juntamente con los susodichos, que fue hecho en postrero del dicho mes de septiembre de 1602 años.=Sebastián Vizcaíno.=Gerónimo Martín.=Pascual de Alarcón Pacheco.=Francisco de Bolaños.=Alonso Esteban Peguero.=Esteban Rodríguez.=Ante mí.=Diego de Santiago, Escribano mayor.

En la dicha nao Capitana, martes 1.º de octubre del dicho año de 1602, estando asotaventados de la isla que en el auto de arriba hace mención, y viniendo cargado el viento noroeste, y el dicho capitán cosmógrafo, y el piloto mayor y acompañado, y el piloto Antón Flores que atento el viento iba arreciando que con riesgo se puede estar en la mar y sujetos a volver mucho atrás, y que Su Merced mande se arribe a una bahía que está seis leguas poco más de este paraje, donde se pueda reparar de este tiempo, y hacer alguna diligencia en busca del almirante, y en abonanzando, y abonando el tiempo se seguirá el viaje al cabo Mendocino, y lo firmaron, y visto por el señor general mandó al piloto mayor que arribe a la dicha bahía delante, y lo firmó juntamente con los susodichos.=Sebastián Vizcaíno.=Gerónimo Martín.=Pascual de Alarcón Pacheco.=Antonio Flores.=Francisco de Bolaños.=Esteban Rodríguez.=Ante mí. Diego de Santiago, Escribano mayor.

En la dicha nao Capitana *San Diego* surta en una bahía que se puso por nombre de Canoas, el primer día del mes de octubre de 1602 años, el general Sebastián Vizcaíno hizo Junta con el capitán Gerónimo Martín, y con el alférez Pascual de Alarcón, y con el alférez Juan Francisco Suriano, y con el alférez Sebastián Meléndez, cabo de lancha, y con el alférez Martín de Aguilar, y les propuso si convendría se saltasen en tierra y se hiciese diligencia en la playa, a donde echar el chinchorro, y viese mucha cantidad de indios que aparescían en unas rancherías, y se viese si había alguna agua dulce, y el cosmógrafo marcase la tierra, y todos juntos que convenía al servicio de Su Majestad y bien de la jornada, y para llevar más entera [*Fol. 6 v.*] relación de lo que la tierra tiene, y lo firmaron de sus nombres, y visto por el dicho general mandó echar la barca al agua, y se hiciese la diligencia susodicha, y lo firmó.=Sebastián Vizcaíno.=Gerónimo Martín.=Juan Francisco Suriano.=Pascual de Alarcón Pacheco.=Sebastián Meléndez.= Martín de Aguilar.=Ante mí.=Diego de Santiago, Escribano mayor.

En la dicha nao Capitana *San Diego* en 9 días del mes de octubre de 1602 años, estando cuatro leguas de Tierra Firme en paraje de 31 grados y medio según dijeron el cosmógrafo y piloto mayor y pilotos, se descubrió en la dicha tierra una boca o ensenada a la banda del nordeste que mostraba ser buen puerto, el general Sebastián Vizcaíno hizo Junta con el dicho cosmógrafo Gerónimo Martín y con el piloto mayor Francisco de Bolaños, y con su acompañado Esteban Rodríguez, y el piloto Antón Flores, hallándose presentes los alféreces Pascual de Alarcón, Juan Francisco Suriano y Martín de Aguilar, y les propuso si convenía que se fuese a reconocer la dicha boca o bahía para saber si en ella había algún puerto o abrigo a donde si sobreviniere el tiempo noroeste que de ordinario suele reinar en esta costa lo puedan reparar y no volver atrás, ni desandar lo andado, pues se hace con tanto trabajo, y todos juntos dijeron que convenía al servicio de Su Majestad, y al buen suceso de este descubrimiento de que se fuese a reconocer la dicha bahía, y que vaya a ello este capitán Gerónimo Martín, y de más de ver lo que hay en ella la podrá hondar y marcar como marinero y cosmógrafo que es, y que se embarque luego en la fragata los *Tres Reyes*, y haga la dicha diligencia con la brevedad posible; de manera que no se pierda tiempo para el dicho viaje, y que no salten en tierra por parecer hay en ella muchos indios, y esta orden llevan, y la firmaron, y visto por el dicho general mandó que luego se hiciese la dicha diligencia, y lo firmó de su nombre.=Sebastián Vizcaíno.=Gerónimo Martín. =Francisco Bolaños.=Esteban Rodríguez. [*Fol. 7*].=Ante mí.=Diego de Santiago, Escribano mayor.

En la dicha nao Capitana *San Diego* de Su Majestad en tres días del dicho mes de octubre de 1602 años, estando surta en una bahía grande en paraje de 32 grados escasos según dicen el cosmógrafo, piloto mayor; el general Sebastián Vizcaíno hizo Junta con el dicho cosmógrafo, piloto mayor, y pilotos acompañados, estando presentes el dicho Pascual de Alarcón, Juan Francisco Suriano, Martín de Aguilar, y les propuso si les convenía al servicio de Su Majestad de que se saltase en tierra y se descubriese una laguna grande que entraba a la tierra dentro, y todo se sondase y marcase y se buscase alguna leña que había necesidad, y respecto de que habían venido cantidad de indios a esta dicha Capitana, de paz, que se supiese la gente que era, y su modo de vivir y trato, para que de todo se llevase más entera relación a Su Majestad; habiéndolo platicado entre todos fue acordado, de que se saltase en tierra, y se reconociese la dicha laguna y tierra y se sondase todo, y se marcase, y se buscase agua y leña porque tenía mucha necesidad de ella y se viese qué cantidad de indios habría en la dicha laguna, y si había pueblos y su modo de vivir, y que con la dicha lancha se bojase la dicha ensenada y se buscase si había algún puerto o boca que entrase la dicha laguna por algunos esteros, y que esto se le encargue al alférez Sebastián Meléndez, cabo de la fragata; que vaya a Tierra Firme el alférez Pascual de Alarcón con 20 arcabuceros bien aderezados, la reconozca sin consentir a los dichos indios se les haga algún agravio, sino que se les haga todo buen tratamiento; y esto dieron por su parecer, y lo firmaron; y visto por el dicho general mandó que se pusiese en ejecución, y que se haga la dicha diligencia con la mayor brevedad que posible pudiere ser, y que viendo estaba que hay puertos seguros espere a la nao Almiranta que queda atrás, y se hagan diligencias desde algunos cerros altos que se divise la mar, [*Fol. 7 v.*] advirtiéndoles con humos cómo estamos, y aquí, lo firmamos juntamente con los susodichos. = Sebastián Vizcaíno. = Gerónimo Martín. = Francisco Bolaños. = Esteban Rodríguez. = Juan Francisco Suriano. = Ante mí. = Diego de Santiago, Escribano mayor.

En la dicha nao *San Diego*, en 19 días del mes de octubre de 1602 años, estando surta en una ensenada grande en paraje de 32 grados escasos, el general Sebastián Vizcaíno hizo Junta con el capitán Gerónimo Martín, cosmógrafo, y con el piloto mayor Francisco de Bolaños, y con su acompañado Esteban Rodríguez, contramaestre del dicho navío, y Antonio Ollero, y Diego Ramírez, y Juan López, marineros prácticos, y les propuso y dijo, que Su Merced había entrado en esta dicha ensenada con parecer del dicho cosmógrafo piloto mayor, y los demás pilotos, como parece por el auto antes de este, para proveer esta dicha nao de agua y leña que tenía mucha necesidad, y se saltase en tierra; y habiendo hecho así, estando en tierra con mucha cantidad de gente de este dicho descubrimiento sobrevino un tiempo de viento sudoeste con mucha mar, y esa travesía de esta dicha ensenada donde se corría mucho riesgo de perder el dicho navío, y todo lo que va en él, y ahogarse la gente que estaba en él se libraron saliendo para fuera barloventeando donde se vino a dar fondo a donde está ahora el dicho navío quedándose la gente en tierra, y una ancla con su cable, la mejor de la nao aboyada, porque el tiempo no dio lugar a poderla tomar, y atendiendo a que en todo se acierte lo que más convenga al servicio de Su Majestad les mandó que cada uno diga lo que más convenga que se haga ahora al presente para asegurar este dicho navío, y para recoger la gente, y en caso que sea posible se vaya por el ancla; y el dicho capitán Gerónimo Martín dijo que su parecer es que esté la nao como está surta, y que en la barca se vaya hacer diligencia a traer la gente y ancla y algún hato que está en tierra; y el piloto mayor y su acompañado dijeron que su parecer era se entrase en un estrecho que está cerca de donde está dicha nao surta, porque [*Fol. 8*] un viento que ahora corre es favorable para tomarle, y amarrado el navío con dos anclas allá dentro les parece estará seguro, y entonces se podrá hacer la diligencia en la barca, y del mismo parecer fueron los dichos Antonio Ollero y el dicho contramaestre y los demás; y visto por Su Merced mandó que se entre en el dicho estero, y se ponga la dicha nao en la parte más segura de él, y bien amarrada, y estando así más con la barca se vaya por la gente, ancla, y lo demás; y cada uno lo firmó, y por Antonio Ollero y Juan López que no supieron firmar firmó el alférez

Juan Francisco Suriano, y del mismo parecer que el dicho piloto mayor fue Juan Sánchez, y Juan Riberos, marineros y prácticos, y lo firmaron.=Sebastián Vizcaíno.=Gerónimo Martín.=Francisco de Bolaños.=Esteban López.=Diego Ramírez.=A ruego de los susodichos.= Juan Francisco Suriano.=Ante mí.=Diego de Santiago, Escribano mayor.

En el navío *San Diego*, Capitana del nuevo descubrimiento en 28 días del mes de octubre de 1602 años, en paraje de 32 grados estando como cuatro leguas de la Tierra Firme, y en compañía de la nao Almiranta y Fragata del dicho descubrimiento, vino un viento noroeste con fuerza y mar, de manera que no dejaba ir avante a los dichos navíos, y para repararlos del dicho viento el general Sebastián Vizcaíno, a cuyo cargo es el dicho descubrimiento, desde su navío dijo al capitán y almirante Toribio Gómez, y al capitán Gerónimo Martín, cosmógrafo, y al piloto mayor Francisco de Bolaños, y al piloto Juan Pascual y a los demás pilotos y acompañados, estando presentes el capitán Peguero y el alférez Pascual de Alarcón, y el alférez Sebastián Meléndez, digo, cabo de la dicha fragata, y el alférez Juan Francisco Suriano, y el Alférez Martín de Aguilar, y todos juntos fueron de acuerdo, que respecto de que era tiempo nuevo y mostraba durar algunos días, y que la nao Almiranta tenía mucha necesidad de agua, y que no estaba para sufrir mucho tiempo, se arribase a una bahía que está siete leguas a sotavento, y se buscase agua, y se reparase el dicho tiempo sin perder, habiéndolo [*Fol. 8 v.*] en favor para seguir el viaje, y lo firmaron de sus nombres juntamente con el dicho general que mandó se hiciese así, y que con toda diligencia se buscase agua, y se proveyese la dicha Almiranta, y viniendo el tiempo en favor se consiga el dicho viaje.=Sebastián Vizcaíno.=Toribio Gómez de Corban.=Gerónimo Martín.=Pascual de Alarcón Pacheco.=Francisco Bolaños.=Sebastián Meléndez.=Esteban Rodríguez.=Alonso Esteban Peguero.=Juan Pascual.=Martín de Aguilar.=Ante mí.=Diego de Santiago, Escribano mayor.

En la dicha nao *San Diego*, Capitana del dicho descubrimiento en 11 días del mes de noviembre de 1602 años, surta en un puerto en paraje de 34 grados escasos, el general Sebastián Vizcaíno hizo Junta de Mar y Guerra con el almirante Toribio Gómez de Corban y con el capitán Gerónimo Martín, cosmógrafo, y con los capitanes, y alférez, y piloto mayor, y pilotos y acompañados del dicho descubrimiento, y les propuso y les dijo, que Su Merced ha llegado a este paraje y puerto que al parecer es muy bueno y en buena altura para lo que Su Majestad pretende de puerto seguro para las naos que vienen de las islas Filipinas, y para otros intentos del real servicio, y que va entrando la mar la tierra dentro a manera de ríos o esteros y muestra en la tierra árboles y habitada de gente, y para que todo se sepa, y se lleve entera relación de todo y del fondo que tienen los dichos ríos y ensenadas y la gente que hay en la tierra, y árboles y lo demás que promete, si convendrá se entre y se vea todo para que con más claridad se le dé razón de ello; y habiéndolo conferido y platicado lo que más conviene al servicio de Su Majestad, acordaron todos y fueron de parecer de que con la barca de la Capitana, y con la canoa de la fragata fuese el piloto mayor Francisco de Bolaños y sondase todos los esteros y ríos, y viese la parte más cómoda y segura donde se puedan meter los navíos, y se limpien que traen mucho escaramujo y suciedad que no les deja navegar, y se provean de agua y leña y pescado de que se trae mucha falta, y que salte en tierra y se reconozca [*Fol. 9*] todo, y se pese en ella el sol, y en estando todo hecho se consiga el dicho descubrimiento sin perder tiempo y esto dieron por su parecer, y lo firmaron; y visto por el dicho general mandó se hiciese así, y que el piloto mayor fuese hacer la dicha diligencia luego, y que amarrados los navíos se salte en tierra y reconozca y se sepa lo que hay en ella, y se provean de agua, y leña y pescado, y se limpien los navíos, y que todo sea con la más brevedad posible, y lo firmó juntamente con los dichos.=Sebastián Vizcaíno.=Toribio Gómez de Corban.=Gerónimo Martín.=Pascual de Alarcón Pacheco.=Antonio Flores.=Sebastián Meléndez.=Alonso Esteban Peguero.=Juan Francisco Suriano.=Francisco de Bolaños.= Juan Pascual.=Esteban Rodríguez.=Martín de Aguilar.=Ante mí. Diego de Santiago, Escribano mayor.

En la nao Capitana *San Diego* surta en el puerto de San Diego en altura de 33 grados y medio, en 19 días del mes de noviembre de 1602 años, el general Sebastián Vizcaíno hizo Junta con el almirante Toribio Gómez de Corban, y con el capitán cosmógrafo Gerónimo Martín, y con el capitán Alonso Esteban Peguero, con los alféreces Pascual Alarcón y Juan Francisco Suriano, y Martín de Aguilar, y con el cabo de la fragata Sebastián Meléndez, y con el piloto mayor Francisco de Bolaños y el piloto Juan Pascual, y Antón Flores, y con sus acompañados Esteban Rodríguez y Baltasar Armas, y les propuso lo que convendría que se hiciese más al servicio de Su Majestad, y al buen acierto de lo que resta por descubrir desde este dicho paraje al cabo Mendocino, y si antes de llegar sobreviniesen tiempos forzosos así para arribar como para ir adelante, y si con ellos se apartase algún navío de nosotros, qué diligencia se ha de hacer para tornarse a juntar, y en qué partes y parajes; y habiéndolo platicado entre todos fueron de parecer, de que se fuese costeando la costa como se ha hecho hasta aquí, descubriendo todo lo que el tiempo diere lugar, y si sobreviniere [*Fol. 9 v.*] tiempo que obligue a arribar no habiéndose hallado otro puerto a barlovento, ni abrigo, se vaya a él, y si fuere viento para ir adelante se vaya corriendo con él hasta treinta y ocho grados poco más a donde está una isla, y habiendo surgido el navío que llegare primero aguardará a los otros ocho días, y si en este tiempo no viniese, siga su viaje al cabo Mendocino, yendo pegados con la costa buscando los que faltan, y si alguno de los navíos estuviere surto en la dicha isla, o en otro puerto, haga centinela en el cerro más alto que estuviese junto a la playa, advirtiendo con humazos; y esto dieron por su parecer, y lo firmaron; y visto por el general mandó se hiciese así, y que en habiendo tiempo los pilotos se hagan a la vela yendo la fragata sondando, y lo firmó juntamente con los susodichos.=Sebastián Vizcaíno.=Toribio Gómez Corban.=Gerónimo Martín.=Pascual de Alarcón y Pacheco.=Francisco de Bolaños.=Juan Pascual.=Juan Francisco Suriano.=Alonso Esteban Peguero.=Esteban Rodríguez.=Ante mí: Diego de Santiago, Escribano mayor.

En el navío *San Diego* Capitana del dicho descubrimiento, en 29 días del mes de noviembre de 1602 años, surta en una isla que se puso por nombre Santa Catalina, en paraje de 34 grados y medio, el general Sebastián Vizcaíno a cuyo cargo va la gente de mar y guerra y descubrimiento, hizo Junta con el almirante Toribio Gómez de Corban, y con el capitán Gerónimo Martín, cosmógrafo, y con el capitán Alonso Esteban Peguero, y con el alférez Pascual de Alarcón, y los alféreces Juan Francisco Suriano y Sebastián Meléndez, cabo de la fragata, y Martín de Aguilar Galeote, y el piloto mayor Francisco de Bolaños, y los pilotos Juan Pascual y Antón Flores, y sus acompañados Esteban Rodríguez y Baltasar de Armas, y a todos juntos les propuso si convenía al servicio de Su Majestad de que se bojase la dicha isla, y se viese lo que había en ella, y en otra que aparecía [*Fol. 10*] a la banda del sur, y habiéndolo platicado entre todos los susodichos fueron de parecer de que se fuese adelante respecto de ser el tiempo bonancible, y que la gente iba enfermando, y los bastimentos a menos, dejando para la vuelta el reveer esta isla y la otra entra costa, son favorables para poderlo hacer de torna viaje; y esto dieron por sus pareceres, y lo firmaron; y visto por el dicho general mandó se hiciese ası, y que el dicho piloto mayor y pilotos se hagan a la vela en habiendo tiempo, y sigan su derrota al cabo Mendocino como está acordado por la Junta antes de esta, y lo firmó.=Sebastián Vizcaíno.=Toribio Gómez de Corban. =Gerónimo Martín.=Francisco Bolaños.=Esteban Rodríguez.=Pascual Alarcón Pacheco.=Alonso Esteban Peguero.=Francisco Suriano.=Martín de Aguilar Galeote.=Ante mí. Diego de Santiago, Escribano mayor.

En el navío *San Diego* Capitana del dicho descubrimiento, en 16 días del mes de diciembre de 1602 años, el general Sebastián Vizcaíno a cuyo cargo y orden va la gente de mar y guerra y navíos de él, hizo Junta con el almirante Toribio Gomez de Corban, y con el capitán Gerónimo Martín, cosmógrafo, y con el capitán Peguero, y el alférez Alarcón, y el alférez Sebastián Meléndez, cabo de la fragata, y con el alférez Juan Francisco Suriano, y con el alférez Martín de Aguilar, y con el piloto mayor Francisco de Bolaños, y con el piloto Juan Pascual, y con el piloto Antón Flores, y sus acompañados y maestres Esteban Rodríguez, y Baltasar de Armas, y les propuso y dijo que Su Merced ha llegado a este paraje con los navíos del dicho descubrimiento que según dijeron el piloto mayor y pilotos estaban en altura de más de 37 grados, y que ayer envió la fragata y dio orden al alférez Sebastián Meléndez, cabo de ella, y al piloto Antón Flores para que fuesen a reconocer y sondar, y ver si había algún puerto en una ensenada grande que había a la banda de Tierra Firme, y los susodichos fueron, y hoy dicho día vino a bordo el dicho piloto Antón Flores y trajo pintada y demarcada la dicha ensenada, y en ella un puerto al parecer muy bueno, y que la tierra tenía gran cantidad de pinares [*Fol. 10 v.*] y muestras de haber agua de que se lleva necesidad, porque la que hay en los navíos es poca y salada, de que la gente va enfermando, si convendrá se vaya a él, y se busque agua, y se vea lo que es la tierra por estar en tan buen paraje y ser de tanta consideración para lo que Su Majestad pretende de este descubrimiento, y de la navegación de las naos que vienen de

Filipinas; y habiéndolo entendido todos, dijeron, que se arribase al dicho puerto, y se viese lo que la tierra es, y se busque agua; sólo el alférez Pascual de Alarcón fue de parecer de que no se arribase a él, sino que se fuese siguiendo el viaje por estar a barlovento más de cinco leguas, y haber entrado la luna bonancible, y con el agua que se lleva habrá para quince días, y terciando los tiempos se podría ir a la bahía a donde se perdió Sebastián Rodríguez Cermeño que el dicho piloto mayor dijo haber allí agua, y visto por el general el parecer de todos, mandó se guarden los más votos, y que el piloto mayor y los demás pilotos arriben al puerto que el dicho piloto Flores dijo, y en él se haga diligencia de buscar agua, y lo demás que conviene al servicio de Su Majestad, y lo firmaron todos juntamente con Su Merced.=Sebastián Vizcaíno.=Toribio Gómez de Corban.=Gerónimo Martín=Alonso Esteban Peguero.=Pascual Alarcón Pacheco.=Francisco Suriano.= Francisco Bolaños.=Esteban Rodríguez.=Martín de Aguilar Galeote. =Ante mí.=Diego de Santiago, Escribano mayor.

En la nao Capitana *San Diego* surta en el puerto de Monterrey en altura de 37 grados, en 18 días del mes de diciembre de 1602 años, el general Sebastián Vizcaíno a cuyo cargo y orden es el dicho descubrimiento, dijo que Su Merced trae orden pública y secreta del Ilmo. Señor Conde de Monterrey, Virrey y Capitán General de la Nueva España, por las cuales le ordena y manda haga el dicho descubrimiento desde el cabo de San Lucas ante todas cosas, al cabo Mendocino, y más adelante a otro que llaman cabo Blanco, y si la costa y tiempo le diere lugar descubra y vea todo lo que pudiere y fuere más servicio de Su Majestad, sin dejar cosa por ver que le parezca ser de consideración sin ver y llevar entera relación de lo que es, con sus derrotas, señas y fondos y puertos, bahías, todo demarcado como lo pide el arte de la mar para algunos intentos [*Fol. 11*] que Su Majestad pretende, y en cumplimiento de las dichas órdenes e instrucción ha venido haciendo el dicho descubrimiento desde el dicho cabo de San Lucas hasta este dicho paraje sin dejar de ver ningún puerto, ni bahía, ni ensenada, ni islas que fuesen de consideración para lo que se pretende, como parecerá por la demarcación que de ello ha hecho el capitán Gerónimo Martín, cosmógrafo, en que se ha detenido desde que salió de Acapulco casi ocho meses por haber sido los tiempos muy contrarios para la dicha navegación, y para haber de hacer bien el dicho descubrimiento, y ver y sondar los dichos puertos era necesario espacio y tiempo, de que en él se ha gastado y consumido la mayor parte de los bastimentos, municiones y pertrechos que el dicho señor Virrey mandó dar para once meses, y para cumplir enteramente lo que el dicho señor Virrey le manda, así para lo que resta de descubrir al cabo Mendocino y adelante como con la orden secreta, que es, que acabado y hecho bien el dicho descubrimiento al dicho cabo Mendocino, vuelto que sea al cabo de San Lucas, entre en la boca y ensenada de las dichas Californias descubriéndola toda hasta altura de 37 grados, dos más o menos, llevando asimismo relación de todo lo que en ella hay, así de las pesquerías de perlas, como de la mucha gente que en aquella tierra hay, de que Su Majestad y el señor dicho Virrey tiene gran noticia, y para cumplir y guardar lo que se le manda bien y enteramente como debe a leal vasallo del rey nuestro señor, y de la confianza y fidelidad que de Su merced hizo el señor Virrey, se le ofrecen las dificultades que en este auto irán declaradas que son; que atento al mucho tiempo que se ha gastado en llegar a este dicho paraje en él se ha gastado casi todos los bastimentos que se traían para lo uno y lo otro, y las municiones y vituallas, jarcias y otras cosas de respeto, y con el mucho trabajo que la gente ha tenido han muerto algunos soldados y marineros y caidos malos, que al presente están más de 40 [*Fol. 11 v.*] hombres, sin tener medicinas, ni médico, ni regalos con que curarlos, de que están todos en manifiesto peligro de morir, de más de que el piloto Juan Pascual de la Almiranta y su acompañado están muy malos, de manera que no pueden usar su oficio, y sin gente para poder marcar el dicho navío por estar tullidos y enfermos y a manifiesto peligro, de que se diere algún tiempo de perderse y ahogarse todos los del dicho navío, y no tener pilotos ni marineros para poderle ayudar, ni socorrer, mandó se hiciese luego junta y consejo de mar y guerra y buen gobierno con el capitán, cabo, y almirante Toribio Gómez de Corban, y con el capitán Gerónimo Martín, cosmógrafo, y con los capitanes, alféreces, Alonso Esteban Peguero y Pascual de Alarcón, Sebastián Meléndez, cabo de la fragata y Juan Francisco Suriano, y Martín de Aguilar Galeote, y el piloto mayor Francisco de Bolaños, y con los pilotos Juan Pascual y Antonio Flores, y sus acompañados Esteban Rodríguez, y Baltasar de Armas, a los cuales les propuso y mandó en nombre de Su Majestad dé cada uno no por sí su parecer, si convendrá al servicio de Dios y de Su Majestad de que se despache la nao Almirante de aviso al dicho señor Virrey con copia y traslado de lo hecho en el dicho descubrimiento hasta hoy dicho día, por ser la sustancia de él, y que se vuelvan los que están más enfermos y desposibilitados de salud para poder servir, y se envíe a pedir al dicho señor Virrey socorro de bastimentos, vituallas, y municiones, y alguna gente de mar y guerra para poder entrar y descubrir la dicha ensenada de las Californias, limitando el tiempo y paraje a donde se ha de enviar el dicho socorro para allí esperarlo, y con él hacer enteramente todo el dicho descubrimiento; y que con la Capitana y Fragata se vaya adelante al cabo Mendocino, y a lo demás que la dicha orden manda, y los dichos pareceres pide a cada uno en conformidad de la orden que trae de Su Señoría, den sin moverles pasión, ni amistad, ni interés mas de que se consiga y se haga el servicio de Dios y de Su majestad, y buen acierto [*Fol. 12*] de este dicho descubrimiento; y dados proveerá lo que más convenga a justicia, y así lo proveyó, y mandó y firmó. = Sebastián Vizcaíno. = Ante mí. = Diego de Santiago, Escribano mayor.

En el dicho día, mes y año en la dicha nao Capitana, en presencia del dicho general, y de mí el presente escribano, en conformidad de lo previsto del auto de arriba, parecieron el dicho almirante, capitanes, alféreces, piloto mayor, y pilotos y acompañados que el dicho auto cita, y estando todos juntos de que yo el dicho escribano doy fe, les leí todo el auto de verbo ad verbum como en él se contiene, y les apercibió el dicho general cada uno diga lo que más conviene al servicio de Su Majestad; y tomando sus pareceres cada uno de por sí dieron el siguiente.

Parecer del almirante.

El parecer que yo el capitán, cabo y almirante doy en conformidad de lo entendido por el auto, es: que atento a que la gente está muy enferma, y en particular el piloto Juan Pascual y su acompañado, y los marineros de timón no poder gobernar por estar tullidos, y los dichos pilotos y acompañados en una cama sin poder salir de ella, y si adelante se pasase con los enfermos, y tan mal avío sobreviniese algún tiempo, forzoso era y es de gran riesgo y deservicio de Su Majestad, y a riesgo de ahogarse todos, y los enfermos ni tienen médico ni medicinas, ni regalos con que sustentarlos, y para haber de cumplir toda la orden que el auto dice, y descubrir la ensenada de las Californias, será necesario de bastimento, municiones, pertrechos y gente de refresco, y así es su parecer que se despache la dicha Almiranta con la gente que la pudiere llevar a Acapulco, y los enfermos que estuvieren más desposibilitados de poder servir, y que se pida por memoria al señor Virrey los bastimentos y las demás cosas para el tiempo conveniente [*Fol. 12 v.*] y lo firmó de su nombre hoy día el dicho general, y yo el presente escribano doy fe.=Toribio Gómez de Corban.=Sebastián Vizcaíno.=Ante mí.=Diego de Santiago, Escribano mayor.

Parecer del capitán Gerónimo Martín.

El parecer que yo, el Capitán Gerónimo Martín, cosmógrafo, doy en conformidad del auto que se me ha leído es, que conviene al servicio de Dios y de Su Majestad y bien común, que la nao Almiranta se despache de aviso al señor Virrey con toda la relación de lo hecho en el dicho descubrimiento que es hasta este paraje el mas sustancial de él, y esto se ponga en salvo, por lo que se podrá ofrecer, y por constarme la mucha necesidad de la poca salud del piloto y acompañado, y marineros de la dicha nao, y por haber al presente más de 40 enfermos, que pasarlos adelante con el poco regalo que tienen de médico y medicinas morirán todos; y si sobreviniese algún tiempo forzoso, habrá riesgo de perderse la dicha nao por las razones dichas; y para cumplir la orden secreta de que se entren en la ensenada de California, y se vea toda y descubra es necesario refresco y socorro de gente, y de bastimento, y otras vituallas, porque las que al presente hay no son bastantes para ello, ni la gente irá para poder ella hacer si no se socorre con alguna de mar y guerra, de que todo convendrá se envíe memoria al señor Virrey para que siendo servido los despache al tiempo y parte que la dicha memoria dijere, y esto es lo que le parece debajo de su conciencia, y lo que debe a cristiano y leal vasallo de Su Majestad, y lo firmó en presencia del dicho general, y de mí el presente escribano, de que doy fe.=Gerónimo Martín.=Sebastián Vizcaíno. Ante mí.=Diego de Santiago, Escribano mayor.

Parecer del capitán Peguero.

El parecer que yo, el capitán Alonso Esteban Peguero doy en conformidad de lo entendido por el auto que me ha sido leído, y a lo que debo a cristiano y a leal vasallo de Su Majestad, es que la dicha nao Almiranta vuelva de aviso a la Nueva España al señor Virrey con copia y razón de lo que hasta este paraje se ha hecho que es de mucha consideración por lo que se pretende, y atento a que el piloto y acompañado de la dicha nao Almiranta están enfermos de manera que no pueden usar sus oficios y la gente ir tan enferma y sin remedio de médico ni medicinas ni regarlo de qué sustentarlo, y si pasasen [*Fol. 13*] adelante van a manifiesto peligro de morirse, y si sobreviniese tiempo forzoso por la falta de pilotos y marineros se podría perder la dicha nao y ahogarse todos, además que la dicha nao es vieja y de poca fuerza, y para poder entrar y descubrir la dicha ensenada de las Californias, conforme el auto dice, es muy necesario socorro de bastimentos, vituallas, gente de refresco, de que todo ello y para el tiempo y parte a donde se hubiere de despachar el dicho socorro vaya memoria al dicho señor Virrey de ello, y lo firmó ante el general, y en presencia de mí el presente escribano de que doy fe. = Alonso Esteban Peguero. = Sebastián Vizcaíno. = Diego de Santiago, Escribano mayor.

Parecer del alférez Pascual de Alarcón y Pacheco.

El parecer que yo, el alférez Pascual de Alarcón doy en conformidad del auto que se ha leído, y a lo que debo a cristiano y a leal vasallo de Su Majestad, es, que la dicha nao Almiranta vuelva de aviso a la Nueva España al señor Virrey con copia y razón de lo que hasta este paraje se ha hecho que es de mucha consideración por haberse hallado tan buen puerto, y en tan buena altura para lo que se pretende de la navegación de las naos de las islas Filipinas, por llegar las más a reconocer en esta altura; y por estar el piloto de la dicha nao malo, y su acompañado, de manera que no pueden usar el dicho oficio y no convenir y enviar el piloto mayor y su acompañado que es maestre de la Capitana y a cuyo cargo vienen los bastimentos y pertrechos necesarios al dicho viaje, y atento que la dicha nao dicen todos los que vienen en ella que no está para resistir ningún tiempo, y para conforme el auto dice ser orden el entrar en la boca de las Californias es necesario bastimentos y gente, y todo lo necesario que conviene, no haciendo caso de lo que hay acá así de bastimentos, como de gente, conforme lo que ahora vemos, y de todo esto vaya memoria al señor Virrey para que provea lo que más convenga, y lo firmó ante el dicho general, y en presencia de mí el presente escribano de que doy fe. = Pascual de Alarcón y Pacheco. = Sebastián Vizcaíno. = Ante mí = Diego de Santiago, Escribano mayor. [*Fol. 13 v.*].

Parecer del alférez cabo de fragata Sebastián Meléndez.

El parecer que yo, el alférez Sebastián Meléndez doy en conformidad del acto que me ha sido leído, y a lo que debo a cristiano, y a leal vasallo de Su Majestad, es, que la nao Almiranta se despache con aviso al señor Virrey, llevando relación de todo lo que hasta este paraje se ha hecho, que es de mucha consideración para lo que Su Majestad pretende: además de que el piloto Juan Pascual y su acompañado están muy enfermos que no pueden usar sus oficios y faltos de marineros por estar enfermos y tullidos: de manera que si los diere algún tiempo vendrán a perderse por la razón dicha, y pasar adelante con los muchos enfermos que al presente hay, sin médicos ni medicinas, ni regalos van a manifiesto peligro de morir todos, y ser grande servicio de Su Majestad; de mas de que para haber de entrar y descubrir el viaje de regreso la ensenada de Californias no se puede hacer sin nuevo socorro de gente y bastimentos de que convendrá se despache memoria al señor Virrey, para el tiempo y paraje donde ha de venir el dicho socorro; y lo firmó en presencia del general y de mí el presente escribano de que doy fe.=Sebastián Meléndez.=Sebastián Vizcaíno.=Ante mí.=Diego de Santiago, Escribano mayor.

Parecer del alférez Juan Francisco Suriano.

El parecer que yo, el alférez Juan Francisco Suriano doy en conformidad del auto que me ha sido leído, y a lo que debo a cristiano y leal vasallo de Su Majestad, es, que no se despache aviso, ni la Almiranta, porque será desmayar a la demás gente y dirán algunos que están enfermos por volverse y que los bastimentos que al presente hay son bastantes para ir al cabo Mendocino; yendo todas las naos juntas si hubiere alguna necesidad se podrá tripular de una nao en otra dejando la una perdida, y con esto se conseguirá lo que Su Majestad pretende, y que los pilotos que al presente tiene la nao están enfermos que no la podrán llevar a Acapulco y correrán riesgo de perderse por no tener quien la socorra, y lo firmó en presencia del general y de mí el presente escribano de que doy fe.=Juan Francisco Suriano.=Sebastián Vizcaíno.=Ante mí.=Diego de Santiago, Escribano mayor.

Parecer del alférez Martín de Aguilar Galeote.

El parecer que yo, el alférez Martín de Aguilar Galeote doy en conformidad del auto que se me ha leído y a lo que debo a cristiano [*Fol. 14*] y leal vasallo de Su Majestad, es, que la nao Almiranta se despache de aviso a la Nueva España al señor Virrey con relación de todo lo hecho hasta este paraje, atento a que la gente está muy enferma y en particular el piloto y acompañado de la Almiranta de que va a manifiesto peligro de perderse si les viniere algún tiempo por falta de pilotos y marineros, para poder descubrir toda la ensenada de las Californias como el auto dice es muy necesario socorro de bastimentos, municiones, y gente de refresco para ello, y convendrá se envíe memoria al dicho Virrey de ello, señalando tiempo y lugar a donde se ha de venir el dicho socorro, y lo firmó ante el dicho general y en presencia de mí el presente escribano de que doy fe.=Martín de Aguilar Galeote.=Sebastián Vizcaíno.=Ante mí.=Diego de Santiago, Escribano mayor.

Parecer del piloto mayor, Francisco de Bolaños.

El parecer que yo, el piloto mayor Francisco de Bolaños doy en conformidad del auto que se me ha leído y a lo que debo a cristiano y leal vasallo de Su Majestad, y como piloto y marinero que es, que la nao Almiranta vuelva de aviso a la Nueva España, al señor Conde de Monterrey, llevando relación y copia de todo lo hecho en el descubrimiento hasta este dicho paraje por ser muy sustancial lo descubierto para las naos que navegan de Filipinas, que es lo que Su Majestad pretende; y porque el piloto y acompañado de la dicha Almiranta están tan enfermos que no pueden usar sus oficios, y los marineros tullidos, y si pasasen adelante con ellos con la gran falta que al presente hay de médico, y medicina, y regalos, morirán todos como va sucediendo en los que se van muriendo, y si sobreviniese algún desgarrón de tiempo de que obligue a correr, y a enmararse se podrían perder por falta de piloto de altura por no saber donde están; de más que para ver de hacer y descubrir la ensenada de las Californias como el auto dice, no se podrá hacer sin nuevo socorro de bastimentos, municiones y gente de refresco, de que convendrá se despache memoria al señor Virrey señalando el tiempo y partes a donde se ha de enviar el dicho socorro, y lo firmó en presencia del general, y de mí el presente escribano, de que doy fe. = Francisco de Bolaños. = Sebastián Vizcaíno. = Ante mí. = Diego de Santiago, Escribano mayor.

[*Fol. 14 v.*]

Parecer del piloto Juan Pascual.

El parecer que yo, el piloto Juan Pascual doy en conformidad del auto que se me ha leído y a lo que debo a cristiano, y leal vasallo de Su majestad, es, que se vuelva la Almiranta de aviso a la Nueva España con la razón de lo que se ha hecho hasta aquí, y por haber mucha gente enferma de manera que no hay quien pueda marear la dicha nao, y él, y el maestre su acompañado están enfermos en una cama, de manera que no pueden usar sus oficios y no haberlos en la Capitana para poder suplir esta falta de pilotos que puedan enviar en su lugar, y a riesgo de que si se consigue el viaje con la dicha Almiranta darles un tiempo y perderse por no haber quien la maree, y lo firmó en presencia del general, y de mí el presente escribano de que doy fe. = Juan Pascual. = Sebastián Vizcaíno. = Ante mí. = Diego de Santiago, Escribano mayor.

Parecer del piloto Antón Flores.

El parecer que yo, el piloto Antón Flores doy en conformidad del auto que se me ha leído y lo que debo a cristiano y leal vasallo de Su Majestad, es, que por cuanto el piloto Juan Pascual y su acompañado están enfermos de manera que no pueden usar el dicho su oficio de pilotos y haber muchos enfermos, de manera que no hay quien maree la nao, y podría suceder darles un tiempo, y por falta del dicho piloto y acompañado apartarse de la tierra de suerte que se podría perder, es de parecer que por evitar más daño que se podría ofrecer se vuelva la dicha nao Almiranta con razón de lo hecho hasta este dicho paraje, y así lo firmó ante el general, y en presencia de mí el presente escribano de que doy fe. = Antonio Flores. = Sebastián Vizcaíno. = Ante mí. = Diego de Santigo, Escribano mayor.

Parecer del maestre Esteban Rodríguez.

El parecer que yo, el maestre y acompañado Esteban Rodríguez doy en conformidad del auto que se me ha leído, y a lo que debo a cristiano y leal vasallo de Su Majestad, es, que se vuelva la nao Almiranta a la Nueva España con aviso al señor Virrey de lo que se ha hecho hasta este dicho paraje de 37 grados largos, y por respeto de haber muchos enfermos y tullidos, y así en la Capitana, como en la dicha Almiranta, y no haber quien la maree, y asimismo por estar el piloto Juan Pascual y su acompañado Baltasar de Armas enfermos en una cama, de manera que no pueden usar sus oficios y no haber piloto al presente que poderles dar para que vaya en su lugar, y darles un tiempo de que por falta de quien la maree se pierda, y ahogarse toda la gente, soy del parecer susodicho de que se vuelva a la Nueva España y así lo firmó en presencia del general y de mí el presente escribano de que doy fe. = Esteban Rodríguez. = Sebastián Vizcaíno. = Ante mí. = Diego de Santiago, Escribano mayor.

Parecer del maestre Baltasar de Armas.

El parecer que yo, el maestre Baltasar de Armas doy en conformidad del auto [*Fol. 15*] que me ha sido leído, y a lo que debo a cristiano y leal vasallo de Su Majestad, es, que se vuelva la dicha nao Almiranta a la Nueva España de aviso al señor Virrey con razón de lo que se ha hecho hasta este dicho paraje, respecto de que yo y el piloto Juan Pascual estamos enfermos en una cama; de manera que no podemos usar el dicho oficio, y haber muchos enfermos, y no haber quien maree las velas, ni pilotos que puedan ir en nuestro lugar, y estar a riesgo de darnos un tiempo, y por falta de marineros perdernos y ahogarnos todos, y lo firmó ante el General y en presencia de mí el presente escribano de que doy fe.=Baltasar de Armas.=Sebastián Vizcaíno.=Ante mí.=Diego de Santiago, Escribano mayor.

[Resolución del General con vista de los antecedentes pareceres]

En la dicha nao Capitana *San Diego*, en 19 días del mes de diciembre de 1602 años, el general Sebastián Vizcaíno habiendo visto los pareceres del almirante y capitanes y alféreces y pilotos, y sus acompañados, sobre si convenía al servicio de Dios y de Su Majestad de que se despachase navío de aviso a la Nueva España al Ilmo. Señor Conde de Monterrey por las razones y dificultades que en el auto se les propuso a los susodichos, y atento a que todos ellos, o la mayor parte dieron sus pareceres de que convenía se despachase la nao Almiranta de aviso, llevando en ella razón y copia de todo lo hecho hasta hoy dicho día en el dicho descubrimiento, y los enfermos, y que con la Capitana y Fragata se pasase delante y se acabase de ver lo que resta del dicho descubrimiento, y para tornaviaje se descubra la dicha ensenada de California, se envíe a pedir al dicho señor Virrey nuevo socorro de gente de mar y guerra, bastimentos, pertrechos, de que se envíe memoria de todo, y arrimándose a los más votos como el dicho señor Virrey lo manda por la instrucción que traen por la presente manda que vuelva de aviso la dicha Almiranta, y en ella el capitán, cabo y almirante Toribio Gómez de Corban, y que luego se saque traslado de todo lo hecho en el dicho descubrimiento, demarcación, derrotero, relación, autos y acuerdos que se han hecho para el buen acierto del dicho viaje y se lleve al dicho señor Virrey para que de ello dé aviso a Su Majestad y que los que estuvieren más enfermos y desposibilitados de salud de manera que no puedan ser de ningún provecho, así en esta Capitana, como en la dicha Almiranta [*Fol. 15 v.*] y Fragata se vuelvan y vayan en el dicho aviso para que se curen, que para ello les da licencia, y atento a que el piloto Juan Pascual, y su acompañado, están malos que no pueden usar sus oficios, manda que vaya haciendo oficio de piloto en la dicha nao Almiranta hasta Acapulco, o hasta que el dicho piloto, o su acompañado tuvieren salud, Manuel César Cordero por ser buen marinero y de altura, y haber venido hasta aquí haciendo el dicho oficio, y porque el piloto Antonio Flores está solo en la Fragata y con poca salud, él por si no puede usar el dicho oficio, ni velar toda la noche, manda que vaya por su acompañado de piloto Esteban López contramaestre de este dicho navío, por ser buen marinero, y de altura, y venga a usar su oficio de contramaestre de esta Capitanía Bartolomé de Orozco, contramaestre de la dicha Almiranta, y que luego sin detenerse, ni perder tiempo, el dicho almirante haga proveer su navío de agua y leña para hasta Acapulco, encargando esto al capitán Alonso Esteban Peguero, y para esta nao Capitana al alférez Pascual de Alarcón, y para la Fragata al alférez Martín de Aguilar, y que el piloto mayor con los carpinteros corte algunas llaves de que tiene necesidad la Capitana, verga, y posavergas, guiones para remos, y lo que más fuere necesario, abreviando el tiempo todo lo que fuere posible sin perder punto, y hecho todo y sacando las copias se despache luego el dicho aviso, y la Capitana y Fragata al cabo Mendocino, y lo que más resta por descubrir, y manda al dicho almirante, capitanes y alféreces, contramaestres y las demás personas que aquí van nombradas cada uno acuda a lo que se le ordena, sin alegar, ni contradecir cosa alguna por ser conveniente al servicio de Su Majestad, y el que lo hiciere lo declarará por desleal servidor de Su Rey y Señor, y será castigado.

Y asimismo manda al maestre Baltasar de Armas entregue al maestre Esteban Rodríguez de esta Capitana, y a Antonio Flores de la Fragata, los bastimentos, armas, y municiones, jarcia y pertrechos con libranza que llevaren los susodichos de que servirá para su descargo, y cargo a los dichos maestres, dejando en la dicha Almiranta los bastimentos que fueren necesarios hasta Acapulco conforme la gente llevare, y así lo proveyó y mandó y firmó.=Sebastián Vizcaíno.=Ante mí.=Diego de Santiago, Escribano mayor.

En la nao Capitana *San Diego* del dicho descubrimiento en siete días [*Fol. 16*] del mes de enero de 1603 años, en paraje de 39 grados yendo navegando al cabo Mendocino, el general Sebastián Vizcaíno hizo Junta con los capitanes y alféreces, y piloto mayor, y pilotos, y sus acompañados de la Junta, a los cuales les propuso y dijo, que como a todos les constaba como ayer, a puesta de sol, comenzó el viento noroeste con mucha fuerza y mar, y toda esta noche se ha navegado con los papahigos forcejeando por poder ir adelante, y no ha sido posible poderlo hacer, respecto de ser el viento tan contrario, de más de que toda la gente está muy enferma, y por falta de salud no pueden acudir a los aparejos, ni a la gavia de que podrían resultar romperse algún árbol, u otra mayor pérdida a los cuales mandó en nombre de Su Majestad dé cada uno su parecer lo que más convenga que se haga al buen acierto, y seguro de navío y viaje. Habiéndolo platicado todos juntos fueron de acuerdo y dieron por parecer, de que se arribase a un puerto que estaba a sotavento cosa de dos leguas, que dijo el piloto mayor Francisco de Bolaños haber estado en él con el navío *San Agustín* cuando Sebastián Cermeño vino a hacer el dicho descubrimiento de esta costa, y que es seguro de este viento, y que en abonanzando, y habiendo tiempo para poder ir adelante se consiga el viaje al cabo Mendocino, y lo firmaron; y visto por Su Merced lo susodicho mandó se hiciese así, y que el piloto mayor arribase al puerto que dicen, en el cual den fondo en la parte más segura, y en abonanzando se siga el viaje al cabo Mendocino, y lo firmó.=Sebastián Vizcaíno.=Gerónimo Martín.=Alonso Esteban Peguero.=Pascual de Alarcón y Pacheco.= Sebastián Meléndez.=Juan Francisco Suriano.=Francisco Bolaños.= Esteban Rodríguez.=Ante mí.=Diego de Santiago, Escribano mayor.

En la nao Capitana *San Diego* de Su Majestad, en 13 días del mes de enero de 1603 años, en paraje de 41 grados y un cuarto más o menos, según declararon con juramento el piloto mayor Francisco de Bolaños y su acompañado Esteban Rodríguez, el general Sebastián Vizcaíno, a cuyo cargo es el dicho descubrimiento [*Fol. 16 v.*] hizo Junta con el capitán Gerónimo Martín, cosmógrafo, y con los capitanes y alféreces, piloto mayor, y acompañado, y les propuso y dijo, que Su Merced trae orden del Ilmo. Señor Conde de Monterrey, por la cual le manda que llegado que sea al dicho cabo Mendocino que dicen está en 41 grados, terciándole los tiempos de manera que no sean tan forzosos que obliguen a desaparejar o romper algún árbol, de que por ello resulte perderse, pase al cabo Blanco que dicen está en 44 grados, y si llegado a él la tierra no corriese de los suestes, sino que tire al norte, o al nordeste la siga otras cien leguas más adelante con que no pase de allí, sino que se vuelva al cabo de San Lucas para entrar por la ensenada de las Californias. Por la dicha orden le manda el señor dicho Virrey, que en las cosas que le pareciere dificultosas tome consejo y parecer de los susodichos, arrimándose siempre a los más votos, y siendo iguales haga lo que más bien le pareciere al servicio de Su Majestad; y ahora se le ofrece que los susodichos den sus pareceres lo que convendrá se haga respecto de que en este paraje comienza el invierno con vientos muy recios y aguaceros, y la gente está muy enferma, de manera que no hay tres marineros que puedan subir a aferrar las velas de gavia, y la demás tan desposibilitada de salud que no hay quien acuda a tomar el timón; y para que en todo se acierte lo que más convenga al servicio de Su Majestad en su nombre les manda den los dichos pareceres, sin atender ni tener otro respeto, sino que en todo se haga lo que más convenga, y dados, proveerá justicia, y así lo proveyó y mandó, y firmó.=Sebastián Vizcaino.=Ante mí.=Diego de Santiago, Escribano mayor.

En el dicho día, mes y año en la dicha nao Capitana *San Diego*, ante el dicho general se juntaron a la Junta a dar sus pareceres los dichos capitanes, y alféreces, pilotos y acompañados; y habiéndoles leído el auto de verbo ad verbum, y habiéndolo entendido y platicado, dijeron, que sus pareceres son: atento a que no hay gente que pueda acudir a marear el dicho navío, ni dos que puedan subir a la gavia, y si con fuerza de tiempo se rompiera algún mastelero o verga con la vela dada, no habiendo quien la aferre se va a peligro de zozobrar y ahogarse todos, además de que el tiempo da muestras de ser en este paraje invierno, porque esta luna de enero ha hecho con mucho viento [*Fol. 17*] travesía que es oeste sudeste con turbonadas de aguaceros, y se navega con mucho riesgo de varar en la costa, y por no hacerlo se vire la vuelta del sur disminuyendo altura de nuestro viaje, y por las razones dichas les parece en Dios y en sus conciencias como leales vasallos de Su Majestad, no conviene se pase adelante, ni se guarde cumplidamente la orden que se trae del dicho señor Virrey, por tener por más acertado y más en servicio de Su Majestad que nos volvamos al cabo de San Lucas a la parte a donde está acordado por la Junta antes de ésta a esperar la nueva orden del señor Virrey, y lo firmaron; y visto por el dicho general los dichos pareceres, y que todos están unánimes y conformes, de que se vuelva al cabo de San Lucas, mandó se hiciese así; y asimismo manda al capitán Gerónimo Martín, cosmógrafo, diga y declare si en todo lo descubierto hasta este dicho paraje queda algo sustancial sin ver, ni demarcar, sondar, arrumar en la carta de marear, hacer el derrotero cumplido, como lo manda el dicho señor Virrey, que diciéndolo está presto de mandar al piloto mayor Francisco de Bolaños, y a su acompañado arriben y vayan a donde el dicho capitán señalare, y así lo mandó, proveyó, y firmó. = Sebastián Vizcaíno. = Gerónimo Martín. = Alonso Esteban Peguero. = Pascual de Alarcón y Pacheco. = Francisco Suriano. = Francisco de Bolaños. = Ante mí. = Diego de Santiago, Escribano mayor.

En el dicho día, mes y año, yo el presente escribano abajo escrito leí, y notifiqué el auto de arriba al capitán Gerónimo Martín, cosmógrafo en su persona; y habiéndolo entendido dijo, que lo oía y que haría memoria de las partes donde convenía se reviese, siendo testigos el sargento Francisco Benítez, y Antonio Luis, cabo de escuadra, y Benito de Vargas, de que yo el escribano doy fe. = Ante mí. = Diego de Santiago, Escribano mayor.

En la nao Capitana *San Diego*, del dicho descubrimiento en 28 días del mes de enero de 1603 años, estando tanto avante como la isla de Santa Catalina en altura de 34 grados y medio, el general Sebastián Vizcaíno a cuyo cargo es el dicho descubrimiento, hizo junta con los capitanes, alféreces, piloto mayor, y su acompañado, y les propuso y dijo, que con parecer de todos ellos se había arribado desde el cabo Mendocino, y no se pasó adelante de él por las razones contenidas [*Fol. 17 v.*] en la Junta que en el dicho cabo se hizo; y aunque por parecer del dicho capitán Gerónimo Martín, y del dicho piloto mayor Francisco de Bolaños, y de su acompañado, como pilotos y marineros dieron que se aguardase algunos días la fragata *Tres Reyes* que faltaba en la dicha isla de Santa Catalina, por ser parte cómoda y buen temple, y en conformidad de los dichos pareceres se ha venido perlogando la costa, y reviendo algunas ensenadas que a la ida no se pudo hacer hasta este dicho paraje en que se ha detenido algunos días, y atento a que la gente va cada día con menos salud, y los sanos cayendo enfermos, y con falta de agua y leña para poder ir hasta el cabo de San Lucas, y que en la dicha isla de Santa Catalina la que tiene es poca, y está lejos de la playa, y la gente muy enferma para poderla hacer; atento a lo cual, y para que en todo se acierte lo que más convenga se haga, en nombre de Su Majestad, manda a los susodichos digan si conviene que se espere la dicha Fragata en esta dicha isla de Santa Catalina o no, o en qué paraje se esperará, o qué se hará que sea en más servicio de Su Majestad y buen acierto del dicho descubrimiento; y habiéndolo todos entendido lo propuesto por Su Merced y platicado, dijeron, que sus pareceres son atento a la gran necesidad y falta de gente que no hay quien pueda marear las velas, ni acudir a las demás faenas del navío, y si se [diese] fondo en la dicha isla de Santa Catalina no podrá la dicha gente zarpar el ancla, atento a estar toda enferma, y si algunos días se detuviesen en la dicha isla apretando la enfermedad como va se ponía a manifiesto riesgo y peligro de no poder llevar el dicho navío a la Nueva España, sino perderse todos, y atendiendo al menos daño que podría suceder, tienen por más acertado de que no se pierda ahora de tiempo, sino que se siga el viaje al cabo de San Lucas, y si antes de llegar a él apretase la necesidad de agua y de leña a tanto, se tomará en la parte a donde nos hallaremos, y esto les parece en Dios y en sus conciencias y lo firmaron; y visto por Su Merced los dichos pareceres, mandó se hiciese así, y que el dicho piloto mayor, y su acompañado arriben y hagan la derrota por donde vinieron, sin desviarse de la tierra por si apretare mucho la necesidad del agua, se redima, y lo firmo juntamente con los susodichos. = Sebastián Vizcaíno. = Gerónimo Martín. = Alonso Esteban Peguero. = Pascual de Alarcón. = Juan Francisco Suriano. = Francisco de Bolaños. = Esteban Rodríguez. = Ante mí. = Diego de Santiago, Escribano mayor.

En la nao Capitana *San Diego* de Su Majestad, el general Sebastián Vizcaíno [*Fol. 18*] a cuyo cargo y orden es el dicho descubrimiento, gente de mar y guerra y navíos de él, en 13 días del mes de febrero de 1603 años, estando tanto avante con el cabo de San Lucas y bahía de San Bernabé dijo, que en conformidad de algunas Juntas y acuerdos de mar y guerra que ha hecho con el almirante Toribio Gómez de Corban, y con el capitán Gerónimo Martín, cosmógrafo, y con el capitán Alonso Esteban Peguero, y el alférez Pascual de Alarcón, y el alférez Sebastián Meléndez y Juan Francisco Suriano y Martín de Aguilar, y con el piloto mayor Francisco de Bolaños, y con el piloto Juan Pascual y los acompañados de pilotos Esteban Rodríguez y Baltasar de Armas y con el piloto Antón Flores de la fragata *Tres Reyes* para que se acertase más bien a hacer el dicho descubrimiento, y cumplidamente el servicio de Su Majestad, como ordena y manda el Ilmo. Señor Conde de Monterrey, Virrey de la Nueva España, por la orden e instrucción que para ello dió, y porque en la Junta que se hizo en el cabo de San Lucas, a 7 de junio del año pasado, se acordó que el barco luengo que se traía para servicio de los demás navíos se quedase en el dicho cabo de San Lucas en una laguna debajo del agua por no ser de provecho e impedir el viaje, y llevarlo iba a riesgo de perderse, y así se quedó el dicho barco con que a la vuelta del cabo Mendocino se sacase y se llevase; y por otra Junta que se hizo con los susodichos en el puerto de Monterrey, en 18 días del mes de diciembre de este año de 1603 fue acordado por las razones contenidas en la dicha Junta se despachase de aviso la nueva Almiranta *Santo Tomás* al Ilmo. Señor Conde de Monterrey llevando razón de lo hecho en el dicho descubrimiento, y los enfermos, y enviando a pedir al dicho señor Virrey socorro de gente y bastimentos y otras cosas, señalando tiempo para ello, y que lo esperaríamos en el puerto de La Paz, ensenada de las Californias y otras cosas, como parecerán por la dicha Junta, y en otra Junta que Su Merced hizo estando tan avante como el cabo Mendocino, en 13 días del mes de enero de este dicho año se [*Fol. 18 v.*] acordó no convenía pasar adelante de él por estar enferma la gente, y los tiempos contrarios, invierno y frío, y por otras cosas que se declararon en el dicho auto, y que se volviese al dicho cabo de San Lucas a hacer alto así para sacar el dicho barco, como para sacar la fragata los *Tres Reyes* y cumplir los acuerdos y juntas de atrás, y en esta conformidad ha venido Su Merced desde el dicho cabo Mendocino hasta éste de San Lucas; y habiéndose ofrecido después de hechas las dichas juntas haber caído la dicha gente muy enferma, y no tener médico, medicinas, ni regalos con que curarla, que por esto se han muerto algunos, y los demás van a manifiesto peligro de perecer y morir en el dicho viaje, y para que en todo se acierte el servicio de Su Majestad, y lo que más convenga a su real servicio, mandó que luego se haga Junta con los capitanes y alféreces y piloto mayor y acompañado de la Junta, a los cuales se les propone y manda en nombre de Su Majestad digan, si conviene que se entre en esta bahía de San Bernabé, y cabo de San Lucas, y se saque el dicho barco luengo, y se lleve, y se espere algunos días la fragata los *Tres Reyes* que falta que se entiende queda atrás, y si asimismo conviene se vaya al puerto de La Paz, a esperar el dicho socorro, y nueva orden de Su Señoría como se le envió a pedir, o si será más cómodo respecto de los muchos enfermos que hay y no tener que darles que perecen de hambre, y que los dos calafates que se traía son muertos, se arribe a las islas de Mazatlán, costa de la Nueva España, parte segura donde hay españoles, y regalos, y cerca de México y Guadalajara, donde con mucha brevedad por tierra se avise al Virrey en el estado que queda el dicho descubrimiento, y con la necesidad forzosa que obligó ir a las dichas islas, sirviéndose Su Señoría de que se consiga el dicho descubrimiento se le enviará a pedir lo más que fuere menester calafates y otras cosas, donde no, desde allí podrá ir a Acapulco, o a donde Su Señoría mandare y cada uno diga su parecer sin moverles más pasión de que se haga y acierte el servicio de Su Majestad y dados proveerá lo que más convenga y así lo mandó y firmó Sebastián Vizcaíno ante mí Diego de Santiago, Escribano mayor.

[*Fol. 19*].   En el dicho día, mes y año en cumplimiento del auto de arriba se hizo Junta en presencia del dicho general y de mí el presente escribano, los dichos capitán Gerónimo Martín, cosmógrafo y el capitán Alonso Esteban Peguero y al alférez Pascual de Alarcón y el alférez Juan Francisco Suriano y el piloto mayor Francisco de Bolaños y su acompañado Esteban Rodríguez y habiéndoles leído el dicho auto de verbo ad verbum y apercibidos en nombre de Su Majestad den los pareceres que se les manda y habiéndolo entendido dijeron el dicho capitán Gerónimo Martín que atento a que la gente está muy enferma y en tal manera que no hay seis hombres sanos, le parece cosa imposible poder sacar el dicho barco sin poner la nao en riesgo de manera que se pierda y se quede en la dicha bahía por no haber gente con que levar las anclas y por las razones dichas no conviene que se eche en el dicho cabo de San Lucas ni se saque el barco ni que tampoco, se vaya al puerto de la Paz, por ser los indios de guerra y no llevar gente con que saltar en tierra a proveer lo necesario y así se arribe a la costa de la Nueva España al puerto que se hallare más seguro y a donde se pueda redimir la necesidad que se lleva y avisar al señor Virrey y éste es su parecer.—Y el capitán Peguero dijo que su parecer es que no embargante que tiene firmado las juntas que el auto cita y que a donde se hicieron había gente con salud para hacer lo que se propuso y ahora no la hay sino toda muy enferma no se entre en el cabo de San Lucas ni se saque el barco por ser cosa imposible y que se vaya al puerto de La Paz a donde está acordado o a el de Acapulco y no a otro de la Nueva España porque le parece ser esto lo que más conviene al servicio de Su Majestad.—Y el alférez Pascual de Alarcón dijo que su parecer es que por las razones dichas arriba no conviene se entre en la dicha bahía a sacar [*Fol. 19 v.*] el barco por no haber quien lo haga y por la misma razón tampoco conviene se vaya al puerto de La Paz sino que se arribe a la Nueva España al puerto de Acapulco por cuanto le parece ser servicio de Su Majestad y porque si el señor Virrey se determinare de enviar socorro lo podrá hacer mejor con este navío por estar aviado que no con otro ninguno además de que la gente que al presente está en este navío aunque se tome cualquier puerto de la Nueva España, va tal que no podrá conseguir ninguna de ella, el descubrimiento de la dicha boca de las Californias y el no ser de parecer que se entre en las islas de Mazatlán es porque no se sabe que haya ninguna cura ni medicamento y que será acabar de perecer toda la gente y así es de parecer se vaya con el dicho navío a Acapulco, respecto de poder estar allá dentro de doce días y que en Dios y en su conciencia le parece convenir esto al servicio de Su Majestad.—El parecer del alférez Juan Francisco Suriano es que no se entre en la bahía de San Bernabé por las razones dichas ni se vaya al puerto de La Paz sino que se arribe a la costa de la Nueva España al puerto más seguro a donde se tome algún refresco y desde allí se vaya a Acapulco y esto es lo que le parece más en servicio de Su Majestad.—El parecer del piloto mayor Francisco de Bolaños es que por las razones dichas no conviene se entre en el cabo y bahía de San Bernabé ni se saque el barco por no haber gente para ello ni tampoco la hay para ir al puerto de La Paz ni estar en él y así se arribe a la Nueva España al puerto de Matanchel o a la caleta de Chacala que es seguro y sería para avisar al señor Virrey y haber muchos bastimentos para redimir la necesidad que se lleva.—El parecer del maestre y acompañado es por las razones dichas no se entre a sacar el barco ni se vaya al puerto de La Paz, sino que se vaya al puerto de la Nueva España más seguro a donde se redima la necesidad que se lleva y sea más en servicio de Su Majestad.

Visto por Su Merced los pareceres de los susodichos y que son de acuerdo de que no se entre en la bahía de San Bernabé, ni se saque el barco ni se [Fol. 20] vaya al puerto de La Paz, sino que se arribe a la Nueva España y atento a que algunos son de parecer se arribe a Acapulco que es fuera de lo que Su Merced les propuso y otros a las islas de Mazatlán o al puerto más seguro de la dicha costa y atento a que es grande la necesidad que hay y más de cuarenta y cinco enfermos y haberse acabado totalmente algunos regalos que había y no haber quedado en el navío mas de dos porquezuelos y dos gallinos que será razón que se podrán sustentar la gente cuatro o cinco días porque los bastimentos que han quedado de Su Majestad es garbanzos, habas y tocino y bizcocho, todo corrompido y sin ninguna sustancia, e ir la dicha gente enferma de la boca, de manera que ninguna cosa de las susodichas pueden comer y si con esto se fuese de retro vía al puerto de Acapulco no se podría sustentar la dicha gente y perecería toda y se pondría en riesgo de perderse el navío de Su Majestad por no haber quien lo lleve y atendiendo al servicio de Su Majestad y a que con más brevedad se redima la necesidad que se lleva y se sepa en la costa de la Nueva España si hay algún aviso o nueva orden del señor Virrey de la que se le ha enviado a pedir y porque la isla de Mazatlán es la parte más cerca de este paraje y cerca del puerto de ellas está la villa de San Sebastián a donde hay caja del rey y oficiales reales, justicia y la provincia abastecida de bastimentos y camino seguro para avisar al señor Virrey y si alguna fragata hubiere Su Señoría despachado de aviso al puerto de La Paz ha de pasar forzosamente por las dichas islas y así mandó al piloto mayor vaya derechamente a ellas de retro vía y llegado que sea con la mayor brevedad posible se verá de comunidad que hay para redimir la necesidad que se lleva y la seguridad de este navío porque no conviene meterlo en caleta sino en puerto seguro, de manera que no corra riesgo y no habiendo en las dichas islas la comodidad que la necesidad que se lleva ha menester, proveerá lo que más convenga en servicio de Su Majestad y lo firmo con los susodichos Sebastián Vizcaíno, Gerónimo Martín, Alonso Esteban Peguero, Pascual de Alarcón, Juan Francisco Suriano, Francisco de Bolaños, Esteban Rodríguez. Ante mí, Diego de Santiago, Escribano mayor.

[Fol. 20 v.]. Corregido con el original que está en el libro de Su Majestad del dicho descubrimiento que comienza desde hojas dos de él hasta veintisiete que va escrito en veinte hojas que va cierto y verdadero que se hallaron a verlo escribir y corregir Juan Martín Márquez, Antonio Luis y Andrés Leal en testimonio de verdad lo firmé de mi nombre e hice mis rúbricas acostumbradas siendo testigos los dichos. Hecho en México a ocho de noviembre de mil y seiscientos y tres años.

En testimonio de verdad.=Diego de Santiago, Escribano mayor.
[Hay cuatro rúbricas]   [Rubricado]
[Nota.—Se conserva una copia en el M.N., Navarrete, XIX, 7, fols. 74-98].

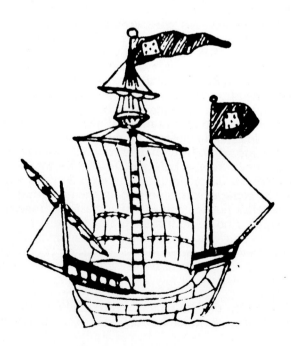

APÉNDICE IV

Derrotero desde Acapulco al cabo Mendocino, hecho durante la segunda navegación de Sebastián Vizcaíno a California (1602) por Gerónimo Martín Palacios con los diseños de la costa hechos por Enrico Martínez

Archivo General de Indias.
Audiencia de México. Leg. 372, fols. 47-91 v.

[Fol. 47]. *Derrotero de la navegación desde el puerto de Acapulco al cabo Mendocino y boca de las Californias hecho por el capitán Gerónimo Martín Palacios, cosmógrafo mayor del nuevo descubrimiento de los puertos y bahías, ensenadas de la tierra y puertos y fondeaderos con sus derrotas, alturas, señas de la tierra y los demás requisitos que pide el arte de la mar, hecho con acuerdo del piloto mayor Francisco de Bolaños y su acompañado Esteban Rodríguez y los pilotos Juan Pascual, Baltasar de Armas y Antonio Flores, que en conformidad de todos se hizo de la manera siguiente:*

Estando presente el P. Fray Antonio de la Ascensión, que se hizo el año de 1602 por mandado del Rey D. Felipe N.S. tercero de este nombre, siendo Virrey y Capitán General de la Nueva España el Ilmo. Sr. Conde de Monterrey y siendo general, yendo a su cargo la gente de mar y guerra del dicho descubrimiento Sebastián Vizcaíno, vecino de México.

Derrota que se debe hacer del puerto de Acapulco al cabo de Corrientes, con los puertos, ensenadas y surgideros que en esta costa hay y con sus señas de tierra.

Partiendo del puerto de Acapulco para el cabo de Corrientes se ha de gobernar al oeste-noroeste hasta la punta de Tequepa que está veinticinco leguas del dicho puerto. Es la dicha punta un pedazo de cerro mediano que baja de la tierra adentro, echado de nordeste-sudeste hasta la mar y es tajado de peña y antes de llegar a ella de la banda del sueste hace unos altos en la tierra amogotados y redondos que parecen islas; del dicho puerto de Acapulco en la misma costa a cinco leguas se llama la playa de Sitala y de ella cuatro leguas al oes-noroeste está una pesquería en la [*Fol. 47 v.*] boca de un río que se llama Boca de *Mitla* y frontero de este río está el pueblo de Coyusa, perlongando la costa por el dicho rumbo están los apusabalcos, que son unas huertas de cacao que están cerca de la mar y de Acapulco catorce leguas; y de aquí va prosiguiendo la costa de playa limpia con algunos palmares hasta llegar a la dicha punta de Tequepa atrás dicha. De esta dicha punta por el oes-noroeste a nueve leguas está la punta de Peteatlán; es un morro pequeño tajado a la mar que desde lejos parece isla, entre él y la punta de Tequepa hace la tierra una ensenada de playa limpia llena de arboleda y en el comedio de ella está una barranca pequeña tajada que se ve bien de la mar, llámase el Calvario; hace de advertir que la punta de Tequepa tiene un farellón blanco de la parte de la ensenada y se puede surgir al abrigo de él y la punta de Peteatlán, tres farellones muy blancos que desde lejos parecen uno y se puede pasar por tierra de ellos sin recelo de estos farellones al oes-noroeste cosa de dos leguas, arrimado a la tierra está un farellón pequeño muy negro, está norte sur con el puerto Ciguatanejo, es esta seña para saber la boca del puerto porque está entre unos morros tajados de peña y para entrar en él se han de llegar al farellón negro y del que se verá la boca del puerto, puede pasarse por cualquiera parte sin ningún recelo, es este puerto muy bueno para surgir en él cualquier género de navíos, tiene agua y leña y muy buenos palos para vergas y masteleros, está en altura de dieciocho grados.

De aquí a una legua por el oes-noroeste están cinco farellones pequeños que entre ellos y la tierra se puede surgir seguramente; al norte de ellos a una legua están dos isletas pequeñas cerca de tierra; puédese surgir a socaire de ellas con cualquier viento, llámase este surgidero *Ystapa*, tiene por señas encima de sí una sierra alta muy grande que si hace claro se ve de muchas leguas y es amogotada en lo más alto, llámase la sierra de Pantla; de este surgidero de Ystapa se prosigue la costa por el oes-noroeste toda la playa limpia diez leguas, al remate de ella están la boca de un río grande metido entre unos manglares, llámase el río de *Zacatula* y por otro nombre el de las Balsas, puédese surgir en toda esta costa a una legua de tierra en diez brazas de buen fondo.—A seis leguas de este río por el oes-noroeste comienza una tierra áspera con algunos farellones pequeños cerca de tierra, es esta tierra de 20 leguas áspera y muy alta a la mar, llena de morros tajados, llámanse los *Motines* y en el comedio de ellos está un surgidero muy bueno para cualquiera suerte de navíos [*Fol. 48*] es una ensenada de media legua de boca, tiene en medio un farellón y dentro cuatro brazas de fondo muy bueno; llámase este surgidero Tejupán, porque tiene cerca un pueblo del mismo nombre al oes-noroeste, de este surgidero (hay otro) cuatro leguas muy bueno, al reparo de un morro mediano con un farellón pegado, así llámese este morro punta de Suchissi, tiene un

cerro alto y grande encima que se llama Sierra Maquile, en ella se acaban los Motines, háse de advertir que aunque esta tierra es áspera se
puede surgir en toda ella cerca de tierra porque es segura; de esta punta
de Suchissi va la costa de tierra llana de Manglares y a una legua de la
dicha punta está un río que baja de la serranía, llámese este río de Colima, prosiguiendo la costa están unas lomas bajas llenas de sábanas
cerca de la playa y al remate de ellas de la banda del es-sudeste están
las pesquerías de Colima, y de ellas al nordeste va perlogando un valle
de Cagitlan, a donde hay muchas huertas de cacao y si hace claro se
verá el volcán de Colima, que está quince leguas de la mar y hecha humo y a dos leguas de estas pesquerías por la costa adelante está el
puerto de Salagua y para ir a él se ha de gobernar de luengo de costa
por el oes-noroeste; tiene en la boca de la banda del noroeste un morro
grueso, redondo y a lo alto de la parte del sueste hace un pedazo de
tierra tajada, sin arboleda ninguna, tiene pegado así dos farellones, el
más pequeño junto al morro tajado, están de noroeste sueste y en el
remate de él por dentro al noroeste hay una playa grande llena de arboleda verde y de la parte de dentro de la boca de la parte del noroeste
está un farellón muy blanco, grande, de hechura de pan, y media legua
adentro de él están cinco piedras encima del agua y la mayor de ellas
parece un barco a la vela, puede pasarse por cualquiera parte de estas
piedras sin ningún recelo de ellas al noroeste entre unos morros altos
tajados está una ensenada grande que tira la vuelta del noroeste, llámese el puerto de Santiago y si se quiere ir a surgir al puerto de Salagua, desde las piedras susodichas, los nordeste, derecho a una playa
de arena que aunque sea vea en ella resaca no hay que recelar, llegando [Fol. 48 v.] cerca de ella la vuelta del norte esá otro surgidero muy
bueno, detrás de una isleta pequeña de piedra, es abrigado de todos
los vientos, de cinco brazas el fondo de arena, al remate de la playa,
atrás, dicha la vuelta del sueste está otro puerto muy bueno y grande
para muchas naos muy abrigadas y seguro, se puede entrar en caso
que se ofrezca en él de noche como se vaya costeando la playa; llámase
este puerto las Caletas; todos estos dichos puertos están dentro de la
boca del Salagua; tiene leña, madera y agua, se halla en medio de la
ensenada en donde está un platanal y de él al pueblo hay dos leguas;
advierta el que viniere de mar en fuera, en demanda de este puerto,
que tiene cerca de la boca de la parte del noroeste un cerro redondo
que tanto avante como el de la parte de dentro está el primer surgidero. Tornando a proseguir la costa desde la boca y farellón desde puerto al de la Navidad hay seis leguas y en el comedio de ellas, cerca de
tierra, están dos farellones pequeños muy blancos, a tres leguas de
ellos hace dos morros altos, y juntos, echados de norte a sur y el de
más a la mar, parece isla por la quebrada que hacen entre uno y otro;
y a la mar de este morro tiene un farellón grande de hechura de pan
de azúcar; y llegado cerca de él se verá una piedra pequeña encima
del agua que parece chalupa, se puede pasar por entre ella y el dicho
farellón y de aquí el nor-noroeste están dos farellones grandes de pa-
ñas con muchas quebraduras y de la banda del noroeste, entre ellos y
la playa, hace buen surgidero a un tiro de mosquete a donde se acaban
las peñas y comienza la playa no está seis pasos del agua salada, hallá-

ranse las señas afojadas de este libro. De este surgidero a la vuelta del este, al remate de la playa de arena, a una legua, está un estero que dentro de él hace una laguna de más de dos leguas y a la boca de ella está el astillero a donde se hicieron las primeras naos que navegaron a Filipinas saliendo de este puerto de la Navidad, al oeste de él tres leguas están cuatro farellones de diferentes tamaños todos en cordillera, de nordeste, sudoeste y de la banda del norte de ellos está una ensenada grande; se puede surgir en ella por ser abrigada de todos los vientos, de aquí a tres leguas al noroeste se verán otros dos farellones grandes que parecen de lejos navíos a la vela y se llaman los farellones de Apazulco y tres leguas de estos farellones al oes-noroeste está una punta de tierra baja, tajada de barrancas coloradas y de la banda del norte de ellas [*Fol. 49*] de esta punta va la tierra haciendo una ensenada hasta llegar a las islas de *Chamela* que están a tres leguas: son dos islas medianas, bajas y por las bandas del sudeste entre la 1.ª y la Tierra Firme hace muy buen puerto, puede surgir en ocho brazas de arena limpia, hay en la playa de este surgidero agua y leña y madera y de ordinario pesquería de españoles, llámase este puerto Chamela.

De estas isletas al cabo de Corrientes hay 35 leguas y se corre la costa de noroeste-sudeste cuarta del es-oeste, toda de playa limpia, y la costa segura a seis leguas antes de llegar al dicho cabo está un morro tajado que en todas las treinta y cinco leguas no hay otro, y en él hace una muy buena ensenada y se podrá al abrigo de ella reparar de viento noroeste, aquí se llama la laguna del piloto, de este surgidero se corre la costa al cabo de Corrientes de noroeste-sudeste seis leguas y luego vuelva la costa al norte y nordeste hasta el dicho cabo que está en altura de 20 grados y un tercio.

hallarán las señas del cabo de Corrientes a 62 hojas de este libro.

La derrota que se debe hacer desde este dicho cabo a las islas de Mazatlán por lo largo de costa, con declaración de todos los surgideros, islas, sondas y señas de tierra.

Partiendo del cabo de Corrientes para ir a las islas de Mazatlán y puerto de la Trinidad corre la costa del dicho cabo la vuelta del este doce leguas, al remate de ellas hace una ensenada grande, llámase el valle de Balderas y de ella corre la costa atrás doce leguas al oesnoroeste hasta la punta de Tintoque; es esta punta baja y antes de llegar a ella en el comedio de las doce leguas está un río que se llama del Valle; es de agua dulce, pueden entrar en él fragatas pequeñas. La punta de Tintoque como está dicho es baja, con una loma pequeña, pelada, que desde lejos parece isla y al sudoeste a dos leguas tiene dos isletas pequeñas, llámanse de Tintoque, como la misma punta al sudoeste de estas isletas tienen una restinga a una legua, que revienta la mar en ella, y un farellón más a la mar que por entre él y la restinga se puede pasar seguramente.

las señas a 62 hojas de este libro.

De esta dicha punta de Tintoque, la vuelta del nor-nordeste a doce leguas está Chacala que es el puerto de Compostela, se puede surgir con cualquier navío, tiene doce brazas de arena, el fondo limpio, es puerto para surgir en él de verano [*Fol. 49 v.*] en caso que se ofrezca.

De este surgidero al nor-noroeste seis leguas, está otro surgidero muy bueno para en tiempo de verano, llámase Matanchel, tiene en él seis isletas que al socaire de ellas hace el dicho surgidero, que tiene por señas ser una playa limpia, al remate de ella está un pedazo de sierra no muy alta, montuosa, de las seis isletas, otras dichas al noroeste, a una legua está un riachuelo que se llama Vilan, tiene en la boca un farellón blanco que parece navío a la vela y al oeste de él, a tres leguas, está otro farellón con fondos muy seguros, tiene el fondo de cuatro y cinco brazas de arena limpia. Del río de Autlan a una legua, la vuelta del noroeste, está un río grande; sale la boca de una grande arboleda, llámese el río de Cuyanptlán, este río es el que pasa por Toluca, del noroeste una legua está otro río, S. Andrés, es toda esta costa de entre ríos baja, se puede surgir de largo de costa seguramente. Llámase esta provincia de Cintiquipaque. De este río S. Andrés, la vuelta del oesnoroeste, a diez leguas, están las islas de S. Andrés, parecen ser una y está dividida en seis pedazos, por entre ella y la tierra firme hay de buen fondo de quince hasta diez y seis brazas, lo menos de lama, prosiguiendo la costa del río San Andrés susodicho, la vuelta del noroeste doce leguas está una punta, que baja de la serranía de *Caponeta*, que es una sierra muy alta y viene bajando de nordeste sudoeste hasta la mar y se remata en la dicha punta de Mataren. De esta punta, la vuelta del noroeste cuarta al norte a cinco leguas, está el río de Chamela y antes de llegar a él, hasta las islas del Mazatlán, va una tierra muy amogotada de diez leguas cerca de la mar que parecen islas, advierta el que hubiere de entrar a surgir en el puerto de la Trinidad y islas de Mazatlán que, en viendo dos islas juntas que, tomándolas de noroeste sudeste, parecen una, y cerca de sí, antes de llegar a ellas, tienen cinco farellones, los dos postreros y más llegados a ella son blancos y de piedra tajados, tiene este surgidero dos bocas, la una por entre los farellones y la isla primera, se ha de entrar nor-nordeste su-sudoeste desde diez brazas hasta ocho, estará avante tanto como la entrada y de este fondo al noroeste, perlongando la isla, se irá hasta cuatro brazas de buen fondo, arena limpia; en la otra isla además al noroeste hay surgidero y entre ambas no se hallará agua dulce, de verano si al salir quisiera por entre las dos islas es mejor y más fondable entrase y saliese por ellas de los nordeste o su-sudoeste.

las señas de las islas de San Andrés a hojas 62 de este libro.

La derrota que se debe hacer del cabo de Corrientes a las islas de Mazatlán por fuera en derrota derecha.

Partiendo del cabo de Corrientes para las dichas islas se ha de gobernar [*Fol. 50*] al norte y por esta derrota se irá a reconocer la punta de Mataren, que está diez leguas, antes de llegar a las dichas islas, que es a donde comienza la costa amogotada que parece de nueve islas a causa de ser baja la tierra que hay entre ellas al nor-noroeste, del dicho cabo de Corrientes, a seis leguas, está una isleta pequeña dividida en dos en veinte grados y tres cuartos. Segura de bajos, y de ella al nor-noroeste a nueve leguas está una isla que la demás al sudeste de las Marías, tiene en contorno más de doce leguas, es muy montuosa,

las señas de estas serrezuelas que parecen islas que están a 10 leguas antes de Mazatlán a 62 hojas y asimismo las islas y farellones.

tiene al noroeste otras tres islas, las dos grandes y de la isla primera que se llama Buena Vista, al norte, cuarta al nordeste veinte leguas, están las islas de S. Andrés que aunque son seis parecen una; hay de ellas a las islas de Mazatlán quince leguas por el norte, cuarta del noroeste están en altura de 23 grados y medio.

La derrota que se debe hacer de las islas de Mazatlán al cabo de San Lucas y bahía de San Bernabé.

Saliendo de las islas para el cabo de San Lucas se ha de gobernar al oeste-sudoeste que es la derrota que tiene el dicho cabo con las islas aunque sea de guiar para el oeste y para esta derrota se verá el cabo que está tajado a la mar y encima de él hace un cerro muy redondo más alto que el dicho cabo y tiene pegado así tres farellones de piedra tajados a la mar y están tan juntos que, tomándolos de nordeste sudoeste, por cualquier parte de los dichos rumbos, hacen todos tres uno aunque diferentes señas como se verá a hojas de este libro, entre este dicho cabo y un morro bajo que está al nordeste una legua hace una bahía de San Bernabé, puerto para abrigo de terrales y ponientes, y el mejor surgidero y más abrigado está junto a la 1.ª playa a donde se acaban las peñas de dicho cabo, junto a una caleta pequeña hay catorce brazas muy cerca de tierra porque el de más fondo afuera de éste es cuarenta brazas más y poco menos de adonde comienza la playa atrás dicha, a un cuarto de legua, la vuelta del norte, está un carrizal de cañas verdes, de dentro de él está una laguna pequeña de agua dulce muy buena, de manantial, y está un tiro de piedra de la mar, hay ordinariamente en esta bahía leña y mucho pescado de cordel y chinchorro, se puede surgir en toda la dicha bahía de largo de la playa y diez y menos brazas, ha [*Fol. 50 v.*] de advertir el que surgiere de echar el ancla de tierra en la menos agua que pudiere porque es corrivo y cigarra dará en mucho fondo; está esta bahía y cabo de San Lucas en altura de veintidós grados y medio.

Si habiendo salido como está dicho de las islas de Mazatlán para el dicho cabo de S. Lucas por el oes-sudoeste como lo dice la derrota de atrás y por algunas causas de corrientes o vientos contrarios que se suelen ofrecer en esta travesía se reconocieren unas sierras altas, amogotadas, que de la banda del nordeste nacen y se remontan en un cerro alto, tajado, que parece isla y lo es, aunque está muy junto con las sierras, y de este dicho morro se corre la costa y sierra de nornordeste sudoeste doce leguas segura de bajos, se puede dar fondo en toda ella en caso que se ofrezca y al remate de las doce leguas está una punta baja, que de ella al dicho cabo de S. Lucas y bahía de S. Bernabé hay dos leguas, llámanse las dichas sierras altas amogotadas del monte Carmelo y se hallaran a [*sic*] hojas de este libro.

La derrota que se debe hacer desde el cabo de San Lucas hasta la gran bahía de la Magdalena con sus señas de tierra, sondas y surgideros que hay en la dicha derrota.

las señas a 61 hojas de este libro.

Saliendo del cabo de S. Lucas en demanda de la bahía de la Magdalena, se ha de gobernar dos leguas el oeste, porque así corre la costa hasta llegar a un cabo de arena, alto, que se ve de más de diez leguas, con unas manchas negras de yerba, de este dicho cabo corre la costa al noroeste doce leguas de costa muy segura y de playa, y de allí corre la costa al noroeste diez leguas y en ellas hace ensenada larga y de aquí se ha de gobernar al noroeste y a siete leguas están dos morros en la mar, tajados, a la caída de las sierras altas que nacen del dicho cabo de S. Lucas; entre estos dichos morros hay una ensenada pequeña al parecer buena y una legua al noroeste de ellas está un morro tajado, de la parte del noroeste de él, hace abrigo del sudeste, las sierras que están al nordeste de este morro son muy altas, en la caída que hacen, en lo más alto, tienen tres mogotillos de diferentes tamaños que parecen órganos, éste es el remate de las sierras dichas, de aquí baja la tierra cosa de cinco leguas y las demás de playa de arena muy baja con algunas mesas [*Fol. 51*] de tierra muy baja, poco desviadas de la mar, echadas de noroeste sudeste; como la misma costa es limpia y segura de bajos, yéndola perlongando al noroeste como está dicho se verá la vuelta del oes-noroeste, una sierra mediana, echada de nordeste sudoeste, que parece isla, como se verá a tantas hojas de este libro, llámase la dicha sierra Sta. Margarita y entre la punta que hace de la banda del nordeste y la costa atrás dicha, hace una barra dentro de la ensenada engañosa de Santa Marina, hay dentro de la dicha barra un puerto y surgidero, la entrada de cinco brazas lo menos y dentro hay mucho fondo, comunícase con la bahía de la Magdalena de la punta del sudoeste de la sierra de Sta. Margarita, que así se llama, de la misma punta a la dicha barra de Sta. Marina hay cuatro leguas, la orilla de la mar de playa de poco fondo, está su altura de veinticuatro grados y medio, tiene la dicha punta de Sta. Margarita dos farellones pegados así y una restringa de bajos cerca de los farellones, como a un tiro de arcabuz, y de esta dicha punta a la bahía de la Magdalena se ha de gobernar al noroeste cuarta del oeste, las cinco leguas de la dicha punta tiene por señas unas sierras no muy altas y en ellas, más llegados a la mar, están dos cerros muy altos, el uno más que el otro, de hechura de panes de azúcar y hacen estas señas estando nor-noroeste sudoeste, con ellas como se verá a hojas de este libro, llámanse San Pedro y San Pablo, una legua al noroeste de ellos hace una ensenada que de ella a la bahía de la Magdalena hay cinco leguas de noroeste sudoeste cuarta del este oeste, hay de ella al dicho cabo de San Lucas en derrota derecha sesenta y cinco leguas, la entrada de esta bahía es de dos morros, del uno al otro hay dos leguas y de la parte del noroeste tiene cerca de sí dos farellones y ellos muy juntos que se llaman los Dos Hermanos, y para surgir de la banda del noroeste de dentro de la bahía se podrán dejar ir hasta veinte brazas, tanto avante como el morro de los Dos Hermanos y de este fondo la vuelta del nor-noroeste a legua y media se ha de ir hasta fondo de seis brazas, donde hay una ensenada antes de llegar a una punta de arena baja y a la falda de una sierra muy [*Fol. 51 v.*] empinada, que es la más alta que de allí se ve, el fondo es de arena y seyva [*sic*] y si se quisiere ir a surgir detrás de la punta de arena que está al noroeste de este surgidero es mejor y más abrigado, aunque entre ambos lo son de mucho pescado, y de esta punta al noroeste una legua en la misma bahía está otra ensenada más escondida y de muy buen fondo, estos son los surgideros que están de la parte del noroeste de la boca y al entrar en la dicha bahía si quisiere surgir de la parte del sudeste podrá, dando resguardo a una restinga que sale del morro dos tiros de arcabuz, la vuelta del sudeste hay ensenadas de buen fondo, se podrá surgir en las brazas que quisiere, tiene esta dicha bahía lo que se pudo ver de ella en contorno, por la parte de dentro más de dieciséis leguas y en todas ellas no se halló agua dulce por ser en el mes de julio, sólo hay un jaguey en que los indios cojen agua cuando llueve, porque los hay muchos en esta bahía deseosos de tratar con los españoles, si se quisiere saber donde está el jaguey del morro de la entrada, la vuelta del sudeste a dos leguas y media por la parte de dentro está una boca que de la parte del norte es de playa de arena y de la parte del sur hace una punta redonda y detrás de ella una ensenada muy cerrada, que en la orilla de ella hay ranchería, que de ella sale una senda, la más pisada que pasa por la orilla de un arroyo, a un cuarto de legua está el dicho jaguey tendrá 150 botijas de agua, lleno servirá para en tiempo de secas está el surgidero del oeste y la boca de la dicha bahía está en altura de veintinco grados justos.

La derrota que se debe hacer de la bahía de la Magdalena a los abreojos con sus sondas y surgideros y señas de tierra que hay en esta derrota de largo de costa.

Partiendo de la bahía de la Magdalena para los abreojos como tengo dicho, tira la costa cosa de dos leguas al oes-noroeste y tres leguas de noroeste sudeste, todas de sierras medianas y ásperas y en medio de ellas está [*Fol. 52*] una, la más empinada, que tomándola de nor-noroeste su-sudoeste hace en lo más alto una quebradilla, con dos mogotes iguales, como va señalada en hojas de este libro y al remate de estas cinco leguas dichas, está la ensenada de Santa Marta, tiene más de dos leguas de boca, la tierra de dentro muy baja, de playa de arena, si se quisiere entrar dentro se ha de entrar por en medio de la boca, mas desviados de la punta del noroeste, porque hecha una restinga de más de una legua con un banco que altera la mar en él es de dentro grande y abrigado de todos los vientos de la parte del noroeste, de esta ensenada al noroeste dos leguas está la punta de S. Lázaro, que de ella a la ensenada es de un pedazo de sierra con una quebrada en medio que parece isla y demorando al es-sudeste hace las señas, como se hallará a hojas de este libro. De la punta de S. Lázaro tiró la costa al nor-nordeste, norte y nor-noroeste que hace grande ensenada hasta altura de 20 grados y un cuarto hallarán en toda esta ensenada, desde treinta brazas de lama hasta doce de arena limpia, es costa muy segura de

Las señas a 73 hojas de este libro.

playas y en la tierra adentro de sierras no muy altas amogatadas y los mogotes apartados y los que están más al sudeste más juntos y más altos y de la parte del noroeste de los mogotes hay unas mesas dobladas y desiguales en altura como se hallarán las hojas de este libro. De las dichas mesas corre la costa al oeste cuarto del noroeste cuatro leguas, *Las señas a hojas 74.* y la demás costa al noroeste toda de costa tajada a la mar de barrancos y la tierra adentro de sierras amogotadas echadas de noroeste sueste como la misma costa hasta la punta de Nuestra Señora de las Nieves, que es tajada a la mar y tiene por señas, desde ella a las sierras amogotadas que ahora dijimos es muy pareja, cosa de tres leguas, con unas mesas llanas entre la mar y las sierras dichas. Está esta punta en altura de treinta y siete grados y un cuarto de esta dicha punta, cosa de dos leguas al nor-noroeste, está otra punta más baja, que se llama punta de Bajos, y de ella al oeste salen unos arrecifes, echados del este-oeste, de más de tres leguas con su placer al oeste [*Fol. 52 v.*] de ellos, de cuatro y seis y brazas, y al norte de este arrecife hace la tierra ensenada y de ella tira la costa de noroeste-sueste y la tierra de siete cerros de diferentes tamaños, llámanse los Siete Durmientes y viéndolos desde la punta de Nuestra Señora de las Nieves estando essueste oes-noroeste, con ellos hacen las señas como se verá a hojas de este libro. Y al remate que hace la tierra de la parte del sudoeste, está la punta de Abreojos, en altura de veintisiete grados y un cuarto, puede surgir al es-nordeste de esta punta que hace abrigo de poniente desde quince hasta doce brazas de arena, porque de allí para tierra, parte es piedra, de la dicha punta de Abreojos se ha de gobernar al sudoeste más de tres leguas, porque al oeste de la dicha punta está un arrecife de piedras que tendrá una legua, de noroeste-sueste, y habrá otra legua desde el arrecife a la dicha punta, hay canal por entre el arrecife y punta, aunque no lo aseguro por no haber pasado por ella, estos bajos son los abreojos que están en práctica de los marineros de China; hay de ellos a la bahía de la Magdalena en derrota derecha sesenta y cinco leguas por el sueste cuarta al este estando cuatro leguas al sudoeste de ellos por la derrota dicha, se tomará la bahía de la Magdalena.

La derrota que se debe hacer de los Abreojos a la isla de Cerros con sus sondas, surgideros, islas y puertos que en la dicha derrota hay.

Saliendo de la punta de Abreojos se ha de gobernar al sudoeste más de tres leguas, porque al oeste de la dicha punta están los dichos abreojos que revienta la mar en ellos, tienen una legua de noroeste sueste y habrá otra legua de ellos a la punta, hace canal por entre ellos y la tierra, aunque no lo aseguro; de ellos se ha de gobernar al noroeste y por esta derrota, a doce leguas, se verán unas sierras y la de más al sueste cae sobre la dicha punta de Abreojos y las demás sierras al noroeste son llanas como mesas y en el medio de éllas hace un mogote alto y llano, de hechura de un yunque de herrero, que parece hecho a mano y tanto avante como él está una ensenada en altura de veintisiete grados y tres cuartos. Las señas de este yunque se hallarán a las hojas de este libro. *La seña del dicho yunque y mesas a hojas 77 de este libro.*

[*Fol. 53*] La demás costa va tirando al oeste cosa de tres leguas hasta la punta de San Hipólito, que es baja y sale de una sierra tendida, sin mogote, echada de nordeste sudeste de esta dicha punta a la isla de la Asunción se ha de gobernar al oeste cuarta del noroeste ocho leguas, es la dicha isla rasa, sin arboleda, tendida de nordeste sudeste y al norte de ella está una punta y ensenada de buen surgidero de diez brazas, no tiene agua dulce, está en veintiocho grados menos ocho minutos, saliendo de este surgidero al sur cuarta del sueste y habiendo montado la isla al oes-noroeste cosa de tres leguas está una isla pequeña del tamaño de la Asunción, poco más de media legua de la tierra firme y de la banda del nordeste de ella a un tiro de mosquete tiene unas piedras encima del agua que entre ellas y la dicha isla que se llama S. Roque, hay canal de catorce brazas de buen fondo de arena, y entre las dichas piedras y la tierra firme hay otra canal de ocho y de diez brazas, aquí en esta costa hay sal y agua aunque un poco salobre y para sacarla se ha de hacer pozos de dentro del medano en arena, de este dicho surgidero se puede salir al sueste y al noroeste por cualquiera parte de la isla porque es muy segura de bajos y muy pelada, sin arboleda, tiene muchos lobos marinos y lastre en caletas, está en altura de veintiocho grados escasos. Saliendo de esta dicha isla y surgidero prosiguiendo la costa al oes-noroeste, a dos leguas, está una punta de peña que sale de una sierra pelada sin arboleda, echada de norte sur de esta punta al noroeste tres leguas está un morro negro, tajado a la mar, llámase Morro Hermoso y sale de unas sierras altas y muy ásperas, de este Morro Hermoso corre la costa seis leguas al nornoroeste y noroeste haciendo ensenada toda de sierras altas y muy ásperas, sin ninguna [*Fol. 53 v.*] arboleda, tajada a la mar hasta un pedazo de sierra de dos leguas echada de noroeste sueste, que parece isla, y en la punta que hace este pedazo de tierra al noroeste tiene tres farellones de peñas, por entre ellos y la tierra que hace a la parte del noroeste hace una boca de una legua; hallarán por la sonda de este treinta brazas hasta diez de arena limpia; por este fondo se surgirá de la banda del noroeste que tiene ensenada y de la parte del sueste es puerto muerto abrigado de todos los vientos, aquí se llama puerto de San Bartolomé, no se halló agua dulce por ser tiempo de secas.

Saliendo de este dicho puerto al oes-noroeste, a seis leguas, la costa segura de bajos con ensenadas y la tierra de sierras medianas muy ásperas con algunos barriales blancos como caletas y, al remate de estas seis leguas, está la punta de San Eugenio que es baja, con unas piedras encima del agua, la parte del norte está en altura de veintiocho grados y un tercio de largo y de la dicha punta al oeste está la isla de la Natividad de Nuestra Señora y viniendo de largo de costa parece la isla y la punta toda una tierra, y llegándose tanto avante como la punta se echa de ver ser isla, tiene más de ocho leguas en contorno, echada de es-oeste y cortadas como alegría segura de bajos y de la banda del este tiene dos farellones y el de más al sudoeste parece mitra de Obispo y el de más al nordeste de hechura de un pastel redondo, por entre esta dicha isla y punta de S. Eugenio hace un pasaje de poco menos de tres leguas y en el medio de él hay al menos fondo de doce brazas, quince, veinte y más al norte de este pasaje está la isla de Cerros, a cinco leguas, es la dicha isla muy áspera, con muchas sierras tajadas a la mar a partes peladas, toda ella en contorno tendrá más de veinticinco leguas y segura de bajos, aunque de la parte del oeste tiene cuatro farellones, los dos más grandes pegados con la misma tierra echados de norte-sur y el de más al sur de hechura de un yunque de herrero y los dos demás al noroeste son bajos, rasos con la mar, tienen canal entre ellos aunque no lo aseguro por ser angosto, tiene el de más afuera un arrecife de un cuarto de legua y a dondequiera en el contorno de esta isla se hallará hierba larga pueda pasar sin recelo, porque está nacida en el fondo lo menos de diez brazas, el pasaje que hay en esta dicha isla y la de la [*Fol. 54*] Natividad de Nuestra Señora es de mucha corriente de mareas, si en ellas se quisiere hacer agua y leña la hallarán muy buena de la parte del este en veintinueve grados menos un cuarto a la caída de la sierra más alta que hay en la dicha isla en costa de norte sur, cuarta de nordeste sudoeste están unas matas de junco en una quebrada a orilla de la mar, de ellas sale un caño de agua muy dulce, al parecer dura todo el año que a un tiro de mosquete de tierra se puede surgir en buen fondo aunque de treinta brazas más y poco menos de esta aguada, al sur, poco más de media legua, en un valle llano hay muy buena leña de sabina, está esta isla de la parte de sur en veintiocho grados y medio y de la parte del norte en veintinueve, tiene indios y en algunas partes muchos pinos altos y cedros, hay del cabo de San Agustín de esta dicha isla a los Abreojos cincuenta y cinco leguas de noroeste-sueste cuarta del es-sueste.

La derrota que se debe hacer saliendo de la aguada de isla de Cerros por de dentro hasta la ensenada de las Once Mil Vírgenes, con sus fondos, señas de tierra y puertos, islas que hay en la dicha derrota.

Saliendo de la aguada de isla de Cerros como está dicho, a quince leguas por el norte y nor-nordeste, se hallará la costa de tierra firme echada de noroeste sueste de sierras medianas, a partes peladas, sin arboleda y la mayor parte de la mar de playa de arena segura de bajos, a un cuarto de legua de tierra para afuera hay veinte brazas más poco menos y en altura de veintinueve grados y tres cuartos están unas peñas negras tajadas a la mar que parecen islas, tienen en el medio una mancha blanca, y en el remate de la parte del sueste de las dichas peñas hace ensenada, para abrigo de ponientes al parecer buena, tiene un farellón chico en la punta de la entrada y al noroeste de esta [*Fol. 54 v.*] ensenada, tres leguas, está una punta de piedra baja y dentro de ella hace una ensenada buena y grande y arrimándose a la punta un tiro de mosquete hay de diez brazas hasta cuatro largos lo menos, el fondo limpio de arena abrigado de norte-noroeste y nor-deste y este hay en ella mucho pescado blanco y lenguados, no se halla agua de esta dicha ensenada al noroeste, tres leguas está un morro no muy alto a la tierra de una punta que de la banda del noroeste de esta tiene otra ensenada al parecer como la de atrás; hay una laguna media legua la tierra adentro que se pudo ver del tope en esta costa entre ensenada segura de bajos, la tierra es de sierras peladas medianas y doblada con

algunos palmares y playas de arena blanca, la demás costa que hay
hasta el cabo Blanco de Sta. María se corre de noroeste sueste cuarta
de las sueste hasta el dicho cabo, que está en altura de treinta grados
y medio escasos, hay de la dicha ensenada de pescado blanco dieciocho leguas, toda de costa segura de diez brazas a un cuarto de legua
de tierra, de sierras medianas y peladas y las señas del dicho cabo
Blanco se verán en las hojas de este libro.

Las señas de este cabo Blanco, a 80 hojas. De este cabo Blanco de Sta. María a la ensenada de San Francisco
hay cinco leguas de noroeste sueste de costa muy segura y a partes de
playa de arena y la tierra adentro cerca de la mar hay unas mesas altas y muy iguales con sus caídas al noroeste y su-este de ellas y a la
caída que hace la más alta de la parte del sueste es como una hechura
de pastilla y codaste de nao y, junto a esta seña de la caída de lo alto a
la mar, tiene una mancha blanca grande y la de más al sureste de las
demás manchas tanto avante como ellas está la dicha ensenada de San
Francisco que tiene una punta de la parte del noroeste con unos bajos
que rompe la mar, en ellos son muy seguros, hay de largo de ellos
ocho brazas, puédase surgir junto a un farellón chiquito que está en
las mismas playas o más adentro o más afuera que el menos fondo es
de seis brazas de arena limpia, viene el oeste y noroeste y norte nordeste y este por encima de la tierra, hallarán en el fondo mucho pescado de cordel y entre ellos corvina y caballas, hay muchos indios, [*Fol.
55*] salen en canoas a pescar no se halló en esta ensenada agua por ser
en tiempo seco, está en altura de treinta grados y dos tercios y las señas de las mesas se verán a hojas de este libro.

Las señas de las mesas, a 81 hojas. De la dicha ensenada de San Francisco al cabo bajo e isla de San
Jerónimo hay nueve leguas, la costa limpia sin bajos de noroeste sues-
te cuarta del es-sueste, hay entre el dicho cabo y la isla, canal de dos
leguas de veinte brazas y a partes doce lo menos, la isla tiene como
contorno poco más de una legua, pelada, sin arboleda, de muchos pájaros y lobos marinos; tiene unos bajos una legua al sueste de ella
echados de nor-noroeste su-sueste con arrecifes que rompe la mar de
ordinario en ellas.

De esta dicha isla de San Gerónimo a la punta Delgada hay cinco
leguas de noroeste-sueste y la costa hace ensenada pequeña, la tierra
es de sierras bajas y lo más alto está en el comedio de las cinco leguas
es, aparte de playa de arena, la costa segura de bajos y al sueste de la
dicha punta hace abrigo de noroeste al parecer bueno.

De esta dicha punta a la de las Once Mil Vírgenes y su ensenada
hay más de ocho lagunas de noroeste sueste, cuarta del es-sueste, tiene
por señas yendo en demanda de la dicha ensenada se verán, al noroeste seis mogotes altos que parecen islas, todas divididas a causa de ser
la tierra de la ensenada y punta dicha muy baja; y de la parte del nordeste de esta punta de largo de ella está una barra que tira al noroeste, arrimada tiene la entrada a dos manchas de piedra negra, que están en la misma playa, tiene la canal de baja más tres brazas y dentro
hay diez y más brazas de gran corriente que sale de una laguna que
llega al pie de los seis cerros detrás dichos que sus señas que se hallarán a hojas de este libro.

De esta dicha punta y barra dicha, al nordeste hace la tierra grande ensenada y a dos leguas por el mismo rumbo se podrá surgir en seis brazas y un tiro de verso de la playa tanto avante como una mancha de arboleda [*Fol. 55 v.*] verde la de más al sudeste de dos que hay en la dicha playa que no se verá otra en toda la tierra; aquí se hallará agua muy dulce, muy buena a donde quiera que hiciesen pozos, un tiro de arcabuz hay leña y muchos indios salen en canoas a los navíos, es buena gente y de alguna razón, advierta el que tuviera necesidad de repararse algunos días puede dentro de la barra dicha porque es abrigada de todos los vientos, hace de entrar poco antes de la pleamar y dar fondo al noroeste de las dos manchas de piedra negra atrás dicha y amarrarse de presente y montante, porque mengua y crece la marea cada seis horas, está en altura de treinta y un grado y un tercio hay de aquí a la aguada de isla de Cerros cincuenta leguas de noroeste sueste cuarta de norte sur.

La derrota que se debe hacer de esta ensenada y puerto al puerto bueno de San Diego con sus fondos y puertos, señas de tierra, islas que hay en la dicha derrota.

De la dicha punta de las Vírgenes a la isla de San Marcos hay dos leguas del es-sueste oes-noroeste y ella está echada de nordeste sudoeste y en el medio hace una serrezuela, con una quebrada y dos puntas bajas al nordeste y sudoeste de ella; tendrá en contorno dos leguas, es muy segura de bajos y sus señas se hallarán a hojas de este libro.

Hace pasaje de dos leguas entre ella y la tierra firme de esta dicha isla al cabo tajado de San Simón y Judas y ensenada de San Quintín hay dos leguas de noroeste sueste, cuarta del es-sueste, de tierra baja a la mar, y segura de bajos y la tierra adentro de sierras altas dobladas está el dicho cabo en altura de treinta y un grados y tres cuartos, es tajado a la mar, de barrancas bermejas, y en el medio que hay de lo alto a la mar hace en dos leguas una escarpia, que por otro nombre se llama estribo, parece hecho a mano en lienzo de fuerza y al este de este cabo nace la dicha ensenada de San Quintín, halláranse agua dulce en la playa baja que sale de la barranca del cabo cerca de la mar adonde se hicieren pozos en la arena, asimismo hay muchos indios [*Fol. 56*] algo desvergonzados, la demás costa que hay de este dicho cabo a la punta de sierra de Humos es, de noroeste sueste cuarta de norte sur, doce leguas, segura de bajos de sierras muy doblados y algo altas con algunos valles. Viéranse en toda esta costa muchos humos a causa de haber mucha gente.

De la punta atrás dicha al cabo de Todos los Santos hay cinco leguas de nor-noroeste suroeste la tierra hace ensenada de sierras muy altas y la de más al noroeste baja el dicho cabo de Todos los Santos que es de piedra negra bajo y muy amogotado y al oeste de la una legua y media tiene unos farellones de peña blancos que parecen naos a la vela y al oeste de dicho cabo hay dos islas que la mayor y más cerca es a una legua de él echada de noroeste sueste y entre ella y el cabo hay cinco farellones de piedra pequeños, tienen canal, y se puede pasar por entre ellos seguramente y la isleta de más al oeste es baja y delgada echada del es-sueste con una piedra pequeña; de la parte del oeste hay pasaje por entre las dos islas aunque angosto. De este dicho cabo de Todos los Santos, entre la costa tres leguas de sierras altas, que son las mismas que atrás dijimos, de adonde procede el dicho cabo, que dentro de él hace una grande ensenada y de ellas va prosiguiendo la costa del oeste de estas dos altas dobladas, ásperas y tajada a la mar hasta la punta de sierras que es tajada a la mar y procede las sierras atrás dichas está en altura de treinta y tres grados escasos y

Las señas del cabo y isla de Todos los Santos, a 82 hojas de este libro.

las señas del cabo, islas de Todos los Santos se hallarán en las hojas de este libro. Hay de esta punta a las islas de San Martín diez leguas del es-sueste oes-noroeste, la tierra firme de sierras amogotadas y entre ellas, al nordeste de las dichas islas, está una mesa alta muy igual que parece peana de imagen, llámase la mesa de la Cena y una legua al sueste de ella está un cerro, con dos pedazos a los lados, que se dicen el Calvario; las dichas islas de San Martín son cuatro, la mayor es la más llegada a la [*Fol. 56 v.*] Tierra Firme, echada de noroeste sueste, cuarto de norte sur y las demás pequeñas todas tajadas a la mar, de peñas peladas, la de más al oeste tiene una piedra encima del agua muy pegada a sí, son muy seguras de bajos, tienen pasaje y surgidero al socaire de la mayor de la parte del sur, en veinte brazas de ellas al puerto bueno de San Diego hay seis leguas de norte sur, tiene por señas viniendo de las dichas islas la vuelta del nor-noroeste, se verá un pedazo de tierra que parece isla con unas barrancas bermejas y al sueste de ellas tiene una punta tajada de barrancas que sale de una sierra baja, de largo de ella se verá una boca angosta entre dos puntas bajas, aunque de buena entrada, muy segura, corre el agua de marea como en Sanlúcar de España a causa de ser el puerto adentro grande y muy bueno abrigado de todos vientos no entra en el mar ninguno, hay leña, agua aunque salobre y para hacerla de la parte del este de la entrada cerca de la playa a donde se hicieren pozos un tiro de piedra, asimismo hay mucho pescado de chinchorro y cordel, hay cantidad de indios con arcos y flechas, buena gente, deseosa de tratar con los españoles; está en altura el dicho puerto en treinta y tres grados y medio.

Partiendo del dicho puerto de San Diego para el de Monterrey se ha de gobernar al sur hasta montar la punta tajada y de ella al noroeste, a dos leguas, está una bahía grande de baja entrada aunque de dentro tiene buen fondo y a la parte del este una grande mancha de árboles que podrían servir a necesidad y de la dicha bahía a la punta de Arboleda hay diez leguas de noroeste sueste, la costa segura de bajos, la tierra de sierras medianas con algunas manchas blancas; de la dicha punta de Arboleda corre la costa al nor-noroeste más de quince leguas de tierra baja y muy segura hasta la isla y ensenada, de buena gente, de aquí a la isla de Sta. Catalina hay ocho leguas de norte sur y de la punta de Arboleda atrás dicha, hay otras ocho leguas del es-sueste oesnoroeste y la isla perlongada de noroeste sueste la mayor parte de ella y de la parte del noroeste echa una punta delgada de tres leguas del es-sueste, tiene de la parte del nordeste muy buenos surgideros y del medio de la isla para el noroeste hay un puerto bueno con dos farellones en [*Fol. 57*] la boca de más al sueste bajo y el otro alto blanco y de peña tajada puédese entrar por cualquiera parte de ellos, seguramente dentro de este puerto hay casas muchas de indios amigos, tienen el agua en la sierra poca, está esta isla, y puerto en altura de treinta y cuatro grados y medio y a la mar de ella la vuelta del sur, diez leguas, está la isla de San Andrés, echada del es- sueste de diez leguas altas en altura de treinta y tres grados y dos tercios, del puerto de Sta. Catalina a la punta de río Dulce hay veinte leguas de noroeste sueste, es la dicha punta baja, con arboledas, segura de bajos y al norte de ella a dos leguas tiene un riachuelo de agua dulce. Hay muchos indios amigos, salen en barquillos de madera muy bien hechos; de aquí, de este río, tira la costa 40 leguas del es-sueste cuarta de nordeste sudeste, la costa pareja de mucha arboleda, de encinas y pinares y ocho leguas de la dicha costa va al sur de ella una cordillera de islas tendidas como la misma costa, hay buen pasaje entre ellas y es la dicha costa muy segura, todas las dichas islas son pobladas y la una de gente mediana, barbados y ellas son nueve sin los farellones y algunas bahías y por entre cada una de las dichas islas hay pasaje, como lo demuestra la carta. Está el medio de esta canal de Sta. Bárbara en altura de treinta y cinco grados y un cuarto y la punta de la Limpia Concepción está en altura de treinta y cinco grados y medio largos, es la dicha punta, baja, con arboledas, y en ellas se hacen dos costas en la de la parte del este a diez leguas de la dicha punta la orilla de la mar está un pueblo muy grande, de más de doscientas casas, y de largo de él muchos encinares en lo llano y en lo alto muchos pinos acopados, y la demás costa que hay de la dicha punta de la Concepción hasta el puerto de Monterrey es de noroeste sueste cuarta de norte sur y al nor-noroeste dos leguas de la dicha punta está una ensenada pequeña al parecer de abrigo, pasóse de ella cerca de esta ensenada por el mismo rumbo, a tres leguas está la ensenada de S. Roque que dentro tiene abrigo; de ella al noroeste cuarta del norte corre la costa tres leguas de sierra algo altas, dobladas y muy llenas de arboledas [*Fol. 57 v.*] hasta una punta redonda que parece isla, que de ella a la punta de Pinos hay seis leguas, está esta dicha punta en treinta y siete grados largos y es de la entrada del puerto de Monterrey; es el dicho puerto capaz para cualquiera género de naos abrigado de todos vientos, tiene el menor fondo de siete brazas, hay dentro mucha agua dulce y mucha madera para hacer y arbolar cualquier navío; hay asimismo mucha caza de ansares, patos, codornices, venados, osos y otros muchos géneros de animales, hay indios, aunque recelosos de tratar con nosotros, digo que los dichos indios se vinieron de paz y al parecer es gente buena y nos trajeron marisco y hacían mucha diligencia por llevarnos a su pueblo que señalaban estar la tierra adentro. Y en este estado queda este derrotero por despachar navíos de aviso al Sr. Virrey y se irá prosiguiendo en lo que de aquí adelante se descubriere por la orden que hasta aquí y lo firmamos todos que es hecho en el puerto de Monterrey a veintinueve días del mes de diciembre y dos años ante el dicho Sebastián Vizcaíno que lo firmó.=Sebastián Vizcaíno.=Gerónimo Martín.=Francisco de Bolaños.=Juan Pascual.=Esteban Rodríguez.=Ante mí Diego de Santiago, Escribano mayor.

La derrota que se debe hacer del puerto de Monterrey al cabo Mendocino con sus fondos, señas de tierra, islas y puerto que en la dicha derrota hay.

Partiendo del puerto de Monterrey en demanda del cabo Mendocino se ha de gobernar al nor-noroeste y por esta derrota, a diez leguas, se verá la punta de Año Nuevo que es baja y limpia y la tierra llena de arboleda, está altura de treinta y siete grados y medio. De esta dicha punta de Año Nuevo al puerto de Don Gaspar se ha de gobernar al noroeste cuarta el norte, hay de la punta atrás dicha a este puerto veinticuatro leguas, la costa muy segura, aparte de barrancas tajadas y al sudoeste del dicho puerto, a cinco leguas, están los Frailes, que son siete farellones de piedra, todos pequeños y muy juntos, limpios de [*Fol. 58*] bajos, a tres leguas de los dichos Frailes, al sudoeste de ellos, está un isleo grande, alto y tajado de la parte del sudoeste del parecer dos y cerca de él una piedra pequeña encima del agua, es todo muy seguro, puédese pasar por cerca seguramente, está este dicho puerto de Don Gaspar en altura de treinta y ocho grados y dos tercios, es abrigado y se puede entrar dentro seguramente, tiene agua y leña del Morro de los Reyes que es de la parte del oeste de este puerto, es el mejor surgidero y más seguro de este dicho morro al noroeste cuarta al norte, tira la costa cosa de veinte leguas, la tierra llena de arboleda, a parte ásperas, con algunas barrancas, la costa muy segura y la demás que hay al cabo Mendocino aparte de lomas y barrancas todas con arboledas, mucha y muy áspera aunque el dicho cabo es pelado y tiene junto a sí unas sierras nevadas y la más alta está dos leguas al sueste de él y más cerca que las demás del dicho cabo Mendocino que está en altura de 41 grados y un tercio.

Relación que dió el contramaestre de la fragata Los Tres Reyes *la cual me dió por escrito Sebastián Vizcaíno, es la siguiente:*

Dijo el contramaestre que más allá como seis leguas adelante del puerto de los Reyes, que arriba llaman de Don Gaspar, a donde se perdió *San Agustín,* la nao así llamada, hallaron un río muy grande que tenía a la entrada siete brazas de fondo que corría de la tierra adentro del sueste cuarta al este y la fuerza de la corriente no les dejó entrar y más adelante en altura de cuarenta y un grados junto al cabo Mendocino hallaron un bahía muy grande y en ella entraba un caudaloso río que baja de la banda del norte, corre tan grande fuerza de corriente que aunque estuvieron un día forcejeando con las velas a viento [*Fol. 58 v.*] en popa no pudieron entrar en él más de dos leguas, venía el río de avenida y traía muchos árboles consigo y la tierra es de grandísimos pinares y encinares y la costa va corriendo desde este paraje de norte, sur, hasta el cabo Mendocino y desde allí corre nordeste, sudeste, hasta el cabo Blanco que está en altura de cuarenta y tres grados y de allí prosigue también al nordeste y apenas se veía y por el mucho frío y corriente y la poca gente y enferma que traían se volvieron costeando y tomaron agua en el puerto de San Diego y llegaron al cabo de San Lucas con grandísima necesidad y ésta les forzó venir a la Nueva España y el haberles muerto el piloto Antón Florez y el cabo Martín de Aguilar y dos marineros.

Conformando pues esta dicha relación con la presente he proseguido la demarcación desde el puerto de Monterrey hasta el cabo Mendocino según que se hallara desde hojas 199 hasta 203 de este libro original con el cual he cotejado el otro libro que se trasladó y halló que en sustancia conforman en todo así en las demarcaciones como en el derrotero y así lo firmé de mi nombre Enrico Martínez, Sebastián Vizcaíno ante mí, Diego de Santiago, Escribano mayor.

Corregido en el libro original de S.M. que está escrito desde hojas 90 hasta hojas 100, que va escrito en 12 hojas está cierto y verdadero que se hallaron presentes a verlo sacar y corregir Juan Martínez Márquez, Antonio Luis y Andrés Leal, testigos. En testimonio de verdad lo firmé e hice mis rúbricas acostumbradas que es hecho en México a ocho de noviembre de 1603 años en testimonio de verdad. = Diego de Santiago, Escribano mayor.

[Hay cuatro rúbricas]

Nota.—Una copia de este derrotero en R.A.H., Muñoz, XXXVIII.

APÉNDICE V

Relación descriptiva de California según datos obtenidos durante el segundo viaje de Sebastián Vizcaíno (1602), y normas para la pacífica ocupación de California, por Fray Antonio de la Ascensión

México, 12 octubre 1620.
Biblioteca Nacional, ms. 3.042, fols. 21-35.

> *Relación breve, en que se da noticia del descubrimiento que se hizo en la Nueva España en la Mar del Sur; desde el puerto de Acapulco, hasta más adelante del cabo Mendocino; en que se da cuenta de las riquezas y buen temple y comodidades del reino de Californias y de cómo podrá Su Majestad a poca costa pacificarle e incorporarle en su Real Corona y hacer que en él se predique el Santo Evangelio, por el padre fray Antonio de la Ascensión, religioso carmelita descalzo que se halló en él y como cosmógrafo lo demarcó.*

Párrafo 1. El año pasado de seiscientos y dos por mandado de nuestro muy católico y cristianísimo rey Felipe III rey de las Españas, siendo Virrey de la Nueva España Don Gaspar de Zúñiga y Acevedo, Conde de Monterrey, que esté en el cielo, se armaron por su orden y mandado dos navíos pequeños y una fragata en el puerto de Acapulco, que es en la Nueva España, en la costa de la Mar del Sur y se proveyeron de todo lo necesario de armas y bastimentos para la navegación de un año que se pensó podría durar este viaje; fue por capitán y cabo de los soldados y navíos el general Sebastián Vizcaíno y por almirante el capitán Toribio Gómez de Corban; embarcáronse en estos navíos y fragata pocos más o menos de doscientas personas, los ciento y cincuenta soldados viejos escogidos, que también eran muy diestros marineros para que acudiesen a lo que se ofreciese así en las cosas tocantes a la mar como a las de guerra en la tierra y para que acompañasen al general, y por consejeros se embarcaron algunos famosos capitanes y alféreces que habían hecho heroicos hechos en servicio de Su Majestad en Flandes, Bretaña y en el corso de los galeones, todos muy cursados y expertos en cosas de la guerra y de la mar, que fueron el capitán Pascual de Alarcón y el capitán Alonso Esteban Peguero y el alférez Juan Francisco Suriano y el alférez Juan de Acevedo Tejada y el alférez Meléndez. Y para el gobierno de los navíos fueron escogidos pilotos muy vigilantes y experimentados, dos para cada bajel, y para lo espiritual y gobierno de las almas fueron señalados tres religiosos sacerdotes, carmelitas descalzos, que fueron el padre Fray Andrés de la Asunción, que iba por Comisario, y el padre Fray Tomás de Aquino y el padre Fray Antonio de la Ascensión, que soy yo y el que escribe esta relación, para que en nombre del Rey Nuestro Señor y de su religión y provincia de San Alberto de la Nueva España tomase desde luego la posesión del Reino de las Californias que se iba a ver y descubrir para que de allí adelante se encargasen de la conversión y doctrina de todos los indios gentiles de todo aquel reino y en el viaje administrasen los sacramentos a los que iban en los navíos; de más de esto el señor Virrey señaló dos cosmógrafos para que demarcasen y pintasen toda la costa con sus puertos, ensenadas, ríos y bahías, con sus alturas y longitudes, que fueron el capitán Gerónimo Martín Palacios y a mí, por haber yo estudiado esta facultad y ciencia en la Universidad de Salamanca a donde fui nacido y criado y estudié hasta tomar el santo hábito que indignamente tengo; [he] hecho esto y puesto aquí mi nombre para que las personas que leyeren este tratado breve y compendioso se persuadan a que digo verdad en todo lo en él contenido y que por no ser largo quedó muy corto en todo con estilo llano y sencillo como se verá en lo restante.

P. 2. Salió esta Armada del puerto de Acapulco a cinco días del mes de mayo del dicho año de mil y seiscientos y dos, habiéndose todos antes de embarcarse confesado y comulgado, así capitanes como soldados y pajes de los bajeles; el orden que el señor Virrey les dió fue que se descubriese toda la costa que hay desde el otro puerto de Acapulco hasta la punta de la California, y lo que desde allí hay hasta el cabo Mendocino, y de vuelta, si hubiese tiempo y oportunidad, se descubriese el mar mediterráneo de la California siguiendo, el orden referido. Tomó esta armada la derrota al noroeste, costeando toda la costa y sierra de la Nueva España que llega hasta las islas de Mazatlán, y desde allí se tomó la travesía para ir a la punta de la California que hay cincuenta leguas de mar de una parte a otra; desde que esta armada salió del puerto de Acapulco hasta que llegó al cabo Mendocino, siempre le fueron los vientos contrarios y tormentosos porque casi continuamente corre en toda aquella costa el viento noroeste y así fue fuerza ir navegando a la bolina, que fue un trabajo increíble porque hubo día que no se pudo ganar una legua de camino haciendo puntas a la mar y a la tierra de una vuelta y otra se fue haciendo el viaje y por esta causa fue muy espaciosa la ida y se vio muy a menudo todos los puertos, bahías, ríos y ensenadas que en toda la costa hay. Tardamos en llegar al cabo Mendocino desde que salimos de Acapulco nueve meses que fue hasta veinte días del mes de enero del año de mil y seis-

Cabo Mendo-
cino altura 42
grados del
río.
cientos y tres; está el cabo Mendocino en altura de cuarenta y dos grados del norte y pasamos aún más adelante hasta altura de cuarenta y
tres grados que se llamó el cabo de San Sebastián a donde la costa da
vuelta al nordeste y parece toma allí principio la entrada para el estrecho de Anián.

P. 3.   Hízose este descubrimiento con muy gran cuidado y vigilancia y costó harto trabajo y largas y prolijas enfermedades y las vidas a
muchos de los que a él fueron, por lo mucho que en él se trabajó e ir
siempre en continuas tormentas y forcejeando contra las olas bravas
que levantaba la mar y contra los vientos causadores de ellas, demás
que los bastimentos por ser tan añejos no tenían ya virtud ni sustancia; de estas dos cosas se siguió una enfermedad a modo de peste que
tocó a todos y fue harto penosa, de que murieron en el viaje más de
cuarenta y cuatro personas; de todo lo sucedido en este viaje y descubrimiento hice una relación en que por extenso se cuenta todo lo sucedido en él y lo que en él se vió y descubrió, a que me remito. Tornó esta armada a Acapulco y entró en él, la nave Capitana en que yo vine a
veintiuno de marzo del dicho año de 1603, que fue habiéndose gastado
en el viaje once meses desde que salimos hasta volver al dicho puerto;
en este breve tratado diré en suma algunas de las cosas más notables
que ví, entendí y conocí por toda la tierra y costa de la mar que vimos
y descubrimos.

P. 4.   Este reino de la California es muy grande y tiene mucha tierra, y casi toda poblada de gente infinita, es de buen temple y muy fértil y abundante de muchos y varios árboles, los más de ellos como los
de España, muchas dehesas de buenos pastos y grande copia de varios
animales y aves; la mar de toda aquella costa está llena de varios peces de buen gusto y sanos como diré adelante; está toda la tierra de este reino, dentro de la zona templada que cae a la parte del norte y pasan por encima de ella los climas 2.3.4.5.6. y 8.

Tiene toda la forma y hechura de un estuche ancho por la cabeza y
angosto por la punta, es la que comúnmente llamamos de la California
y desde allí va ensanchando hasta el cabo de Mendocino que diremos
ser la cabeza y ancho de él, tendrá por esta parte la tierra de ancho
hasta la otra mar a donde viene a corresponder el mar mediterráneo
de la California y se junta con la mar que rodea y cerca el cabo Mendocino cien leguas poco más o menos; por esta parte tiene este reino a
la parte del norte el reino de Anián y por la de levante la tierra, que se
continúa con el reino de Quivira, y por entre estos dos reinos pasa el
estrecho de Anián que pasa a la mar del norte habiendo hecho junto al
mar Océano, que rodea el cabo Mendocino y el mediterráneo de la California que ambos a dos se vienen a juntar a la entrada de este estrecho que digo de Anián; a la parte del poniente corresponde el reino de
la China y por la del sur todo el reino de Japón; los mapas más modernos señalan que hay desde el meridiano que corresponde a la punta de
la California hasta el meridiano que corresponde al cabo Mendocino
sesenta grados de longitud, quedándole a cada grado, según la cuenta
de los cosmógrafos, dieciséis leguas y media; vienen a ser casi mil leguas de longitud, que si fuera por la cuenta de los marineros que dan
a cada grado de noroeste a sueste a veinticinco leguas que es de la ma-

nera que está tendido y prolongado todo este reino, diríamos que tiene de largo por su costa y orilla más de mil y quinientas leguas de latitud o de ancho; tiene desde el trópico de cáncer que es la punta de la California llamado el cabo de San Lucas, está debajo del, hasta altura de cincuenta grados, que es lo más alto de este reino que dije es donde se viene a juntar los dos mares que cercan este reino en redondo de que se ve claro. Como este reino de la California es tierra separada y distinta de las tierras del Nuevo México y de la del reino de Quivira, que con él se continúa aunque hay larga distancia y mucha tierra entre el un reino y otro, el mar que hay entre estos dos reinos, que es el que llamo mediterráneo de la California por estar entre tierras tan grandes y extendidas, tendrá de ancho cincuenta leguas y en medio de él hay muchas islas pequeñas unas, y otras mayores, que no sabré decir si están pobladas o no. Los moradores del cabo Mendocino están tan opuestos y distantes del reino de Castilla la Vieja en nuestra España que es media noche en la insigne ciudad y Universidad de Salamanca, y en la misma hora es mediodía en el cabo Mendocino y al contrario, de suerte que son los unos antecos de los otros, que son opuestos entre sí en un mismo clima con meridianos diferentes y opuestos diametralmente y de aquí se sigue que han de gozar de unos mismos temples y tiempos, gozando de un mismo invierno, de un estío y de un otoño; podrán diferenciarse con algunas calidades y temples por la diferencia de influencias que suelen influir las estrellas verticales que sobre ellos influyen sus calidades para los que saben la esfera y la entienden, y la cosmografía no tendrá esto duda alguna; mas para los que no la saben para dar mejor a entender hice de intento una pintura geográfica que tengo conmigo y un traslado de ella envío a Su Majestad, y a su Real Consejo de las Indias para que se entienda la grandeza y postura de este grande reino y creo que será necesaria y de importancia para por ello enmendar y cotejar los mapas universales del mundo que hoy se hacen, porque en muchas cosas que en ellos están pintadas acerca de las cosas de este reino son muy diferentes de lo que ello de verdades, de lo cual no hay que poner espanto porque la tierra y costa de la mar de este reino no se ha visto ni descubierto tan exactamente y tan de propósito como en esta ocasión que se fue solo a esto.

P. 5. El cabo de San Lucas, que es la punta de la California de donde toma principio y renombre todo ese reino, hace a su abrigo una bahía que se llamó de San Bernabé, anchurosa, que es buen puerto y capaz de muchos navíos, aunque no es seguro para todos los vientos; esta bahía o cabo de San Lucas debajo del trópico de cáncer distante de las islas de Mazatlán que están en la costa de la Nueva España, raya y remate por esta parte del Obispado de Guadalajara y del reino que llaman de la Nueva Galicia, cincuenta leguas poco más o menos de travesía de mar, que es el ancho que lleva el mar mediterráneo de la California, entre la tierra del reino de la California y el reino de la Galicia que todo es uno con el reino de la Nueva España y se extiende hasta el Nuevo México, y pasa hasta el reino de Quivira, hasta ir a rematar con el estrecho de Anián como ya queda dicho arriba; unos llaman mar Mediterráneo porque corre entre estos dos grandes reinos, otros le llaman mar Bermejo por estar en esta travesía el agua berme-

Cabo de San Lucas y punta de la California.

ja a la vista, porque la tierra del fondo puede ser bermeja, ora que sea por la descua que allí viene a traer el pescado de los ríos que viene a nadar a aquella mar y de la sangraza se causa ese color, porque unas veces vi el agua del puerto de Acapulco de ese color bermejo y me dijeron que era por causa de la descua del pescado; en los mapas antiguos le llaman ensenada o seno de Ballenas y es porque son tantas las que allí hay y las hay por toda la costa hacia el cabo Mendocino que no se pueden numerar, ni lo creerá sino quien lo hubiera visto y como hasta ahora se ha entendido que aquella era la ensenada o seno grande que allí hizo ese la mar y no mar corriente y seguida como lo es, por esto le pusieron este nombre; en esta travesía están las islas llamadas las Marías y otra pequeña llamada de San Andrés y por toda la mar dicha hay otras muchas islas y entre otras enfrente del puerto que hace el río de el Tizón, que desagua en este mar, que viene del Nuevo México en altura de 35 grados, está la isla de la Giganta que es a donde asiste la reina de las gentes comarcanas a ella; así en otras islas como en la tierra de la California hay en este mar por las orillas de una y otra tierra muchos comederos de ostiones en que se crían las perlas y estas son muchas y ricas y grandes y se hallan hasta altura de 36 grados, como lo digo en el capítulo último de la relación que hice de este descubrimiento.

Riquezas que hay en este mar.   P. 6.   Digo que la riqueza y abundancia que hay de perlería en este mar es muy abundante y cosa sabida y notoria a las personas que han cursado este mar y son en sí crecidas, hermosas y ricas y finísimas y no están sus ostiones muy profundos, pues los indios los sacan buscándolos, y no es para aprovecharse de las perlas porque no las conocen ni las estiman sino es para comer el pescado que tienen dentro y para que estos ostiones se abran y puedan ellos con facilidad sacar lo que tienen dentro, los echan al fuego, con que los ostiones se abren y las perlas se queman o se ahuman, las cuales ellos, cuando las hallan, las arrojan en el suelo como si fueran piedras de ninguna estima; hay sin esto en este mar muchas diferencias de peces chicos y grandes, que es de ver los cardumes o bandadas que andan de ellos; de algunos pondré aquí sus nombres por ser peces conocidos en otros mares que yo cogí y tuve en mis manos y comí de ellos para que se entienda la abundancia, bondad y fertilidad de aquel mar; hay como he dicho infinitas ballenas, muy grandes y grande abundancia de sardinas grandes y pequeñas, lindas y gordas que es según dicen el común sustento de las ballenas y podrá ser que por esta causa haya aquí tantas, hay chernas, pargos, meros, corvinas, cazones, otollos, esturiones, esmirigalas, lisas, salmones, atunes; rayas, chuchos, caballos, roncadores, bonitos, dorados, lenguados, barbetos, puercos, lagartijas, sirgueros y ostiones comunes, y de los que crían las perlas y otros muchos no vistos ni conocidos; hay mantas, una se cogió tan grande que se revolvió en el orinque o soga en que estaban atada la boya de la ancla, que con ser harto pesada y estar bien asida la levantó y llevaba tras sí el navío; ésta se mató y sacó a tierra y tiene la boca como una media luna y yo la medí de una punta a otra lo que tenía de travesía y tenía siete cuartas de barra y desde la cabeza hasta el extremo de la cola tenía veintiséis una cuarta ancha y tendida como una manta. Estos pescados son de buen gusto y sabrosos y sanos, de todos estos géneros se solía sacar en cada año de los lances que se sacaba con el chinchorro o red tan lleno a veces que se rompía la red.

P. 7.   La tierra de este cabo de San Lucas es muy fértil, sana y de lindo temple y de mejor cielo, tiene buenas llanadas y no es muy montuosa, harto acomodada toda ella para labores y para criar y sustentar ganados, así vacuno como de ovejas, cabras y animales de cerdas; hay mucha caza de monte y volatería como son conejos, liebres, venados, leones, tigres, armadillos, palomas torcaces, codornices y muchos pastos de árboles; hay higueras brecospita, hay mangles, lentiscos y un monte cerca de la playa de ciruelos y estos, en lugar de goma o resina, echan incienso en gran cantidad, muy bueno y oloroso; la fruta que echan es muy sabrosa según me informé de los que en otras ocasiones las habían probado. Hay también en esa tierra que cerca la bahía de San Bernabé, que es a donde ví todas las cosas referida, en la playa una laguna de buena agua dulce, toda rodeada y cercada de zarzales y a la otra parte, cerca de las peñas y de la playa, está una laguna pequeña de agua salada salida de la mar con vientos fuertes, que toda ella alrededor estaba llena de muy buena sal, muy blanca y de buen gusto. Hay aquí también muchos indios corpulentos, y de buenos naturales; usan por arma arco y flecha y dardos, dieron muestras de ser belicosos y valientes porque cuando venían a vernos a este puerto personas decían que dejasen los soldados los arcabuces de las manos y que ellos llegarían también sin armas y las ponían a un lado y se sentaban diciendo a voces uten, que (quiere) decir, siéntate ó séntate, que es la señal de paz más cierta y segura que entre sí usan, con esta ceremonia venían de paz y nos trataban con amor y afabilidad aunque siempre con sobreaviso y recelo y en oyendo disparar un arcabuz se iban huyendo luego; cuando venían traían siempre de las cosillas que tenían, muestra de ser gente agradecida y reconocida a lo que los soldados y religiosos les daban.   ·

P. 8.   En este puerto es donde Su Majestad ha de mandar se haga la primera población de los españoles cuando enviare gente a pacificarlo para que desde aquí se comience la pacificación de todo aquel reino y se dé principio a la predicación del Santo Evangelio; es puerto cercano y acomodado para el trato y comunicación con la Nueva España y con el Perú, pues vienen a reconocer este paraje cuando vienen del Perú los navíos a la Nueva España por el nuevo modo de la navegación que ahora usan y se viene en un mes; tiene sin esto otras comodidades buenas de más de las dichas para pasar la vida humana y los españoles tener sus tratos e intereses con buena segura comunicación porque, demás de las pesquerías de perlas, allí cerca por la costa del sur está una sierra cerca de allí que llamamos sierra pintada o del Enfado que tiene muchos y varios metales, y por tierra se puede ir a sacar de allí metales y de ellos la plata y oro que tuvieren que al parecer es cosa muy rica; qué es a la experiencia y desengaño me remito, para la vivienda y pasadía de los religiosos carmelitas descalzos que son los que por orden del Rey Nuestro Señor tienen a su cargo la conversión de este reino, es el mejor puesto para su vida cuaresmal y penitente que se podrá hallar en el mundo, así por la bondad y buen

Riquezas de la tierra de la punta de la California.

Aquí se ha de hacer la población.

Esta tierra acomodada para los religiosos carmelitas.

temperamento del temple como por la grande abundancia que hay de peces varios y buenos como se dijo arriba está al temple que no será menester vestir lienzo por el demasiado calor, ni usar de muchos reparos para el frío, de suerte que en todo tiempo se puede usar de un vestido; sin esto, la cercanía que tiene con la Nueva España y la facilidad en la navegación de un reino a otro es muy de importancia para proveerse de religiosos y ser gobernados de un provincial, para enviar unos y traer otros según la necesidad de los religiosos lo pidiere, porque en un mes se podrá ir desde México a las Californias con gran descanso y comodidad, por haber poblaciones hasta el puerto de la Navidad a donde se podrán embarcar si no quieren ir a Acapulco.

P. 9.   Después de haber estado en este puerto y bahía de San Bernabé algunos días salimos para hacer el descubrimiento del cabo Mendocino y como la costa es de noroeste a sureste y el viento es por allí el continuo que es noroeste, le hallamos tan riguroso y fuerte que por cuatro veces, a mal de nuestro agrado, nos hizo arribar al puerto donde habíamos salido; al fin, al cabo de algunos días, ganando por punta de bolina lo que se caminaba, llegamos al puerto de la Magdalena, que antiguamente se llamó puerto de Santiago. Aquí nos recibieron los indios de paz y por reconocimiento de sujección ofrecieron a los españoles sus arcos y sus flechas muy curiosamente labrados y trajeron del incienso que en la bahía de San Bernabé habíamos cogido, señal de que hay por allí abundancia de aquellos árboles en que se cría. Entra por este puerto un brazo de mar, si no es que es algún río caudaloso que por allí desagua y entra en la mar que no se entró por él más de cosa de una legua por dejarlo para descubrirlo cuando volviéramos del cabo Mendocino; aquí nos salieron muchos indios con sus canoas y se mostraron afables y domésticos; este puerto es muy bueno y muy capaz y tiene dos bocas o entradas: por la una no pueden entrar navíos grandes sino pequeños, por la otra, sí, porque es muy fundable; hay tambiém aquí y por toda esta costa muchas ballenas, y si es verdad que de su inmundicia procede el ámbar como yo lo entiendo por lo que ví en este viaje, hay por esta costa mucho ámbar porque no muy lejos de este puerto más adelante, en la misma costa, hallamos otro puerto que se llamó de San Bartolomé y en su playa había mucha cantidad de ámbar gris, hecho panes, como de brea blanquecina y blanda, el cual no le tuvimos por tal y por ésto no se hizo caso de él; después dando las señas y razón de ello a los que conocen bien de ámbar dijeron que era muy fino ámbar gris; harta cantidad de él había en este puerto; quizá permitió Dios Nuestro Señor que nadie de los que iban allí lo conociera por que por el interés de ir a gozarlo podrá ser envíe Su Majestad ministros que vayan a tratar de la conversión de aquellos indios que, según dieron las muestras, será fácil cosa reducirlos a nuestra fe católica.

P. 10.   Pasamos adelante haciendo el descubrimiento con cuidado y despacio porque el viento contrario lo impedía y se descubrieron por la costa otros puertos e islas y por toda ella había muchos indios que nos llamaban con humazos y otras señas; que todo se dejaba por acabar de llegar al cabo Mendocino y de vuelta a verlo; llegamos al fin con harto trabajo al puerto de San Diego que es muy bueno y capaz y

Punta de la Magdalena.

aquí hay ámbar.

Puerto de San Bartolomé.

tiene muchas y muy buenas comodidades para poder poblar en él los españoles; aquí se limpiaron los navíos y se ensebaron de nuevo por ser el puerto apacible y haber allí muchos indios afables y de trato muy amigable y usan arco y flecha y parecen belicosos y valientes, pues aunque cada día venían a vernos siempre nos trataban con tan gran recelo que nunca del todo se quisieron fiar de nosotros; pronunciaban muy bien lo que nos oían hablar en nuestra lengua y quien los oyera si no los viera, dijera que eran españoles; cada día venían a que les diéramos del pescado que cogíamos con el chinchorro y se volvían en paz después de haber ayudado a sacarlo; es puerto anchuroso y seguro y hace dentro de él una grande playa como isla de arena que la mar la suele cubrir en tiempo de grandes crecientes; en las arenas de la playa dicha, había gran cantidad de margajita dorada hoyosa toda, que es manifiesta señal de que en los montes de los alrededores y circunferencia de este puerto, hay minas de oro, porque las aguas cuando llueve la traen desde los montes y todas las vertientes vienen aquí en el arenal que dije está dentro de este puerto. Hallamos unos pedazos grandes como adobes de color pardo o buriel, muy livianos, como boñigas de buey secas, que no tenían olor bueno ni malo y quieren decir que esto es ámbar y si ello es así grande riqueza y abundancia hay aquí de ámbar; hay muchas diferencias de pescados de muy buen gusto y sabor como son peces reyes, caballas, langostas, centollos, guitarras, tortugas y sardinas, y otros muchos géneros de pescados; hay mucha caza de monte y de volatería, muchas y grandes dehesas llenas de yerba; los indios andan embijados de blanco y negro y de azul oscuro londres, y este color es de unas piedras azules y muy pesadas que ellos muelen muy bien, y el polvo lo deslíen con agua de que se hace una tinta y con esta embijan y hacen rayas en la cara y estas relucían como si fueran cinta de plata; parecen estas piedras ser de metal rico de plata y por señas nos dijeron los indios que, de piedras como aquellas, una gente que estaba la tierra dentro, del talle y modo que nuestros españoles, barbados y con cuellos y valonas y otras galas de vestidos como los nuestros, sacan plata en abundancia, y le tenían a la plata nombre propio en su lengua; para conocer si estos indios conocían la plata les mostró el general una escudilla y plato de plata y ellos la tomaron en las manos y con papirotes que daban en ella les contentó el sonido y dijeron por señas que aquello era bueno y que era de lo que tenían y estimaban mucho aquella gente que ellos nos decían; luego les puso en las manos una escudilla de peltre y tocándola no les cuadró el sonido y escupiendo la quisieron arrojar a la mar; esta gente, que estos indios nos dijeron, puede ser sean extranjeros holandeses o ingleses y que su navegación la hagan por el estrecho de Anián y pueden estar poblados en la otra costa de esta tierra, que va a dar al mar mediterráneo de la California, que como el reino es angosto como se ha dicho puede ser que la otra mar está cerca de allí, pues los indios se ofrecían de guiarnos y llevarnos hasta donde la gente que ellos dicen está poblada, y siendo esto es de creer que tienen allí grande interés y provecho, pues es su navegación tan larga y dificultosa, aunque también es verdad que saliendo por el estrecho de Anián y caminando a su tierra por aquella altura que es su navegación doblado

Puerto de San Diego.

Por aquí cerca hay gente blanca vestida de asiento, que se presume son extranjeros.

más breve que la que hay desde el puerto de San Juan de Ulúa a España, y esto se verá claro por las demostraciones que se enseñan en la esfera, y siendo esto así a Su Majestad le convendrá hacer diligencia para certificarse de esto, lo uno para saber la navegación y lo otro para echar de allí a enemigos tan perniciosos, porque no contaminen con sus sectas y libertad de conciencia a estos indios, de que a sus almas se seguirá mucho daño, y para enseñarles y encaminarlos por las sendas de la verdadera ley de Dios será muy dificultoso; demás de esto a Su Majestad se le pueden seguir otros muchos provechos como diré adelante.

P. 11.   Después que salimos del puerto de San Diego fuimos descubriendo muchas islas puestas en ringlera, unas tras otras las más de ellas estaban pobladas con muchos indios amigables y amorosos, los cuales tienen su trato y contrato con los de la tierra firme y podrá ser sean vasallos de un reyezuelo que de la tierra firme vino en una canoa con ocho remeros y con un hijo suyo a vernos y a convidarnos fuéramos a su tierra, que él nos regalaría y proveería de lo que tuviéramos necesidad y el tuviese; el cual dijo venía a vernos, por lo que los moradores de estas islas le habían avisado; hay mucha gente en esta tierra, tanto que viendo este Reyecillo que en los navíos no iban mujeres se ofreció por señas de que a cada uno le daría diez mujeres si todos querían ir a su tierra; que todo es argumento de cuán poblada está toda ella y sin esto,por toda la costa, de día y de noche, hacían muchas hogueras que es seña usada entre ellos para llamar que vayan a su tierra; por no haber puerto acomodado para asegurar los navíos en el paraje de donde vino este reyezuelo se dilató la ida a su ruego para la vuelta del viaje y con esto pasamos adelante; con nuestra navegación y al cabo de algunos días llegamos a un famoso puerto que se llamó de Monterrey que está en altura de 37 grados en el mismo clima y paralelo que Sevilla; aquí es donde las naos que vienen de Filipinas a la Nueva España vienen a reconocer; es buen puerto y bien abrigado y abastecido de agua, leña y de buenas maderas, así para árboles de navíos como para su fábrica como son pinos, encinas, robles grandes, crecidos y frondosos y muchos álamos negros en las playas de un río que allí cerca entra en la mar, que se llamó del Carmelo; en el temple, en las aves y cazas y variedad de animales y en los árboles es propiamente en todo como en nuestra España la Vieja; cuando llegan las naos de China a este paraje ha que navegan cuatro meses y vienen con necesidad de repararse y en este puerto lo pueden muy bien hacer con harta comodidad y así sería acertado que los españoles poblasen ese puerto para el amparo de los navegantes y para que se trate de la conversión de aquellos indios a nuestra santa fe, que son muy dóciles y amigables y pueden desde aquí tratar y contratar con los de la China y Japón que habrá buena ocasión por la cercanía; la tierra de este paraje es muy fértil y de buenas dehesas y montes y de mucha caza de monte y volatería y entre otros animales hay osos muy grandes y fieros y otros animales que llaman antas de quien se hacen la cuera de anta y otros del grandor de novilos, de hechura y forma de venados, con aspas gruesas y crecidas; aquí había mucha rosa de Castilla, hay lindas lagunas de agua dulce y las sierras cercanas a este puerto estaban lle-

Puerto de Monterrey.

nas de nieve y esto era por Navidad; en la playa, estaba una ballena muerta y de noche venían unos osos a comer de élla; hay aquí muchos pescados y mucha variedad de mariscos entre las peñas y entre otras había unas lapas o conchas grandes pegadas en las peñas en lo más profundo de ellas que los indios las buscan para sacar de ellas lo que tienen dentro para comer; y estas conchas son muy galanas, de fino nácar, y por toda esta costa muy grande abundancia de lobos o perros marinos del grandor de un becerro de año; estos duermen sobre el agua y otras veces salen a tierra a tomar el sol y entonces ponen su centinela para estar seguros de enemigos; los indios se visten de sus pellejos que son saludables, curiosos y vistosos y provechosos; finalmente, digo que este puerto es bueno y de buenas comodidades y se puede poblar, más ha de ser por el orden que adelante diré.

P. 12. Salimos de aquí, habiendo despachado al Almirante a la Nueva España con aviso de lo que se había descubierto y con los enfermos que no eran de provecho, y entre ellos volvió el padre fray Tomás de Aquino uno de los tres religiosos que íbamos en esta armada por haber muchos días que estaba enfermo y porque los enfermos tuviesen con quien confesarse si Dios los quisiese llevar de esta vida, y esta salida fue la Pascua pasada de reyes del año de 1603, en demanda del cabo Mendocino. En la costa reconocimos el puerto de San Francisco, a donde en tiempos pasados se perdió una nao de China que venía con orden de descubrir esta costa, y creo que hoy día hay allí mucha cera y loza que el navío traía; y llegamos al cabo Mendocino que está en la altura de cuarenta y dos grados, que es la mayor altura que vienen a reconocer las naos de China; aquí, por ser la fuerza del invierno en este tiempo y los fríos y garúas crueles y por ir casi toda la gente enferma, se amainaron las velas y el navío Capitana se puso de mar en través y como no podía gobernar las corrientes le fueron llevando poco a poco hacia tierra que corrían al estrecho de Anián, que aquí comienza su entrada, y en ocho días nos habían subido más de un grado de altura que fue hasta 43 grados a vista de una punta que se llamó de San Sebastián y junto a ella desagua un río que se llamó de Santa Inés; aquí nadie saltó en tierra porque toda la gente iba muy falta de salud, tanto que seis personas andaban en pie; la costa y tierra da la vuelta al nordeste y aquí es la cabeza y fin del reino y tierra firme de California y el principio y entrada para el estrecho de Anián; si en esta ocasión, en el navío Capitana se hallarán siquiera catorce soldados con salud, sin duda alguna nos aventuráramos a reconocer y pasar este estrecho de Anián, que buenos aceros tenían todos para hacerlo así; mas la falta de salud en comunidad y de gente que pudiese marcar las velas y gobernar el navío nos obligó a dar la vuelta a la Nueva España por dar razón de lo que se había descubierto y visto y porque la gente no muriera toda sin más por aquella altura nos detuviéramos; con esta determinación y acuerdo se comenzó la navegación para dar vuelta que fue costa con el viento favorable reconociendo todos los puertos, bahías y ensenadas que a la ida habíamos visto; como el viento noroeste es tan continuo y ordinario en esta costa, fácilmente, en un mes, se puede venir desde el cabo Mendocino hasta el puerto de Acapulco si el piloto sabe tomar las derrotas en sus puestos y sus tiempos como yo

Puerto de San Francisco.

Cabo Mendocino.

Punta de San Sebastián y río de Santa Inés.

lo pongo en un derrotero que hice para esta navegación; la navegación que traíamos a la vuelta era tierra a tierra y tan cerca, que con gran claridad y distinción se veía todo lo que en ella había; los indios como nos veían pasar de largo nos hacían humos y otras señas llamándonos y dieron muestras en todas las partes que saltamos en tierra de sus buenos naturales y de sus habilidades que nos pareció a todos que con facilidad y a muy poco trabajo se les podría enseñar nuestra santa fe católica y que la recibirían bien y con amor; mas esto conviene se haga con grande prudencia y por el modo que Nuestro Maestro y Redentor Jesucristo nos enseñó en su Santo Evangelio; de cómo se había de enviar gente a tierras nuevas para la conversión de los indios gentiles hice un breve tratado, que se lo envié al Rey nuestro señor Don Felipe III, en que trató lo que conviene hacerse para que las gentes se conviertan y Su Majestad pueda, con título justo, ser legítimo emperador y señor de sus tierras, a que remito al lector con todo como allí de doctrina en general; para todos aquí para más claridad pondré con brevedad lo que Su Majestad, en particular, pueda y deba hacer para la conversión de los indios de este gran reino de las Californias, y para pacificar sus tierras y ser señor con buena conciencia de ellas como se verá desde el número 23, en adelante, de este tratadillo; finalmente volviendo a nuestro viaje, digo que volvimos al puerto de Acapulco de 22 de marzo de 1603, habiéndose pasado mucho trabajo y rigurosas enfermedades de que murieron la gente que dije al principio y de todo lo sucedido en el viaje hice unas copiosa relación y una pintura de la postura de este reino.

EL MODO QUE SE HA DE GUARDAR PARA PACIFICAR Y POBLAR EL REINO DE LAS CALIFORNIAS

P. 13.   Todo este reino de las Californias se puede pacificar y poblar y por este medio reducir a los naturales de él al gremio de Nuestra Santa Madre Iglesia Católica Romana y convertirlos a nuestra santa fe católica por medio de la predicación del Santo Evangelio; pues para que esto venga a tener cumplido efecto y Su Majestad lo haga con un moderado gasto, lo que se ha de mandar y ordenar y disponer es lo siguiente:

Se han de aprestar y prevenir en el puerto de Acapulco dos navíos pequeños de a 200 toneladas y una fragata con sus barcas y esquifes para el servicio de ellos, y estos se han de proveer con abundancia, así de municiones y pertrechos de guerra como de bastimentos, jarcias y velamen y de todo lo que pareciere necesario para poblar en tierras de infieles y gentiles y, en el interim que esto se apercibe y apresta en México, se han de levantar hasta 200 soldados que sean buenos marineros, juntamente advirtiendo que sean soldados viejos, curtidos y bien experimentados, así en las armas como en el marinaje, porque todos con uniformidad y sin diferencia acudan a todo según las ocasiones se ofrecieron, y procúrece que sean hombres de bien y de vergüenza, porque en el viaje, así por la mar como en tierra, haya paz, unión y hermandad entre todos; bien fácilmente se hallará en México hartos hom-

bres de estas prendas y partes si Su Majestad les acrecienta los sueldos conforme lo piden los dos oficios a que han de acudir y que con
puntualidad se les den las pagas y socorros a sus tiempos; el cargo de
levantar esta gente se ha de dar a uno o dos capitanes que sean buenos
cristianos y temerosos de Dios y peronas de méritos y que hayan con
fidelidad en otras ocasiones servido a Su Majestad, así en guerras por
tierra como en armadas por la mar, a cuyo cargo sea el nombrarlos
oficiales de su compañía y que sean personas de que en ellos tenga satisfacción, que lo harán con cristiandad y cuidado y que sean hombres
de experiencia y que sepan servir los oficios que se les encomendaren,
porque en estos oficiales consiste la quietud y buena enseñanza de los
soldados; esta jornada se ha de encomendar y encargar a una persona
de valor y prendas y que se haya de atrás experimentada y cursado en
semejantes cargos para que sepa tratar a todos con amor y con imperio y a cada uno en particular según la mereciere su persona; y adviér-
tase en que esta tal persona sea temerosa de Dios, cuidadosa de su
conciencia y celosa del servicio de Su Majestad, y de cosas de la conversión de estas almas; a persona de estas calidades se le podrá dar el
oficio de general de la armada a quien todos, así capitanes como soldados, vayan sujetos para que en todo le obedezcan y sigan sus órdenes;
al general, capitanes y soldados y a todos los que fueren a esta jornada
se les ha de dar expresa orden y mandado que tengan grande obediencia, sujeción a los religiosos que fueren en su compañía, y que sin
su orden, consejo y parecer no se haga guerra y otra molestia alguna a
los indios infieles, aunque ellos den alguna ocasión, porque así las cosas se hagan con paz y con cristiandad y con amor y quietud, que es el
modo que se ha de tener en la pacificación de aquel reino y en la predicación del Santo Evangelio, en el cual fin y blanco a que se endereza
estos gastos y estas prevenciones; porque de no hacerse sino lo contrario será malograrlo todo y perder el tiempo y la hacienda en balde, como por la experiencia se ha visto muchas veces en esta Nueva España,
en otras conquistas y pacificaciones de nuevas tierras de que Dios
Nuestro Señor ha sido más ofendido que servido.

P. 14.   Los religiosos que han de ir a esta jornada serán los descalzos de Nuestra Señora del Carmen, que son a quien está cometida y
encargada la conversión, doctrina y enseñanza de los indios de este
reino de las Californias por Su Majestad; serán seis religiosos en nú- *Las calidades*
mero en esta primera entrada, cuatro sacerdotes y dos legos, y se pedi- *que han de*
rá en nombre de Su Majestad, a los superiores de esta religión, que los *tener los reli-*
que señalaren y nombraren para este viaje sean tales cuales la ocasión *giosos.*
y empresa lo pide, santos y afables y amorosos y doctos para que sepan confesar, guiar y encaminar estas almas y discernir los casos que
se ofrecieren conforme doctrina sana y católica, siguiendo los indultos
y bienes que los Sumos Pontífices han concedido en favor de las nuevas conversiones para su mayor aumento; estos santos religiosos con
su santidad y modestia y llaneza y afabilidad religiosa procurarán ganar las voluntades y corazones, así del general y capitanes, como de todos los soldados, para que por este medio los encaminen por el camino santo de la virtud y con razones amorosas los persuadan y amones-
ten que, antes que se embarquen, todos confiesen sus pecados y reci-

ban el Santísimo Sacramento de la Eucaristía con la devoción y disposición posible ofreciendo a su Divina Majestad, su alma y su vida a su servicio, pidiéndole el buen suceso de su viaje y navegación; de hacerse esta diligencia, con el espíritu y devoción que conviene, se hacen los religiosos señores de los corazones y voluntades de todos y tendrán mano con todos para conservarlos en paz, amor y unión; y si acaso hubiere algún encuentro entre ellos lo apacigüen luego con discreción, de que se excusarán mohinas, disgustos, enemistades y los motines y alzamientos y desobediencias a los mayores que, de ordinario, en semejantes empresas suelen suceder; a los religiosos se les proveerá de todo lo necesario para su viaje, como son ornamentos para decir misa y administrar los sacramentos, libros y vestuarios y algunas cosas de regalo en particular para que tengan con qué regalar a los enfermos si los hubiere; también a costa de Su Majestad se embarcarán cantidad

Por cuenta de Su Majestad se embarquen cosillas para los indios.

de cosillas de dijes de Flandes, como son cuentas de vidrio de colores, granates falsos, cascabeles, espejuelos, cuchillos y tijeras, baladíes y trompas de París y algunas cosas de vestidos y de estas cosas se haga repartición entre los religiosos y soldados para que en los puertos que saltaren en tierra o escogieren para hacer asiento en las tierras de los infieles las repartan de gracia, con muestras de amor y voluntad, en nombre de Su Majestad con los indios que vinieren a verles; para que con estas dádivas graciosas los indios gentiles cobren amor y afición a los cristianos y conozcan van a su tierra a darles de lo que llevan, y no a quitarles lo que tienen, y que entiendan van a buscar el bien de sus almas; este es un medio de grande importancia para que los indios se aquieten, humanen y pacifiquen y obedezcan a los españoles sin contradicción ni repugnancia y reciban con gusto a los que van a predicarles el Sagrado Evangelio y los misterios de nuestra santa fe católica; demás que los indios de este paraje son reconocidos y agradecidos; y en recompensa que paga de lo que se les diere acudirán con las cosas que ellos tuvieren de estima en su tierra, así de cosas de comer como de otras cosas, como lo hicieron con nosotros; con esta prevención se pueden embarcar en los navíos prevenidos los soldados y los religiosos sin que vaya ni se embarque en ellos mujer alguna por excusar ofensas de Dios y disgustos entre unos y otros que con las corrientes que el agua de la mar hace, hacia la boca de la California aunque falten vientos acomodados a la navegación, se podrá, dentro de un mes a más tardar, llegar a desembarcar en la bahía de San Bernabé que es el cabo de San Lucas y punta de California, que es el puesto más acomodado para el primer pueblo.

P. 15.   Habiéndose desembarcado en la bahía de San Bernabé se

Hágase una iglesia y una casa fuerte.

trate luego de asentar el real en el puesto y lugar que más acomodado pareciere y sea, con tal arte y traza, que las unas casas sean guarda y amparo de las otras; y lo primero de todo se haga Iglesia para que allí los religiosos sacerdotes celebren cada día misa y sería cosa muy santa y buena que luego, a la entrada en este reino, el general con sus capitanes y soldados todos confesasen y comulgasen, que será muy buen principio para entrar con buen pie y para conseguir con él ayuda y favor de Nuestro Redentor y Señor Jesucristo lo que se pretende, que es la pacificación del reino y la conversión de sus habitadores a nuestra santa fe católica; el sitio en que se ha de hacer una casa fuerte que sirva de castillo y de atalaya y defensa para los casos adversos sea en puesto fuerte, eminente y señoril y si desde él se pudiera hacer paso seguro a la mar sería cosa muy acertada para recibir socorro y enviarle a pedir por mar en caso que alguna necesidad se ofreciere, como comúnmente lo han usado los portugueses en los puestos que han hecho asiento en la India y les ha sucedido muy bien el usar de este ardid y advertencia; este castillo y casa fuerte se guarnecerá con artillería que llevará para el propósito, juntamente con otros reparos que en semejantes fortalezas se suelen hacer, y en él se guardarán las armas y los bastimentos y sobre ese castillo haya puesto en que haya de continuo una atalaya o poste de guardia para que, con cuidado, se vea lo que va y viene al real, porque en tierras de indios infieles aunque se hayan dado por amigos y de paz no hay que fiar mucho, antes se ha de vivir con ellos y entre ellos con notable recato, vigilancia y advertencia y sea con sagacidad y advertencia afable y amorosa mostrándolos amor y todo buen agasajo, regalándolos y dándolos de gracia de las cosillas que por cuenta de Su Majestad se hubieren llevado para acariciarlos y asegurarlos; sin estos se haga otra casa de contratación para que allí acudan los indios a rescatar lo que quisieren de los españoles y para que ellos entre sí, unos con otros, traten y contraten, que con esto se facilitará mucho la comunicación de ellos con los nuestros de que se viene a engendrar el amor y amistad; de este puesto, con los navíos y fragatas y con otras barcas, pueden enviar a la tierra de Culiacán que es de cristianos o a la isla de Mazatlán, o al puerto de la Navidad para desde allí traer todo lo que pareciere ser necesario, así para poblar la tierra como para el sustento, como son vacas, ovejas, carneros, cabras, yeguas, y lechones que en dos o cuatro días a lo sumo se pueden pasar vivos de una parte a otra, por que la mar que hay de entre medio es de cincuenta leguas de ancho y es seguro y no tormentoso; estos animales se criarán y multiplicarán bien en esta tierra por ser para ello acomodada y fértil; y también se podrán hacer algunas labores de trigo y de maiz y plantar viñas y huertas para que se tenga el sustento de las puertas adentro, sin que sea necesario traerlo de acarreo y de fuera, imponiendo y enseñando a los indios para que ellos hagan lo mismo, que todo lo tomarán bien viendo redunda en su provecho.

Siempre se ha de ir con recelo y vigilancia.

Hágase casa de contratación.

P. 16.   Además de lo que arriba queda dicho podrán los españoles en ese puesto asentar pesquerías de perlas y de los demás pescados de que allí hay abundancia para enviarlo a la Nueva España a vender a México; puédanse hacer muy buenas salinas, también podrán labrar minas que cerca de aquí las hay como lo dije en el número 8; estando estas cosas asentadas con paz y amor y beneplácito de los naturales, los religiosos tratarán de su ministerio y de dar comienzo y principio de la conversión de estos indios por la mejor traza y manera que les pareciere convenir, asentando con gran prudencia y suavidad la nueva iglesia cristiana que allí se va plantar; y sería acertado llevar desde la Nueva España indios ministriles con sus instrumentos y trompetas para que los oficios divinos se celebren con solemnidad y aparato, y enseñar a cantar y tañer a los indios de la tierra; también será bien y cosa acertada que de los indios se vayan escogiendo algunos de los más hábiles, entresacando entre los muchachos y niños los que parecieren más dóciles e ingeniosos y hábiles, y estos se vayan doctrinando y enseñando la doctrina cristiana y a leer en cartillas españolas, para que, juntamente con el leer, aprendan la lengua española y que aprendan a escribir y a cantar y tañer todos los instrumentos músicos, porque el buen fundamento tiene firme el edificio y así como en esto haya cuidado a los principios, los medios y fines serán buenos y es cosa muy fácil en que por este medio los niños aprendan nuestra lengua y ellos, siendo mayores, la enseñarán a sus iguales y a sus hijos y familias y a pocos años todos sabrán la lengua española, que será un bien muy grande para que no les falten ministros que los doctrinen, guíen y encaminen por el camino del cielo y de su salvación; de aquí se puede ir prosiguiendo las poblaciones de los cristianos y las de los indios que estuvieren derramados por los montes, atrayéndolos a poblado con amor, dulzura y suavidad; advirtiendo que no se esparzan tanto los soldados cristianos que se disminuya y menoscabe el cuerpo de guardia, por si los indios instigados del demonio quisieren hacer algún alzamiento o rebelarse contra los españoles haya quien les pueda hacer resistencia y tenerlos a raya y aun castigar su atrevimiento si la causa lo pidiere.

P. 17.   En el número 8, dije cómo con muy poco trabajo se podría descubrir una sierra que está cerca de aquí, en la costa de la mar del sur, que se llamó sierra del Enfado o Pintada; digo que creo tiene muy ricos metales de plata, ésta se puede descubrir por tierra que es cerca y se podrá beneficiar si fueren de buena ley y fácil beneficio, y siendo ricas y de provecho con los quintos que de la plata y de las perlas que se sacaran que pertenecen a Su Majestad se podrán sanear los gastos que en hacer esta armada y ponerla en esta tierra se hubieren hecho; y esto una vez entablado es fuerza haya de arrancar a Su Majestad y asegure al patrimonio grandes aprovechamientos y aumento a su Real Hacienda, con que podrán enviar a este reino la gente que pareciere ser necesaria para pacificarlo y poblarlo y los ministros que para la conversión y doctrina de los naturales fueren necesarios. Antes que se haga la segunda población conviene que con los dos navíos se descubra todo el mar mediterráneo de la California, así por la costa que corre desde Culiacán hasta Quivira, reconociendo todo lo que hay hasta el estrecho de Anián y ver qué puertos, ríos, ensenadas hay en ella como por la que cerca el reino de la California hasta dar vuelta al cabo Mendocino, reconociendo asimismo todos los ríos, puertos, bahías y ensenadas que en toda aquella hubiere, y de camino saber dónde y cómo y en qué puesto están poblados los extranjeros que dijeron los indios había en aquel reino, cercanos de allí y en sus tierras, como di noticia arriba en el número décimo y también procurar tomar noticia y razón de lo que hay en la tierra.

Convendrá descubrir las costas de este mar.   De hacerse este descubrimiento con cuidado y diligencia y como conviene se sabrá de una vez lo que hay por esta mar y sus costas, y lo que tiene el reino de gente y de riquezas, y en qué puertos se podrán hacer poblaciones de españoles para desde ellos ir predicando los religiosos el Santo Evangelio y convirtiendo almas a nuestra santa fe católica; sabráse también en qué puerto y paraje está el río del Tizón que viene desde el Nuevo México, qué puerto es y qué comodidades tiene y qué distancia hay desde allí a los pueblos de los españoles, que si ello es como dicen y yo lo refiero en el capítulo último de la relación que hice de este descubrimiento, Su Majestad podría mandar poblarlo para que por esta vía se los entrase el socorro a los de aquel reino y desde las poblaciones se les podría traer lo necesario de ganados y bastimentos, así para poblar la costa como para el sustento, pues dice no hay más de cincuenta leguas de distancia de una parte a otra; y tengo para mí, será cosa muy acertada que desde el puerto del río del Tizón se comenzase la pacificación del reino del Nuevo México, pues se dice que las mejores poblaciones y más ricas son por aquella comarca, porque allí cerca es la laguna del Oro y los pueblos del Rey Coronado y que por allí hay mucha gente; para la conservación de la población del puerto del río del Tizón hará mucho al caso que enfrente de él, en el reino y costa de la California, se hiciese otra población de españoles para comunicar y contratar los unos con los otros y darse la mano y ayuda en los casos adversos, y con esto los unos y los otros se animarán a descubrir nuevas tierras y riquezas y todos pueden gozar de muy buenas pesquerías de perlas y de riquezas de metales; los del Nuevo México, de la riqueza de la laguna del Oro y los de las Californias de unos ricos montes que tienen abundancia de ricos metales de plata que hay en esta comarca cerca de ella, que lo uno y lo otro lo creó Dios allí para el servicio del hombre, y pienso que para señuelo, porque por el interés de estas cosas temporales envíe el Rey Nuestro Señor vasallos suyos que los descubran y gocen, y en su compañía, religiosos y ministros evangélicos que traten de la conversión de aquellas naciones.

El río del Tizón se puede poblar.

La pacificación del Nuevo México se hará con más comodidad y brevedad desde el río del Tizón.

P. 18. De la relación que trajeron los que hubieren ido en los navíos al descubrimiento dicho, así de lo que vieren como de lo que oyeren y entendieren, se puede dar aviso a Su Majestad y a su Real Consejo de las Indias para que provea y ordene lo que más conviniere a su real servicio y aumento de su Real Corona; pienso que sería cosa de grande importancia para todos estos reinos occidentales de Su Majestad que se descubriese la navegación del estrecho de Anián para España y la ciudad rica de Quivira y el puerto del reino de Anián que se entiende está continuado con reinos de la China, que será por aquí descubrir otro nuevo mundo para que por todo él se predique el Santo Evangelio y se trate de la conversión de tantas almas como hay por todo él sin fe ni noticia del verdadero Dios ni de su ley santísima, que habiendo sido todas redimidas con la sangre preciosísima de Nuestro Redentor y Señor Jesucristo es cosa de grandísima compasión que, por falta de esta luz y del conocimiento de la verdad, se condenen; Su Majestad Santísima, pues las crió y murió por ellas se sirva de que a tantas naciones y tan varias y de tierras tan remotas y nunca descubiertas se les dé noticia de su ley santísima para que la reciban y la crean y por medio del santo bautismo sus almas sean salvas y le gocen.

La navegación por el estrecho de Anián para España será de grande importancia.

Como este reino de las Californias se vaya pacificando y sus naturales convirtiendo a nuestra santa fe católica podrán los españoles ir poblando otros parajes y puestos, acomodados para el efecto de la conversión de las almas, y para que ellos tengan algunos intereses y provechos, que si hoy el español no ve algún interés no se moverá a cosa buena y perecerán estas almas sin remedio si se entendiese que no había de la ida sacar algún provecho, y así, cebados por el interés, ellos irán descubriendo cada día nuevas tierras, tanto que será menester irles a la mano porque las fuerzas no se debiliten como ya lo advertí arriba; si pareciere a Su Majestad podrá mandar que por tierra vayan a poblar sus españoles, unos el puerto de San Diego, de quien traté en el número 10, y otros, el puerto de Monterrey, de quien traté en el número 11, porque querer ir a poblarlos por la mar será trabajo muy grande y dificultoso respecto de los vientos contrarios que corren por aquella costa y por la mucha dificultad con que por allí se navega como yo lo ví y experimenté.

P. 19.   Las ocasiones que con los indios se ofrecieren y el tiempo darán margen a los españoles para saber cómo han de usar y tratar con ellos y en qué ocasiones y porqué causas podrán hacerles guerra o ayudar a los indios que fueren amigos contra sus enemigos y contrarios, de que traté a lo largo en un tratadillo que en razón de estas cosas compuse intitulado del modo que se ha de guardar en predicar el Santo Evangelio a los indios gentiles, que va antes de ése en este cartapacio, a donde digo cómo no conviene se haga guerra alguna contra los indios sin consejo y consentimiento de los religiosos a quienes el general, capitanes y soldados van acompañando, porque todo se haga con celo y pecho cristiano y santo y se predique el Evangelio con la paz, suavidad, quietud, amor y dulzura que nuestro maestro y redentor Jescristo nos manda de que traté en el P. 7 y está muy puesto en razón y justicia que, pues el Rey hace esta jornada a su costa, que no lo pueden hacer otros que sus españoles, pues ganan sus gajes acudan como fieles vasallos a guardar las órdenes y mandatos que se les dieren, no saliendo un punto de ellas, como lo usa la milicia española en todas partes y por esta razón y por otras que en el tratado referido puse, P. 5, conviene que Su Majestad haga estas pacificaciones a su costa, y que no las encomiende a nadie, y porque los soldados vayan con sujeción y obediencia a sus mayores, a los españoles que fueren enviados por Su Majestad a esta jornada para la pacificación y población de este reino, se los ha de advertir que no van a ganar tierras para sí, ni vasallos, sino para los Reyes de Castilla que los envían, porque no conviene que Su Majestad haga mercedes de pueblos ni de indios que se fueren pacificando y convirtiendo a nuestra santa fe a ningún español, por grandes servicios que haya hecho en estos reinos a Su Majestad; porque ni Su Majestad lo podrá hacer con buena conciencia y será la total ruina y destrucción de todos los indios, como sucedió a los principios que se conquistaron estos reinos de la Nueva España y se vió, sucedió, en las islas de barlovento y en tierra firme, como lo cuenta y trata muy por extenso el Señor Obispo de Chiapas Don Fr. Bartolomé de las Casas en un tratado que hizo acerca de este punto de que no conviene dar indios en encomienda a los españoles, y lo prueba con gran erudición y yo lo refiero en el tratado citado en el P. 12.

P. 20.   Nuestro muy católico y cristianísimo rey Felipe, rey de las Españas y Supremo Emperador de las Indias Occidentales por razón del soberano imperio que sobre ellas tiene, está obligado en concien-

Las nuevas conquistas y pacificaciones las ha de hacer el Rey y no ningún particular si se desea el buen suceso en ellas.

cia y en justicia y por derecho humano y divino a procurar la conversión de todos los indios de las Indias Occidentales; y con más obligación los reinos que ya están sabidos y descubiertos, como ya lo está este reino de las Californias de que aquí se ha tratado, por estar ya convencido y descubierto y se sabe la gente que en él hay y cuán apta y
dispuesta para recibir nuestra santa fe católica; y aquí, he tratado de
qué manera podrá Su Majestad, a muy poca costa, enviar gente que
pacifique este reino y a los naturales se les predique el Evangelio para
convertirlos a nuestra santa fe; esta obligación que Su Majestad tiene
para acudir a la conversión de estas almas, poniendo en ello todo cuidado, solicitud y diligencia, aunque sea a grandes gastos de su Real
Hacienda lo trata el Señor Obispo de Chiapas Don Fr. Bartolomé de las
Casas en un libro intitulado, tratado comprobatorio del imperio soberano y principado universal que los Reyes de Castilla y León tienen sobre las Indias y yo lo refiero en el tratado citado P. 1; esto supuesto, no
sé qué seguridad puede Su Majestad tener en su conciencia, dilatando
por tanto tiempo el enviar ministros evangélicos a este reino de las
Californias; en acudir a ellos, se cumple con la conciencia y con sus
obligaciones puédese hacer con facilidad y con poca costa, y de ellos
se conseguirá el ganar tantas almas para Dios, y a Su Majestad se le
seguirá aumento de premios en el cielo y en la tierra y señorío de un
nuevo mundo y de riquezas infinitas; Dios Nuestro Señor disponga su
ánimo para que acuda a ello como fuere más servido, amén. Es fecha
en este convento de San Sebastián de Carmelitas Descalzos, de la ciudad de México en 12 de octubre de este año de 1620, y porque haga
más fe lo firmé de mi nombre = Fr. Antonio de la Ascensión.

Nota: En el Museo Naval de Madrid, Navarrete, XIX, 10, 175-90,
hay otra copia de esta «Relación», que suprime las indicaciones finales de data y fecha, aunque consigna la firma, y al pie de la cual el ilustre Navarrete consignó:

«Hállase el original en la Biblioteca de San Acasio de Sevilla, en un
libro ms. en 4.º. Confróntese en 20 de mayo de 1795. Martín Fernández
Navarrete».

APÉNDICE VI

Carta del Rey a la Audiencia de México

Museo Naval de Madrid.
Navarrete, XIX, 11, fols. 191-92.
Madrid, 2 agosto 1628.

Real Cédula de Su Majestad expedida en Madrid a 2 de agosto de 1628 al Presidente y Oidores de la Audiencia de México, mandando que habiendo oído primero al Padre Fr. Antonio de la Ascensión, descalzo, de N.ª S.ª del Carmen, y demás personas que tengan noticia de la tierra de la California, le avisen a S.M. muy particularmente en la forma y manera que se podía hacer aquel descubrimiento, si se acordare ser conveniente a su Real Servicio.

El Rey: Presidente y Oidores de mi Audiencia real que reside en la ciudad de México de Nueva España: Por diferentes papeles y relaciones, que han venido a mi real consejo de las Indias, he entendido, que gobernando ese reino Don Luis de Velasco, Marqués de Salinas, Presidente que fue del dicho mi consejo, capituló en el año de 594 con Sebastián Vizcaíno, sobre el descubrimiento de las Islas Californias; y que habiendo sucedido al dicho marqués en el dicho gobierno el conde de Monterrey, y el año de 587 [*sic, sin duda por 597*], hallando hechas las prevenciones necesarias para el dicho descubrimiento, ordenó al dicho Sebastián Vizcaíno, ejecutase lo que tenía contratado, no embargante que en la sustancia y capacidad de su persona halló algunos inconvenientes, y poniéndolo en ejecución volvió el dicho año al puerto de Acapulco, tan mal parado y con tanta pérdida de gente, que no pudo proseguir con su intento; y aunque dió alguna noticia de los puertos y bahías de aquellas islas, y que por lo que había visto en ellas las juzgaba muy ricas, y habitadas de mucha gente, y pidió se le volviese a dar nuevo socorro de gente, armas y municiones, para continuar el dicho descubrimiento, no pareció conveniente tratarse de ello, y el año de seiscientos y dos, el dicho conde de Monterrey, le encargó el descubrimiento y demarcación de los puertos y ensenadas del Mar del Sur, prohibiéndole por auto que proveyó, que pena de la vida no se embarcase en las ensenadas de las dichas Californias, y en carta que escribió al Rey mi Señor padre, que esté en gloria, en veintiocho de diciembre del año de seiscientos y dos, desde el puerto de Monterrey que había ya descubierto, dió cuenta de nuevos puertos, bahías e islas que había hallado hasta el dicho puerto, y el de seiscientos trece, habiendo venido a estos reinos el dicho Sebastián Vizcaíno, y pedido se le encargase este descubrimiento, por haberse tenido por de poco fruto su ofrecimiento, por lo que había resultado de la primera vez que fué a él, no se admitía; por lo cual dió noticia a ciertas personas particulares de que en aquellos mares había gran cantidad de perlas, los cuales pidieron en el dicho mi consejo licencia para ir a la pesquería de ellas a su costa; y respecto de poderse seguir beneficio a mi Real Hacienda, y no costa ninguna, se les concedió, de que resultó mucha pérdida a las dichas personas, por el gasto que hicieron en fabricar bajeles acomodados para el dicho efecto, y llevar gente y las demás prevenciones necesarias para él, sin haber conseguido su intento. Y porque el capitán Pedro Bastán, ha venido de ese reino a tratar de la dicha conquista haciendo instancia en ello, habiéndose visto en mi Consejo de las Indias, y consultándose, como quiera que siempre se ha tenido el dicho descubrimiento por de poca consideración, por no haberse sacado sustancia de él las veces que se ha intentado, y resultado tan malos sucesos; porque para tomar resolución en ello, quiero saber de vos lo que se ofrece en la materia, os mando: que habiendo primero oido a Fray Antonio de la Ascensión, descalzo de la Orden de Nuestra Señora del Carmen, y demás personas que tengan noticia de aquella tierra, me aviséis muy particularmente en la forma y manera que se podrá hacer el dicho descubrimiento en caso que convenga ponerlo en ejecución, para que visto en el dicho mi consejo se tome la resolución que más parezca convenir. Fecha en Madrid a 2 de agosto de 1628 años. Yo el Rey. Por mandato del Rey Nuestro Señor. Andrés de Rosas.

Nota: Se ha extraído de un testimonio de Autos que existe en el Archivo General de Indias de Sevilla, entre los papeles traídos de Simancas, legajo 1.º rot.º Papeles sobre el descubrimiento de las Californias, causados en el año de 1632.—Confrontóse en 13 de febrero de 1794. V.º B.º. Martín Fernández de Navarrete.

APÉNDICE VII

Primer parecer de Fray Antonio de la Ascensión sobre expediciones de descubrimiento y colonización en California.

Museo Naval de Madrid.
Navarrete, XIX, 12, fols. 193-95.
Valladolid de Michoacán, 20 mayo 1629.

«Parecer que dió el padre Fr. Antonio de la Ascensión, descalzo de N.ª S.ª del Carmen consecuente a la real orden de 2 de agosto de 1628 que se le comunicó por el presidente y oidores de la Audiencia de México, sobre la forma y manera que se podía hacer el descubrimiento y población de la California; el cual parecer dió en su convento de Valladolid de Michoacán en 20 de mayo de 1629».

Jesús: Respondiendo a lo que se me pregunta por la cédula de S.M. y de su real Consejo de las Indias, despachada en Madrid a 2 de agosto del año pasado de 1628, digo: Que el año de 1602 el conde de Monterrey, siendo Virrey de la Nueva España, despachó una armadilla de tres bajeles pequeños, por mandato de S.M. don Felipe III para que se descubriesen todos los puertos y ensenadas, bahías e islas que hay desde el cabo de San Lucas, que es la punta de la California que está en altura de veintirés grados y medio debajo del trópico de cáncer, hasta el cabo Mendocino, que está en altura de 42 grados en las costas del Mar del Sur, paraje a donde vienen a reconocer la tierra, las naos que vienen de las islas Filipinas a la Nueva España: esta armada fue a cargo del general Sebastián Vizcaíno; en ella fuimos tres religiosos carmelitas descalzos, y por superior en ellos fue el padre Fray Andrés de la Asunción, que fué Provincial de esta Nueva España el año pasado, y hoy asiste en su colegio de Cuxioacán, otro religioso, y yo, fuimos en su compañía por mandato del dicho Virrey, encargando desde luego en nombre de S.M. la conversión de aquel reino a nuestra santa fe católica, a los religiosos carmelitas descalzos que están en esta Nueva España, por haber cédula particular de S.M. para esto. A mí me encargó dicho Virrey fuese haciendo oficio de cosmógrafo en este descubrimiento, no obstante que iba otro cosmógrafo nombrado por S.M. para el dicho efecto. Hízose el dicho descubrimiento muy bien, aunque fue a costa de mucho trabajo, de un año casi de tiempo, en él se descubrió muchas cosas buenas, y se tuvo noticia cierta de muchas riquezas de plata, oro, perlas y ámbar, y se vió estar toda ella poblada de innumerables indios, mansos, pacíficos, y de buenos naturales, y muy dispuestos para recibir nuestra santa fe católica, si van ministros que se la enseñen: la lenagua es fácil de aprender por ser de buena pronunciación, y tener todas las letras que nuestra lengua pronuncia. De los sucesos de este descubrimiento, y de lo que se descubrió, hice una relación, y pinté una tierra por sus rumbos y costas, con sus alturas, para que sirviese como por carta de marear para aquella costa, de que se ha enviado copia a S.M. Sin esto hice otra breve relación de todo lo que se vió y descubrió en este descubrimiento, y así pongo el modo que se podrá tener en poblarlo, conquistar, y pacificar aquel grande reino, fácil, barato, muy provechoso desde luego para los reales haberes de S.M., que de nuevo hago presentación para que se vea, examine y remita a S. M., para que de allá se determine lo que más pareciere convenir al servicio de las dos majestades, divina y humana. Paréceme, salvo mejor parecer, que a S.M. le conviene mandar poblar y pacificar este reino, y que es la cosa que hoy mejor le puede estar entre las más importantes de sus reinos, porque puede ser señor de un nuevo reino, y gozar de las varias y grandes riquezas que en sí encierra, con que puede S.M. pagar en pocos años todo lo que debe, esto a muy poca costa; y sin esto, descargará su conciencia, procurando se plante nuestra santa fe católica en todo él, a lo cual está S.M. obligado a acudir en justicia y caridad, por la utilidad propia, como lo pruebo en dicha relación.

El modo que en esto se puede tener es fácil y poco costoso, porque con solo tres fragatas grandes, chatas, que se pueden comprar en el Realejo, o fabricarlas en el puerto de la Navidad a donde hay buena disposición para la dicha fábrica, se puede proveer de todo lo necesario para esta conquista, con doscientos hombres que sirvan juntamente plaza de soldado y marinero, como lo usan los ingleses: hay demasiado para la dicha conquista.

Desde el cabo de Corrientes, que es en la costa de la Mar del Sur de esta Nueva España, y cerca del puerto de la Navidad, se da principio a un brazo de mar, que se llama mar de la California, o mar Bermejo, que entra hacia el norte, entre el reino de la California, y las costas de la Nueva España, que tendrá de travesía, no hay cien leguas: tengo por cierto que se comunica este mar con el estrecho de Anián, y por él al mar del Norte, por donde se puede dar paso y hacer navegación, que hoy fuera de harta importancia estar descubierta, porque por ella se podía encaminar la plata del Perú, y de esta Nueva España, que se envía a España todos los años, en caso que el enemigo holandés quiera ponerse en el paso de la Habana para coger las flotas, como lo hizo el año pasado, e intenta, según dicen, hacer este año lo mismo.

La primera población se puede hacer en el cabo de San Lucas y punta de la California, que es puesto acomodado y más cercano, pues

desde las islas de Mazatlán hasta allí hay 50 leguas de travesía de este
mar Rojo: está allí una buena bahía que hace buen puerto, y hay allí
muchos indios pacíficos y mansos: dos lagunas, una de muy buena
agua dulce, y otra de salada, donde entra el agua de la mar cuando
hay tormenta del sueste; la una y la otra están como 20 pasos de la mar,
aunque en diferentes puestos: la tierra es muy buena, con muchos árboles, y muy dispuesta para hacer en ella labores y sementeras de todas semillas, que se darán muy bien, por ser muy buen temple. En esta bahía hay infinitos géneros de peces muy buenos y sanos, y muchos
ostiones de perlas ricas de que en toda aquella costa hay muchos comederos, y no muy honras, porque los indios las buscan con facilidad;
en la punta que hace la tierra sobre el mar se puede fabricar una muy
buena fuerza, para defensa y amparo de aquel puesto, y de los que allí
se congregaren; aquí puede ser la plaza de armas, y el puesto donde ha
de ser el principal trato y comunicación; desde el Perú se puede venir
allí en un mes de navegación, y desde las islas de Mazatlán se puede
pasar en dos días, y desde ellas se pueden pasar con las fragatas, vacas, yeguas, ovejas, cabras, y ganado de cerda, con que se pueda poblar todo aquel reino, y tener que comer los nuevos pobladores y los
naturales; por este paraje se podrá pasar la gente que quisiere pasar a
poblar en las Californias, que por aquellas costas hay muchos españoles con muy buenas estancias de ganados, que desean se pueble este
paraje, para pasarse allá con sus haciendas y ganados, por gozar de
tan buena tierra y de los privilegios que concede S.M. a los conquistadores y nuevos pobladores; habiendo asentado el real en la bahía de
San Bernabé, pueden luego comenzar los pobladores a acomodar sus
tratos y granjerías, los unos a hacer labores y beneficiar la tierra,
los otros fundar pesquerías de perlas y de otros pescados, y de sardinas que hay muchas y buenas; los otros pueden buscar minas y labrarlas
que cerca de allí las hay, y aun en la mar hay unas islillas de las cuales
se trajeron algunas piedras, y en México se ensayaron, según dicen, en
presencia del secretario de la Inquisición Juan de la Paraya, y las hallaron unas a razón de seis marcos de plata, y las otras a razón de doce
marcos, que es la mayor riqueza que se ha visto.

En el ínterin que se trata de las cosas referidas para la granjería y
aprovechamiento, y ganancias de los que en ello se ocuparen, para de
esto pagar sus derechos, y reales quintos de S.M., que dentro de pocos
años pueden ser muy crecidos y cuantiosos, el gobernador y capitán
general a cuyo cargo fuere esta conquista o pacificación, podrá enviar
dos de las fragatas, bien proveídas de lo necesario, con cuarenta hombres cada una, para que descubran todo aquel brazo de mar de la California, cada una por la costa que se le señalare hasta llegar a altura de
40 grados, y en ellas vayan personas que sepan demarcar la tierra con
sus puertos, ríos, y bahías, y tomar lengua de las cosas que en cada
parte hubiere, para que de una vez se sepa lo que hay en este brazo de
mar, y si por él se puede dar paso hasta el estrecho de Anián: sabráse
en qué paraje está la famosa ciudad de Quivira, y en qué parte entra el
río del Tizón en aquel mar, y la isla de Giganta que dicen gozan muy
grandes sartas de perlas muy crecidas, y de qué parte se pescan, y en
qué paraje están poblados una gente blanca, vestida, que tuvimos noti-

cia había por aquellas partes: bien se ve de cuanta importancia será esta diligencia, y así se hará con toda diligencia.

El río de Tizón lo reconocieron los que están en la nueva México, pues llegó allí a reconocer a la mar el gobernador Don Juan de Oñate con los suyos. En este puerto se podrá hacer población de españoles, y desde él se puede comenzar a descubrir las ricas poblaciones que por allí cerca hay en las tierras continuadas con las provincias del nuevo México, y porque de este mar al referido puerto se puede enviar el socorro, así al que S.M. suele enviar a aquellas provincias todos los años, y será cosa más fácil, breve, y menos costosa, y gozar de lo rico y próspero de aquellas provincias, que es por aquellos parajes, según lo que yo he visto y leído por relaciones.

Estas cosas pienso yo que son las que el capitán Felipe Bastán puede haber representado en el Real Consejo de Indias, por haber él ido en mi compañía al dicho descubrimiento, y se halló en todos los puertos, y fue el que trajo la fragata que llevamos a este viaje, desde el cabo Mendocino al puerto de Acapulco; es muy buen soldado, y siervo de nuestro señor, y muy celoso del bien de las almas, y del servicio de S.M.; es digno de que se le haga merced, y se le encargue cualquier cosa de importancia, porque dará de ella muy buena cuenta.

Esta jornada y pacificación se ha de hacer a costa de S.M., y no a costa de particulares, si se pretende que tenga buen fin y suceso. Esto es lo que siento y entiendo acerca de lo que se me pregunta, y porque haga más fe lo juro ser así in verbo sacerdotis, y lo firmé de mi nombre en este convento de Carmelitas descalzos de Valladolid de Michoacán en veinte de mayo de mil y seiscientos y veintinueve. Fray Antonio de la Ascensión.

Nota: Se ha extraído de un testimonio de autos que existe en el Archivo General de Indias de Sevilla, entre los papeles traídos de Simancas, legajo 1.º rot.º: Papeles sobre el descubrimiento de la California, causados en el año de 1635.—Confrontóse en 13 de febrero de 1794.— V.º B.º: *Martín Fernández de Navarrete.*

APÉNDICE VIII

Segundo parecer de Fray Antonio de la Ascensión sobre expediciones de descubrimiento y colonización en California

Museo Naval de Madrid.
Navarrete, XIX, 16, fols. 212-14.

Valladolid de Michoacán, 8 junio 1629.

Segundo parecer del padre Fray Antonio de la Ascensión del orden de Carmelitas descalzos que dio en su convento de la ciudad de Valladolid, provincia de Michoacán, a 8 de junio de 1629, sobre la población, pacificación, y conquista de la California y su importancia para descubrir por aquel reino el Estrecho de Anián, que siente se hallará cerca del cabo Mendocino.

Modo que se puede guardar para poblar y pacificar, y conquistar, este grande reino de las Californias, para que nuestro Rey y Señor Don Felipe IV sea señor de un Nuevo Reino tan rico como éste a poca costa, y haga que en todo él se predique el Santo Evangelio.

Lo principal que en esto ha de haber es, que S.M. tome a su cargo esta empresa, y mande se haga a su costa, y no la encargue a persona alguna particular que la haga por su cuenta, porque no se hará cosa buena jamás; antes, de semejantes comisiones es nuestro señor muy ofendido, y los naturales de este reino serán escandalizados ni felices vasallos de S.M. y serán disminuidos, y nunca serán buenos cristianos, que son las cosas que se deben hacer para que S.M. consiga el fin que pretende, que es, la mayor honra y gloria de nuestro Señor Jesucristo, y la conversión a nuestra santa fe de todas las gentes de él, y el aumento de su real corona, con gran suma de bienes temporales, como confío en la majestad de nuestro Señor Jesucristo que en breves años lo hemos de ver conseguido.

Lo que conviene es, que S.M. mande se compren en el Realejo, o en Panamá tres fragatas grandes, largas y chatas, o las mande hacer en el puerto de la Navidad, de quien traté en el número tres, y éstas sean fuertes y se las provea de todo lo necesario para la navegación, con jarcias dobladas, con las armas y pertrechos de guerra que parecieren convenir; en ellas se podrán embarcar doscientos hombres que sean buenos soldados y marineros, para que con conformidad todos acudan a las faenas que se ofrecieren, y a lo que su capitán les mandare y ordenare; procurar que sean hombres de bien, y de honra y cuidadosos de sus conciencias, y celosos de la conversión de las almas, y deseosos de la honra de su Rey y Señor, y del aumento de sus reinos; vayan con ellos religiosos santos y doctos, de vida ejemplar y reformada, para que les administren los sacramentos, y traten de predicar el Santo Evangelio a los indios y de bautizarlos, y de ponerlos en vida política. Daráseles por orden a los capitanes y soldados sean muy obedientes y sujetos a los religiosos, y que no hagan guerra a los indios, ni castillo alguno sin consultarlo primero con ellos, que así se acertará en todo, y los religiosos procuren agasajarlos y ganarles los corazones, persuadiéndolos a que frecuenten a menudo los sacramentos de la confesión y comunión, y que esto lo hagan todos antes que se embarquen, con que se hace la mejor hacienda de lo que se puede pensar, como yo lo experimenté en este descubrimiento. Con esto se embarquen y vayan hasta las islas de Mazatlán de quien traté en el número cuatro, y desde allí pasen al cabo de San Lucas y punta de la California, y en la bahía de San Bernabé se plante el real, y se haga la primera población, porque allí hay muy buenas comodidades para el propósito, como se verá en el número seis, a donde hace una punta de una peña alta aquel puerto, y encima de ella se puede hacer una casa fuerte o castillo que sea capaz para en él poderse amparar los soldados en caso de necesidad, y defenderse desde él de los enemigos que pueden traer, y en qué recojan los bastimentos y armas, que el recato nunca hizo mal a los prudentes y cautelosos; con la brevedad y mayor diligencia que pudiere traten de hacer sus casas y moradas en el puesto que pareciere ser más sanos y acomodado, para que luego traten de sus entretenimientos e intereses, que a esto van los españoles, más sea de suerte que no se olvide el ejercicio de las armas y del navegar, los unos en hacer huertas y labranzas, los otros en labrar minas y beneficiar metales, que en aquella comarca pienso los hay, pues los han hallado tan ricos en las islillas de aquel mar, como se dijo en el número seis, y otros asienten pesquerías de sardinas, atunes, y de otros pescados; y otros traten de pescar perlas, porque con esto serán ricos sin hacer mal a nadie; y de los quintos de la plata y perlas y ámbar, podrá S.M. tener crecidos intereses, y grandes riquezas con que pueda en breve pagar lo que debe y sustentar aquel reino en paz y justicia. En el tiempo que se trate de acomodar estas cosas, podrán las tres fragatas ocuparse en traer de la costa de Culiacán, y de las islas de Mazatlán en pasar ganados, caballos, yeguas, vacas y novillos, ovejas, carneros, cabras, ganado de cerda, y poblar la tierra, de que hay abundancia en aquella costa, y hay hoy día por allí muchos españoles que desean ver pacificado este puesto de las Californias, con sus familias, haciendas, y ganados, con que S.M. les dé algunos oficios honrosos, navegación franca y segura, que con esto habrá muchos pobladores y conquistadores a muy poca costa de S.M. y de su hacienda.

Advierto una y muchas veces que los que fueren a esta pacificación, y otras de aquella tierra, que no se descuiden de vivir con cuidado y diligencia, no sea que los indios los cojan descuidados y los maten sin pensar, y nunca se fíen de ellos, aunque se den por muy amigos, porque son los indios de su natural mudables, y fáciles, y como el demonio ha sido hasta ahora el señor de ellos, podrá ser que algún ministro suyo los inquiete, instigado del demonio, para que se levanten y amotinen contra los españoles con la menor ocasión que se les ofrezca de disgusto; y también importará tratar a los indios con amor y darles cosillas de buhoneros, de cascabeles, cintas, sartillas de cuentas y varios colores, y espejos, tijeras, y cuchillos; dándoselas de gracia, que con esto se atraerán con facilidad a buena amistad; amándolos como a prójimos y hermanos, y recelándose de ellos como de enemigos crueles y poderosos; y con esto no se derramarán, ni esparcirán a diferentes puestos a que los puede arrastrar la codicia, sin particular licencia y orden del gobernador. Estando asentadas las cosas dichas podrá el gobernador, a cuyo cargo fuere esta pacificación enviar las dos fragatas a que descubran y inquieran lo que hubiere por todo este mar de la California, dándoles orden que cada una vaya por su parte, la una por la costa de Culiacán, que va a dar hasta las provincias del Nuevo México, y la obra por la costa del reino de la California, y que lleguen hasta altura de cuarenta grados, si hubiere paso por la mar, como yo entiendo que le hay; sin duda alguna puede ir en cada una cuarenta hombres vigilantes, y cuidadosos, y que vaya quien demarque la tierra, y sonde los puertos, bahías, ríos y ensenadas que hallaren, procurando informarse de todo lo que hubiere, así por la mar como por la tierra, recatándose de que ningún indio haga noche en la fragata, que es el mal que pueden hacer al disimulo, a que no se podrá dar remedio hallándose solos; con sola esta diligencia que se haga con cuidado se puede saber qué gentes y qué naciones hay por aquellas tierras, qué riquezas tiene, en qué se entretienen: sabráse si este brazo de mar se comunica con el Mar del Norte o por el estrecho de Anián, y si por él se puede hacer navegación para España, que sería de muy grande importancia descubrir por aquí nueva navegación para Castilla, para aprovecharse de ella en casos de mucha necesidad: sabráse qué gente es la que está poblada en esta costa de la California, de quien se trató en el número trece y juntamente se descubrirá la isla de la Giganta, y el río del Tizón, y los pueblos del Rey coronado, y la famosa ciudad de Quivira, que todas estas cosas están por la costa que rodea a las provincias del Nuevo México: de todas estas cosas podrán traer noticia los que fueron en las fragatas, y de ellas avisar a S.M. para que vea lo que más convenga al servicio de Nuestro Señor Jesucristo y al bien de tantas almas, y al acrecentamiento de sus reinos y real corona.

De que conviene mucho al servicio de S.M. que se pueble, ante todas cosas se puede bien colegir de lo que hasta aquí se ha dicho: puédase hacer aquí una buena ciudad, y en ella haber gruesos tratos y comercios: los del Perú pueden venir allí en un mes: los que vienen de Filipinas reconocen esta punta; y los de la Nueva España que viven por las costas de Culiacán, y de Mazatlán, tendrán con ellos comunicación y trato: puédese por este mar enviar los anuales socorros que

S.M. envía, encaminados al puerto del río del Tizón, y fuera muy acertado poblar este puerto del Tizón, y desde allí comenzar la pacificación de aquellas provincias del Nuevo México, porque por aquel paraje son las mejores, mayores, y más ricas poblaciones de aquellas provincias; de que a S.M. se le seguirá mucho provecho en pago de lo mucho que ha gastado en la conversión de aquellas provincias.

Estando descubierta la navegación para España por este brazo de mar, se podrá, en caso que los enemigos quieran estorbar el paso de la Habana, enviar por aquí la plata del Perú, y de esta tierra a Castilla, porque saliendo por el estecho de Anián, desde allí se podrán poner en España en un mes: esto primero se ha de mirar muy bien si conviene se descubra esta navegación, para que no se abra nueva puerta al enemigo, y por aquí venga a robar esta tierra.

Esto es lo que vi en este descubrimiento, y lo que siento que se puede hacer, para que las dos majestades, divina y humana, sean bien servidas, salvo otra mejor que acerca de la materia otros pueden dar, a que me sujeto y rindo, y porque hago fe, y se le dé a este papel entero crédito, lo firmé de mi nombre en este convento de carmelitas descalzoa de la ciudad de Valladolid, provincia de Michoacán a 8 de junio de 1629 años. Fray Antonio de la Ascensión.

Nota: Se ha extraído de un testimonio de autos que existe en el Archivo General de Indias de Sevilla, entre los papeles traídos de Simancas, legajo 1.º, rot.º. Papeles sobre el descubrimiento de la California, causados en el año de 1638.—Confrontóse en 13 de febrero de 1794. V.º B.º: *Martín Fernández de Navarrete.*

APÉNDICE IX

Parecer de Enrico Martínez sobre expediciones a California

Museo Naval de Madrid.
Navarrete, XIX, doc. 19.

Parecer que dio Enrico Martínez, cosmógrafo de S.M. en Gueguetoca. Obra del desagüe a 30 de julio de 1629. Sobre las ventajas o perjuicios que se podían esperar del descubrimiento, conquista y pacificación de las provincias de las Californias, con expresión de las costumbres y usos de sus naturales, etc.

En cumplimiento de lo que Vuestra Merced me mandó en orden de una cédula del Rey nuestro Señor, por la cual S.M. manda se le dé aviso de la calidad de la tierra que llaman California, de la condición y costumbres de los naturales de ellas, y qué provecho o daño se puede esperar de que gente española haga asiento en ella, o deje de hacerlo, digo: que para satisfacer a esto según lo que yo he alcanzado a saber de ello, es menester distinguir primero la diferencia que hay entre las dichas tierras de la California, y entre las que vio el padre Fray Antonio de la Ascensión, contenido en la dicha cédula, para que con esto se pueda dar razón de cada cosa con la claridad que conviene.

Desde el puerto de Acapulco que está en altura de 15 grados y un cuarto en la costa del Mar del Sur de esta Nueva España, hasta el cabo Mendocino que está en altura de 41 grados y medio, hay de distancia alrededor de 550 leguas, y corre la costa entre los dichos dos puestos por la mayor parte noroeste sueste. Esta dicha costa no está continuada, porque entre el cabo de Corrientes, que es lo más occidental de esta Nueva España y está en altura de 20 grados, y el cabo de San Lucas, que está en 22 grados y medio entra un brazo de mar que divide las tierras de esta Nueva España, de las otras que prosiguen desde el dicho cabo de San Lucas hasta el cabo [*Fol. 1 v.*] Mendocino. La costa oriental del dicho brazo de mar es tierra de la Nueva España que contiene las provincias de Jalisco, Chiametla y Culiacán, que son de la jurisdicción de la Audiencia de Guadalajara. Y las otras tierras de la parte occidental del dicho brazo de mar, son las dichas de la California, en cuya costa se dice que hay mucha cría de perlas. Este dicho brazo de mar llaman golfo de la California, cuyo fin hasta ahora no se ha visto, si bien han entrado por él más de 200 leguas.

Tratando pues de la tierra que propiamente se dice California, cuyo fin hasta ahora no se ha visto, digo: que gobernando la primera vez esta Nueva España el señor Marqués de Salinas, tomó asiento con ciertos vecinos de México, que se obligaron de armar a su costa y poblar en la dicha tierra en la parte que fuese más acomodada para la pesquería de las perlas, y teniendo aprestada la gente con lo necesario para el viaje, sucedió que la persona que iba por cabo de la Armada y gente, fue acusado de cierto delito, y traído preso murió en la cárcel de corte de la dicha ciudad, con lo cual cesó por entonces el dicho viaje.

Después el de 1596 se hizo siendo Virrey de esta Nueva España el señor Conde de Monterrey, fueron cerca de 400 personas entre hombres y mujeres, y gente de mar y guerra, los cuales se embarcaron en los puertos de Acapulco y Salagua, en dos navíos de alto bordo y una lancha en que también llevaron ganado y otras cosas para poblar, sin saber con certidumbre cómo ni adónde: fueron con esta gente cuatro religiosos de la orden del señor San Francisco, y por cabo de élla Sebastián Vizcaíno, que era uno de los dichos armadores. Salieron del dicho puerto de Salagua a 24 de julio del referido año, y habiendo tomado refresco en las islas de Mazatlán, que son cerca de la costa de Chiametla, provincia de esta Nueva España, llegaron a la tierra de la California a 1.º de septiembre, y surgieron en un puerto que llamaron [Fol. 2] de San Sebastián, que está en altura de veinticuatro grados y medio: hallaron los indios de paz, es gente que anda desnuda, vive en cuevas, y ranchería, susténtase con pescado, ciruelas, pitahayas, y otras frutillas que naturaleza les dá sin que tengan cuidado de sembrar ni coger; de este puerto pasaron adelante a otro que llamaron de La Paz, que está en altura de veinticinco grados, donde hallaron la misma dicha gente, y la tierra tan seca y doblada que no pudieron escudriñar cosa de ella: a 17 de septiembre llegaron a otro puerto donde hallaron herraduras, clavos, botijas, y una collera de indio chichimeco, y otras cosas de las que los españoles ejercitan, por donde conjeturaron haber estado allí la gente que envió el marqués del Valle el año de 1521; por lo cual, llamaron a este surgidero puerto del Marqués; y habiendo entrado la tierra adentro hallaron que era de la misma calidad que la que dejaban atrás; prosiguiendo el viaje al noroeste, y así corre allí la costa, tomaron tierra en una ensenada donde los indios le mataron 19 hombres, sin otros algunos que salieron heridos; fue esta desgracia a 13 de octubre del dicho año: prosiguiendo desde allí en el descubrimiento de la costa, y demanda de las perlas, hallaron en todas partes tanta resistencia en los indios que apenas pudieron abastecerse de agua y leña. En fin, a 18 del dicho mes de octubre llegaron a un puerto que llamaron de San Antonio que está en veintinueve grados y medio, donde no hallando perlas ni refrigerio alguno, y viendo que el

invierno entraba; y los bastimentos se iban acabando, acordaron de
dar la vuelta a la Nueva España, donde desembarcaron en el puerto de
la Navidad a 16 de noviembre del dicho año. Es fama que hallaron entre los indios algunas perlas, aunque las más estaban chamuscadas
[*Fol. 2 v.*] porque asan las ostras para aprovecharse del pescado de
ellas, sin curar de la riqueza de las perlas. Dijeron también los que
fueron a esta jornada que habían visto cerca de aquella costa, estando
el agua clara, mucha cantidad de ostiones en poco fondo, mas que no
se ocuparon en la pesquería de ellos, siendo esto el objeto principal de
su viaje; en fin no hicieron en él cosa alguna de importancia, y lo mismo sucedió a los referidos que envió el Marqués del Valle; tampoco hizo efecto la Armada que el Virrey Don Antonio de Mendoza envió a la
dicha tierra el año de 1539 en que fue por cabo Francisco de Alarcón,
el cual volviéndose para esta Nueva España se perdió con tormenta en
la costa de la dicha provincia de Culiacan; salvóse la gente, más no se
sabe que trajesen perlas.

Se tiene pues por cosa cierta que entre los indios de aquella tierra
se han hallado perlas, que es indicio manifiesto de que las hay en
aquella costa o cerca de ella, y el no haberlas hallado los que en tan diferentes tiempos han ido a buscarlas, ha sido por defecto de la prevención de la diligencia y constancia que para ello es menester. Ya se ha
visto que el dicho Sebastián Vizcaíno porque fue fuera de tiempo, y
llevó mucha gente y pocos bastimentos se volvió sin hacer efecto: los
otros que después de él fueron, tampoco consiguieron sus intentos,
porque se sabe que la gente que para acompañar en semejantes viajes
se ofrece con alegre movimiento, fácilmente se arrepiente y pierde el
respeto al que la lleva por cualquier adversidad, especialmente si no
halla luego a manos llenas lo que busca: por lo cual me parece que para que tenga efecto el descubrimiento de las perlas de la dicha California, convendría que se hiciese a costa del Rey Nuestro [*Fol. 3*] Señor,
enviando para ello un navío de hasta cien toneladas, y una lancha con
cincuenta hombres de mar y guerra, con cuatro buzos, y bastimentos
para un año, y que saliesen del puerto de Acapulco a principio de marzo, que con esto vendría S.M. a tener certidumbre, así de lo dicho, como de otras cosas que podrían importar a su real servicio; aunque, si
hay personas tales que puedan y quieran hacer a su costa el dicho descubrimiento, merecen ser ayudadas y favorecidas de S.M., de suerte
que tengan entero mando para que sean obedecidos de la gente que
llevaren; que con esto y con el ejemplo de lo que a otros ha sucedido,
podrían prevenir sus cosas de suerte que acertasen.

Fuera de la referida pesca de las perlas (que podría ser se hallasen)
parece que no se puede esperar interés alguno de la dicha tierra, según lo que hasta ahora se ha visto en ella, porque es muy falta de
agua: la gente de élla es bárbara, belicosa, y anda desnuda, sin que
tenga pueblos, sementeras ni casa que les obligue a sujeción; y así no
se puede esperar ningún servicio de ella; por lo cual (salvante mejor
juicio) me parece que poblarla antes de haberse descubierto en élla
pesquería de perlas, o visto el fin del referido golfo, le será al real haber de S.M. de poca o ninguna importancia, y mucho menos al enemigo si intentare de hacer asiento en ella según que en lo que sigue más

en particular se declara; si bien, fuera piadosa obra reducir aquella gente a policía; y al gremio de nuestra santa fe si buenamente pudiere hacerse. En lo que toca a la otra tierra que confina con el mar del sur, digo: que desde el dicho cabo de San Lucas hasta el referido cabo Mendocino hay 470 leguas de costa, la cual mandó S.M. reconocer el año de 1602 siendo virrey de Nueva España el dicho señor Conde de Monterrey: aprestáronse para el viaje dos navíos de alto bordo y una fragata con gente de mar y guerra, y fue por general el dicho Sebastián [*Fol. 3 v.*] Vizcaíno: fueron algunos religiosos de Nuestra Señora del Carmen y entre ellos el referido fray Antonio de la Ascensión; reconocieron la dicha costa desde el dicho cabo de San Lucas hasta el cabo Mendocino, hallaron en toda ella gente pobre y desnuda, sin población ni policía alguna. Descubrieron las bahías y los puertos siguientes: primeramente la bahía de San Bernabé que es junto del dicho cabo de San Lucas; la bahía de la Magdalena, en altura de 25 grados; el puerto de San Bartolomé en 28 grados; la bahía de San Hipólito; la de San Simón y Judas; el puerto bueno de San Diego en 32 grados y medio; y el de Monterrey en 37 grados: este puerto dicen que está abrigado de todos vientos, que tiene fondo limpio en siete brazas, tiene agua dulce, grandes árboles de pino para mástiles y entenas, leña menuda y gruesa, mucha caza y pescado, y que los indios no osaban acercarse a los españoles.

La causa porque S.M. mandó reconocer la referida costa, fue que los navíos que vienen de Filipinas a esta Nueva España, ordinariamente la descubren cerca del dicho cabo Mendocino, y cuando llegan allí suele venir la gente fatigada y especialmente con falta de agua dulce y de leña, y a veces con necesidad de reparar los mismos navíos; para cuyo remedio mandó S.M. se viese si había en ella algún puerto acomodado donde pudiesen tomar refrigerio; y aunque halló el dicho de Monterrey, por justos respetos no se pobló; además de que cuando los dichos navíos llegan a este paraje, no se quieren detener porque traen el viento noroeste en popa, que es casi continuo en esta dicha costa, con lo cual en breves días llegan al puerto de Acapulco.

De mandar S.M. poblar en esta dicha tierra, no siento que puede resultar provecho alguno, según lo que hasta ahora, por las entradas que se han hecho en ella se ha visto de ella, porque la opinión que algunos [*Fol. 4*] tienen que se han de hallar en ella gente asentada, muchas riquezas, y grandes poblaciones, tiene poco fundamento, y la experiencia ha mostrado lo contrario; y a lo que dice de aquella laguna de oro, pintada en el mapa que hizo el dicho Fray Antonio, donde los indios sacan mucha suma, se puede dar el crédito que la buena razón permite, porque los metales de oro y plata son tan agradables a la vista, que por bárbara que la gente sea, se huelga de traerlos consigo pudiendo haberlos; y así, si tanta cantidad sacaron como dicen, parece que por vía de comercio, o por hurtos y robos de la guerra que hay entre los mismos indios, se hubiera extendido de unos en otros, de suerte que se hubiera hallado entre ellos algun rastro de él, lo cual en ninguna manera se ha hallado.

Y en cuanto al daño que podría resultar de tener S.M. poblada esta dicha tierra y su costa, haciendo acerca de ello un razonable discurso, parece que no se debe temer, porque si el enemigo intentare de hacer asiento en cualquier puerto o bahía de ella, había de ser para aprovecharse de la riqueza de la tierra, del servicio y contrato de la gente de ella, y con el fin de robar los navíos que vienen de Filipinas. En cuanto a lo primero: si la dicha tierra no puede ser de provecho para nosotros, tampoco lo será para él; y en lo que toca a los navíos de Filipinas, bien pueden, siendo menester, llegar al puerto de Acapulco, sin dar vista a la dicha costa. Además de esto, se considera que para llegar el enemigo a ella ha de navegar más de 3.500 leguas, y pasando por tan varios climas sin tomar refresco, llegará a una tierra desierta con la gente fatigada, los bastimentos corrompidos y tal que en ninguna manera podrá permanecer en ella, y cuando lo intentare será fácilmente echado de ella, según que el general Pedro Melendes echó los franceses de la Florida, y Don Fadrique de Toledo, los holandeses de la ciudad de San Salvador y costa del Brasil. Es fecha en Gueguetoca [*Fol. 4 v.*] obra de desagüe a treinta días del mes de julio de mil y seiscientos y veintinueve años. Enrico Martínez, cosmógrafo de Su Majestad.

Nota: Se ha extraido de un testimonio de autos que existe en el Archivo General de Indias de Sevilla entre los papeles traídos de Simancas, legajo 1.º rot.º: Papeles sobre el descubrimiento de la California, causados en el año de 1638.—Confróntese en 14 de febrero de 1794.—V.º B.º *Martín Fernández de Navarrete.* (Rubricado).

Memorial impreso de Nicolás de Cardona relatando sus servicios
en relación con el descubrimiento de California

Archivo General de Indias.
Audiencia de Guadalajara. Leg. 133.

[1634, antes de 24 de julio].
[Fol. 1]

Señor:
El Capitán Nicolás de Cardona dice: que sirve a Vuestra Majestad
desde el año de 610 en la carrera de las Indias de que tuvo experiencia
en el asiento que hizo con Vuestra Majestad el capitán Tomás de Cardona su tío, y demás partícipes, para el descubrimiento de nuevos ostiales de perlas en el mar del Norte y Sur y buscar los galeones perdidos del general don Luis Fernández de Córdoba, y otros efectos, y pasar al Mar del Sur al descubrimiento del rico reino de la California: y
que en virtud de sus poderes empezó el dicho descubrimiento desde el
año de 613, yendo por almirante de los seis bajeles que salieron el dicho año del puerto de Sanlúcar de Barrameda, y continuando su viaje,
vio, y sondeó todas las islas de barlovento que están en cordillera de
Norte Sur, como son las de San Cristóbal antigua, la Nieves, Guadalupe, la Dominica, Matalino, San Vicente, Santa Lucía, la Granada, y
otras muchas que corresponden a este paraje. Y asimismo la tierra firme desde la punta de la Esmeralda, la Margarita, Cumaná, y su costa,
hasta Portovelo, y bojeó la islas de Puerto Rico, Santo Domingo, Jamaica, las Víboras, el Caimán grande y chico, la costa de Bacalar, y
Cozumel, cabo de Catoche, Campeche, la laguna de Términos, y todos
los varaderos y anegadas de San Juan de Ulúa, en que se ocupó más de
un año de tiempo, pasando en estas peregrinaciones grandes riesgos e
incomodidades y en particular en las dichas islas de Caribes a donde
estuvo dos meses, trayéndolos de paz de muchas de ellas, y sacando algunos negros y negras y criaturas que los indios tenían cautivas de los

navíos que dan al través. Y asimismo sacó algunos indios cristianos de la doctrina de Paria [*Fol. 1 v.*] y cinco indios caribes, que voluntariamente se pasaron con él a tierra de cristianos, donde recibieron el agua del santo bautismo, y mediante el buen tratamiento, y afabilidad que tuvo con los dichos indios los redujo de paz, como lo están hoy, lo cual ha sido gran servicio a Dios y de Vuestra Majestad.

Y que estando en Puerto Rico por la mucha necesidad que aquel año de 614 hubo de mantenimientos, y que los soldados del presidio de Vuestra Majestad perecían, el dicho capitán despachaba cada semana dos tartanas de las que llevaba a cargar de tortugas, y las hacía repartir, así a los soldados del morro, como a las religiones, y vecinos, y a los pobres, y esto se hacía sin género de interés, antes de los bastimentos que tenía para el sustento de su gente partía con todos, pasando después el dicho año de 614 a la Nueva España, para ir al descubrimiento del reino de la California, que es en el mar del Sur, en conformidad del asiento hecho con Vuestra Majestad habiendo muerto en la ciudad de México, Francisco Basili, cabo de la dicha jornada, quedó en su lugar el dicho capitán Nicolás de Cardona, y con poderes de los asentistas tomó a su cargo el dicho descubrimiento, juntamente con el capitán Juan de Iturbe y sargento Pedro Alvarez de Rosales, y pasó al puerto de Acapulco a fabricar tres navíos para el dicho efecto, conduciendo gente de mar y guerra; y estando apercibido para su viaje, por haber llegado nueva que cinco galeones holandeses andaban en la costa, el Virrey, Marqués de Guadalcázar, ordenó a don Juan de Villela, alcalde mayor del dicho puerto, le pusiese en defensa; para lo cual el dicho alcalde mayor pidió al dicho capitán se encargase de la guarda y defensa de dicho puerto; y así lo hizo, asistiendo dos meses y medio a su costa con treinta arcabuceros de su gente en fortificar el dicho puerto con fajina, y en hacer cercas, y trincheras y los demás reparos necesarios [*Fol. 2*] con excesivo gasto de su hacienda y peligro de su salud hasta que el general don Melchor Fernández de Córdoba que había llegado con gente de socorro, visto que no llegaba el enemigo le dió licencia para salir a su descubrimiento, el cual empezó saliendo en 21 de marzo de 615 con tres navíos, y una lancha, en que llevaba la gente de mar y guerra, y muchos negros buzos con que fue costeando la costa que hay desde Acapulco, que está en diecisiete grados hasta llegar a las islas de Mazatlán que están en veintitrés grados y un tercio y de allí atravesó a tomar la tierra de la California, en que tardó veinticuatro horas, hasta dar fondo en ella, y otro día por la mañana desembarcó con dos padres de la Orden de San Francisco, que llevaba, y con sus soldados; y en nombre de Dios Nuestro Señor y de Vuestra Majestad plantó la Cruz Santísima de nuestra redención, y tomó posesión de la tierra por fe de escribano en la forma que se acostumbra en semejantes descubrimientos, y luego empezó a costear por la banda de dentro de la dicha California, descubriendo placeres, islas, y ostiales de perlas, que corren hasta veintisiete grados, y en muchas partes entró la tierra adentro, y descubrió muy ricos cerros de minas, y minerales de plata y oro; que habiéndose ensayado mostraron gran riqueza, y trató de paz con los indios en todos los parajes adonde se hallaba, haciéndoles presentes y regalos, con que evitó no tener con ellos ninguna refrie-

ga de consideración, y en una que tuvo en veintisiete grados se portó
en tal forma, que los redujo de paz, por donde juzga la facilidad grande que habrá para traer todo aquel gran reino al servicio de Vuestra
Majestad. Y llegando a treinta grados por la misma costa atravesó el
brazo de mar para descubrir si había tierra a la banda del este, y ha-
biéndola descubrierto subió por ella a la vuelta del norte hasta treinta
y cuatro grados [sic], y de aquí volvió a atravesar a la California y fue
descubriendo por la una y otra parte toda [Fol. 2 v.] la costa, y reconociendo grandísimas serranías peladas, y ricos minerales de oro y plata
en ellas, como lo demostraron sus metales, en lo cual gastó tiempo de
nueve meses y por la falta grande de mantenimiento que tenía dió la
vuelta a las islas de Mazatlán, jurisdicción de la Nueva Vizcaya, desde
donde se dividieron, y quedaron los dos bajeles a cargo del capitán
Juan de Iturbe, que volvió a Sinaloa para tomar bastimentos, y salir
otra vez para la California a ranchear en las pesquerías. Y el dicho capitán Nicolás de Cardona, con la Capitana, y la lancha se encaminó al
puerto de Acapulco para abastecerse, y volver asimismo al dicho descubrimiento, y para dar cuenta de lo visto y descubierto a Vuestra Majestad y al Virrey, y avisar a los asentistas. Y habiendo llegado al paraje que llaman de Zacatula se encontró con cinco galeones de holandeses cuyo general era Jorge Spilbergen, el cual le echó cinco lanchas armadas para coger el dicho navío, como lo hizo y el dicho capitán con
algunos pocos soldados se echaron a la mar, y salvaron a tierra, llevándose el enemigo la nao con los frailes, y la demás gente, y todo lo
que traía de muestras de metales y algunas perlas, y otras cosas de las
que produce la dicha tierra de la California, y otras partes, y metién-
dose la tierra adentro topó con el general Sebastián Vizcaíno en el
puerto de Salagua, con gente de guerra para defender que el enemigo
no tomase tierra, agua, ni refresco. Y habiendo el enemigo entrado en
el dicho puerto y echado gente en tierra, se le hizo toda la resistencia y
defensa posible a que asistió el dicho capitán hasta hacerle embarcar
con pérdida de alguna de su gente, y cautivándole cinco hombres, que
después se llevaron a México, y éstos dieron noticia de los intentos del
enemigo, que iba a Filipinas para juntarse con otra Armada y tomar a
Terrenate y a Manila, y de camino esperar las dos naos que venían cargadas [Fol. 3] de Filipinas al puerto de Acapulco para tomarlas, en todo lo cual se halló el dicho capitán Nicolás de Cardona, y por orden
del dicho general Sebastián Vizcaíno tomó la posta y fue a dar cuenta
al Virrey, para que se diese luego aviso a Filipinas de la ida del enemigo: y habiendo cumplido con la orden que se le había dado, volvió al
dicho puerto de Acapulco adonde ayudó a hacer el fuerte de San Diego, y la fundición de las culebrinas, donde ocupado en su fortificación
y fábrica, supo que, por mandato de la audiencia de Guadalajara, Bartolomé Juarez de Villalba le había embargado la fragata Almiranta de
su descubrimiento en Sinaloa, para salir a buscar las naos que se esperaban de Filipinas, y darles el aviso del enemigo, y la orden que habían
de guardar, y el rumbo que habían de tomar para desviarse de él, mediante lo cual llegaron a salvamento las dichas dos naos de Filipinas,
con que la dicha fragata Almiranta a causa de lo mucho que resistió
de temporales llegó destrozada y abierta al dicho puerto de Acapulco,

adonde considerando los daños recibidos del enemigo, para restaurar algo pidió licencia al Virrey para hacer un viaje al Callao de Lima a llevar los mercaderes, y se la dio, con lo cual aderezó y fletó en más de catorce mil ducados; y habiendo gastado en levantar de obra la dicha fragata más de seis mil pesos, el dicho Virrey la volvió a embargar y la envió de aviso a Filipinas dejando al dicho capitán muy empeñado, y destruido el asiento y dueños de él. Y viéndose el dicho capitán falto de caudal, y sin bajeles para continuar el dicho descubrimiento se determinó a venir a estos reinos, como lo hizo, y asentando plaza en la Capitana del Marqués de Bedmar, en la compañía del capitán Pedro de Solís; y habiendo llegado a esta corte y dado cuenta al dicho capitán Tomás de Cardona de lo sucedido a él, y a Juan de Iturbe, la dio a Vuestra Majestad y con nuevas órdenes, cédulas y caudal, volvió el dicho capitán Nicolás [*Fol. 3 v.*] de Cardona a continuar el dicho descubrimiento, llevando orden de comprar o fabricar dos o tres bajeles en Panamá y de allí seguir el dicho su descubrimiento, para el cual salió al fin del año de 619, en compañía de los galeones del Marqués de Cadereita, y en Panamá compró dos fragatas y una lancha, y las tripuló y abasteció de pertrechos, municiones, y con conducto que el presidente don Diego Fernández de Velasco le dió de capitán de Infantería, levantó gente de mar y guerra para ir a ranchear en la dicha California, y estando para salir llegó aviso con orden del Príncipe de Esquilache, Virrey del Perú, al presidente del Panamá, de que respecto de haber parecido sobre el puerto de Cañete doce naos de enemigos, estuviese prevenido para la defensa de la ciudad de Panamá, con lo cual el dicho presidente pidió al dicho capitán que suspendiese su viaje y sirviese a Vuestra Majestad, que lo hizo así con mucha voluntad, gastando, y sustentando toda su gente, que fueron cien soldados más de dos meses, sin que se le diese ningun socorro de la Hacienda de Vuestra Majestad. Y habiéndose tenido segundo aviso que la armada del enemigo había pasado por altura a Filipinas, se le dió licencia para que saliese, y continuase su jornada, como lo hizo, y salió de Panamá con sus dos fragatas y lancha, costeando la costa de Veragua, pasando grandes tormentas por ser en tiempo de invierno, por haberse detenido en Panamá el tiempo conveniente para navegar, con que se le abrió su Capitana, y porque se iba a pique le obligó a tomar tierra para aderezarla, como lo hizo en el río de Chiriqui, donde se le quemó el uno de los navíos, y se perdió la lancha. Y habiendo quedado con solo la fragata en que él iba embarcado, siguió su derrota, costeando toda la costa, descubriendo los puertos de ella, barras, bajos, y esteros, y halló algunos de muy gran consideración para el servicio de [*Fol. 4*] Vuestra Majestad; en particular uno, para por él socorrer a necesidad las islas Filipinas, y desde allí llegó a la playa de Sonsonate, y desembarcó, y tomó la posta para México que hay trescientas cincuenta leguas a presentar las cédulas reales de Vuestra Majestad al Virrey, como lo hizo, y tomando los despachos, y nombramiento que en él hizo de cabo de los navíos, y gente de mar y guerra que llevaba para el dicho descubrimiento, fue al puerto de Acapulco a esperar la dicha fragata Capitana, y aderezar otra que allí había del asiento, donde supo que se había perdido en la costa de Tehuantepec, y viéndose sin navíos, le fue fuerza empeñarse y buscar dineros, y empezó a cortar maderas, y prevenir materiales para fabricar dos fragatas, y estando entendiendo en lo susodicho, porque no cesase el servicio de Dios y de Vuestra Majestad (a que ha atendido siempre) el Virrey marqués de Gelves le despachó correo en que le ordenaba fuese luego a México, y llevase los buzos que tenía, porque así importaba al servicio de Vuestra Majestad, a lo cual obedeció, y fue con el dicho correo, y habiendo llegado a la presencia del Virrey, le ordenó que al punto se fuese a embarcar al puerto de la Veracruz con los buzos en una fragata que le mandó dar para ir a la Habana a ayudar a sacar el tesoro de los dos galeones que se habían perdido en los cayos de Matacumbe, del cargo del Marqués de Cadereita, con que le fue fuerza obedecer y desamparar la fábrica, y continuar el dicho descubrimiento. Se embarcó en el puerto de la Veracruz con catorce buzos y con mucho trabajo, y tormentas de nortes, en que se vió perdido muchas veces, llegó a la Habana, donde luego Tomás de la Raspur, almirante de la Armada le hizo salir en busca del Marqués, que estaba en el paraje de los cayos buscando la plata y en tres días que estuvo forcejeando y batallando con [*Fol. 4 v.*] tormenta, no le dejó llegar, antes hubo de arribar a la Habana, adonde halló que el marqués había entrado, y habiéndole hecho sabedor de cómo el marqués de Gelves le enviaba con los buzos e instrumentos para ayudar a buscar la plata, el dicho marqués de Cadereita se volvió a embarcar, llevando en su compañía al dicho capitán Nicolás de Cardona, con sus buzos, y fueron a los cayos de Matacumbe, a donde asistieron algunos días haciendo extraordinarias diligencias en buscar la plata, y por causa de los malos tiempos que corrieron se volvió el marqués a la Habana y se partió con la armada a España, dejando al dicho capitán en compañía del capitán Gaspar de Vargas, piloto mayor, y con don Pedro de Ursúa, para que continuasen la busca del dicho tesoro perdido a que asistió con los susodichos muchos días, en lo cual hizo muy grandes gastos de su hacienda, pasando muy grandes riesgos y trabajos, hasta que se le dió licencia. Y el año de 623 se embarcó en plaza de soldado en la flota del general don Carlos de Ybarra, y vino a España a dar noticia al marqués de Cadereita de lo sucedido en razón de la busca de los galeones, y al dicho Tomás de Cardona el estado de su asiento, desgracias, gastos y desavíos recibidos. Todo lo cual consta por sus papeles, cédulas, certificaciones y testimonios presentados, sin que hasta el presente se le haya hecho ninguna merced.

— Y habiendo llegado a estos reinos el año de 623 y dado cuenta de lo sucedido así al dicho marqués, como al dicho Tomás de Cardona, que era ya maestro de la Cámara de Vuestra Majestad, en el ínterin que se tomaba alguna resolución, fue sirviendo a Vuestra Majestad asistiendo al dicho maestro de la Cámara su tío a la jornada del Andalucía, y el año de 626, a la de Aragón, y Cataluña, y el año de 627 con el licenciado Gregorio López Madera de vuestro Consejo, y al dicho maestro de la Cámara al reconocimiento de [*Fol. 5*] las minas y escoriales del Andalucía y asistió al dicho maestro de la Cámara en el despendiente de su oficio, y se ocupó en escribir y disponer un libro de sus descubrimientos, así de la Mar del Norte como la del Sur, que dedicó y entregó al Conde Duque. Y el año pasado de 632 por orden de la Real

Junta de Minas, fue a Extremadura, a poner en tiro de labor las minas de azogue nuevas que se habían descubierto en la villa de Usagre. En todo lo cual ha hecho muchos gastos considerables, sin habérsele hecho merced ninguna.

Y atento a que en la flota pasada, que vino de la Nueva España hubo avisos de algunas de las personas que acompañaron al dicho capitán Nicolás de Cardona en el dicho descubrimiento, de cómo habían entrado en el dicho reino de la California, por vía de rescate, y le dan cuenta de la riqueza de perlas, oro, y plata, ámbar y otras drogas preciosas que tiene el dicho reino, y la facilidad que habrá de reducirlos de paz y poblar, que es lo mismo que el dicho capitán tiene dicho en este descubrimiento por lo haber visto y considerado y penetrado todo muy de cerca en el tiempo que le hizo. Y porque en esta parte el Virrey Marqués de Cerralvo y Oficiales Reales y personas particulares, han dado cuenta a Vuestra Majestad, no lo hace el dicho capitán remitiéndose al libro de sus descubrimientos, en que por menor da cuenta de la cualidad, bondad y riquezas del dicho reino; su temple, costa, puertos, ensenadas y todo lo necesario que ha visto, y costeado, apuntando sólo por mayor lo conveniente a la inteligencia de esta materia con la larga experiencia que tiene del dicho reino, y sus circunvecinos, por haberlo navegado por mar y tierra, y haberlo comprehendido con atención, para poder con certeza dar cuenta a Vuestra Majestad y también por la que tiene de la ciencia marítima, que con particular cuidado y estudio ha aprendido en la experiencia de tantas y tan [Fol. 5 v.] largas navegaciones en que es singular, con el cual ha descubierto cosas importantísimas para ella, siendo su principal intento y interés, como leal vasallo de Vuestra Majestad, de poner este rico reino debajo del vasallaje de Vuestra Majestad y hacer un tan gran servicio a Dios Nuestro Señor, en que se reduzcan tantos millares de almas al gremio de nuestra santa fe católica, y que reciban el agua del santo bautismo, como lo espera en la misericordia de Dios Nuestro Señor, y santo celo de Vuestra Majestad, tomándose el expediente que pareciera más ajustado al buen acierto sin dilatarlo más, por estar la materia dispuesta a conseguir el efecto que se pretende en servicio de ambas majestades divina y humana.

— Para lo cual es de advertir que el dicho reino de la California empieza del cabo de San Lucas, que está en veintitrés grados y medio de altura, y va corriendo por el rumbo de noroeste, sueste, por la parte de afuera de el dicho cabo, hasta cuarenta y cuatro grados, y por la banda de dentro, que corre de nor-noroeste, sur-sudueste, hasta treinta y cuatro grados, que es la parte que el dicho capitán tiene reconocido, que conforme la cuenta matemática, son más de seiscientas leguas: es isla, aunque algunos han querido afirmar ser tierra firme, mas la más cierta opinión es la dicha, como lo refiere el padre Fray Antonio de la Ascensión, Carmelita Descalzo, cosmógrafo que fue a la jornada que se hizo en tiempo del Conde de Monterrey, por la parte de fuera de la dicha California, porque por la de dentro, no se sabe que otro la haya bojeado sino el dicho capitán Nicolás de Cardona, hasta el dicho paraje de treinta y cuatro grados [sic].

— Por la banda de dentro estará como veinte leguas de la tierra firme de la Nueva Vizcaya y puerto de Sinaloa que es el más cercano y cómodo para hacer las entradas.

— La primera población que se debe hacer ha de ser en el puerto [*Fol. 6*] de La Paz, que está en veinticinco grados de altura por la banda de dentro y este puerto es el más a propósito y seguro de todos los que ha reconocido el dicho capitán para poder poblar y hacer en él un fuerte a la lengua del agua, para tener segura la mar, y los socorros, y de él empezar la pacificación de los naturales, por ser bahía de más de ocho leguas de entrada, con muchos placeres, con que no pueden entrar naos grandes, que es el seguro de la infestación que se pueda temer del enemigo holandés.

— Tiene este puerto para fundar muchas comodidades de tierra llana, a propósito para sembrar, y producir, y criar ganado mayor, y menor, con dos lagunas de sal y agua, y leña y tiene muy cerca muy lindas islas a propósito para todo lo necesario cuando se funda la población.

— El temple de todo este reino es sanísimo, porque participa de poca y mucha altura que concuerda con la de estos reinos y viene a ser antípodas de ellos bañados de vientos nortes y nordestes, y tiene cerca muchos cerros pelados de minerales de plata, y oro, que se han ensayado muchas veces y muestran gran riqueza; los árboles que produce la tierra, que llaman mezquites, crían goma olorosa como incienso; y en esta costa en más de cien leguas están reconocidos muchos placeres que crían ostras de perlas; que por que los indios no las saben sacar sino por fuego las queman, y las que se han visto y traído a estos reinos, son bastas, mas beneficiándolas a nuestro modo son más perfectas, y orientales que la de la Margarita y Panamá y más redondas y mayores con gran claridad, la cual experiencia ha hecho el dicho capitán de las que sacaron los buzos que llevó.

— Los naturales es gente muy dócil, fácil de reducir de paz y a nuestra santa fe, y esto se ha reconocido porque [*Fol. 6 v.*] de ordinario vienen a ver Misa, donde se hincaban de rodillas y hacían las demás ceremonias que nos veían a los cristianos, y de ello hacían grande admiración. Tienen muchas poblaciones la tierra adentro y se gobiernan por Rey, y cacique, y todos reconocen vasallaje a una mujer, que ellos deían era muy alta, y la pagaban tributo de perlas, y oro, y ámbar, y otras drogas odoríferas, que produce la tierra, y que de estos tributos tenía un gran templo lleno, cuya riqueza no se sabe numerar y así lo certificaban los indios de quien nos informamos, cuya lengua tiene los mismos acentos que la de la Nueva Vizcaya. Los hombres andan desnudos y las mujeres de la cintura abajo traen unos ramales de algodón, y pluma, es gente corpulenta, membruda, y vasta; sus armas son arcos, flechas, y dardos tostados, son nobilísimos de condición, domésticos, y aficionados a los rescates de cosas de hierro y bujerías y amigos de comunicación.

— De hacerse esta población surtirán muchos y grandes efectos de riquezas para los vasallos de Vuestra Majestad y de su real haber, y muy gran servicio a Dios Nuestro Señor, y en todo se irá aumentando como se fuere poblando, y se irán tomando noticia de lo importante de la tierra adentro, que no puede ser menos sino ser la tierra más rica de todas las Indias, de plata, y oro, de que hay verdaderas tradiciones por los informes que los indios nos hacían y por las muestras de la tierra y minerales, y cría de ostras de perlas. Y todos los aprovechamientos que a Vuestra Majestad tocaren de sus quintos, y derechos pueden venir a estos reinos todos los años en las flotas de la Nueva España.

— Asimismo por este paraje se ha de descubrir el estrecho de Anián, que corresponde a la mar del Norte, y costa de Terranova, que comúnmente llaman los Bacalaos, con que será más cierta la comunicación de la mar del Norte [Fol. 7] con la del Sur, que por el estrecho de Magallanes, porque se entiende que el mismo brazo de la California lo es.

— Lo necesario e importante para poblar es lo siguiente. En el puerto de Sinaloa que cae en la Nueva Vizcaya, ha de ser la escala principal para el dicho reino de la California y de allí se ha de salir, por no haber más que veinte leguas de travesía, que se suele hacer en veinticuatro horas, y pueden navegar barcos, y fragatas de poco porte, y excusar navíos.

— De principio se ha de entrar de paz, y por vía de contrato y rescates con los naturales, atrayéndolos con afabilidad, amor, y hacerles buen tratamiento, regalándolos con dones de bujerías y con eso, y su beneplácito, fundar en el dicho puerto de La Paz una villa con su fuerte en defensa para tener abrigo para lo que pueda suceder, y ser señores de la mar, e irles poniendo freno poco a poco, y se irán continuando las demás poblaciones en las partes que el tiempo mostrare más a propósito.

— Para lo cual en el principio será necesario hacer en el dicho puerto de Sinaloa cuatro o seis fragatas de poco porte así para pasar la gente, como los materiales, ganado y provisiones de la Nueva Vizcaya, que es la parte más circunvecina y más a propósito que otra, y muy abastecida de trigo, maíz, carnes, maderas, y gente, y a la fama de la riqueza acudirán de toda la Nueva España mucha gente de la que está baldía, que no sirve sino de embarazo, y gente perdida, que desean ocasiones de hacerse ricos, y de ellos y de los que voluntariamente se quisieren alistar debajo de bandera, se ha de hacer la gente de paga necesaria para pasar a esta población para la primera entrada, y a estos y a los demás vecinos que se avecindaren se les ha de hacer repartimiento de solares y tierras, conforme ordenanzas y se han de nombrar por Vuestra Majestad o por la persona que fuere a esta población oficiales reales para que tengan [Fol. 7 v.] cuenta y razón con la hacienda de Vuestra Majestad, así de los quintos de las pesquerías de perlas como para las minas y aprovechamiento de ellas, como para todo los demás que tocare a la Real Hacienda.

— El dicho capitán Nicolás de Cardona representa a Vuestra Majestad que ha gastado los años referidos en este descubrimiento, y su patrimonio, y muchos millares de ducados de su tío Tomás de Cardona, conforme al asiento que él y los demás consortes hicieron con Vuestra Majestad. Así que para conseguir este intento [de] poblar, y reducir aquel reino al servicio de Vuestra Majestad propone el dicho capitán Nicolás de Cardona la facilidad que de presente hay para conseguirlo, tanto por lo mucho que por su persona ha visto, penetrado y considerado de la costumbre, y dulzura de condición de los naturales, como por la comodidad de la tierra, puertos de mar, y sus riquezas, y por lo que nuevamente le avisan las personas que dejó en la Nueva España, que han entrado de paz a rescatar con los dichos naturales de la California, como porque asimismo el Virrey y oficiales reales concuerdan en el hecho y facilidad de tan gran obra, y de tanta consideración al servicio de ambas majestades. Y para conseguirlo, propone el dicho capitán a Vuestra Majestad dos medios, para que se elija el más conveniente a vuestro real servicio, y ofrece su persona para continuarlo hasta ponerlo efectivamente poblado, quieto y pacífico como leal vasallo, celoso de la honra de Dios y acrecentamiento de esta católica monarquía.

— Si Vuestra Majestad fuere servido de que se continúe el asiento hecho con el dicho Tomás de Cardona y con los demás partícipes que le ayudaran a ello, atento a tener gastado tantos años, y caudal en ello, que mediante esto se consigue esta grandiosa obra, en pliego aparte suplicarán a Vuestra Majestad la merced que les ha de hacer para continuarlo a su costa y poner debajo de la obediencia de Vuestra Majestad el [*Fol. 8*] dicho reino hasta dar hecho dos poblaciones y puestos de paz.

— Y si Vuestra Majestad fuere servido que por cuenta de Su Real Hacienda se haga, también propondrá lo conveniente para que sin mucha costa de ella se consiga.

— Suplica a Vuestra Majestad atento a la gravedad, e importancia de lo dicho se sirva, que con toda brevedad se tome resolución en el caso, y se ofrece a dar los informes necesarios y satisfacer las dudas que se ofrecieren, por tener bien entendido la materia en lo cual recibirá merced.

[*Fol. 8 v. y 9 en blanco*].

Nicolás de Cardona [Rubricado].

[Fol. 9 v.]. En 24 de julio.

Júntense los papeles que hay en esta razón y lo que en ella ha escrito últimamente el Virrey y todo se lleve a los señores condes de Humanes y Juan de Solórzano para que lo vean y den su parecer.

[Una rúbrica].

En 23 de octubre de 634.

Que las condiciones con que hubiere de hacer y ejecutar lo que propone las haga y dé a los señores comisarios para que las vean y traigan al Consejo.

[Una rúbrica].

[En un pliego que le sirve de carpeta se lee]:

«Véase en el Consejo de Indias el memorial incluso del Capitán Nicolás de Cardona y cerca de lo que contiene se me consultará lo que pareciere».

[Una rúbrica].

«En Madrid a 10 de junio 1634.
Al Conde de Castrillo».

APÉNDICE XI

Petición de Nicolás de Cardona sobre exclusiva a proseguir las expediciones a California

Archivo General de Indias.
Audiencia de Guadalajara. Leg. 133.

1634 [antes del 9 de octubre]. [Fol. 1]

Carta de Nicolás de Cardona (California).

Señor.

El capitán y cabo Nicolás de Cardona dice: que en virtud del asiento hecho con Vuestra Majestad por el capitán Tomás de Cardona, maestro de la cámara, su tío, para el descubrimiento de nuevos ostiales de perlas en los mares del Norte y Sur y del Reino de la California y descubrimiento de él, fue a hacer el dicho descubrimiento el año de 1615 en el cual se ha ocupado más de veinte años habiendo corrido la costa de la mar del Sur y el brazo o seno de la dicha California desde veintitrés grados y medio, que comienza el cabo de San Lucas por la parte de afuera por el rumbo de noroeste sueste, hasta treinta y cuatro grados al norte [sic]que son más de seiscientas leguas de ambas costas, en cuyo distrito descubrió muchos puertos, ensenadas, esteros, islas, salinas, y ostiales de perlas, saltando a tierra en todos e investigando la calidad de ella y de los naturales, su condición y ritos, tratándolos de paz por medio de rescates para reconocer la fertilidad, abundancia y riqueza del dicho reino y de sus minerales de oro y plata y la abundancia y calidad de las perlas que se crían en toda aquella costa y en el puerto de La Paz, que está en veinticinco grados de altura por la banda de dentro que es el más a propósito y seguro de los que ha descubierto en la dicha costa donde dejó plantada en señal de posesión la Santísima Cruz, de que dio cuenta a Vuestra Majestad y a su Real Consejo y el dicho maestro de la Cámara, su tío, como principal asentista la dio por una relación cuyo tanto es éste que presento con el juramento y solemnidad necesaria que es la más noticiosa que se ha dado al Consejo [Fol. 1 v.] como hecha por personas tan inteligentes e interesadas en el dicho descubrimiento, lo cual movió al dicho capitán Nicolás de Cardona a describir en forma geográfica e hidrográfica la navegación que hizo desde la bahía de Cádiz hasta el dicho reino de la California, delineando ambos mares del Norte y Sur y Californias con todos sus puertos, ensenadas, islas, reduciendo a demostración matemática así la conveniencia del dicho descubrimiento como las de sus noticias en la navegación y guerra para emplearle, en el de que hizo dos libros que el uno entregó al conde duque y del otro ha hecho demostración al Consejo, en todo lo cual el susodicho y el dicho maestro de la Cámara como principal asentista y sus partícipes han gastado más de doscientos mil ducados en la fábrica de seis navíos que por el año de 613 salieron de España para el mar del Norte de las Indias; cuatro el año de 614 en el puerto de Acapulco para ir al descubrimiento de la dicha California; tres en Panamá el año de 619 para el mismo descubrimiento con todos los pertrechos, municiones, bastimentos, sueldos de gente de mar y guerra y demás cosas concernientes a ellos, pérdidas y desavíos originados de haberlos divertido del dicho descubrimiento los virreyes, presidentes y gobernadores de Indias a sus tiempos y sazones y ocupado la persona del dicho capitán en cosas del servicio de Vuestra Majestad como todo consta de estas cuatro informaciones signadas y firmadas de escribanos públicos y hechas con autoridad de justicia que presento con el dicho juramento y solemnidad y de los papeles, certificaciones, servicios y nombramiento de cabo para el dicho descubrimiento en la persona del dicho capitán hecho por el marqués de Guadalcázar, Virrey de la Nueva España que asimismo presento, con el memorial impreso que contiene lo susodicho con la misma solemnidad, en virtud de lo cual y en remuneración de tan grandes e inmensos gastos y trabajos como los que los susodichos tienen hechos y pasados [Fol. 2] en el dicho descubrimiento y pérdida de navíos, Vuestra Majestad fue servido de hacerle merced de despachar cédula por el Consejo en que manda que el asiento que se tomó con el dicho Tomás de Cardona y consortes por diez años empiece a correr y se cuente desde el día en que se asentaren las rancherías en forma y se ejerza la pesquería de las perlas y que, durante el dicho tiempo, ninguna persona, que no fuere de su compañía o que tenga poder suyo, pueda pescar en la costa del mar del Sur desde Tehuantepec hasta 38 grados de altura [sic] de ambas costas de la California, que es donde asientan las dichas rancherías y poblaciones, que es ésta que asimismo presento con el dicho juramento y asimismo para que se entendiese como el dicho asiento no sólo miraba a la pesquería de las perlas sino a la población y pacificación del dicho reino de la California; Vuestra Majestad fue servido de hacerles merced de mandar despachar dos cédulas por el dicho Consejo, la una, para que gocen de las preeminencias y facultades concedidas en las ordenanzas hechas en favor de los descubridores, pacificadores y pobladores de mar y tierra. Y la otra para que el Virrey de la Nueva España provea del azogue que fuese necesario para la labor de las minas que descubrieren los susodichos con quien se ha tomado asiento para los nuevos descubrimientos de perlas y otros efectos del dicho reino que asimismo presento con el dicho juramento, los cuales están obedecidos por el Marqués de Guadalcázar, Virrey de la Nueva España, en cuya virtud el dicho marqués despachó cédula como Virrey para que el dicho capitán Nicolás de Cardona llegada la ocasión usase de la Requisitoria que le dieron el presidente, jueces y oficiales de la Casa de la Contratación de Sevilla, en razón de que los frutos del dicho descubrimiento se trajesen [*Fol. 2 v.*] a España, juntamente con los autos que se hicieron en el puerto de Acapulco sobre las pagas de los quintos de las perlas que se trajeron de la dicha jornada primera de la California cuyo descubrimiento ha corrido siempre por su cuenta en virtud del dicho asiento y cédulas de Vuestra Majestad, de tal forma que sin poder suyo nadie ha ido a hacerle como consta de esta escritura de concierto entre el dicho capitán y el alférez Gerónimo Brioso; en virtud de lo cual el dicho alférez fue a descubrir un ostial de perlas en el Mar del Sur por estar ocupado el dicho capitán en la jornada de descubrimiento de la dicha California que asimismo presento con el dicho juramento. Y es tan constante en toda la Nueva España y Tierra Firme que el dicho descubrimiento y pacificación corre por cuenta del dicho capitán Nicolás de Cardona, que el padre Fray Antonio de la Ascensión, carmelita descalzo, le escribe al susodicho y al dicho su tío representándoles la importancia de que se vuelva a proseguir el descubrimiento de la California y que se lleven bajeles de España que vayan en conserva con los de la guarda de la mar del Sur y que para esto ayude Vuestra Majestad, y se haga en su nombre, y que el capitán Luis de Salas en virtud de sus poderes ha ido con una fragata a proseguir el descubrimiento de cuyas resultas partirá con ellos y que él no puede ir al descubrimiento ni ninguno de los religiosos de su orden y así pide al maestro de la Cámara como principal interesado elija religiosos de otra orden que vaya a él o pedir licencia a su general que está en esta Corte para que los de la suya vayan, y dice el parecer que dio por orden de Vuestra Majestad, y en virtud de cédula del Consejo en que se mandaba al Virrey Marqués de Cerralvo y a la Audiencia informasen con su parecer sobre el dicho descubrimiento, como [*Fol. 3*] consta de estas cuatro cartas suyas que presento con el dicho juramento. No obstante de lo cual, y el no haber dejado los susodichos de proseguir el dicho descubrimiento porque el tiempo que se ha interpolado le ha gastado el dicho capitán Nicolás de Cardona en escribir el dicho libro para guardar ocasión para demostrar cuán precisamente necesario es hacer el dicho descubrimiento, sin perder tiempo en el respeto de las muchas riquezas del dicho reino, que según las más verdaderas noticias son mayores que las que han rendido todas las Indias juntas y de que con este descubrimiento, por las razones que tiene advertidas en el dicho libro, y de palabra se aseguran las negociaciones y flotas de Filipinas y la plata que baja del Perú y juntamente se le estorba el paso al enemigo que ha poblado en la Virgínea, de donde aún no le faltan cien leguas para salir al mar del Sur y señorearse del por el río de Tizón, que está en 37 grados, de a donde puede dar socorro al Maluco, por las muchas maderas que hay para fábricas en él, según la relación que al dicho capitán dio Rodrigo de Palacios, piloto que estuvo muchos días cautivo en la Virgínea, el cual le certificó, cuando le vino a servir en el dicho descubrimiento, que los ingleses están muy fortificados y que tienen fundados tres o cuatro lugares y una ciudad y que se casan con los naturales y que sólo su intento es salir a la mar del Sur, lo cual hubieran hecho si no se lo estorbara una nación que les impide el paso del dicho río del Tizón y de la California; no obstante lo cual ahora ha venido a su noticia que Francisco de Ortega, carpintero de ribera y el licenciado Diego de Nava y Juan García de Mercado y Esteban Carbonel han [*Fol. 3 v.*] ido a la dicha California con licencia del Virrey como consta de esta carta del capitán Antonio López de los Ríos que presentó con el dicho juramento y pretende que Vuestra Majestad se la dé contra el derecho y asiento de los dichos Tomás de Cardona y sus partícipes. Y que sobre ello escriben a Vuestra Majestad el Virrey Marqués de Cerralvo y el dicho padre fray Antonio de la Ascensión y atento como consta de esta escritura y de estas cartas del dicho Juan García de Mercado y de María de Ortega, hermana del dicho Francisco de Ortega, que asimismo presento con el dicho juramento, y los susodichos fueron en virtud de las noticias que tuvieron del dicho capitán y cabo Nicolás de Cardona y de las que le dió el dicho Esteban Carbonel cuando le envió a Tehuantepec a sacar y poner en orden una fragata de las del dicho descubrimiento que estaba anegada, por lo cual le dio quinientos pesos como consta de la dicha escritura, los susodichos fueron a la dicha California y así lo confiesan expresamente en las dichas cartas haciendo dueños de ello a los dichos Tomás y Nicolás de Cardona y ofreciéndoles el fruto del trabajo que han tenido en el descubrimiento por la relación que envían al Consejo, y que los susodichos son gente pobre y desvalida como consta de sus mismas cartas y de la del dicho capitán Antonio López de los Ríos que es ministro y fiscal de Vuestra Majestad.

A Vuestra Majestad pide y suplica se sirva de hacerle merced, darle licencia para proseguir y continuar el dicho su asiento y descubrimiento en conformidad de las dichas cédulas prohibiendo como está ordenado que nadie, sin orden del dicho Tomás de Cardona y partícipes, salga a hacerle mandando a los virreyes, presidente, [*Fol. 4*] gobernadores, y demás justicias de las Indias, le den todo el favor y ayuda necesaria y los bastimentos y pertrechos convenientes por sus dineros para proseguir el dicho descubrimiento y cometiendo a los comisarios que están nombrados en este caso el ajustamiento de lo susodicho y de las mercedes que Vuestra Majestad tiene concedidas a los nuevos descubridores, pobladores y pacificadores, y las que de nuevo se les han de hacer para que así asienten lo que más convenga al servicio de Vuestra Majestad, pacificación y población del dicho reino y conversión al Santo Evangelio de sus naturales que están a cargo de Vuestra Majestad en que recibirán merced de Vuestra Majestad. Y quedarán premiados los grandes y no encarecidos trabajos y gastos que han padecido en el dicho descubrimiento.

[Sin fecha ni firma].

[*Fol. 4 v*].
A 9 de octubre de 1634.
[Decreto].—Que con los papeles que aquí se lleve esta petición a los señores comisarios que están nombrados para este negocio.

[Una rúbrica].

APÉNDICE XII

Memorial de Nicolás de Cardona proponiendo condiciones para proseguir las expediciones a California

[1634.—6 Noviembre. Carta de Nicolás de Cardona. (Californias)].

Archivo General de Indias. Audiencia de Guadalajara. Leg. 133.

Este papel se ha de remitir al Virrey de Nueva España para que con esta persona u otra que mejores condiciones pusieren, trate de esa entrada y capitule en forma y esta condición es de las primeras.

Señor.

El capitán Nicolás de Cardona dice que en conformidad de lo que Vuestra Majestad tiene mandado y sirviéndose de hacerle merced, atento a los muchos trabajos, servicios y gastos que tiene hechos en la prosecución y descubrimiento del reino de la California, de tomar asiento con él para su población y pacificación y disposición de las rancherías que se han de formar de las pesquerías de perlas que se crían en toda su costa, las condiciones con que para mayor servicio de Vuestra Majestad por su parte se asienta y capitula la dicha población, pacificación y pesquería de perlas son las siguientes:

1.ª   Que el dicho capitán Nicolás de Cardona se obligará a proseguir el descubrimiento del dicho reino de la California, poblarle y reducirle de paz al servicio de Vuestra Majestad sin que Vuestra Majestad para ello ponga cosa alguna de su Real Hacienda ni tenga gasto alguno y a asentar las rancherías de las pesquerías de perlas a satisfacción del Real Consejo de las Indias en esta forma.

Se admite, y el Virrey lo vea y mejore si ser pudiere.

2.ª   Que antes de entrar a hacer la dicha población y pacificación depositará en la Caja Real de Guadalajara, que es la más cercana de la California, treinta mil pesos en dinero contado, los cuales no ha de poder sacar de ella si no fuere para el efecto de fabricar navíos, comprar ganado, bastimentos, pagar sueldos de gente y para todo lo demás concerniente y necesario a la dicha población y pacificación.

Capitulado que sea se le concederá lo

3.ª   Que el dicho asiento se le ha de conceder Vuestra Majestad por tiempo de diez años que han de empezar a correr desde el día que se le despachare privilegio de él y Vuestra Majestad se ha de servir de prohibir que otra ninguna persona por el tiempo dicho y durante él, pueda ir a poblar, ranchear, pescar ni rescatar perlas ni labrar minas ningunas de cualquiera género que sean ni pacificar a la tierra de la dicha California ni sus costas si no es la del dicho capitán y sus partícipes o quien su poder, título, voz o razón tuviere, so las penas [*Fol. 1 v.*] contenidas en las ordenanzas y las demás que Vuestra Majestad fuere servido de imponer ni que los virreyes, audiencias, gobernadores y demás justicias de las Indias puedan enviar a ello ni dar título a persona durante este asiento.

que pide como se acostumbra y es necesario.

4.ª   Que dentro de los dichos diez años el dicho capitán Nicolás de Cardona se obliga a dar fundadas a Vuestra Majestad en el dicho reino, y en las partes más convenientes de él, tres ciudades conforme a las ordenanzas, la una dentro de los cinco primeros años y las otras dos dentro de los cinco siguientes al cumplimiento del dicho asiento con todas las calidades de vecindad y Administración de Justicia y de la Real Hacienda perteneciente a Vuestra Majestad que están dispuestos en las dichas ordenanzas.

Es de admitir y conforme a ordenanzas, y así se pondrá en el asiento y capitulaciones que se hicieren.

5.ª   Que respecto de empezar el cabo del dicho reino de la California en veintitrés grados, el cual corre por la parte de fuera al noroeste hasta altura de 45 grados y en 37 grados (según noticias) por la parte del norte y nordeste no se ve la dicha tierra y la menor distancia que hay para su travesía es desde altura de veintisiete grados que es la tierra de la Nueva Vizcaya y siendo como es la California, isla muy grande y su riqueza de plata, oro, perlas, ámbar, salinas, incienso y pesquerías con mucha tierra llana para sembrar y con muchas islas cerca de su tierra firme, que todo lo dicho tiene visto y reconocido, que son de mucha importancia y riqueza, Vuestra Majestad le ha de hacer merced para que más bien se consiga su real servicio y la dicha población y pacificación, de darle el gobierno de la Nueva Vizcaya por el tiempo de este asiento o el que Vuestra Majestad fuere servido con que se entienda con él como con los demás gobernadores que lo han servido por ser la tierra de paz más propincua de la California y tener mucho ganado de todo género y bastimentos y mucha gente perdida que se podrá aplicar en la dicha población y pacificación con que excusándose competencias con los gobernadores y siéndolo enl todo el dicho capitán Cardona cesan las competencias y se acude al real servicio y a esta población y pacificación puntualmente, no teniendo otro superior que se lo impida, [*Fol. 2*] como se ha visto en los desavíos pasados que ha tenido por causa de los virreyes y gobernadores, por embargos que le hicieron en los navíos y gente que traía y en las pacificaciones del Darién y otras que se han dejado de conseguir por culpa de los gobernadores, con que viene a ser preciso para servicio de Vuestra Majestad el darle dicho gobierno, que sin él es imposible conseguir efecto con que podrá más bien hacer este servicio a Vuestra Majestad; para lo cual representa a Vuestra Majestad los muchos que tiene hechos en Indias y en este descubrimiento y en España como consta de sus papeles habiendo siempre puesto su persona, vida y hacienda a tan grandes riesgos y los que nuevamente ha de hacer.

No ha lugar darle este gobierno, pero podríasele dar otro de la Nueva Galicia aunque sea de los que provee la Audiencia, el que al Virrey pareciere más a propósito.

6.ª   Que respecto de ser los naturales de aquel reino gente apacible y de buen natural que a lo que se ha visto admitirá nuestra santa fe católica, haciéndose cristianos y congregándose por doctrinas en

Luego que tenga efecto el hacerse este asiento y señalarle corregimiento se le dará dará nombramiento en forma a esta persona de tal tenientazgo siendo como se dice tan a propósito para ejercer este cargo. Que este religioso que señala pueda nombrarle desde luego para esta misión y los demás los señalara el Virrey hecho el asiento y si no los hubiere allá tales cual convenga, se le enviarán de acá con consulta del padre Comisario de las Indias. Que tomado el asiento se busque allá lo necesario de gente y pertrechos para esta entrada y el Virrey le dé todo el favor que convenga para ello.

sus pueblos que son de innumerable gente y que el intento principal del dicho capitán es servir a Dios Nuestro Señor, en la conversión de aquellas almas, y a Vuestra Majestad agregar el dicho reino y otros a su obediencia y que en esto la Real Hacienda de Vuestra Majestad se aumente en los grandes tesoros que en sí tiene aquella tierra para lo cual le es preciso pasar a ellas y entrar poblando y pacificando por el modo más suave que pidiere la sujeta materia; Vuestra Majestad le ha de hacer merced de nombrar por su teniente en el dicho gobierno a Don Marcelino Faria de Guzmán en quien concurren todas las partes de calidad, letras, noticias y celo del servicio de Vuestra Majestad que se requieren para ello y no obstante que por las ordenanzas, costumbres y leyes de estos reinos se le concede el poderle nombrar quiere que para más bien se consiga el servicio de Vuestra Majestad y tener quien por parte de ella le fomente y ayude a él, que Vuestra Majestad le nombre y mande despachar título en forma para que así le pueda asistir y aviar los bastimentos, pertrechos y demás cosas que sean necesarias para la dicha población y pacificación desde la Nueva Vizcaya y cuidar del beneficio de los ricos metales de plata y oro que se pasaren de la California [*Fol. 2 v.*] a la tierra de la Nueva Vizcaya en el ínterin que en ella no hubiere ingenios y que en ello no sea la hacienda de Vuestra Majestad defraudada, sin que, por lo dicho, Vuestra Majestad le haya de dar salario alguno porque esto ha de correr por cuenta del dicho capitán, ni más que mandarle dar nombramiento y despacharle título.

7.ª Que respecto de ser preciso para haber de asentar las rancherías de perlas en forma y pacificar por vía de rescates entrar poblando sin lo cual no se puede tratar de la reducción de aquel reino y de su gente al servicio de Dios Nuestro Señor y de Vuestra Majestad para que esto se consiga más suavemente, le ha de dar Vuestra Majestad licencia para que lleve seis religiosos a su costa de la orden de San Francisco de los de estos reinos y que el padre comisario general le señale entre ellos al padre fray Juan de Carrascosa que ha sido provincial de la Nueva Galicia y sabe muy bien las lenguas y de presente está en esta corte y se ha de embarcar en la primera flota para su provincia de Guadalajara, lo cual es conforme al capítulo dieciséis de las ordenanzas.

8.ª Que respecto de la población y pacificación que ha de entrar haciendo en la dicha tierra de la California y de los bajeles que se ha de fabricar para ello en la mar del Sur, en la costa de la Nueva Vizcaya, ha de poder llevar de estos reinos a su costa hasta cincuenta personas en que entren carpinteros, calafates con sus ayudantes, albañiles, herreros con sus oficiales y otra gente necesaria para la dicha población y los que fueren casados que puedan llevar sus mujeres e hijos con que no exceda el número de las dichas cincuenta personas.

9.ª Que para su embarcación y de las dichas personas y religiosos y atento a que ha de llevar cables, jarcia menuda, anclas, rejones, clavazón, hierro de todo género, muchas vetas y espuertas y serones de esparto, redes, campanas, ingenios, sillas de caballos, adargas, lanzas, artillería, mosquetes, [*Fol. 3*] arcabuces, pólvora, y las demás cosas precisas y necesarias para la dicha fábrica, población y rancherías y asimismo vino, brebaje, aceite, bizcocho y otros bastimentos, le haya de dar Vuestra Majestad licencia para llevar dos navíos de menor porte de permisión libres de almojarifazgo así de lo que se ha de pagar en España como en las Indias por este primer viaje en que se embarcare. Y después, conforme el dicho capitán avisare de la necesidad que tuviere de pertrechos y municiones, Vuestra Majestad se los mandará dar, de que hay ejemplares y ser conforme ordenanzas que a don Francisco Maldonado para la pacificación del Darién se le dieron tres con tener tan cerca a Cartagena y a Portovelo.

Que confiera con el Virrey todo lo que es necesario y envíen memoria de ello y vista, el Consejo proveerá lo conveniente cerca de las gracias, comodidades y suelta de derechos que se pueden hacer en el pasaje.

10.ª Que Vuestra Majestad conforme al capítulo setenta y siete de las ordenanzas le ha de mandar despachar cédula para que el presidente y oficiales de la Contratación de Sevilla la favorezcan y apresten, acomoden y faciliten su viaje dándoles los navíos de permiso que comprare o escogiere a sueldo aunque sean filibotes flamencos, y que no le pidan información de la gente que llevare, que será la contenida en el capítulo 8.º de este memorial, que será de toda satisfacción y la que conviene para cosa tan grande del servicio de Vuestra Majestad y honra suya.

A su tiempo se les darán las cédulas convenientes.

11.ª Que Vuestra Majestad le ha de mandar despachar cédula de inhibición para que el Virrey de la Nueva España y las audiencias, gobernadores y demás justicias de las Indias en lo tocante al dicho descubrimiento, población y pacificación no se entrometan de oficio ni a pedimento de parte ni por vía de apelación, ni otra alguna, ni le puedan despachar jueces de comisión contra él ni las personas de su cargo en ninguna causa que sea civil ni criminal que hayan cometido antes y después de tener asentado plaza en cualquier compañía ni pueda conocer de sus causas ningún [*Fol. 3 v.*] otro juez si no fuere el dicho capitán o su auditor o asesor, acceso de milicia y solo sea y quede inmediato a Vuestra Majestad y a su Real Consejo de las Indias lo cual es conforme al capítulo setenta y nueve de las Ordenanzas.

Hecho el asiento se le enviarán las cédulas convenientes en la forma acostumbrada.

12.ª Que Vuestra Majestad le ha de mandar despachar cédula para que los virreyes, audiencias, gobernadores y demás justicias de las Indias no le impidan su viaje ni le diviertan de él por ninguna causa que se ofrezca; antes, le den todo el favor y ayuda que sea necesario y los bastimentos y municiones que haya menester a justos y moderados precios lo cual es conforme al capítulo setenta y siete de las Ordenanzas.

Teniendo efecto el asiento se le darán estas cédulas.

13.ª Que Vuestra Majestad desde luego, le ha de hacer merced de honrarle con título de Adelantado, Gobernador y Capitán General del Reino de la California, perpetuamente para él y su hijo mayor primogénito, heredero, u otro cualquiera su sucesor o persona que él nombrare y para los que de ellos descendieren perpetuamente, el cual habiendo servido a Vuestra Majestad como lo espera y cumpliendo con el tenor de su asiento y población le ha de hacer merced de mejorar conforme al capítulo ochenta y cinco de las Ordenanzas y a lo en él dispuesto respecto que su ánimo y determinación no sólo es con la ayuda de Dios de poblar y pacificar y reducir a su real obediencia el dicho Reino de la California, sino descubrir el estrecho de Anián que está a la parte del norte para que las navegaciones de Filipinas, China y Mar del Sur y reino de California y los demás que le corresponden

Con el informe que el Virrey hiciere del asiento que se tomare, se proveerá cerca de esto lo que convenga.

sean más breves, seguros, con más continuación, aprovechamiento y menos costa. Y asimismo la cuarta parte del globo que es la tierra austral de que tiene mucha noticia y deseo de ver y descubrir.

14.ª   Que como se le había de dar facultad, conforme las Ordenanzas, para levantar gente en estos reinos de Castilla y León que de presente no lo ha menester, que Vuestra Majestad [*Fol. 4*] ha de mandar por su real cédula que siendo necesario levantar gente para la dicha población y pacificación, los capitanes que él nombrare puedan, sin impedimento alguno, levantarla en las Indias, en la Nueva España, Galicia o Vizcaya donde más a propósito se hallare y pareciere convenir sin que los virreyes, audiencias, gobernadores ni otras justicias les pongan impedimento alguno, lo cual será del servicio de Vuestra Majestad respecto de la mucha gente perdida que allá hay, y es conforme a Ordenanzas.

15.ª   Y por que, para un negocio tan grande como éste, ha de ser necesario hacer muy grandes gastos y empeños para lo cual el dicho capitán Nicolás de Cardona se habrá de valer de personas que le ayuden y sean partícipes y así ha de poder admitir por compañeros y partícipes en estos reinos o en las Indias las personas que le pareciere y por bien tuviere para la pacificación, descubrimiento y población y que con ellos se entienda este asiento, en cuanto a las gracias, preeminencias, prerrogativas, inmunidades, que a los tales partícipes y compañeros se les concede por las Ordenanzas de poblaciones y pacificaciones.

16.ª   Y es condición que en caso de enfermedad o muerte el dicho capitán Nicolás de Cardona pueda nombrar persona en su lugar que suceda en este asiento, y lo continúe como por el dicho Capitán se puede y debe hacer y no cese el servicio de Dios y de Vuestra Majestad, y las dichas pacificaciones y poblaciones. El cual nombramiento ha de ser por escrito ante escribano y que la tal persona suceda en el mismo asiento, título y causa, el cual ha de tener y gozar de todas las honras, preeminencias, mercedes y títulos y lo demás contenido en este asiento como si con él se hiciera, y Vuestra Majestad lo hubiera concedido para la tal persona en todo y por todo sin reservar en sí cosa alguna ni ser necesario otro título ni nombramiento de Vuestra Majestad, porque solo el tal nombramiento ha de usar sin ser necesario otro recaudo alguno, y así se ha de mandar ejecutar y que lo guarde y ejecute cualesquiera Virreyes, audiencias, gobernadores y demás ministros de Vuestra Majestad, sin que tenga, que no ha de tener otra interpretación ni sentido sino guardarlo y cumplirlo en toda forma porque queda ya subrogado en el que así nombrare en su lugar el poder y facultad concedido por Vuestra Majestad en el dicho capitán Nicolás de Cardona.

17.ª   Que Vuestra Majestad se ha de servir de mandarle despachar su Real Cédula, título o privilegio de cada una de estas condiciones como en ellas se contiene y asimismo cédula general que comprehenda todas las demás contenidas y expresadas en la provisión y Ordenanzas que por mandado de Vuestra Majestad se hicieron y promulgaron el año 1575 en que se declara la orden que se ha de tener en las Indias en los nuevos descubrimientos y poblaciones que en ellas se hicieren, ex-

Hecho el asiento el Virrey le dará para esto las licencias y órdenes que convengan. Que si el asiento se hiciere y entraren otras personas a la parte del gasto y cuidado de él con el dicho capitán, el Virrey las admita y pueda conceder y conceda las gracias y mercedes que se les dan por las Ordenanzas. Que hecho el asiento se le concederá en esta parte lo que le dan las Ordenanzas con que la persona sea a satisfacción del Virrey.

A su tiempo se insertarán las que se admitieren en la escritura que de ello se hiciere y todas y cada una se guardarán como está dispuesto.

ceptuando las contenidas en este memorial, para que las unas y las otras se guarden como en ellas se manda y que no obstante las dichas cédulas se encierren todas a la letra en la escritura de asiento que Vuestra Majestad mandare tomar con él y en el privilegio o privilegios que se le despacharen.

18.ª Que a los pobladores que fueren a poblar en la dicha tierra de la California se les conceda lo que Vuestra Majestad manda por las dichas Ordenanzas, y se les dé y reparta a su tiempo lo que a cada uno le perteneciere conforme a ellas.

Daráselas lo dispuesto por Ordenanzas y así se capitulará en la escritura.

—Y con las dichas condiciones y cada una de ellas se obliga a servir a Vuestra Majestad y poblar y pacificar el dicho reino de la California y asentar en él las rancherías de perlas como queda dicho a su costa, sin que Vuestra Majestad [*Fol. 5*] gaste de su Real Hacienda cosa alguna sobre lo cual Vuestra Majestad mandará lo que de su real servicio fuere, haciéndole en todo merced como espera de su grandeza. Madrid y noviembre seis de mil y seiscientos y treinta y cuatro años.

Nicolás de Cardona. [Rubricado].

[Decreto al margen de este último capítulo].

«Estos papeles como se dijo al principio se remitan al Virrey para que los vea y oiga a esta parte y capitule como convenga con él o con otras personas las que mejores condiciones propusieren procurando se disponga con la atención posible en lo que toca a la propagación de la fe y predicación del Santo Evangelio y con la mayor utilidad y ningún gasto de la Real Hacienda, y que vaya un oficial real con los que fueren a estas poblaciones y descubrimientos para que cobre los derechos reales que de ellos resultaren advirtiendo que esto lo podrá ejecutar desde luego y dar cuenta al Consejo de lo que hubiera hecho y se fuere haciendo y que lo que toca a los títulos y todo lo demás que pide sea con que dentro del término que le pareciere se lleve confirmación del Consejo en la forma que se acostumbra guardando en todo las cédulas y órdenes que están dadas para las poblaciones y reducciones y nuevos descubrimientos y del bosque de Segovia».

[Rubricado, como todos los demás decretos puestos a las márgenes de cada capítulo].

APÉNDICE XIII

Cédula del Rey al Marqués de Cerralvo

Archivo General de Indias.
Audiencia de Guadalajara. Leg. 133.

Madrid, 15 marzo 1635.

El Rey.

—Marqués de Cerralvo, pariente, mi gobernador y capitán general de las provincias de la Nueva España y presidente de mi Real Audiencia que en ella reside. Por cédula mía de dos de agosto de seiscientos y veintiocho os mandé me informaseis lo que se os ofrecía cerca del descubrimiento de las islas Californias, habiendo oído primero las personas que tuviesen noticias de aquella tierra y me avisaseis muy particularmente en la forma y manera que se podría hacer el dicho descubrimiento en caso que conviniese ponerle en ejecución, en cuyo cumplimiento en carta que me escribisteis en veinte de marzo de seiscientos y treinta y dos, decís habíais hecho las diligencias posibles y que juzgando que ninguna podía tener certeza sin que se viesen las dichas islas, buscasteis personas que se inclinasen a ir a reconocerlas y que así había partido con este intento Francisco de Ortega y que volviéndole Dios con bien, me daríais cuenta menudamente de lo que resultase, y en otro capítulo de carta de 29 de noviembre del mismo año, decís que volvió el dicho Francisco de Ortega con relación y derrotero de las islas y que sin haber tratado de pesca de perlas trajo unas pocas y tenéis por cierto que llevando orden y recados para la pesquería se hallará mejor género de ellas, y según la relación que daban del buen natural de los indios y de la apacibilidad con que recibieron a los nuestros será fácil el disponerlo. Y habiéndose visto en mi Consejo Real de las Indias atentamente en diferentes veces todos los papeles de la materia y una carta que Francisco García Mercado me escribió en veintidós de marzo de seiscientos y treinta y tres en que refiere que había [*Fol. 1 v.*] pretendido descubrir las dichas islas y gastar en esto la poca hacienda que le había quedado por tener noticia de la multitud de almas que

Real Cédula al Marqués de Cerralvo (California). (Copia autorizada).

hay en ellas y la grandeza y riqueza de perlas, ámbar y minerales, y un memorial que dio Nicolás de Cardona en que se encarga de este descubrimiento y población en conformidad de las condiciones y capitulaciones que propone, y consultádoseme he tenido por bien de remitirnos copia de todos los dichos papeles y del dicho memorial que dio el dicho Nicolás de Cardona cerca de las dichas condiciones y capitulaciones con las anotaciones y decretos proveidos a la margen de cada capítulo por el dicho mi Consejo para que los veáis y oigáis a los dos referidos y a otras cualesquier personas que quieran tratar de esta materia y os mando que en lo que juzgareis ser más a propósito, capituléis y asentéis lo que viéreis que conviene a mi servicio y al mejor y mayor acierto y asegurando las condiciones de la empresa cuanto fuere posible, procurando sobre todo que se disponga con atención la propagación de la fe católica y predicación del Santo Evangelio, bien y enseñanza de los indios sin gasto alguno de mi Real Hacienda, y que con los que asisten al dicho descubrimiento y población vaya un oficial real para que, teniendo efecto, asiente y cobre mis derechos reales que se fueren causando, todo lo cual ejecutaréis desde luego y en la primera ocasión me avisaréis de lo que hubiereis hecho y fuéreis haciendo y de las condiciones con que hubiereis capitulado y títulos que concediéseis y diéreis poniendo en todo gravamen y condición de que dentro del término que os pareciere y señalareis se haya de llevar y lleve aprobación y confirmación mía en la forma que se acostumbra, guardando en todo las cédulas y órdenes que están dadas para las nuevas [*Fol. 2.*] entradas, descubrimientos y poblaciones, pacificaciones y reducciones, y en particular la provisión del bosque de Segovia y fío de vuestro celo y cuidado asistiréis a esto con las veras que acostumbráis en las demás cosas de mi servicio; fecha en Madrid a quince de marzo de mil y seiscientos y treinta y cinco años; yo el Rey. Por mandado del Rey Nuestro Señor, Don Gabriel de Ocaña y Alarcón.

Concuerda. [Rubricado].

[*Al dorso*]. «Copia de la que se despachó a Nicolás de Cardona para el descubrimiento de las Californias».

«Este no ha ido a las Indias hasta ahora ni se sabe cuándo se embarcará y así es necesario prevenirlo en la relación».

APÉNDICE XIV

Memorial impreso de Porter al Rey (1640)

Biblioteca Nacional, ms. 8.553, fols. 118-130.

Señor:

El capitán Don Pedro Porter y Cassanate, dice: Que el año de mil y seiscientos y treinta y seis, por servir a Vuestra Majestad, ofreció al Virrey Marqués de Cadereita hacer viaje a la California, saber si era isla, o tierra firme, y descubrir lo occidental, y septentrional de la Nueva España, y que para ello a su costa fabricaría navíos, conduciría gente, llevaría pertrechos, bastimentos, y todo lo necesario: Enterado el marqués de la conveniencia de este descubrimiento, y partes del suplicante, le dio licencia, y en fe de ella (ayudado de compañeros) gastó para el efecto más de dieciocho mil pesos: y estando ya de partida le ordenó la suspendiese hasta dar cuenta a Vuestra Majestad, y para esto ha remitido los papeles, que sobre ello se han hecho, y los informes que Vuestra Majestad, por cédula suya, mandó viniesen de las personas más noticiosas y de mayor experiencia. Y para tomar resolución en cosa tan importante, el suplicante refiere las conveniencias que se deducen de los informes, y pareceres, y se seguirán de este descubrimiento.

1. Que la tierra vista de la California es de buen temple, sana, fértil, con aguas dispuestas para labores y sementeras, tiene ganados, frutos, tabaco, hierbas saludables, muchas arboledas, frutas, y flores de España, hasta higueras y rosas. Para los navíos, puertos buenos, ensenadas y bahías: y queriendo fabricarlos, hay pinos, cedros, encinas, de qué hacer brea, alquitrán, sebo, jarcia y algodón para las velas. Tiene la ensenada ballenas, lobos marinos, bacalaos, sardinas, ceciales, y toda diversidad de peces; y siguiendo el descubrimiento, esperan en mar y tierra mayores comodidades.

2. Que los indios reconocidos de la costa, son muy robustos, y

fuertes, andan desnudos, usan del arco y flecha, tienen entre sí algunas guerras, son dóciles, mansos y domésticos; no se les ha conocido qué género de idolatría tienen; son fáciles a la conversión, reciben con amor a los españoles; les han socorrido algunas veces; vengándose también, siendo maltratados. Andan por el mar en jangadas y canoas. Viven de la pesca, particularmente del ostión, donde está la perla, y las queman para comer el pescado, vense de estas conchas montones muy altos por las playas, dan noticias los indios de la costa; hay cerca de ellos poblaciones de gente blanca y vestida.

3. Que la principal conveniencia para esta empresa, es el celo de nuestra santa fe, y la exaltación de ella, haciendo cargo a Vuestra Majestad de la infinidad de almas que en aquellos reinos se condenan por descuido, siendo tan fácil su conversión, tan apacibles sus naturales, tan vecinas sus tierras, y poca la costa y que cuando a la piedad de católicos no moviera el grande servicio que a su divina Majestad se le hace, podía alentar a la codicia humana, experimentar en aquella tierra y mar tan pródiga la naturaleza de riquezas.

4. Que se han visto en muchas partes de esta tierra, minas de oro, plata y cobre, y que los indios dieron metales, y algunos se ensayaron en México, y fueron muy ricos; y que se hallaron minas buenas de plata en algunas islas vecinas, y se presume habrá descubrimientos grandes, penetrando la tierra, cuando estas señales, y noticias se ven, y adquieren desde su costa.

5. Que todos cuantos han ido a la California, han rescatado y sacado muchas perlas, que las mejores, y las más se han escondido, y encubierto: Que hay más de sesenta leguas de comederos y ostiales, y que si toda la gente de la Nueva España fuese buzos, todos tendrían a donde pescar perlas: Que las hallaron muy buenas dentro de los puertos, y algunas en poco fondo: Que los naturales las dan por rescates. Y así hombres como mujeres saben pescarlas. En el libro del Tribunal de Cuentas de México está una partida de setecientos y ochenta pesos de quinto de perlas, y piedras que un hombre sacó de allá. Sebastián Vizcaíno, halló muchas, registró quince marcos y una como un pomo de daga. Diole un cacique once perlas que traía al cuello grandes, y de mucho valor. El capitán Juan de Iturbe cogió una perla como una perilla, que a no tener una veta, valía mucho; registró catorce marcos de ellas, y dejó muchas entre particulares. De estas se vieron siete en poder de Simón Vasilini, y veinticuatro en el de Lorenzo Pertuche Milanés, que fue a esta jornada, y eran como balas de arcabuz. Andrés de Acosta compró un grano en trescientos pesos, de persona que hizo el viaje. Francisco de Ortega trajo doscientas y setenta y seis perlas gruesas, que a no estar ahumadas de los indios, eran de mucha estima. Entre éstas hubo una que pesó cinco adarmes, y sabiéndose había quedado una de siete adarmes en poder de un alcalde mayor, despachó por ella el marqués de Cerralvo. El mismo registró otra vez 36 onzas y media de perlas; algunas vinieron a Vuestra Majestad con la última flota. En el puerto de San Francisco Javier las halló de diez quilates, y buen oriente, y en el puerto del Espíritu Santo, rescató de los indios perla de veinte quilates. Y sienten que por haber hallado este provecho (aun los más derrotados, y los de peor suceso) todos los que fueron dejaron

el fin principal del descubrimiento con el cual gozará Vuestra Majestad de estas riquezas, que nadie posee.

6. Que hay coral, mucho ámbar, y bueno en estas costas. Francisco Ortega en el puerto de La Paz halló diecisiete marcos de ámbar, que registró. Otros muchos la han traído y fray Antonio de la Ascensión reconoció en una playa cantidad grande de un licor blanquísimo, que no supo conocer si era ámbar.

7. Que se han hallado muchas salinas, y son muy importantes para las grandes pesquerías que pueden asentarse, y dicen que le será a Vuestra Majestad de más de cien mil pesos de provecho en cada un año.

8. Que los tratos de la Nueva España a la California serán grandes, y de mucho provecho a Vuestra Majestad, y así de mercaderías, como de los frutos que se sacarán de una y otra parte, y lo que ha hecho poderosas a muchas provincias, ha sido tener un mediterráneo, y ríos grandes navegables, de que goza esta tierra, y así el comercio de ella será muy acomodado, sin necesitar de navíos, sino de barcas, por haber pasajes breves, y estar en ellas la una tierra casi a la vista de la otra. Y la que se ha de descubrir, siguiendo la costa de la Nueva España, es más navegable, por ser continuada; y de no hacerse el descubrimiento, pierden estas granjerías los españoles de aquellas partes, que están sin saber la vecindad que tienen, ignorando el daño, que por su costa, o por la ensenada, puede venirles.

9. Que las naos del Perú pueden llegar a esta tierra en un mes, y tener grande trato, permitiéndole.

10. Que las naos de Filipinas, cuando reconocen esta tierra, suelen pasar con grande necesidad, y podrían en algún puerto de ella remediarse, pues todo lo que padecen es desde allí al puerto de Acapulco, y en ocasiones tardan dos meses en tomarle.

11. Que estas naos de Filipinas podrían tener fácilmente los avisos en esta tierra, y habiendo en Acapulco navíos de enemigos, tomar aquí puerto; y conviniendo, hacer alijo, y que por no tener esta comodidad Vuestra Majestad, y estar estas tierras sin españoles, robó el enemigo Tomás Cavendish en la costa de la California a la nao Santa Ana que venía de la China.

12. Que la grande riqueza de la tierra alienta a los españoles, vecinos para ir a habitarla, y queriendo Vuestra Majestad tener un buen presidio, dan arbitrio, que es pasar la gente pagada que hay en Sinaloa, y otras fronteras de la Nueva España, donde no sirven los soldados, por haber cesado la causa, que obligó a ponerlos en aquellas partes, donde ya está sin peligro de los indios.

13. Que haciendo este descubrimiento, se adelantará el del nuevo México, que es muy difícil, y tendrá los socorros, excusando los grandes gastos que Vuestra Majestad tiene, enviándolos más de quinientas leguas por tierra desde México.

14. Que con él se dará comercio a Culiacán, y a otras provincias.

15. Que con él se sabrá de la gran ciudad de Quivira, del Rey Coronado, y de la Laguna del Oro.

16. Que se sabrá del río del Tizón, que descubrió Don Juan de Oñate por el Nuevo México.

17.   Que se sabrá de los ríos del Coral y Norte.

18.   Que se sabrá de la isla de la Giganta, de la cual se tiene noticia usan los indios sartas de perlas, y muy grandes.

19.   Que se sabrá en qué parte está poblada la gente blanca, y vestida, que dicen los indios de la California comunican.

20.   Que se sabrá de las tierras pobladas, y de la ciudad cercada con muros, buenas calles, grandes edificios, casas de dos altos, que por la parte de Sinaloa, descubrió el capitán Martín de Viday, donde vió gran número de indios vestidos a lo mexicano, a los cuales no se atrevió a esperar hiriéronle seis hombres con yerba, llevó de esta tierra metales ricos de plata a Sinaloa.

21.   Que se facilitarán con este descubrimiento los tratos de los reinos de Anián, Japón, Tartaria y China.

22.   Que con este descubrimiento se sabrá si hay estrecho (como dicen) y que si hay paso navegable para España, y el enemigo en algún tiempo, atajare la plata con armadas en el mar del Norte, Tierra Firme, y seno mexicano, podrá Vuestra Majestad enviar por este camino en breve tiempo a España el tesoro de ambos reinos.

23.   Que habiendo este estrecho podrá Vuestra Majestad con gran facilidad echar los enemigos del Jacal, y ofender los del Virginia, Nueva Francia, Canadá y Nueva Anglia, que tienen muchas poblaciones, y podrá Vuestra Majestad impedir los enemigos, no se vengan mejorando hacia el Nuevo México.

24.   Que se atienda mucho a la importancia de este descubrimiento, y a la astucia, cuidado, y vigilancia de los enemigos, y que faltando o tardando nuestra prevención en hacerle, podrán, habiendo paso, ocupar tierra tan rica, con toda comodidad, por tener fuerzas, y poblaciones muy vecinas, y haciéndose firme en la California, será dificultoso echarle, correrán grande riesgo las naos de China, y se consumirá el corto trato que hay en el mar del Sur, aun no habiendo enemigos.

25.   Que a Vuestra Majestad le es muy conveniente salir de dudas, ejecutando con persona de importancia e inteligencia necesaria, la grandeza de este descubrimiento: reconozca bien esta ensenada, sepa si tiene paso al mar del Norte, para que Vuestra Majestad, si hubiere algún puerto acomodado, le fortifique, y presidie, antes que los enemigos le ocupen, y no habiéndole, esté Vuestra Majestad seguro de los daños que pudiera recelarse.

26.   Que sin preceder el referido descubrimiento, no se puede asentar la pacificación, y población de esta tierra, por haber tan poca certeza de la ensenada, ni de la situación, y límites de la California, unos la hacen isla, otros tierra firme, unos la juntan con la Tartaria, otros con la Nueva España, unos ponen estrecho de Anián, otros no, muchos señalan paso para España por la contracosta de la Florida, y otros ponen este estrecho en tanta altura, que no es navegable por los hielos. La ensenada, dicen, corre al nordeste, otros al noroeste, y algunos al norte. Y no falta quien diga a cuarenta grados, sin haber estrecho para España, remata este seno a la caída de tres ríos caudalosos; y así las diligencias hechas en lo descubierto no bastan y se necesita de nuevo descubrimiento, y demarcación, porque lo obrado está sin luz, ni hay rumbo verdadero ni altura cierta, sonda que desengañe, ni pers-

pectiva hidrográfica que aclare, por no haber ido para este efecto quien entendiese estas materias, ni haber ahora los señores reyes enviado desde España persona para este descubrimiento.

27. Que todos han ido a esta tierra a tratar de pesquerías, y rescatar perlas, y no han logrado descubrimiento alguno: que lo intentaron, por quedarse con la ambición al primer paso, sin hacer cosa de fruto, y también por su poca capacidad, y mal gobierno; otros por no saber elegir navíos, ni llevar bastimentos, y por salir de Acapulco, y algunos maltrataron los indios, y los inquietaron con el ruido de las armas, y ciegos en la codicia de las perlas causaron entre sí mismos motines, y encuentros, volviéndose a lo mejor: y así en el parecer que da a Vuestra Majestad el conde del Valle, dice: que el haber errado los que hasta ahora han intentado el descubrimiento, ha sido por no saber, ni tener las partes necesarias. Y no debe Vuestra Majestad negar licencia al que quisiere ir, que si él se hallara con menos años la pretendiera: y que puesta esta jornada en persona capaz y de partes, no solo la tiene por fructuosa, pero de las más importantes al servicio de Vuestra Majestad que se pueden ofrecer en las Indias, con que se abre puerta a las mayores esperanzas que hay en ellas.

Estas conveniencias resultan de los informes, y pareceres que Vuestra Majestad esperaba para determinar y resolver el descubrimiento, los más hablan de experiencia, y el Virrey Marqués de Cerralvo eligió para cosa tan importante los más noticiosos, y fidedignos: y supuesto que Vuestra Majestad envió a pedirlos, parece justo se conforme con ellos, y son los siguientes.

Fray Antonio de la Ascensión, carmelita descalzo que fue a este descubrimiento, a quien Vuestra Majestad particularmente mandó le informase, envía tres pareceres suyos, sin otro a que se remite, que anda impreso. Parecer del capitán Juan López de Vicuña, que entró en aquel mar. Otro de Gonzalo de Francia, que fue con Sebastián Vizcaíno. Otro del contador Martín de Lezama. Otro del capitán Lope de Argüelles Quiñones, que fue por almirante de Sebastián Vizcaíno. Otro de Juan de Iturbe, que fue dos veces a la California. Otro de Enrico Martínez, cosmógrafo de Vuestra Majestad en la Nueva España. Otro de Sebastián Gutiérrez, que hizo viaje. Otro del capitán Alonso Ortiz de Sandoval, que hizo viaje. Otro de Esteban Carbonel, que hizo viaje. Otro del licenciado Diego de la Nava, que hizo viaje. Otros de Francisco de Ortega, que hizo viajes. Otro de don Rodrigo de Vivero, Conde del Valle. Otros de los oidores de la Real Audiencia de México, Don Juan de Alvarez Serrano, Don Iñigo de Argüello, y del fiscal Andrés Gómez de Mora.

No ha faltado quien repare en este descubrimiento, si hubiese estrecho para España, podría abrir paso al enemigo, siendo así, que si no le hay, cesa el inconveniente de este escrúpulo: y si le hay, los enemigos tienen en él sus poblaciones, y para saberle, ¿quien puede estorbarles (aunque Vuestra Majestad prohiba a sus vasallos el verle) que por la otra boca él no le descubra? y así se debe creer, que no le ha hallado el enemigo, o es intratable, y si le sabe, y no lo usa, por su conveniencia lo oculta. Y si hay estrecho, ya hemos incurrido en el daño, pues le estan publicando las cartas geográficas españolas más modernas; y las extranjeras; si le saben, no le encubren, antes ponen camino navegable, y (al propósito) navíos que van de la Florida, donde ellos estan poblados, a la California. Y para conveniencia de Vuestra Majestad, si hubiere paso (según las experiencias de los vientos generales del Océano) en mayor altura son continuos los vendavales, y así los navíos de V. Majestad con facilidad podrían ir de las Indias a España; y al contrario, los del enemigo no podrían menos de con grande dificultad, riesgo, y dilación ir por él a las Indias. Y para que Vuestra Majestad se entere de lo que tiene en aquellas partes, da grande ocasión, y (mirándolo bien) es necesidad; no pide dilación, y arguye grande malicia y traición de los enemigos, y es caso sospechoso, feo, y grave haber el suplicante descubierto en la Nueva España año mil seiscientos y treinta y cinco, que Francisco Carbonel, francés, con otros de la misma nación, que pasaron de España aquel año, y algunos que estaban en las Indias, interesados y partícipes, estaban fabricando, encubriendo sus naciones, para ir a la California sin licencia, valiéndose de una que dió el Virrey a un Francisco de Vergara, que la pidió con cautela y engaño, para venderla y cederla a los franceses, por concierto y trato hecho con ellos antes de pedirla, y la Audiencia de Guadalajara procedió contra ellos, y averiguó éstas, y otras grandes culpas, por las cuales les embargó las haciendas, y los envió a la ciudad de México, donde quedan presos, y los autos han venido a Vuestra Majestad por sentenciarse. Y así es cosa indigna, y peligrosa para nuestra nación, que el enemigo sepa lo que hay en esto, y nosotros lo ignoremos.

El intento del suplicante en este memorial no es defender opiniones, ni prometer a Vuestra Majestad riquezas, ni ofrecerle reinos, como los informes y pareceres, sino desear saber la verdad de todo, y traer el desengaño, sirviéndole a Vuestra Majestad en hacer este descubrimiento a su costa, y riesgo (por ser tan importante) con calidad, de que habiéndole conseguido, capitulará Vuestra Majestad con él, y no con otro, la pacificación, y población de aquellas tierras, pues en su persona concurren las partes y calidades que para ello se requieren. Y lo que más facilita esta licencia, es lo poco que Vuestra Majestad aventura en ello, porque no arriesga más que la vida del suplicante, la cual ha puesto muchas veces, y pondrá siempre por el menor servicio de Vuestra Majestad. Y dándole licencia Vuestra Majestad, como suplica, para reconocer toda la ensenada de la California, y ver el fin de ella, sin limitación de alturas, leguas, ni mares, capitulará el descubrimiento a su costa, y hará asiento con Vuestra Majestad, porque siendo despachado a negocio tan grande, vaya desde acá con el fundamento, forma, acuerdo y orden que conviene, para que se consiga de una vez el efecto, y tenga Vuestra Majestad de todo la razón que desea, y goce los útiles que le prometen, y se esperan. Recibirá de Vuestra Majestad particular merced.

APÉNDICE XV

Relación referente a don Pedro Porter
(Años de 1643 y 1644)

Biblioteca Nacional, Madrid.
Ms. 2.376, fols. 267-76.

1644.—Relación de los sucesos del almirante don Pedro Porter Cassanate, Caballero de la Orden de Santiago, desde que salió de España el año de 1643, al descubrimiento del golfo de la California hasta fin del año de 1644.

Para el descubrimiento del golfo de la California se le dieron los despachos al almirante a 8 de agosto de 1640, con título de cabo y almirante de los navíos, gente de mar y guerra, que en la mar del Sur llevase a su cargo con las mismas honras, y preeminencias, que si lo fuera en España de escuadra de Armada de Su Majestad; es el primero a quien los señores reyes han nombrado para este descubrimiento, permitiéndole a él solo, sin límite de tiempo, ni leguas, prohibiéndole a otros, y mandando que ninguno navegue en aquel golfo.

Detúvole esta jornada Su Majestad con particulares decretos, ordenándole, por la satisfacción que tenía de su persona, le asistiese en sus armadas como lo hizo los años siguientes de 41 y de 42 y el de 43, aunque tuvo nuevas órdenes del Consejo de Indias para que con brevedad partiese a ellas, ejecutándolo así volvió a mandarle Su Majestad fuese a seguir a armada, que aquel año se aprestaba. Este decreto bajó al Consejo Real de las Indias, el cual, atendiendo a los daños que resultaban de dilatar la jornada, hizo consulta de oficio; por la Junta de Guerra y por decreto de Su Majestad de 12 de marzo, mandó no fuese a la armada, sino a la Nueva España a lo que estaba a su cargo, y se lo tenía ordenado, por lo mucho que importaba la brevedad, y causas que habían obligado a este descubrimiento.

Con esta última resolución de Su Majestad, y los títulos y cédulas que se le dieron para el viaje, se embarcó en los galeones de la plata que llevó el general Francisco Díaz Pimienta, partiendo de Cádiz a 2 de junio de 643, llegó a Cartagena a 29 de julio con feliz viaje, y a 2 de agosto salió de aquel puerto con los navíos de azogues, que el capitán don Pedro Girón pasó a la Nueva España y entró en la Vera Cruz a 22 del dicho mes.

Subió luego el almirante a México, que está a 76 leguas, presentó al Virrey Conde de Salvatierra sus despachos que se obedecieron a 25 de septiembre, y desde este día, a fuerza de industria y de trabajo, comenzó a buscar amigos y dineros; halló grande acogida en algunos Prelados, y socorros en personas eclesiásticas celosas de la conversión de aquellos naturales, y asentadas correspondencias en el reino, y adquiridas muchas noticias condujo gente, agregándola a la que consigo traía de España, y a la buena opinión de la jornada se ofrecieron familias enteras; compró la clavazón y pertrechos necesarios para fabricar navíos.

En 2 de octubre eligió Padres de la Compañía de Jesús para su jornada, y el Provincial, que era Luis de Bonifaz, le señaló dos religiosos noticiosos de las costas de Sinaloa, y dió órdenes para que le asistiesen los ministros de aquella provincia.

A 23 de noviembre despachó carpinteros de ribera y gente de mar y guerra; por cabo nombró a Alonso González Barriga, persona que trajo de España de toda satisfacción e inteligencia, con orden que buscase gente por donde pasase, y que en las costas de la Galicia hiciese un bajel grande y otro mediano; llevó consigo las cargas de hierro, clavazón, armas, municiones y pertrechos.

Pasó con su gente por Guadalajara donde el presidente don Pedro Fernández de Baeza, y el fiscal, don Gerónimo de Alzate, le asistieron, e hicieron buen pasaje, continuando esta puntualidad ambos ministros en lo que se ha ofrecido, conociendo, como más vecinos a la Mar del Sur, lo que importa esta empresa.

El 13 de noviembre fletó por dos años una fragata que había en las costas de la Galicia, con la cual eran tres embarcaciones las que disponía para hacer entrada a la primavera siguiente.

En primero de diciembre llegó aviso del Marqués de Mancera, Virrey del Perú, al de esta Nueva España dándole cuenta cómo seis navíos holandeses habían entrado en aquel mar, y peleando con los nuestros en Chile, y que iban sobre Valdivia a donde habían de incorporarse diez navíos del Brasil, que esperaban de socorro; advertía se estuviese con cuidado por si viniesen a estas costas en busca de naos de Filipinas.

Puso esta nueva en cuidado al reino, y al comercio, por ser el mismo tiempo en que las estaban esperando y como ordinariamente vienen costeando la California y suelen reconocer el cabo de San Lucas, se temía nos esperasen allí los enemigos, donde podrían estar sin ser vistos por las costas de Nueva España, como sucedió cuando Tomás Cavendish, inglés, robó la nao Santa Ana, y Jorge Spilbergen otra que salía de la California.

Este recelo aumentó el cuidado con mayor sentimiento por no haber ni de Su Majestad ni de particulares navío con que poder enviar aviso a las naos; este aprieto el almirante, ajustándose con el comercio, socorrió con su fragata Nuestra Señora de Rosario, que tenía para el descubrimiento, recogió más gente para embarcar en ella, y envió más armas, municiones y pertrechos.

Para abreviar este despacho salió de México el almirante a la posta en 6 de diciembre, llevando consigo a Melchor Pérez de Soto, persona elegida para cosmógrafo del descubrimiento, y al licenciado don Juan de Luna para enviarle por capellán en el aviso, llegó en pocos días a las costas de la Galicia, Mar del Sur, al río de San Pedro, jurisdicción de Sintiguipac en altura de 22 grados 36 minutos, 153 leguas de México, donde estaba la fragata.

Al mismo tiempo, se juntaron dos tropas de gente que había despachado desde México, y asistiéndole don Francisco Valero, Justicia Mayor de aquel partido, dio, con mucha brevedad, carena, e hizo jarcia, velas, bastimentos y aguada, aparejó la fragata, previniéndola de todo para tres meses, la armó de remos para mejor hacer la diligencia de buscar al enemigo y a las naos de Filipinas; fue por capitán Alonso González Barriga, llevó capellán, pilotos, y demás oficios, marineros y soldados.

A 31 de diciembre, enviando a sondar la barra no hubo bastante agua, así por ser menguante, como por haberse casi cerrado la salida; dió orden el almirante se hondase todas las mareas hasta que pudiese nadar la fragata.

A 3 de enero de 1644 se halló agua, y salió la embarcación al remo, y viéndose en peligro conocido sobre los bancos y con grandes golpes de mar que entraban del noroeste largó la vela, y al acabar de montar los bajos, zozobró el remolque que llevaba, saliendo la gente a la costa a nado, sin que peligrase nadie.

Este día navegó la fragata, y por ser muy recio el noroeste, viento general en el invierno, y contrario a la derrota acordaron el capitán y pilotos entrar aquella noche en el puerto de Matanchel, seis leguas al sueste a hacer lastre de piedra, y que le llevaban de arena por no haber otro en el río de San Pedro, donde habían salido.

Sabiendo el almirante de esta arribada fue con el alcalde mayor a Autlán, 95 leguas de Sintiguipac, y 4 de Matanchel, y no pudiendo pasar los esteros envió indios que los vadeasen, y dio prisa para que volviese a salir su fragata y gente, como se hizo a 9 del dicho mes, siguiendo la derrota al cabo de San Lucas, que es el de la California.

Conseguida esta diligencia, que pareció increible por la brevedad del tiempo, distancia desde México, descuido con que se estaba en la costa, sin prevención para semejantes aprestos y despachos, donde lo más se provee de Guadalajara y México, y mucho de la Vera Cruz, y en esta ocasión no hizo falta cosa alguna; el almirante, con la gente que le quedaba en tierra, previniendo a los alcaldes mayores de las provincias vecinas, juntó los indios de sus jurisdicciones, gozando de la menguante de enero desde el día 3 hasta el 10, derribó montes de cedros, riberas del río de Santiago.

Eligió el almirante este sitio para astillero por estar seis leguas la tierra adentro, y asegurar las fábricas de los enemigos, que se esperaban tiene grande abundancia de maderas vecinas al río a donde llega la marea, y es muy fundable, si bien hay dos contrarios irremediables: uno de inmensidad de mosquitos, que no dejan trabajar la gente, y otro que solo desde noviembre hasta San Juan puede fabricarse, por inundar y explayar el río dos y tres leguas la ribera; el calor en la costa es grande, particularmente el tiempo que duran las lluvias, que son desde San Juan hasta septiembre. Los murciélagos maltratan la gente y la desangran, no dejándola dormir de noche y un gusanillo llamado comején come y roe la ropa y hacienda y pertrechos, de modo que no están seguros la invernada. Menos que retirándolos a mas fresco temple que se halla en Tipique 20 leguas del puerto.

Hiciéronse casas para la gente, almacenes para pertrechos, ramadas y galeras para las fábricas, y teniendo sacadas las maderas de los montes, y comenzadas a fuerza de gente y coste los navíos trató de volver a México el almirante, dejando dineros, y las órdenes convenientes, mandando particularmente que los socorros y pagas de los indios se hiciesen ante el alcalde mayor de la provincia, en manos de los indios alcaldes de los pueblos todos los sábados, para que en ningún tiempo hubiese queja, ni se les hiciese agravio.

Salió de Sintiguipac para México a la posta en 15 de enero, continuó en Guadalajara sus imperios y prevenciones para la jornada, y de allí pasó a México desde donde, a primero de marzo, despachó a Luis de Porras con más pertrechos, ropa y vestidos para la gente, y dineros para los socorros.

En 5 de marzo, tuvo aviso; había llegado su fragata y gente de la California a salvamento, y quedaba en el río de Santiago donde era el astillero, y la relación que del viaje hizo el capitán fue la siguiente:

Que habiendo salido de Matanchel a 9 de enero con vientos poco favorables y corrientes por la proa, navegaron costeando, dando bordos, encorando algunas noches hasta que ventaba el terral de la Mariana, y que habiendo llegado con este trabajo, y algunas refriegas de vientos al puerto de Mazatlán le reconocieran y sondaron para arribar a él si el tiempo les forzase, montaron sus islas, y siguiendo la navegación, hallándose sobre el río de Navito atravesaron desde el golfo de la California al cabo de San Lucas dando vista al de la Porfía, y encontraron gran número de ballenas en la boca de la California; y grandes corrientes para dentro tardaron 18 días hasta llegar al cabo donde está la bahía de San Bernabé, en la cual dieron fondo a 27 de enero.

Esta bahía es capaz, y fondable, tiene dos farellones, que hacen abrigo al puerto, hay agua muy buena junto a la playa en unos carrizales. Y una laguna, que se hace sal corriendo los fuertes. Está la bahía en 22 grados y 25 minutos.

Saltó la gente en tierra y reconociendo los cerros más altos de donde se descubría el golfo, y la mar grande, puso en ellas el capitán centinelas, que con todo cuidado vigilasen por navíos de Filipinas, y de enemigos haciendo de día humos y de noche fuegos, y la fragata, provista de aguada, y leña, salió a 31 a navegar por la costa de fuera para ir a las islas de Cedros y cenizas, en busca de los navíos de Filipinas. Vieron las playas llenas de indios, que seguían por tierra la fragata, llegaron a ella algunas balsillas, y personas, que decían pasasen más adelante; dio cuidado este aviso, que tuvieron en diferentes partes, hiciéronse diligencias para ir a ver que fuese; pero no dando lugar el tiempo, que era riguroso, para proseguir el viaje, viraron a tres días de navegación a popa con el noroeste al cabo de San Lucas, donde a 4 de febrero segunda vez entraron.

Luego que los indios descubrieron la vela hicieron fuegos, llamándolos, salieron a recibir a los nuestros a la mar en balsas, y jangadas y al desembarcar en tierra venía capitaneando un cacique anciano gran número de indios que le obedecían, y parándose a trechos hacía en alta voz grandes razonamientos, que no pudieron entenderse, y se juzgó daba la bienvenida y pedía seguridad, y amistad a los nuestros; pues en señal de paz y amor los recibían con alegría, echando arena por el aire, y ofreciendo arcos y flechas poniéndolos por el suelo, pidiendo por señas a los nuestros dejasen también sus armas; estaban embijados, y pintados los cuerpos de diversos colores, traían mucha plumería en la cabeza, y al cuello colgadas conchas de nácar, con muchos agujeros, y cualquier cosa que les daban la ponían en las cabezas y copetes.

Los hombres son más corpulentos, fuertes y bien agestados que los de Nueva España, su cabello es algo rubio, tráenle muy largo y andan desnudos; las mujeres son de buen parecer y se visten de la cintura abajo; son estos indios muy dóciles y apacibles, partían entre sí lo que les daban, admirábanse del traje y policía de los nuestros, acudían voluntarios a traerles pescado, leña, sal y agua, regalando y prestando algunas cosas de la tierra, como tabaco, sal, pieles de conejos, venados, leones y tigres; come la gente en este puerto atún, sardina, salmón, bacalao, bonitos, dorados, y albacoras, que raros de éstos se hallan en las costas de la Nueva España.

Continuos asistieron en este puerto tres mil indios, conversaron con los nuestros; entendiéndose algunas razones por lo aprendido de otros viajes su lengua la pronunciaban los nuestros fácilmente, y ellos la nuestra sin ningún embarazo, y con cuidado se notaron y escribieron algunas veces las razones y nombres.

Los caciques comían con el capitán en la fragata, admirábanse de no ver mujeres en el navío, y ofrecían traerlas; usan estos indios de flechas y arco, y unos dardillos que arrojan; temen más a los perros que a los arcabuces, en tanto grado, que algunas veces cargaban muchos indios sobre la fragata, y el capitán no hallaba para librarse de ellos más remedio que soltar un perrillo que llevaba con que todos se arrojaban a la mar, y en el navío no entraban, menos que viéndole atado; no alcanzan a saber que el arma de fuego disparada, necesita de cargarse.

Varó una ballena en la costa, y en cinco días la hicieron pedazos los indios con sus hachas, que son de piedra; los indios de la tierra dentro con quien traen guerra y se llaman los guaicuros quisieron venir a la ballena, pero los marítimos dieron a entender necesitan de favor de los españoles, y por señas los llevaron a unos cerros desde donde vieron gran número de indios con sus armas, los cuales sabiendo tenían gente forastera en su ayuda, volvieron atrás, con que los del puerto quedaron agradecidos.

Díjose Misa todos los días; pusiéronse cruces y los indios acudían a la misa, y a la salve arrodillándose, y haciendo las mismas acciones que veían a los nuestros; y algunos al arrojarse tras los pescados, que cogen a nado, decían Santa María ora pro nobis, por haberlo oido y aprendido de los españoles en este y otros viajes.

Halláronse siempre muy amigos sin sospecha al parecer de traición alguna, antes fáciles a la conversión, deseando la amistad y comunicación de los españoles, y algunos querían venirse en la fragata, y no lo consintió el capitán porque echándoles menos los de tierra no los alborotasen, o huyesen otro viaje pensando les habían de llevar también a ellos, y al irse la fragata hasta perderse la tierra de vista se fueron muchos indios embarcados llevando por popa sus balsas, y con muestras de sentimiento pedían licencia para irse, como lo acostumbraban en el puerto siempre que entraban en el navío; no se reconoció género de idolatría en estos indios, no son ladrones ni mentirosos, ni usan de borracheras, ni brebajes, toman el tabaco en humo, tiénenle en abundancia, y le dieron como nosotros el mismo nombre.

Esta tierra es apacible, y pareció fértil, sana y templada, libre de sabandijas que hay en las cuestas de la Nueva España; pues aquí no les ofendieron como allá los mosquitos, murciélagos y alacranes; vieron montes de arboladas, aves diversas, y animales, y siendo esta parte la menos opinada hallaron muestras de minas, y con estar distantes las pesqueras de las perlas trajeron algunas muy grandes, que daban por rescate de clavos, cuentas de vidrio, y otros juguetes; pero eran inútiles por haberles quitado su mucho valor quemándolas al asar el ostión para comerlas, y rayándolas con pedernal para colgarlas, y en las playas había conchas hermosísimas y vistosísimas de nácar; los indios son todos buzos, y señalaban donde estaban las pesquerías ofreciendo por señas irían a sacarlas.

Estuvieron dos veces 22 días, en este puerto, hasta 21 de febrero sin ver bajel alguno; porque la Almiranta que sólo llegó de Filipinas este año, pasó (según después se supo) a vista del cabo antes que la fragata la reconociese, y navíos de enemigos no los hubo en estas costas por haberse quedado en la de Chile.

El capitán con la orden que tenía de volver no pareciendo hasta este tiempo navíos, tomó la derrota para la Nueva España y saliendo del cabo de San Lucas a 21 de febrero, entró a 25 a salvamento en el río de Santiago, de donde partió a dar este aviso al almirante; el capellán llegó en diez días a México a la posta habiendo 14 días antes dicho misa en la California.

Con este buen suceso el almirante envió de nuevo socorros, pasó en primero de abril a la Vera Cruz a la posta donde hizo el último apresto de andas, jarcias, lanas y demás cosas, que para aparejar los navíos, y dar a la vela le faltaban; en México dejó prevenido lo que allí tocaba, y en Acapulco la artillería; en Guadalajara los bastimentos; despachó de la Vera Cruz a 25 de abril y llegó a 28 a México y luego envió más gente con calafates para la carena, y algunos pertrechos, y cargas de estopa, que todo salió de México a 6 de mayo con Sebastián de Bayona y Zaide.

Por este tiempo le avisaron de la costa, de que a 20 de marzo algunos marineros habían hecho fuga del astillero levando una embarcación pequeña con las redes que tenían hechas, y otras cosas de valor; fueron, según se entendió, huyendo a las costas del Realejo, medrosos de ser presos y castigados.

A pocos días entró todo lo que el almirante esperaba y había comprado en la Vera Cruz con una recua que dejó fletada, en México tenía prevenido otra para pasar, con todo, a la costa, y estando de partida sin tener que volver, hasta concluir el descubrimiento, ya hecho todo el apresto, y gastos de la jornada la hubo de suspender por las nuevas que llegaron a este tiempo.

Llegó un correo en 10 de mayo en que así de la costa como de Guadalajara el fiscal don Gerónimo de Alzate le avisaba, que a 24 de abril, maliciosamente, habían dado fuego unos hombres al astillero, y que se había quemado el bajel grande que estaba acabado, el menor que tenía aparejadas y ajustadas las maderas, que asimismo había consumido el incendio los almacenes donde estaban las armas, municiones, pertrechos, jarcias, velas, y la hacienda y ropa que allí se guardaba, suceso en que parece intervino el enemigo de que la religión cristiana se dilate y aumente por las armas católicas; pues con éste han sido tres los despachos que se han deshecho para esta jornada en cuya persecución a diez años persevera.

El almirante, y todos los que le ayudaban, celosos de la conversión de aquellas almas, tuvieron pérdida muy grande con este accidente, pues en el gasto de las fábricas, bastimentos, pertrechos y demás cosas, que estaban prevenidas, llegó este empeño a más de veinte mil pesos, sin haber sacado plata de las cajas de Su Majestad, ni haber tenido del Virrey socorro de ayuda de costa, oficio, ni otra merced alguna, y con no traer tiempo limitado para esta jornada, a 8 meses salido de España, tenía ya dos fábricas en astilleros, y un navío en la California, que aun a costa de Su Majestad, y con mayores asistencias del Virrey, tanta brevedad parece imposible, obrando el almirante en todo con tal atención y cuidado, que habiendo caminado su gente por todo el reino, y el almirante corrido la costa más de 800 leguas, atravesando dos veces la Nueva España de una mar a otra, y siendo tantos los desavíos, riesgos de comodidades de los caminos, y despachando continuamente recuas, y correos, y teniendo tantas correspondencias y pleitos, siguiendo delincuentes, haciendo prisiones, y otras dependencias. No ha habido ya más disgusto alguno; ni de él ni de su gente se ha oido queja en todo el reino.

Ocurrió el almirante a dar cuenta al almirante digo Virrey de la quema de las fábricas, el cual, a 26 de mayo, por ser el delito tan distante cedió en el Presidente de Guadalajara la jurisdicción que le tocaba por la guerra, para que se procediese contra los culpados, y esta traición se castigase; el alcalde mayor de Sintiguipac donde se cometió el delito, hizo la causa; y el cabo de las fábricas trajo presos los delincuentes; donde el fiscal don Gerónimo de Alzate, ministro muy celoso y atento por parte de Su Majestad y la pérdida grande que en esto ha tenido, ha seguido la causa en aquella audiencia donde están ya para ajusticiar los reos, y al principal, que fue Antonio González, portugués, se le probó haber dado fuego a los bajeles mientras la gente fue al pueblo a misa, tres leguas del astillero, y con las guardias que en él estaban dispuso se huyesen para echarles la culpa; y asimismo aconsejó a otros hiciesen fuego por la mar, y por la tierra, y el motivo que tuvo para esta traición, fue parecerle que destruido, el almirante, con tan grande pérdida y quemadas sus fábricas, iría a dar cuenta a Su Majestad a España, y él y otros fabricarían en aquellas costas, pues años antes lo habían hecho sin licencia; y que irían en busca de perlas y plata que había hallado Cosme Lorenzo, portugués, en California, y esto no hubiera sido, ni sucedido, a haber castigado o echado de estos reinos a los levantiscos y franceses que el año de 1635 descubrió el almirante, fabricaban para este viaje encubriendo sus naciones, y los autos están en el Consejo Real de las Indias, que se remitieron a instancia de dicho almirante, y deseando vengarse de algunos de los extranjeros referidos insistieron al portugués quemase las fábricas para quedar con libertad en las costas, y navegar aquellos mares; con quedar tan destruido el almirante se animó de nuevo, y haciendo buen rostro a la desgracia despachó correo para que en la costa se recogiesen y cortasen maderas para hacer de nuevo fábricas, y que la gente se socorriese, y conservase, y al Virrey dijo que con la clavazón que se había escapado del incendio, y con los pertrechos que en México tenía, y había traído de la Vera Cruz volvía a continuar este servicio.

Hasta aquí el almirante no había pedido al Virrey socorro, ni favor alguno; y así para adelantar el tiempo como para mayor seguridad de sus fábricas, escarmentado con el incendio, convino pedirle la Capitanía de Sinaloa, por ser contigua a su descubrimiento, y muy cercana a la California, y haber de ser allí la invernada y plaza de armas de donde había de proveerse de todo lo necesario para proseguir. Pretensión tan corta, representó al Virrey sus servicios; la pérdida grande que había tenido, y que Su Majestad mandaba le diese toda la asistencia favoreciéndole de modo, que se le excusasen al almirante en las partes donde fabricase, y asistiese; todo lo cual, y lo que más es la importancia de no dilatar esta jornada no bastó para que el almirante consiguiese a Sinaloa, siendo tan poco respecto de los puestos con que Su Majestad le ha honrado.

Habiendo pasado todo esto, y puesto el almirante personas y los medios que parecieron mas convenientes para que se le hiciese merced referida, últimamente dio Sinaloa a don Juan de Peralta, hijo de don Matías de Peralta, oidor actual de esta real audiencia, con cuya ocasión el almirante pidió al Virrey decreto para que en conformidad de la cédula que trajo de Su Majestad se notificase al dicho don Juan de Peralta, no fabricase ni navegase en el golfo.

De todo lo contenido en esta relación sacó el almirante testimonios, y los envió al Consejo dando cuenta a Su Majestad para que haciéndole la merced que espera pueda obrar con mayor seguridad de modo que no se arriesgue el caudal, y hacienda; pues es cierto que no habiendo conseguido del Virrey lo que le pidió el cual llevó la plaza más favorecido que iba a Sinaloa; viendo desfavorecido el almirante andaría remiso en la asistencia, y provisiones de bastimentos, y de los padres de la Compañía, que son tan dueños de aquella provincia juzgado que viendo que el almirante no iba por capitán habiéndolo pretendido, harían lo mismo que el capitán de la provincia, y México para acudir al remedio está 300 leguas de Sinaloa.

Por estas causas y otras que van en relación aparte pareció lo más seguro dar cuenta a Su Majestad y entre tanto que no halla mayor apoyo sus causas ordenó el almirante retirar su gente a Tepique, 20 leguas de la costa, aumentar los pertrechos que allí tiene, sintiendo no poderlos emplear ahora, que se dilate hacer Su Majestad servicio que tanto desea, el cual con mayores veras solicita continuar el almirante para mayor servicio de Dios, y de Su Majestad, fecha en México a 25 de febrero de 1645.

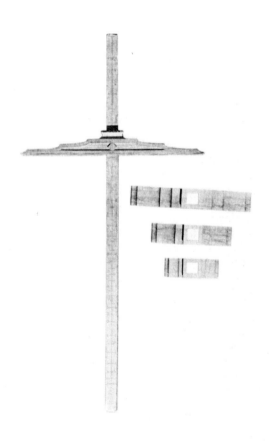

APÉNDICE XVI

Carta relación de don Pedro Porter Cassanate, caballero de la Orden de Santiago, desde que salió de España el año 1643 para el descubrimiento del golfo de la California hasta 24 de enero de 1649. Escrita a un amigo suyo.

Biblioteca Nacional, Madrid.
Ms. 6.438, fols. 5-12.

Linaje de traición conocido fuera, negar a nuestra amistad algunos logros de mis trabajos, en estas provincias tan remotas de mi patria. Con que por no degenerar de la ley tan debida a nuestra recíproca correspondencia, epilogaré los principales sucesos de mi empresa en el descubrimiento del golfo de la California, suplicándoos en recompensa de mi afectuosa elección comuniquéis esta carta a los amigos, que con la publicación de esta derrota conseguirá el premio que desea mi afán, en tan ardua peregrinación.

Para este descubrimiento se me dieron despachos con título de cabo y almirante de los navíos, gente de mar y guerra, que en la Mar del Sur llevaba a mi cargo con las preeminencias de que pudiera en España gozar si lo fuera de armada de Su Majestad, siendo el primero a quien los señores reyes han nombrado para este descubrimiento; concediéndome sin límite de tiempo la disposición y prohibiendo a otros puedan navegar aquel golfo. Detúvome esta jornada Su Majestad con decretos particulares, honrándome con parecer podía ser de algo útil en sus armadas; donde tres años, 41, 42 y 43, asistía hasta tanto que bajó decreto al Consejo de Indias mandando me aprestase con toda celeridad por juzgarse necesario el descubrimiento pronosticando en la dilación los daños comunes; defraudando a mi deseo la ejecución más leal. Con que en 12 de marzo se intimó orden dejara la armada para que acudiendo al primer intento, tuviera en la Nueva España mi ocupación.

Obedecí esta resolución última de Su Majestad embarcándome en los galeones de la plata, que llevaba a su cuenta el general Francisco Díaz Pimienta. Partí de Cádiz a 2 de junio de mil seiscientos cuarenta y tres llegando a Cartagena a 19 de julio, con próspero viaje. Salí de aquel puerto en 2 de agosto con los navíos de azogue que pasó a la Nueva España el capitán don Pedro Girón, el cual entró en la Veracruz a 22 del dicho mes, con quien subí al punto a México que dista 16 leguas.

Presenté mis despachos al conde de Salvatierra, Virrey, que no con menor deseo y solicitud ayudó mis intentos, alentando los ánimos que pudieran desmayar a vista de mi insuficiente experiencia; esforcé como pude mis esperanzas y a fuerza de industria y no pequeño trabajo, busqué amigos y dineros; y en la buena acogida fundé de nuevo nuevos motivos para seguir sin perdonar riesgo alguno el desempeño de mi carrera. Hallé considerables socorros en algunos prelados y personas eclesiásticas que, celosas de la conversión de aquellos naturales, franquearon los tesoros de su piedad. Entablé en el reino bastantes correspondencias. Adquirí particulares noticias. Conduje gente, agregando a la que traía de España familias enteras, apoyando su voluntario seguimiento la opinión de mi jornada. Compré clavazón y prevenciones necesarias para fabricar navíos.

En 2 de octubre el Provincial Luis de Bonifaz me dio padres de la Compañía de Jesús, y dos en especial, noticiosos de las costas de Sinaloa, dando órdenes a todos los ministros de su provincia para que con su acostumbrado fervor y obediencia me asistiesen.

El 31 de noviembre despachó carpinteros y gente de mar y guerra, nombrando por cabo a Alonso González Barriga, persona que a toda luz era de satisfacción e inteligencia, el cual me acompañó desde España y llevó orden de recoger gente por los tránsitos, y de que en las costas de la Galicia, hiciese un bajel grande, y otro mediano para que se le entregaran las cargas de hierro, armas, pertrechos y municiones que la fábrica pedía. Pasé mi gente por Guadalajara donde el Presidente, don Pedro Fernández de Baeza, y el Fiscal, don Gerónimo de Alzate, me hicieron buen pasaje ofreciéndose con toda puntualidad estos ministros a la asistencia, conociendo como más vecinos a la Mar del Sur lo que importaba la conquista.

El 18 de noviembre fleté por dos años una fragata que hacía en las costas de la Galicia; con la cual ya eran tres las embarcaciones dispuestas para hacer la entrada en la siguiente primavera.

El 1 de diciembre llegó aviso por Guatemala del marqués de Mancera, Virrey del Perú, al de esta Nueva España dándole cuenta cómo seis navíos holandeses habían surcado aquel mar, donde pelearon con los nuestros en Chile mucho rato y que iban sobre Valdivia a incorporarse diez navíos del Brasil que esperaban de socorro, y así estuvieran alerta por si el intento de penetrar la mar era en busca de naos de Filipinas. Puso esta nueva en cuidado al reino por ser el tiempo en que las esperaban; y como de ordinario costean la California y reconocen el cabo de San Lucas recelando que los enemigos podrían, sin ser vistos por las costas de la Nueva España, hacer la presa como sucedió cuando Tomás Cavendish, inglés, robó la nao Santa Ana que venía de las Filipinas y Jorge Spilbergen otra que, poderosa, salió de la California: aumentó el cuidado el sentimiento de verse sin navío ni de Su Majestad ni de particulares. Para dar el aviso a los que estaban en tan considerable aprieto ajusté mi comercio y arbitrando que en la misma imposibilidad aconsejado más del celo que del despecho socorrí con mi fragata Nuestra Señora del Rosario donde recogí más gente, remití más armas, municiones y pertrechos. Para abreviar este despacho salí a la costa de México en 6 de diciembre llevando conmigo a Melchor Pérez de Soto, perito cosmógrafo para el descubrimiento, y al licenciado don Juan de Luna por capellán, con que llegó el aviso en pocos días a las costas de la Galicia, Mar del Sur, al río de S. Pedro, jurisdicción de Sintiquipac en altura de 22 grados 36 minutos, 153 leguas de México donde estaba la fragata.

Al mismo tiempo se le juntaron dos tropas de gente que había despachado desde México y asistiéndole don Francisco Valero, justicia mayor de aquel partido, dió con mucha brevedad carena, hizo jarcias, velas y aguada, previno la fragata para tres meses, armóla de remos para ejecutar mejor la diligencia buscando al enemigo y naos de Filipinas, gobernando Alonso González Barriga, capitán nombrado para esta ejecución.

El 31 de diciembre enviando a sondar la vara no hubo bastante agua así por ser menguante como por haberse casi cerrado la salida; dí orden se sondasen todas las mareas hasta que pudiese nadar segura la fragata.

El 3 de enero de 1644, se halló agua y salió la embarcación al remo; y viéndose en evidente peligro sobre los bancos y con grandes golpes de la mar, que desenfrenada entraba del noroeste, largó vela, y al acabar de montar los bajos, zozobró el remolque que llevaba, arrojándose la gente; bien que nadando salió a la costa sin que ninguno se perdiera; este día navegó la fragata y por ser muy recio el noroeste, general viento en el invierno, totalmente contrario a la derrota, acordaron el capitán y los pilotos aportar aquella noche en Matanchel 6 leguas al sueste para hacer lastre de piedra que le llevaban de arena por no haber otro en el río de S. Pedro de donde salieron. Noticioso de esta arribada fuí con el alcalde mayor a Authlán, 9 leguas de Sintiquipac y 4 de Matanchel, y no pudiendo pasar los esteros, envié indios que lo vadeasen, dando calor para que habiendo de zarpar la fragata y gente (como se hizo en 9 del otro mes) siguieran la derrota al cabo de San Lucas que es de la California.

Conseguida esta diligencia (que pareció imposible por el ahogo de tiempo, distancia de México, descuido de aprestos) con la gente que me quedaba en tierra, previne a los alcaldes mayores de las provincias vecinas, junté los indios de aquellas jurisdicciones, y valiéndome de la oportunidad del menguante que gozaba enero desde el día 3 hasta el 10, desmonté aquellos poblados montes, cortando cedros en las riberas del río Santiago; elegí este sitio que desembarazado juzgué para astillero, por estar 6 leguas la tierra adentro, y asegurar las fábricas enemigas. Produce en abundancia variedad de árboles cuya multitud le hermosea y abastece enriqueciéndole con lo precioso de las maderas peregrinas que produce. Besa sus verdes faldas el río Santiago, en cuyas riberas se ventilan apacibles las mareas, y aunque en dilatados senos se esparce anchuroso, con todo fácilmente se puede apear. Tiene esta montuosa estancia dos enfadosos contrarios, el uno es una inmensidad de mosquitos que pesadamente inquietan en tanto grado que ocupados en la defensa no pueden aplicarse al trabajo; y el otro que solo desde noviembre hasta San Juan puede fabricarse por inundar y explayarse arrebatando el río más de tres leguas. Hiere el sol con rigor excesivo en aquellas costas, en particular el tiempo que llueve, que suele continuar desde San Juan hasta setiembre. Los murciélagos maltratan y desangran no dejando dormir sin mucha prevención y defensa. Y un gusanillo llamado comején come y roe la ropa, pertrechos y fábricas, y para librarse retire a mas fresco temple que se halla en Bipique a 20 leguas del puerto siendo lo más frecuente y penoso de su persecución en el invierno.

Levantáronse en este sitio buen número de casas; atarazana, para la fábrica de galeras, depósito de todo material, cortando de los montes que abundante ofrecían este tan preciso tributo. Dispuse algunas máximas que a fuerza de buena ley tuvieron su duración; y dejando dineros y demás necesario di la vuelta a México. Y por ser de calidad siempre el interés (aún donde casi no se conocía) el que se hace príncipe jurado de los ánimos, hice que los socorros y pagas de los indios se hiciesen ante el alcalde mayor de la provincia y en mano de los alcaldes e indios de aquellos pueblos y esto todos los sábados para que con igualdad satisfechos, ni la envidia los desazonara ni el agravio los pervirtiera.

Dejé a Santiquipac saliendo por la posta a México en 19 de enero continuando los empeños y prevenciones entabladas en Guadalajara por pasar por ella y apenas pude sin alzar la mano ajustar los abastos de pertrechos, ropa y vestidos y dineros, cuando por no perder tiempo el 1 de marzo con todo esto despaché a Luis de Porras.

El 19 de dicho mes llegó aviso había aportado la fragata y gente de la California a salvamento, quedando en el río Santiago, donde como dije planté el astillero, y el viaje que este capitán hizo fue en esta forma. Habiendo salido de Matanchel a 9 de enero con vientos poco favorables, navegaron costeando, dando bordos y ancorando algunas noches hasta que algo soplase el terral de la mañana, y habiendo llegado con estas dificultades, mucha y continuada batería de los vientos encontrados al puerto de Mazatlán, le reconocieron y sondaron para aportar a él por si la desecha variedad del tiempo les obligaba; montaron sus islas y siguiendo la navegación hallándose sobre el río de Navito atravesaron desde el golfo de la California al cabo de San Lucas, dando vista al de la Porfía, encontraron gran número de ballenas tardando 18 días hasta llegar al cabo donde está la bahía de San Bernabé en la cual dieron fondo a 25 de enero.

Esta bahía en espaciosas playas tiene ensenadas muy grandes y dos farellones que a fuer de peinados riscos abrigan el puerto. Brotan arroyos de aguas puras, encierra una laguna donde se hace sal. Saltó la gente a tierra y reconociendo los más altos cerros de donde se señoreaba el golfo puso el capitán en ellos centinelas que amaitinando vigilantes condujeran naos de Filipinas; levantando de día humos y de noche fuegos. La fragata se proveyó de aguada y leña, saliendo a 31, a navegar la costa para ir a las islas de Cedros y Cenizas en busca de naos de Filipinas. Descubrieron las playas coronadas de indios que siguieron por tierra el rumbo de la fragata; con el aviso hijo de la más hidalga pasión, aconsejaban por señas pasasen adelante. Engendró la misma piedad, cuidado de que nació el recelo y la ejecución de algunas diligencias para sacar a luz la misma duda que concibieron. Embargó su disposición el tiempo que riguroso soltó la presa, andaba suelto el remolinado huracán, y embravecido la mar quiso al parecer tomar venganza si no de la desconfianza, de la oscuridad, pues arribaron al cabo de San Lucas donde a 4 de febrero, segunda vez entraron. Al punto que los indios descubrieron la vela, llevados del alborozo hicieron fuegos en demostración del interior de su afecto llamando a los nuestros a quienes salieron a recibir a la playa dando en lo que se les alcanzaba, argumentos del gusto en que rebosaban. Capitaneaba gran número de indios un cacique, con venerable barba, causando su autoridad, respeto, aseguraba la obediencia de su bárbara ley; y haciendo alto a trechos en alto decía largos razonamientos que no pudieron entenderse, aunque del exterior semblante se juzgó era dar la bienvenida, pidiendo humilde seguridad y pactos de amistad con los nuestros; y en señal de amor y paz los agasajaban con excesivas caricias, arrojando arena por el aire, ofreciendo sus arcos y flechas, arrojándolos al suelo, y pidiendo en retorno hiciéramos nosotros lo mismo con nuestras armas. Tenían los cuerpos de diversos colores, matizados, formando la variedad de ellos una humana taracea. Ceñían sus cabezas ingeniosas garzotas de pluma. Pendían del cuello preciosas conchas de nácar; y cualquier dádiva nuestra la estimaban con demostraciones muchas, dándoles como el superior asiento en sus copetes, que libres de la multitud de la pluma hacen punta en la frente. Los hombres son corpulentos, fuertes, y bien agestados con ventajas a los de la Nueva España. El cabello es algo rubio, precian de peinar largas madejas. Las mujeres son de buen parecer, vístense sólo de la cintura abajo; son estos indios dóciles y apacibles, partían hermanablemente lo que se les daba. Admiraban el traje y policía de los nuestros. Acudían voluntarios a traerles pescado, leña, sal y agua, y regalando y presentando algunas cosas de la tierra como tabaco, sal, pieles de conejos, venados, leones y tigres; comió la gente en este puerto atún, sardina, salmón, bacalao, bonitos, dorados y albacoras que raros de estos se hallan en las costas de la Nueva España.

Continuos asistieron en este puerto más de tres mil indios conversando con los nuestros, entendiéndose algunas razones por lo poco aprehendido de los pasados viajes. Su lengua la pronunciaban con facilidad, y ellos con mayor la nuestra; con cuidado se notaron y escribieron algunas voces y nombres, para la importancia de la misma inteligencia.

Los caciques comían con el capitán en la fragata. Causóles admiración no ver ninguna mujer en el navío; y ofrecían traerlas con buena voluntad. Usan estos indios de flecha y arco y unos dardillos que arrojan diestramente. Temen en extremo los perros a cuyos aullidos se estremecen en tanto grado que algunas veces cargaban muchos indios sobre la fragata y el capitán se valía para librarse del ahogo de su muchedumbre de un perrillo gozque con que huían a toda prisa arrojándose a la mar, y en el navío no entraban, menos que viéndole atado. No alcanzan que el arma de fuego necesite para dispararse de que se cargue.

Varó una ballena en la costa y en 5 días la despedazaron con sus hachas de piedra. Los indios de la tierra adentro con quienes traen guerra llamados los guaicuros quisieron venir a la ballena pero los marítimos dieron a entender necesitaban de nuestro socorro, y por señas los condujeron a unos cerros desde donde vieron grandes tropas de indios con sus armas; los cuales sabedores de nuestra ayuda, volvieron atrás, con que a vista del miedo causado quedaron los del puerto agradecidos.

Dijóle misa cada día: púsose la divisa de la Cruz en muchas partes. Acudían a la misa y a la salve, postrándose y haciendo las mismas acciones que en nosotros miraban; y algunos, cuando se arrojaban tras los peces que cogen a nado, decían Santa María, ora pro nobis, entendiendo que esta súplica aseguraban así la presa como la libertad del riesgo, quedándoseles impresa en la memoria tan loable costumbre de lo que de los españoles habían oido. Halláronse siempre muy amigos, y una amistad sin sospecha de traición, antes dóciles a la conversión; deseando la amistad y comunicación nuestra, pretendiendo muchos de ellos venirse en la fragata, aunque el capitán juzgó no era acertado consentimiento, porque los de tierra, echándoles menos, no se alborotasen, y después, en otros viajes, recelosos de nuestros intentos se retirasen a dentro. Al irse la fragata hasta perder la tierra de vista se fueron muchos indios embarcados, llorando muchos de sentimiento y todos con sus señales de dolor pidiendo licencia para volverse. No se reconoció género de idolatría en estos indios; no son ladrones, cautelosos, no usan de la mentira y borrachera, toman el tabaco con frecuencia en humo, tiénenle con mucha abundancia, y el mismo nombre que nosotros le dieron.

Esta tierra es apacible y pareció fértil, sana y templada, libre de las sabandijas que hay en la costa de la Nueva España, pues no les ofendieron aquí como allá los mosquitos, comejenes, murciélagos y alacranes; vieron grande amenidad de montes poblados de arboledas varias, aves diversas y animales, siendo así que es esta parte la menos opinada, hallaron muestras de minas, y con estar distantes las pesquerías de las perlas traían algunas muy grandes en rescate de clavos, cuentas de vidrio, juguetes y chucherías de esta calidad, bien que eran inútiles, porque carecían de su extrínseco y mayor valor quemándolas al asar el ostión para comerlos; y rallándolas con pedernal para colgarlas, y en las mismas playas se veían vistosísimas conchas de nácar en testimonio de su abundancia. Son los indios todos buzos, los cuales, deseosos de nuestro agradecimiento, señalaban el sitio de las pesquerías, ofreciéndose desinteresados a ayudarnos.

Estuvieron en las dos veces 21 días en este puerto, hasta 21 de febrero sin ver bajel alguno; porque la Almiranta que sola llegó de Filipinas este año pasó (según después se supo) a vista del cabo, antes que la fragata la reconociera; y ni navíos de enemigos hubo en estas costas por haberse quedado en la de Chile.

El capitán, con la orden que tenía de volver no pareciendo a este tiempo navíos, tomó la derrota para la Nueva España y saliendo del cabo de San Lucas a 21 de febrero, entraron a 25 en el río Santiago, de donde partió a darme este aviso el capellán, llegando en 10 días a México a la posta habiendo 14 días antes dicho misa en la California. Con este buen suceso envié de nuevo socorros pasando en primero de abril a la Veracruz a la posta, donde hice el último, aprestos de anclas, jarcia, lona y demás cosas que para aparejar los navíos y dar a la vela le faltaban. En México dejé prevenido lo que allí tocaba, y en Acapulco la artillería, en Guadalajara los bastimentos, enviose más gente con calafates para la carena y algunos pertrechos y cargas de estopa y brea que todo salió de México a 6 de mayo con Sebastián de Bayona y Zaide.

Por este tiempo me avisaron de la costa de que a 20 de marzo algunos marineros habían hecho fuga del artillero, llevándose una embarcación pequeña con las redes que tenía hechas para las pesquerías y otras cosas de valor; fuéronse (según entendimos) huyendo a las costas del Realejo medrosos de ser presos y castigados.

A pocos días entró todo lo aprestado en la Veracruz y estando para partirse le detuvo un correo que llegó en 10 de mayo, avisándole don Gerónimo de Alzate, el fiscal, que en 24 de abril maliciosamente habían dado fuego al astillero, y abrasándose el bajel grande, consumiendo la voracidad del fuego las maderas y almacenes donde estaban todas las prevenciones recogidas sin que de él se escapara ni aun la ruina; suceso más fraguado del enemigo común que interesado en que la religión cristiana no se dilatase, cortó los medios para su conservación; y no obstante que por tres veces me ha sucedido esta calamidad, conociendo el origen de mi opositor con la gracia de quien espero el fruto y premio, persevero.

Quién no descaeciera a vista de malogro tan considerable pues montó lo perdido entre todo más de 20 mil pesos, sin que de la caja de Su Majestad haya salido uno solo, ni recibídose medio de socorro de presidentes; que aun a costa de Su Majestad y asistencias muchas se juzgara por imposible; sin que a circunstancia alguna de la jornada, ni a accidentes de desdichas ni a pleitos que se han ofrecido se haya huido el cuerpo por falta de gasto, con que a toda luz se conoce ser obra de Dios. Dióse cuenta al Virrey de esta mala fortuna; y por estar tan distante el paraje donde se me cometió el delito, cedió jurisdicción y derecho en el Presidente de Guadalajara, para que tan cautelosa traición se castigase; el cabo de las fábricas trajo presos a los que de verdad eran los delincuentes; siguióse la causa en esta audiencia con el celo de pérdida en ocasión tan considerable.

Y a un portugués, principal agresor del caso, se le probó que en el entretanto que la gente asistía en misa, dispuso huyesen algunos, a quienes se les atribuyera el delito, ponderando el ejecutor el desacato y la maldad. Parecióle que hecha esta pérdida partiría a dar la queja, y

a pedir el socorro a vista de la desgracia a Su Majestad, con que, quedando libres las costas, pudiera con sus aliados penetrar la tierra que
prometía tanta riqueza en minas de plata y perlas. Tomé fuerzas del
mismo fracaso, haciendo buen rostro a la misma pérdida, por no es-
pantar la confianza. Al punto despaché para que se cortasen maderas
para hacer de nuevo fábricas; y que a la gente se le socorriese y con esto se conservase, dando noticia al Virrey cómo, con la clavazón que entre el fuego se halló y pertrechos algunos que estaban en México, con-
tinuaría al servicio.

No me valí hasta entonces del Virrey, pidiéndole asistencia alguna
jamás; y por ser menos enfadosa y por eso más fácil mi petición, tomé
el medio que siendo el menos provechoso era el más útil para disponer
las materias. Y fue que me diera la Capitanía de Sinaloa contigua al
descubrimiento, vecina a la California, y plaza de armas de donde se
había de ordenar todo lo conveniente; y aunque para merced tan corta, di memorial de todos mis servicios, representé órdenes de Su Majestad que mandaban a los presidentes me conservaran en el estado
más favorable a mi ejercicio, no fue posible el alcanzarlo. Diose ese
puesto a don Juan de Peralta, hijo del oidor don Matías de Peralta; con
que pedí decreto al Virrey para que en conformidad de las cédulas que
tenía de Su Majestad se le notificase al dicho don Juan no fabricase ni
navegase este golfo.

Carta relación de Porter al Rey

Archivo General de Indias.
Audiencia de Guadalajara. Leg. 134.
Sinaloa, 13 de abril de 1649.

[*Fol. 6 v.*]

Relación para Su Majestad de lo sucedido al almirante don Pedro Porter Cassanate en el descubrimiento del golfo de California.

[*Fol. 1*] al margen:

Relación de lo sucedido al almirante don Pedro Porter Cassanate, Caballero de la Orden de Santiago: En el descubrimiento del golfo de California.

Señor:

Continuando el servicio que estoy haciendo a Vuestra Majestad, a mi costa, en el descubrimiento del golfo de California, sin rendirme las pérdidas pasadas, los muchos gastos y trabajos padecidos, me animé a fabricar y aprestar dos navíos, y con ellos por adelantar tiempo, sin embarazar los riesgos conocidos del invierno, en mar no tratada y tierras no vistas, salí del río de esta villa de Sinaloa, a los 23 de octubre del año pasado de 1648, y habiendo subido algunas leguas por la costa de Nueva España, atravesé el golfo pasando a la de California, que es muy hondable y acantilada. Navegué muchas leguas golfo arriba reconociendo y demarcando toda la costa, y veinticuatro islas vecinas; surgí en diferentes puertos, y abrigos y tomé posesión por Vuestra Majestad y por la corona de Castilla, de todas estas tierras, que llamé Nuevo Reino de [*Fol. 1 v.*] Aragón; llegué a donde se estrecha mucho la mar, y se ve ya desde la California la tierra de Nueva España, y en lo alto del golfo se atravesaban algunas islas con muestras de canales, y subiendo a verlas, me cargó una noche tan gran tormenta del noroeste que me obligó a correr muchas leguas atrás, y tomar puerto en California.—Dejé en él a mi Almiranta (que gobernaba el capitán Alonso González Barriga) por ser navío de menos porte para resistir los tiempos; y salí con mi Capitana, a continuar el descubrimiento, y aunque algunos días me ocupé bordeando, no pude montar una isla, con que hube de arribar segunda vez al puerto donde estaba la Almiranta, y dos leguas de él ví con notable admiración el día 13 de diciembre a las tres de la tarde la mar roja en forma de caudalosos ríos de sangre, que surqué investigando la causa (que no hallé) con varias experiencias que hice, pues el fondo que tomé de 24 brazas era de arena parda sin muestras de coral, tampoco ví cardumen de camarones, ni pelea de bestias marinas pudo teñir tanta mar; el cielo estaba sereno, no había iris, ni colores de montes vecinos que causasen esta mudanza. El viento y mar eran bonancibles, y lo que más extrañé fue que sacando el agua en vasijas no era colorada y pasando por este lugar otras veces ví siempre la mar de su color natural. Volví a navegar llevando en mi compañía la Almiranta surgí en algunas islas, deteniéndome por si mejorase el tiempo, y viendo lo poco que ayudaba aunque los bastimentos me sobraban resolví la vuelta para Nueva España; y atravesando el golfo, una noche que había grande ardentía, dí [*Fol. 2*] con dos corrientes y rehileros, de tanto ruido y escarceo que parecían bajíos, y me pusieron en cuidado; pasados hallé la mar quieta y sosegada. El día 4 de enero a las tres de la mañana, habiendo antes reconocido la costa de Nueva España, teniéndome de ella por muy baja, reparando hasta el día con poca vela, guiándome por la sonda y llevando con el mismo cuidado con farol a mi Almiranta por la parte de tierra y navegando por mucha agua nos hallamos varados, ambos navíos en unos bajos que echa fuera la costa de Zuaque; dc donde volviendo en este riesgo el viento más favorable, se marcaron las velas con presteza y salimos milagrosamente con el timón de mi Capitana mal tratado, y a vista de tierra gobernando con trabajo, fui navegando hasta tomar con feliz suceso puerto en Baybachilato, jurisdicción de Sinaloa, donde entré con los dos navíos y toda la gente a siete de enero de este año; gastando setenta y siete días, en este viaje y descubrimiento.

He observado, con precisión y arte, las alturas-rumbos-distancias-variación de aguja-corrientes-mareas-y sondas-. Con las demarcaciones y perspectivas de las tierras que ha trabajado Domingo del Pasaje, que fue por cosmógrafo, y de todo lo visto y reconocido se hizo un copioso diario, poniendo nombres a las costas-ensenadas-bahías-puertos-ancones-cabos-sierras-islas-canales-arrecifes y bajos- formando derroteros y cartas, que no remito hasta concluir el descubrimiento, y ratificar más bien algunas cosas, con el segundo viaje. Y en éste he experimentado que las cartas y [*Fol. 2 v.*] relaciones de los antiguos que dicen navegaron por este golfo, y costas no tienen certeza alguna y todos parece pretendieron acreditar larga navegación, ensanchando las tierras, poniéndose unos en 32, y otros en 36 grados, siendo así que con haber yo andado doblado que los dichos he hallado, la es-

trechura del golfo, e islas atravesadas, que es lo último que he reconocido (y ellos, nunca vieron) en 28 grados, de que con evidencia se
prueba no hay luz alguna de lo que resta por descubrir del golfo; he
hallado sacando la meridiana en esta costa en 25 grados, y en la de California en 24, que afijan las agujas. El crecimiento de las mareas comunes es de a vara en alto, y las mayores de dos, y aunque siguen el
curso de la luna según sus aspectos, no se regulan los flujos y reflujos
a las horas que en España y las crecientes suelen ser menores de noche que de día. Y en lo alto del golfo son más tarde las mareas. Las
aguas corren por la costa a diferentes partes según las rebesas-
puntas-ensenadas y canales- por donde suben o bajan las mareas; y en
el golfo me han parecido son las corrientes de la parte que reina el
viento; y es rara propiedad de este mar, que aunque esté muy alterado,
cesa y se quieta sin dilación en parando el viento sin quedar el marullo
que suele durar después por algún tiempo en otras mareas.

Toda la costa de California está poblada de [*Fol. 3*] indios, y algunas islas, en otras, solo asisten por tiempo de verano.—De unas partes
salieron los indios en balsas a vernos, de otras, nos llamaban con fuegos y humos, y por las playas corrían los indios, siguiendo a los navíos; y en los puertos que surgí, me recibieron siempre de paz y me regalaron con pescado y otras comidas; dieron algunas perlas de poco
valor por estar ahumadas, y rayadas; y con el buen tratamiento y rescates, los dejé aquerenciados y amigos; hice de su lengua diccionario,
advertí mucho de sus costumbres, que son bárbaras. No se les ha conocido idolatría ni adoración alguna. Tienen caciques y capitanes que
los gobiernan; traen guerra con los de la tierra adentro. Sus armas son
arcos, flechas y dardos que no empozoñan con hierba; ejercítanse mucho en luchar, y correr, embíjanse de varios colores y labores, y con
apretadores curiosos y plumería adornan sus cabezas y cabelleras
grandes que usan; y los caciques y capitanes traen conchas labradas
de nácar pendientes de los cuellos, y algunas naciones se agujerean las
narices y orejas, y en ellas ponen conchas, y cañutos de tabaco, y la-
bran sus cuerpos con botones de fuego en diversas partes. Los varones
andan desnudos. Las mujeres se visten de pieles de venado, de lobos
marinos, de alcatraces, y otras cosas silvestres; son indios de buenos
talles, de naturales dóciles y apacibles, susténtanse como marítimos
del pescado que cogen los hombres; y de raíces [*Fol. 3 v.*] y frutas que
buscan las mujeres. Son grandes buzos, y nadadores, usan embarcaciones pequeñas, con que salen a sus pesquerías, y pasan a las islas, y
en lo alto de la costa son las embarcaciones diferentes, y más curiosas.—A la voz de nuestra llegada acudía mucha gente a los puertos a
donde por el frío (como contrario a sus pesquerías) asisten menos en
invierno; en algunas partes son tan fieles, y amigos los indios, que dormían en los navíos, y gustaban viésemos sus mujeres, hijos y rancherías, y con entrañables ruegos me pidieron muchas veces quedase con
ellos que harían casas, donde con nuestras mujeres viviésemos, que a
nuestro abrigo con menos riesgos de sus contrarios se juntarían todas
las naciones amigas, para servirnos, y darnos pescado, frutas y
perlas.—Alegrábanse mucho con la milagrosa imagen de Nuestra Señora de la Defensa, patrona de este descubrimiento, y de lejos venían

muchos a verla imitando nuestras religiosas devociones, con señales de facilidad en admitir nuestra santa fe. Aviséles de mi partida, y pretendieron con instancia se quedase siquiera el un navío, y con extremos que nos enternecieron, significaron pena y sentimiento de nuestra vuelta, y notamos la atención de un indio capitán que me dijo: pues te vas ya, llama al capitán del otro navío, que es también mi amigo, y me quiero despedir de él.—Prometíles volvería brevemente y por dejarlos con más seguro de nuestra amistad no quise traer indio alguno. En 27 grados, descubrí una grandiosa ensenada, que [*Fol. 4*] llamé de San Martín, por haber entrado en ella su día. Está muy poblada de indios, y admirados mostraron, no haber visto antes navíos ni españoles, y con gran temor y recato llegaron con sus balsas a los navíos, de donde volviendo regalados, me pidieron saltase con los míos en tierra para vernos, y como desease reconocer sus rancherías, y aguajes, que estaban cerca fui con toda prevención a tierra donde me recibió alegre gran gentío, y no entendiendo lengua alguna de las que llevábamos, por señas les mandé y me obedecieron humildes, poniendo las armas en el suelo, tomando contentos mis dádivas, y rescates, en unas redecillas que traen en las cabezas; y significándoles quería ver sus rancherías se pusieron con valor y desenvoltura en arma formando emboscadas, diciendo me volviese, ignorando como tan nuevos, el daño que de nuestras armas y perros, podía venirles; quiételos y retíreme a los navíos, sin hacerles agravio y ellos viéndome embarcado, se juntaron en corrillos por la playa contemplando nuestras huellas, y han sucedido varios casos que omito por no alargar esta relación sumaria.

Así, la costa de California como sus islas, son muy dobladas, y montuosas; adelante va pareciendo la tierra más apacible, y se ven algunas vegas llanadas e islas bajas; la apariencia y colores de las tierras son de minas (según dicen los prácticos). Pero hasta ahora, atendiendo al fin principal de la navegación, no se ha podido reconocer lo interior de la tierra ni buscar metales, por requerir esto más espacio, [*Fol. 4 v.*] — y llevando relaciones y personas que hicieron viaje, con un piloto que años antes (se dice) halló una mina de plata de mucha riqueza, me puse en el paraje, y dos veces, envié con gente a Francisco Ruiz, capitán de mi Capitana, y con haber andado la tierra adentro algunas leguas, por serranías ásperas, dió con las señas, pero no con la mina —. Se han hallado dos salinas grandes, que se aprovecharán beneficiadas. Los árboles, frutos, animales y aves, son como los de estas costas de Nueva España; excepto de los árboles, los de incienso, y ciruelas, que no hay acá; también se vieron cuernos de carnero de extraordinaria grandeza y peso. Hay mucha diversidad de pescados, y en grande abundancia sardinas, y otros como los de España, que no los hay en estas costas; ni tampoco los muchos lobos marinos, y ballenas que hay en las de California, donde varias veces me ví acosado, y con riesgo de monstruosas ballenas, que cercaban los navíos teniéndonos en vela muchas noches para ahuyentarlas con tiros, voces y ruido; y a mi Almiranta sucedió que arrimándose a una playa para hacer con más comodidad la aguada, una ballena muy grande (que no habían visto) hallándose oprimida entre el navío y la tierra, faltándole ya el agua, salió con gran fuerza por la proa, arrimada al costado del navío, que peligrara sin duda a salir atravesada.—Hasta lo último que descubrí en toda la costa de California e islas vecinas, continúan los comederos [*Fol. 5*] de perlas, que no se pudieron bucear por el rigor del tiempo, aunque algunos indios lo deseaban, por el retorno de los rescates, hachas y cuchillos.—De un capitán muy amigo, cuya lengua entendemos algo, he tenido particulares noticias de estas tierras; y la principal es, que más adentro hay gente política que se viste y siembra; y aunque estos indios marítimos no tienen maíz, le comen, conocen, y dan nombre; y hemos hallado muestras de él en algunas partes: De que puede colegirse no es consecuencia lo visto por la costa, de lo que puede haber en tan extendidas tierras penetrándolas, y en lo que falta por descubrir del golfo; que se sabrá si tiene o no comunicación con otro mar con el viaje que haré este verano para el cual me estoy aprestando y previniendo; quiera Dios resulte mucho fruto de mis trabajos y desvelos, con que el Evangelio llegue a estos gentiles, para mucha gloria de Vuestra Majestad y dilatación de la Real Corona; guarde Dios la católica persona de Vuestra Majestad como la cristiandad ha menester.—Sinaloa y abril 13 de 1649 años.

Don Pedro Porter Cassanate. [Rúbrica].

APÉNDICE XVIII

Carta de Porter al Virrey Conde de Alba, con informe adjunto

Archivo General de Indias.
Audiencia de Guadalajara. Leg. 134.

[*Fol. 1*]

Excmo. Señor:

Por decreto de 31 de julio pasado fue servido Vuestra Excelencia mandarme le informe de las conveniencias e inconvenientes que pueden resultar del descubrimiento que está a mi cargo, y que será bien poner límite de tiempo para acabarlo. En cuanto el primer punto de las conveniencias ya satisfecho en el informe incluso.—Y en el segundo que toca a los inconvenientes, ya se ha asegurado el que hasta ahora se recelaba, que era haber estrecho navegable para la Mar del Norte, estando como he experimentado, por naturaleza impedido, y haciendo yo este descubrimiento con tantos riesgos y gastos no puede resultar inconveniente a Su Majestad, antes útil [*Fol. 1 v.*] adquiriéndole yo a Su Majestad a mi costa los desengaños con esperanza del fruto que puede resultar.—Y en cuanto al tercer punto, del límite de tiempo, por cédula de ocho de agosto de mil y seiscientos y cuarenta, fue servido Su Majestad de concederme licencia para este descubrimiento, y pesquerías sin limitación de tiempo ni leguas, y porque esto se miró con grande acuerdo por pender las cosas de la mar (y particularmente en tierras tan remotas) de varios accidentes que no pueden prevenirse, hallo que conviene no hacer novedad en esto, así por lo que Su Majestad tiene resuelto en dicha cédula, como por las conveniencias que pueden resultarle continuando experiencias: Guarde Dios a Vuestra Excelencia felices años. México, 18 de agosto de 1651 años, etc.

Don Pedro Porter Cassanate. [Rúbrica].

[*Fol. 2*]

Excmo. Señor:

El año de 1636 tuve a mi costa dispuesta jornada con todas las prevenciones necesarias para el descubrimiento del golfo de California, y se suspendió el viaje porque el señor Virrey Marqués de Cadereita (que entonces gobernaba) quiso primero informar a Su Majestad que mandó se le remitiesen todos los papeles que había en esta Nueva España sobre la materia y con vista de estos, y los que estaban en el Real Consejo de las Indias, me dió licencia Su Majestad y los títulos y despachos necesarios para el dicho descubrimiento, con que pasé a estos reinos el año de 1643, en el cual sabiéndose que había entrado al Mar del Sur una escuadra de navíos holandeses, despaché de aviso a las naos de Filipinas con orden del señor Virrey, Conde de Salvatierra [*Fol. 2 v.*] una embarcación que tenía fletada en las costas del sur, en las cuales traté luego de hacer las embarcaciones necesarias, y teniéndolas ya acabadas las quemaron con la demás hacienda unos hombres, dejándome destruido por lo mucho que en los navíos, pertrechos, y condución de gente había gastado, y el año de 645 y 646, me ocupé en seguir los culpados en la quema de las fábricas, y en buscar medios para volver a continuar el dicho descubrimiento como lo conseguí el año de 647, que en las costas de Sinaloa fabriqué dos embarcaciones con las cuales salí a navegar el año de 648, y me ocupé setenta y seis días, y el año de 649, continué el descubrimiento y navegué por el golfo tres meses, y el año de 650, por haber nuevas de enemigos en la Mar del Sur, despaché, con orden del real acuerdo que entonces gobernaba, aviso a las naos de Filipinas, y en estos viajes y descubrimientos se ha reconocido y demarcado así la costa de Nueva España como la de la California, e isla del golfo, descubriendo algunos puertos buenos hasta que hallé tan unida la costa de Nueva España con la de California que por algunos días creí estaba cerrado el golfo, y con diligencias que hice hallé a la parte de Nueva España un puerto muy capaz que llamé de Santiago, y tiene delante una isla muy grande y poblada que llaman de Caeras, y junto a ésta van atravesando el golfo dos islotes con que cierra dejando algunas canales muy estrechas, y procurando entrar por la que pareció mejor que sería de media [*Fol. 3*] legua no pude conseguirlo porque me apartó de ella con violencia una corriente llevándome a la costa de California, que es altísima y acantilada junto a los estrechos, y viéndome en grande riesgo me empeñé en embocar por entre una angosta canal, que se forma de arrecifes de una isla, donde al embocar hallé por la proa una laja encubierta en medio de la canal que apenas tendría encima dos palmos de agua, y haciendo diligencia en este riesgo para virar afuera me cogió una corriente y me embocó para dentro en otro golfo llevándome violentamente por junto al cantil de la misma peña, y hallándome dentro del golfo como está dicho llevado de la corriente, me juzgué perdido porque desde la costa de California hasta la de Nueva España atravesaba por la proa una restringa que según el escarceo y lo que el agua levantaba parecía peñasquería hasta que, siendo fuerza pasar por allí, reconocí ser una recia corriente que con gran ruido atravesaba de una costa a otra, y pasé el dicho rehilero con mucho trabajo; este golfo es profundísimo tendrá de seis a siete leguas de ancho y las costas son de altísimas serranías sin playa alguna donde poder surgir, navegué por este canal arriba algunos días, y hallé tan furiosas e inauditas corrientes; y rehileros que cruzaban a varias partes y que como avenidas de caudalosos ríos con grande ruido levantaban la mar y con remolinos, escarceo y hervideros grandes sujetaban e impelían los navíos llevándolos contra la vela y remos cerrándome la naturaleza con tantos [Fol. 3 v.] contrastes el paso a esta canal y reconociendo de la detención, evidente naufragio, imposibilitando con más empeño la vuelta a la Nueva España, la solicité trabajosamente sin esperanza segura algunos días hasta que la víspera de San Lorenzo, patrón de este descubrimiento entró viento favorable, y en las canales de las islas nos arrebató una corriente llevándonos a cada navío por su parte y mi Capitana desembocó dando furiosas y violentas vueltas en redondo, y libres de tan grandes peligros nos juntamos al siguiente día y volvimos a recorrer las costas de Nueva España y California.

En todas las navegaciones y descubrimientos, he reconocido y averiguado el grande engaño de los informes y relaciones de este golfo que se han remitido al Real Consejo de las Indias en diferentes tiempos y no corresponden a lo que he visto y experimentado, ni en rumbos ni en distancias, ni en alturas, ni en número, ni asiento de las islas del golfo, y finalmente he descubierto y reconocido estos estrechos hallando por naturaleza intratable su navegación para todo género de navíos, asegurando estas mares y costas del riesgo que tantos amenazaban, diciendo vendrían a infestarlas los enemigos si el estrecho se descubriese, lo cual se ha asegurado con este descubrimiento, pues con hacerle yo en verano, y con embarcaciones medianas y de remos, entré y salí por los estrechos milagrosamente llevado de las aguas [Fol. 4] como he referido, sin haber podido entrar ni salir por la canal que pretendí y dentro del golfo me ví perdido muchas veces sin poder seguir rumbo ni hacer derrota, peligrando por instantes con las recias corrientes que me echaban, ya para California, ya para Nueva España, derrotándose y apartándose el un navío del otro según para la parte que a cada uno le cogían los rehileros sin poder gobernar los navíos, viéndome en tanto peligro que de cualquier parte que ventara recio cuatro horas era forzoso el perderme en una u otra costa por no tener ni playa donde surgir, ni mar donde correr, y a no llevar remos mis embarcaciones fuera imposible desatracarme de las costas e islas, ni haber salido de este nuevo golfo, por lo cual le llamé de *Salsipuedes*; habiendo experimentado tantos riesgos que son de mayor peligro para navíos grandes con que cuando hubiera paso al mar del Norte es impenetrable, con que se ha asegurado del recelo de que navíos enemigos puedan entrar ni salir por este estrecho.

Calidad de los indios. Así las costas de California como las de la Nueva España, que están adelante de la cristiandad de Sinaloa, están pobladas de naciones bárbaras y gentiles, en algunas partes me llamaban con fuegos, y seguían los navíos por las playas, y echando arena por el aire y poniendo las armas en el suelo me recibieron de paz y socorrieron con leña, agua, pescado y frutas silvestres; en otras gustaban de la primera vista, y se retiraban, en otras, medrosos, se huían los indios y en algunas partes me armaban traiciones, y emboscadas, [*Fol. 4 v.*] y de todos con el buen gobierno y vigilancia salí bien, haciendo buen tratamiento a los indios sin recibir daño de ellos, siendo de mucho provecho los perros en las ocasiones que los indios me acometieron, hasta ahora no he reconocido en los indios que he comunicado idolatría alguna, tampoco tienen forma alguna de policía, ni siembran aunque conocen el maíz y dicen se da la tierra adentro, susténtanse del pescado, y frutas silvestres, y son grandes nadadores y cazadores, sus armas son arcos, flechas y dardos, ejercítanse en luchar y correr, andan desnudos los indios, y se embijan, y pintan los cuerpos de varios colores y labores, poniendo la gala en las cabelleras, y en adornar con plumería las cabezas, y las orejas, y cuellos con nácares; las indias se visten de la cintura abajo, y así en valentía como en armas, y adorno, llevan grande ventaja los indios gentiles de la costa de Nueva España a los de California, y todos tienen sus caciques que los gobiernan, y no tienen borracheras ni brebajes, sólo acostumbran el tabaco, tomándole en cañutos; son muy dóciles los indios, usan embarcaciones de cinco palos juntos, otros de carrizos con que navegan con gran velocidad, y atraviesan de la tierra firme a las islas que están en el golfo, que unas están pobladas contínuamente, y otras solo tienen gente que pasa de la tierra firme mientras duran las aguas, que son por los meses de agosto, septiembre y octubre, el temple de California es caliente y seco como el de Sinaloa y en ambas partes casi producen los mismos árboles, y las costas de California y sus islas son de sierras dobladas, y montuosas, y no he hallado hasta ahora río alguno, beben los indios de ojos de agua, y carrizales, y las costas de Nueva España son casi todas bajas, y de playas, y están contaminadas de grandes esteros, por lo cual las mareas, que son irregulares, corren con tanta velocidad y violencia, que a mi Almiranta [*Fol. 3*] estando surta con dos anclas en un puerto le sacó una noche la corriente al mar y costeando ambos navíos frontero de las bocas de unos esteros con viento fresco no pudimos vencer la corriente, y hubimos de surgir en la costa por no dar en ella, y librarnos de los grandes remolinos que ponían en riesgo las naos, siguen las costas bajas de Nueva España hasta llegar a los estrechos, donde ambas costas son de altas sierras y acantiladas, pero mucho más la de California.

La tierra de California es de apariencia de minas, según dicen los prácticos que en esto llevé, y en las costas no he hallado veta de consideración, puede ser que la tierra adentro las haya, lo cual no he podido averiguar, así por ser la tierra tan dilatada para andarla a pie como por la poca seguridad de los indios entrando mucho la tierra adentro, y por lo visto en las costas no puede colejirse lo que hay en lo interior de estas tierras; pues siempre los indios marítimos han sido en estas costas del sur pescadores, y la tierra adentro se ha hallado la gente más política que viste y siembra, y de los indios de las costas es muy difícil adquirir noticias, así por la variedad de lenguas que hay como porque en cuantas partes he estado traen unos con otros cruelísimas guerras, y no se comunican los marítimos con los de la tierra adentro, y ésta es la causa porque los indios de la costa de California ruegan, y solicitan tanto que pueblen los españoles sus tierras porque al abrigo de ellos pueden tomar venganza de sus enemigos, que deben ser según el miedo que les tienen más en número, y más valientes que ellos, y también aseguran el poder gozar sin sobresalto de las pesquerías, y frutos silvestres que tienen en aquellas costas por lo cual así hombres como mujeres, juntos con sus caciques, me han pedido [*Fol. 5 v.*] muchas veces pueble sus tierras, y que lleve mujeres españolas o, que ellos darán de las suyas, y se obligarán a hacer casas e iglesias, bautizarse y congregarse todos los marítimos, y que asimismo me sustentarán a mí y a mi gente de pescado, y frutas silvestres, y que se ocuparán todas las naciones amigas en sacarme perlas, y por consolarles en el primer viaje les di esperanzas de la población y de llevar mujeres, y como al siguiente año llegase a sus tierras de vuelta del descubrimiento me dieron queja los indios porque no llevaba mujeres en los navíos; diles a entender que había tenido tiempos contrarios que me habían impedido el llegar a mi tierra, volvieron a persuadirme que poblase con los mismos ofrecimientos que antes, representando con llantos que todo el tiempo que yo había faltado no habían ellos asistido en aquellos parajes, estando retirados, porque sus enemigos, los de la tierra adentro, les habían muerto gente y no les dejaban gozar de las muchas comodidades de aquellas pesquerías que son grandes, y que sabiendo de mi venida se habían juntado así los de California como los de las islas vecinas; y en algunos días que estuve allí fue viniendo por tierra mucha gente, y por mar llegaron más de ochenta balsas, y todos se ocuparon en coger pescado, y un género de ciruelas amarillas que había entonces en la costa muy sabrosas, yendo siempre por mar y tierra acompañados de españoles por el riesgo que decían tener de sus enemigos, y habiendo gozado del pescado y frutas, reconociendo que trataba yo de irme y dejarlos se despidieron de mí; y a otro día estando mi gente haciendo aguada y lavando la ropa para salir a navegar, dieron sobre ella cercándolos con emboscadas por diferentes partes y habiendo poco antes descubierto yo desde el navío algunos indios que venían [*Fol. 6*] en forma de guerra por unas playas; haciéndome novedad, y previniendo el caso envíe a avisar y reforzar mi gente, poniéndola en arma con que no pudieron ejecutar su traición viendo la prevención con que se estaba, y llegando a tierra la embarcación menor les obligó a retirar algo que siempre tenían mi gente cercada poniéndose a tiro de cañón, y mandé no se les hiciese daño sino que se fuese embarcando toda la aguada, y concluido lo que hubiese que hacer en tierra se viniese la gente a los navíos, como se hizo quedando ellos sentidos de no poder ejecutar su mal intento, con que se retiraron y yo salí aquella noche de aquel puerto; esta acción en indios tan amigos como éstos procedió de dos causas, la primera, que viendo no podían tener en nosotros el amparo que esperaban quedándonos allí, y que ellos de necesidad por nuestra ausencia desamparaban aquel puesto donde tenían tantas comodidades, pretendieron matarnos y robarnos, pareciéndoles no volveríamos otra vez, ni tendrían ocasión tan buena; la segunda causa fue con esta traición acreditar a sus enemigos de valientes, y darnos a entender lo mucho que con ellos padecían, porque aunque como he dicho los indios que nos embistieron eran tan fieles y amigos, usaron de estratagema fingiéndose en divisas, embijes, e instrumentos de guerra, y voces de la nación contraria habiendo por delante echado muchos indios cargados de pescado y frutas que caminando para la tierra de los enemigos fingían era despojo que de ellos llevaban sus contrarios, y por algunos indios que conocimos, alcanzamos el engaño, dispuesto con grande astucia, a fin de que entendiendo nosotros que eran sus enemigos los ayudásemos si fuésemos otra vez para sus guerras, y si peligrase alguna gente nuestra [*Fol. 6 v.*] no cayese el castigo sobre ellos, dándonos a entender que el delito lo habían cometido sus contrarios.

De lo referido se colige la facilidad que habría en poblar esta parte de California, así por la conveniencia que a los indios se les sigue como por ser la gente muy dócil y apacible y haber alcanzado de su lengua más de ochocientas voces, las más necesarias para el trato y comercio ordinario y aunque hicieron la traición antecedente, juzgo que, si poblasen españoles, admitirían bien el Santo Evangelio, se reducirían a gobiernos y policía, y mantendrían toda paz, y ayudarían por su propia seguridad, y podría ser escala para poder saberse con algunas entradas, lo que hay en el interior de la tierra que totalmente se ignora, y para los muchos gastos que serían necesarios, sólo al presente se reconocen de conveniencia el útil de las perlas, cuyos comederos son muchos, y de grandes muestras, pero por mano de los indios por ahora no se puede sacar fruto considerable y aunque son generalmente grandes buzos no se les puede violentar en este ejercicio porque no se retiren, y de su voluntad no pescan ellos, porque huyen del trabajo hallando el pescado de que necesitan para su sustento con mayor abundancia en menos agua, y la ostra la cogen muy cerca de las playas, donde esta la peor, solamente cuando por haber sido día tormentoso y estar el mar turbio no pueden coger pescado; y preguntándoles cómo habían ofrecido el primer viaje tenerme para el segundo muchas perlas me respondieron con la verdad que experimenté que habían estado por miedo de los enemigos ausentes del puesto donde podían cogerlas [*Fol. 7*] y que ellos se ocupaban con poco gusto en bucear mientras con ellos no viniesen españoles, y de sus enemigos les asegurasen, y así las perlas que en estos viajes me han dado por cuchillos, que es el rescate que más apetecen, han sido pocas y de poco valor, y algunas muy grandes pero rayadas, y ahumadas, recogiéndolas entre las indias; que las cuelgan de los cuellos para adorno y habiendo sacado los indios a mi vista algunas conchas en poca agua hallé de su naturaleza perlas moradas, y negras, lo cual procede de los malos fondos, y placeres, y así el haber perlas malas no es solamente de rayarlas los indios para colgarlas, ni de quemarlas cuando asan la concha con el ostión para comerle; pero estos defectos no son bastantes a causar descrédito a las perlas de California, porque los comederos son muchos y muy dilatados y en distintas partes, y sólo se han experimentado los pocos que frecuentan estos indios, y como he dicho sacando las perlas del poco fondo y orilladas sin alejarse de la costa ni ir a buscarlas lejos donde están los mejores comederos; los cuales si con algunos buzos de la Margarita, y del río de la Acha se reconociesen no dudo se hallaría grande riqueza, y hasta ahora no se ha podido hacer esta diligencia, así por no divertirme del mayor servicio de Su Majestad y fin principal que ha sido el descubrimiento que he hecho, como por no haber podido traer buzos de las partes referidas.

Con las navegaciones y descubrimientos que he hecho queda demarcado este golfo, habiendo formado derroteros y diarios, poniendo nombres a las costas, ensenadas, bahías, puertos, ancones, cabos, sierras, islas, canales, arrecifes y bajos, observando las alturas, rumbos, distancias, variación de aguja, corrientes, [*Fol. 7 v.*] mareas y sondas, obrando en todo con la precisión y arte que acostumbro para manifestar con claridad lo que encierra este golfo; donde he hallado puertos cómodos, así para poder abrigarse en ellos las naos que vienen de Filipinas habiendo riesgos de enemigos en costas de Nueva España, como para adelantar y socorrer por mar, a Sinaloa y al Nuevo México. Particularmente descubrí un puerto junto al río de Yaqui, que es adonde remata por la costa de Nueva España la cristiandad de Sinaloa, poblado de mucha gente y la más belicosa de las Indias, cuyos naturales se admiraron y atemorizaron viendo en su costa y puertos los navíos, reconociendo que cuando los muchos ríos de la provincia de Sinaloa con sus crecientes, que son grandes, impidiesen el marchar los soldados por tierra se podría con la brevedad que experimentaron, y se les dió a entender acudir por mar a los castigos; y se puede atribuir la paz de que ha gozado la provincia de Sinaloa estos años al haber tenido en sus costas dichas embarcaciones, pues habiéndose alzado con muerte de muchos españoles los taraumaras y tepeguanes, que son fronterizos a los indios de Sinaloa, han estado siempre quietos; y es tanta la admiración y novedad que causaron en esta costa los navíos, que las naciones gentiles y marítimas que descubrí adelante del dicho río Yaqui, que son los Upanguayamas, nebomes y abamuras, que traían entre sí cruelísimas guerras se redujeron a [*Fol. 8*] paz, con las pláticas que con ellos tuve y consejos que les dí, y pidieron bautismo y religiosos para que los doctrinasen como a los demás cristianos de Sinaloa, y para esto vinieron a verme al río Yaqui algunos gentiles de los que por mar había comunicado, y también pidieron y trataron lo mismo con el padre doctrinero que estaba en Raum, pueblo del río Yaqui, y el último marítimo donde acaba la cristiandad por la costa, y el dicho padre me lo avisó y escribió diciendo que la paz de que gozaban los Yaquis, y el tenerla las referidas nacionales gentiles que están adelante y no matarse unos a otros, como de antes lo hacían, se debía después de Dios a la entrada que había hecho con mis navíos por aquellas costas y mares; y no solamente se ha seguido este fruto de mis navegaciones dentro del golfo, pero fuera de él han sido menester las embarcaciones, pues por no haber bajel alguno ni de Su Majestad ni de particulares en estas costas del Sur de la Nueva España he despachado en estos años como queda referido dos avisos a las naos que vienen de Filipinas por haber habido nuevas de navíos enemigos, siendo para este efecto de grande conveniencia tener en el golfo las embarcaciones porque hallándose a barlovento con brevedad llegan a los puestos donde las naos que vienen de Filipinas reconocen en la contracosta occidental de California.

En el descubrimiento primero que hice me fue de grande admiración ver la mar roja en forma de caudalosos ríos de sangre [*Fol. 8 v.*] no pudiendo alcanzar la causa con varias experiencias que hice, pues ni esto procedió del color de la arena del fondo ni de coral que allí hubiese ni de sangre de bestias marinas, tampoco fue cardumen de camarones, ni lo causaron las nubes, o montes vecinos, ni otras causas a que suelen atribuir estos efectos en el agua; pues de ninguna de ellas procedió el estar la mar roja y ensangrentada como ví; y en este último viaje en diferentes parajes, ya en medio del golfo, ya cercano a las costas he hallado y descubierto la mar en partes unas veces colorada, otras amarilla, otras blanca y otras parda, y otras mezclas de colores extendiéndose a veces dos y tres leguas, como una tela espesa de dichos colores encima del agua, estando en contorno de dichos colores la mar de su color natural, con que al principio me dieron mucho cuidado estas manchas y juzgando por la diferencia de color natural de la mar serían bajíos, y así temeroso llegaba a ellas hasta que habiéndolas surcado varias veces me aseguré y reconocí el secreto; y es que como este golfo es tan abundante de toda diversidad de pescados y desovan en sus bahías y ensenadas; esta grasa junta con la espuma, y demás cosas que las mareas con sus grandes corrientes sacan de los puertos, ensenadas y esteros, según la diversidad de colores de las tierras de dichas costas, y puertos, se cuajan e incorporan estas superfluidades, y manchas de colores que se hallan en diferentes partes del golfo y sacando del mar la dicha agua siempre se halla del mismo color natural de la mar, y los colores proceden de que todas estas manchas tienen encima un polvillo muy sutil y lamoso [*Fol. 9*] y se reconoce en el dicho polvillo la grasa de la desovadura del pescado porque refregando en la mano sale de él un olor corrompido y avinagrado del mismo pescado, y la causa de haber hallado tanta diversidad de colores de agua en el verano y no haber visto mas de una vez el agua colorada en invierno, es porque como en invierno reinan con tanta fuerza los nortes y noroestes, con las grandes mareas que levantan, esparcen y echan fuera del golfo a la Mar del Sur estas superfluidades y al contrario como en el verano reinan los sures y surestes más bonancibles detienen estas manchas las cuales suben y bajan con las mareas, y están rebalsadas en diferentes partes sin poder salir del golfo por impedirlo los sures y surestes que traen las aguas para adentro, y de los mismos vientos procede ser en invierno más fuertes las corrientes para fuera, y en verano para dentro, y corren asimismo las aguas a diferentes partes; según las revesas, puntas, ensenadas, y canales por donde suben y bajan las mareas, y es rara propiedad de esta mar que aunque esté muy alterada, cesa y se quieta sin dilación en parando el viento sin quedar el marullo que suele durar después por algún tiempo en otros mares; en California he observado no variar la aguja, y he experimentado que las oposiciones causan más alteración en el aire que las conjunciones, y así son más temidas; y también he reconocido que en verano son raras las ballenas, y peces monstruosos que parecen, y en el invierno así en el golfo como en las bahías, y puertos andan continuamente y en gran número poniéndonos en riesgo los bajeles por lo mucho que a ellos se acercan.

[*Fol. 9 v.*] En este informe con el breve tiempo que he tenido he recopilado lo más sustancial de mis navegaciones y diarios, que en más dilatado discurso trabajaré y sacaré a luz, con las noticias antiguas y modernas de los escritores de todas naciones que con infatigable curiosidad y natural inclinación he recogido de muchos años a esta parte, sobre el descubrimiento de este golfo, en que he servido a Su Majestad y a mi costa, y con grandes riesgos de la vida, dejando de ocupar los puestos en que Su Majestad con su mucha grandeza me hubiera honrado; enterado de la satisfacción y valor con que le he servido en la mar de veinticuatro años a esta parte con el crédito que en lo teórico me ha dado lo que he escrito impreso; y en lo práctico las muchas navegaciones, que en servicio de Su Majestad he hecho; y si en esta relación no ofrezco a Su Majestad grandes reinos y riquezas es por ajustarme a la verdad que debo y no a los siniestros informes que otros han dado, y habiendo ofrecido a Su Majestad que a mi costa y riesgo haría este descubrimiento ya lo he ejecutado, y espero que, honrándome Vuestra Excelencia con su informe, Su Majestad me premiará lo que en esto como humilde vasallo suyo le he servido, y guarde Dios a Vuestra Excelencia felices años. México y agosto 8 de 1651 años etc.

Don Pedro Porter Cassanate. [Rúbrica].

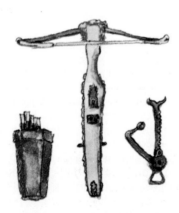

APÉNDICE XIX

Informe del Virrey Conde de Alba al Rey

Archivo General de Indias.
Audiencia de Guadalajara. Leg. 134.

[*Fol. 1*]

México 10 de agosto 1651

A Su Majestad.

El Virrey Conde de Alba.
Informa sobre el descubrimiento del golfo de la Califor-
nia y remite el papel que sobre ello le escribió don Pedro
Porter Cassanate con quien se capituló el descubrimiento.

Señor.
En conformidad de cédula de Vuestra Majestad de 6 de agosto
de 650, en que se sirve de mandar informe las conveniencias, e inconvenientes que se pueden seguir del descubrimiento del golfo de la California, y que en caso de tenerle por conveniente ayude a ello procurando
poner límite, habiendo llamado, para esto, a don Pedro Porter Cassanate, y hablado largamente sobre la materia; hallo, que la respuesta inclu-
sa que me dio por escrito se ajusta a las cortas noticias, que por ser materia en que pocos las tienen, he podido adquirir, para satisfacer a
Vuestra Majestad a los tres puntos, de que debe componerse mi informe, pues por el de don Pedro, parece lo que ha obrado, sin inconveniente hasta hoy, y que no se puede hacer juicio cierto, en las conveniencias
de adelante cuando se fundan en las contingencias del tiempo, ni señalarle (por la misma razón) para dar fin al descubrimiento, y en cuanto al
que ha hecho del estrecho, que dice don Pedro, ya ha reconocido [*Fol. 1*
v.] que no es navegable, y si se aventura a descubrir, o que lo sea, co-

mo es posible que se halle, es de considerar los muchos inconvenientes que se seguirían de dar el mundo un paso, de que se pueden aprovechar todos, cuando Vuestra Majestad ni estos reinos no tienen necesidad hoy de él. Esto es lo que puedo informar, y que lo trabajado por don Pedro Porter ha sido con el mismo celo que de tantos años a esta parte se ha empleado en servicio de Vuestra Majestad, en cuya consideración siempre le tendré por digno de las honras que Vuestra Majestad fuere servido hacerle, y de que ocupe los puestos que más bien correspondan a sus méritos. Guarde Dios la Católica Real Persona de Vuestra Majestad como la cristiandad ha menester. México 10 de agosto de 1651.

El Conde de Alba. [Rúbrica]

[*Fol. 2 v.*] Consejo.
En el Consejo a 22 de abril 1652.
Estas cartas y todos los demás papeles tocantes a estas materias se entreguen al relator León para que haga relación al Consejo.
[Hay una rúbrica].

APÉNDICE XX

Relación ajustada de los servicios del Almirante don Pedro Porter Cassanate, caballero de la Orden de Santiago

Biblioteca Nacional, Madrid.
Ms. 6.438, fols. 14-21.

Lima, 15 septiembre 1655.

Consta por sus papeles, títulos, fes, certificaciones, cédulas reales, cartas de capitanes generales, y otros instrumentos, haber servido a Su Majestad de veintiocho años a esta parte en los puestos, jornadas y ocasiones que se siguen.

Parece por fes de oficios de la Armada Real del mar Océano, y Guardia de las Indias haber comenzado a servir a Su Majestad con plaza ordinaria de soldado y seis escudos particulares de ventaja, el año de 1627, en la compañía del capitán Gaspar de Carassa que era una de las de la Armada Real, y Escuadra de Cuatro Villas y fue este año a la jornada de Francia y Socorro de la Rochela con la Armada Real que salió del puerto de La Coruña a cargo de su capitán general don Fadrique de Toledo Ossorio.

El año de 1628 fue con el almirante Francisco de Vallecilla a correr las costas de España y recibir los galeones de la plata, y en esta ocasión habiéndose derrotado el navío en que iba embarcado, peleó dos veces con navíos de turcos sobre el cabo de Finisterre y sobre Sanlúcar.

Los años de 1629 y 1630 fue con el general don Fadrique de Toledo en la jornada que hizo a las Indias con la Armada Real a echar los enemigos de las islas de San Cristóbal y las Nieves, como se ejecutó con grande reputación de las armas de Su Majestad.

El año de 1631, habiendo sucedido el capitán don Gaspar de Carassa de la Orden de Santiago en la referida compañía, fue nombrado por alférez de ella y con esta plaza los años de 32 y 33, hizo viaje con el almirante general don Antonio de Oquendo en su Capitana a las Indias, y después fue a llevar los azogues de Su Majestad a la Nueva España.

El año de 1634 le nombró el almirante general don Antonio de Oquendo, por capitán de Mar y cabo de la Infantería del patache San Antonio de Su Majestad, con el cual sirvió en la Armada y este año hizo viaje con el dicho almirante general a las Indias, y por su orden fue con solo su patache a la Margarita, y demás puertos de tierra firme a recoger los reales haberes de Su Majestad, como lo ejecutó, y habiendo llegado a salvamento a Cartagena hizo allí dejación del patache, que fue admitida del almirante general.

Parece una carta que don Fadrique de Toledo Ossorio, capitán general de la Armada Real del mar Océano escribió a Su Majestad en Madrid a 25 de enero de 1634, en que dice que el suplicante había servido en la Armada el tiempo y en las ocasiones que constaba por sus papeles, procediendo con entera satisfacción suya, cumpliendo con las obligaciones de su nacimiento, y de muy honrado soldado, y que había juntado con esto el estudio de la Cosmografía, tratando tan de veras de la ciencia del arte náutica como se echaba de ver por los papeles que tenía de ello, y porque la utilidad de juntar en la mar estas dos profesiones era de tan gran consideración (como otras veces había representado a Su Majestad), y por otra parte la dificultad de hallarse personas en quien se juntasen estaba tan conocida con harto daño nuestro, tenía por cosa importante y de grandes conveniencias al servicio de Su Majestad que fuesen premiados en honor y en interés los que con veras se diesen a ellas para que otros a su imitación se alentasen y así juzgaba que la merced que Su Majestad fuese servido de hacer al suplicante se emplearía muy bien en su persona.

Por certificación de Juan de Aguirre, secretario de Su Majestad, y que lo fue en la Nueva España del Virrey Marqués de Cadereita, y por carta del mismo Virrey y cédula de Su Majestad dada en Madrid a 24 de febrero de 1638, parece que el año de 1635 ofreció el suplicante en la Nueva España al Virrey Marqués de Cerralvo pasar al Mar del Sur, a su costa, a reconocer y demarcar tierras, y hacer observaciones de la navegación con nuevos instrumentos que fabricó para lo cual le dio licencia del dicho Virrey en México a 26 de agosto de 1635 y estando en el puerto de Acapulco embarcado para hacer su viaje, embargó el navío el visitador general don Pedro de Quiroga.

Parece asimismo que dicho año avisó al Virrey, Marqués de Cadereita, de la traición que hacían a Su Majestad unos franceses fabricando en la Mar del Sur, encubriendo sus naciones, para ir al descubrimiento de las Californias sin licencia, valiéndose de una que había dado dicho Virrey a un español que la pidió con cautela y engaño para venderla y cederla a los franceses por concierto y trato hecho con ellos antes de pedirla, y la Audiencia de Guadalajara averiguó el delito, los prendió, quitó las haciendas y los autos están en el Real Consejo de las Indias, y por el riesgo que parecía tener si se dilataba el referido descubrimiento, y ser cosa tan del servicio de Su Majestad, ofreció el suplicante el año de 1636 al Virrey Marqués de Cadereita hacer des-

cubrimiento del golfo de la California y de lo occidental y septentrional de Nueva España, fabricando a su costa navíos y levando la gente
necesaria, y el dicho Virrey le dió licencia en México a 23 de septiembre de 1636, y teniendo en fe de ella hechas todas las prevenciones, y
empeños para esta jornada estando ya de partida tuvo el Virrey, en 11
de noviembre de dicho año, Acuerdo General, en el cual se reparó si
con el descubrimiento que iba a hacer el suplicante se abriría puerta
por donde los enemigos entrasen a infestar aquellos mares, y con esta
atención revocó la licencia dada y le mandó suspendiese el viaje hasta
saber la voluntad de Su Majestad, informándole y remitiéndole todos
los papeles.

Por una información hecha en la Habana, por certificación del
veedor de la Armada de la guardia de las Indias y por cédulas de Su
Majestad, consta y parece que el año de 1637, pasando a España el suplicante en seguimiento de esta causa embarcado a su costa en una
fragatilla, le robó Pie de Palo, sobre la Habana, con una escuadra de
navíos holandeses, y echando la gente libre, a él por ser conocido y
persona de cuenta le envió prisionero con su almirante Abrahan a la
isla de Curaçao, donde estuvo algunos meses en rehenes de los holandeses que los nuestros tenían en la Margarita y Araya, que fueron
ahorcados y el suplicante se libró de lo mismo por sacarle de la isla
(antes que en ella lo supiesen) el pirata mulato Diego de los Reyes, y
por su orden, después de haber navegado con él y otros corsarios holandeses algún tiempo, le echaron sobre Cartagena un día antes que el
general don Carlos de Ybarra partiese a España con los galeones de la
Plata; diole aviso de muchas cosas del servicio de Su Majestad y en su
compañía sirvió sin sueldo aquel viaje.

Habiendo llegado a España el suplicante y dado cuenta a Su Majestad de todo lo antecedente despachó a su pedimiento cédula en Madrid a 24 de febrero de 1638, mandando al Virrey Marqués de Cadereita le informase y remitiese todos los papeles causados sobre el referido descubrimiento de la California, para resolver lo más conveniente
por ser tan de su servicio.

Por fes de la Armada Real, por certificación del general don Lope
de Hoces, y por dos cédulas dadas en Madrid a 9 de julio, y 24 de noviembre de 1638, parece que el dicho año fue el suplicante, al socorro
de Fuenterrabía con veinticinco escudos de entretenimiento al mes y
por ser de tanta satisfacción en las cosas de la mar, tuvo orden de Su
Majestad por su Real Cédula para ir a ella, mandando al dicho don
Lope de Hoces que le diese el primer galeón y compañía de mar y
guerra que vacase, y, no habiéndole, se embarcó sirviendo a su costa
con don Pedro Porter su hijo, y en la ocasión que tuvo en Guetaria
con la Armada francesa fue muerto el hijo de un artillerazo, y el suplicante peleó en la Capitanía, teniendo a su orden la artillería de la
banda de babor, en la cubierta principal, de donde disparó gran
cantidad de artillería por ser aquella parte la que combatía al enemigo, y asistió hasta lo último, que el galeón se halló apoderado del
fuego, y tuvo (como consta) orden expresa del general para desampa-
rarle, del cual salió a nado habiendo perdido lo que en él tenía.

Por conducta y cédula de Su Majestad, fechas en Madrid a 24 de noviembre de 1638, parece haberle hecho merced de una Compañía de Infantería Española, y nombrándole capitán de Mar y Guerra del galeón Santo Cristo de Burgos de su Armada, en consideración (como dice Su Majestad) de lo bien que había servido en la Armada Real, y carrera de Indias, y ultimamente en la ocasión que en el puerto de Guetaria peleó la que allí se hallaba suya con la de Francia, donde procedió con satisfacción de sus superiores.

Por fe de oficios de la Armada de la Guardia de las Indias, por conducto y cédula de Su Majestad, fechas en Madrid a 2 y 4 de marzo de 1639, parece haberle hecho merced de una Compañía de Infantería Española y nombrándole capitán de Mar y Guerra de uno de los galeones que dicho año fueron a las Indias a cargo del general don Gerónimo Gómez de Sandoval, que le señaló el galeón San Diego, con el cual hizo a las Indias este viaje.

Por diferentes cédulas de Su Majestad consta que habiendo llegado de la Nueva España el año de 1640, los autos y papeles causados sobre el referido descubrimiento de la California se vieron de orden de Su Majestad varias veces en el Real Consejo de las Indias, y habiendo precedido diferentes consultas capituló el suplicante con Su Majestad este descubrimiento, como parece por cédulas dadas en Madrid, a 8 de agosto de 1640, y Su Majestad le concedió licencia a él solo para hacer el dicho descubrimiento a su costa, sin limitación de tiempo ni leguas, diciendo que por la grande satisfacción que tenía del suplicante era su voluntad deliberada que ninguna persona de cualquier calidad y condición que fuese tratase del dicho descubrimiento ni navegase en este golfo a título ninguno, y que si se hubiesen dado algunas licencias por los virreyes o audiencias se revocasen, como desde luego las daba Su Majestad por revocadas, ofreciendo al suplicante, y empeñando su real palabra que, habiendo hecho el descubrimiento, le haría mercedes, y capitularía con él, y no con otro alguno la pacificación y población de aquellas tierras y de todas las que descubriese de una y otra parte del dicho golfo, y en la conclusión de una de estas cédulas dice Su Majestad, esperando de vuestras obligaciones, y celo que mostrais de mi servicio que obrareis en esto con tal cuidado y atención que se consiga lo que tantas veces se ha intentado, y se desea; y asimismo consta de título de Su Majestad dada en Madrid a 8 de agosto de 1640 le eligió y nombró Su Majestad por cabo y almirante de los navíos y gente de Mar y Guerra que en la Mar del Sur llevase a su cargo para este descubrimiento, con las mismas honras y preeminencias que han gozado y gozan los demás cabos y Almirantes de escuadras de la Armada Real.

Este año de 1640 tuvo el almirante carta de Su Majestad, fecha en Madrid a 29 de noviembre, para que fuese a asistir en las Cortes que había de celebrar en el Reino de Aragón; y en 2 de junio de 1641, la tuvo también del dicho reino, para que se hallase en la junta que hizo de Brazos, y el mismo Reino de Aragón escribió a Su Majestad en recomendación de la persona del dicho almirante, como parece de carta fecha en Zaragoza en 25 de junio del dicho año, en que refiere sus servicios, y los de sus antepasados ejecutados con tanta fidelidad y entereza y concluye con estas palabras; por la mucha inteligencia que tiene dicho almirante de la navegación y ser hijo de este Reino, y de casa tan principal, nos obliga a suplicar a V. M. con todo encarecimiento le honre y haga merced conforme lo merecen sus servicios y los de sus pasados, en particular los de su padre, hermano y tíos que todos fueron de diferentes consejos de Vuestra Majestad.

A este mismo tiempo tuvo orden particular de Su Majestad en carta de Pedro Coloma, su secretario de Guerra y Junta de Armadas, fecha en Madrid, a 9 de febrero de 1641, que sin réplica ni excusa alguna fuese luego a Cádiz a servirle en la Armada del cargo del Duque de Maqueda, y sucesivamente le llegó segunda orden de 23 de junio que fuese a embarcarse a Cartagena de Levante en la Armada del Reino de Nápoles con advertencia que se le había despachado otra orden a don Pedro de Orellana, capitán general de ella, que luego que llegase el almirante le entregase uno de los galeones de su cargo para que le gobernase, y el general le entregó el León Feliz, y fue en esta ocasión con él a socorro de Tarragona, llevando consigo a don Francisco Porter Cassanate su hermano, sirviendo ambos a su costa, como parece por fe de oficios de la dicha Armada; y el dicho general don Pedro de Orellana en carta que escribe a Su Majestad, fecha en Alicante a 17 de septiembre de 1641 dice que el almirante había servido sin sueldo aquel viaje con toda aprobación, y como le piden sus obligaciones, y en el socorro de Tarragona procedió con mucho valor, peleando muy señaladamente, y añade que por lo que le ha tratado le tiene por caballero de grandísimo provecho para el servicio de Su Majestad y grandemente científico en las cosas de la mar y de la guerra y que por el servicio de Su Majestad deseaba que se emplease en puestos.

Parece, por certificación del secretario Pedro Coloma, fecha en Madrid a 13 de noviembre de 1642, cómo, habiendo representado el dicho almirante a Su Majestad lo que le había servido, suplicando se le hiciese merced de una encomienda, o alcaldía de su orden acordó la Junta de Armadas en 21 de marzo del mismo año se le dijese fuese a servir a la Armada, asegurándole que acabado el viaje, Su Majestad le haría merced a su satisfacción.

Consta por fe de oficios de la Armada Real que, en conformidad de esta orden, se embarcó en Cádiz en la Armada que pasó a Levante a cargo del Duque de Ciudad Real, Capitán general de ella, el cual en carta que escribió a Su Majestad, fecha en Alicante a 7 de octubre del dicho año, dice que atendiendo a las buenas partes del almirante y experiencias en las cosas de la mar y guerra, le embarcó en su Capitana donde navegó, y sirvió a su costa sin sueldo alguno, y que en los dos encuentros que tuvo sobre Barcelona con la Armada de Francia a los 30 de junio y primero de julio, le nombró por cabo de la Artillería de la banda de estribor, que fue por donde ambos días peleó la Capitana Real y se hizo más daño al enemigo, cumpliendo enteramente con sus obligaciones, por lo cual, y haber conocido que es sujeto para empleado dice se halla obligado a representarlo a Su Majestad para que se sirva de honrarle, y hacerle merced como acostumbra a los que también lo merecen.

Parece asimismo haber servido a Su Majestad con dos montados a su costa en las guerras de Cataluña.

El año de 1643, tuvo el almirante orden particular de Su Majestad, como consta de carta del secretario Pedro Coloma, escrita en Madrid a 3 de marzo, para que fuese luego a servir a la Armada que se aprestaba en Cádiz y había de navegar a cargo del Marqués de Villafranca, y consiguientemente parece que la Junta de Guerra de Indias hizo de oficio consulta a Su Majestad en 12 del dicho mes representándole cuánto convenía a su servicio no se le divertiese al almirante el viaje a Indias para poner en ejecución lo que le había encargado, y Su Majestad lo tuvo a bien y mandó a dicho almirante le dejase de servir en su Armada por lo que importaba a su servicio pasase luego a Indias a hacer el referido descubrimiento de la California, como todo parece de cédula dada en Madrid a 9 de marzo del dicho año, y certificación de don Gabriel de Ocaña y Alarcón, su secretario en el Real de las Indias y Junta de Guerra de ellas, fecha a 12 del dicho mes, y carta del secretario Pedro Coloma de 26 del dicho, escrita de acuerdo de Junta de Armadas al Marqués de Villafranca para que en virtud de resolución de la consulta hecha a Su Majestad por la Junta de Guerra de Indias tuviese al almirante por excusado de ir a la Armada como antes le estaba por Su Majestad mandado.

En conformidad de esta última orden de Su Majestad pasó el almirante el dicho año de 1643 a la Nueva España, y presentó sus títulos, cédulas y despachos al Conde de Salvatierra, Virrey de ella, que los obedeció en México a 25 de septiembre y luego trató de poner en ejecución las órdenes que tenía de Su Majestad haciendo fábricas en la costa de la Galicia, Mar del Sur, previniendo todo lo necesario para conseguir dicho descubrimiento.

Consta asimismo cómo teniendo acabadas las fábricas el año de 1644, se las quemaron maliciosamente con grande pérdida de hacienda, pertrechos y todo lo demás que tenía en los astilleros, como parece por diferentes informaciones, autos, y diligencias que se hicieron en las Reales Salas, Audiencias de México y Guadalajara, a pedimiento de los fiscales de ellas y lo acredita el Virrey Conde de Salvatierra en carta que escribió a Su Majestad fecha en México a 23 de febrero de 1645, diciendo que, cuando ya el almirante tenía para echar al agua los bajeles que a su costa había fabricado, le sobrevino una impensada desgracia y total desavío causado por unos hombres que le quemaron los bajeles con la demás hacienda y con esta ocasión perdió todo lo que había gastado impidiéndole el viaje que con brevedad pusiera en ejecución de que había resultado quedar pobre; y prosigue diciendo, es caballero muy atento al servicio de V. M. y que acude con vigilancia a lo que se le ordena como lo hizo el año pasado que se mandó saliese otra embarcación suya que tenía fletada a encontrar a la nao de Filipinas y dar aviso de que el enemigo holandés estaba en la Mar del Sur, que lo ejecutó con presteza y puntualidad, es persona capaz y digno de que V. M. siendo servido le honre y haga merced y que dará buena cuenta de lo que se le encomendare.

Con ocasión de esta pérdida se detuvo el almirante en la ciudad de México los años de 1645 y 1646 en buscar medios para continuar dicho descubrimiento y seguir el pleito del incendio, hasta que contra los agresores se pronunció y ejecutó última sentencia, y, habiendo dado antecedentemente cuenta a Su Majestad de todo lo sucedido, se sirvió de responder al dicho almirante en carta escrita en Zaragoza a 11 de octubre de 1645, cómo se habían visto todos sus despachos, lo que pasó con los navíos que había aprestado, quema de ellos y demás pertrechos, y lo demás que proponía que todo se conducía a su mayor servicio y dilatación de su Real Corona; y en la misma carta concluye Su Majestad diciendo: y he estimado como es razón vuestro celo y atención de que os doy muchas gracias, y al Virrey le he ordenado os asista por todos los medios que parecieren útiles y convenientes para la consecución del intento que tenéis, y fío de sus obligaciones que lo hará así, y os encargo procuréis por vuestra parte el cumplimiento de las que os corren. Y en otra carta de Su Majestad de la misma fecha escrita al Virrey Conde de Salvatierra le dice: todo lo que me referís en carta de 25 de febrero pasado de este año se ha visto en mi Consejo Real de las Indias sobre los particulares de don Pedro Porter Cassanate, a quien tengo encargado el descubrimiento del golfo de California, y todo el favor y asistencia que le habéis dado para el mejor cumplimiento de lo que ha de obrar ha sido muy conforme a vuestras obligaciones, y os agradezco lo que en esta razón habéis hecho, y os encargo continuéis en asistirle en todo cuanto se le ofreciere, y, como quiera que a él le escribo en forma conveniente, holgaré que le llaméis y le deis en mi real nombre muy particulares gracias, y le digais que le asistiréis con cuidado a lo que se le ofreciere para este descubrimiento, y que esto sea de manera que se aliente y restaure lo perdido en la quema de sus bajeles para que, con vuestra ayuda, pueda tratar mejor de lo que hubiere de hacer, porque además del deseo grande que tiene de conseguir lo que se le ha encargado, me hallo de su atención y celo bien servido.

Consta por autos y testimonios autorizados de Agustín Rangel, escribano de Cámara de la Real Sala del Crimen de la ciudad de México, cómo habiendo llegado el año de 1646 a la costa de la Nueva España dos fragatas de la del Perú, las declaró el gobierno por extraviadas, mediante lo cual se las depositaron al dicho almirante, aplicándolas para que se sirviese de ellas en el descubrimiento de California, lo cual no quiso aceptar, pareciéndole ser mayor reputación suya hacer otras de nuevo a su costa como le ejecutó en la villa de Sinaloa el año de 1647, fabricando dos bajeles llamados Nuestra Señora del Pilar y San Lorenzo, y con ellos salió al descubrimiento referido navegando los años de 1648 y 1649 con grandes trabajos y riesgos, descubriendo, reconociendo y demarcando las costas e islas del golfo, y naciones bárbaras que lo habitan, consiguiendo con felicidad y crédito general el intento, asegurando del recelo que antes se tenía pudiesen entrar navíos de enemigos en la Mar del Sur por aquella parte, como consta de las relaciones que se remitieron a Su Majestad, y por lo que el Conde de Alba de Liste, su Virrey de la Nueva España, en 13 de septiembre de 1651, informó de lo obrado por el almirante con tanta satisfacción suya en este descubrimiento a su costa con grandes gastos, riesgos y trabajos de que Su Majestad en dos cartas que escribió al dicho almirante, en 6 de agosto de 1650 y 30 de septiembre de 1652, se da por bien servido, y le dice la estimación con que quedaba del cuidado con que había obrado en este descubrimiento, trabajos y riesgos que en él había padecido.

El año de 1649, habiéndose visto en la costa de la Mar del Sur cinco velas de enemigos, y conviniendo dar aviso a las naos que se aguardaban de las islas Filipinas, despachó la Real Audiencia, que en aquella sazón gobernaba la Nueva España, provisión al almirante, dada en México a 19 de noviembre del dicho año, ordenándole que por cuanto en aquellas costas no había embarcación alguna con que poderlo hacer más tan solamente las que tenía para su descubrimiento en Sinaloa, despachase el navío mayor de los suyos con aviso a dichas naos porque no las cogiese el enemigo, lo cual el dicho almirante ejecutó con toda celeridad, enviando el bajel llamado Nuestra Señora del Pilar, como consta de la real provisión y testimonios auténticos.

El año de 1652, habiendo el almirante representado por un memorial al Virrey Conde de Alba las graves enfermedades que había padecido de resulta de estos trabajos, quedando por mucho tiempo tullido de pies y manos, sin poder acudir por entonces a otra cosa que recuperar salud y fuerzas, y reconociendo la falta que el Rey Nuestro Señor tenía de bajeles en aquellas costas del Sur de la Nueva España, donde ni de Su Majestad ni particulares había embarcación alguna, y que se podían ofrecer ocasiones que tuviese necesidad de ellas como se experimentó en los dos avisos que años antes, como queda dicho, había despachado a las naos de Filipinas, sirvió a Su Majestad el almirante haciéndole donación de sus dos bajeles Nuestra Señora del Pilar y San Lorenzo (sin interés alguno) con las velas, jarcias, pertrechos, armas, municiones y las demás cosas pertenecientes, como consta del dicho memorial, de que el Virrey dio vista al fiscal de Su Majestad a que respondió diciendo que además de la atención y recomendación que merecía el almirante don Pedro Porter Cassanate por sus partes y servicios y lo que había trabajado en el descubrimiento de la California, era digno de estimación el que añadía, ofreciendo a Su Majestad estos dos bajeles, que es lo que de su parte podía hacer en demostración de su buen deseo, y que se admitiesen y conservasen dichos bajeles para cuando Su Majestad necesitase de ellos, y conformándose con este parecer el Virrey Conde de Alba los recibió, estimando al almirante en nombre de Su Majestad este servicio, y ordenando a don Gaspar de Quesada, gobernador que era de la Sinaloa se encargase de ellos, que se ejecutó, y consta del recibo y se tomó razón en el Real Tribunal y Contaduría de Cuentas de la ciudad de México, como de hacienda, que ya era de Su Majestad, y el dicho Tribunal dió al almirante certificación de ello en 15 de septiembre de 1653, y de cómo no debía cosa alguna a Su Majestad ni que tampoco se le había socorrido ni dado cantidad alguna de su Real Hacienda para dicho descubrimiento de California, ni otra cosa de que se le debiese hacer cargo, como también de haber pagado a Su Majestad la veintena parte de algunas perlas que rescató de los indios de California, en conformidad de Cédula Real concedida al dicho almirante fecha en Madrid a 21 de febrero de 1643.

Parece asimismo por títulos, patentes, haber sido gobernador de las provincias de Sinaloa y de sus presidios, fronteras y costas del Mar del Sur, y lugarteniente de capitán general en ellas cuatro años y ocho meses, desde 11 de marzo de 1647, que tomó posesión de dichos cargos, hasta 8 de noviembre de 1651, que hizo dejación de ellos, y fue admitida por el Virrey Conde de Alba como de ella consta, y asimismo parece de la sentencia, que el dicho Virrey le dio en su residencia, haber mantenido aquellas dilatadas provincias en paz y justicia haciendo diferentes entradas por mar, tierra, procediendo en todo con el valor, celo y prudencia que se esperaba de sus obligaciones, de que le dieron las gracias en diferentes cartas los virreyes.

El licenciado Francisco de Ruesta, filósofo y matemático y piloto mayor de la carrera de Indias, catedrático de Artillería, Fortificación, Escuadrones, y Navegación, en una certificación suya fecha en Madrid a primero de marzo de 1638, dice que el suplicante, a más de ser tan gran soldado, sabe científicamente lo teórico y práctico de las matemáticas que para los ejércitos y armadas se requieren, como son aritmética, geometría, escuadrones, arquitectura militar, fábrica y uso de instrumentos, y artillería, y que principalmente entiende de la navegación, por las muchas que ha hecho, así en la Armada Real y carrera de Indias como entre holandeses el tiempo que fue su prisionero, con tanta excelencia que es de los sujetos más importantes que tiene Su Majestad en su servicio, y porque hay gran falta y necesidad de semejantes personas podrá Su Majestad siendo servido para que con su ejemplo se alienten otros honrarle y hacerle merced, ocupándole en el manejo de estas materias (aunque prefiriéndole a otros) pues sus trabajos y estudios como consta del libro que estampó de navegación el año de 1634 lo merece.

Juan de Herrera y Aguilar, cosmógrafo de Su Majestad en la Casa de la Contratación de Sevilla, y el capitán Lucas Guillén de Beas, catedrático de Navegación en ella, dicen lo mismo que el licenciado Francisco de Ruesta en dos certificaciones suyas fechas en Sevilla a 20 de abril de 1638.

Claudio Ricardo y Juan Francisco Lafalla, catedráticos reales de Matemáticas del Colegio Imperial de Madrid, certifican que el suplicante entiende todas las artes arriba referidas que para los ejércitos y armadas se requieren y aprueban la doctrina del libro que imprimió de navegación el año de 1633, y dicen que el de 1638, estando Su Majestad en Aranjuez, mandó llamar al suplicante para que en compañía de dichos matemáticos hiciese las experiencias, medidas y observaciones que fueren necesarias para investigar y dar su parecer sobre la mudanza de aquellos ríos, por todo lo cual y haber tan pocos caballeros de sus partes, y para que Su Majestad le honrase, lo certificaron en Madrid a 15 de junio de 1641 años.

Parece, por fes de oficios haber tenido el almirante más papeles y certificaciones que le han faltado con la prisión que tuvo en poder de holandeses el año de 1637, y con la quema de Guetaria el de 1638.

La cual relación, yo, el capitán don Juan de Cáceres y Ulloa, caballero profeso de la Orden de Calatrava, secretario de la Gobernación y Guerra de estos reinos del Perú, Tierra Firme y Chile, ajusté y saqué de los papeles del dicho almirante don Pedro Porter Cassanate, Caballero de la Orden de Santiago, que quedan en su poder en virtud de decreto del Excelentísimo Señor Conde de Alba de Liste, Virrey y Gobernador y Capitán General de ellos, en seis de julio pasado de este año, y para que conste lo firmé en los Reyes en quince de septiembre de mil seiscientos y cincuenta y cinco años.

Don Juan de Cáceres y Ulloa.

Los escribanos que aquí firmamos damos fe que don Juan de Cáceres y Ulloa, de quien parece firmado el recaudo y relación de sucesos, es tal secretario de la Gobernación de estos reinos y como tal usa y ejerce el dicho oficio y todo lo que autúa como tal secretario, fe y relaciones que dase, ha dado y da entero fe y crédito en juicio y fuera de él. Hecho en los Reyes. En quince días del mes de septiembre de mil y seiscientos y cincuenta y cinco años.

ÍNDICE DE APÉNDICES

FUENTES BIBLIOGRÁFICAS

ABAD LA SIERRA, FRAY ÍÑIGO, *Descripción de las costas de California* (ed. y notas de LYN HILTON, SILVIA), C. S. I. C., Madrid, 1981.

AITON, A. S., *Antonio de Mendoza, first viceroy of New Spain*, Durham, 1927.

ALCALÁ, MANUEL, edición y nota prelimilar a las *Cartas de Relación de Cortés*, Porrúa, México, 1971.

ALCALÁ-ZAMORA y QUEIPO DE LLANO, JOSÉ, *España, Flandes y el Mar del Norte, 1618-1639*, Barcelona, 1975.

—, *Razón y crisis de la política exterior de España en el reinado de Felipe IV*, Madrid, 1977.

ALEGRE, FRANCISCO JAVIER, *Historia de la Provincia de la Compañía de Jesús de Nueva España*, 4 vols., Roma, 1956-1960.

ALONSO DE SANTA CRUZ, *Islario General de todas las islas del Mundo*, 1945, en «Mapas Españoles de América», *ob. cit.*

ÁLVAREZ Y ÁLVAREZ DE LA CADENA, LUIS (*vide* VENEGAS, P. MIGUEL).

AMAYA TOPETE, JESÚS, *Contribución a una nómina de conquistadores de Baja California*, Mexicali: Primer Congreso de Historia Regional, 1956.

«APOSTÓLICOS AFANES...», Barcelona, 1954. Ed. anteriores, en México, 1887 y 1944. Allí se encuentra el diario del P. FERNANDO CONSAG.

ARCO, RICARDO DEL, *El Almirante Pedro Porter Cassanate*, «Revista de Indias», 30, Madrid, 1947.

ARTEAGA GARZA, BEATRIZ, y PÉREZ SAN VICENTE, GUADALUPE, edición del *Cedulario Cortesiano*, México, 1949.

ASCHMAN, HOMER, *The Central Desert of Baja California*, Berkeley, 1959.

AYALA DELGADO, FRANCISCO JAVIER DE, *Ideas políticas de Juan de Solórzano*, E. E. H. A., Sevilla, 1946.

AZEVEDO, ALVES DE, *Cabrilho e sua viagem*, «Sociedade de Geografía», vols. 7-8., Lisboa.

BAEGERT, JUAN JACOBO, *Noticias de la península americana de California*, trad. por P. R. HENDRISCH e introducción y notas de PAUL KIRCHHOFF, México, 1942.

BANCROFT, HUBERT HOWE, *History of the North Mexican States and Texas*, 2 vols. (vol. 1), San Francisco, 1884.

—, *History of México*, vol. IX de *The works...*, San Francisco, 1882-1887.

BARCO, P. MIGUEL DEL, *Historia Natural y Crónica de la Antigua California*, ed. de MIGUEL LEÓN-PORTILLA, México, 1973.

BARÓN CASTRO, RODOLFO, *Pedro de Alvarado*, Madrid, 1944.

BAUMHOFF, MARTIN A., *Ecological Determinants of Aboriginal California Populations*, University of California Publications in American Archaeology and Ethnology, 49, 2, 1963.

BAYLE, CONSTANTINO, S. J., *El IV Centenario del Descubrimiento de California*, «Razón y Fe», vols. C, CI, 1933.

—, *El dorado fantasma*, Madrid, 1943.

—, *Historia de los Descubrimientos y Colonización de los Padres de la Compañía de Jesús en la Baja California*, Madrid, 1933.

BEAUMONT, P. PABLO, *Aparato para la crónica de Mechoacán*, R. A. H., Madrid, 1778.

BLAEV, JOANNES, *América, que est Geographiae blavianae*, Amsteloedami, 1662.

BOLTON, HERBERT EUGENE, *The Cabrillo-Ferrelo Expedition, 1542-1543*, en *Spanish Exploration in the Soutwest, 1542-1706*, Nueva York, 1916.

BORAH, WOODROW, *Hernán Cortés y sus Intereses Marítimos en el Pacífico, el Perú y la Baja California*, «Estudios de Historia Novohispana», IV, 1971.

BOXER, C. R., *The Manila Galleon*, «History Today», vol. 8, 1958.

BUÑO, W., *Escorbuto durante la exploración y conquista de América*, «Archivos Iberoamericanos de Historia de la Medicina», julio-diciembre, 1953.

BURRUS, ERNEST, *Informe del Estado de la Nueva Cristiandad de California*, Madrid, 1962.

—, *Kino and the Cartography of Nortwestern New Spain*, Tucson, 1965.

—, *La Obra Cartográfica de la Provincia Mexicana de la Compañía de Jesús, 1567-1967*, 2 vols., Porrúa, Madrid, 1967.

—, *Two fictions accounts of Ortega's «Third voyage» to California*, «Hispanic American Historical Review», III, 1972.

—, *Wenceslaus Linck's Diary of his Expedition to Northern Baja California*, Los Ángeles, 1966.

—, *Wenceslaus Linck's Report and Letters, 1762-1778*, Los Ángeles, 1967.

CÁNOVAS DEL CASTILLO, ANTONIO, *Historia de la decadencia de España desde el advenimiento de Felipe III al trono hasta la muerte de Carlos II*, 2.ª ed., Madrid, 1910.

CARREÑO, A. M., *Los PP. Salvatierra y Kino y la Península de California*, México, 1944.

CEBREIRO BLANCO, LUIS, *Colección de diarios y relaciones para la Historia de los viajes y descubrimientos*, vols. I y IV, Madrid, 1943 y 1944.

CERVANTES, MIGUEL DE, *Don Quijote de la Mancha*, cap. VI.

CLAVIJERO, FRANCESCO SABERIO, *Storia della California*, Venecia, 1789. (Editada en México, 1933, con el título *Historia de la Antigua o Baja California*).

Colección de documentos inéditos relativos al descubrimiento, conquista y organización de las antiguas posesiones españolas de América y Oceanía, Madrid, 1864-1884, 42 vols. (en especial el IX).

Colección de documentos inéditos para la historia de España, Madrid, Vda. de Calero, 1842-1893, 113 vols. (en especial el IV).

CONSAG, P. FERNANDO, *vide* «Apostólicos Afanes...»

COOK, J., *Relación del primer viaje alrededor del globo:* «Viajes clásicos», Espasa-Calpe, Madrid, 1936.

COOK, SHERBURNE F., *The population of the California Indians, 1769-1970*, Berkeley, 1976.

CORTÉS, HERNÁN, *Acta del descubrimiento.* Papeles de las Californias, 4, México, 1944.

—, *Cartas y documentos de Cortés*, introducción de HERNÁNDEZ SÁNCHEZ-BARBA, MARIO, Porrúa, México, 1962.

CRUZ, FRANCISCO SANTIAGO, *La nao de China*, México, 1962.

CUBERO SEBASTIÁN, PEDRO, *Peregrinación del Mundo*, Madrid, 1944.

CUEVAS, MARIANO, S. J., *Monje y Marino. La vida y los tiempos de Fray Andrés de Urdaneta*, México, 1943.

CHAPMAN, CHARLES E., *A History of California. The Spanish period*, Nueva York, 1930.

—, *New Light on the origine of the name California*, «Grizzly Bear Magazine», Los Ángeles, marzo 1916.

CHAUNU, PIERRE, *Le galion de Manille, grandeur et décadence d'une route de la soie*, «Annales E. S. C.», año 6, 1951.

—, *Les Philippines et le Pacifique des Ibériques*, París, 1960.

—, *Seville el l'Atlantique*, VIII, 2, 2, París, 1959.

DAVIDSON, GEORGE, *An examination of some of the Early Voyages of Discovery and Exploration on the Northwest Coast of America from 1539 to 1603*, Washington, 1886.

—, *The origin and the meaning of the name California*, «Transactions and proceedings», VI, I, 2, San Francisco, 1910.

DAVIS, J. T., *Trade Routes and Economic Exchange Among the Indians of California*, Ballena Press, 1974.

DÍAZ DEL CASTILLO, BERNAL, *Historia verdadera de la conquista de la Nueva España*, 3 t., Espasa-Calpe, Madrid, 1928.

DÍAZ-TRECHUELO, MARÍA LOURDES, *La conexión entre el Atlántico y el Pacífico hasta Fray Andrés de Urdaneta*, «Anuario de Estudios Americanos», XXV, E. E. H. A., Sevilla, 1968.

DIGUET, LEÓN, *Territorio de la Baja California, reseña geográfica y estadística*, París-México, 1912.

DOMÍNGUEZ BORDONA, JESÚS, *Manuscritos de América*, tomo IX del «Catálogo de la Biblioteca de Palacio», Madrid, 1935.

DOMÍNGUEZ GUZMÁN, AURORA, *El libro sevillano durante la primera mitad del siglo XVI*, Sevilla, 1975.

DUNNE, PETER MASTEN, *Black Robes in Lower California*, University of California Press, Berkeley y Los Ángeles, 1952.

ELHUYAR, FAUSTO DE, *Memoria sobre el influjo de la minería en la agricultura, industria y comercio, población y civilización de la Nueva España...*, Madrid, 1835.

FERNÁNDEZ DE OVIEDO Y VALDÉS, GONZALO: *Historia general y natural de las Indias*, «Biblioteca de Autores Españoles», 117-121, Madrid, 1959.

GANDÍA, ENRIQUE DE, *Historia crítica de los mitos de la conquista americana*, Buenos Aires, 1929.

GARCÍA GRANADOS, RAFAEL, *Clavijero: Dato bibliográfico*, Universidad Autónoma de México, 1932.

GARCÍA DE SAN VICENTE, NICOLÁS, *Historia de la Antigua o Baja California. Obra póstuma del P. Francisco Javier Clavijero*, México, 1852, impresa por Navarro. Primera edición española de la *Storia...* de CLAVIJERO.

GASCÓN DE GOTOR, A., *Aventurero genial: Aragón en América*, Zaragoza, 1950.

GERHARD, PETER, *Pearl Diving in Lower California, 1535-1830*, «Pacific Historical Review», XXV, 1956.

—, *Pirates on the West Coast of New Spain: 1575-1742*, Glendale, 1960.

GIFFORD, E. W., *Californian Indian Physical Types*, en «Natural History», 26, reedit. por HEIZER y WIPPLE, *The California Indians: a Sourcebook*, Berkeley, 1971.

GOULARD DA COSTA, EUCLIDES, *Portugal descobridor. Apuntamientos respeitantes a descoberta de California*, Lisboa, 1928.

GRIFT, NELLIE VAN, *The name of our beloved California: was it given in devision?*, en «Grizzly Bear Magazine», abril de 1916, Los Ángeles.

GUSINDE, MARTIN, *Fueguinos*, E. E. H. A., Sevilla, 1951, trad. de *Urmenschen im Fuerland.*

HEIZER, R. F., *Counterfeiters and Shell Currency Manipulators Among the California Indians*, «Journal of California Anthropology», 2, 1975.
—, *The Destruction of California Indians*, Salk Lake City, 1974.
—, *Languages, Territories and Names of California Indian Tribes*, Berkeley, 1966.
—, *Primitive Man as an Ecological Factor*, «Kroeber Anthropological Society Papers», 13, 1956.
—, y MASSEY, W. C., *Aboriginal Navigation Off the Coasts of Upper and Baja California*, «Bureau of American Ethnology Bulletin», 151, Washington, 1953.
—, y TREANOR, G., *Observations on Physical Strength of Some Western Indians and «Old American» Whites*, «Archaeological Research Facility», Cont. 22, 1974.
—, *vide* POWERS, S., *Tribes...*
—, y WIPPLE, reedición de *The California Indians: a Sourcebook*, 1971, *vide* GIFFORD, E. W., *Californian Indian...*
HENDRICHS, P. R., trad. de BAEGERT, J. J., *Noticias de la... California*, México, 1942.
HENSHAW, H. W., *vide* STEWART, E., RICHARD.
HERNÁNDEZ APARICIO, PILAR, *La Compañía de los Cardona y sus viajes a las pesquerías de perlas de la costa de California*, «Anuario de Estudios Americanos», XXXIII, E. E. H. A., Sevilla, 1976.
—, *Los viajes de Francisco Ortega a las pesquerías de perlas de California*, en *Homenaje al Dr. Muro Orejón*, I, Sevilla, 1979.
HERNÁNDEZ SÁNCHEZ-BARBA, MARIO, *Cartas y documentos* (de H. CORTES), Porrúa, México, 1963.
HERRERA Y TORDESILLAS, ANTONIO DE, *Historia general de los hechos de los castellanos en las islas y Tierra Firme del mar Océano*, Madrid, 1601-1615. (Edición de la R. A. H., Madrid, 1934-1957, 17 vols.)
HISTORIADORES PRIMITIVOS DE INDIAS, «Colección de Autores Españoles», tomo XXII, Rivadeneyra, Madrid.
HOLMES, MAURICE GARDNER, *From New Spain by Sea to the California, 1559-1668*, Glendale, 1963.

ISPIZUA, SEGUNDO DE, *Historia de los vascos en el descubrimiento, conquista y civilización de América*, Bilbao, 1914.

JAMES, S. R., y GRAZIANI, S., *California Indian Warfare*, University of California Archaeological Research Facility, Cont. 23, 1975.

KIRCHHOFF, PAUL, autor del prólogo a BAEGERT, J. J., *Noticia de la... California*, México, 1942.

KOHL, J. G., *History of Discovery and Exploration of the Coasts of the United States*, Washington, 1887.

KROEBER ALFRED L., *Indians of California*, en *Handbook of American Indians North of México*, Washington, 1907.

—, y BARRET, *Fishing Among the Indians of Northwestern California*, «Anthropological Records», 21, I, 1960.

—, y GIFFORD, E.W., *World Renewal: A Cult System of Native Northern California*, «Anthropological Records», 21, I, 1949.

—, *Handbook of Indians of California*, «Bureau of American Ethnology», Bulletin, 78, 1925.

—, *Types of Indian Culture in California*, Berkeley, 1904.

LAKE, SARA E., y GRAY, A. A., *The history of (Lower) California*, Palo Alto (California), Stanford University Press, 1938.

LANG, M. F., *New Spain's Mining Depression and the Supply of Quicksilver from Peru 1600-1700*, «Hispanic American Historical Review», XLVIII, Duke University Press, noviembre, 1968.

LATASSA, FÉLIX DE, *Bibliotecas antigua y nueva de escritores aragoneses*, II, Zaragoza, 1885.

LEÓN-PORTILLA, MIGUEL, *El ingenioso don Francisco de Ortega, sus viajes y noticias californianas, 1632-1636*, en *Estudios de Historia Novohispana*, III, México, 1970.

—, *Voyages of Francisco de Ortega to California, 1632-1636*, en *Baja California Travel Series*, 30, Los Ángeles, 1973.

LOHMANN VILLENA, GUILLERMO, *El libro español en Indias*, «Arbor», 6, Madrid, 1944.

LÓPEZ DE GÓMARA, FRANCISCO, *Historia de la conquista de México*, 2.ª parte de la *Crónica general de las Indias*, «Colección de Autores Españoles», XXII, Madrid, 1852. (*Vide*, ed. México, 1943, 2 vols.).

LÓPEZ SERRELANGUE, DELFINA E., *Las Misiones Jesuitas de Sonora y Sinaloa, base de la Colonización de la Baja California*, «Estudios de Historia Novohispana», vol. II, México, 1968.

LORENTE RODRIGÁÑEZ, LUIS, *El galeón de Manila*, «Revista de Indias», 15, Madrid, 1944.

LORENZANA, FRANCISCO ANTONIO, *Viaje de Hernán Cortés a la Península de las Californias*, Porrúa, Madrid, 1958.

LYN HILTON, SYLVIA: *vide* ABAD LA SIERRA, FRAY ÍÑIGO.

LYTLE SCHURZ, WILLIAM, *The Manila Galleon*, Nueva York, 1939.

MANJARRÉS, RAMÓN DE, *La comunicación del Atlántico con el Pacífico. Ensayo sobre la parte de España en las investigaciones y proyec-*

tos, «Boletín del Instituto de Estudios Americanistas», 2 y 3, Sevilla, 1913.

Mapas Españoles de América. Siglos XV-XVII, Madrid, 1951, Ed. Hauser y Menet. Publicación a cargo de: Duque de Alba, A. Altolaguirre y Duvale, B. Merino Álvarez, V. Castañeda Alcover, A. González Palencia, F. Sánchez Cantón, J. Guillén Tato.

MARKEY, J. J., *The Southern California Rancher*, «Oceanside», febrero, 1952.

MARTÍNEZ, JOAN, *Atlas*, Messina, 1587.

MARTÍNEZ, PABLO L., *Historia de la Baja California*, México, 1956.

MASSEY, WILLIAM C., *Culture History in the Cape Region of Baja California*, Berkeley, 1974.

—, *The Survival of the Dart-thrower on the Peninsula of Baja California*, Alburquerque, 1961.

—, *Archaeology and Ethnohistory: Lower California;* «Handbook of Middle American Indians», vol. IV, University of Texas Press, Austin, 1966.

—, *Tribes and Languages of Baja California*, Nuevo México, 1949.

MATHES, W. MICHAEL, *Californiana I. Documentos para la historia de la demarcación comercial de California, 1583-1632*, 2 vols., Chimalistac, Porrúa, Madrid, 1965.

—, *Californiana II. Documentos para la historia de la explotación comercial de California, 1611-1672*, 2 vols., Chimalistac, Porrúa, Madrid, 1970-1971.

—, *The Conquistador in California: 1535*, Los Ángeles, 1973.

—, *Sebastián Vizcaíno and San Diego Bay*, «The Journal of San Diego History», XVIII, 2, 1972.

—, *Sebastián Vizcaíno y la expansión española en el Océano Pacífico: 1580-1630*, México, 1973.

—, *Sebastián Vizcaíno y los principios de la explotación comercial de California*, (separata del *Homenaje a don José de la Peña y de la Cámara*), Madrid, 1969.

—, *Geographic and Hydrographic Descriptions... by Nicolás de Cardona*, Los Ángeles, 1974. Traducción y edición.

—, *The Capture of the Santa Ana, Cabo San Lucas, November, 1587*, Los Ángeles, 1969.

MEDEL VALPUESTA, M. A., *Los indios de la Baja California en el siglo XVIII*, comun. al XXVI Congreso Internacional de Americanistas, Sevilla, 1966.

MEIGS, PEVERILL, *The Kiliwa Indians of Lower California*, Berkeley, 1939.

MENÉNDEZ Y PELAYO, *Orígenes de la Novela*, tomo I, C. S. I. C., Santander, 1943.

MERRIAM, C. HART, *Transmigration in California*, «Journal of American Folklore», n.º 22, 1909.

MOORHEAD, MAX L., *Hernán Cortés and the Tehuantepec Passage*, «Hispanic American Historical Review», XXIX, agosto 1949.

MORIARTY, JAMES ROBERT, *Climatology, Ecologic and Temporal Inferences from Radiocarbon Dates on Archaeological Sites, Baja California, México*, «Pacific Coast, Archaeological Society Quarterly», IV, n.° 1, enero 1968.

MORRISON, SAMUEL E., *The European Discovery of America. The Southern Voyages. 1492-1616*, Nueva York, 1974.

MOSK, SANFORD A., *The Cardona Company and the Pearl Fisheries of Lower California*, «Pacific Historïcal Review», III, 1934.

MÚZQUIZ DE MIGUEL, JOSÉ LUIS, *El Conde de Chinchón, Virrey del Perú*, E. E. H. A., Sevilla, 1945.

NAPOLI, IGNACIO MARÍA, *Relación del Padre Ignacio... acerca de la California*, en «Memorias del Primer Congreso de Historia Regional», 2 vols., Mexicali, 1958.

NAVARRO GARCÍA, LUIS, *Don José de Gálvez y la Comandancia General de las Provincias Internas*, E. E. H. A., Sevilla, 1964.

—, *Sonora y Sinaloa en el siglo XVII*, E. E. H. A., Sevilla, 1967.

OROZCO Y BERRA, *Apuntes para la historia de la Geografía en México*, México, 1881.

ORTEGA, JOSÉ DE, *Historia del Nayarit, Sonora, Sinaloa, y ambas Californias*, México, 1944.

PALOU, *Vida de Fray Junípero Serra*, ed., de LEÓN-PORTILLA, MIGUEL, México, 1970.

PAULLIN, CH. O., *Atlas of Historical Geography of the United States*. Publicado conjuntamente por la Carnegie Institution y la American Geographical Society, Washington, 1932.

PAZ, JULIÁN, *Catálogo de manuscritos de América existentes en la Biblioteca Nacional*, Madrid, 1933.

PERALTA BARNUEVO, PEDRO, *Historia de España vindicada*, Lima, 1730.

PEREYRA, CARLOS, *El bautizo de la California*, «Estudios Geográficos», 7, Madrid, mayo 1942.

—, *Historia de América*, Ed. Calleja, Madrid, 1929.

—, *Las huellas de los Conquistadores*, Madrid, 1942.

—, *La obra de España en América*, Madrid, 1930.

PÉREZ BUSTAMANTE, CIRIACO, *Don Antonio de Mendoza, primer Virrey de la Nueva España (1535-1550)*, Santiago de Compostela, 1928.

PÉREZ-EMBID, FLORENTINO, *El mudejarismo en la arquitectura portuguesa de la época manuelina*, Laboratorio de Arte de la Universidad de Sevilla, 1944.

PÉREZ DE RIVAS, ANDRÉS, *Historia de los Triunfos de Nuestra Santa Fe entre las gentes las más bárbaras y fieras del Nuevo Orbe*, 3 vols., ed. Layac, México, 1944.

PERICOT, LUIS, *América indígena*, Barcelona, 1936.

—, *La cultura primitiva en los pueblos retrasados*, en tomo I de *Historia Universal*, Barcelona, 1931.

PHILLIPS, PHILIP LEE (editor), *The Lowery Collection: A descriptive List of Maps of the Spanish Possesions within the Present Limits of the United States*, Washington, 1921.

PICCOLO, P. FRANCISCO MARÍA, 1702, *vide* BURRUS, ERNEST, *Informe del Estado... de California*, Madrid, 1962.

PINARD DE LA BOULLAYE, H., *El estudio comparado de las religiones*, Burgos, 1940.

PORTER CASSANATE, PEDRO, *Reparo a errores de la navegación española...*, Zaragoza, 1634.

POWERS, STEPHEN, *Tribes of California*, Berkeley, 1976, con introducción y notas de HEIZER, R. F.

PUGA, VASCO DE, *Provisiones, Cédulas, Instrucciones para el Gobierno de la Nueva España*, Instituto de Cultura Hispánica, Madrid, 1945.

PUTNAM, RUTH, y PRIESTLEY, HERBERT INGRAM, *California: the name*, «Publications in History», de la Universidad de California, tomo IV, 4, Berkeley, 1917.

RAMUSIO, GIOVANNI BAPTISTA, *Delle Navigationi er viaggi*, ed. Venetia, 1565.

RICARD, ROBERT, *Estebanico de Azamor et la legende des Sept Cités*, «Journal des Américanistes», XXI, París, 1929.

—, *Influences portugaises au México durant le période coloniale*, «Revista de Facultade de Letras», Universidad de Lisboa, 1937.

—, *La diffusion de la légende des Sept Cités en Amérique*, «Journal des Américanistes», XXXIII, París, 1936.

RICHMAN, IRVING BERDINE, *California under Spain and México, 1535-1847*, Nueva York, 1965.

RIVA PALACIO, VICENTE, *México a través de los siglos*, Barcelona, 1808.

ROCA, PEDRO, *Catálogo de los manuscritos que pertenecieron a D. Pascual de Gayangos...*, Madrid, 1904.

RODRÍGUEZ CASADO, VICENTE, *El problema del éxito o del fracaso de la acción española en América*, en *Historia de España*, de «Arbor», Madrid, 1953.

RODRÍGUEZ GARCÍA, VICENTE, *El gobierno de don Gaspar Antonio de la Torre y Ayala en las Islas Filipinas*, Granada, 1976.

ROGERS, WOODES, *Viaje alrededor del Mundo, empezado en 1708 y acabado en 1711* (Descripción de California), Amsterdam, 1716-1717.

RUBIO MAÑÉ, J. IGNACIO, *Introducción al estudio de los Virreyes de Nueva España, 1535-1746*, México, 1955.

—, *La Expedición de Miguel López de Legazpi a Filipinas*, «Boletín del Archivo General de la Nación», 2d ser. (V), (3-4), México.

RUMEU DE ARMAS, ANTONIO, *Colón en Barcelona*, «Anuario de Estudios Americanos», I, E. E. H. A., Sevilla, 1944; segunda parte: *Las bulas de Alejandro VI y los problemas de la llamada exclusión aragonesa.*

SALES, FRAY LUIS DE, *Noticias de la provincia de California, 1794*, Madrid, 1960.

SANDOVAL, FERNANDO B., *El Astillero del Carbón en Tehuantepec*, «Boletín del Archivo General de la Nación», XXI (I), 1-20, México.

SARAVIA, ATANASIO, *Apuntes para la Historia de Nueva Vizcaya*, en t. III, *Las sublevaciones*, México, 1956,

SCHÄFER, ERNEST, *El Consejo Real y Supremo de las Indias*, t. I del «Centro de Estudios de Historia de América», Sevilla, 1935; y tomo II, de la E. E. H. A., Sevilla, 1947.

SCHMIDT, W., y KOPPERS, W., *Völker und Kulturen*. Teil, *Gessellschaft und Wirschaft der Völker*, t. III de *Der Mensch aller Zeiten*, Regensburg, 1924.

SERRANO Y SANZ, MANUEL, *Relaciones Históricas de América, Primera Mitad del Siglo XVI*, Sociedad de Bibliófilos Españoles, Madrid, 1916.

SHERWIN, J., *Face and Body Painting Practices Among California Indians*, «University of California Archaeological Survey», Report, 68, 1963.

SILVA, F. J., *Memoriales. Madrid, 1613*, edición dirigida por Castañeda Delgado, Porrúa, Madrid, 1975.

SOARES, CELESTINO, *California and the Portuguese*, «Secretariado da Propaganda Nacional», Lisboa, 1939.

SOLÓRZANO PEREYRA, JUAN DE, *Política Indiana*, Madrid, 1648.

STEWART E., RICHARD, *Translation from the Spanish of the Account by the Pilot Ferrel of the voyage of Cabrillo along the west Coast of North America in 1542*, con introducción y notas de HENSHAW, H. W., publ. en *Report Upon United States Geographical Survey...*, vol. VII, Washington, 1879.

STÖKLEIN, HOSTELL, en la rel. 763, *Das Neuen Welt-Botts*, Augsburgo y Craz, 1726-1763.

SWEZEY, S., *The Energetics of Subsistence-Assurrance Ritual in Native California*, «Archaeological Research Facility», cont. 23, 1975.

TARAVAL, SIGISMUNDO, *vide* WILBUR, MARGUERITE EYER.

TOOLEY, R. V., *California as an Island, a Geographical Misconception, Illustrated by 100 examples from 1625 to 1770*, Londres, 1964.

TORQUEMADA FRAY JUAN DE: *Primera parte de los veinte i un Libros Rituales i Monarchia Indiana, con el origen y guerras, de los Indios Occidentales de sus Poblaciones, Descubrimiento, Conquista, Con-*

versión y otras cosas maravillosas de la mesma tierra, distribuydos en tres tomos, compuesto por..., Ministro Provincial de la Orden de Nuestro Seráfico Padre San Francisco en la provincia del Santo Evangelio de México, en la Nueva España, 2.ª ed., Madrid, Nicolás Rodríguez Franco, 1723.

TORRES CAMPOS, RAFAEL, *España, en California y el Noroeste de América*, Madrid, 1892.

VALADÉS ADRIÁN, *Temas Históricos de la Baja California*, ed., Jus, México, 1963.

VELÁZQUEZ, MARÍA DEL CARMEN, *Establecimiento y pérdida del Septentrión de la Nueva España*, México, 1974.

VENEGAS, P. MIGUEL, *Noticia de la California*, en la ed. de Layac, México, 1944, por ÁLVAREZ Y ÁLVAREZ DE LA CADENA, LUIS; su título completo es: *Noticia de la California y de su Conquista Temporal y Espiritual hasta el tiempo presente. Sacada de la Historia manuscrita, formada en México año de 1739 por el Padre Miguel Venegas, de la Compañía de Jesús; y de otras Noticias y Relaciones antiguas y modernas. Añadida de algunos mapas particulares y uno general de la América Septentrional, Asia Oriental y Mar del Sur intermedio, formados sobre las Memorias más recientes y exactas que se publican juntamente.*

WAGNER, HENRY RAUP, *The Discovery of California*, «California Historical Society Quarterly», I, julio, 1922.

—, *Francisco de Ulloa Returned*, «California Historical Society Quarterly», septiembre, 1940.

—, *Juan Rodríguez Cabrillo, Discoverer of the Coast of California*, San Francisco, 1941.

—, *Spanish Voyages to the Northwest Coast of America in the Sixteenth Century*, San Francisco, 1929.

—, *The Spanish Southwest: 1542-1792*, 2 vols., Alburquerque, 1937.

—, *The Cartography of the Nortwest Coast of America to the year 1800*, Berkeley, University of California Press, 1937, 2 vols.

WATERMAN, IVAN R., *John Rodrigues Cabrillo, Discoverer of California*, «California State Department of Education», 1935.

WILBUR, MARGUERITE EYER, *The Indian Uprising in Lower California 1734-1737 as Described by father Sigismundo Taraval*, Nueva York, 1967 (publ. en versión inglesa por primera vez en Los Ángeles, 1931).

WILOUGHBY, N. C., *Division of Labour Among the California Indians*, «University of California Archaeological Survey», Report 60, 1963.

ÍNDICE DE NOMBRES

ÍNDICE DE LUGARES GEOGRÁFICOS

T

ILUSTRACIONES

TABLA DE ABREVIATURAS

A.G.I.:   Archivo General de Indias.
             México (Audiencia de).
             Guadalajara (Audiencia de).
             Filipinas (Audiencia de).
             Patronato (Sección de).
             Justicia (Sección de).
             Indiferente General (Sección de).
A.G.N.:   Archivo General de la Nación de México.
A.H.N.:   Archivo Histórico Nacional de Madrid.
B.N.:   Biblioteca Nacional de Madrid.
B.P.:   Biblioteca del Palacio Real de Madrid.
C.S.I.C.:   Consejo Superior de Investigaciones Científicas.
E.E.H.A.: Escuela de Estudios Hispano-Americanos.
M.N.:   Museo Naval de Madrid.
             Navarrete (Colección).
R.A.H.:   Real Academia de la Historia de Madrid.
             Muñoz (colección).

cap.:	capítulo.	*ob. cit.:*	obra citada.
caps.:	capítulos.	p.:	página. (En Apéndices,
cfr.:	confróntese.		párrafo.)
Déc.:	Década.	p. ej.:	por ejemplo.
doc. cit.:	documento citado.	párr.:	párrafo.
ed.:	edición.	pp.:	páginas.
fol.:	folio.	r.:	ramo.
fols.:	folios	ser.:	serie.
ibid.:	ibídem.	t.:	tomo, que se suele omitir,
lat.:	latitud.		I o II, etc.
leg.:	legajo.	tít.:	título.
lib.:	libro.	trad.:	traducción.
loc. cit.:	lugar citado.	v.:	vuelto.
long.:	longitud.	*vide:*	véase.
ms.:	manuscrito.	vol.:	volumen.
ms. cit.:	manuscrito citado	y ss.:	y siguientes.

Este libro, publicado por Ediciones Rialp, S. A., Preciados, 34, Madrid, se compuso en Fotocomposición Arquillos, S. A., Alcorcón (Madrid), y se terminó de imprimir en Grefol, S. A., Móstoles (Madrid), el día 31 de mayo de 1982.